国家出版基金项目

《大公报》全史
（1902—1949）

吴廷俊 / 编

第二卷
年表（下）

复旦大学出版社　商务印书馆

第三编

新记时期年表
（1926年9月—1949年6月）

说　明

　　所谓"新记"是指 1926 年吴鼎昌、胡政之、张季鸾为盘购《大公报》所成立的新记公司。"新记"年表收录的是新记公司《大公报》从 1926 年 9 月至 1949 年 6 月 23 年发展演变的主要资料。

　　资料来源有相关回忆录、报馆内部资料、报纸版面资料等。由于新记时期的报纸版面内容比较复杂，故本年表主线按"津版"（1902 年 9 月—1937 年 8 月）—"汉版"（1937 年 9 月—1938 年 10 月）—"渝版"（1938 年 12 月—1946 年 1 月）—"津版"（1946 年 1 月—1949 年 1 月）—"沪版"（1949 年 1 月—1949 年 6 月）编排，同一时期涉及其他分版的资料则加以注明。

　　编写方式为纵横结合，先纵后横。先将 23 年历史分为前期（1926 年 6 月—1935 年 12 月）、中期（1936 年 1 月—1941 年 9 月）和后期（1941 年 10 月—1949 年 6 月）三个时期，然后每个时期分"报业发展与办报理念""消息、言论与通讯""社会服务"和"副刊、专刊与特刊"四个板块逐年记录。

一、新记前期(1926年9月—1935年12月)

(一) 报业发展与办报理念

1926年(民国十五年)

6月

胡政之因国闻通信社业务回天津,与老相识张季鸾不期而遇。胡张两人见面,都为《大公报》的关门感到惋惜。张季鸾劝胡政之收回"老巢"。胡政之心有所动,但苦于无资金。两人商之于吴鼎昌。吴鼎昌与胡政之、张季鸾同为留日学生,时任天津盐业银行总经理。吴愿意出资,与胡、张二人一道发起成立一个股份公司,以公司名义盘购并复刊续办《大公报》。

吴胡张三人初步约定:(1) 资金由吴一人筹措,不向任何方面募捐;(2) 三人专心办报,三年内谁都不许担任任何有俸给的公职;(3) 吴任社长,胡任经理兼副总编辑,张任总编辑兼副经理;(4) 言论由三人组成委员会共同研究、决定主张,文字分任撰述,张负整理修正之责,意见有不同时,以多数决之,三人意见各不同时从张季鸾;(5) 张、胡以劳力入股,每届年终必送给相当股票,张、胡每人月薪300元,吴不在报馆支薪。

胡政之出面联系原《大公报》馆的王佩之,请他居间接洽,以一万元从王景杭手中盘购了《大公报》馆,包括报名、厂房、机器设备。

7月

胡政之将国闻通信社迁至天津,着手《大公报》续刊的筹备事宜,他一方面从《国闻周报》和国闻通信社中抽调人员组成编辑部,一方面与王佩之商量,召回原经理部成员和印刷厂的职工。

8月

25日 胡政之、张季鸾召集参与筹备续刊的经、编两部同人开会,具体商讨续刊出版事宜,确定经、编两部人员及基本分工。编辑部除总编辑张季鸾外,主要有杜协民和何心冷;经理部除总经理胡政之外,主要有王佩之。另外,北京办事处和上海办事处主任分别由金诚夫、李子宽担任。因而,杜协民、何心冷、王佩之、李子宽、金诚夫有新记《大公报》"开国五虎大将"之称。

9月

1日 《大公报》在天津日租界旭街原址续刊,报纸编号为8316。每日出版两大张,共八版。一版,言论、广告;二版,国内要闻、电讯、通讯;三版,国外要闻;四版,经济与商情、广告;五版,广告;六版,地方通讯;七版,本埠新闻、广告;八版,副刊"艺林"、广告。

续刊号一版刊登有《本报启事》《〈大公报〉续刊辞》《本社同人之志趣》。

《本报启事》:"一、本报完全公开,作人民真正喉舌,谨愿以一部分纸面,公诸大众。海内硕彦,各界名人,如有长篇论著,持论平允公正,经敝报认为有刊登价值者,当为辟'时论'一栏,在最优地位发表。至于对时事社会偶有所感,发抒成文,而体裁简短者,则汇刊入'读者之声'栏内,以飨读者。二、本报宗旨,注重民生问题,商业经济,尤所注意。因辟'经济与商情'一栏,举凡国内国外,本埠外埠,金银市价,内外汇兑,以及棉纱、五金、豆米粮食之商情涨落,市况高低,均派有专员随时以专电报告,或用专篇记述,编列既极醒目,消息尤求敏确,务使商界得莫大之便利。三、本报为便利本埠读者起见,凡直接订阅本报各户,每晨均有专差于九时前一准送到,爱读本报者可用电话通知总局四五零号接洽,至北京方面,可与北京宣武门外南柳巷六十号(电话南局四一三八号)本报北京分销处接洽,必能使君满意。四、本报继续出版,京津方面送阅两天,除由派报人送呈外,爱读本报诸君可向本馆或分馆索取。五、本馆本埠分发行所,设广兴大街万有派报社,凡有关于代销及发行一切事务均向该社接洽为荷。"

《〈大公报〉续刊辞》:"韩非子曰:'古者仓颉之作书也,自环者谓之私,背私者谓之公。公私之相背也,乃仓颉固已知之矣。'本报以大公名者已二十五年。立言之道,勿待申说,时迁事异,责在今人。会当续刊之始,重申顾名之戒,特表韩子之言,冠于篇首。今后社会所以相背者若何,莫可前知;吾人所以自环者若何,当期先免而已。"

《本社同人之志趣》(记者),首先叙述了民国以来,中国新闻事业失败的历史及其原因:"报界之厄运,至今日而极矣!军权压力,重逾万钧。言论自由,不绝一缕,而全国战兴,百业俱敝,报纸营业,遂亦大难。通观国中,除三数社外,大抵呻吟憔悴于权力财力两重压制之下,岌岌不可终日。清末以来,言论衰微,未有今日之甚者也。然察民国以来新闻事业失败之历史,其原于环境者半,原于己身者亦半。"然后指出:"报纸天职,应绝对拥护国民公共之利益,随时为国民贡献正确实用之智识,以裨益国家。业言论者,宜不媚强御,亦不阿群众,而事实上能之者几何?况国事败坏,报纸实亦负有责任。……本社同人投身报界率十余年,兹复以言论与国民相见,识浅力微,无当万一,仅举四端,聊以明志。"重点阐述"四端":"第一,不党。'党'非可鄙之辞,各国皆有党,亦皆有党报。'不党'云者,特声明本社对于中国各党阀派系,一切无联带关系已耳。惟不党非中立之意,亦非敌视党系之谓。今者土崩瓦解,国且不国,吾人安有中立袖手之余地?而各党系皆中国之人,吾人既不党,故原则上等视各党,纯以公民之地位发表意见。此外无成见,无背景。凡其行为利于国者,吾人拥护之;其害国者,纠弹之。""第二,不卖。欲言论独立,贵经济自存,故吾人声明不以言论作交易。换言之,不受一切带有政治性质之金钱补助,且不接收政治方面之入股投资是也。是以吾人之言论或不免囿于智识及感情,而断不为金钱所左右。""第三,不私。本社同人,除愿忠于报纸固有之职务外,并无私图。易言之,对于报纸并无私用,愿向全国开放,使为公众喉舌。""第四,不盲。不盲者,非自诩其明,乃自勉之词。夫随声附和,是谓盲从;一知半解,是谓盲信;感情冲动,不事详求,是谓盲动;评诋激烈,昧于事实,是谓盲争。吾人诚不明,而不愿自陷于盲。""以上四者,为吾人志趣之大凡,至于注重社会经济,详论国际潮流,总期勉尽现代报纸应尽之职务,以抒其服务社会之诚。"

续刊之初,发行数1 967份,广告收入每月200元左右。

8日 自今日起,"论评"改称"社评",仍署名。

13日 一版"社评"《时局杂感》(记者)。文章反对"赤化",反对"党治主义",认为效法俄国,将全国置于一党专制之下,"殆万不可能。纵曰能之,亦无良果"。因为"思想自由,为近代文明根本之要素,及人类经验中最大之真理。"并指出,"军权万能"是暂时之需,"讨赤"之后,应有"善政施与吾民",应让人民享有思想言论的自由。

17日 一版"社评"《赤化与反革命》(记者)。要求言论自由:"新闻界在今日,可谓无立足之地矣。"在讨赤军范围内,报上所载事实不利于讨赤军者,就加以"赤化"的罪名,而同时在粤军范围内,报上所载事实不利于粤军者,就加以"反革命"的罪名。甚至在同一地点,"北军掌权,则受赤化之嫌,及南军到来,又蒙反革命之祸。如最近汉口之《大汉报》其一例也。"文章接着指出,报纸所载对当局利与不利,在于事实。如有对当局不利的事实,应当"察其来源",辨其"是否捏造"。而"今日军人之通弊,在不愿使人民自由考量,决择从违,而欲以征服之道行之",一定要报纸讲与当局完全一致的话,并且要求,不但观点要一致,而且语句都要相同,"如北方骂赤化,最著者为共妻共产一语,究竟广东国民党有无共妻共产之事,则不欲深考。设同为反赤者,而谈学理、言外交,欲以思想主义纠正赤化,而不雷同骂公妻共产则不耐听矣,或且亦以准赤化目之矣。反之南方亦然。"

11月

7日　从今日起,"社评"不署名,以示社评代表社方意见,不代表作者本人意见。(按:关于这一点,张季鸾后来作了说明:"以卖名为务,往往误了报人应尽之责。……我们的希望,是求报纸的活动,不求人的活动。"见《季鸾文存》第二册附录,《大公报》馆1946年版,第20页)

12月

8日　一版"启事"《敬告各县人士》:"兹为使顺直各县消息灵通起见,拟特辟'地方新闻'一栏,举凡各县重要消息、行政设施以及民生疾苦灾情报告,凡有记录均可发刊。""又为便利各县人士购读本报计,特征求各县经理派报处。"

月底　广告收入858元,报纸销数达3 198份。

1927年(民国十六年)

1月

1日　五版"社评"《与读者诸君贺年并道歉》:"本报复活出版,已四阅月矣。兹当新岁,愿先向我读者诸君祝贺前途,且并致其深厚之歉意。"原因是本报在立言、新闻、调查民生疾苦、剖析国际大势、准确报道内战情况而力避"宣传"之弊方面,均未能完全实践初衷,有负于读者,特乘此新年之际向读者贺年并致歉意,努力在新的一年里更上一层楼。

2月

胡政之南游,在汉口、南京、上海等地考察北伐军和国民政府,采访孙科、宋子文等人。

3月

28日 一版"社评"《中国时局与外国新闻记者》:"我们办报的人,常常鼓吹收回国权,主张自主。其实新闻界本身许多年就受外国新闻家的支配,'新闻自主'这四个字,从没人提过,真是新闻界的一种耻辱。不但是耻辱,中国国家社会因此所受损失,真是不可计量。无论那一国,从没有像中国这样许外国新闻家在他国内如此自由活动的。我们试看中国报,无一家不是满载什么路透、东方、电通等等外国通信社的稿件,甚至外国人在中国办华字新闻,特别发达,直可以支配中国政治,制造空气,便可演为事实。……就拿二十四日南京案来说,路透社几十通电报,前后矛盾,不一而足,夸张失实,直令外国人真认为第二拳匪事件……中国国际名誉的损失,已不是更正所可追回。""我们因南京案得着深切的教训,越觉'新闻自主'之重要。一方面盼望中国报界努力,一方面盼望在中国的外国记者猛省。"

4月

23日 一版"告白"《读者诸君惠鉴》:"本报完全独立营业,无论自任何公私机关党派及个人均不受分厘补助。数月以来,幸荷社会爱顾,营业日趋发展。惟以原定报价比他报为低而新闻力求精确迅速,开支本巨,加以近来纸张油墨涨价,赔累甚深。为图独立精神之保持,不能不有收支适合之请求。"兹经同人决议,从五月一日起酌增报价,每份零售大洋三分六厘,或铜元十二枚(原价铜元八枚),每月大洋一元(原价七角)。半年五元五角,全年十元。

月底 广告收入每月增至1 000元上下,报纸销数达5 815份。

杨历樵进《大公报》,初任英文翻译。

5月

增加报价后,报纸销数增至6 000余份,广告每月收入已达1 000余元,报社营业结算由每月亏损三四千元转为收支平衡。

曹谷冰由德国回国,进入《大公报》馆,初为地方版编辑。

8月

24日 七版头条《本报试验摄影电报,电讯交通上之新纪录》。刊出"谷冰、心冷"署名的拍往北京的《邮转摄影电报》影印件。

12月

1日 一版"启事"《爱读本报诸君公鉴》说:本报近因广告拥挤新闻登载地位,定于明年元旦起,增添半张,并按日加出六种特刊:"星期一,文学;星期二,电影;星期三,戏剧;星期四,妇女;星期五,体育;星期六,儿童;星期日,儿童。""本报加张之后,价目仍旧。"

广告收入达3 200元,报纸销数增至12 000份。

1928年(民国十七年)

1月

2日 扩充篇幅,每天出两张半十版。

许萱伯从北京国闻通信社抽调进《大公报》,初为地方版编辑,不久任要闻版编辑。

蒋逸霄进入《大公报》,为新记《大公报》第一个女记者。初任采访本埠新闻的外勤记者,不久,任副刊《家庭与妇女》主编。

8月

21日 一版"启事"《本报九月一日扩充篇幅》说:"本报现因各界惠登广告者日多,影响新闻地位,特定于九月一日起扩充篇幅为三大张。惠登广告诸君若先期来馆接洽,尚可腾挪地位,否则难免向隅。专此布闻。"

9月

1日 按计划扩充篇幅,每天出三大张十二版。

今日为新记《大公报》续刊二周年。

报馆招考练习生,孔昭恺、曹世瑛、吴砚农、郝伯珍等人被录用。

一版"社评"《本报续刊二周年之感想》:"尔来两年……(本报)始终努力在可能范围内宣布较正确之消息与言论,各方读者亦深相爱谅,故销数日增,信用日著。抚今感昔,殊愿对社会表示深厚之谢意。虽然,本报非任何方面之机关报纸,今者北伐完成,党国统一,本报续刊以来之信念可谓得相当贯彻。然其立言精神,今昔则同。盖本报公共机关也,同人,普通公民也,今后惟当就人民之立场,以拥护与赞助国民政府之建设。而同时对于各方施政,亦愿随时随事致其坦直无私的批评。至于新闻记载,更务求正确。凡关系建设之具体问题,亦将公开讨论,以备参考。一言蔽之,本报笃信真正改革之必成功,矢志愿为真正改革者尽赞助之力。同时,仍一本社会服务之公诚,勉以民众的史职自励。知有是非而不计私人之利害,纵言论有误,亦非有所私。在党国所许的言论自由之下,当力求无负于各界期望之意。"

8日 七版"启事"《征求天津二十年来社会的变迁、流传的逸闻》:"本报为增加读者兴味起见……凡地方事业之革兴、地方政治之变迁,以及社会习尚、民间娱乐,凡有流传之逸闻,皆是需要之资料。体例不拘文言白话,纪述务希确切翔实。一经刊载,酬金从丰。若承惠稿,请寄本报'社会新闻部'。"

16日 一版《本报同人启事》:"本报系营业独立性质,不受何方津贴补助,亦不添招新股。本社同人向以办报为职业,不兼任政治上任何职务,不作求官求差之任何活动。近来新闻事业渐为社会重视,诚恐有人假借本报或同人个人名义向政教等界有所干求,兹特声明此旨,尚希各界注意。如有此类情形,定系招摇欺诈。务希勿受其愚,并盼随时通知本馆调查根究,至纫公谊。"

12月

由张季鸾牵线,大公报馆从上海《新闻报》馆买进美制旧轮转印刷机一部。

28日 一版"启事"《万象更新中之本报新设施,敬告爱读本报诸君》:"自十八年元旦起,扩充篇幅为四大张,增加国内外新闻,除外埠因重量增加,略增邮费外,报价一仍其旧。""本报销路,既无远不届,则各地消息尤力求灵通,无论各省各县,凡有愿担任本报访员者,请寄稿三次,径寄《大公报》地方新闻部',经本报认为合格者,即行函商酬劳办法。""本报对于教育事业、体育运动,向极注重","自十八年元旦起,特辟专栏,刊登此项新闻。""本报每周增出之七种周刊,略有更动,星期一《文学周刊》、星期二《电影周刊》、星期三《戏剧周刊》、星期四《妇女与家庭周刊》、星期五《科学周刊》、星期六《市政周刊》、星期日《儿童周刊》。"本报大号轮转印报机元旦起启用,"至原来平板机器,悉归印刷营业部使用"。

31日 本月每天报纸发行数已涨到12 000份,广告月收入达3 200元。

1929年(民国十八年)

1月

9日 即日起,由于改用轮转印刷机印报,报纸篇幅扩充,每日出四大张十六版。第一版为广告,社评移至第二版,要闻移至三、四版。

11日 二版"南京专电"《中常会颁布宣传品审查条例》：共十五条,内规定"凡反三民主义之宣传,均加取缔"。

12日 二版"社评"《中央之宣传品审查条例》指出,该条例条文"含混不明","则将来运用困难,纠纷无已。""试举三点,望中央注意焉"："其一,本条例第五条,凡有下列性质之宣传品为反动宣传品：(一)宣传共产主义及阶级斗争者；(二)宣传国家主义无政府主义及其他主义而反评本党主义政纲政策及决议案者；(三)反对或违背本党主义政纲政策及议决案者；(四)挑拨离间分化本党者；(五)妄造谣言以混乱观听者。""其二,本条第三项,反对或违背本党主义政纲政策及议决者,为反动宣传品。""其三,本条例第六条规定,谬误宣传品之条件,为：(一)曲解本党主义政纲政策及决议案事；(二)误认本党主义政纲政策及决议案事；(三)记载失实足以影响观听事。"文章最后说,倘照此严格施行,"则国内言论界惟有钳口沉默,始得免于反动之咎矣"。进一步指出："察自党国训政以来,国事不良现象之一,为言论界少生气,对政府用人行政,皆少批评。此等沉默的服从,殊非革命建设时代所宜有。"

13日 一版《敬告读者诸君》："本报自九日起,已实行改用轮转印报机,出报时间较前提早,同时扩充篇幅为四大张,即每版容量亦较前加多,总计增加字数在五万以上。"

一版"告白"《本报设立奉天、南京、哈尔滨分馆》。

26日 四版"南京专电"《中央宣传部第四次记者谈话会》：解释党的标准与理论,盼记者注意新闻报事。"中央宣传部邀集首都新闻记者,四次谈话会,到记者二十余人。"叶楚伧主席对天津《大公报》批评宣传品审查条例一文谓本党无党义的标准及统一的理论,指出,这在根本上确是一种错误。并说,我们国民党党义是有一定理论、一定标准的,那就是三民主义。

2月

3日 四版《中宣部致本社书,对于宣传品审查条例之解释》："本社昨接中央宣传部公函一通,系对于本报评论中央宣传品审查条例一文之解释。按中宣部为指导全国言论之最高机关,用特遵照披露全文如下:……查贵报一月十二日社评登载《中央之宣传品审查条例》一文,于中央颁布该项条例之意颇多误会,兹特分别解释如左。……曲解条例,殊属不合,特慎重纠正如上,尚希注意,并披露为要。此致天津《大公报》社。中国国民党中央执行委员会宣传部(一月二十四日)"

3月

曹谷冰到北平办事处,接替金诚夫任办事处主任职务;金诚夫赴南京创办驻京办事处;许萱伯升任编辑主任。

6月

8日　二版"社评"《论宣传》:"全国宣传会议昨日闭幕。蒋主席训话,谓宜注意社会实际的宣传。至哉言乎。注意实际,则宣传得其道矣。""宣传者,公布之义也。故其根本义,为宣布事实而传达之。宣布事实有二义:凡宣布皆事实,一也;凡事实皆宣布,二也。前者为有善始扬,后者为有恶不隐。"在指出了党国宣传政策有待改进之处后说,宣传不可"欺民":"是以扬善的宣传,亦曰扬其事实而已。事实进步一分,则宣传收效一分。反之徒扬而无善,是欺民也,而民终不受欺矣。吾人故愿为宣传政策定一界说曰,有善而扬之,有恶而无隐。若反其道而行之,无善而徒扬,有恶而皆隐,天下缄口,而人民离心,终至虽宣传而无人倾耳!"

王芸生进《大公报》,做地方版编辑。

9月

17日　二版"社评"《国府停止检察新闻令》:"国府昨日通令:'凡新闻纸之一切检查事宜,除经中央认为有特殊情形之地点及一定时期外,一律停止。'党国取缔报纸之办法,至此始渐入平常状态,愿乘此机,一述政府对言论自由应取之态度。""至于管理新闻纸,宜以奖励负责任的言论与纪载为政策。苟有错误,可以随时纠正,但不妨碍其自由。不然,寒蝉仗马,暮气沉沉,政府认为绝对言论纪事统一之日,即言论界本身生命消灭之日。表面上似政府便利,实则一切腐化与恶化皆由此而生,政治的反动潮流亦将与谣言以同起。即为政府计,亦甚不利也。"

11月

徐铸成从国闻社北平分社正式调入天津《大公报》馆,初任体育、教育、地方版编辑。

8日 三版"南京专电"《叶楚伧宣布新闻政策,谓时局平定以后报纸可批评一切》。

12月

14日 二版"启事"《爱读本报诸君公鉴》:"本报继续出版迄今已逾三年,平时每接读者投函,嘱将社评汇刊单行本,同人当以此种文字批评时事类多急就之章,殊无保存价值。顾读者再三相嘱,未可重拂雅意,爰于十九年起与《国闻周报》社商妥,每周将本报社评择要汇刊,爱读本报诸君可请直接订阅。该报另有特价办法,请阅今日第一版《国闻周报》广告为幸。"

28日 三版"南京公电"《蒋通电唤起舆论,自十九年一月一日为始,望报界对国事尽情批评》:"本社昨接南京公电如下:《大公报》并转全国各报馆钧鉴,自国民革命军统一全国,中央求治至急,人民望治尤殷,大之欲跻中国于自由平等之域,小之求使民众咸得安居乐业。格于环境,变故迭起,训政既已开始,军事犹难结束,虽为革命进程中必经之阶段,而身受党国付托之重,不能为人民早日解除痛苦,内疚神明,外惭清议。故不忍稍自退逊,更何敢闭塞聪明?岁月易逝,民国十八年将移,欲收除旧布新之效,宜宏集思广益之规,各报馆为正当言论机关,即真实民意之表现,于国事宜具灼见,应抒谠言。凡党务、政治、军事、财政、外交、司法诸端,均望于十九年一月一日起,以真确之见闻,作翔实之贡献,其弊病所在,能确见事实症结,非攻讦私人者,亦请尽情批评,并希将关于上述各项之言论及纪事,务希同时交邮寄下。凡属嘉言,咸当拜纳,非仅中正赖以寡尤,党国前途,亦与有幸焉。蒋中正勘印。"

29日 二版"社评"《国府当局开放言论之表示》。首先对蒋介石12月27日的通电表示赞许:"此国府当局开放言论之诚恳表示,而为政治前途之一种良好的趋向,殊可特称。"接着对国民党过去的新闻政策进行了批评:"查党国对于言论界之过去,多少有承袭苏联式或法西式理论之趋势。将完全置全国言论界于党部指导管理之下,而绝对统一之。其所谓统一者,非仅言论已也,纪事亦然。故其理想的境界,为全国报纸言论一律,纪事亦一律。当局谓黑,则俱黑之,谓白则俱白之,其所是否者是否之。是以此种制度下之报纸,其职责乃完全为当局作政策之宣传,不复含自由宣达民隐之意也。"这样做有两大流弊:"其一,宣传过于统一严整之结果,人民神经久而麻痹,反使宣传失效;其二,报纸专为政府作宣传机关之结果,全国言论界单调化,平凡化,根本上使人民失读报之兴味,最后足使报纸失其信用。由前者言,政府之不利也,由后者言,报纸之不利也,可谓两失之矣。"最后说,在战争年代,当局实行过去之新闻政策,虽不合常理,但"以环境言,则亦有不可概加责备者在。"现在全国统一了,和平了,政府"则奖励言论自由愈早,所减除社会危机愈多,故于党国利益愈大"。

本月,报纸发行数增至每月2万多份。广告收入每月6 000多元。并成立出版部。

1930年(民国十九年)

2月

1日 七版"短评"《释短评》(芸):"社议决自今日起增开短评一门,盖因世事万端,其大其小,大都为人类活动之成绩,或好或坏,莫不可为评骘之资料。本报除对一切新闻尽搜罗之能事外,而于臧否之评骘,颇有遗漏之憾。以本报向例仅有'社评'一门,故不得不择比较重要者为评论之资。实则此外应评论之事尚多。短评之设,即为适应此种需要,使减少遗漏之程度而已。至若评以'短'名,特以示体裁之有别于'社评'。故所评者未必即属短事也。"

3月

12日 七版"短评"《两均不可与均无不可》(芸):首先介绍说,上海《时事新报》日前被人捣毁,被捣的原因,据传系为未登祥生工厂工潮的新闻,以致触动工人之怒。唯据该报陈述,工潮新闻系奉当局的检查令而被撤销,临时以广告补白。报馆因服从当局的命令,而遭社会之怒,真可谓不白之冤,站在同业的观点上,更是万分同情。接着指出,该报社评曰:"服从命令,违反命令,两均不可",实是今日中国新闻事业的写真。上海如此,各地亦然,如同近来时局中的电报战,公平的办法,自然是两面一齐登。但事实上竟不可能!而且瞬息万变、诡谲莫测,在时间与空间上价俱各不同。现在认为对的,一忽儿就错了,这里认为满意的,那边又吹了胡子。于是命令与警告齐飞,扣报及停邮并作。在这时的新闻事业,物质上蒙种种的损失,精神上更受莫大的痛苦!但是我们眼看着枪尖上挑着青天白日旗的武装同志们,大得其所哉。今天掏出这个委任状来,通电就职;明天又拿出那个宣言来,通电响应。说他生张,未必便是熟李,翻手为云覆手雨,左盼右顾,"均无不可"。政府对于他们却只有敷衍拉拢,观望他们的颜色,而对懦弱无力的新闻记者却是动辄得咎!所以"均无不可"是军爷们应享的权利,而"两均不可"却是赐给新闻记者的公道!

4月

23日 七版"短评"《以一贯驭矛盾》(芸):"据长沙通讯报告,最近到湘的本报,全被扣留,而被扣的理由,便是'反动'两字。至于怎样的反动,照例是不宣布理由的。但是,本报除了因为国内政治的矛盾现象而报告矛盾的事实之外,没有甚么对不起人的地方。假使报告矛盾事实是有过失的,那末,其咎不在本报,而在制造矛盾事实的大人先生们。……我们敢正颜以告各方:无论中国的政象怎样的矛盾,我们公正忠实的态度是始终一贯的。"

24日 三版中间显著位置刊登《本报特别启事》:"昨日北平警备司令部交际处长陈子宽先生,约本报驻平记者往谈,据称奉李(服膺)警备司令张(荫梧)市长命特邀谈话。因近接报告,《大公报》自某时期起接受蒋之贿赂,故自某时期以来言论纪载均偏袒蒋介石,每大登南京新闻,而于北方重大情事,每简略登载。又常有攻击阎总司令之言论纪事,对蒋绝不攻击。讨蒋消息,尤少记载。本司令部将来认为须执行干涉时,即不宣布理由,实行干涉云云。本报同人,认此为北平当局对本报之正式通告,故不得不向公众有所声明。查本报自有其历史,同人自有其人格。独立营业,海内共知;贿赂津贴,向所不受。故北平当局所得报告,纯非事实,乃遽以谣传之词诘问本报,同人甚认为遗憾。至于本报纪载排列,向来纯就新闻大小为分;议论主旨,惟取就事论事之义。袒蒋不知何指,攻阎更所未闻。本报近在南方全被扣留,又于北平将遭干涉。国乱政纷,自由扫地,言之可叹。兹愿向全国读者声明:本报绝不变其独立公正之立场,决无受任何方面贿赂津贴之情事。地方政令,虽愿遵守,至于官厅谅解与否,只有听其自然。特此声明。幸爱读诸君共鉴之。"

25日 二版"社评"《诉之公众》。本文为"前日北平市政及警备当局,派员对本报驻平记者有所表示"一事而作,诉诸海内外爱读者三点:第一,重申"四不"宗旨,重点重申"不卖""不以言论作交易"这一点,"海枯石烂,此志不渝","大公报与'贿赂'两字,不能发生连带关系"。第二,重申本报乃营业性质,"专赖广告与报费维持事业是也"。因而(一)"新闻信用,关系最重,故纪载务求确,叙事务期允"。(二)"因本报为中国普通公民之营业,受各级政府机关之管辖,故于中央地方任何法令势须同一遵守。其一致之时,自由虽受制限,应付尚觉简单。一至情势变迁,政局破碎,便感动辄得咎"。"忆四年前,同人曾有社评一则,颜曰《难言》。感时之论,今昔同慨,爰更重录。读者勿怪吾侪之阿蒙犹昔也。"(按:接下来一段原文照录民国十五年九月二十七日社评《难言》,该社评为吴鼎昌执笔)第三,具体说明了报纸目前处境困难:"年来因本报比较的能以真确消息、公正主张,贡献社会,故南北各埠,莫不欢迎。"然而,因政局原因,"有时甲地视为不合则扣留数日焉;又有时乙地视为不合,复扣留数日焉。吾人本是一张白纸,检查者则以主观利害,异其判断。阅者关心时局,渴想新闻,未经收到,辄来责言。而分销处迫于需要,请求加发,不计损失。……迄至最近,始因见报即扣,而断然停发,营业上损失之巨,言之可慨。乃北平方面竟又有所误会。吾人诚不知南认为不合,北认为碍眼,中间将有何路可使吾人步趋也"。

26日 二版"社评"《对于言论自由之初步认识》首先说,"言论自由"在中国难,"此时尤难"。接着,为了使"有政权者对言论自由有初步的认识",提出两点"望有政权者略省察焉":"第一,有政权者应承认中国有独立的言论界。中国政界有力者因习于中国向来鲜有独立言论,故有一最谬误的习惯,即抹杀独立的言论界之存在。易言之,根本不认识言论界之职务,亦不认识言论界人之地位是也。盖充此曹之意,以为言论界者仅为附属政权军权而存在之一种职业团体,从事其间者,无独立之意见,亦无独立之生活,故殊不应有独立主张之权利。是以此等人之所期待于言论界者,为当然一切顺应治者而移动。治者东则俱东,治者西则俱西。""此等人根本错误,在不认识言论界本为国家应有的一种独立的职业,并非天然应为治者之应声虫,更不认识言论界中尽有几许不求荣利忠于职业之人。""第二,有政权者应承认言论界有主张批评之自由。言论自由之内容,即主张批评之自由,此在任何政体之下皆相当存在。今为革命民国,人民当然享有此项自由。""政见之批评,则任何时代皆应为完全自由之事也。乃不幸中国一部分官吏,误会治者之地位几等于神圣不可侵犯,故各省报纸对于政治问题几完全不许批评。易言之,只许事事称颂,时时迎旨,不喜稍持异议。此项风气,党国之下,似较昔年尤盛。"文章最后说:听任人民之自由批评,"此非必为言论界计,或转为治者本身之计。何则?言论界之武器,除积极的自由批评之外,尚有消极的抹杀不理。故言论界之存在,不必恃于批评政治。而就治者言,毋宁有得人民批评之必要。倘治者不认识此点,将欲专听歌颂之词,否则施以压迫,是在政治上为自杀之道"。

5月

31日 一版"启事"《本报特别启事》说:"自银贱金贵风潮发生以来,所有纸张油墨铅料等等无不涨价至三分之一以上,报馆成本骤增,经营困难。本报系营业性质,受累尤巨,自非亟谋救济不足以维持久远。惟报纸为文化事业,不便遽议加增报价致增公众负担。本报受社会爱重,又不愿减少新闻内容致令阅者失望。本社同人等迭经筹商,决于充实内容与整理纸面双方并进,期于面面顾到。经筹备半年之久,业将新式铜模订购到社,漏夜赶铸,制成新型各式铅字,较原有各种字体清晰而容积缩小。兹决定从六月一日起换用新字。将现有每版之十栏添成十二栏,每版原来约为一万字现增为一万四千余字,约增新闻资料十分之四;同时则将原有之四张改出三张,新闻内容较现在绝无减少,而纸面节省四分之一,于成本上轻减甚多。惟以本报广告向按方寸收价,减张结果,新闻数量虽仍旧贯,而广告容积则因以减少,不免受亏受窘迫。迫不得已加以价格上之整理,予以篇幅上之限制,对广告主顾诸君极为抱歉。再,今后凡属义务告白,恕不揭载。"

6月

1日 自今日起换用新字模排版。报纸减张,每日出三大张十二版。

17日 二版"告白"《本报征求各地临时通讯》:"时局不宁,地方多故,民生疾苦,日益加甚。本报负有宣达民隐之责。……举凡各地民生疾苦、兵灾匪祸及一切突发事件之纪述,均所欢迎。"(按:此告白为蒋冯阎中原大战期间征集各地新闻而发)

7月

15日 二版"社评"《报纸如何可以为民众说话》,引用了西方英美等国的法律家对于言论自由的观点和这些国家有关的法律后说:"惜乎国民党执政以还,摧残言论,压迫报界,成为一时风气,方法之巧,干涉之酷,军阀时代绝对不能梦见。以俄国之专制,其党报与政府机关报尚能指摘党政,公言无隐,使贤者知所劝,不肖者有所惧,而一般民众身受政治苦痛得一宣泄机会,精神上稍得慰安。事实上即可消弭民间对党政各界许多反动之情感。此不特社会之利,亦党与政府之利。向使国民党采取开放言论政策,使全国报界皆得为党国之诤友,对党部或民众团体之工会商协农协学生会等等,予报界以充分纠察规劝之自由,则一方面可使党部不致变成衙门,党员不致化为官僚或沦为暴民,而一般民众亦至少不至对党部及其指导下之民众团体有恐怖、厌恶、忌避、冷淡、隔膜等种种心理。于党于国,固有大益,即于办党之领袖与党员个人,亦可保全不少。"

24日 二版"社评"《言论自由与立言之态度》:"近年政治上最大之失著为锢闭思想、干涉言论,以致士气消沉、人心萎靡。当局者但求一时的耳根清净,而不知影响所及,得不偿失。"认为,一方面要"尊重言论自由",另一方面也应避免发表"偏激的感情论"。最后说:"夫所贵乎言论者,在有权威。而权威所寄,第一,在根据确实;第二,在理论正当;第三,在方案有效。必如是乃可超脱乎感情论与抽象论之范畴,而具有建设性。……欲固民主势力,宜彰言论信用,故一方面应为言论自由奋斗,一方面亦应为言论价值努力。"

8月

费彝民、张佛泉、艾大炎、马季廉进入《大公报》馆。

9月

1日 二版"社评"《本报续刊四周年纪念感言》首先申述了"本社事业的性质为独立的营业",接着对国民党统一中国三年来所谓的"革命政治"进行评析:"三年来之政治,实未改良,或且加坏",主要表现在官吏"贪赃枉法"、政府"浪费无度"、外交"丧权之多与猛"。然后表示:"本报今后愿与读者诸君重新立于白纸上共同商榷救国之问题,并愿共同扶持真能诚意救国之党及人。""本报同人对于政治上,始终将不逾越新闻记者地位之范围,在国省法令之下,虽力争自由之言论,但政治斗争,则不参预;对于一般政治上争权夺利之事,更认为系过渡时代人物之自杀行为,绝不欲加以助力。惟恪谨所职,为全国读者诸君常作一忠实之报告者、评论者,以裨国事于万一焉,斯幸甚矣。"

11 月

7 日　四版"短评"《停止检查新闻》：中央常会已经议决即日起停止检查新闻。

10 日　四版"伦敦电讯"《新闻界之金箴，英国新闻记者年会席上之巨吼》：新闻记者不应作政治的活动。追求新闻并无揭发阴私之权。君子人不为之事记者不应为。

12 月

报纸的销数，最高已达 3 万份，广告收入每月八九千元。全国代销处293 个。

赵恩源自燕京大学新闻学系毕业后进《大公报》社，为该报社第一位新闻科班出身的报人。

1931 年(民国二十年)

1 月

5 日　二版《本报特别启事》："本报现已聘请徐凌霄先生为文艺部主任，并撰述一切有关学术研究及富于兴趣的文字。其戏剧的作品，前在周刊披露，久已脍炙人口。以后凡系统的剧评，分在各版专栏刊布，其剧话随笔，登载于小公园。小公园园丁任务，亦由徐先生管理。特启。"

2 月

《大公报》花 20 万法币购进德制高速轮转机一部，为当时北方报馆最先进的印报机。为《大公报》的大量发行提供了技术保障。

自此，《大公报》销数每日达 5 万份。广告收入每月过万元。

3 月

21 日　曹谷冰启程赴苏俄采访。曹留德多年，擅长德文，在俄考察易得便利。

22 日　三版《本报特派记者赴俄采访中苏会议消息，兼任俄国调查，昨晨已附莫使专车成行》："苏俄情形，国人向多注意，而国情特殊，每苦难得真相。现在中苏会议行将续开，中俄关系益趋重要。本报有鉴于此，特派记者曹谷冰君前往莫斯科,专任采访中苏会议消息,并于留俄期中,对彼邦社会情状、建设成绩,视察研究,随时报告。"

曹谷冰6月底回国。在苏俄三个多月,曹进行了大量采访活动,除发专电外,还写了20多封旅俄通讯和多篇游俄印象记。旅俄通讯后由《大公报》辑成《苏俄视察记》出版发行。

5月

22日

一版上半版刊登"社评"《本报一万号纪念辞》:"本报创刊于清光绪二十八年五月十二日,即一九零二年六月十七日,以中华民国二十年五月二十二日,发行满一万号,其去三十年初度,余二十五日,同人谨于今日征文中外,以志纪念,而为之辞,辞曰:近代中国改革之先驱者为报纸。《大公报》其一也。中国之衰,极于甲午,至庚子而濒于亡。海内志士用是发愤呼号,期自强以救国,其工具为日报与丛刊。其在北方最著名之日报为《大公报》,盖创办人英君敛之目击庚子之祸,痛国亡之无日,纠资办报,名以大公。发刊以来,直言谈论,倾动一时。……现在服务本社同人之接办,为民国十五年九月一日。英君创办,承庚辛八国联军奇祸之后,同人续刊,则当国民革命运动勃发之时。此三十年来,中国受内忧外患猛烈之压迫,旧秩序已崩溃,新改革未成功,国民苦痛烦闷挣扎奋斗之状,实表现于社会一切方面。本报诞生成长于此时代背景之下,而前后同人复同为亲身经历甲午、庚子以来之痛史者。……近代国家,报纸负重要使命,而在改革过渡时代之国家为尤重。中国有志者知其然也,故言论报国之风,自甲午后而大兴,至庚子后而极盛。然清末南北著名报纸,民国后多受压迫而夭折,新兴报纸处高压之下,亦鲜能发展。报狱叠兴,殉者无数。其规模宏阔之报,或庇外力以营业,或藉缄默以图全,近十余年来,除革命机关报之非商业性质者外,求如清末报纸之慨然论天下事者,反不多见。现在同人等之投身报界也,早者始于辛亥之役,其晚者亦多逾十年以上,浪迹南北,株守徒劳。故于十五年天津反动政治最高潮之时,更毅然接办本报,再为铅刀之试,期挽狂澜之倒。岁月忽忽,又数年矣!而所谓言论报国者如何?际兹纪念,悲愧交并矣!"

接着重述续刊之初的"四不"方针,并认为"以上四端,为在当时环境下所能表示之最大限;亦同人自守自励之最小限。今者检查过去,幸未背创办人之精神,得勉尽同人公开之誓约。虽然,其志是矣,其效则微。"在"变化之剧烈,动如南北之极端"的社会环境中,"虽依时立言,勉效清议,然常有时不能言所欲言,或竟不免言所不欲言"。

随后,论及报纸与舆论的关系:"盖同人始终抱一理想焉,以为舆论之养成,非偶然也;必也集全国最高智识之权威,而辩论,而研究之;最后锻炼而成之结晶体,始为舆论。依此舆论而行之政治及社会事业,始能不误轻重缓急,不入迷途。国家果有此等舆论,始可永免内乱,可不受障碍而迈进!夫报纸者,表现舆论之工具,其本身不得为舆论。即同人自念,其所有者,惟若干经验与常识耳。建国大事,何知何能?是惟有公开于全国国民,请求其充分指导、督责、援助、合作。敢望全国之政治家、教育家、各种科学之专门家,及各种产业之事业家,凡所欲言,可在本报言之!其互辩者,在本报辩之!凡在法律所许范围以内,同人必忠实介绍,听国民为最后之批判;期以五年十年,中国将能形成真正之舆论。"(按:本文的最后一点是一年后"星期论文"专栏创设的思想根源)

一版下半版刊登长篇纪念文章《从一号到一万号》,将《大公报》三十年历史分为三个时期:第一时期,前清光绪二十八年(1902年)五月至民国五年(1916年)9月是为英敛之氏主办时期,虽英氏从民元以后已不复躬自主持言论,然名义上责任仍由英氏负之;第二时期,从民国五年(1916年)10月以后至民国十四年(1925年)底止,是为王氏主办时期,经理主笔由王氏聘用;第三时期,从民国十五年(1926年)9月1日迄现在止,是为新记公司同人吴达诠、胡政之、张季鸾负责,经理撰述之职,悉由同人等共同担任。

本日发行一万号纪念,共出六大张二十四版。从第三版开始,刊登各界要人祝词、题词、贺文和专文共计27件。其中有蒋中正《收获与耕耘——为〈大公报〉一万号纪念作》、张学良贺文《和平统一为切要之图》、戴传贤题词以及于右任手书贺文。

五版《〈大公报〉一万号纪念,本社同人摄影志庆》(全体合影)。

第十版《向全国推销本报的同人!本报各地分馆分销处诸君摄影题名》,计60人的头像、姓名及职务。

十九版刊登张季鸾写的《一万号编辑余谈》。谈到征文,张说,除极少数人以外,"凡去信所求的,大都有文字寄来。国民政府主席蒋先生在国民会议开会期间那样公忙,还寄来了一篇。各院院长,都有赐教。胡汉民先生的题字,是本月十三日的,胡先生居家以来,给报馆写东西,这是第一次。"还提到几位国际名士的赠文和题词。关于国内征文,特别提到"胡适之先生尽力不小,除自己撰文之外,并且为我们绍介。适之先生嫌我们不用白话文,所以我们现在开始学着用白话文。"

介绍了征文,再谈报馆自身:"第一,我们规模很小,资本不大,所以人也不多。这几年只是少数人挣扎着办。""编辑部最劳的是许萱伯,他天天到天亮。王君芸生也到二三点。杜君协民,白天作会计,夜里发新闻。杨君历樵,一天作十几小时工作,管一切英文稿子。还有现在苏联的曹君谷冰,也是很辛苦的。其余同事们,都是见戏就唱。……外勤部体育部的同人,人少事繁,都奔走不及,在京沪平各处的同事,也都是人少事多,个个奋斗。南京的金君诚夫何君毓昌,上海的李君子宽,更负的重大责任。"

24日　四版上半版《本报一万号纪念志盛》专栏:"现在再把当日的情形,略记于后。"其中一篇《同人聚餐》:"二十二日正午,本馆同人在国民饭店举行聚餐会,共到二百余人,职员工友坐了二十余桌,黑压压的挤满了国民饭店的大厅。……酒至半酣,管弦声喧,昆京杂奏,能唱的皆先后引吭高歌,更夹杂着喝采的掌声,真是'皆大欢喜',一般少年工友们更是快乐,这可说是本报自发刊以来所未有的盛会。"

9月

王芸生始着手编撰《六十年来中国与日本》,到1933年4月编成7卷,自此,王一举成名。

"九一八"事变后,国内外局势变化激烈,吴、胡、张商量后决定吸收编辑部年轻人参与社评写作,为鼓励起见,被采用者每篇付稿酬10元。初始参与社评写作的主要有王芸生、杨历樵、马季廉等。

11月

10日　因汉奸组织的便衣队骚扰,《大公报》被迫停刊6天。

16日　《大公报》迁至法租界30号路161号新址继续出版。

二版《本报历史的一页》:"本报迫不得已,休刊六天,对读者实是万分抱歉!然而,这次津市事变,本馆适当冲要,能在三五天内将二十五年的事业完全平安迁移,已算万分幸事!再能在六天之内——尽管苟简草率——居然能发刊这一张报纸,和读者相见,尤其是托福不浅。至少这次搬家,是本报历史中重要的一页,所以愿意简单记述一下,作将来的纪念。"

别矣旭街

"我们在日本租界旭街营业,已经有二十五年,比时中日国民感情异常之好。……本报创办人英敛之先生是爱国志士,认识日本好友很多,所以特地在日本租界建筑社屋,卜居营业。自此以后,日本租界逐年发达,本报在日租界中心,因亦顺利进展。五年前,同人接办兹报,沿袭旧址,所受地利之益亦在不少……向本报近来因营业发达,感觉地方太不敷用,上月租定法租界三十号路第一六一号大楼,比旭街馆址大上五倍,正在改建工厂,添置新机。新机到来一面装设,一面拆移旧机,可以不致停报,叫读者吃亏。想不到我们准备尚未完成,十一月八日晚间,便发生意外之事。……迫不得已,只好提前搬家,和我们二十五年的老巢——旭街二十七号——作别!"

恐怖之夜

"……(十一月八日)到了晚间,许多不三不四的便衣队,通通从日本租界向华界进发。枪声一响,日本军队随即出动,沙包铁网和铁甲车,在界内无所不为。我们对面的四面钟,便成了日本军队的临时阵地……十一点钟时候,我们营业部同人正在恐怖探听信息之中,一阵枪声便从事务室窗前而过。事后听说大北饭店门首有三个行人倒地,其危险可知。八日一夜,我们内外勤记者和经理总编辑诸人全部守在馆内,楼上下两架电话机,当当当叫了通宵,俱是来报告新闻或探询情形的。到了天明,报已发印,而四面八方,都被铁网封锁着,外面的报差进不来,里面的报纸更送不出,看着一堆一堆的新报,从卷筒机印送出来,只干着急!看着日已过午,夜班的工友急待进食,熬了一夜的记者们也觉得饥肠辘辘。我们馆中向不开火,外面交通即断,眼见有断食的危险,幸而有一个小孩,提了一篮烧饼果子要卖,走到旭街受了搁阻,我们赶急叫他把整篮留下,还叫他绕出铁网再去取来。其实那小孩并未回来。我们就只得把那一篮东西,作了同人午餐的食料。午后形势完全未变。隔窗一望,平日往来辐辏的旭街,只见日本兵和他们的义勇队,此外一无所见。气象愁惨,穷于想像。我们见此情形,认为编辑发行,已陷于不可能,决心停刊,出馆,另筹办法。一面电告日本领事馆,请发通行证,一面约略收检要件,重要职员先后离社。到下午四时,差不多全出来了,然而机器铅字、铜模等等,却一点没动。"

迁移成功

"我们同人离了本馆,便决心乘此机会,提早搬家。但是念及外患急迫之时,实不忍停止出报,别我读者。当经商定在秋山街本报印刷分厂印报,拿到法租界新址发行。因为九、十两日,秋山街日法租界交界处,警戒还不严重,尽有印报的可能。然而法工部局坚执不许。后来又想借特别一区地方印报,而在法租界发行,又办不妥。迫不得已,只好停版几天,拿全力专门搬家。请日本警察署发给搬移证明书,署长新坂氏慨然允许,所得便利不少。从十一日起用汽车两辆、地排车五辆,每天趁午前八时到午后四时——日本租界凭通行证可以通行的时间,往复于旭街秋山街与法租界新馆之中,装运机器生财。全体工友和各部同人,执行总动员,昼夜收拾,不眠不息。一部轮转机,只二十六小时,全部拆卸,两处排字房,在一夜中间,重新安好。那一种机敏整齐的光景,旁观者也为之啧啧称赞不置!我们新屋,原未修理竣工;迁居以后,一方修造,一方装置。幸而各方帮忙,办事应手,第一天有电话,第二天便有电灯。所惜新买轮转机还未到,旧轮转机非两三天所可装成,在过渡中间,只好用六部平面机同时印刷,以应急需。不但出报很迟,而且印得不好。又因报数太多,印得太慢,发稿不能不特别提早,消息稍迟便排不进去。这是我们万分抱憾。希望亲爱的读者体念本社遭非常之变,权且忍耐,特别原谅。我们更感谢不尽了!"(按:据当事人回忆:印刷厂搬迁,不仅工程量大,而且非常麻烦。"两台轮转印刷机,一大一小,从拆卸到安装好,只用了三四天时间。机器房黄钱发师傅出力甚大;排字房铅字型号多,最怕弄乱,最终还是有条不紊地搬进新址,排字房于潼师傅功劳最大。"见孔昭恺:《旧大公报坐科记》,中国文史出版社1991年版,第17页)

1932年(民国二十一年)

2月

12日　为庆祝搬迁成功,《大公报》馆全体同人在工厂聚餐。

1933年(民国二十二年)

2月

10日　二版"社评"《民权保障与司法独立》:"自镇江刘煜生案发生,民权保障运动,起于南北。"中央当局"不仅不守法不遵法","更在于割裂法律,以意创造"；山东省政府主席韩复榘"宛若通俗说部上'八府巡按'之所为，几集军政法诸权于一身"，完全有违司法独立之义。［按：1月22日《大公报》三版专电《〈镇江声报〉（电文报名有误，实为〈江声日报〉）经理刘煜生昨被枪决，闻因共党嫌疑》。2月12日四版专电《刘煜生案监委再提弹劾，列名监委达三分之二，顾祝同将有两次答辩》］

12日 第一版《特别启事》说："本报从今日起用德国名厂新式高速度轮转机印刷，同时增加篇幅，添办各种专门周刊。惟以新机使用伊始，技术未臻熟练，如有不周之处，尚希读者谅鉴。"

13日 九版头条《本社全体职员工友三百余人昨在工场聚餐，慰劳工友祝事业进步》："本报年来因销数遽增，原有之轮转印报机不敷应用，当于去载向德国侃鲍厂订购高速度轮转机一座，于三个月前由该厂派技师来装置，所有印报一切手续悉用新式方法，改用电气操纵，印刷职工日夕从事于新机之装置管理以及技术之训练。……昨日正午，由本社社长总经理总编辑及营业部主任购备酒肴，以酬全社职工之辛劳"。

5月

29日 二版"社评"《如此检查新闻？》先说："向来每值军事外交吃紧时期，官方例有检查新闻之举，然大抵有害而无益。"因为"像中外新闻机关不一，消息采集、来源各别，政府之力，仅能干涉中国通信社及报纸，其于外人所办者则无法取缔。于是杂然并呈之真确消息与无稽异说，几成外报及外人通信机关之专利品。外人莫辨真伪，宣腾广远，无奇不有；中国方面则形格势禁，闭聪塞明，或掩耳盗铃，自相欺饰。其事徒堕报业之信用，而流言怪谣，反致不胫而走，既害国家，同时亦陷政府自身于不利，盖报纸既失权威。"后说，"干涉舆论，取缔新闻……此事关系甚大，办理最难；当轴要人只知钳制言论，便利一时，而不知对外既不能同样取缔，自身又缺乏统一组织，将欲执行得当，绝对无有是理。在此内外多事之秋，吾人姑不必高谈言论自由，但愿申说利害，以促当轴了解，须知新闻记者，爱国绝不后人，与其禁制干涉，毋宁接近研讨"。

10月

30日 四版《何心冷君逝世》："何心冷君自民国十五年本报复刊，即来社服务，历主本市新闻及小公园编辑，前年一度赴沪，亦为本报撰述通信，去岁回社,仍任本市新闻及小公园编辑。何君才学优长,性情和平,任事勤奋,七年之间,对于社务极为努力。本年七月偶因感冒致疾,以其体质素亏,久治无效,缠绵床蓐,三月有奇,卒于昨晨二时逝世。其夫人镌冰女士本在上海,自得乃夫病耗,星夜来津,亲视汤药,眠食俱废者一百余日。何君故后,将先行权厝江苏义园,不日由其夫人送柩南归,卜葬常州。因何君在社服务多年,同人相处,情感极孚,今兹逝世,在本报失一斗士,在同人尤悼惜良朋,各部同人均甚哀感。何君得年仅三十六岁,原籍苏州,寄居常州,幼失怙恃,独学成立,其境况尤可哀也。"配发《何心冷君遗像》。

11月

12日 十二版《小公园》为"追悼何心冷先生专号"。

《十二年的转变》(政之):"本来我和他有十二年的合作,从服务工作到私人生活,差不多我都居于半师半友的地位。从民国十一年到十四年,他是烂缦天真的小孩子,从民国十五年到民国十七年,他是生龙活虎的大斗士,从十八年到二十年,他渐渐变成颓废消沉的畸人,从二十年一直到死,他简直像神亡气索的病夫了。""他和我最初合作,是在民国十一年。当时我正在上海创办国闻通信社,介绍人是他的内弟李子宽君,彼时他和他夫人镌冰女士方在初恋中。……他有清晰的头脑,明敏的手笔,每到上海各界有开会的时候,出去旁听,全凭脑力,回来一挥而就,纪载无误。数次之后,每有多人聚会之处,只要有心冷在场,各报记者,纷纷走去,说道:'何心冷来了,回头看国闻稿子吧。'这是表示对心冷的纪述,有绝对的信用。国闻社能在上海造成坚实的基础,心冷实与有力焉。可惜他天资绝顶而疏于事务之才,所以除掉开会纪录以外,外勤工作上很少成绩。久而久之,索性专干内勤,那里也不跑了。大凡团体事业,大家总有个比较,在勤惰劳逸之间,若果有了显著的不同,决非持久之道。我因爱他才华,重其所长,不断地替他解释调护,才得大家相安。心冷聪明人,他所以深深对我有知己之感,就从此起。""民国十三年,我们因为感觉通信事业不过是为人作嫁,太无生趣,于是开始创办《国闻周报》。在这时候,心冷得着发挥能力的机会了。《周报》是从十三年八月三日出的创刊号,从封面题字、广告撰文,以至报内的补白,一切打杂零活,差不多全是他一人包办。我很欢喜我的眼力不差,储才得用,同人们也十二分地承认他的天才,倾服他的文字。在周报第一、二卷中,几于每期都有他的著作、小说、电影评论、时装小志，花样翻新，心思百出，同时他对于同人，不忮不求，不骄不慢，充分表现出活泼天真的襟度，所以无论什么人，对他都只有好感的了。""民国十五年九月，我和达诠、季鸾两兄主办本报。我认为心冷更可以发挥他的天才，于是从上海调其来津，帮同筹备。那时他简直是生龙活虎，什么事都帮着我们干，如是者两三年，不但办《大公报》，还要照顾到《国闻周报》，不但管编辑部事，还要管理到发行印刷。他那和蔼的性情、爽直的言语，不但经理、编辑两部同人，和他要好，即是工场的工友、徒弟，也都对他亲爱非常。他那一支隽永深刻的妙笔，在天津卫博得若千万读者的同情。只可惜聪明反被聪明误，在这极盛时代，因为生活的无节制，便种下很大的病根。后来大家劝他结婚，这才于民国十八年八月和镌冰结婚于常州。当其携妇北来之日，我们在西湖饭店公宴欢迎他的时候，达诠代表致辞，同人都满怀新希望，以为从此可以把他从颓废浪漫中救出来。谁知仍然无结果。这是我万分遗憾的。他和镌冰本是由友谊进而为恋爱，由恋爱进而为夫妇的，他们的恋爱过程，他自己描写得很多。他对于甜蜜的新家庭，曾有十二分的幻想。结婚之后，镌冰也在馆服务，每天同出同归，双飞双宿，这是何等美满？可惜好梦难长，镌冰终因母病南旋，后来他的生活，依然回复到无节制的状态。中间回上海一年，穷愁潦倒，处境奇苦。当时我们虽然送些通信费，原不过是补助性质。他既不能在南方作事，只好召他回来，但是家眷既然不能同行，起居饮食，仍旧无人张罗，于是从浪漫到颓废，从颓废到病态，终于把十二年前天真活泼像一个小天使似的青年，送到垆墓中去了！"

11月

17日 十二版《小公园》刊《心冷语录》（芸生）。王芸生写道："有一次他和我谈早年经历时，说：'我在小学校念书的时候，大小考试，成绩常是第一名，品行的分数总是不及格。'这可知道他是一个怎样聪敏而洒脱的人。又有一次几个同事在编辑部里闲磕牙，提起某杂志以'五十年后的中国'为题的征文广告，因而假想到五十年后的《大公报》，他说：'那时政之、季鸾两位先生已是将近百岁的人，不再做社评编新闻了，只是揣着手照料照料；谷冰戴着老花眼镜看大样，对着月份牌，看报头上排的是不是中华民国七十几年某月某日和星期几；老许（萱伯兄惯称）仍问老伴当们"组织！组织！"（请打牌之意也）；协民还在会计部撅着嘴敲着盘珠；芸生正编《一百年来中国与日本》；我自己已是头发脱得光光的,只留脑后一撮毛。'谁知心冷的头发还未脱尽,先已撒手而去,人事之不料大率如此!"

21日 四版"短评"《手忙脚乱的新闻政策》:"福建问题酝酿之时,当局竭力否认,并不准报纸登载。现在问题揭穿了,什么事都实在了,反而不知怎么应付了。昨日中央国府两个纪念周,报告词发表了,中央社也发稿了,最后南京又来报全部取消。这种手忙脚乱的新闻政策,只有使真相更模糊,叫人更莫明其妙,与政府更无利益!"(按:"福建问题"指蒋光鼐、蔡廷锴、李济深、黄琪翔在福建发动的反蒋抗日运动,并于1933年11月22日成立了福建人民政府)

22日 四版"短评"《我们的一个抗议》:"中国的政局时常不安,最受影响的便是新闻事业。官方用检查邮电的手段以遮掩国人的耳目,其实是不能收效的。因为事实的暴露,迟早终是掩藏不了的。最可怪的是胡来一气。这会儿扣了,那会儿放了,这边扣留,那边却在放行。就拿昨天的情形说,北平各报登的闽省新组织人选及新国旗等等新闻电,都很详细,天津各报却给检查扣留得无影无踪。同是政府机关办的事,为什么这样参差?这样检查政策既无效果,而受损失最大的却是特别被青眼有加的报纸。这种蠢笨而不公平的办法,我们要声明抗议!"

12月

11日 二版"社评"《吾人对于政治上之信念》:"吾人不满意于政治之现状,无庸讳言,因之希望政治之改造,亦为当然结论。但借口改造政治,而用破坏统一之方式、诉诸武力之办法,吾人殊未敢赞同。吾人所愿矢力者,促进各方之觉悟,增进社会之智识,俾得成熟健全之团体,造就有为之领袖,提纲挈领,旋乾转坤,驱策天下人材,分头尽力改革中央及地方之政治,庶几可挽救危亡,再造中国耳。"

1934年(民国二十三年)

7月

17日 四版"短评"《重庆的滥捕记者案》:"重庆近来发生了代理市长石体元滥捕记者案,甚至把记者吴秋影棍责数百,以致动了报界公愤,停刊请愿,要求刘湘撤罢石某,这要算一件很大的'新闻之新闻'了。中国法律保障,本来薄弱。就拿通都大邑来说,当局有权的人们,一看新闻不顺眼,立刻便可以罚令停版,甚至封报拿人,要想根据出版法来要求保护,那是不可能的。在这种情形之下,以四川军权之大,官威之重,报界受摧残,当然不是意外的事。不过,把新闻记者捉去打军棍,倒是只有四川才有。可惜刘湘总司令曾经耗费过川民多少脂膏,招待了全国许多学者专家到四川观光,替川政宣传,现在因为石体元的几百军棍,叫全国人想着'四川毕竟还是魔窟',拿从前迭次的宣传工作,一概自行打倒,这是何等的不幸?我们想想单拿刘总司令的声光和四川军政界的面子来说,石体元这种人也万万容留他不得。四川要想不做'魔窟',打倒这种小魔,应该不成问题吧?!"

10月

4日 二版"社评"《统制言论之合理化》:"中国现值非常时期,政府感于国民意志不齐一,言论太庞杂之有害大局,对于统制言论、取缔新闻,年来极为注意,方法日趋周到。最近数月,南北报界,迭出问题,当轴洞察新闻业者之苦痛,乃决定事前充分预防,以免事后补救之困难。……此项事前预防办法,业于本月一日起实行。吾人甚望党政各方面与各地报界能本互相谅解好意扶持之原则,圆滑进行,共趋一轨,则有办法之统制,自较无办法之统制为优,而报界同人理想中之合理化的统制或有实现之可能,此吾人所愿乐观厥成者也。"

12月

10日 三版"社评"《为报界向五中全会请命》。国民党五中全会今晨开幕,该社评为此而作。首先说:"我们想把切己利害的一个问题——言论自由——提出来,请求全会注意!"接着说:"我们对于近几月来的'统制新闻'根本不反对,因为我们知道,国家到了这宗地步,报界责任负得很重。而且在内外情形万分复杂的现状之下,报纸采用新闻、报告消息,的确有十二分审慎的必要,我们应当以整个的国家利益为前提,不能毫无顾忌地登载。但是,我们把'统制新闻'和'统制言论'不一定看成一件事。我们以为'统制新闻'目下或者在实际上还有其必要,'统制言论'却实在可以不必,而且不该。因为报纸言论是他的灵魂,理应让他自作主宰、自负责任。如果他的言论触犯法律,害及国家,尽可依法检举,照律惩罚。万不宜在言论未发之先加以束缚,在言论已发之后任意苛责。政府要拿全国的报纸文章都弄成清一色,不但于官方无益,并且有害!因为到处都看见千篇一律的对政府恭顺之辞,正以表现当局在'防民之口'。"最后说:"以上是我们最小限度的希望,请求五中全会为报界主持,按此原则交主管机关改良检查办法,解除全国新闻界的苦痛。"

1935年(民国二十四年)

1月

25日 二版"社评"《关于言论自由》:"昨日中央常会对于本报及沪日报公会等前向五中全会电呈关于新闻检查等之意见,决议原则:凡对于党政设施有事实之根据,而为善意之言论者,除涉及军事或外交秘密或妨害党国大计者外,均得自由刊布之,但不得宣传与三民主义不相容之主义。吾人对此决议愿表赞佩,而更为文以论之。""昨日中央决议之原则,符于保障言论自由之旨,吾人宜无间言。惟愿当局留意者:原则之适用,视遇事之解释,故此次中央原则之适用如何,尤在军政检查机关之态度。如军事外交秘密,如党国大计,何者为秘密范围?何者在大计之列?业报者固亦自有衡量,然若军政机关吹毛求疵,附会周内,则中央爱护言论自由之盛意,将实际上不能表现。盖察近年军政机关对报界纠纷之多,首由一般官吏自始存苛责挑剔之念,或不明保障言论自由为各级政府本身固有之职责,仿佛以严重取缔为当然,以缓和对待为宽大,遂至有时抹杀报界合法之立场,甚者则滥用权限,凭喜怒以为处分。一言蔽之,一般官吏对于言论自由问题之根本认识似有不足之憾也。其次,智识及理解之问题所关亦大。……此外依报界眼光,全不必禁而被禁,而卒亦不能久禁者,其例甚夥,不堪枚举。此则关于对问题性质之理解与判断,军政机关有时自行错误之故也。"

2月

张季鸾首先向吴鼎昌、胡政之提出了创设上海馆的建议,胡政之认为此事必须慎重,不可"轻举妄动"。

16日 四版"短评"《保护舆论令》:"行政院对于各省市有保护舆论之通令。"因为"中国报界,地方报更缺乏自由,更需要保护。试看中国各省地方报的一个普遍现象,是对于本省事,最不批评,并且少纪载。据我所记忆的,只有数月前,《绥远报》曾登载攻击省府之新闻,足以证明该省府之有雅量以外,狠少看见地方报对地方事能作严正批评。""譬如遍看中国都会报与地方报,几乎找不出一个贪官污吏。越大官,越没错。难道中国政治,真清廉了吗?""各地方报的同业们,小公务员也惹不起,何况大官。舆论而需保护,就可知中国言论界之地位了,何况保护还只是一句话。"

3月

由于在创办沪版问题上,张季鸾与胡政之之间出现意见分歧,一度想离开《大公报》而"另谋出路"。3月20日张季鸾从天津经汉口到重庆,向好朋友康心之提出,出资创办《国民公报》。

4月

15日 张季鸾到贵阳见到蒋介石,并与之共进午餐。蒋介石提到抗战开始后《大公报》对国家的重要性。

5月

10日 胡政之率王佩之等人自天津出发赴日本考察报馆工作,主要是日本报业组织、机构设施和经营管理。在大阪,参观《朝日新闻》《每日新闻》两大报馆,在京都参观印刷所,还会见和访问军政要员及大事业家。胡政之还召见了由报馆资助到日本留学的员工吴砚农,嘱他多收集一些日本报馆研究部的资料,以便《大公报》馆仿行。胡政之在日本订购了万能铸字机和职工上下班打卡的时钟,于6月中旬回到天津。

本月 范长江取得《大公报》旅行记者的身份,在报馆资助下,先采访塘沽,然后入川,7月开始西北旅行采访。

7月

由于在创办沪版问题上,与胡政之仍然未统一意见,7月上旬,张季鸾再度离津,作"西北息游"。

萧乾进《大公报》,接编《小公园》。此前,萧乾业余为《大公报》撰稿。

14日 二版"社评"《读新〈出版法〉》将新旧(指1930年12月公布的)《出版法》比较后说:"吾人理想以为《出版法》不应专著眼于新闻纪事之取缔,而应进而谋新闻杂志事业之积极的提倡,最著者如新闻记者之权利保护,专电纪事之版权认许,皆应规定……国家对于新闻事业,自亦应有奖进调护之办法,此不能不望政府注意也。"

30日 二版"社评"《新〈出版法〉的再检讨》:"新《出版法》自经本月十三日立法院三读通过,本报即于十四日就主要条文,略事评论。迩来上海南京、北平、天津报界纷持异议,呼吁改订。吾人愿就该法内容再加检讨,以供公众参考。"接着谈了两点:"一、新《出版法》对于报纸杂志之社务组织,经费来源,收支预算及编辑发行计划等等,概在必须呈报登记之列",此规定不仅繁琐,且各项均可做伪,难于施行,"仍同虚设"。"二、关于新闻刊登之范围,规定过于广泛,几令今后言论界之纪载批评,可以动辄得咎,统制程度太严,转非国家之利。""以上两点,吾人认为统制之方法与程度,不甚合理。"最后"略论言论自由之保障:夫统制与自由有时似相反而实相成,言论尤然,盖不特防民之口,甚于防川;过事遏抑,徒贾民怨,而言论自由,善用之可以传达民隐,发泄民情,防弭革命而为国家之安全瓣,英人于此,最能运用。中国就新闻统制言,实际情形已视新《出版法》为甚,如邮电检查之严,新闻禁扣押之细,停邮停电之酷辣,实新闻界所最感苦痛者,新《出版法》中竟无一言使之合理化合法化,反将许多监督干涉之权,公式地授诸组织欠缺完全之地方官厅,而一切委诸行政处分,又更未规定任何救济办法,是则事实上政府对于报界,只有统制而无保护,益令人对言论自由之存在,根本发生怀疑。不特此也,近年内地报纸,已久无言论纪事之自由,新闻记者纵欲对法律与良心为负责之主张,而形格势禁,绝对无容许发表意见之余地,其于新闻纪事,更只有根据官方发表,敬谨照刊,一字不易;甚至本地发生事件、街谈巷议,内外周知,而报纸迄不许有只字披露,此等现象,言之滋痛。"

8月

吴、胡、张三人齐聚天津,就创办沪版一事进行了多次磋商。鉴于日寇侵华形势的发展,达成一致意见,创办沪版,并且实行《大公报》的中心南移。

9月

王文彬进《大公报》,接替张逊之任外勤部主任。
许萱伯调任副经理,王芸生继任编辑主任。

10月

吴鼎昌带领"赴日经济考察团"从上海乘船到日本考察所谓"中日经济提携"的可行性。其成员34人,皆平津沪汉金融界工商界头面人物。吴鼎昌此行是他进入蒋介石国民政府人才内阁的铺垫。

12月

4日 二版《全国读者诸君公鉴》:"本报奉津市公安局通知转奉平津卫戍司令命令,自即日起受停止邮递处分,以致不能由邮局发寄,对全国读者抱歉万分,事出非常,尚希谅詧是幸。"(按:因12月3日发表了题为《勿自促国家之分裂》的社评触怒了平津卫戍司令宋哲元,而受停邮处分)

12日 二版"启事"《〈大公报〉社新记公司启事》:"本社社长吴达诠先生顷来函向董事会辞职,经开会照准。在新任社长未推定以前,其职务暂由董事会各董事共同负责代行。特此通告。"(按:吴鼎昌因出任蒋介石政府实业部长,辞去《大公报》社长职务。同时吴将《大公报》驻南京办事处主任金诚夫带去做自己的机要秘书。南京办事处主任一职由曹谷冰接任)

二版《本报启事》(一):"日前因时局紧急,关于登载新闻未能切遵官厅检查之标准,言论复有失检之处,致受停邮处分。兹已解释清楚,自即日起照常邮寄,北平分馆之报亦恢复发行,特此广告。"

二版"社评"《本报解除停邮处分》:"一、本报受停邮处分后,全国读者诸君界以深厚之同情,京沪诸同业,多为文评论,慰勉有加。各地人士函电慰问。此一星期余,所得各地各界之援助与鼓励,不堪备述。政治方面,中央委员数十人曾因此有保障舆论之提案(按:指12月5日在一中全会上,周佛海等52人提出并获通过的《保障新闻纸办法案》)。""二、本报受处分之直接原因,为三日社评(按:即1935年12月3日社评《勿自促国家之分裂》)。""三、关于检查新闻事,愿进一言。检查新闻,为近年新制。全国报界曾屡次要求改善,迄未得达。吾人鉴于国家环境之恶劣,不愿必倡废止检查之论,但以为官厅主持检查者,(一)须善体法律之精神,凡在法律范围内,须尊重言论自由。(二)检扣新闻,原则上本应限于影响公安或牵涉重大外交之紧急事项,不得滥用其权。(三)对新闻事业,须有理解,须顾及其向国民公众报告消息之职务。故司检查者,须与报界取商榷态度,时求一双方地位互相顾及之方法。"

本年 年底,报纸销数已达5万份,纯收入达13万元。

（二）消息、言论与通讯

1926年（民国十五年）

9月

1日 二版为专版《两湖战事牵动东南》，详细报道了北伐军的"武岳战事"，主要文章有：《（一）孙传芳投入漩涡》（本社驻沪特派员电）；《（二）张作霖将入关助吴》（北京寒枫通信）；《（三）江潮汹涌之一瞥》（上海特别通信 大为）；"北京特讯"《武汉告警中之大局写真：后方如无问题，吴子玉或可保守；广东即有变化，依旧是民党势力》（冷观）。配发孙传芳和吴佩孚照片。

2日 一版"论评"《战卜》（前溪）：文章先列举历史事实说明人心向背决定战争的胜负，再说这些年来，军阀混战，正义与非正义不明，人心向背也难明，人们被混战搞麻木了，不关心谁胜谁负，"无论谁何之胜负，概熟视若无睹"。最后引用晋文公的话"吾闻战胜能安者唯圣人"，说明不论谁打胜了，都应该使老百姓安居乐业，只有这样，老百姓才会"箪食壶浆以迎王师者"。（按：前溪是吴鼎昌的笔名）

一版"论评"《嘉使团中立》（榆民）：文章首先赞扬北京公使团电令驻汉各国领事，对湘鄂战争严守"中立"的态度；接着说明中国战乱不休，"皆十五年来中国特殊势力与各国交相利用离合变化之结果也"；认为中国的势力有好有坏，拥护谁反对谁，"宜由中国人自决之，非外人事也"；最后说，"吾闻公使团严守中立之议，以为为缩小战祸计，乃绝对的必要。且足使我国民知立宪各国尊重公法，毕竟有异于赤俄也。"（按：榆民是张季鸾的笔名）

二版头条《武汉形势剧变》：报道吴佩孚在贺胜桥督战不利。

4日 一版"论评"《回头是岸》（榆民）。文章分析了武昌之战后指出，国内出现了两种事实：第一是革命党迅速发展。文章说，孙中山早年无兵，"军队皆服从，实无一服从，号称革命军，而行动与普通军阀无异。"故孙中山晚年太息于"南北军人一丘之貉"，然后办军校，才有北伐之功绩。在谈到改组后的国民党时，文章一方面说："国民党之标明'以党治国'，及国际共产党之入党，与夫亲俄色彩之浓，宣传工潮学潮之烈，此皆吾人所反对者。"一方面又说，国民党

"不共产,更未卖国",因而"不必仇视之"。第二是北洋正统吴佩孚败后从此已矣。文章最后得出结论:革命党军不必灭,不能灭。南北爱国军人,不要再被人利用而"同胞互残",应"舍武力而谋和平,回头是岸"。

5日 一版"论评"《注意国内与国际之变化》(前溪)。文章首先表明:"武岳消息传来,吾人对于国内国际变化,有不胜杞忧者,未可以沪宁、津浦、京汉、京绥连年来北洋军系之互战,一律视之。彼蒋军之来,有赤俄为之扶持,有青年为之宣传。国际之势力竞争与国内之思想战争,兼而有之。短期内苟无适当之解决方法,吾人预料国内国际,必将有剧烈之变化发生。"文章接着分析说:"若夫蒋军,主义公布、旗帜鲜明。其中共产派一部分,专以煽动工潮,利用学界,使中外人士,重足而立,咸感不安。种种事实,彼不自讳,天下亦勿庸为之讳。试问反赤化列国,处之若何?窃料武汉消息,飞传海外,英日必震悚于先,美法且徘徊于后。……反赤化诸国,协而为援之局,是否能成,所不敢知;分而为助之势,揆诸情理,或难幸免。至其态度之明显若何,当随战局之弛张而定。连年以来各国操纵内争之黑幕,或将成事实之公开,假赤化之内争,竟或变为真赤化之外战,皆在吾人忧虑之中。"为了避免由"内争"而引起"外战",文章最后提出:"希望南北军人,抛弃武力,别求政治上解决之道也。"

7日 一版"论评"《比法日三国修订商约问题》(政之):"自前清末季,有识之士,已发为修正恶约、收回国权之议,迄于民国,此论尤为普遍。当局者受舆论之鞭策,信公理之伸张,因有巴黎平和会议与华盛顿会议种种提案。"此后,虽年年内战,然对外力争自由独立,则南北决无二致。"刻值比法日三国修订商约之期,尤为实现此种新理想之机会。"文章呼吁废除不平等条约,希望"友邦"政府"为友邦计,与其扶助我国一党一派,徒长乱源,何如扶助我国全体国民,解除束缚;与其危疑震恐,抱中国赤化之忧,何如大刀阔斧,导中国于独立自由之路。"

从今日起,在"论评"后设"时局小言",每日数则不等,发表对时局的点滴感慨。

9日 一版"社评"《望英人猛省》(记者)指出:"沙基惨案"事情未平,英舰陆战队还在上岸捕人时,英舰又在长江上炮击中国南军。"前者为干涉内政,后者为侵犯主权。按诸公法,皆在不许。"文章对此提出抗议,并指责英国违反国际上平等交际之道,是"鸦片战争时代之面目"的"复发挥"。(按:记者应是张季鸾)

"时事小言"三则(天马)。其中《气令智昏》对上海的《字林西报》和伦敦《泰晤士报》等鼓动列强各国对中国进行干涉,表示愤慨。

12日　一版"社评"《注意两大潜势力之爆发》(前溪)。首先说,所谓两大潜势力是"生计革命与思想革命"。指出,由于"生计压迫"和"精神刺激",这两种势力"所在酝酿,大有不胫而走、一触即发之势"。接着分析说:"生计革命"如"红枪会之性质,易杂入土匪";"思想革命"如"革命党之性质,易流于过激"。因而提出:"红枪会能否注意除暴,而不扰害良民,且严禁土匪式之越货杀人;革命党能否注重建设,而不专事破坏,且严禁无意识之罢工罢学。各种革命团体,更能否一以社会舆论为依归,而不假他国势力为背景,引动国际纷争,自促灭已?"

13日　一版"社评"《时局杂感》(记者):"广东国民党招致反对最大之点,为主张俄式之党治主义。"

15日　一版头条《英舰炮毁万县城》报道"万县事件",刊载中外各报对万县事件的反映。

二版"社评"《英舰轰击万县》(记者):"万县事件,起于英船肇事,丧中国人命数十。"谴责英军先制造事端,后轰坏城市,"杀人逾千",并指出,"今后一切结果之全部责任,英人将自负之矣"。

19日　二版《英报自述万县大焚杀情况》:城中火彻夜不息,死亡最少五千人。

二版《万县案诉诸世界公论》:"万县案之重大惨酷日益证明,全国愤慨达于极点。"

20日　三版《万县惨案真相渐明》(一)。

六版《万县惨案真相渐明》(二)。

23日　一版"社评"《军阀与党阀》(前溪):"故吾人以为,北方军阀政治,苟不开放,必与南方党阀共其运命;南方党阀政治,苟不开放,必与北方军阀共其运命。初不必问其赤化耶,白化耶,盖凡一派专制,一党专制,或以少数之名,或假多数之名,苟漠视舆论而排斥异己,则为祸流毒,初无二致。纵可钳制于一时,势必土崩于一旦。历史上绝不能为今日之军阀党阀开一例也。"

一版"社评"《赤化与白化》:"赤化者,北军所持以攻击南军;白化者,南军所持以诋毁北军。"文章既不主张"赤化",也不主张"白化",而主张发挥"中国五千年所传之黄化"。所谓"黄化"者,其政治政策是"不主张侵凌弱小,亦不主张受制强大",其经济政策是既不搞"大资本主义",又不搞"共产主义",而"持两用中"。

27日 二版《万县惨案之大披露》主要内容:(一)英商轮浪沉中国木船肇祸;(二)杨森与英国领事两度交涉;(三)可怜万县城民之焦头烂额。

28日 六版《万县惨案真相之大披露》(续)主要内容:(四)全川军民各界一致谋雪耻;(五)惨案后中英两方交涉近状;(六)英轮历次浪沉木船之调查。

一版"社评"《论保护学生》(记者)。文章从"保定党案"谈起,说军事时代乃砍杀时代,如果有党人在学生中一煽动,则军队捕而杀之。因此,文章既反对在学生中进行"党化教育",认为学校的责任是启发思想自由,发展个性,灌输为国家服务的思想,而不能向学生灌输一党一派的主义,"启门户之盲争";同时,文章又反对乱杀人,认为"党化教育""学生入党"并没有犯法,不能"以莫须有之罪名而摧残无保护之子弟"。文章最后"提倡保护学生"。

29日 一版"社评"《道胜银行关闭之感想》(前溪)首先说,外国列强在中国开设银行而不受中国法律的限制,"随便成立,随便关闭,随便清算……中国人受此类损失者,不可数计"。最后指出:"商会与银行公会应亟起考查各国成例,拟定对于外国通商机关特殊法令草案,要求政府实行。国内普通人民,既可藉以预防危险,外国通商机关,亦可藉以发展信用,诚两利之道。此项提议,吾人敢断定外国正当之商业机关,亦必相与同情也。"

10月

1日 一版"社评"《外交杂感》(榆民),共三则。第一则从"报载意大利总理忽提倡共同干涉中国,闻之惊绝"谈起,感叹道:"中国受外侮多矣。"第二则是基于"万县惨案",指责英军"烧民房,杀平民"的野蛮行径,同时责问民国外交当局完全不作为,既不以正式交涉向英国政府力争,又不通过舆论争取英国工党领袖出来主持公道。第三则指责处理道胜银行问题上的失误:"顾维钧已将道胜银行存放关盐款之权,轻轻转送与汇丰",进而指责当局不但不"勉为交涉",反而"先自行断送之"。

6日 一版"社评"《取消不平等条约与内河航权》(冷观)。提醒说:"现在中比、中法、中日商约均届满期,正为分别进行改约之极好机会。"并赞扬"年来因广东政府与国民党人对外主张强硬之故,北方外交受益不少"。如能抓住时机,则"除旧布新决非难事"。最后提出,在处理"万县案"时,国民与政府应下定决心,"趁英人理屈之时,取回航权"。

19日　一版"社评"《论自治运动》(记者):"南方将出现两党,一为带社会主义色彩注重农工运动者,即国民党;一为带民主主义色彩注重代表中流阶级之利益者,即自治党。"望"反对一党专政,尤反对亲俄色彩之一党专政者,不可敌视自治派"。

21日　一版"社评"《不平等条约能否废除视此一周间民众之努力如何》(记者):要求南北政府宣布《中比通商条约》于27日失效,"民族兴亡存废之关键,全在此类恶约之能否废除。今兹通知另订,系按约章成例办理,并未超越外交轨道。如能废弃另订,则可为中国外交开一新纪元"。要求"全体国民当为政府后盾。如政府放弃职责,迁就外人,无论另订何种过渡办法,国民断不受欺"。(按:自此至11月6日外交部宣布中比商约失效为止,《大公报》发表相关社评14篇,予以催促)

社评后加花边刊登《注意》,告知国民四项不平等通商条约(《中法越南通商条约》《中比通商条约》《中日通商条约》《西班牙条约》)到期的确切日子。

23日　第一版中加花边刊《国民注意》:中比商约应于本月27日宣告无效,否则不平等条约之废除将无希望。

24日　一版"社评"《解决比约之正当办法》(记者):"比约通告满期,而比国不理。国民自甘劣等则已,不然,应在此三日内,无分阶级省别一致迫请北京当局宣布以下办法,不达不止:第一,宣告比约满期,无效作废。第二,交换公使,依商约而来,约废则使撤。驻京比使,即日改为代表。第三,通告该代表,愿与订立新约;若并此拒绝,则请其归国,以无约国论,以至比国觉悟之日为止。"

三版"国外电报"《比国宣布态度》:先订一临时办法,将来再议订新约,否则提万国法庭。

25日　一版"社评"《比约只余两日》大标题下,发表两篇社评,一篇是署名"天马"的《异哉比政府之宣言》,一篇是署名"榆民"的《其二》。

从今日起,"时局小言"改称"短评",亦置"社评"后。

26日　一版"社评"《软弱无能之政府》(记者),对于北京政府不纳民意而与比政府密谈、准备让步的做法十分不满,斥之为"软弱无能,令人发指"。

27日　一版"社评"《今日比约满期政府并未宣布失效》：不平等条约难望废除，各省当局与国民宜奋起。

一版"北京特讯"《迄昨日下午三时，比约尚未定办法》：比方节略意极含浑，外部静待比方表示。

11月

2日　一版"社评"《社会上最大危机》（前溪）："民国以来，国内外大学专门毕业学生，岁以数千计，各省中学毕业生，岁以数万计。……试问，此每年递增数万以上之毕业学生，欲求学不可得，欲作事不可能，生机断绝，路路不通。予以相当之智识，迫以及身之饥寒，当年富力强之时，正心粗气浮之际，其心理若何，其愤慨若何？故在今日学校出身之失业青年，对于现在社会上政治经济之组织，咸怀极端不满之意，苟有可乘，便思破坏者。与其谓为思想所激，勿宁谓为生计所迫。""故吾人认为，智识阶级失业者，每年增加，为今日社会上最大危机，断非杀二三校长十百学生所能抑制，根本解决，在乎生计。"

一版"启事"《征求学生出路办法》："本报认'学生出路'为现今社会上最大问题，凡社会上有良好办法见示者，本报亟愿介绍于社会有识者以资研究。"

3日　一版"社评"《欺罔国民之顾代阁》（榆民），对顾维钧在处理"比约"与"道胜银行"两件事上的态度与做法"不禁愤慨"，并指名痛骂："顾维钧竟如是欺罔国民，犹为吾人所不及料也。"

6日　一版"启事"《阅报诸君公鉴》："兹为优待长期订阅诸君起见，与《国闻周报》社立专约，凡一次订阅本报六个月以上者，在期内每星期赠送《国闻周报》一册，以两千份为限。……《大公报》社启。"

7日　一版"社评"《中比关系》，对于北京政府在人民的再三鞭策下于昨天宣布比约失效的做法表示赞同，指出，一个国家的政府如果不与国民一致，便不足与列强对抗。（按：从今日起，社评不署名）

一版《比约宣布失效》，全文刊登比约宣布失效的"指令"和"照会"，并刊登了"宣布比约失效之顾维钧"的半身照。

二版刊登《外交部关于交涉终止中比条约宣言》以及署名"冬心"的文章《比约宣布失效经过》。

10日　一版"社评"《论北方政局》："张雨亭入关，奉方宣称纯为检阅军队，无关政治。……故张氏此来，应与北京政局有若干之关系也。""盖京津一带，今全在奉军势力之下,大江以北,最大之军事团体,莫如奉系,兵多械精,足霸一时。果欲挟武力平中原,张应自负其责。反之即欲政治解决,亦宜挺身而出,以政策与全国相见。故张之登台,在北方今日,毋宁为合理也。""共和国家,人人可以作元首,第视政治能力如何耳。"

15日　二版《昨日蔡家花园大会议,奉鲁将积极出兵》。

22日　一版"社评"《汉口制造工潮之危机》,反对"蓄意破坏、不含建设性质之工潮",认为"中国国家与民族,欲与世界人类共竞生存,只可提倡造产,绝不能奖进毁产也"。并指责汉口除总工会外,各种工会招牌林立,"要求增资减时,而以纠察队督其后,一不如请,强迫罢工"。文章最后说:"此风日长,百业将停,苏俄一千九百二十一年经济恐慌现状,必将发现于中国。"

12月

2日　一版"社评"《武汉工潮与外国》,此文为针对外电攻击武汉工人运动为仇外暴行的言论而作:"武汉工潮勃发之后,本报曾为文批判之,并深致忧虑之意。虽然,此仅为程度方法时机次序之问题",而外人攻击为"性质"问题,称中国工人为"苦力""货品或机械"。"吾人一面望中国热心劳工运动者,取慎重步骤,顾经济情形,勿使社会陷于恐慌。然一面对于一部分外人卑视华工,妄言仇外,则不得不诉诸世界各资本国之公论与良心,且望我不甘劣等之全国人士,认定原因,主持清议,勿为彼等自命'优越'者之宣传所误也。"

二版头条《张作霖统率安国军》:"昨日下午三时半,奉张在蔡家花园行安国军总司令之就职式,诸将趋贺,启用印信。"并先发表孙传芳、张宗昌之副总司令2人。其中"可注目之点":一是吴佩孚不在内,二是通电中无讨赤字样。奉方要人告外报记者,所以未用"讨赤",盖为将来应付时局留有余地。

14日　一版"社评"《赤裸裸的生活问题》首先指出:"现在中国的危机,一口道破,就是生活难。"

18日　六版"汉口通讯"《党军各要人莅鄂记》:详细记叙了孙科、徐谦、顾孟余、宋子文、陈友仁、苏联顾问鲍罗廷及孙夫人到武汉时,受到市民热烈欢迎的盛况。

27日　二版"国内要闻"《奉张今晨十时入京,安国军总部人员全去》。

1927年（民国十六年）

1月

3日 一版"社评"《收回上海会审公廨感言》首先指出，上海公共租界会审公廨于1月1日由中国收回，是"新年劈头一件要事"。接着回顾道：上海公共租界会审公廨是根据前清同治七年洋泾浜设官会审章程而设立的。辛亥革命后，沪道逃走，廨员亦去，沪领事团乃取中国长官委任廨员之权而有之，华员为领事团推荐，维持廨务。"会审公廨之丧权辱国吾为国人所痛心，然国人须知国中之有外人租界，租界之有外国警察权，终为国家领土主权之大障碍。公廨者特引而伸之，为扩张外人权力之一作用而已。今即收回公廨，而租界仍旧，工部局巡捕房仍旧，其所挽回之主权，犹甚微末。"号召继续"努力奋斗，以冀收回租界、光复警权"。

二版"上海专电"《沪公堂元旦形式接收》：上海会审公堂1日午前十时，形式接收，租界当局仅向中方交印信。

6日 二版头条"国内要闻"《汉口中英间大风潮》：1月3日，汉口国民革命军政治部宣传员在江汉关前演讲，听者甚众，英水兵阻止群众，当场戮毙二人，打伤多人。随后中国民众、士兵、学生高举旗帜，到英租界抗议示威。

7日 一版"社评"《解放与报复》。为1月3日汉口英租界风潮而作："吾人愿乘此时唤起全国爱国人士之严切注意曰：中国对外之国民运动，应牢记一义，为求'解放'，非图'报复'。""吾国民对外奋斗，其一，应一反过去外人之所为，彼恃强权，我恃公理。其二，应屏绝外人藉口之资，彼虽无理，我不外情。""是以吾国公众，处此万钧一发之际，须大勇，亦须大仁。纵彼有谬举，勿稍存报复之念，泄愤于侨居之平民。所志在于未来，感情不问过去。凡一切过用民气、有违公论的举动，千万避免，谨慎忍耐，以为折冲。"

一版"汉口风潮专电"《各团体议决对英八条》：华兵一营入驻英界，五日下午开市民大会。

13日 一版"社评"《论收回租界》。首先说："取回租界，易事耳"，取回之后的管理，则是不容易的，接着就此问题向"爱国之士"提出三条建议：（一）"至少应先期或同时要求同一地点之华界军警司法"不要做"轨外行动"，以免给外人以口实，斥我国人无教养；（二）"至少应先期或同时要求已收回地方，恢复旧日之成绩，更图以后之进步"；（三）"至少应先期或同时要求各方当局,宣誓人权之保障,勿论事实与非事实、军事与非军事,凡住民不经法庭正式手续,不得搜检或逮捕。绝对勿予军警以搜检逮捕之权,务使中国人民,在法律保障范围内,得安居乐业之自由"。

16日 一版"社评"《论收回国权与改革内政》。国权"如何收回,属于外交,收回后如何,属于内政"。文章从"现代国家主义的"立场,提出所谓"改革内政,实行法治",主要做以下几件事:(一)法权问题,即司法必须独立,废止军事裁判,使人民生命财产受到法律保护;(二)关税问题,即关税必须自主,国家财政要受人民监督,军额军饷,要依法支配。总之,罢军政、尊司法、保障人权、取消恶税苛捐,"一面严禁贪污,屏绝豪奢,以厚俸养廉吏,同时广开人民参政之途","如是则国事定矣!"

2月

10日 一版"社评"《爱民与畏民》:"湘西津市,最近出一惊人之事,即驻军苛捐病民,民不胜愤,约数万人游街,高呼反对病民之捐税,旋拥入一旅部,絷旅长某游街。"此事例表明,国家祸乱之根本原因在于当权者不能爱民,不懂畏民的道理。根据"视民如天"的古训,指出:"救现代中国之方法,无他,为政者应舍爱民之空言,而信畏民之大义。其好民所好,而恶民所恶,其勿拂民意,撄民怒,其兢兢业业以事其民。苟如是者,成功之人也。"

20日 二版"国内要闻"《上海昨日开始罢工》:邮局、电车、中外纱厂要求来沪英军撤退,上海总工会"下令总罢工"。

二版《上海五团体劝英国撤兵》:上海银行公会等五团体近来为英兵来华事致电伦敦英当局及驻华使馆,请速将已到军队撤退。

22日 一版"社评"《论上海罢工》指出,对上海十万工人罢工事件应"因势利导",妥善解决。工人罢工,参加政治,一方面是一种时代潮流,"各国皆然";另一方面是生活贫困所致。因此,对工人罢工,千万不能像孙传芳那样,出动士兵"大事杀戮",致使"群情惶骇,居民纷徙"。并说,如果这样,势必酿成大规模的阶级斗争,"中国将来必有大恐怖时代出现,无论何人,不能救也"。

二版《沪商明日罢市志悼》:孙军斩杀工人学生数十,沪各报昨日未出版,租界安静罢工者十万余。

二版《汉口英租界协定内容,中英关系改善之先声》:英工部局下月十五日解散,交与中国新市政局管理。

23日 二版"国内要闻"《汉案解决以后》：九江英国租界之协定,将与汉口英国租界之协定一律办理。

25日 二版头条《上海于大恐怖中复工》：罢工自昨午终止,孙军正大举捕人。

3月

4日 一版"社评"《两年来东南时局之回顾》：历数孙传芳自民国十三年(1924年)冬"由闽而浙"以来的所作所为,指出他是两年来东南战事的"发难之人",口头大谈"三爱"(爱国、爱民、爱敌),实则"大事杀戮",使无数"无辜良民为三爱主义之牺牲者","为人夸诈好名,玩弄当世","残忍嗜杀,当世尚无其匹"。最后警告说："回首此两年来,误国殃民,结果安在？而冥行肆虐,杀戮无辜,清夜扪心,能不受良知苛责哉？"

5日 一版"社评"《北洋系之末路》叙述北洋系的历史：发端于李鸿章,始大于袁世凯；袁死,系内自相残杀,吴佩孚、孙传芳为仅存的两支派系；及吴败于武汉,孙丢了杭州,北洋系末日到矣。评说："彼北洋系者,以军队供其私利之用,其不能自存也固宜。"同时,批评国民党说："今南方军制","有所谓党代表焉,不得党代表之同意,治军者无得有所为也","驱军于一党,或犹且病焉。"

6日 二版"通讯"《南行视察记(一)：武汉社会状况》(冷观)。编前按语："记者于旧历新年初南游汉沪,昨甫归社,兹以视察所得,拉杂报告,语本忠实,不加粉饰,批评判断,一任阅者。"文章开头即说,"我们一到汉口,最触目者为宣传品"。宣传品不仅种类多,而且印制精美,"比什么广生行双妹牌香水,或仁丹胡子牌的广告还要好看"。列举了宣传品的一些内容,如"农工兵联合起来""农工兵是好兄弟""肃清党内外腐败庸劣分子""一切权力属于党""只有党的自由,没有个人的自由""欢迎汪(精卫)主席复职"。谈到宣传的效果,文章写道："打倒帝国主义""打倒资本家"等,洋车夫和几岁小孩子都可以叫得出。"有一天我有个朋友在街上看见两个七八岁小孩,各持竹竿,追赶一条狗,甲嚷着'打倒吴某某……啊',乙嚷着'打倒□□□啊',满街的人都笑着说,他们小小年纪怎么也晓得这些呢？可见简单的标语,的确是宣传之利器。"还说,"在汉口最痛快的是英租界工部局插上青天白日旗,中国兵在各租界可以武装行走"。在谈到党人和政府要人时说,他们"是在一种严格的规律之下工作的",他们"现在是要融合名家、法家、墨家三种精神来改造中国。他们好讲澈底的理论,不许模棱含糊,这是名家道理;整齐严肃,讲究党纪,这是法家理想;生活简单,吃苦耐劳,这是墨家精神"。"所以做一个忠实的国民党员,身心都是很辛劳的。"(按:1927年2月,胡政之南游,先后考察汉口、上海等地。胡回津后发表这篇通讯。这是新记《大公报》第一篇通讯)

7日 二版"通讯"《南行视察记(二):国民党的左右倾》,叙述了蒋介石、张静江、邓演达、汪精卫、徐谦、唐生智等人的政治态度。

8日 二版"通讯"《南行视察记(三):南方之政治军事外交》:"有智识的国民党人,都感觉三民主义不敷应用,即共产党人除了'土地收归国有、以现在耕种者许其为占有人'之外,谈起详细办法,似乎也在研究中,至于事务人才之少,更是他们政府中人明白承认之事实";"南方军事,成绩昭著。……军官生活不腐败,军士精神有教育";"南方外交也是有了成绩,予天下以共见的"。

9日 二版"通讯"《南行视察记(四):上海问题和孙蒋》,记述军阀孙传芳治下的上海形势。

12日 一版"社评"《孙中山先生逝世二周年纪念》:"论起孙中山可以纪念的事,当然很多。他那宽厚博爱的性格,坚苦卓绝的精神,高远敏锐的眼光,都不失为伟大人物之特征,可为后人景仰之模范。最可令人想念者,便是他四十多年前后一贯努力于中国民族解放运动的一点。他那三民主义,陈义本不甚高,民权民生,都是有大纲而缺细目,有待于后人之补充研究。只有民族主义,是他一生最有成效的工作。辛亥革命,推翻满清,恢复民族的独立。后来反抗列强,努力于收回国权运动。到了晚年,揭出废除不平等条约的标帜,领导群众,向帝国主义者进攻。在广州抵抗英国,弄到英国人无可奈何,屈服为止。壮烈痛快,得未曾有。"还说,孙中山晚年联俄"不外两种意思:一是仿照俄国成法。所以他曾写信给蒋介石,说道'今日革命非学俄国不可',又说'我党今后之革命非以俄为师断无成就。'……一是利用俄国扶助弱小民族独立的政策,联络他们,企图革命容易成功。就和土耳其利用俄国,恢复独立一般……若说他甘心叫苏俄来宰制中国,这是断断没有的事。"(按:这篇出自胡政之手笔的"社评"被认为是本报"勇于发表"的典范之一)

15日 二版"国内要闻"《武汉卫戍易唐生智,陈铭枢忽赴沪就医,重新设军事委员会》。

19日 二版头条《奉军十七日占郑州,吴佩孚果退洛阳》。

22日 一版"沪局特电"《上海英兵撤退问题起矣!!!》:"今午(廿一日)一

时，上海被党军占领，市面紧张，明日举行大罢工一日。"

25日 一版"社评"《北京逮捕学生事》：历数北洋各派军人滥杀无辜的罪行，并说孙传芳及其部下"最恶"，"尤惨者为前次上海罢工之大杀无辜。有身怀商品传单而被杀者，死者力辨非工潮传单，而兵士则答以'我不识字'。如此暴虐，亘古未闻。"劝告奉系说："若为取缔思潮、矫正风气，而取缔矫正之道，要在施民治、泯不平，非刑威所能济矣。且扬汤止沸，徒增加社会之不安已耳"。"当局所赖以维持北方"者，安定人心也，"尤宜注重与智识阶级之联络"，"广开言路，振兴舆论，以思想智识之力与南方较短长"。

4月

1日 一版"社评"《躬自厚》："东方道德所以为人类交际之规范者殊夥，其中一义曰，躬自厚而薄责于人。人与人如是，社会和平矣；国与国如是，世界和平矣。今之中外关系亦然。苟其咎在我者，我应自责之，所谓躬自厚也。而为外人者，亦应自省其过去或现在之咎责，同时承认我国民一般之友谊。盖虽不敢望其自厚，而不得不劝其勿专责人也。"文章主张用这种"躬自厚薄责于人"的原则解决"南京事件"。（按：1927年3月，北伐军攻下南京，美、英、日、法、意等帝国主义派军舰炮轰南京，干涉北伐，程潜所部予以反击，捣毁了一些国家的驻宁领事馆，并有外国侨民死伤。此所谓"南京事件"。王芸生看到《大公报》的这篇社评后，以为不当，便在《华北新闻》上发表了一篇题为"中国国民革命之根本观"的社论予以反驳，指出："被侵略者对侵略者无所谓'躬自厚'的问题。中国国民革命的根本任务，不仅对内要打倒军阀，对外还要取消一切不平等条约，把帝国主义的特权铲除净尽！"王芸生由此进入张季鸾视线，随后，被张揽入《大公报》，并被培养为接班人。转引自王芝琛：《一代报人王芸生》，长江文艺出版社2004年版，第18页）

4日 二版"国内要闻"《上海党潮甚烈》："今日党员大会，蒋介石不至，会场中排蒋空气极浓厚，当局暗示数日内沪局将有大变更，澈底解决纠纷。"

6日 二版中部显著位置加双边、大字标题刊《汪蒋合作，条件履行》："五日正午十二时上海专电：汪精卫、陈独秀江（三日）联合宣言，告国民共产两党党员，声明共产党不主打倒国民党及三民主义，无产阶级独裁制是否中国革命过程系疑问，现在须建设被压迫阶级民主独裁制非无产阶级独裁，两党应以善意态度达此目的，方不负合作精神。互谋摧残说并非事实，党员应立抛相互间怀疑,开诚合作。闻此系蒋汪协议办法结果之一。此外,(一)汪即复主席职,处理政务,对近来非正式命令概不认其有效;(二)纠正各党团轨外行动即续办。"(按:电报纪日是用韵目代替日期,"三日"的代用字是"江")

7日 二版头条"北京特讯"《破天荒!安国军搜查俄馆界》:事先得外交团许可,李大钊等数十人被捕。

二版中部显著位置刊《汪陈宣言以后》:汪蒋合而犹未合,五日会议大争论。"(上海专电)确息,蒋对共产党本决心取缔。"

9日 二版《汪蒋等最后之议决案,国民党全局视汪此行》:汪蒋等人议决的取缔共产党的几条办法,其中包括:"由汪通知陈独秀停止共党活动";"工人纠察队及其他武装者应服从总司令指挥,否则认为反革命行为,严行取缔"等。

13日 二版头条"上海专电"《上海缴纠察队械》:昨晨沪华界甚严重,司令部接收总工会,纠察队释出后高唱拥共,有陈独秀被捕之说。内容为三则上海专电:"今晨四时起闸北南市同时搜缴总工会纠察队枪械……""今晨缴总工会械令,由反对派工人先行动手,中夜……分两队向南北市围总工会纠察队,各部互斗。当局乃以工人保留武器危险,实行令其缴械。""纠察队缴械后带入司令部,午后释出,高唱拥护共产党,打倒蒋介石口号……陈独秀有被捕之说。顷总工会下令,元(十三)日起总罢工。"

14日 二版"国内要闻"《昨日之沪局》:总罢工未实行,陈独秀确被捕,各委员昨赴宁。《上海工军冲突惨剧》:工人执红旗冲军部,三处争斗死伤枕藉。

16日 二版"国内要闻"《上海党军之清党运动》:"上海通讯:蒋介石到沪后,着手于清党运动,甚为积极,对于有共产党派意味之党员,尤加取缔……"蒋并有"布告宣示封闭总政治部之原因,于邓演达之行为指摘甚厉"。

17日 二版头条"专电"《南京会议前途如何》:汪精卫未来故展期开会,吴稚晖请捕共产党首要,李石曾发表反共产文章,汉电谓汪精卫表示左倾。内容包括两则上海专电和一则汉口专电。

18日 一版"社评"《沪商与时局》。首先说:"昨日沪电,上海六十商业团体致电南京,声明与三民主义相终始云云。自一种意义论之,此或为民国来商人参加政治之始,不可以不论。"接着论述了四点。其中第二点说,上海商界"袒蒋而反共"是"当然之事",是对工会运动的恐惧,是为了"谋自救耳"。

20日 二版"国内要闻"《南京国民政府成立》:"(南京十八日上午九时本报专电)国民政府巧(十八日)成立典礼。蒋介石、张静江、胡汉民、蔡子民、吴稚晖、蒋作宾、李石曾均到,叶楚伧读宣言,蔡子民授印,胡受。"

23日 一版"社评"《国共分合之臆测》首先说:"近者国民党蒋介石一派反对共产系日以刻露。"接着分析道:"国民党自民国十三年改从苏俄组织而后,其形式已完全共产化。至精神方面,中山三民主义本不足餍共产党之望,故共产党断不以加入国民党易其素信,而国民党旧党员则日以左倾,是共不化为国,而国则渐化为共也。"

29日 一版"社评"《党祸》:"观南方近日之党祸,吾人对于所谓宁汉两派实不胜愤懑之意。盖残杀之事今才发端耳。从此右胜则杀左,左胜则杀右,所谓党以内无能免矣。而凡挟私杀人者,使其附于右,则将曰吾杀左派也,杀共产党也;而附于左,则曰吾杀右派也,杀反动派、杀土豪劣绅或工贼。党以外无噍类矣。"接着分析汉、宁双方的情况:武汉之"最大标榜,为农工政策",其实对于工农运动"少研究,无办法",并且他们"其量绝窄而气绝盛。苟持异议,则为思想落伍,为反革命。""宁沪所标榜之反共,吾人姑不论政策,而论蒋介石之责任。孙中山末年之联俄容共,孰倡之?蒋倡之。孰行之?蒋行之。故共产党之发展,蒋实为第一责任人。然爱之则加诸膝,恶之则投诸渊,前后之间,判若两人。且取缔则取缔已耳,若沪若粤,皆杀机大开,继续不已,是等于自养成共产党而自杀之。无论事实上理由如何,道德上不能免其罪也。"文章最后说,"夫新中国之建设终须赖全国有志青年奋斗,而非自私自利之寄生阶级所能办,则对于各方杀机之开,势不能不大声疾呼,极端抗议。南方所谓领袖人物,首应切悔。"

5月

1日 一版"社评"《劳工节之意义与中国》:纵论世界工人运动现状后说,就中国而言,"其一须尊重劳工,其二须人人劳工……至于西洋之阶级斗争,尚与中国现状不切合也"。

二版"国内要闻"《上海党当局严办共产党》。

二版《李大钊身后萧条》:"国闻通信社云,李大钊处决,妻女当晚释放……(李)生前唯知努力学问,不事生产,平素又极俭朴,故境况萧条。现李妻卧病,医药之资无出。李之棺柩回籍及遗孤抚恤等更谈不到。"

3日 一版"社评"《第三国际与中国》:"第三国际之主要政策有二:对西欧鼓吹劳工独裁,对东方则宣传民族独立。""自蒋介石倡反共,而第三国际大愤怒或大失望,于是而攻击之矢又集中于蒋。然宁知蒋纵失败,而反第三国际之干涉如蒋者尚不知有几何人。使长此不悟,中国永纷乱,第三国际亦永无成,徒令中国青年之若干战斗分子惨作时代牺牲,则大可哀也。"

9日 一版"社评"《如何对付这个世界的捣乱鬼》:"俄国人真要算世界的捣乱鬼。"他"把全世界无产阶级划成一道横的联合线,守如处女,出如狡兔,真叫他人防不胜防。就拿他在中国这几年的工作说,也真叫人可惊。""马克斯是告诉人,什么叫共产;列宁是告诉人,怎样去共产。所以马克斯是学者,列宁是政治家;马克斯讲的是学,列宁研究的是术。"搞工农运动是俄国革命的基本战术。"拿世界情形来看,各国要对付这个捣乱鬼,只有一方面自动的放弃帝国主义,解放被压迫民族,一方面大众联合起来,向国际经济协作上努力,使无产阶级之横的联合无隙可乘。拿中国情形来看,要对付这个捣乱鬼,只有一方面从理论上比平泛的三民主义还要研究出建设中国的新经济原理,一方面从事实上消弭政治、经济、社会各方面病因……"

14日 一版"社评"《北京官僚生活之末日》。在历数了北京官僚政府的弊端后,提出"解放官僚,奖进人才。故夫老朽腐败在所必去,年少新进理宜多留"。即将旧官僚一律停职,将旧政府"完全改组。或依学历,或试才能,公开察验,明定时期,无问旧新,同就刀尺"。

20日 一版"社评"《不平等待遇与不平等条约》:无论南北政府,对外国人客气极了,"中国人尽管欺负,外国人不许干犯"。举例说:"无论南北,中国人办的新闻通信事业尽管都受官厅之严重干涉,记者稍不小心,轻则被传,重则送命。一封函电,重重检查,略有主张,左掣右忌。对于外国记者或外人经营的华字报纸或通信社,却十分优待……外国人尽管造谣言,中国人便真话也不许你讲。"最后说,"可见取消不平等条约,先得从中国人'中外不平等待遇'的心理状态取消起"。

26日 一版"社评"《武汉派向右转》:"自武汉政府成立,两湖政治社会骚乱动摇达于极点。非思想左倾不为健者,非标榜俄化不算正宗,有土皆豪,无绅不劣,农会跋扈而田畴荒,工会嚣张而企业毁。于是外侨退撤,中产呻吟,商工停顿,失业日增,交易滞塞,金融如死。武汉偌大地盘,宛然变为石田一块。""武汉当局近始警省,对内对外迭有表示……"如颁布保护外侨、保护民众正当利益,保护乡里公正及丰裕人家等命令,表明武汉当局"俨然下令罪己之心理"。

27日 二版"国内要闻"《长沙发生军工冲突》:汉口令共党要人往查,驻军杀共产分子数人。

29日 一版"社评"《日本派兵济南》。这是为日本政府借口保护侨民出兵济南一事写的第一篇社评。首先认为"济南者,非租界,非海口,更非条约上驻兵之地,故日政府此议,较之英军来沪,其性质尤重大而更招疑虑也"。接着希望"日本舆论监督政府,慎重考量。应记忆英军东来之影响,毋使中日国交酿重大之错误。上之停兵不发,使侨民于必要时暂避;次之则增兵于条约上有规定之地点;若必实行赴济南之议,此策之下者也。夫中国战事,本中国自己之争,无关宾客邻居之事"。

一版接社评后,大字刊登"专电":电通二十八日东京电,日本昨议决派兵济南,由旅顺驻军抽出两团,即日由大连装运青岛。

二版头条"北京特讯":日本出兵声中之北京,迄昨日止并无通告,当局沉默各界怀忧。

二版第二条刊登电通社二十八日东京电:日政府出兵与舆论,贵族院反对、劳农党反对,各大报一致警告慎重,内阁声明书昨已发出。

30日 一版刊登《五卅惨迹》:"今天是五卅纪念,不由得使我们回忆起十四年今日的上海,是何等的惨凄。"详细回忆惨案前前后后的经过和工人惨遭杀害的情景。

一版"社评"《两年前的今天》。首先历数了自"五卅惨案"以来英国人屠杀中国人的罪行:1925年6月11日的汉口惨案、6月23日的广州沙面惨案、1926年9月的四川万县惨案以及今年的南京下关惨案。接着叙述了自1918年以来中国人民为废除不平等条约所进行的斗争,最后说:"五卅惨案,瞬已两年,爱国运动,谊不容已。血纵易干,心不能死。望我国民,速起!速起!!速起!!!"

二版刊登"五卅惨迹"照片五幅。

6月

3日 一版"社评"《论不干涉内政》,首先说,当今世界,任何一个国家,无论他有多么强大,都不能统一世界,也不能消灭任何一个其他国家。接着说,中国"地如是广大,人如是众多,社会基础如是深厚",近世虽衰微,是环境压迫之结果。如果其期求独立自由之新生命与改良内政之迫切的愿望油然勃发,是会强盛起来的。中国的内政不容外人干涉,包括鲍罗廷在内。最后说,列强们"须澈底了解,中国为中国人之中国",任何人都不容插手中国内政。

8日　一版"社评"《三民主义》,首先说:"今全国之赞成三民主义,犹之辛亥之赞成共和。"接着说,有两点必须明确:其一是贵乎实行,"非徒存其名也";其二是如实解释,"民族主义要不能解为服从第三国际指挥,民权主义要不能解为无产阶级独裁,而民生主义亦要不能解为农会工会得任意暴行,破坏生产,而称为打倒资本阶级也。"

二版《鲍罗廷解雇回国》:"鲍罗廷自任国民党顾问,极得孙中山信任。中山逝世后,与蒋介石不协,北伐以后,意见尤深。汉宁分裂,鲍正张本人也。苏俄政权现在缓进派之手,即第三国际……稍易其前此之急进政策,而令鲍罗廷离去中国以促中国民党内部之妥协,除去华人攻击俄国之目标,留后日相机活动之余地。"配发"行将回国之鲍罗廷夫妇"全身照片。

10日　二版"太原通信"《阎锡山就职记》:名称为北方总司令,性质乃各界所公推。

15日　一版"社评"《改名易帜问题》,为阎锡山服从蒋介石、就任北方国民军总司令一事而写。

二版《蒋介石赴徐州》。

18日　一版"社评"《唐生智与湖南》。首先说:"湖南近况,绝可痛心。昔者农会滥杀人,今者又滥杀农会,流血全省,寻仇无已,事之至此,唐生智首负其责任。"接着分析道,国民党起初搞农工运动,"盖使农工组织加以教育,施以训练,扩充其智识,增进其团结",然不良分子混入,出现过火现象。唐生智回湘后,先则听之任之,尔后又大开杀戒,"自种自刈,遂令死者长含冤,生者永惶惧,全湘不宁。杀且无已,而唐生智之为革命领袖则自若也。"

二版头条"北京特讯":择吉于今日三时登台,五时将招待外交团,各部人员逐鹿中。配发"受孙张拥戴之张作霖"全身照片。(按:安国军将领拥张作霖登台,做大元帅。张就职后任命潘复组阁)

20日　一版"社评"《文武主从论》,为批评张作霖建立军政府而作,"中国旧政治本以文主武从为常轨,如此者治,反之者乱"。奉张组织军政府,不仅非文主武从,而且非武主文从,简直是只武不文,完全是"倒行逆施"。

23日　二版头条"国内要闻"《徐州会议终了》:冯玉祥简(二十一日)晨一时半离徐州返郑,蒋介石、李协和、白崇禧等到站送。

25日　一版"社评"《时局之自然归宿》:徐州会议,蒋冯合作。

27日　一版"社评"《吴佩孚下落》。叙述吴佩孚的发家兴衰史后说:"十五年来,中国备受军阀之祸,而军阀具有常识者甚鲜。"吴佩孚识字不多,兵败西行,人们皆谓他"将入川为僧",这说明他已大彻大悟,"亦过人远矣"。

7月

1日　二版头条《武汉大势一变》:蒋军由宁溯江上,工会纠察队缴械,共产派人纷辞职,传冯军已到汉口,鲍罗廷亦即离汉。

3日　一版"社评"《党治与人权》:"上海广州大清党之时,杀人殊多犹可诿为非常之变。今历时数月而恐怖未减,上海特务处常有刑人之事。所犯罪状概不宣布,杀者何人亦秘不宣。"文章主张保护人权,实行法治,宁政府若"长此用军法杀人",必将"陷于专制政治之途。"

7日　一版"社评"《日本增兵赴山东》,指出:日本田中内阁不顾中国全境反对之激烈,日本舆论界指责之强烈,仍决定派兵济南,现在又决定在原来数目上增兵一旅,"果不仅为保侨,而别有政治目的",即"干涉中国内政",并警告说:"因田中内阁出兵而生国交上之影响,与夫其出兵胶济沿线后,倘干涉中国内政而生之一切责任,日本内阁实负之。"

二版头条刊登电通东京五日电:日本第二次派兵,在青岛者开赴济南,大连新派一旅来青。

8日　一版"社评"《联俄与反共》说,共产主义在世界上之所以有影响,在于劳工的生活环境太坏。中国历代思想本与共产主义不相干,近年来"赤化运动卒能引起无数青年之合作",其原因亦在中国"政治不良,经济困难"。因此提出"反共第一条件在改善社会环境,釜底抽薪,消弭隐患,若纯恃高压,恐徒为共产党添宣传资料耳"。

三版头条"通讯"《民间疾苦调查记》(本报旅行记者庚垣),描述在军阀盘剥下北方农民的痛苦生活。

9日　二版《有产阶级之定心丸》:宁政府渐欲维持公债,蒋介石不许阶级斗争。

11日　一版"社评"《异哉田中演说中之满蒙及东三省》。社评批驳道:"东三省为我行政完整之行省者",日本以"特殊化"之名,行其对我国领土的侵略之实,是徒劳的,此"在十年前与旧帝俄政府勾结密谋之时尚且不能得者,今乃渐向我国民主张之",更加不可能得逞。

一、新记前期　　403

17日　二版《风云变色之武汉》：共产党纷纷辞职，邓演达辞去主任，扩大会议之两说，对下游仍备用兵。

19日　二版头条《长江局势又一变》：汉宁间空气顿缓和，何键在汉实行反共。

8月

2日　一版"社评"《妥协与和平》：何成濬北来与奉方会谈，达成妥协。"一般国民，惟望永久真正之和平，惟坚信须一切有力者泯除个人野心，从国民公意，政治民主化，军队国防化，始能得永久真正之和平。"（按：何成濬为蒋介石的高级幕僚）

3日　一版"社评"《田中满蒙积极外交之试验，打通铁路与临江设领问题》，揭露道，日本田中内阁不许中国自行建筑东北打通铁路，并欲在临江武装设立领事馆，"实非中日国交之福。其望日本国民对此试验性质之两大问题，有以纠正之也"。

二版头条《武汉政府不容于共》：报载发觉重大阴谋，《九江报》攻击汪精卫，中执会对俄党有辩争。

二版《临江设领将成大问题》：地方组成拒领团，日领将武装到任，中国一再制止民众，日本断不中止设领。

5日　二版《异军突起：叶挺贺龙声讨武汉，张发奎亦不满武汉》。

6日　二版头条《长江上游又一变局》：张发奎实行打共产军，唐生智等请宁蒋合作，九江南昌间发生战事。

7日　一版"社评"《离奇变化之南方时局》，叙述南方时局变化经过后总结道："南方时局，如剥蕉然，自蒋介石以至张发奎，层层剥尽，乃尽变为反共而无一为共，最后余一叶挺王钧之疑似共产派者，其目标则为反武汉，而击之者为张发奎。时局诡谲至此，不但外人觇国者无从索解，即中国一般论时之士亦所不及料也。"

12日　一版"社评"《又一变化之南北大局观》："中国内争，常为胜负起伏，相互消长之间。"以往"南方作战，为打军阀；今南方本身浸浸然将近于军阀"。

二版头条《汉宁妥协成立，南京发表往返要电》："宁披露汉洛宁间确商各电，决召集国民党中央执行及监察委员大会，解决一切。"

14日　二版头条"国内要闻"《蒋介石到沪通电下野，东南政局之惊人变化》。

15日　一版"社评"《蒋介石下野之观察》："蒋介石于十三日午前到沪，下午返宁波原籍，传将下野退让，以利汉宁妥协之局。"

二版头条《蒋介石宣言昨晚发表》：证明反共主张不误，愿受惩罚绝不恋栈，求汉合作彻底清党，胡张蔡（按：指胡汉民、张静江、蔡元培）亦声明卸职。

18日　二版头条《宁将领请汪精卫下野》：李何诸将电挽蒋胡，洛冯盐电劝蒋回宁，宁政府机关仍办事。

21日　二版"上海通信"《蒋介石下野之因果》，指出蒋介石下台的原因有二：一是蒋之部下分"保定"系和"黄埔"系，蒋优礼黄埔系，故保定系积怨而拉其后腿；二是广西派的李宗仁、白崇禧等结合倒蒋。

31日　一版"社评"《东省工人问题与当局责任》首先介绍："最近本溪湖煤铁矿公司因罢工而起之惨剧"，公司废除"因奉票跌落"而给工人的津贴而引起工人罢工，"日本遂以军警弹压"，造成工人死者六人，伤者百数十人。接着说："劳资冲突，为人类对人类之问题，无关国籍。要在得其平耳。华人佣于外国资本家者，我国家自负保护之责任"，而"不能听资本家之虐待"。还说，保护人民的生命，是我国思想的传统，国家对于暴动，应予取缔，但是"不能禁止为要求生活改良之罢工"，更"不应随意用'共产''赤化'吓人"。

9月

11日　一版"社评"《论教育部令禁用白话文事》："然文体问题，为国民教育上最重大问题，是非功过非一言可定。教育当局应于根本上有所努力，不宜仅以废止白话文为方针。"并指出，虽然白话文亦有缺憾，句式欧化，用词生涩，纠缠不清，不简明，但是十年来之新文化运动"动机甚是"。时代变化了，若重用文言，"漫倡复古，殊不足以应时代之需要矣"。

12日　一版"社评"《世界和平运动》，一方面指出，应该把波兰在国联提出的"废止一切战争之议案"和世界和平运动的趋向告诉国人，使其对本国之内战状态而生愧焉；一方面批评国联有失责任，"国际联盟，本为和平而设"，而现在却成了几个强国的工具，"钩心斗角，各谋私利，对于人类大理想之和平，名为尽力，实则放置之，而长此以往，世界大战必再起"。

13日　一版"社评"《世界和平运动与中国和平运动》："吾人以为欲策世界之和平，宜自小国不为大国作爪牙始，欲策中国之和平，宜自国民不与军阀合作始。"并呼吁国民做三件事：（一）反对为内战而服兵役。子弟有当兵从事内战者，父不以为子，兄不以为弟，使血性男子以自相残杀为耻。（二）反对在兵工制造厂等处做工。工人有从事制造杀人器械者，家族诟谇，乡邻交谪，社会不齿，必使力能自养者争以从事生产事业相尚。（三）反对外国输入军械。总之，"使举国风气，皆以昵近军阀为忌讳，以挑拨破坏为罪恶，军人则以从事内战为耻辱，以滥造军械有背于良知"。

14日　一版"社评"《希望日本朝野考量》，指出田中内阁的"满蒙积极政策"是错误的，必将遭到中国人民的反对，希望日本朝野重新认真考虑对华政策问题。

19日　二版《南京机关改组发表》：国民政府常委为胡汉民、汪精卫、蔡元培、谭延闿、李烈钧五人；军事委员会由蒋介石等十四人组成主席团。

20日　一版"社评"《南京改组以后》认为，宁、汉、山西三派统一后，面临"财政""军队""政治"三大难题。其中"军队"问题最重要："国民党之运命，首在于能否解决己身之军事问题，即能否缩小军额并缩小巨头权限，此为改造之第一步。此而不能，则政党资格且不能保，遑论国民革命。"

21日　二版"上海专电"《蒋决计出洋，宋子文以妹妻之》。

22日　一版"专论"《孔子之价值及孔教之精义》（吴宓）："今日为孔子圣诞。……今日之要务，厥在认识孔子之价值，发明孔教之义理。""（一）者……孔子为中国文化之中心。……无孔子，则无中国文化。"（按：这篇专论刊登在"社评"的位置）

26日　一版"社评"《国民党与青年》，反对在学校中对学生进行党化教育："吾人以为国民党之党化学校政策，根本上为不适当"，因为学生"其课程本至忙，其时间本至贵，然施以党化政策，使之为党的工作，而党的工作又至忙，纪律亦至重，其结果也，党务与学业断难两立。故国民党多一党员，即社会失一学子"；再者，学校应使学生自由发展，"涵养其活泼天机"，而党化教育"是等于束胸缠足之类，阻自然之发育，成机械之动作，诚有百害而无一利也"。最后呼吁国民党"不使学生入党，同时保护研究学术之自由"。

27日　二版"上海专电"《蒋日内离沪，谓赴日专为求婚》。

28日　一版"社评"《北京当局与学生问题》："北京前日有军警搜查学生公寓事，闻被逮学生三十八人。"申述三点意见："其一，学生不宜参加实际政治"；"其二，当局对于所谓学生党案应立根本方针"，进行"教育感化"；"其三，言论愈自由之国家,内乱愈少,当局者政权愈巩固"。

29日 二版"上海专电"《蒋介石昨赴日本》:"蒋今晨九时,乘上海丸赴长崎,同行者刘纪文、张群、陈方之,秘书陈舜畊、江庆余及随从共十人。"

10月

22日 二版头条《宁政府忽下令讨唐》:二十日临时会议结果,程潜、李宗仁为总指挥,酝酿已多日,今始爆发,将即请蒋介石归国。

23日 二版头条《讨唐下令后之东南》:芜湖一役唐军损失,广东李(济深)黄(绍竑)电助宁方,传汪精卫在汉助唐,程潜、白崇禧俱到芜,西山派尚反对起蒋(介石)。

11月

2日 二版头条《汪兆铭抹杀南京政府》:汪氏所到政府随之,宣布在粤召集大会,胡汉民等集议无结果。

从今日起至11月7日,在第二版连载译自北京《英文导报》上的文章《苏俄十年》。

4日 一版"社评"《呜呼领袖欲之罪恶》。此文为骂汪精卫而写:"中国不幸,十数年来,驰骋政界争雄军阀中者,非庸才即细人。而崭新跃起之所谓民党人物,乃亦不能外是。遂至牺牲许多地方,断送无数青年。势力半中国,而建设成绩卒不可得。惟时闻二三自号领袖者,反覆哄斗,自播其丑,此真可以轻中国而羞天下士也。""最近尤不可解者,为汪精卫之态度。"在历数"汪氏今春由欧回国"后的种种"反复无常"的表现后说:"矛盾变化之多,殆中外古今政治家所罕见。"最后指责道:"特以'好为人上'之故,可以举国家利益、地方治安、人民生命财产,以殉其变化无常、目标不定之领袖欲,则直罪恶而已。"

8日 一版"社评"《中国与俄国》:"自来外人对我之以武力侵略经济侵略者,苏俄则以思想侵略之;外人对我之操纵政治、阻挠新机者,苏俄则以联络青年、挑动社会斗争为事。论其关系中国之前途利害,或犹在东西诸国之上。"接着分析了中国境内"赤化"与"反赤""讨共"的斗争,认为双方都只是皮毛之争,双方对于列宁主义、共产主义都没有从学理上去研究。"赤化者"的宣传无真知灼见,"反赤化者"出以"高压猛烈之手段",大开杀戒,致使不少青年"昧昧然丧送性命"。最后建议"无论正反两方,均当考究其理论,取证其事实,无取乎肤浅之宣传,必须有深切之研讨",不要盲目地"自相残杀,永无止息"。文章希望,中国要加强对俄国的了解,避免"盲从"。

9日　一版"社评"《反共宜注意改良政治》,认为:"反共反赤者之责任在保障人民财产营业自由,非依法律不逮捕处罚,大兴宪政,尊重民权,发达产业,便利交通。此而不能,则共不共,反不反,一而已矣。"

二版《蒋介石突然归国》:宁粤往复电商开会事,汪(精卫)李(济深)等声明赞成讨唐(生智)。

10日　一版"社评"《南方政局又酝酿变化》:风传蒋汪合作,将召开第四届国民党中央全会,"吾人不管开第几届党会,但主张应依中山遗嘱速筹备开国民会议制定宪法。此正当之要求,亦今后之亟务"。

12日　二版头条《蒋回沪为参预开会》:其左右云蒋无意军事,特委会候大会时停止。

13日　一版"社评"《唐生智》指出,唐生智一年之间,把两湖搞得一塌糊涂,"两湖之内,农之破产,工之失业,乡里良民之无端殒命,党化青年之流离失所,与夫家庭之破坏,女性之蹂躏,继以党狱之严酷,军权之万能,举中国所从未经过之恐怖混乱,皆于两湖见之"。唐生智"既纵使杀人,然后再杀其人"。即先是为反蒋大唱"联共""容共",随后又大杀共产党人,"滔滔罪恶,曷可胜道哉?"

二版《汪精卫声明与蒋复合,蒋定下月结婚后赴美》。

17日　二版头条"国内要闻"《宁汉战事告一结束》:宁军先后占领武汉,南京令通缉唐生智,程何双方下令停战,李宗仁有回宁消息。

27日　一版"社评"《反共须知》:首先以世界反共最力之英国、日本为例,说明执政者对于有碍政府的思想,不能以高压简单禁止。在英国的伦敦,"公然准开设以共产主义为名之书肆(The Communist Book Shop),印售共产学说书籍","学校中研究经济学社会学子,更莫不以马学为必读之书。"在日本,"马克思《资本论》,数年中巳三译,始译者为高岛索之,改译者为新潮社,新译者为河上肇与宫川实,且以廉价发行,政府不禁。以马学知名之河上肇博士,任国立京都帝国大学教授有年,至今无恙。学校中热烈研究马克思主义者,亦公然无讳焉。"由此而发表感想:"夫社会上无论何种主义,苟与现政府不合,认为危险者,执政者固皆可禁止之。然可禁止者事实,不可禁止者思想。易言之,主义之事实发生,政府应予严惩,主义之思想讨论,政府应予放任,或且进而提倡之。"其目的在于"期是非之明确,免社会之盲从也。"最后说,中国"崇共"与"反共"两派,对于马学都无深刻了解。"今日反共者之口头禅曰:'共产便要公妻',崇共者之流行语曰:'共产即是分田'。马学真义,岂如是简单哉?"

  30日 二版"上海专电"《蒋宋婚礼,公请蔡元培主婚》:"蒋宋婚礼,决如寻常之新式办法,公请蔡元培主婚,谭延闿、王正廷、何香凝、冯玉祥夫人李德全任介绍。有赴杭度蜜月说。"

  二版"汉口通信"《唐生智下野电原文》。

12月

  1日 二版"上海专电"《蒋介石的〈我们的今日〉》:"(十一月三十日下午十一时二十五分上海专电)蒋介石发表一文,题为《我们的今日》,谓今日得与最敬爱之美龄结婚,为有生来最光荣最愉快之一日,彼奔走国事以来,常于积极中忽萌退志,前辈常询何日始可安心工作,当时未答。今可圆满答覆,即确信自今日结婚后,革命工作必有进步,即从此始可安心尽革命责任,彼深信人生若无美满姻缘,一切皆无意味,故革命当从家庭始,末归结于今日结婚,实为建筑彼二人革命事业基础。"配发照片:今日之新郎、新妇蒋介石与宋美龄,主婚人蔡元培,介绍人何香凝。

  2日 一版"社评"《蒋介石之人生观》:"离妻再娶,弃妾新婚,皆社会中所偶见,独蒋介石事,诟者最多,以其地位故也。然蒋犹不谨,前日特发表一文,一则谓深信人生若无美满姻缘,一切皆无意味,再则谓确信自今日结婚后革命工作,必有进步,反翘其浅陋无识之言以眩社会。吾人至此,为国民道德计,诚不能不加以相当之批评,俾天下青年知蒋氏人生观之谬误。"接着分析批判:"男女,人之大欲也。其事属于本能的发动,动物皆然,不止人类。……然恋爱者,人生之一部分耳。若谓恋爱不成,则人生一切无意义,是乃专崇拜本能,而抹杀人类文明进步后之一切高尚观念。或者非洲生番如此,中国不如此也。夫文明人所认为之人生意义,一言蔽之,曰利他而已。盖人生至短,忽忽数十春秋,与草木同腐。以视宇宙之悠久,不啻白驹之过隙。然而犹值得生存者,则以个人虽死,大众不死故。所以古今志士仁人之所奋斗者,惟在如何用有涯之生,作利人之事,而前仆后继,世代相承,以为建筑文明改善人类环境尽力。行此义者,为人的生活;不然为动物生活。得恋爱与否,与人生意义无关也。或曰:此言固是。然得恋爱,始能工作,失恋爱则意志颓然,蒋氏之意仅在是耳。然此亦大误。盖在有道德观念知人生意义之人,其所以结构一生者,涂径甚多,不关恋爱。……且蒋氏之言,若即此而止,犹可不论。盖人各有志,而恋爱万能之说,中外皆有一部分人持之。蒋氏如此,亦不足责。然吾人所万不能缄默者,则蒋谓有美满姻缘始能为革命工作。夫何谓革命?牺牲一己以救社会之谓也。命且不惜,何论妇人?……呜呼!尝忆蒋氏演说有云:'出兵以来,死伤者不下五万人。'为问蒋氏,此辈所谓武装同志,皆有美满姻缘乎?抑无之乎?其有之耶,何以拆散其姻缘?其无之耶,岂不虚生了一世?累累河边之骨,凄凄梦里之人;兵士殉生,将帅谈爱;人生不平,至此极矣。呜呼!革命者,悲剧也。革命者之人生意义,即应在悲剧中求之。乃蒋介石者,以曾为南军领袖之人,乃大发其欢乐神圣之教。夫以俗浅的眼光论,人生本为行乐,蒋氏为之,亦所不禁。然则埋头行乐已耳,又何必晓晓于革命?夫云裳其衣,摩托其车,钻石其戒,珍珠其花;居则洋场华屋,行则西湖山水;良辰美景,赏心乐事;斯亦人生之大快,且为世俗所恒有,然奈何更发此种堕落文明之陋论,并国民正当之人生观而欲淆惑之?此吾人批评之所以不得已也。不然,宁政府军队,尚有数十万,国民党党员亦当有数十万,蒋氏能否一一与谋美满之姻缘,俾加紧所谓革命工作?而十数省战区人民,因兵匪战乱,并黄面婆而不能保者,蒋氏又何以使其得知有意义之人生?甚矣,不学无术之为害,吾人所为蒋氏惜也。"

7日　一版"社评"《讨赤利益》:北方讨赤两年,何人得利?文章以甲乙两客对话的形式作了回答。讨赤中,人民得到"八个字":"兵灾匪祸,家破人亡。"讨赤中,当官的得以"逐步往上升"。另有十种人得利:一曰租界房主,二曰华界烟客,三曰军火介绍,四曰毒品贩运,五曰人口生意,六曰盗贼营业,七曰恶棍生活,八曰律师会计师事务,九曰印刷营业,十曰医院药店及棺材铺。

9日　二版头条《上海预备会昨续开会》:蒋介石居于调停地位,宁委员新案昨未提出,于右任等亦发言劝解,昨已议决在宁开大会。

17日　二版头条《宁府下令绝俄之后》:俄领事等一周内离境,沪官方称又搜得阴谋。

20日　一版"北京电话"《孙夫人反对绝俄》:自莫斯科致蒋介石一电,蒋覆电催其回国考查。

21日　一版"社评"《反俄与清共》:"吾人尝谓世界政治现有三大潮流,一为苏俄式之无产阶级独裁,一为意大利式之有产阶级专政,一为英美式之自由主义政制。""国民党自容共以后,一党专制之主张,风行一时。今虽反共之声,洋溢南北,而国民党干部人物之思想,与其各部机关之组织,依旧汲苏俄共产党理论之糟粕,尚无振刷之表示,且恐一转移间,由苏俄式一变而为意大利式。""画虎不成,适足成为反动政治,转致助长共产运动,是反共而不能清共。"

30日 二版"国内要闻"《共产党的新策战》:全文刊登中共临时政治局11月14日作出的《政治纪律决议案》。此决议案是国民党武汉卫戍司令部搜查到的。《大公报》在刊登时加编者按说:"内中所纪,足以表现该党新策战,而观于谭平山且被除名,又可知今昔情形不同之一斑也。"(按:此文31日续毕)

1928年(民国十七年)

1月

1日 第一版《岁首辞》:"吾人于举国呻吟苦痛之中,与我全体国民共迎此民国纪元第十七度之岁首,怆怀既往,憧憬未来,谨贡数言,交相勖勉,兼以宣布吾人之根本旨趣焉。""夫中国改革,既有绝对必要,而改革之大义,曰解放创造,非复古,亦非俄化,则大体之国是可定矣。此无他,对内励行民主政治,提倡国民经济,采欧美宪政之长,而去其资本家专制之短;大兴教育以唤起民众,争回税权以发达产业;对内务求得长治久安之规模,对外必脱离不平等条约之束缚。凡兹皆老生常谈,实即经国亟务。"

5日 一版"社评"《今后之国民党》认为,北伐军到了武汉、南京之后,"政策凌杂""其声望非昔比矣"。主要弊端有二:"第一,革命为绝对牺牲小己以求主义实现之谓,无此精神,即不足为革命,即为造乱殃民。乃观国党近状,少数负责要人,日倾心于党内政权之竞争,国利民福,置诸脑后,水深火热,似不关心,十数省人民目前托命于该党,而其干部之淡漠如此,孙中山之精神,几于弃置无余矣。第二,外人常讥华人无政治能力,今国民党以一党专政,而本身基础尚不能确定……普通智识阶级之于国民党,盖已愤怒填膺,不仅失望而已也,抑国家危状,今在极点。不速定国是,求统一,则全国将尽化为饥民与饥兵,大乱之极,将真有人力不可收拾之一日。千钧一发,此其时矣!南京诸人,纵不为国民运动留体面,独不虑及身大祸之将至乎?"

11日　一版"社评"《将来之农工问题》：中国政治经济大改造，是为解决最大多数之农工问题，"此无人能为反对者也。孙中山晚年倡农工运动，此国党新生命所在"。"然国党则自从反共，不复敢言农工运动……"并警告说，如果国民党"自此不努力奋发，内哄固亡，相安亦亡；战败固亡，战胜亦亡。何则？最大多数人民所需要之改革，国民党不能与之，而复假国民革命之名以行，则未有不覆败者矣！"

13日　一版"社评"《出洋》，对国民党头面人物汪精卫、李石曾、孙科、戴天仇等相继宣布出洋之事，斥责说，此辈"平居为领袖，有事作游客，甚矣领袖权利之大也。……当民在倒悬、纠纷最甚之时，而忽弃职务，作漫游。此辈行动，貌似高尚澹泊，实则自私自利，不负责任"。

19日　二版头条《蒋介石外交内政宣言》：以和平方法废不平条约，军事告终，速开国民会议。

2月

3日　二版头条《宁会自今日开议》：昨行大会开会式，蒋（中正）谭（延闿）于（右任）为主席团，组织理论俱大改。

8日　二版头条《宁会推定新委会后闭幕》：蒋介石集中军党大权，议决限期完成军事案。

20日　二版"国闻社电"《贺龙部又出现鄂南，监利新堤皆被扰》。

25日　一版"社评"《不和不战间之自家整理》："今日中国实力，可分三部，一为奉系，一为纯国民党系，一为冯阎系。三系各有不可侮之势力与根据，谁对谁，亦无如之何，断不能尽排异己而定一尊。"

3月

18日　一版"社评"《愿国民力倡拥护人权》，此文为纪念"三一八惨案"两周年而作，提出保护人权，保护学生。首先认为，拥护人权的思想在中国发达最早，但是"民国以来，旧制沦亡，新基未定，法律失灵，军权跋扈，故人权蹂躏，近年最甚"。"然而以政府兵队，向不持武器之学生群众，任意开枪，杀伤多人者，前乎三一八，尚未之有也。"此后"类似三一八案者，两年以来，竟屡见于各方"。文章最后提出两点"愿一般国民公共注意者"："其一，应极力为拥护人权运动；其二，应特倡保护学生。"

24日 一版"社评"《论禁赌》指出："中国人之赌,为国民一大病症。""嗜赌盖为人类最劣下之方面。夫欲占有他人之财,且不劳而获。"最后说:"禁赌之法,只须使赌者悟其必输。"

4月

19日 一版"社评"《论日本再度大出兵》指出,如果说"去年之事,尤可曰宁案之后,不得不防",今年日本内阁议决再度出兵山东,完全是蛮横无理。就法律言,实为侵犯中国主权;就政治言,为干涉中国内政。对日本说来,"盖所成功者一时之示威,所损失者无价之好感"。从"为中日国交与日本国民利益计",规劝日本"友邦人士"三思而行。

二版头条《日本再出兵山东,阁议略已决定》：先派海军陆战队警备,内命第六师团备出动,必要时出一师两大队。

20日 一版"社评"《保侨与出兵》指出："日本政府决议派兵擅入山东,其名义为保护侨民。夫以保侨为名而擅行出兵之侵犯中国主权。"

二版头条《日本临时阁议,决定分道出兵》：先由天津派三中队赴济,再由熊本出五千人入鲁,昨晚索车津兵今明出发。

21日 二版头条《日本实行出兵之后》：沪商会倡反对第一声,日政府兼含内政作用,若否决豫算即再解散。

22日 一版"社评"《青年与党祸》。文章一方面反对青年参加共产党进行革命,一方面又反对用"杀"的办法根除所谓"党祸"。主张对共产党员,尤其是对青年共产党员,应效法"浙江山西有反省院之设",让这些青年人到反省院去省悟。

二版头条《日本出兵问题》：南京昨开四小时会议,发表《致日本民众书》等。

23日 二版头条《中日关系之无端纷纠》：京宁抗议中之出兵问题,日本无产政党首表反对。

24日 二版头条《沪各团体议对日问题,专以田中内阁为目标》。

25日 二版头条《日军前日由门司出发》：南京续有宣言发表,责望日本民众纠正。

5月

5日 一版"社评"《诉诸中日国民常识》：日兵进攻济南,"华军死伤不下千人,被拘留者在百人以外,又押收华军炮弹枪弹若干""吾人处此时机迫切之时,亟愿保持其冷静之头脑,为和平之呼吁"。

二版头条《济南事件之华方报告》:蔡公时(按:时任战地政委、外交处主任)为日兵将鼻割去,因伤毙命,军事高级长官备受侮辱。迄昨午形势仍严重。

6日 一版"社评"《应竭力避免中日第二次冲突》。作者"以冷静之脑筋,公平之观察"报告中日双方国民在济南冲突中的态度:"田中内阁漠视中国主权,擅为第二次之出兵,其轻侮中国,殆为一般独立国国民所不能忍者,中国国民,竟忍耐之。除外交抗议外,对于日本之人士,未尝有非礼之加,对于日本之货物,未尝有排斥之举,足以证之而有余。日本国民在今日,亦无敌视中国之意,何以证之? 田中内阁之出兵,日本多数报纸,与夫野党名流,均昌言反对之。"因此,希望日本田中内阁"应速停止继续派兵赴济。已派之兵陆续撤退"。

二版头条《昨晨起济南略平静》:日方谓大冲突告一段落,黄郛电田中正式提抗议,日本宣布兵民伤亡调查,华方公报损失亦极大。

8日 二版头条《济南案之中日态度》:华方容忍,力劝民众冷静;日方增兵,海陆两路并进;中国有人请诉国际联盟。

11日 一版"社评"《国人应谋自强自立之办法》:"谭延闿以国民政府主席资格,电致国际联盟秘书长,请联盟依据国联盟约第十一条注意日本在山东之军事行动。""宁府未经国际承认,其地位亦大见困难。且也中国积欠联盟经费累累,事急求人,抑何令人齿冷。"因此,国人宜自谋自强自立之办法,不可"一屈再屈,一辱再辱"。

12日 二版头条《日军昨晨入济南城》:济南附近要地全被占领,方振武所部从南门出走,日飞机侦察之南军状况。

13日 一版"社评"《敬告爱国青年》在肯定了青年学生爱国热忱之后说:"此次发生空前事件,痛心饮泣,力主容忍。以为非自立自强,澈底解决国内政治,不足以保卫邦家,应付外侮。……大凡人必自侮而后人侮之,国必自亡而后人亡之。现在举眼看,世界依旧是有强权无公理的世界,所以国际上任何主张,都须以国力为背景。而现代国际,尤必须科学的智识、物质的后援,方可和人比较短长。"

30日 二版头条《蒋中正赴新乡督师,指挥二三四集团军》。

6月

2日 二版头条"北京特讯"《时局解决已趋近》:张雨亭将回奉一行,善后办法在计议中。

二版"上海专电"《蒋冯阎会于石家庄,白崇禧已就总指挥职》。

3日　二版头条《张作霖出京详报》:今晨一时十五分离站,与孙传芳乘同一花车,潘复等要人随张赴奉。

5日　二版头条《沈阳站头之大炸弹案》:张作霖花车适遇险,吴俊升在场受奇祸,张受伤回邸医疗中,莫德惠、于国翰受波及。配发张作霖及吴俊升半身戎装照。

二版"北京电话"《宁令阎锡山主持京津》:蒋冯会议后所决定,冯二日向宁府电推。

二版"上海专电"《蒋介石回南京》。

10日　第一版"社评"《阎锡山就京津卫戍之任》。

二版"北京特讯"《第三集团军入京记》:孙楚先入商震继之,张荫梧为警备司令,阎已在保就卫戍职,治安维持会已结束。配发"京津卫戍总司令阎锡山"和商震的头像。

二版"北京特讯"《北都易帜记》:"记者(按:此记者为胡政之)于月之一日由津入京,时奉军大势已去,都门人心皇皇。二日下午五时往访杨宇霆氏于帅府春耦斋……记者询以东三省善后问题如何,且告以为三省计,宜隶于统一政府之下,外交上较易应付。杨君则谓劝张出关,已属费尽苦心……四日午前张作霖被炸于皇姑屯……南京政府已任命阎锡山卫戍京津……晋军之商震部,则八日已实行入京,中外人心,遂见安定。八日上午十一时以后,青天白日旗已遍布京市……"

11日　第一版"社评"《论蒋介石辞军职事》。本文为9日蒋介石呈辞国民革命军总司令及军委会主席一事而作。

二版头条《国府挽蒋介石缓辞》:军事未收束辞尚非时,沪舆论赞同蒋之用意,国府昨夜讨论裁兵案。

12日　一版"社评"《国民战争成功后之精神》认为:蒋冯阎联合北伐讨奉的战争是一场"国民战争",与以前的"军阀战争"不一样,"所有从前军阀战争之流弊,自当一扫而空"。具体而言:一曰一切胜利归于国民,一切因胜利而来的权威均属于代表国民的国民政府,不能为某个人所窃据;二曰根本消除封建割据思想,政治上的各派系之名,军事上的各派系之名,均应取消,全国都应统一在"青天白日"之下。

二版《天津已见青天白日旗》：张褚下退却令后离津，徐源泉率军改隶国府，昨晚电局车站先易旗。

13日 一版"社评"《国民革命军占领天津》。

二版头条《守涿名将警备天津》：京津北伐军事之完成，傅作义昨晨单身就职，河北秩序大体甚安谧。配发"天津警备司令傅作义"戎装头像照。

14日 一版"社评"《珠江流域之思想与武力》，称赞白崇禧的第四集团军从广西打到北京"乃中国历史上破天荒之事"。

二版"专访"《阎白访问记》：本报驻京记者（按：即胡政之）于11日下午三时往铁狮子胡同卫戍司令部访阎，因"总司令远来体疲"而"请以翌日"。第二天，胡再往访阎。"阎氏连见西洋、日本两批记者，均亲送至客厅外，厥状殊谦和有礼，最后方始接谈。阎年约五十许，秃头短须，面色深黑，容露风尘。……发音声虽低，而清晰有劲，于机警之中，寓有恳挚之意。"阎氏说："吾人以主义结合，非泛泛之比，一切听命于政府……吾人为救国而战，不争私利。"胡政之11日下午五时访白崇禧氏于香厂东方饭店。写白氏外貌："白君灰布制中山装，臂有党旗为记，中写'四前'两字，乃'第四集团军前敌总指挥'之义，恂恂如儒生，乍见之，决不能知其为叱咤风云之革命大将也。"写谈话：白谓广西军至北京"诚哉其为破天荒也"。写对白总体印象："语毕，记者辞出，白君送至院门而别，其予吾人之印象，盖为一干练之事务家，不特无粗犷气，且亦无一部分革命党人剑拔弩张之气象也。"

15日 二版"专访"《再度访阎记》（胡政之），说"阎君首于本报多致奖饰之辞"。

17日 一版"社评"《从北京到天津的印象》："北京日前奉晋替代，改旗易帜的时候，记者恰恰躬逢其盛。除掉三两夜特别戒严、行路不便之外，真可算匕鬯不惊，市廛无扰。直到现在，攘往熙来，恢复原状。除掉街上多几件中山装，拜客变成早衙门之外，又几乎一切如常，了无异状，这样的革命，真是中外罕见。许多畏惧革命、反对革命的人，到此都觉从前之畏惧与反对为多事。这固然由于地方维持得法，也由于主持其事者稳健和平，所以能以黄老之道，行改革之业。北京市民，真是何修而得此！然而记者昨天一到天津，便觉印象与北京迥异。从表面看来，北京是静的，天津是动的，北京是整的，天津是乱的。"因此，文章希望阎锡山到天津主持整顿，也希望负责维持治安的天津当局，须从速定方针。（按：胡政之6月1日到北京，16日回津，完成"送往迎来"的任

务——送走张作霖,迎来阎锡山、白崇禧。本文是他回天津后写的)

20日 一版"社评"《张作霖死亡之公表》说,张作霖"崛起草莽,未尝学问,遭逢时会,扶摇直上"。在叙述了张的一生经历和所作所为后说,"盖纯为旧日枭雄式人物"。并认为张此次被人炸死,不仅比病死床头者壮烈万分,而且可以减少国人对他的反感,因而算是一个好结局。认为张作霖一生最大的失误是"不肯顺应潮流",不能依附民国,现在张死了,全国统一有希望了。

21日 一版"社评"《京津善后之亟务——国民政府应明令严禁招兵》:应严禁带兵长官私自招兵,主张"一兵一卒,皆是国家所有,国民公用"。

25日 一版"社评"《裁兵运动》:肯定蒋冯李等人所谓的裁兵主张,并提出,国民应利用蒋冯李等人提议裁兵的时机,"一鼓作气,以国民运动,力促其成,勿令仍如历年,仅以空论终也。"文章在论述了国民裁兵运动的重要性后说:"军阀之成,多由环境,防微杜渐,责在吾民。"号召国民作"诤友",不作"佞人",以公正无私的精神"引军政要人于正路",使军阀在中国绝种。

26日 一版"社评"《国民裁兵运动——全国商民速发起裁兵协会》,说:"吾人敢正告四万万人士曰,裁兵之事,当局者既有决心之表示矣。能否使其决心实现,则吾民之责。"又说:"先宜由各地商会银会共同号召,联合全国商民发起裁兵协会,努力于宣传、调查、计划等事,俾人人想望之大事业可以一气呵成。"并表示:"吾人不敏,愿以裁兵运动之马前卒自效。"

27日 一版"社评"《裁兵与国民党》。

二版中间显著位置加框刊登《国民裁兵运动——本报致上海日报公会暨京津沪汉商会银会电》。电文内容为:"北伐告成,建设开始,着手之策,首在裁兵。连日蒋阎冯李白诸公,均有表示,亟宜乘机鼓吹,设立裁兵协会,以国民人力财力,助其实行。敝报连日本此意旨著论宣传,如承诸公赞成,乞一致以言论督促进行,国家幸甚。"

28日 一版"社评"《裁兵与国民政府》。

二版"通讯"《百泉访冯记》。这是张季鸾在新记《大公报》上发表的第一篇通讯。张季鸾26日下午七时从新乡乘车到百泉访问冯玉祥。"骤视若不相识。……(冯)满面病容,盖病咳甚。"冯曰:"吾最焦心者,如此大军,过此等生活,如何得了。"

29日 二版"通讯"《新乡之行》。张季鸾在这篇通讯中记叙了他由北京至新乡的沿途见闻和冯军情况:"车过之处,裸童招手,老妇破颜,盖此车不通已一年九个月矣,平和克复,此其征也。""冯君致疾,全以过劳,数日前尚抱恙讲演数小时,归又感风,故料此后非渐采取节劳办法不可。总部人谈,彼向例起床较任何人为早,而治事较任何人为多,军政巨细,皆加注意,又尝出外对军民演讲……兵士整肃而有礼,体格强壮,服装净洁,官兵完全一律";"总部人员,皆月取津贴六元……"

7月

2日 二版头条《蒋李冯昨晨在郑密谈》。本报记者自郑州来急电:蒋、李专车1日晨到郑,冯力疾30日晚由辉县到郑,阎亦将至保亲迎。

3日 二版头条《蒋李今晨联袂抵北平》:冯因病缓来,派鹿钟麟代;阎今晨三时迎抵长辛店;蒋下车后拟径至碧云寺。

二版"图片专栏"《碧云寺之今日》题下刊登七张照片:蒋中正、李宗仁、吴稚晖、蒋宋美龄照片、"孙灵所在"照片以及两张碧云寺风景照。

6日 一版"社评"《今日碧云寺之祭告大典》:"今日为蒋冯阎三总司令奉国府命令告祭孙灵之日,第四集团之李白两公以次各重要将领,及中央委员诸氏亦与焉。气象庄严,典仪隆重,可以想见。"接着歌颂孙中山的功德,赞美蒋李冯阎的伟业。说:"吾人切望蒋冯阎李白诸公,勿以军事小成为满足,更当以先生之人格为模范,勉自修养","协力同心,整顿军队,改良政治,裁减冗兵,统一财政,促成强固有力之中央政府而躬自拥护之,造就可以平等之国际资格而努力改进之。"

7日 二版头条《碧云寺严肃悲壮之祭灵典礼》:冯玉祥赶来致祭,蒋冯阎李均大哭,商震高声读祭文。

三版头条《冯玉祥对时局重要表示》:兵权归之中央,裁汰须按质地;国内裁兵并非限制领袖势力;以党义治国,并非以党员治国;外交忍受程度须有一定限际;地方政治至少恢复小康生活。

8日 一版"社评"《可注意之裁兵意见》,盛赞李宗仁、冯玉祥之裁兵主张。

二版"上海专电"《外部昨日发表修约宣言》:(一)中外间已满期之约,当然废除,另订新约;(二)未满者国府应即以正当手续改订;(三)旧约期满未定新约前,由府订临时办法。

9日 二版"南京专电"《修约宣言全文》。

10日 二版刊登路透社9日北平电《修约宣言之反响》:意使表示愿商改

约,日使声称虽满未废。

25日 二版"社评"《中日间最近之三问题》:"近来对日外交有三要案,一为济案,二为条约,三为驻奉日领劝告张学良,阻挠中国统一。济案是非曲直,中日各有伸缩之点。从原则上言,我苟有错,不必怙恶。彼苟有错,亦不能以强权而屈公理。……修约问题,彼不愿议,藉日开议,亦终徒劳。……盖东三省乃中华民国之领土,应分应合,权在吾民。而现在南北大势所趋,外交环境所迫,无论从全局抑局部着想,关外三省胥无独立图存之可能,则服从国民政府,又岂有些须怀疑犹豫之余地。苟因外人一言,遽变初衷,是关外当局自外于民国也。"

26日 二版"社评"《党治下之外交》:对于外交"党议只能决定大纲,若夫取何步骤,作何运用,张弛缓急之间,不可不授权于负责之外交当局自由应付。不宜由党部人员或不负外交责任之任何人物,随便干涉,持其短长"。

27日 二版头条《中美国交划一新纪元》:美派驻华马使开议修约,对关税款项愿即行讨论,英国可望与美同一步趋。

二版"社评"《美国与修约》:"袪除不平等条约之束缚,为中国国民惟一生路。凡我友邦,均当深谅。惟历史悠远,积重难返。如美国之率先表示,愿为中国废除不平等条约运动开一实行之路者,自是难能可贵。"

28日 二版头条《中美新约一鸣惊人》:宋子文、马慕瑞正式签约,旧约中关税部分已取消。

29日 二版"社评"《中美关税条约签定之后》:"中国国民革命之对象为打倒军阀与取消不平等条约",废除不平等条约"较打倒军阀之工作尤为艰巨"。而在中国废除不平等条约运动中,在"恢复税权法权之独立""谋关税自主"等方面"首表赞同者只一美国"。美国做出了一个好的样子,希望国府当局和全体国民"亟须努力筹施",使其他国家"一律就范"。

8月

2日 一版"社评"《中日关系之难境》,在历数国民革命军北伐以来,日本对中国的屡次干涉后说:"中日关系,今已危殆万分。日本已屡有所取于中国,中国亦屡有所予日本。自今以往,中国当惟正谊之是守,国权之是保,苟有丧权媚外者,国人当共弃之。"

10日 一版"社评"《论建设新都》:认为"中国之首都,自宜偏北,不宜偏南"。

11日 一版"社评"《日本对华政策与中国对日政策》,面对日本田中内阁对中国东三省的领土野心说:"今日对于日本,若自问终无力量,以国家作孤注,与彼一战,则终当根据事实,统筹轻重,定方案,分步骤,于经济方面之能忍受者只好忍受,以图政治主权之保全,于已往损失之限于局部者,只好提出修正,以求万一之挽回,要当分别协商,求一解决。"

二版头条《东省外交形势突紧张》:林权助警告张——依日本劝告中止妥协;张氏愤慨异常——蒋代表将与王邢赴宁;张谓兹事体大——须待保安维持会公决。(按:林权助为日本外交官,张为张学良)

16日 一版"社评"《五次大会闭幕之后》:(1)会上出现公开的争论,这是"进于新式政治之初阶";(2)望实行"真党治,非假党治;真统一,非假统一";(3)望能"裁兵"。

二版头条《昨午举行全会闭会式》:前晚临时决发宣言,昨晨因先开谈话会,宣言措辞质朴平妥。二版"上海专电"《蒋将兼财长?》:"(十五日下午十时五十五分上海专电)蒋晚由宁来,明晨(即今晨)到,行政院长将任蒋,并将兼财长;谭将任军政部长,胡汉民立法院长。"

27日 二版"通讯"《新都观政记》(榆民)前言:"记者以社务南游匝月,当五中全会开会前后,正在南京,于时暑威尚盛,南京道路复极恶劣,而所居友人家在小仓山下,四望空阔,竹树丛生,如置身于一小公园中。长日纳凉,轻不访人,故在南京实不知南京也。惟见闻所及,究较在平津真切,兹将南北报纸所未载或载而不明者,就记忆所及,略志数则,间杂以论议,以为读者判断之资。"标题上明确称南京为"新都",透出赞许之情。(按:该通讯从8月27日至9月2日分六部分在二版连续刊登,小标题依次为:"区党部与领袖""三监察出京之前后""五中全会之收获""一般之政治空气""民有航空事业""国术馆"。张季鸾在蒋冯阎李等人碧云寺祭灵之后,搭乘交通部长王伯群归京之车至开封,又搭乘冯玉祥入京车南行,8月18日到南京。张季鸾在南京大约活动了一个月。通讯记其在宁之所闻所见)

30日 三版"通讯"《京沪杂纪(一):跳舞场与赛狗场》(记者)。(按:张季鸾南游一月,收获满满,了解了蒋介石和国民政府,政治方面之见闻载于《新都观政记》外,在京沪方面所见之社会杂事,更撮述以成《京沪杂纪》。该通讯共五部分,分三次刊登于8月30日、31日和9月3日第三版,后四篇标题依次为

"首都住宅之恐慌""市内建设未着手""首都禁娼之实行""首都生活各面观")

9月

1日 一版"广告":"最伟大最雄壮之北伐军军事大影片《蒋介石北伐记》,加映沈阳站惨变新闻《张作霖被炸》"。(按:《大公报》用广告形式巧妙地表达政局的"送往迎来")

一版"社评"《本报续刊二周年之感想》:"本报续刊之时,正北方两巨阀张吴联盟全盛、反动政治最高潮之日,然国民革命军于西北军失南口后一星期,已达岳州。本报续刊之日,革命军已越汀泗桥而迫武昌城下,其占领阳夏为九月六日,故本报改造后之新诞生,乃适当革命势力突飞发展之新运会,此诚可纪念者也。当是时北方军阀弄权,法律失效,恶劣之宣传盛行,真正之舆论不显,乃本报本其良知昭示,续刊之初,即屡著论宣告军阀政治之必崩溃。如是年九月四日社评:'孙中山所统率之革命党,今乃有攻到武汉之武力。''试观彼等年来外遭强国之嫉视,内受北洋之高压,然犹能经营惨淡,练成节制之师,崎岖长征,突出武汉。是足知其军队上下,诚有一种热烈之牺牲精神与救国志愿。'……又如九月八日社评:'期月之间,实现会师武汉之理想,此固十五年来一大快事。足证明新旧势力搏击,旧势力渐入天然淘汰之境,而后问题,不在旧势力如何铲除,而在新势力之如何大成。'以上所云,由今观之,不啻预言果中。""本报非任何方面之机关报纸,今者北伐完成,党国统一。本报续刊以来之信念,可谓得相当贯澈,然其立言精神,今昔则同。盖本报公共机关也,同人普通公民也,今后惟当就人民之立场,以拥护与赞助国民政府之建设,而同时对于各方施政,亦愿随时随事致其坦直无私的批评。至于新闻纪载,更务求正确。凡关系建设之具体问题,亦将公开讨论,以备参考。一言蔽之,本报笃信真正改革之必成功,矢志愿为真正改革者,尽赞助之力。"

5日 一版"社评"《论蒋介石最近感想》,首先说:"蒋中正氏本月二日所发表之《最近对党国感想》一文",其中谈到,革命成功之"基本条件为内部团结一致","此诚不磨之论"。接着指出:"团结一致,非仅感情冲动所能致,必也先有深切之反省。"并要求党国当局从中国历史发展的角度,从成功经验和失败教训两方面,本着对国家、对人民负责的精神,来一番"痛切自省",达到真正团结一致。

8日 一版"社评"《训政实施之前提》。国民政府准备在全国实行"训政",

对此,社评说,"训政"实行是第二步的事,目前,第一步应创造实行"训政"的两个条件:其一是"先使人民能在家安居",即解决人民的衣食问题。"训政者,训练民众也,训练之使理解三民主义、实行三民主义也。""管子不云乎:'衣食足而后礼义兴',三民主义的训练,礼义也。"民众无衣食,"则训政将为空言乎"。其二是"立法的问题,一切方针,应于法律上为实质的规定",否则,"指导者与被指导者皆感觉关系不确定,故社会纠纷随时可起,党内争论亦随时可生"。因此应"尽先制定各种必要的法律,尤以经济立法为最先","然后党部指导民众及民众受指导,皆有一定之明确的轨道可寻,然后社会经济有一定之方向可趋,而各项训政,始真能着手矣"。

9日 一版"社评"《今后之对俄政策如何》。首先指出:"日俄为中国两大邻国,虽有左右赤白之不同,其足以祸福中国则一,而从世界大势与中国国情观察,将来俄国对华关系,其重要或当驾日本而上之。"因此希望"唤起党国要人及国民全般之考虑"。接着说,"夫容共与联俄不同,交俄与联俄尤不同,外交之事,但问利害"。中国在"统一之局已成"之后,"应由政府向苏俄正式提出谈判,许予恢复国交而以停止共产革命之煽动为条件,且不许其以第三国际为透过卸责之地"。复交之后,"即我居统一政府之地位"与苏联政府打交道,不允许他们在中国"煽动赤化",把中国作为共产革命之试验场。

二版头条《各领袖定十二日入京》:五院长定蒋介石、胡汉民、蔡元培、王宠惠、谭延闿,宋子文位置将不更动,陈公博愿负粤变责任。

14日 一版"社评"《输入外资问题之注意点》:"据八月二十四日伦敦《每日捷报》详载",王宠惠、孙科与英签订1 500万英镑之大借款以筑国道铁路。对此,文章说,虽不反对输入外资,但是认为,"凡此等大事,根本上须向国民公开";"如何管理用途,尤必须有详密规定";输入外资要根据自己的偿还能力而定,不可盲目行动。

23日 一版"社评"《经济政策与建设事业》,首先说:"关内肃清,关外合作,全国军事似可告一段落。五院成立,训政开始,全国政治亦似可竖一起点。今后内外上下得专从事于建设事业。新国家之前途,若将有无穷之希望矣。"接着指出,国府的经济政策,仍然是一片混沌,因此,建议马上确立一标准,使人民明了认识,安心就业。"将以无限制社会主义为标准耶,抑以国家社会主义为标准耶?步尘旧组织之英法日美意乎,步尘新组织之德国乎,亦竟步尘新经济政策下之苏俄乎?或皆无所取,而别定一中国之新经济政策乎?总之,须有一明白标准,以昭示人民。"

24日 二版"通讯"《东北之游》《(一)大连与奉天》(冷观)。前言:"记者近为考察东三省外交交通社会各种情况起见,特作东北之游,兹就足迹所经、观察所得,拉杂纷纪于次。"[按:胡政之于1928年9月16日离津,17日抵大连,18日到沈阳,访问张学良及以次各要人,探询东北的军事与外交,然后又遍游奉吉黑三省。他所写的通讯《东北之游》共四部分,连载于9月24日、27日、28日,10月6日、7日。其余三部分标题为"(二)军事外交之探询""(三)朝阳镇之一宿""(四)从吉长到吉敦"]

29日 一版"社评"《吾人之筹备国庆观》,特提出八条建议:"其一,愿中央宣传部于本届国庆日,向全国发表各项不平等条约之现状及目前外患之情形。""其二,愿国民政府于是日宣布截至本年九月止国家所负有担保、无担保之内外债全体情形,并各纪其由来及用途。""其三,愿国民政府通令全国各县,报告现在民生痛苦。""其四,愿下令全国商会,报告各地工商之痛苦。""其五,愿中央党部通令全国,搜集辛亥以前以迄现在凡为革命牺牲生命之烈士事迹,并调查其遗族状况。""其六,愿通令各集团军呈报各该军伤亡表册,并于国庆发表革命军伤亡将士抚恤条例。""其七,愿中央党部通令调查国民党十三年改组以后凡曾为革命工作之党员,有无职业,是何境遇,需否救济。""其八,在军政时期人民言论自由多受束缚,民隐不彰,公论不立。今乘此空前祝典,愿国府特令解除一切言禁,许全国人民自由声诉其困难。"

10月

9日 二版头条《昨日议决政府人选》:蒋中正、谭延闿、胡汉民、蔡元培、戴传贤、王宠惠、冯玉祥、孙科、陈果夫、何应钦、李宗仁、杨树庄、阎锡山、林森、张学良十五人为中华民国委员。决议通过蒋中正同志为中华民国国民政府主席,谭延闿同志为行政院长,胡汉民同志为立法院长,王宠惠同志为司法院长,戴传贤同志为考试院长,蔡元培同志为监察院长。

10日 一版版刻大字《敬祝国庆》(大公报同人):"国民革命统一之年,五权训政开始之日。"

一版《本报特别启事》:"(二)今日本报增加国庆纪念增刊一大张,共刊四大张;(三)今日本报社评移载国庆增刊封面,希读者注意。"

一版《读者注意》:"今日本报国庆增刊,承各方赠文,要目列次:《青年应该怎样努力》(胡汉民)、《今后我们努力工作的二条路》(蒋介石)、《三民主义的中和性》(蔡元培)、《民生主义之根本精神》(阎锡山)、《中华民国之新纪元》(冯玉祥)、《双十节之意义》(王正廷)、《国庆与国难》(商震)、《双十节在革命史上的意义和价值》(张清源)、《敬告津市民众》(崔廷献)、《永定河改道之商榷》(李仪祉)以及于右任、李宗仁、张学良、白崇禧、何其巩诸君的赠题。"(按：张清源为国民党河北省党务指导委员会委员,王正廷为外交部长,商震为河北省主席,崔廷献为天津市长,李仪祉为华北水利委员会主席)

《〈大公报〉国庆纪念增刊》一版《十七年国庆纪念辞》。

增刊一版"社评"两篇：《(一)经济上简单之要求》《(二)政治上简单之要求》。

增刊一版、二版、三版刊登上述"各方赠文",共十篇。

增刊四版《中华民国债务之总计》(十七年国庆,本社经济部调查)。

刊登要人为报馆题词,主要有于右任、李宗仁、张学良、白崇禧、何其巩(北平市长)。其中于右任和张学良的题词紧扣"大公精神"和报馆历史。于右任："大道之行,天下为公,其《大公报》之意乎,愿《大公报》同志努力。"张学良："直道存三代,知名过廿年。高文期有用,清义贵无偏。回雁惊秋乱,闻鹍讶地旋。中庸在天下,先为化幽燕。"

12日 一版"社评"《建设事业中之铁路问题》首先说："今日新国家至急之要务,自在经济的建设,人皆知之。然究应以何者为先,何者为重？稍事研究者,必曰：交通事业。……然交通事业亦多,其中究应以何者为先,何者为重？稍事研究者又必曰：铁路事业。"再论述修建铁路的关键是解决投资问题,而解决投资问题的关键又在讲求信用："必须先有树立国家信用之坚强组织,以恢复投资者之信念。否则,不必言新路之建筑,即旧路之恢复亦无办法也。"

15日 一版"社评"《愿国府当局努力尽职》首先说："国府主席蒋中正氏自今日起视事,明日将开第一次国务会议,五权训政,由此发轫。"当此之时,国府当局应注意一个大问题：恪尽职守,防止腐败。接着说："孙中山先生一生痛中国政治之腐败,故国府定制,凡官吏就职,必有誓辞。"此次蒋中正就任国府主席,也是宣了誓的："余敬宣誓,余将恪遵总理遗嘱,服从党义,奉行国家法令,忠心及努力于本职,并节省经费。余决不用无用之人,不营私舞弊,及授取贿赂。如违背誓词,愿受本党最严之处分。"誓词说得好,今后的关键在做,如有人"视宣誓为读八股",只是例行公事,说说而已,并不照此去做,国民"则唾弃之矣"。

18日 一版"社评"《东北之游以后》,对张学良东北易帜的决定暂未实现之事,作了三点说明:"第一自对外关系言之,东三省为整个的中华民国之一部,自上至下,渴慕统一,决无二致。……只以外交阻挠,易帜愆期。精神早合,形式犹非。在中国固堪痛心,在外人亦决不足以称快意。""第二自对国内大局关系言之,东三省乃中华全国公有之东三省,非东三省人独有之东三省。……非合全国之力,研究东北问题,考其经过,权其利害,扶植纠正,共同应付,决不足以抵御外力之侵凌。""第三自东省本身言之,三省地位关系国防,三省危则直鲁且不可保。故东三省人士,对于国家负责特重,非进而公开三省之地,求全国贤豪合作,不足以保国而卫乡。"(按:胡政之东北之行,在报上发表了长篇通讯《东北之游》,写此评论作结)

19日 二版头条《五院副院长昨发表》:行政冯玉祥、立法林森、司法张继、考试孙科、监察陈果夫。李宗仁为军事参议会会长,李济琛为参谋部长,何应钦为军事训练总监。

20日 二版头条《行政院部长俱决定》:阎锡山内政、冯玉祥军政、王正廷外交、宋子文财政、王伯群交通、孙科铁道、孔祥熙工商、易培基农矿、蒋梦麟教育、薛笃弼卫生,古应芬为国府文官长。

11月

1日 一版"社评"《为东省保路运动诸君进一解》:日本强索东北地区的铁路建筑权并干涉东三省人士自资筑路,激起当地民众义愤。对此,"吾人主张,东三省民众的保路运动应为积极而非消极,建设而非破坏,进取而非保守",即不仅逞一时之民气,而是以经济实力相对抗,赎回路权,自筑港口,自成交通系统。

2日 一版"社评"《国府处置四川问题》:对于四川的处置,有人主张"严厉干涉",中政会则"纯用裱糊政策"。文章认为两者均不大妥当:"今日定蜀之策,首在中央以国利民福为本位,制定可以实行之方案,责令诸将分别遵办,以成绩课功罪,不以历史派别执成见,以事实定升黜,不以个人运动决进退。中枢要人,超然于四川任何派系之上,不讲私交,不说私话,不用私人奔走,一以公忠体国交相责勉,忍耐坚定,假以时日,必可使骄兵悍将,渐就范围。"

24日 一版"社评"《中日交涉》:"矢田氏二次入京,交涉无结果。……日本政府之政策,有显然可知者,盖欲于一切欲望满足之后,始为济案之点睛。……山东问题,中国本因不抵抗,所以退兵,所以受巨大损害。""日本干涉我东省,驻兵我济胶,由夏徂冬,日复一日,中国只有始终主张其应主张,不至日政府觉悟之日不止,交涉稽迟,亦固无如之何也。天下万事,惟有时间解决之。"

12月

3日 二版"通讯"《南行记者杂录》,此为张季鸾写的通讯。主要内容为:(一)《车行中闻见》:记者在车上遇见冯焕章夫人李德全女士携小儿女三人,购二等卧车票三张,屋中尚杂入不认识女客一人,"并未包房,亦无随带护兵"。记者感慨"可谓实做平民化矣!此种风气深望军政领袖大家提倡,不可闻之一笑"。(二)《过江后闻见》:记者在南京城所闻见,认为"最痛快之事即为禁赌禁烟禁娼之严厉"。(三)《京市一瞥》:记者从下关到中正街,出朝阳门,谒孙陵。"半日间匆匆游览,觉京市表面情形,实有一种方新之气。""大家都在开步走,往前迈。""而开步走之精神十足,此种朝气,实不可少,此固不可不大书特书,以告平津人士者也。"(四)《访冯将军》:"记者不见冯玉祥将军有年矣。晚走访之,一见觉其丰采如故,毫无老态,且精神十足,笑容满面,而快言壮语,不似从前之沉默。"(五)《军事问题》:"各军事领袖之出身经历与夫其思想志趣本自不同……全靠一块国民党金字招牌笼罩一起,同床共被,本是一件极难之事。""苟无绝大利害冲突发生时,自可相安于无事,至于绝大利害冲突之事是否发生,目前毫无所闻。将来又谁能断定?唱《空城计》戏词中有曰:'望先帝大显威灵',吾人对于军事问题之将来,亦唯有向空中默祝曰:'望先总理大显威灵'而已。"(六)《党务问题》:记者认为,国民党"党之组织仿苏俄,党之主张反苏俄,苟无墨索利尼其人,则回旋运用,戛戛乎其难,固在人人意料中也"。(七)《政治问题》:对"五院问题",认为,职责范围不清,实行之期似嫌稍早,所以不能看出显然之成绩。对"人物问题",记者说,因利用关系谋职者多,故"五院成立未几何时,已人浮于事"。对"廉政问题",记者认为,国民政府中,确有廉洁之人,但确有上下串通,专门要钱的人,因而"廉洁之水平线,则仍必须努力"。(八)《建设委员会》。(九)《上海烟土案》。(十)《社会经济法令近闻》。(十一)《阎锡山莅京后政闻》。(十二)《首都社会状况一斑》。(十三)《首都三多》。(十四)《秦淮河近状》。(十五)《临行杂闻》。(十六)记者余言:"记者此行,本拟由京而沪而汉,不意在京耽搁过久,即届新年。本馆预定元旦日换机加张盛会,亟须赶回参与,不得已变更预计,即行由京北返,南行杂录,暂告结束。"通过在京都的观察,张季鸾感到的最大的问题是"在现在朝野两方多数之重要人物,不肯将其政治生命基础,共同筑于全民意志之上,而各各联络利用全民中若干小部分人,倚为各个政治生命之干城,方法设防布线,从事暗斗,致在一党专政之下不无同床异梦之感,时有兄弟阋墙之忧。一切政治上之部署,尤其经济上之设施,颇少一贯而鲜明之标准,因之谣言时起,政局不安,公私建设,均不能循序进行,生产不增,苛税无已,生计日绌,人心思乱,殊非新国家应有之好现象"。(按:张季鸾1928年11月底至12月底南行,从天津出发,到北平,然后至郑州,随冯玉祥见到蒋介石,后到南京。该通讯《南行记者杂录》是这次南游作品。通讯很长,连载于12月3日、10—13日、15日、24—27日、31日。张季鸾以记者锐利的眼光,既看到国民政府的新气象,更看到其中存在的问题)

29日　一版"社评"《大一统》首先说:"据奉天消息,东三省与热河将于今日实行悬挂青天白日旗,自是中华民国盖真于新国旗之下,宣告统一矣。"在表彰了东省当局的"保国爱种之心"后,对国府及东省当局提出了五点建议:其一,统一之后,关内外要通力合作,"以关外之物资参加关内之建设,以关内之人才扶助关外之经营","共图富国强兵之业"。其二,国府与东省要消除以前之成见,不要听信他人之挑拨。其三,财政上,东省要体谅国府的困难,在外交上,中央要尊重地方的意见。其四,政府应加紧对东省的文化建设,东省应主动向政府呈述建议,不要以"投降式之合作",消极旁观。其五,热河问题要尽快解决。

二版《中止中日交涉》:宋子文中止到沪晤矢田;外交部决召周龙光回京;日当局正在考究转换策。

1929年(民国十八年)

1月

1日　二版头条《编遣会今日开幕,蒋主席诚挚宣言,国府定今日为开国纪念日》。主要内容:蒋主席对于编遣会希望;蒋告国民书主自强不息;中央纪念周蒋胡报告辞。

三版"新年征文(二)"《新年的好梦》(胡适):(1)全国和平;(2)全国裁

兵；(3)新关税政策实行后，一切苛捐杂税可以安全取消；(4)铁路真正国有，非军人所有，并将铁路收入用于建设；(5)全国实行禁鸦片；(6)大家有一点点自由。

12日　三版《张学良枪毙杨宇霆》：事件发生于前晚，常荫槐同死，张已发通电，谓杨常阻挠统一。（按：杨宇霆时任东三省兵工厂督办，常荫槐时任黑龙江省政府主席）

14日　二版"社评"《愿张学良实践所言》：张学良杀杨常后的通电，数杨常罪状，至少有三：曰阻挠辽东五县行政之交还，曰阻挠平奉车辆之放还，曰阻挠辽东撤兵。文章就这些罪状进行分析后说："总而言之，张学良杀杨案之是非，最后将决于张氏对国家对三省之行动，行动是则所杀虽非亦是，行动非则所杀虽是亦非。""最后关键，在看张学良是否真觉悟时代潮流，是否不承袭封建专制之野心。""吾且观张氏此后是否诚意服从统一政府，以卜其运命如何也。"

26日　二版"社评"《编遣会议闭幕》，首先肯定："此次会议之最大收获，为编遣程序大纲。"又说："整理军事之最大目的有二，曰消灭私有军队之倾向，而成真正国军；曰实行最大限度之裁兵，然欲实行裁兵，须先使军队不私有。否则不易裁，或不能裁，且甚至不裁而反增。是以归根结底，以消灭私有军队之倾向为第一义。"

2月

15日　二版"社评"《呜呼苛捐杂税》："本报昨载北平通信，一个鸡蛋，由唐山运天津须纳税至十二种之多。由山东南馆陶来者，且须经二十次以上之剥削。商民痛苦，此其一端，然已大足骇人闻听矣。……吾人以为今日国民应有反对苛细捐税之大运动，将商民痛苦，征收税弊，剖析沥陈，尽情揭发，以促当局之猛省。"

3月

15日　二版"社评"《利用外资振兴实业》对中政会利用外资振兴实业的议案表示同情，并提出三点看法：第一，利用外资首宜有运用外资之能力。"彼之财力人力，悉服吾人之役使，主权在我，迎拒自如。"否则，"企业事权，任人操持，则在我冒利用外资之名，在彼有经济侵略之实"。第二，为外人投资创造安全条件。第三，政府应对实业加强法律保护。

三版头条《国民党三次全国代表大会今晨举行开幕式》。

三版"上海专电"《本报社论引起全代会代表注意》，孙科谓已准备提案修改总章。（按：指当日发表的振兴实业的社评）

18日　二版"社评"《湖南善后问题》，回顾了"自民国以来，湖南问题往往为时局关键"的历史后指出："吾人鉴于本案危险性之依然存在，为巩固和平统一之计，甚望党国当局对湖南善后慎重处理"，千万不要"使湖南又成为战争之导火线"。（按：以李宗仁为主席的武汉政治分会以湘省主席鲁涤平"把持财政""清共不力""厉行苛征"为由，于2月19日决议免除其本兼各职，并以鲁不服决议为由，派兵追剿。中政会一方面派蔡元培、何应钦、李济深对湘案进行调查，一方面于3月13日开会免去胡宗铎、张知本、张华辅三人武汉政治分会委员职务，以此警告分会主席李宗仁。3月18日，蒋介石发表《告全党书》说"湖南事件完全表现出地方反对派的态度"。不出《大公报》所料，3月底，以湖南事件为导火线，蒋桂战争爆发，拉开了新军阀混战的帷幕）

26日　三版头条《上游接触》：李宗仁乘飞机赴汉，蒋定今日溯江西上。

27日　二版"社评"《政局之根本救济》，首先分析了蒋桂战争爆发的原因：就近因讲，是湖南事件，自远因言，则为三年来党务之纠纷。提出时局之救济办法：其一，"仍必须集中党的力量"；其二，凡军事领袖，一二年内，应同时卸去军权，"大可联袂出洋"，国民政府由党的文人主持。最后说："本文既上版，得京电，讨伐令已下。事已到此，惟盼军事速告一段落。"

三版头条《讨伐令下》：李（宗仁）、李（济深）、白（崇禧）免职查办，八路军交黄绍雄。（按：黄绍雄应为黄绍竑）

28日　三版头条《大会今晨闭幕》：蒋报告即日赴前方，李、李、白等开除党籍。（按："大会"指"国民党第三次全国代表大会"）

29日　三版头条《全代会昨晨闭幕》：胡汉民演说：全会不但开成，结果且好。蒋介石演说：不听中央，皆当扫除。全会闭幕口号：统一革命信仰，统一革命行动；巩固革命政权，促成革命建设。三民主义万岁！中国国民党万岁！中华民国万岁！

三版《济案交涉正式签字》：议定书与声明书均发表，崔士杰请鲁省准备接收。

31日　三版头条《沿江大战在数日间》：蒋已抵九江，将开始总攻击；赣境战事激烈,详况尚不明;南京传得冯电,决动员出兵。

4月

1日 三版头条《桂系军事上之重大打击》:粤陈铭枢等反对出兵,桂系军事上之重大打击;陈济棠已宣布就编遣特派员职,谓粤财不能供一派一系之牺牲。

5日 三版头条《武汉军总退却》:胡、陶下野,兵退鄂西,关键在李明瑞反正。

6日 二版"社评"《武汉收复与永久和平》,首先称武汉收复,"可谓奇速,弥足庆幸"。接着提出解决蒋桂冲突的建议。

三版头条《蒋于海陆军簇拥中昨日下午六时抵汉口》:市面安谧,毫无纷扰,胡、陶残部急退宜沙。并配发蒋中正戎装半身照。

14日 二版"社评"《桂系失败之教训》,先说:"此次讨桂军事,成功之速,牺牲之少,逆部反正之勇,阀魁统制之弱,在中国内战史上,皆足打破纪录,创辟新例。此殆党国之威灵,尤征主帅之谋略。"后总结教训:"在民主的组织未完成以前,维持国家,端赖有中心势力。吾人由此意义而赞成国民党之一党专政。……然不幸以近月之考察,党的精神未能统一,民生(主)集中制之意义未能充分表现。……则社会失其维系之道矣。"因此,主张采用各种措施,使"精神上、物质上真形成巩固之中央"。

18日 二版"社评"《日本撤兵竟展期》:"此一展期,中国之损失有三,曰外交上之难堪,曰暴露政治的弱点,曰增加山东人民之苦痛与恐慌。"如何补救?"惟望国府当局,至晚于三数日以内发表办法,即日实行",把损失降到最小。

20日 二版"社评"《北方共党问题》。值李大钊被奉系"绞杀二年后之今日",首先论述了北方共党的发展与李大钊的关系:"北方共党之潜滋暗长受李大钊影响为多。"第一,李大钊曾是"国党中执委员","国民党在北平方面正式负责人员之一也。革命潮流,既弥漫于北方,所有秘密工作,大抵皆经李指导,国共之事,集于一身",故"北方共党,乃在过去国共混淆之特殊情形下而发生者"。第二,李大钊这个人物"具有党人风度,经手款项不下千百万,而死后无买棺之钱,故当时守旧派人及毫不相干之北平居民,争资助之","棺材铺且捐半价焉"。接着重申了对共产党不宜取杀的办法,说:"扑灭共党,非杀所能。前年以来,东南杀共当逾万人,一说有三万人以上。然最近外报所载苏俄之统计,则中国共党及青年团人数反加多。"主张应"争思想,辩理论,诚心诚意指导工农"。

24日 二版"社评"《论惩贪》:"善哉,蒋主席皓日(按:即19日)通电全国军政机关,严禁贪污,违者以反革命论。""以中国今日论之。今之治体,党治也。而党之任务为革命,革命与贪污本根本不相容者,诚以贪污乃革命之对象,所需乎革命者,首在打倒贪污。故党治既行,而始倡廉洁。……是以言理论,则党治本应廉洁;论事实,则许多党人本超过廉洁。然而在统一全国政权在握之后,转不能不以奖廉惩贪为言者。宁非政权既得,而腐败随之而来哉?……惟观蒋主席特发严禁贪污之电令,则知蒋氏必有所感而然。使无贪污,不必禁矣。人本廉洁,不必奖矣。今之不得不禁与奖者,盖事实需要故也。"

"社评"后刊登《蒋中正惩贪令原文》。

5月

18日 三版头条《时局新幕殆将揭开》:标题下为来自上海、南京、汉口的四则专电。部分电文内容如下:蒋致冯第一电劝冯速来京供职,并言决不至为李济深之续。何应钦17日在汉商会欢迎会上演说:豫陕甘三省,因长官未受相当教育,民众知识有限,现在几乎完全被苏俄利用,此非但政府亟应注意的问题,实四万万同胞存亡问题。我们为同胞计,为人类计,对三省应极力拯救。

三版"北平电话"《孙夫人定今日下午过津》:灵车今午一时来津,迎榇三专员偕乘来。配发宋庆龄半身照。

20日 二版"社评"《澈底打倒军阀之道》:澈底打倒军阀之道,在于建设清明政治与廉洁政府。

23日 二版"社评"《消灭军阀之方法》:"在现代国家中,军阀几为中国之特产。"认为孙中山制定的以党治军为消灭军阀之有效方法:"使军属于党,非党命不能动兵。而党之组织为民主集权制,无人能专制,亦无人能违犯,犯者必惩。"

三版头条《何应钦昨乘飞机回京》:昨夜总部重要会议,今日中常会决定对冯办法。

24日 三版头条《中常会决定对冯处分——除籍、革职、讨伐令》:漾(二十三日)中常会胡汉民主席议冯谋叛事件之决议,冯永远开除党籍,革去中执委、中政委、国府委各职,即以议决案通知中监委,另由政府下讨伐令。

25日 二版"社评"《讨冯令下》,首先说:"国府之下令讨冯,可谓去夏统一告成后之第一重大变动。""是以就过去观之,党化的北洋余孽之中,冯殆有较深之历史者也。"还说,西北大旱已逾一年,当局从未发放大批赈款赈粮,冯玉祥也未以西北公款购买赈粮,西北人民命运最薄,境遇独苦。最后说:"战端一起,惟盼就近解决,此所谓最小限度之希望也。"

三版头条《拟分南北中三路进讨》:宁官方公布韩复榘投诚,当局声称与报界亟待联络。

26日 二版"社评"《恭送中山先生灵榇南归》,配发孙文"博爱"手迹和"中山先生之遗像"两幅照片。

三版为孙中山灵榇过津专版。(按:此外,28日第三版有中山灵榇过济南、蒋中正在蚌埠迎榇的报道)

28日 三版头条《中央不血刃而定河南》:冯覆阎即日下野,阎催定行期,韩复榘等养日(按:即22日)通电静候命令。

6月

1日 二版专版《中华民国建国伟人永眠于此》,刊登中山陵各个方位及中山先生头像的照片。《孙中山先生安葬典礼之辞》:"今日奉葬孙中山先生于南京之紫金山。同人居津不得躬与典礼,惟表哀敬之至意,以为之辞曰:中山先生在中国近代历史上代表两种运动:其一,复国运动,其二,建国运动。……吾人愿先生之灵,与夫数十年来为革命而死之数十百万无名勇士之灵及一般作间接牺牲死于兵匪灾疫之同胞人民之灵,俱寄托于紫金山,以呵护吾民,鼓励吾民,建成新国,永登康乐。此则同人于举行中山先生安葬典礼之日,所愿与国民馨香祷之者矣。"

三版头条《今晨四时举行奉安大典》:各国专使昨晨公祭,蒋等昨夜宿中央党部。

三版《蒋中正祭灵文》。

2日 三版头条《庄严肃穆旷代未有》:参加行列者共达一万四千七百余人,各要人前夜通宵未眠,昨下午多休息。

25日 三版头条《平津准备盛大欢迎,闻与阎已约定在平会晤》:"(本埠消息)国民政府主席蒋中正自前晚专车北上后……计程今晨九十时方能过津……"

26日 二版"社评"《今日之急务》。蒋冯大战暂时熄火,蒋介石以胜利者的姿态北上北平,会晤阎锡山。"乘蒋主席北来之机会,敢就吾人所见至急至危之事而一言之。"所谓"至急至危之事"有三:其一,裁军;其二,"剿匪";其三,节用。

27日　三版"通讯"《冯玉祥抵并记》。冯玉祥于蒋冯大战中首战不利,应阎锡山之邀到了山西。为了了解阎冯是否联合及其内幕,《大公报》派徐铸成到山西采访。这是徐铸成第一次到山西采访时发回的第一篇通讯。

30日　三版"汉口专电"《湘鄂共氛甚炽》:共产党占据石首县,贺龙在桑植设苏维埃政府。

7月

7日　三版头条《张学良入关谒蒋留阁》。

10日　三版《陆大欢迎张学良,蒋张莅会之演词》。

11日　三版《北平会谈圆满结束,蒋阎张昨夜俱离平》。

12日　三版《接收中东路电信机关》:哈埠及沿线报房接收完竣;封闭俄员工会并驱逐回国;蒋斌、张景惠等在哈尔滨分别下令执行。

13日　二版"社评"《中东铁路事件之前途》,认为中苏合营的中东铁路为"赤化魔窟",主张东北当局"维持和平,尊重协定",应强行接管中东铁路。

三版"专电"《中东路俄局长被免职驱逐,范其光兼代正局长,俄将派员来华协议》。

15日　三版"专电"《铁部对东路早有计划,苏俄愿谈判一切问题》。

17日　三版"专电"《俄牒全文》,历述苏俄对华的种种好意。自谓有办法保护俄方权利,建议召集东路问题会议。

19日　三版头条《苏俄昨宣布对华绝交》:胡汉民谓仍系恫吓,不致有战事;国府将宣言战端可提国际解决;日本官方亦认中俄不致开战;中国决不与俄在哈局部交涉。

四版"专电"《哈埠当局又强制收回两个东铁机关,接收地亩处及图书馆详情》。

20日　三版头条《中国政府发正式宣言,愿于自卫范围以内贯澈〈非战公约〉精神》。

25日　二版"社评"《解决中俄纠纷之途径》:"解决中俄纠纷,只有两个要点:第一,在我所求者为绝对停止宣传。第二,在我所与者为维持苏俄在东路之合法权利。"

8月

1日 三版"通讯"《再游东北》（冷观）。（按：该通讯连载于8月1—5日、8日）

3日 二版"社评"《东北旅游所感》："记者旬日来，衔社命旅游沈阳、哈尔滨、吉林等处，于中东路等外交铁路诸问题有所调查，所至获与负责当局及中外各方有力者会谈，幸尚不虚此行。当于本报逐日披露报告，以谂读者。今先将最重要之感想抒其大要，惟留心时局之诸君察之。""记者此行最感愉快者"为中国支配东路后，"全路秩序宴然，并行车钟点亦无一刻之延误"；"此行最感不快与引为危虑者计有两点"：第一，中俄边界及哈尔滨，空气和平，中外和谐；第二，东北国防太差，"有边无防"。（按：为采访中东路问题，胡政之于7月24日第二次游东北，8月初回津。胡政之此次东北行的收获，除反映在连载长篇通讯《再游东北》外，还有几篇社评）

4日 二版"社评"《中俄复交与中东铁路》：中东路系俄资在我国土地上建筑的，因此，"吾人以为东路今后宜以华人为主而俄人为辅，共同管理之。同时全路使用华文，使中国技术人才有参加之便利。会计依照国币，使俄人失经济上操纵垄断之机会。而尤要者在事华员认真办事、热心研究，将全路情形完全熟习。然后实行收回，单独管理。自不虞更有扞隔（格）难行之弊。此则希望当事者理论与事实兼顾。庶收回权利，不成空言；管理路政，确有实力。"

15日 三版头条《俄对华已取交战行动，我仍坚持东路管理权》：俄舰入混同江口被我军击退，赤俄海陆军蹂躏我领土。

16日 三版头条《镇静中之紧张——中央方针不变，辽宁动员六万》：自卫不容通让，恐吓决不为动。

18日 三版《蒋为俄事再发宣言》："吾人对俄政策之目的在暴露苏俄侵略真相。"

19日 二版"社评"《如何对待俄国》，首先说："因中东路引起之轩然大波，迩日益形剧烈。俄方狼突豕奔，进退飘忽，劫我粮食，掳我商民，其行动非国际战争之正轨，而为历代胡人扰边之故智。"接着说；"蒋主席前日宣言：'吾人对俄政策在以暴露苏俄侵略为目的。'时至今日，俄方暴露，已达顶点，欺侮我国，已臻极端。"对俄问题，"当局诸公似宜有具体的考量，不宜永持镇静，坐视侵凌"。最后,鉴于中俄边界的种种情况,提出对付俄国的建议:"暂行宣布废止中俄奉俄两协定,将中东路完全收归中国,以待俄人之反省。该路乃世界最浪费之铁道,既经完全收回,便可放手整理,裁汰冗员,减少浮糜,不为协定所拘束,则俄员之多用少用不成问题,文字之是俄是华勿庸顾虑。一转手间,既可节流又易办事……(也)有裨于开源之计。然后运用路权发展经济,依以逸待劳之势,以待俄人之俛首求成。"

21日 三版头条《蒋令张学良勿气馁》:军费中央尽量担任,连日国境各处仍有冲突。

22日 三版头条《防俄军事积极进行,中央地方力谋一致》。

9月

9日 三版"专电"《俄军又在各阵线侵扰》:自六日起东西边境俱告警,绥芬河马桥间火车出事。

11日 二版"社评"《政府亟应定御俄方针》:"对俄问题,最近又陷于极离奇可耻之局面。""在盛传将发共同宣言平和解决之时,而赤俄军队忽于绥芬东宁满洲里扎兰诺尔绥远各处,同时进攻。""轰击我城市,炸毁我车站,死伤我人民,狰狞毕露,毫无忌惮。……事态至此,政府应另定御敌之方针。将一切接洽,暂时搁起,先倾党国之军力,以问俄军侵略华境之责任。东北边防军如不足用,亟应另派重兵出关,凡中国领土以内,不许有苏俄一兵一卒存在。"

三版头条《俄军侵略边境愈急,蒋作宾闻仍接洽中》:绥芬一带牺牲甚为重大。

25日 四版头条《铁岭保安队全部被日军捕去!!!》。

28日 三版"专电"《铁岭事件》:公安大队长卢振武因被(日军)强索愤而自戕。

29日 二版"社评"《整理中日关系之先决问题》:"夫中日悬案,大矣多矣!"最大的问题,莫过于"日本在东北之驻军"。日军不撤走,中国东北"乃随时可变成日军军事占领地之状态"。因而,解决中日关系问题,必须要求日军从中国东北撤走,最低限度"应先订定一期限及办法,同时在该期限以前,则须协定一避免冲突之具体方案。最要之点,为废止日军之直接行动"。否则,"中华民国自卸招牌"。

10月

12日 三版头条《西北之幕揭开》：宋哲元等二十七人发出通电，京昨晚下讨伐令并拿办鹿刘，鹿刘与贺耀祖酣饮通宵乘间离沪。

三版《何成濬昨晚赴太原，阎昨晨已由五台返并》。

13日 三版《图穷匕见后之时局》：蒋前晚召赵戴文等询阎态度；何成濬已到太原昨晚即谒阎；陇海各军正移动津浦车有阻；宋哲元等十一日另有一通电。

14日 二版"社评"《时局之因果》首先说："时局紧张，中原战事行将爆发。凡居于受训政地位之人民，平日无参政之权，临时无弭战之力，然战争之祸，则人民受之。是以对时局发表希望与主张，应为人民所有之权利。"接着分析造成时局如此紧张的原因，即当局的几项大的失误：第一，没有抓住时机裁军，"致战事既了，军额反增"，不仅使政府军费负担过重，而且"渐成尾大之势"。第二，"党务从未入轨道。以党治国，而党之本身常在不健全状态，领袖人物意见倾轧，各省市党部则组织时变"。

三版头条《吴稚晖奉命赴太原》。

三版《何成濬在太原之斡旋》。

15日 三版"专电"《俄军竟占我同江》：地方损失甚重，兵输三支被毁；富锦电报不通，沈鸿烈驻桦川。

三版"通信"《俄兵扰边情报》。（按：此通讯分六次在10月15日、20—22日、24—25日的三版连续刊登，内容为由7月14日至9月15日的情报逐日报告）

17日 三版"专电"《沈鸿烈等奋战克同江》：我海陆军竟牺牲千余人，同江地方被害状况极惨。

18日 三版"专电"《可怜同江成焦土，五舰被击沉两连尽战死！》。

19日 三版"专电"《痛定思痛之同江惨劫，随舰沉没之海军将士逾五百人！！！》。

三版"专载"《旅俄归国华侨泣告国人书》。主要内容："（一）由俄境逃回国者之血泪书；（二）海参崴暴俄铁蹄下受虐侨胞泣告国人书"。（按：20日四版续完）

24日 三版"南京专电"《四院长电请国民负责，奋民意之伟力，惩反动之总阵线》。（按：行政、立法、考试、监察四院长分别为谭延闿、胡汉民、戴传贤、赵戴文）

11月

18日 二版"社评"《中俄纠纷如何解决》："中俄纠纷自七月十一日因东路问题而爆发以来，迄今已逾百日。东北数千里边陲胥受暴俄蹂躏，而侨俄同胞所受荼毒更无待论。"解决中俄纠纷，只是一般激于义愤喊反俄口号不能解决问题，也不可总这样"不战不和，不守不走"。"今日之事，如不能越境远征，攻伯力而占海参崴，一洗三个月来之奇辱大耻，则不如抑制感情，设法下台，促成新约，别谋补救。"为此提出几点建议：第一，调整好中央和地方的权限问题。"吾人主旨只求有利于国，中央地方原不可分。"地方有足够的处置权限，但必须及时向中央请示。第二，友邦调停问题。"吾人已不采以夷制夷之手段"，应谨慎邀请第三方斡旋。

23日 三版"专电"《俄军进逼海拉尔》：满洲里于20日被俄军占领，扎兰诺尔煤矿工遇害者甚多。

29日 二版"社评"《呜呼中俄问题果如此解决耶》：在俄军攻击下，中国承认恢复中东路原状，且承认已撤任之俄国正副局长复职，接受"城下之盟"。社评说："历时四月，牺牲千万，得此结果，诚堪痛心。"认为其主要原因是中国外交政策不统一，中央地方各行其是。

三版头条《双管齐下变幻离奇，外部方对俄提议调查，忽传已承认恢复原状》：莫斯科发表辽俄交涉经过，传张学良已承认俄方三先决条件，一切恢复原状，俄局长、副局长俱复职。

12月

24日 三版头条《伯力会议签订草约，恢复原状双方撤兵》：东路俄员都复职，一切俄犯都释放，恢复领事，俄新局长即到任。下令撤兵，其余于1月25日在莫斯科开正式会议解决，草约签字立时生效。外交部长主张正式会议应在哈尔滨。

25日 二版"社评"《伯力草约与正式会议》："蔡运升与俄代表西门诺夫斯基二十二日在伯力签订之草约十条，由莫斯科宣布，已见昨报。中俄兵争，至此已见事实的解决。""本约十条，简单言之，为一切先恢复东路原状。此乃七月风潮起后俄方一贯之主张，故就俄方言，为主张之完全贯彻"，亦为"代表中华民国完全允纳俄方要求之一个结晶体也"。25日在莫斯科开正式会议，不过是将此正式化而已。"此次中俄纠纷，中国公私损失，异常重大。"

28日　三版头条《中政会开临时会议决,元旦撤废领事裁判权》:外交部正草公文年内送各国,英政府有表示愿渐进的实行。

30日　二版"社评"《领判权宣布撤销》:"领事裁判权已于二十八日国府明令撤销,当予侨华外人以一大震动。此事夙为国府主要外交政策之一。……二十八日之命令,殆为对国民践约之一种表示。本来此事关系国际条约,国内一纸令文是否便可强外人服我法权,似令人不能无疑。然而国府不顾事实上对外效力如何,毅然决然正式宣布,其勇猛精进,要不可谓非快举也。吾人对于兹事,平昔主张迭有发表,大意认领判权为各国在华特殊地位之最后壁垒,含有政治性质,断不致轻于放弃。"再说,"宣告撤销与实行撤销完全系两件事"。"自来年一月一日起,各国侨华人民即不能再享有领判权,此不啻宣告废除国际条约也。""今日所谓撤销领判权云云,从令文解释,只为对内之表示。以云实施,且须待办法之公布。至于实施之后,外人能否就范,犹有待于政府与国民之努力。故以云宣告撤销则可,以云实行撤销则犹有待。"

1930年(民国十九年)

1月

7日　二版"社评"《论提倡气节廉耻》:"国府主席蒋君于元旦日有文,极论提倡气节廉耻之必要",欲以气节廉耻为立党立国之本。社评说:"蒋氏之言,必非无病之呻吟,大抵感之甚切,蕴之甚久。……现在状况,政界固不堪,军界尤甚。且时局递演之结果,权力中心皆集中于军。今人民已不知有党权政权,而惟见有军权。社会所注意,报纸所纪载,政界所研究,政府所筹划者,皆为关于若干军人之事。此情形已仿佛北洋统治时代之旧观,绝非三民主义训政下应有之现象。而军人风气,欲望大而责任观念小,滔滔横流,怪状毕露,此而不澄清,而徒向一般居于劣弱地位者,教以崇尚气节廉耻之必要,其谁听之?"

2月

4日　四版头条《朱毛连陷九城》。

8日　十一版"通讯"《津市职业的妇女生活》。"绪言":"职业平等,固然不是女子求得经济独立的唯一方法,然而女子能得相当的职业,便可得到经济独立的机会,而摆脱了许多桎梏束缚,这是谁也不能加以反驳的。记者因为感觉到妇女职业和妇女经济独立以及妇女解放问题的关系的密切与重要,所以拟自今日起,对于天津的职业妇女,切实加以一番调查。"(按:该通讯调查对象涉及洗衣妇、女巫、女职员、女交际员、鼓姬、歌女、女记者等,分59次连载至11月14日。此通讯的作者为蒋凌霄)

12日　二版"社评"《五院长告军人文》。在简介"五院院长十日所发告全国军人文"的四个要点后说:"顾五院长之言,皆道德论也。向令军阀问题可以道德的训勉解决之,则中国之内乱早平,且根本上将不需要革命。"认为:"道德之效,可及于一部分优秀人,不能及于一般普通人。治普通人之道赖于力。力之源泉,在于组织制度及政府之适宜的政策。换言之,组织制度善,政策宜,则有一种力足使普通人不得不就范,不得不服从。"最后说:"军界风气,今已坏到极点,欲改革而扩清之,仍须自组织制度政策上着力,绝非仅善言劝告所能收功。"

14日　三版头条《阎电蒋劝同下野》:登阎蒸(10日)致蒋电全文。

15日　二版"社评"《民众观点上之时局》。本文是针对阎电而作。首先说:"阎锡山致蒋中正之蒸电全文,已于前日由太原公表。时局至是又揭开一幕。""自民众地位观察,大局破坏至此,来日大难,收拾不易。一二人之进退,似未足语于旋乾转坤、挽回浩劫。"问题的症结在于国民党政治道德败坏:"凡百政治,悉建于虚伪的基础之上,不特尔虞我诈,敌友无常,政治道德,堕至零点。"接着分析了导致"政治败坏"的原因:"中国今日政治败坏,原因固多,而人物与制度实应分负其责任之半。自袁世凯阴谋帝制,广置私兵,政权军权渐成混一。袁死以后,内战不止,系由军权畸重,政附于军所致。……中山先生建制岭南,数年之间,历受滇桂粤诸军之挟胁,因而疾首痛心于武人之不可以依赖。卒乃效法苏俄另立新规,以军属党,以党治军。北伐成功,殆受斯制之赐。""不幸国民党立法虽佳,而施行渐懈,于不知不觉中间,党政军权集中一人,政治上缘是消失其牵掣闪避之种种作用。"最后说:"与其臧否人物,拘泥迹象,犹不如从制度上着眼,妥为支配,使能者不致多劳,贤者不致尸位。以政治军,以党御政,军政党权各有专属,中央地方循名核实,分工合作,共负责成,在国家足以弭乱源,在个人足以全功名。"

18日　三版头条《蒋阎间往来之两电》:蒋覆阎蒸电谓今绝非下野之时,阎覆蒋暂卸仔肩足以止乱息争。

19日　三版头条《阎电蒋"无须劳师动众"》:另覆三院长再论下野之必要,"武力居党之上,党不会不破裂",又一电主张可设元帅府或元老院。

20日 三版头条《蒋昨电复阎劝勿下野》：谓已嘱杨兆泰敦请赵戴文斡旋，三院长前日另覆阎望审察隐微。

24日 三版头条《阎领衔通电今日可发》：电文系宣布政见非军事性质，将即日由建安村迎冯回太原。

25日 二版"社评"《论总投票》，对阎锡山的"党员总投票解决党统"的主张进行评论，说："总投票之议，精神上颇有特长，实行上诸待探讨也。"

三版头条《阎（锡山）冯（玉祥）李（宗仁）何（键）等四十五人联名通电昨夜发出》：主张党员总投票解决党统，李宗仁等推阎为总司令。

26日 二版"社评"《党众民众之最后裁决权》主张："以奉还大政之形式，使民众有术焉行使其最后之裁决权，一扫党务国务之纠葛，亦不失为打破僵局，解除困难之一法。"

3月

3日 三版头条《张学良通电劝息争》：望蒋阎凛兵战凶危，和衷共济；盼举国注视线国外，力泯内争。

10日 二版"社评"《中日互惠协定问题》："中日新订商约，谈判两年，迄无结果。日来盛传，关税部分行将提前缔约。实不失为外交上一大事件。"针对此秘密谈判、签订"惠而不互"之中日关税协定的做法指出，政府"不宜以秘密外交手段轻送国民经济命脉"。

11日 二版"社评"《军国下之呻吟》，首先说："中国现状，事实上军国也，非民国也。国家一切收入用于军队，一切权力握于军人。当局者之勾心斗角，为应付将领，国民之提心吊胆，为畏惧战事。交通何以阻，商业何以停，苛捐杂税何以不能减除，一切建设何以不能举办，一切的一切，皆因军队多故，因将领把持故，因国家运命操诸若干军人之手故。"最后建议："政局略一稳定，必须拿定决心，立时大举编遣，澈底的将军队淘汰一番。"

16日 三版头条《蒋赴徐州冯在潼关》：二、三、四集团军将领联名电蒋劝退，时局已急转直下，军事甚紧张。（按：北伐时，蒋、冯、阎、桂之军队分别编为一、二、三、四集团军）

24日 三版头条《太原省市党部已接收》：各市县联合办事处正式办公，满城已贴欢迎汪阎冯等标语。"时局之幕至此殆完全揭开。"

30日 三版头条《时局之幕节节展开》：太原开讨蒋大会通过迎汪等案；

陈公博等议组中央扩大委员会；万选才军占开封大战时期渐近。

4月

2日　三版头条《阎昨已宣布就职通电》：在平党方要人昨晚偕赴太原，鹿钟麟到郑，万选才就豫主席。

4日　二版"社评"《时局揭幕后之不明点》，首先说："自阎冯李分别宣布就总副司令职，中国政治上出现一种新状态。"但有数点不明：阎冯李通电，目标为讨蒋，"国府主席为中执会所推举，总司令则国务会议所任命，其所由来，皆有国府组织法上之根据"。所以"反蒋个人之说与事态不符，此未明之点一也"。而阎电并没有否认"三全大会议决案之效力"，故"三全大会所产生之机关，不能独无效矣。此未明之点二也。""现在阎冯李所领导之反蒋行动，其性质究属于何种，尚未明显"，"此未明之点三也。"

19日　三版头条《冯已出关即日到郑州》：将在郑代阎督师负军事责任；徐永昌等昨已过石庄赴郑州；主力大战之开始殆已不远。

25日　三版头条《洛阳会终战幕将启》：鹿钟麟返郑，徐永昌等回太原；阎离并在近，但迄昨尚无确期。

三版《蒋昨午抵汉》：何应钦等在行辕商军事，赴信阳郾城视察期未定。

5月

1日　三版头条《阎冯举行重要会议》：冯在郑阅兵后已北来，将转赴并；阎定昨夜离并，大约在石家庄会议；二、三方面军由陇海络绎推进中。

2日　三版头条《阎冯会晤于新乡》："阎昨晨过石家庄即转车南行；冯在新乡候迎，全局决于此会。"

3日　三版头条《阎冯会后将下总攻令》：前晚举行会议地点闻在彰德，阎即日仍返并，全线战幕将开。

13日　三版头条《鲁西豫东俱发生战事》：两路军运大忙，全线总攻在即；郾信之间亦紧，何成濬赴漯河。

21日　二版"社评"《长江共党问题之严重》。

27日　三版头条《豫东战事阎通电告捷》：自二十四日全线总攻形势转变，野鸡岗一带曾有最激烈之战斗。

30日　七版头条《曾左李专祠之处置》。

6月

9日 三版头条《晋军向侧面集中,济南陷落旦夕间事》(本报特派员前线视察记)。

10日 三版刊登"通讯"《禹城视察记》。蒋冯阎中原大战爆发后,《大公报》派员往前方采访。该记者于6月5日从天津出发,6日下午在平原车站访阎锡山,随即赶到禹城。禹城为津浦路上两军正式会战之处,傅作义指挥部设城内。记者入见傅氏,"于军事倥偬中畅谈达一小时"。

16日 三版头条《傅作义军迫近济南,冯与本社特派员谈战局》:"记者抵郑后,适冯往前线视察,于元(十三日)下午返郑,于五时半约记者往谈。冯居一堆栈中,甚简陋,服装尤俭朴,着蓝土布短褂裤,黑土布军鞋,精神甚健朗,面容较前年在西山祭灵时更丰满。与记者握手,互致寒暄毕,遂作谈话。"

17—19日 三版分三次连载"通讯"《郑州访问记》。三部分标题依次为"第一期战事经过""冯玉祥氏之近状""郑汴一带战事之景象"。

29日 三版"专载"《甚么是国耻——吴鼎昌昨在南开大学演辞》。6月28日,南开大学举行毕业典礼,该校校长张伯苓先生请吴鼎昌在会上演讲。吴在演讲时,首先讲什么是国耻,他说,"帝国主义侵略""军阀势力割据"只是国耻的结果,不是造成国耻的真正原因,而"'科学权威不振'乃是我们真正的国耻,通俗的话说,'不学无术'四个字就是我们中华民国四万万人现在真正的耻辱。"接着指出,我们第一步要"认明国耻",认明"可耻的程度到了甚么地位";"明耻"之后要"雪耻",要努力学习科学。只要培养出许多科学家,"前途的光明指日可以看见了"。

30日 三版"通讯"《踏破五百里战地》。这篇通讯与《郑州访问记》为同一特派记者所写。他在前言中写道:"记者此次由津至豫,历时已四十日,辗转二千里,仍未能到达皖境。此二千里之行程,以由天津至郑州为安乐时期,由郑州至马铺集为困难惊恐时期。其沿途紧要见闻已随时报告读者。惟战地行旅倍觉困难,兹特再将沿路所经五百里战地情形报告如次。"通讯的小标题依次为"饱听炮声""飞机掷弹""沙河激战""麦田遇探""村舍避雨""骑兵盘诘""喜到柘城""入皖路阻""包围机场""惊人炸弹""战地民生""土匪猖獗"。

7月

8日 二版"社评"《中俄会议之真相如何》,风传中苏复交谈判重启,社评说："中国现状之下，纪纲瓦解，战乱正盛。内政失控制之力，则外患侵入，其势极顺。假令目前立时成立复交之谈判，全国使领整个恢复，共党活动力势更增加。"因此认为，在"最短之目前，不宜议此重大问题也"。

9日　三版头条《中原大战将入第三期》：鹿钟麟捷电陇海正面进展，蒋调兵及于广东，蒋蔡两师有北来讯。

15日　四版"短评"《苏俄农业进步的可惊》（芸）。

16日　三版头条《党政大计待汪来讨论，某委草政治方案将寄晋协商》。

23日　二版"社评"《汪精卫君北来之感言》。在叙述了汪精卫从维新以来几十年的政治生涯后说："汪精卫君之才之望，皆为民国之第一流，而修养不倦，新知日丰。""十三年后，继中山而为国民党之领袖，人才时会之相合，可谓无两矣。然资望养成，而不能得其用，抑何可惜之甚也。"最后说："汪君定今日到津，吾人既深念其贤劳，更痛感国事之堕落"，希望汪能拿出好的办法"指导中原同胞"。

三版头条《汪在津不多勾留，自舟中来电嘱勿铺张欢迎》。并配发汪精卫照片。

24日　三版头条《警戒与欢迎声中汪精卫昨已过津抵平》。并配发天津市长崔廷献迎接汪的照片、汪夫人陈璧君女士的照片。

30日　四版头条《长沙竟被共党占领，驻军先变党遂陷之》。

31日　二版"社评"《长沙事变》。

8月

2日　第二版"社评"《目前全国之严重问题》。

3日　三版头条《汪阎冯会议即日举行，党政军问题将决于此会》。

7日　三版"通讯"《石庄之会》，记载汪阎冯石家庄会议详情。通讯后配发"汪阎在石庄合影"的照片。（按：为采访汪精卫、阎锡山、冯玉祥的石家庄会议，《大公报》派特派记者于4日与汪氏同时抵石家庄）

24日　三版"北戴河特讯"《张学良在海滨研究时局》：为了解张学良的动静，胡政之特地到北戴河采访了在那里休养的张学良。报道中写道，张详询各方意见供参考，一时尚难形成具体方案。

29日　三版头条《张学良与本报记者谈话称斡旋大局须看形势推移，关外水灾甚重望全国协救》。

30日　三版头条《北戴河之政治剧闭幕,张学良拟今日启行东归》:覃(振)、郭(泰祺)、贾(景德)、薛(笃弼)等七人昨夜往太原。

9月

2日　三版头条《扩会通电公布政府大纲,推定七委员阎锡山主席》:北平扩大会议通电,公布政府大纲,推定阎锡山、唐绍仪、汪兆铭、冯玉祥、李宗仁、张学良、谢持等七人为国民政府委员,阎为主席。

9日　二版"社评"《当局诸公勉之可矣》。文中称阎锡山的北平政府为"新府",称蒋介石的南京政府为"宁府"。

19日　二版"社评"《时局感言》:"中国近代之革命,其目的亦在建设民主国家,打倒帝王政治,惟专制之积习太久,历史上之封建思想、帝王思想尚未铲除,故十九年来战乱频仍。在形式的国民革命成功之后,而又见年余以后之大战。就全体之结果论之,现在之政治,可谓与民众利益极端背驰,假民众之名义,而行摧毁人民利益之事。"最后说:"抑就目前而论,民众利益之最大者,在销灭战争,其次亦须先恢复小康,与民休息。盖战祸太巨,且虑其长,故凡足以缩短战祸者,民众之利也。延长分崩者,民众之害也。昨日张学良氏一电,对目前罢战想有重大效果,是则与民众利益一致之事矣。"

三版头条《张学良时局通电发表,劝告各方罢兵静候中央措置》:张对本报记者说明本身立场,望平津保秩序,决不落井下石。17日午后,胡政之到东北边防司令长官公署,受到张学良单独接见。胡政之写道:"至时,客厅已患人满,尤以高级军官为多,空气颇见紧张……记者单独会晤,观察张氏态度仍极从容,精神甚佳。"张学良告诉胡政之,他准备通电进关。(按:张学良8月底从北戴河启程东归。为打听张东归后的动向,胡政之于9月中旬出关)

21日　第二版"社评"《天津之平和接防》:"此次张学良氏巧电主和,进兵关内。先头部队闻今晨将由塘沽抵津。自政局言,自为一大变动。就天津论,亦为关系全市安全·大事件。乃连日情形,晋方拱手相让,辽方礼貌而来。……同时关于津市官署之交代,双方协商,已有万全办法,其状犹如平时之官厅交代然。以故中外镇静、市民安堵。"

22日　二版"社评"《东北军与中国大局》,详细地叙述奉系进关到出关的历史,从1918年2月秦皇岛扣械一役,写到1928年张作霖率众出关被炸,其间近十年"与闻国家大事"的所作所为。后说:"夫三年前之奉军与今日之东北军,固同一军队,而兵额之多寡,占地之广狭,且大相悬绝。乃昔则四面楚歌,今则南北推重。由此可见,功名之际,不可以力征经营,而凡事之幸与不幸,又自有其因果自然之道在。语云,炎炎者绝,隆隆者灭。又曰福兮祸所倚。今东北地位,诚哉不失为代之骄子,然已往历史,不可或忘,戒慎戒惧,乃能善保。吾人追述陈迹,窃愿当事者就今后关于中国大局之责任,一省察焉。"

10月

6日 二版"社评"《论以德服人》。本文是为蒋介石10月3日以胜利者的姿态电请南京政府大赦政治、军事犯一事而作,称:"此举与目前时局之影响及其建议之原因如何,姑作别论,惟自人民地位言之,所谓遵博爱之遗教,弘开国之规模,安反侧而定人心,塞乱源而固国本,立言正大,义至可取,而所谓应'以德服人'一语,尤为不磨之论。"接着将"北伐"与"战冯阎"作了对比,前者"何其易",后者"何其难"。原因在于北伐时"人心服",而近两年以来,人心不尽服。最后说:"吾人所望于一切负责当局者,即深切体会以德服人之古训,尤先了解'德'之解释。吾人之见,以为德之为义,绝非指对于若干特殊人物之宽仁有恩而言,乃为对于全国人民之诚信而言。简单言之,中国今日能服人心而绝内乱者,惟革命的道德。何谓革命的道德?即实践一切对国民之约言,实行革命的政治,屏弃一切旧式策略术数,泯绝一切自私自利野心,躬率全国,质朴诚恳的向建设之途勇进。至于廉洁守法,用人公正,更不待论。诚如是,则人心服矣。"

三版头条《蒋中正乘飞机回南京,张学良就副司令职礼成》。

25日 四版"通信"《河北旅行第一信》:"为急欲宣达民隐,俾当局洞悉民情或有所改善",记者在结束了豫东战场的旅行后,又进行了河北农村旅行。记者在"通信"前言中说,调查河北各县民生疾苦之任务,范围大,责任重,"非敷衍苟且所能尽,非设身处地悉心采访,不足以为功。记者本斯主旨,决意亲历农村,一尝战后贫农之滋味,将目击所得,随时随地报告读者,俾当局作为改善农村社会之考证"。(按:《河北旅行》通讯共二十篇,发表于10月25日—12月26日本报的第四版)

27日 二版"社评"《论西北善后》,首先说:"凡兵争之结果,应有胜败,其不分胜败以终者,属于例外之事。既有胜败矣,则败者自处之道,宜为认败服输。如此始可免更甚之失败,且可望转为未来别种途径之成功。"据此规劝阎冯道："今者军事之大势已定,而人民希望休养者甚切。是为阎冯计,惟有认败服输,解放其军队与地方人民,俾国家先恢复小康,阎冯等以在野之身,静观政治之进行,庶几乎为善处逆境之道。中国目前人材缺乏,而国民对于失败之政治军事上人物往往能加以宽恕,将来于平和建设事业中,彼等能别觅成功之途径,亦正未可知也。"

11月

6日 三版头条《张副司令预定明日入关,阎返五台政交商震军交徐永昌》。

三版《汪精卫三日抵北平,最后会议决阎冯下野汪离晋》。

三版《蒋游奉化》:"参观母校锦溪小学,宋美龄以糖点分赠各孤儿。"

8日 二版"社评"《时局善后之三大难题》,首先说:"阎冯离军,汪将去国,半年来军、政、党之轩然大波,至是得一结束。"接着着重说:"今最后之结果已见,而善后之难题纷来。约略言之,盖有三端":"一曰军事"(按:即阎冯两军残部之处理),"二曰财政","三曰民生"。并说:"当局者若有能力解决此三大难题,则国事可为,否则危机潜伏,可苟安而难望久治。""吾人爱于国事甫有转机之时,直陈惕厉艰难之说,善颂善祷,窃愧未能,心所谓危,不忍缄默,当局者若能恢宏雅度,使民众有赞助之可能,则任何难关,不难终于打破。"

10日 三版头条《蒋张将同于明日到京,张定今日午前启行》。

13日 二版"社评"《对中俄会议再开之希望》:"中俄会议荏苒半载,正式开幕亦逾一月。"认为,如要中苏复交,则要求苏联"纠正中国共党之错误,停止暴动政策",称"中国一般国民实对共党之荒谬行为痛恶而绝之也"。

15日 三版"通讯"《新都印象纪(一)》,记叙从津至京沿途准备欢迎张学良的情况,以及11月12日张学良到南京受到欢迎的盛况。(按:为观看张学良进京并受欢迎的盛况,胡政之于11月9日便身赴南京。他此次在南京、上海、杭州旅游一个月之久,并写了通讯《新都印象纪》,共二篇。今口刊登的为第一篇。其余两篇分别刊登于11月28日和12月5日三版)

18日 三版"专电"《蒋决计亲督师"剿共",而告湘请愿团三月必肃清》。

22日 三版头条《各当局对本报记者之谈话》。蒋主席谈:将亲赴汉口主持"围剿"。胡院长先谈言论自由,说批评政治不妨各就所见发挥,惟关系国是,则不应翘异。王外长谈关税事。(按:头条报道本报记者胡政之11月20

日在南京见到蒋介石等人消息。会见时的具体情况另见28日发表的通讯《新都印象纪(二)》。

28日　三版"通讯"《新都印象纪(二)》。前言："南来半月,日在旅游宴会之中,晨夕碌碌,竟无暇握管纪游。今日忙里偷闲,特作西湖之行,孑然独游,反少牵累,游湖归来,乃赓续为首都印象之纪,专志国府主席蒋中正、立法院长胡汉民诸氏之访问,此外旅行京沪杭之见闻观感,当易题另纪之,并以附志,阅者谅之。"本篇记载胡政之11月20日见蒋介石的情况。

12月

5日　三版"通讯"《新都印象纪(三)》,记叙胡政之在南京访问监察院长于右任、外交部长王正廷的情况。

11日　三版头条《"剿匪"区各省党军政全归总部行营指挥》:蒋扣留邓英,令各县组清乡会。(按:蒋于10日下午召张辉瓒、公秉藩、邓英谈话,谓吉安失守,邓须负责,应将军权交出,旋将邓扣留)

15日　二版"社评"《"剿共"省区亟须注意之点》。本文是为湖南一师长刘建绪颁布的十个"杀无赦"的《大杀令》(按:《大杀令》规定,窝藏"共匪"者杀无赦,屯留"匪共"者杀无赦,勾结"匪帮"者杀无赦,袒护"共匪"者杀无赦,潜匿"匪"物者杀无赦,传播赤化者杀无赦,知"匪"不报者杀无赦,阻办义勇者杀无赦,避充义勇者杀无赦,造谣惑众者杀无赦)而作。社评对此令明确表示反对,指出,如果"此令畅行,平浏人民,尚有噍类乎?""乃直截了当以杀民已耳。岂非惊人之恶耗哉?吾人揭出此事,促中央当局注意,速重申禁令。"

1931年(民国二十年)

1月

21日　三版"通讯"《江西匪情——最近半月来之所闻》(记者天流自南京寄)。文中披露张辉瓒被俘消息:"张部七千人,遂被牺牲,其旅团长亦有死亡,张被捕去。初时当局颇讳言,但视鲁涤平派人接任南昌卫戍司令,外间渐知张辉瓒为有生死问题。不料近日愈传愈甚,或谓张确已死。"(按:该通讯23日续完)

24日　二版"社评"《赣省军事应有根本计划》:"今日地方政治,大权集中省府,魁柄握诸军人,政界之利弊莫知,地方之疾苦不晓,左右近习,多以搜括剥削为能……以此临民,民自不堪,以此求治,去治愈远。"最后对"江西善后问题"向政府提出了三点建议。

30日 三版头条《何应钦日内赴赣督师》:"将代行总司令职权节制各军。"

2月

3日 二版"社评"《监察院之将来》。本文为于右任就任监察院长一事而作。中国大弊,不在于无法而在于"有法不行或行之不力"。因此,"监察院以崭新之组织,集望治之中心,能否奉公尽职,执法纠弹,以禹鼎铸奸之笔,举全国贪官污吏骄将悍兵,一一置诸法轨之下,是当视于右任氏与所选监察委员诸子之努力何如"。

三版头条《于右任昨就监察院长职,张继监誓,勉以铲除贪污》。

10日 三版《何应钦催孙部入赣》:"孙军有实行开拔说,张辉瓒首级合木身在南昌大殓。"

23日 三版《孙连仲就江西清乡督办》:"孙军前部已由浦口转输入赣。"

3月

3日 三版头条《中常会决议制定约法,推吴敬恒等为起草员,准胡汉民辞本兼各职》。

14日 四版《平绥旅行第一信:坐火车到包头》[包头通信(一)]:"匪众人稀烟苗遍地,旱后乏柴燃粪为炊。"(按:为调查平绥沿线的社会民生情况,记者奉社命于3月7日从天津出发,先后到包头、萨拉齐、丰镇、大同、张家口、怀来进行视察,先后发回19篇通信,从3月14日起至4月6日连续刊载于四版。19篇通信构成了一幅"平绥道上之凄凉"连环画。正如3月15日二版"社评"《平绥道上之凄凉》所说:"本报近派旅行记者赴平绥沿线,视察社会民生状况,寄来报告,于沿途凄凉景象,叙之甚详,颇足为社会困穷民生痛苦之写照。其所述虽仅西北一隅之情形,却可作平津两市萧条原因之一种解释。盖平绥线产业交通之盛衰优劣,在在与平津两市有关。道上之凄凉,正不啻反映于市中之落漠。"其余18篇依次为:3月16日《平绥旅行第二信:包头之凋敝》[包头通信(二)],"皮毛滞销药材歉收,纸币充斥金融紊乱";3月17日《平绥旅行第三信:可怜的东胜县》[包头通信(三)],"县府沦陷寄居于民间,流沙侵袭无可垦之地";3月19日《平绥旅行第四信:筑渠与垦荒》[包头通信(四)],"民倡开渠官收其利,荒原广漠所垦殊微";3月20日《平绥旅行第五信:包头之奇俗》

[包头通信(五)],"妇女坐车游行赛美,旺火楼下任人观光";3月22日《平绥旅行第六信:包头之重要》[包头通信(六)],"握津库宁新四埠之键,税重道阻商业大打击";3月23日《平绥旅行第七信:包头之一般》[包头通信(七)],"教育行政无可称道,捐税繁苛市政尤糟";3月24日《平绥旅行第八信:萨拉齐如此》[萨拉齐通信(一)],"天灾连年人祸繁兴,现状俨然土匪世界";3月25日《平绥旅行第九信:萨县鸦片公开》[萨拉齐通信(二)],"鸦片已成生活要素,卧街吸烟旁若无人";3月26日《平绥旅行第十信:由包头到绥远》[绥远通信(一)],"穷兵贩卖乘车护照,包绥道上戒备严重";3月27日《平绥旅行第十一信:绥远之一般》[绥远通信(二)],"居民游惰无间汉满,捐税繁多庶政乏绩";3月28日《平绥旅行第十二信:绥远古迹多》[绥远通信(三)],"塞北史话类集于是,大小两召穷气十足"。3月29日《平绥旅行第十三信:丰镇之概况》[丰镇通信(一)],"迭遭战祸繁荣锐减,土著居民尚多穴居";3月30日《平绥旅行第十四信:丰镇农民之苦》[丰镇通信(二)],"歉收债迫丰收谷贱,纸币剥削粮商操纵";3月31日《平绥旅行第十五信:大同之招兵旗》[大同通信(一)],"既云编遣何尚招兵,驻军骚扰欺及孤孀";4月2日《平绥旅行第十六信:大同以铜器名》[大同通信(二)],"云冈石佛驰誉遐迩,最可怜的人是兵士";4月4日《平绥旅行第十七信:张垣颇宜蚕桑》[张家口通信(一)],"山水纵横地多沙碛,煨炭为最佳之矿产";4月5日《平绥旅行第十八信:张垣农民生活》[张家口通信(二)],"灾歉连年备极艰苦,兵吏村治无不扰民";4月6日《平绥旅行第十九信:贫僻之怀来》[怀来通信],"农产稀少市面冷落,惟无匪患是为特点"。)

15日 三版头条《蒋主席昨与本报记者谈话》:军事财政均有整理办法,对晋事甚系念,详询华北社会近状。

20日 三版"汉口专电"《何应钦下令剿匪军总攻》。

22日 三版中间位置《本报特派记者赴俄采访中苏会议消息,兼任俄国调查》:"昨晨已附莫使专车成行。"

31日 三版"赴俄特派员信"《赴俄特派员第一信:莫德惠视察札矿详纪》。[按:自今天始,陆续刊登曹谷冰从苏俄寄回的旅俄通信。4月10日三版《赴俄特派员第二信》:记叙莫德惠大使从入俄境至赤塔途中受欢迎的情况。4月16日三版《本报特派赴俄记者第三信:从赤塔到莫斯科》,小标题依次为"可爱的森林""沿路新建筑""车站上印象""妇女之工作""沿途之雪景""车抵莫斯科""生活之昂贵""俄京之所见"。4月26日三版《赴俄特派员第四信:苏联儿童教育之一瞥》。本篇中写了"托儿所""幼稚园""小学校"里的良好情况。4月27日四版《赴俄特派员第五信：苏俄财政之艰难》："建设需款,贸易入超,纸币跌价,金纸悬殊。"4月29日三版《赴俄特派员第六信：苏俄之农业》。4月30日三版《赴俄特派员第七信：工业与贸易》。5月1日四版《赴俄特派员第八信：苏联之社会设施》：介绍工人住宅、农民会馆、济良所。5月10日四版《赴俄特派员第九信：苏俄之男女问题》："结婚离婚太自由,男子女子都劳动。"5月11日三版《赴俄记者第十信：工人保险制度》："费用悉由工厂负担。"5月18日三版《苏俄与宗教》(赴俄记者谷冰第十信)："宣传压迫不禁之禁。"5月19日三版《苏俄的衣食住》(4月25日谷冰自莫斯科寄第十一信)："一切的分配都限制,自由职业者最吃亏。"5月20日三版《赴俄记者谷冰第十二信：列宁格勒工厂参观记》：介绍面包工厂、工厂厨房、大胶皮厂。5月21日三版《列宁格勒商港》(4月30日谷冰自俄京寄第十二信)："占波罗的海第一位。"5月22日十八版《五一与苏联》(赴俄记者谷冰第十三信)："莫斯科热闹一天。"文章内配发"赴俄特派员曹谷冰君"照片。5月25日三版《俄旧京参观记》(5月5日谷冰自莫斯科寄第十三信)：介绍图书馆、出版物陈列所、造纸厂、发电机制造厂。5月26日三版《苏俄人民之私产问题》(5月6日谷冰自俄京寄第十四信)："法律不禁实际无富人,继承法甚奇储蓄风渐盛。"6月3日三版《苏俄新工业区乌克兰参观记》(五月十日谷冰自哈尔可夫寄)。6月4日三版《赴俄记者第十六信：最大水电厂克起卡斯发电厂参观记》。6月15日三版《赴俄记者第十七信：苏俄之教育》："收学生不公平,除文盲甚猛进。两年新设四万五千校。"6月18日三版《赴俄记者第十八信：苏联新闻事业》："报纸共有千四百零九种,大报在下午十时即齐稿。"6月20日三版《赴俄记者第十九函：高加索游记》。6月21日三版《苏俄的农业》(六月七日谷冰自俄京寄第廿信)："集产农场中分配问题；工作的分配与收入的分配。"6月25日、27日三版《苏俄建设中之财政》(六月十二日谷冰自莫斯科寄第二十一信)："税制的变更与放款政策的改变。"7月8日三版《苏俄集产农场考罗姆那参观纪》(六月二十五日谷冰离俄京前发)]

4月

17日 三版"莫斯科专电"《蒋作宾离俄归国》："蒋在俄考察一月,对本报记者(指曹谷冰)谈,俄人节衣缩食,良好出产全部输出,建设精神殊堪重视,国人应多加研究，本人考察印象甚佳。"

四版"山东旅行通信"《山东旅行第一信：禹城一瞥》。（按：记者奉命赴山东旅行，视察民生情况。陆续发回通信二十七篇，发表在4月17日至5月27日的第四版上。今日刊登"第一信"。下略）

23日　四版"通信"《赴日参观记（第一信）》（镜剑生）。编者按语："日本近开第三次化学工业博览会，津沽化学工业界沈舜卿、李烛尘君等六人，东渡参观，日前出发。其参观纪载，将陆续在本报发表。此行诸君皆化学工业专家，其参观所得定有裨益于中国工业界，望读者诸君注意焉。"（按：该通信共十封，至6月3日止刊毕）

26日　二版"社评"《舍短取长》，首先说："蒋公使作宾上月二十六日离俄时，语本报特派员，俄人建设精神，殊堪重视，国民应多加研究；前日抵哈尔滨发表谈话，复称俄人节衣缩食，兴国创业。我国亟宜舍短取长。按蒋氏奉中央命令考察苏联，而其言若此，殊足发国民猛省。夫苏联者，政体特殊之国也，劳工专政，赤党独裁，自中国近年之解释，直如洪水猛兽；而论其国情者，复往往盛述其民怨沸腾，瓦解在即。然居今论断，则近年一般之感想，实不尽确，即观本报今日所载特派员函述参观小学校情形，亦悚然于中国今日尚望尘莫及。"接着列举了国民应注意的数点：苏联军队不军阀化，不个人武力化；中央地方政府不军权政治化；苏联党政干部不贪污、不腐败；文武高官不营私致富、置产发财，等等，而尤以后者为"中国今日最应研究之点也"。中国"目前贪官污吏之多，纵着手建设，如何方可有良好成绩。凡此皆中国国民今日之真正烦闷，须为当局严切注意者也"。最后特别指出："吾人相信蒋作宾氏……绝非袒俄。因而望党国当局努力猛省，实行舍短取长。"

6月

4日　二版"社评"《读日俄工业参观记感言》。本文是为塘沽技师团镜剑生（李烛尘笔名）写的《赴日参观记》（按：至今日止在《大公报》上已发表了十篇）和本报记者曹谷冰写的旅俄通信而作的。首先说，"赴日参观记顷将结束，本报赴俄特派员亦将由高加索方面就归国之途。是以关于日俄工业一部分情形，由过去所载通信，已可判明其一斑，而我国政府、人民应由此得到重要有益之教训。"在惊叹、称赞了日俄工业所取得的成就后说："抑观察日俄情形，可得一种明了之教训，曰：'中国苟努力，凡日俄所能中国必能之；不努力，则经济灭亡势无可逃,其期且不在远是也。中国人喜谈政治,作政争,实则今后立国之基础完全在经济。易言之,完全在工农之科学的建设。任何政体之政府如不能尽力于此目的,必不能长存;一般国民如不努力于此,必受国际压迫以至于澌灭。"最后说:"中国之惟一出路,在如何节省国家财力,一面保护私人事业,迅速使全国工业化科学化;整个计划应参考苏联;一般制造可步武日本。中国得此出路愈早则愈有救,迟则有混乱而灭亡之危。"

16日　三版头条"南京专电"《中全会闭幕吴敬恒致辞》,政府人选决议案:选任蒋中正同志为国民政府主席,选任蒋中正兼行政院长、宋子文为副院长、林森为立法院长、邵元冲为副院长,王宠惠为司法院长、张继为副院长、戴传贤为考试院长、刘庐隐代理副院长、于右任为监察院长、陈果夫为副院长,张学良为海陆空军副司令。

17日　三版《总司令行营两委员会组织条例》。标题下全文刊登《"剿匪"区域党务委员会组织条例》《"剿匪"区域政委会组织条例》。

24日　二版"社评"《今后江西之"剿匪"工作》。本文为蒋发动第三次"围剿"而作。

7月

1日　二版"社评"《东北对外关系之前途》,日本各报记载所谓"满蒙"政策甚为积极,鼓吹向朝鲜增兵。文章认为这些表明日本政府的"对于'满蒙'举止有异于前",希望政府和国人注意。

2日　三版头条《总攻击开始,三路激战中》:陈(铭枢)迫东固,孙(连仲)趋宁都,朱(绍良)攻广昌。

3日　三版头条《蒋昨启行赴抚州前方,攻剿不力者将绳以连坐法》。

4日　三版"东京电"《币原外交无端脱轨!藉万宝山事件竟声言将演第二济案》:"日警派出后将继之以出兵。"

五版"江南旅行通信"《江南旅行第一信:无锡工业一瞥》。(按:记者丁6月3日起,在江浙旅行采访,自今日起至8月30日陆续发表《江南旅行通信》共十三篇。其余略)

5日　二版"社评"《万宝山事件之严重化!》,指出日本外相币原喜重郎为了迎合一部分急进政客之心理,而"行动脱线",并就此向日方提出劝告。

三版《万宝山案仍严重,日方增派军警开枪捕人,仁川中国街被袭击!》(吉林专电)：""鲜农掘沟引伊通河水灌稻田数万亩，二日晨，华农自动平沟，日警阻止，开枪三十八发，捕人十余。我方劝农民静候交涉，毋贻口实。日方助鲜农枪弹，暴动形势扩大。日方连日增派军警，掘沟架枪，如临大敌……市政处再四抗议，迄不理。"

6日　三版《万宝山案》(吉林专电)："驻吉日领谒省府，要求认赔韩农损失即和解。我方坚持日警先开枪，应撤警惩凶。驻长日领态度仍硬。在万宝山，日兵约百余占宿民家，伊通河渡船全扣留。战壕数里，并埋地雷，充满战气。"

8日　二版"社评"《朝鲜之暴动惨案》。对日阀制造朝鲜暴动，大肆杀戮华侨的行为提出抗议，说："人道上，国交上，无端出现此一大惨剧，文明之名誉何在？政策之效果若何？"并要日方反省。

三版头条《朝鲜暴动风潮尚未平息》："外部前夜提起严重抗议，要求立即制止保留要求赔偿；汉城仁川领馆避难者七千人，平壤最惨淡收容所亦遭袭击。"

10日　三版"专载"《游俄印象记(一)》(谷冰)。前言："我这一次往俄考察，自从天津出发以至回来，差不多有四个月，旅行所经，西北至列宁格勒，东南至夹斯卜海岸之巴科，更越高加索而至黑海商港凹凸沙，在莫斯科也住了一个多月。俄国最大的水电厂、最大的煤油矿和有名的钢铁厂、电机厂、机器厂都参观过，这是关于工业方面的；关于农业方面，也曾视察两处农场，调查农业制度及农场工作和生产的分配情形；此外如经济制度、社会设施、教育制度、衣食住的分配、婚姻制度、财产制度、社会风化、体育、娱乐、艺术、戏剧、宗教等等，也都随时随地调查，得其梗概，除过已经在屡次通信内报告之外，现在将我的印象杂感写出来，介绍给读者。还有一部分调查纪录略缓也在本报披露。"[按：《游俄印象记》一共有五篇。第一篇(载7月10日)写"五年计划是国防计划，欧美人对俄观念与从前不同"；第二篇(载7月11日)写"对工业建设有通盘计划，竭力吸收外币为国际支付之用"；第三篇(载7月13日)写"国计是努力于工业建设，民生尚在生活水平以下，但官吏和人民都节衣缩食"；第四篇(载7月17日)写"货物分配的弊病"；第五篇(载7月18日)写"苏俄人的衣、食、住、行"]

14日　三版头条《外部认日答复为不满意》："重光今晚入京，汪荣宝已赴鲜调查；沪各界昨会议将从经济入手对待；万宝山日警仍督辟水田。"

三版"通讯"《赣南"匪祸"始末记》(天流7月7日发自南昌)。

四版"海口旅行第一信"《由天津到旅顺》(按:记者汪松年6月30日由天津出发,作北宁路沿线及大通支线的考察,转往大连,原拟海道归津。适海圻军舰应南开大学之请,招待该校一部分学生利用暑假余间作海上之旅行。汪松年商得海圻舰同意,因顺为海口之旅行,预定行程,由旅顺出发,先至葫芦岛,经秦皇岛、烟台、威海、长山岛、崂山湾等地,以至青岛,全程时间两旬。"海口旅行通信"共六篇,文字稿配发照片,刊登于7月14日至8月7日的第四版。今日为"第一信"。其余略)

29日　二版"社评"《论消毒》首先说:"蔡子民先生本星期一在国府纪念周演说:'剿赤'之后须于社会施消毒工作。其言隽永,愿伸其意以论之。"谈到形势,说:"中国承袭专制之余毒,而步武欧美之奢华,官吏贪污,军人跋扈,过于任何时代,人民竭尽脂膏以奉少数人而犹不足,政窳民贫,至今而极焉,而国际的经济侵略复日甚,赤白夹攻,近愈猛烈,此诚内忧外患危急存亡之秋也。"据此,说到"消毒"工作:"中国不幸,官吏风气太恶,一切祸源由此而生。今为救亡之计,自望文武官吏一致觉悟,倘其不能,则至少限度须望狭义之智识阶级,创立新风气,表现新精神,与一切腐败作殊死战,由此以生新血液、新生命。蔡先生所谓消毒工作,应作如是解欤?"(按:《大公报》的"消毒"与蔡元培的"消毒"含义略有出入。蔡氏之消毒谓消除共产主义之毒,《大公报》之消毒谓消除专制腐败之毒)

8月

2日　二版"社评"《江西"剿匪"告一段落》。

5日　二版"社评"《万宝山案究竟如何?》:"万宝山案,轩然大波,迄今尚无了结之曙光。"认为,作为一个局部地方性事件,可分为中央、地方两端交涉解决。

9月

4日　三版"社评"《空前水灾中之外交危机》说:"方今中国遭际百年未有之大水灾,吾人全部精神皆倾注于天灾之救济,对于外交问题几已无暇顾念。然而消息传来,外交危机之急迫,殆与水祸不相上下。此吾人所愿于万众惨痛中大声疾呼,唤起国人之郑重注意者也。"

10日　二版"社评"《中村事件》，首先说："近来东北中日交涉中，有所谓'中村事件'者，甚嚣尘上。一部分日本民众为种种误解与感情论所激发，颇有倾听强硬论的形势，此为两国国民交谊计，至足遗憾，吾人愿以一言奉告两国有识人士，幸垂察焉。"在分析了"中村事件"原委后说：在真相未明的情况下，日方"不待华方之正式调查答覆，已盛传用兵之声"，"是岂非恃强凌弱，逸失国际常轨者乎？""吾人仍愿诉诸日本政治家与其国民之常识，终能控制此国际危机，更愿我国同胞，亦发挥常识，善能以静制动，以简御繁，不致卒形成重大冲突，则诚两国国民之共同幸福也。"并说："夫中国丁此天灾兵祸惨极人寰之时，凡我官民尤应隐忍自重，共支危局。应负之责，痛快担负，应办之事，勿令延搁。"

19日　三版左下角《最后消息》："今晨四时消息，据交通方面得到报告，昨夜十一时许，有某国兵在沈阳演习夜战，城内炮声突起，居民颇不安。铁路之老叉道口，亦有某国兵甚多，因此夜半应行通过该处之平吉通车，当时为慎重起见，亦未能开行云。"（按：这为当时之独家新闻，应是报纸上刊登的关于"九一八"事变最早的消息）

20日　三版头条《望国民镇静以救国难！》：日军于昨晨突占领沈阳，同时占领长春、营口、安东，沈阳损失重大，长春死伤众多。我军全未抵抗。中央已提抗议。

三版"北平特讯"《本报记者谒张谈话》：适在北平的胡政之，于19日晨到协和医院访问正在那里休养的张学良："张于匆忙中语记者曰：君来为访问沈阳之新闻乎？实告君：吾早已令我部士兵对日兵挑衅不得抵抗。故北大营我军，早令收缴军械，存于库房，昨晚（即十八日晚）十时许，日兵突以三百人扒入我营，开枪相击。我军本未武装，自无抵抗。"

三版《张副司令电告全国》："日兵自昨晚十时开始向我北大营驻军实行攻击，我军抱不抵抗主义，毫无反响。"

三版"社评"《日军占领沈阳长春营口等处》，首先说："天灾方亟，外祸复乘；国难无穷，伤心曷极。虽然，国人其识之！"接着说"识"的内容："中国夙无国防布置，东北素鲜自卫组织"；"抵拒强权须有远计。方今巨浸稽天，万民载溺，诚为种种内政不修之大清算，而东北外患之实力发动，卒致不能抵抗，亦为漠视外交国防之总结账"；"光绪二十年中日之役，举国主战，李鸿章独请持重，国贼之谤，积毁销骨，洎夫一战而败，忍辱请成，马关一击，几以生命殉国"；"中日战后，国力益敝，失地丧权，岁有痛史……国力则已屈气虚极弱之境"。文章最后说:"我国国民当此时机,务须共助政府,镇静应付,哀悼死难同胞,警惕未来变局,举国一致,以当大难。"(按:当日第二版整版刊登《本报收到水灾赈款报告》)

21日 二版"社评"《救灾救国!》。

22日 三版头条《日军行动扩大更占吉林》。

23日 三版头条《蒋主席演说对日步骤》:"暂忍痛含愤待国际公理判断,如至最后地步,已有最后决心。"

三版中间加框消息《日军行动仍扩大中!》:"出兵延吉,占领四洮铁路,并传决占哈尔滨,但又传作罢。"

24日 二版"社评"《国联发言后辽吉被占事件》,首先说:"中国年费一两万万养兵百余万,一旦祸作,数日而失两省,而称之曰不抵抗,曰镇静,而以诉诸国际联盟与不战公约为目前惟一之表现,此在中国本身,可谓顽钝无聊,无以复加者矣;是以由中国言,不应专依赖国联与不战公约,而由国联与公约言,则对本事件不容不问。"在嘲笑了国联的无能、公约的儿戏、日本的无赖后,重点论述了中国应抱的态度:"夫养兵百余万,而外患之来,专以不抵抗为标榜,世界自有历史以来,应断无如此无耻之国民。且不抵抗云云,究以何时为止,限度如何? 充不抵抗主义之解释,凡日军所到,即我国所失,是最后只有双手奉送全国而后已……吾人以为,无论如何,政府宜就自身能力决定紧急政策,不抵抗到何限度? 止于何时? 此必须决定者。以中国环境之困难,当然努力免战,然必不能免之时如何? 吾人敢进言政府! 其一,应向世界明白宣言,中国有自卫其领土之决心,倘此外任何地点再受侵犯,当取自卫手段。同时通令全国负责保护日本侨民,勿滋口实,与积极准备自卫,誓守疆土;其二,对世界宣言,在日本不回复中国领土之完整,使辽吉两省行政机能得以自由行使以前,两国政府无从开始交涉。其三,如果日本能即时回复到条约所许之原状态,则中国中央政府有与商量解决东北中日间种种悬案之准备,至于关于本案直接间接之种种损失,当然保留其要求赔偿之权。要之,吾人之意,请国联主持正义,应为国联一分子正当之要求,同时对国家领土之保持,权利之恢复,应有其最后之决心,必要之准备。"

三版《国联决议劝告退兵,日本将否认干涉,中国听国联处理》。

三版"本报特讯"《沈阳日军昨展至新民! 由北宁路运兵,占地愈扩大,营口日军退占哈大概中止》。

25日　三版头条《美国答覆国联完全同情中国,催国联为有效措置》。

三版"本市特讯"《日军行动愈不可测!》:"忽大举用飞机在各地破坏,机枪扫射北宁通车毙二命,在通辽沟帮子锦州乱掷炸弹。"

29日　二版"社评"《王外交部长殴伤事件》,首先说:"辽吉被占事件,使全国一切人民受严重无比之激刺,一般学生,尤热血沸腾,不可终日。如昨日攒殴外交部长之事,言理则违法,论情则可矜。究极言之,此等青年所殴者,虽为外交部长,而精神上则等于殴大家,并殴自己。王氏不幸身当其冲,代政府人民全体流血,以责政府并责人民自己杳(昏)庸无能,误国至此。"接着说了两点意见:"其一,观昨日之事及各方最近情形,足知一般民气激昂已甚。此固可恃,亦殊可危。目下局面严重如此,以训政之政府而期待举国一致,共负责任,则政府之充实与局部改造恐为必需。和粤固在进行,即对党外之各界有经验知识者,亦须广征意见,以为集思广益之举。""其二,愿各界人士,尤其学生诸君,痛切注意!中国因无国防而受外患,今因蒙外患而倡战争,此在逻辑上陷于矛盾。夫假令日军长此侵凌,相迫不已,则以悲壮决心为最后自卫,理所当然,事亦必至。然倘如外交手段犹有可用之余地,则宜扶助政府进行,勿加以过重压迫。"

三版头条《民气激昂达于极点,首都学生冒雨向党国请愿,竟攒殴外长王正廷致受伤》。

10月

7日　二版"社评"《明耻教战》:"自辽吉变作,举国震恸,青年学生,尤表愤激。……南北各校,蜂起组织,甚至有停课以就兵操者,气甚壮也。"接着说:"对外抗争,必且声势立振。其间尤有一重要工作,谓宜由全国上下,澈底明夫国耻之由来,真切了解国家之环境,实际研讨雪耻之方案。易言之,昔人所谓明耻教战者,今则明耻更较教战为尤亟。"接着历数了"自前清海通以还,门户洞开,迭遭外侮"的历史,并说:"前事不忘,后事之师。果真奋发,岂少机会?乃一入民国,国耻愈多,兴奋一时,酣嬉永岁","究其原因,实由国人知耻不真,觉悟不诚。不观今日国难方亟,而号为政权在握者,乃迄不肯立泯猜疑,共图挽救"。因此,"盖宜唤起其知耻之念,较之青年之军事训练,尤为急迫之需要"。"盖能知新旧国家耻辱之症结,洞察夫今昔彼我长短之所在,即可立雪耻之大志,定应敌之方策。全国立志,必有能矣,人人知耻,斯有为矣。国民有能有为,而仍不足以当外患,古今中外断无是理。"文章最后说:"大抵近人教育民众,好为激刺感情,其利在血脉奋张,恣为冲动,其害则客气难恃,久必生懈,历来对外抗争,结果不出此道。虽当局自身,不得免焉。故吾人主张明耻较教战尤亟。"[按:据当时馆内人回忆:胡政之、张季鸾还"为此('明耻教战'观点)召开过一次前所未有的编辑会议","会上,胡、张提出'明耻教战',具体做法是:一、编一本中日关系史的专栏,在报上连续刊登,名为《六十年来中国与日本》,指定王芸生主其事;二、编一个《军事周刊》以示交战,由汪松年编辑。"见孔昭恺:《旧大公报坐科记》,第25页]

9日 二版"社评"《废学不能救国!》说:"自东事发生,全国青年,最感刺戟,东北学子,尤受奇殃,平津之间,聚集辽吉避难学生,已逾千人,留日学生,闻亦多数罢学归国。此外南北各大学有因请愿而休学者,有以兵操而停课者,南京中央大学学生二千余人,且一再赴国府请与主席谈话焉。无论情形如何,要之,虚掷青年宝贵之光阴则一,事关国家永久命脉。窃愿社会各方面领袖人物与青年本身,权衡轻重,严重注意。"并对学生说:"须知废学断断不能救国,大好光阴,稍纵即逝,为国为己,得不偿失。"总而言之,"青年爱国,必须读书";"学生救国,不宜废学"。

三版头条《日军无端大举轰炸锦州》:"破坏及于辽西,惨虐超过占领。"

10日 四版《敬请读者公判》:"本社昨由北平读者寄来署名东北留平同乡反日救国会者所出油印品,题为《警告天津〈大公报〉》,忄生质类似传单,无从置复,兹特公开刊布,以供全国爱读本报诸君之公判。"随之刊布《警告天津〈大公报〉》全文:"此次日本出兵事变发生,贵报持论,日见离奇,或多词意模棱,或多为消缓国人心理之议,而新闻记事亦似有同一态度。论者或以为贵报处日租界中,环境恶劣,不得不尔。或直有谓贵报系受日人金钱收买,甘为作伥。"因此,"敬敢提出警告,以请注意。国难方殷,时机日迫,有希图个体利益而罔顾国权者,即为全国民之公敌;有为威势所胁而隐忍屈服者,则为民族之莫大卑辱。凡此皆全国民众之所难容者,尚请贵报善惜令誉,为国家争正义,为民族伸气节。""传单"之后,编者按说:"本报复刊以来,已逾五年,言论纪事,一以忠实负责……事业之信用愈久,同人之人格愈益彰著。凡属本报之读者,胥有深切之认识。右纪传单,愿以质之公众,听凭判断,同人不辩也。"

14日 五版《灾区旅行第一信:巩县之水灾》。前言:"记者此次旅行,最大任务为视察豫皖苏三省之水灾,其路线为陇海西段豫南平汉线转淮河流域,至洪泽湖沿运河南行,再沿江北至浦江。因交通关系及时间关系,难于沿路均加视察。此虽局部,然亦须两个月时间。"(按:《灾区旅行通信》共三十八篇,发表于1931年10月14日至1932年2月1日第五版。今日为第一篇。其余略)

11月

7日 二版"社评"《黑龙江与日本何干?》:"自九月十八日以后,日军驰逐于辽吉两省之冲要各地,宛然军事占领而对外则又否认为战争。故其一切行动,敢于漠视战时国际公法之规定。"现在又进兵黑龙江,纯为"干涉内政,实施侵略"。

三版头条《北满受侵,国难益厉》:"日军增兵攻黑愈严重化,美国震愕对日发出劝告,我通告国联请设法制止。"

8日 二版"社评"《上海和会成功!》,首先说,上海和会的成功,"此诚不幸中之大幸"。接着说,国民对于近年政治的情感主要是希望统一,并"须有惟一的巩固之政府,方能言对外,方能言改革。"最后就统一问题说了三点意见:"其一,吾人主张必须藉此次之统一,奠永久统一之基础,并为政治改革之起点。""其二,此次国难,应使在内政上永留一深切纪念,最小限度,绝对不许再有内战发生!""其三,凡国家制度之刷新,皆在国经大难之时,中国现制行已数年,内忧外祸,千疮百孔,虽非尽当局之咎,自更非人民之过。是则为唤起民众、巩固政府之计,亟宜乘此全党之统一,进谋政治的开放!"(按:"上海和会",即汪精卫、蒋介石、李济深、孙科等人于1931年10月27日在上海召开的"和平会议"。中原大战后,蒋介石于1930年上半年召开了"国民会议",加强个人的独裁统治,也导致了国民党内部的严重分裂。反蒋派在广州成立了"广州国民政府"。'九一八'之后,在全国人民"停止内战,一致抗日"的呼声中,国民党各派系不得不从武力争夺转化为和平谈判。上海和会经过一番争吵,于11月7日达成协议,改组南京政府,取消广州政府)

9日 四版头条《天津昨夜之惊扰》:"华界大戒严十时枪声起,便衣队图扰未成大问题。"

16日 三版头条《一周来之龙江危机》:"日军大举北攻迫马占山让政,十三四两日在嫩江北激战中。"(按:"九一八"事变后,日军纠集一伙民族败类发动"天津事变",特务便衣队在日租界捣乱,《大公报》不得不于11月10—15日休刊,11月16日复刊,出一大张4版,一版为社评和要闻。至22日,恢复出版三大张12版)

19日 一版《侵黑日军昨竟开始总攻击!!!》:"本庄迫马主席(马占山)脱离中央被严拒,马电沪即一兵一卒必再接再厉。孤军立待全国后援,暴日扫尽国联面目!!!"

一版"哈尔滨专电"《最后消息》(哈尔滨十九日上午一时发专电):"我军(马占山部)因弹尽援绝,昨晚已全线撤退。"

20日 一版"社评"《马占山之教忠!》,首先说,"马占山将军与其所部诸将士,孤军守土,援绝弹尽,竟已于十八日撤退,昨夜日军占齐齐哈尔。计自九月十八日沈变,迄此正两月,三省沦陷,全国震恸,而马将军与所部将士之苦节忠心,则已永共民族生命以不朽!"接着分析形势:"马将军与所部将士之守黑龙江,其事本为绝对牺牲,无久支时日之可能性",并且"政府于辽变之后,声诉国联,期和平解决,尔来两月矣,中国尊国联决议,努力避冲,且限于环境之事实,未能为派援赴黑之计,此全国所共知,亦马将军与其部下之所共知也。当此之时,日军于马将军威胁诱迫,无所不用其极",然马将军及其部下"重守土之职责,宁战而亡,不为所屈"。"马占山将军及其部下,明知危殆独不屈从",实在可钦。"夫不特马将军为可钦也,其所部将士,舍身卫国,死伤接踵,此皆忠勇之士,宜为同胞所永念!""使中国忠节之大义由此复兴!四万万人皆能忠于职守,忠于国家,则中国必有大兴之一日!"

26日 二版"社评"《转祸为福在共同努力!》,本文为回答《赵默佑君致本报书》及纠正"时贤论者皆谓应诉诸一战"而作。首先说:"吾人愿全国亲爱同胞注意者,此'一战'二字之观念须亟纠正。现代战争,其发动为全国之动员,其目的为最后之胜利。故一旦宣战,须战至最后,须决心战一二年或数年。'一战'二字不能适用。如此大战,当然须准备。既未准备于事前,当然须亟准备于事发之后。吾人前论谓今日不可宣战者,指此而言也。"据此,接着说到"备战":"然则备战之道若何?"曰:"第一在销除内忧,唤起民众。"如何"销除内忧"?"吾人于此点,以为必有其方法;但政府须速实行,舆论须速注意,此无他,今当国家真正严重关头,政治上必须有非常改革,以应此奇变。"具体说就是"执政之国民党本身宜迅速统一","开放党禁,邀集一切有爱国心而无暴动破坏行为者共同合作"。最后谈到应付目前之紧急外患的态度:"近时常聆时贤忧国之愤言曰:战亦亡,不战亦亡。此言也,吾人极端反对,愿全国人士绝勿持此不祥之心理!""中国必须由自卫中求出路,能自卫而后能得兴国,而后能求胜利。然同时自卫之实行,则不能不出于整个的政略,知彼知己知世界,军事战与外交战须同发挥其最大效能,缓急进退之间,皆以军事的原则支配之,然后能持久,能转危为安。"

四版《赵默佑君致本报书》:"《大公报》主笔先生大鉴:读贵报二十二日社评《国家真到严重关头》,诧异莫明……今国难紧迫,真到了严重关头,马将军御侮虽败,继起者即将开始之时,贵报不详加审慎,骤为不战之论。因关系重大,并为爱护贵报起见,不得不略尽忠告之意。"接着谈了五点意见:一、批驳"不抵抗主义";二、认为中国对日本迟早必战,应早下决心;三、说"战乃图存,免亡惟战";四、勿以"国宝偏爱论"麻痹青年;五、勿再以"危邦弱国无外交论"鼓动政府一味哀求国联。

12月

2日 二版"社评"《须坚守最小限度之立场》:"锦州设中立区域,本至不通之论也。"就此事论曰:"吾敢揭目前最小限度必守之外交上立场曰,国联必须有以制止侵略战争,否则任何决议不接受!日本必须名实承认我中央政府在东三省之统治权,否则任何交涉不开始!倘因此而更招日本扩大之侵略,亦所不辞,虽拼一世纪之斗争,亦断不能自己同意于断送东三省之主权!观最近趋势,诚恐中国枝节应付,永处被动,从此步步陷入意外的失败之深渊!"

4日 二版转三版刊登剧本《卧薪尝胆》(熊佛西)。(按:连载至12月9日)

5日 二版"社评"《学生请愿潮》,首先说:"青年爱国,热诚请愿,其心诚可嘉,其方法则殊不能得社会多数赞同,于实际亦无利益。"既搞得"国府主席,一面应付党政外交,一面须对请愿学生日为千篇一律之训话",又搞得交通阻塞,"秩序大乱"。接着说:"中国对日,非准备顽强之持久战,不能望出死入生,青年也者,固今后持久战之斗士也。""如果轻泄其气,耗用其力,卷入'请愿团'中,仅发挥些须'请愿热',停课废学,全国皇皇,是敌人未来摧毁我之抵抗力而我乃自杀其持久战之新斗士,此直国家之大损失,抑亦对日作战之白牺牲也。祛虚就实,为国自勉,社会盖厚望之矣。"

四版头条《学生请愿影响交通》:"北平两千余学生无票乘车,路局奉令不开车,双方僵持。蒋主席昨对请愿学生训话。"

6日 三版"南京专电"《首都发生重大学潮》:"北大示威团与警察冲突,中大援北大亦举行示威。"

四版头条《请愿潮遮断南北交通,京津平铁路大扰乱》。

11日　二版"社评"《上海之严重学潮》:"首愿告政府当局者,无论如何,勿使成流血惨祸!此政府当局之绝对的责任也",次劝告"有政治色彩之青年",在外患最严重之时,应拥护政府,"实行参政","争得言论自由,发挥政见,目前行动,应以此为止。"

四版头条《沪学潮昨暂告段落》:学生要求枪决陈希曾(按:市公安局长)并缉捉凶手,张群(按:市长)极力安慰学生归校。

16日　二版"社评"《政局急转》:"国府主席蒋中正氏,昨发表辞职。京粤和成,政局改造,在此国难最严重关头,得见统一问题之解决,当为国民所一致热望者。"说"蒋中正氏,为国府领袖数年,勤于治事,勇于负责,热心毅力,不避艰险,俨然以一身系天下之重。惟权力集中,弊亦随之,北伐后之诸役,苟能善处,皆可不起。徒以文武各方之互相激荡,遂有十八年后之内战。虽中央胜利,而国力大耗。蒋氏权愈增重,而党之分裂亦愈趋深刻。今春免胡汉民氏,禁诸汤山,遂愈受独裁之讥,而导京粤之裂。是以追论往事,蒋氏在党国之功过,皆不可掩也。"对于汪精卫、胡汉民"结束训政""转入宪政""改革制度"的主张,文章提出三条建议:"第一,名实上结束内争,消灭派系,京粤文武,概弃前嫌,共同负责,万勿再有钩心斗角之酝酿;第二,以一中全会规划改革制度问题,广征民意之需要,以植革新之始基,惟亦勿操之过急,凡涉及永久制度者,必须审慎筹议而后切实行之;第三,政府对目前严重之国难,须采迅速有效之计划……我不复能坐待国联无权限之调查。"

三版头条《蒋(中正)辞林(森)代,政局急转》:"中常会准蒋辞主席职,沪粤委明晨全体入京,汪(精卫)因病暂不能行蒋在京留待。"

31日　四版头条《暴日目无世界公理》:"对三国覆牒措辞异常强横,昌言将占领锦州不稍隐讳。"

1932年(民国二十一年)

1月

1日　四版"小论坛"《其罪可诛的"在野之身"》:指责蒋介石、胡汉民、汪精卫、戴季陶、孙科等党国要员,在国家危急存亡之时,稍不如意,便辞职下野,或游天台,或卧香港,或病沪滨,或返湖州,或走上海,"一个一个置国家大难于不顾,真不知是何心肝!"说:"像这样的人,国人应当共弃之!像这样的领袖,党人应当共弃之！他日他们若再来上台，便是无耻！"

3日　二版"社评"《锦防撤退之后》："锦州防军三旅不胜敌军海陆空各方之压迫，业于十二月三十日起，向关内撤退，至本月一日略已退尽。""锦防既撤，三省尽失，收回失土与防御入寇，更为国民紧急之责任。""吾人更愿唤起各方注意：此次锦防失败，乃整个的国家问题，故凡属军人，咸应知耻，永绝内战，共起御寇。"

二版"通讯"《锦州撤防记——本报赴滦记者之视察报告》。前言："记者为明了撤退情况计，特赴滦州视察。以三十日午东行，元旦深夜返津，往返三日。"

三版头条《严重国难之新阶段——锦州撤防辽西尽陷！！！》："军队已全入关，前方牺牲惨重；荣臻元旦到滦，各国武官回平；日军今日将入锦偿侵略暴欲。"

11日　三版"本报特辑"《六十年来中国与日本（一）——从同治十年中日始订条约到民国廿年九一八新日祸》："前事不忘，后事之师！国耻认明，国难可救！"（按：《六十年来中国与日本》从即日起在第三版连载，为王芸生撰，后结集出版，1932年4月出第一卷，1934年5月出至第七卷。只写到1919年为止，离预定计划尚有12年未写完。该书驰名海内外，有中日两种文本。1980年生活•读书•新知三联书店重印前七卷修订本，并由作者补写了第八卷，为1920年至1931年的内容）

16日　二版"社评"《辟伪"国"》，所谓"满蒙新国家"将于2月11日成立。社评对日本人编造的"民族自决与建立新国"谬论进行批驳后说："夫日本在中国横行至如何境地，对东三省侵害至何等程度，此非吾人所能预言。所敢断定者，中国已失之利权，终有恢复之日，世界侧目之暴行，终必食其果报，方今司马昭之心，路人皆见，任彼矫揉造作，决不足以掩蔽世人耳目，移转中国心理。故与其巧设机构，伪立政权，尚不如痛痛快快，攫夺吞并，犹不失其强盗本色，此则吾人愿向日本野心家，正容相告者也！"

19日　二版"社评"《警告溥仪臧式毅诸氏》："被日人迫胁勾诱而参加"东北伪独立国运动的中国人溥仪、臧式毅诸氏，"无论如何，断不可听从日人之命，以独立国自名，不可与之单订所谓任何条约，最大暂维现状，以待正式解决。倘必相强，宁逃避，勿屈从！今日者，论三省为存亡歧路，论个人则人禽关头！一朝受污，万代唾骂！"

八版"读者论坛"《致〈大公报〉记者书》(北平师大徐用仪),对1月13日的社评《对日须为整个的行动》中的观点进行了驳斥,认为社评"未免多倒果为因",并"多重成败得失,而盲于是非正义",因而"不可不辩"。

23日　二版"社评"《论沪局》:"日本于去岁秒占锦州,对东省野心,告一段落,而目光乃转于沿海。两旬以来,福州青岛,各有扰乱,最近上海又告警。上海者,抵货运动之大本营也。"日本"今之威胁上海,即压迫抵货之重要步骤也。"

28日　三版《日海军欲占领淞沪间,市府对日领昨尚未答覆,美国紧张盛传有所行动》。

29日　三版头条《沪日军占天通庵车站,我军自卫昨夜半接触》:沪市政府承认日本要求,日最后通牒限昨晚六时,昨午已答覆四条全承认,大批日舰续来严重如故。

30日　三版头条《日本毁我经济中心,上海闸北惨化灰烬》:一昼夜巷战飞机肆暴威,居民死伤多,商务书馆焚。

31日　二版"社评"《轰毁上海之极端的暴行》,首先声讨日本陆战队攻袭闸北之暴行:"飞机轰炸人口密集之市街,致我闸北繁华尽付一炬。居民不及逃避而死者,至今不详其数,商务印书馆为纯粹文化事业私人财产,乃竟悍然轰击起火,使损失数百万。此种惨酷灭绝人道之手段,纵在正式交战国之间亦极罕见。"接着说:"中国军队之行动,实只表示抵抗背约行残之日军,不甘于屈服最后通牒之后而复受武力之侵犯。"最后向"世界人与日本人"指述了三点意见:"第一,各国如要国联,应助国联,应使国联能依法为有力的动作。……第二,各国如要远东商务,必应保护上海,应阻日本暴行,应共同抗议破坏经济文化背弃人道公理者! 第三,各国如不愿中国大陆陷于大战乱,不愿第三国际支配大破坏后之中国,则必须有以阻日本之侵略与残暴!"

三版头条《国府宣言移洛阳办公,大队日机将轰炸上海》。

三版"特写"《决死报国》:"戴戟预立遗嘱,蔡廷锴与家属诀别。"

2月

2日　三版头条《下关日舰昨晚突开炮!!!》

三版"上海专电"《慰劳品山积,粤汇四十万劳军》《我军作战忠勇,伤兵裹创即上防线》。

四版"《京津泰晤士报》对中国现局之评论"《闸北一役证明中国国家存

在》:"幸运将藉日军之锻炼,为中国造成完整国家;国际干涉实际业已确定,日本将揭一九一四之幕。"

四版"特写"《首都五万民众挥泪含笑送战士!——十九路军出发之壮烈一幕》:"学生从军高呼'我们流血去了!'"

四版《投笔从戎:中大学生赴沪助战》。

9日 二版"社评"《上海战事之重要性》,一方面说:"上海诸将士,数日来抗日守土,直接保全东南,间接即所以维持东北,其功诚不可谓小。"另一方面又说:"夫中国立场,为自卫的,防守的,不特无意正式与日本宣战,尤不愿见世界和平之局,因中国而破裂,此在中国方面,已迭有表示。然而,中日相持,演进至此,在势惟依国际有力之干涉,乃有和平解决之希望。中国之奋勇自卫,实即唤起同情,打破外交僵局之必要手段,故吾人认定上海战事,直接影响东北外交,间接影响世界大局者,理由在此。"因此,要求说:"凡我国民,在此千钧一发之时,益不可不奋起为守军之后援,其法:(第一)督促政府,多派援军,优予接济,使守土各军,再接再厉,不屈不挠。(第二)牺牲一隅,所全者大,国民宜鼓励上海各界,忍痛抗战,勿轻听外人调停,漫言妥协,以致东北无救,前功尽弃。(第三)监督政府,坚持正义,力挽国权,非得有力之保证,有利之条件,不能开始为东北问题之交涉。"

三版头条《日海陆总攻吴淞未得逞,我军沉勇应战大获胜利》。

四版"通讯"《守沪军抗日记》。

四版"短评"《沪战牺牲有莫大价值》,首先说:"中国军队,这一星期在吴淞上海间的苦战,表现了中国军人的人格,教全世界认识了现代中国国民的精神!这种牺牲,真是有莫大价值的。"接着说:"中国现在的军队,本来能战,一般军官兵士,本来有热烈的爱国心和牺牲精神,从士气上说,比任何国家,绝无逊色,所缺者,只是武装。中国军人的真面目、真价值,被多年的内战埋没了,这一次才得略略表示出来。"并特别讲道:"十九路军实在可钦佩,但任何军队,都一定和十九路军能一样的奋斗,日本军阀,太看中国军队不起了,这一次要教它认识一下。"

14日 四版"上海特讯"《沪渎鼙鼓录》(心冷):"'一·二八'沪变后十日详记,暴日狰狞面目使中外共知,东方巨埠顿成死市。"

16日 二版"社评"《军事与外交》,警告当局实施"一面抵抗一面交涉"的主张,"勿差之毫厘谬以千里"。同时,望汪、蒋、胡、孙等齐赴洛阳,共负责任,以"真统一"对外。

18日 二版"社评"《新中国历史之第一页》,日军今晨将通牒上海市政府,上海战事将再起。"全国各界同胞对此,除敬仰我守土卫国之武装勇士,悼念我惨遭战祸之淞沪市民以外,应庆贺新中国历史第一页之开始!"自此以后,"中国纵欲屈辱求和,而途径全塞,只余死中求活之一条道路,中国人心,至此定矣!"

19日 三版头条《日通牒已提出》:"英使明晨尚作最后斡旋;日军午后仍提哀的美敦;要求我前线退二十基罗米达;限明晨七时退并撤吴淞守兵。"

20日 三版头条《日牒要求荒谬绝伦,我已驳复激战即起》:"日军准备今日总攻!淞沪空前大战今晨必起!我为自卫而抵抗坚决不挠。"

21日 二版"社评"《覆巢下之各党各派》,首先说:"暴日侵凌,淞沪激战,国家危急,无过今日,语云:'覆巢之下,安有完卵。'……今日无论何党何派,新旧左右,皆当集中目标,齐赴国难,实逼处此,势则然也。"社评特别强调说:"今日国人所最感不安者,为共产党之乘隙进取。"

三版头条《日军自昨晨猛烈总攻,我军沉勇坚守击退之》。

三版"上海专电"《十九路军将士通电怀必死之心》:"以铁血答覆日牒,使一卒犹存暴日决不得逞。"

23日 三版头条《激战三昼夜我军大捷,猛烈追击已包围虹口》:"各线反攻,肉搏陷阵,正冲日军后路。"

27日 四版《可敬的抗日将士》:刊登十九路军总司令戴戟、总指挥蔡廷锴、六十师师长沈光汉、七十八师师长区寿年、六十一师师长毛维寿的照片及在曹家桥之役中我军缴获的日本国旗及识别旗。

28日 二版"社评"《拥护民族利益为一切前提》,首先写道:"当中国忠勇将士在淞沪间受日军陆海空攻击,肉搏流血,全国同胞群视为国家民族存亡关头,悲愤紧张,孤注一掷之时,而江西湖北,为'剿匪'事尚牵制大部军队。此诚国难中之最大矛盾,国民所引为痛心者也。"接着说:"由最近半年来国难之演进,证明两大问题。其一,维持国家之地位,民族之自由,较一切主义理论俱为重要。其二,为达此目的计,必须赖统一的民族精神,以自力奋斗,一切外力,皆不可恃,亦不及待。"

29日 二版"社评"《上海休战非根本问题》:"昨据京讯:英国公使由沪到京,访罗外长及陈铭枢氏,提议中日在上海休战,大意希望在三月三日国联行政院开会以前,停止战斗;双方军队撤退相当地点,撤退阵地,由第三国派员分别监视。"中国东三省被日军占领,中国国民断不甘心,一息尚存,"终求恢复失地。中日纠纷,永无了期,上海事件,随时可起,为各国在华营业投资计,亦大为不利。故吾人敢正告我友邦人士曰:公等对日,劝告之词已穷,恫吓之法无效,勿徒运动上海休战,应速根本干涉东北问题,勿仅一时敷衍斡旋。"

3月

1日　三版头条《昨全线激战我军勇猛却敌,日军通告将轰击苏州嘉兴》。

2日　四版"北平特讯"《马占山靦颜就新职:此公不死,哭为何来》。详记2月23日马占山抵省受到日本铃木司令官等人欢迎的情况,及其24日午前11时50分在省府大礼堂行(黑龙江省长官)就职礼,受铃木、土肥原、特务机关长林义秀及中外来宾庆贺的情形。

3日　二版"社评"《勿悲观!!勿气馁!!》在讲了"我军总退却,诚无可如何也"后说:"要之,胜负乃兵家之常,而上海作战不便,又本难久守,故沪局变化,毫不足异,我全国上下,丁兹事变,务勿悲观!勿气馁,必须以持久抗战之决心,为悲壮牺牲之准备,以求最后之胜利。"

三版头条《我前夜变更战略安全总退,仍继续抵抗望民众勿恐!!!》

五版"通讯"《淞沪卫国将士浴血抗日记》(心冷)。(按:该通讯为何心冷所作,次日续完)

7日　五版头条《百鬼昼行之沈阳》:"庆建伪国市民会丑态百出,溥仪甘为傀儡实行伪年号。"

10日　二版"社评"《宜速确立军事中心》:在此危急存亡的时刻,"愿我国人,取鉴沪战,亟起主张,责成当局下决心,定办法,立军事之中心,勿徒以事后愤激,局外攻击为能也"。

四版"南京专电"《傀儡登场!溥仪腼任伪国执政,发表一篇"御制"的宣言》:中央将下令悬赏通缉叛徒溥仪、郑孝胥(伪国务院长)、赵欣伯(伪立法院长)、臧式毅(伪民政部长)、袁金凯(伪副国务院长)等。

20日　四版"本市特讯"《马占山不齿于其子》:"马占山因抵抗暴日,故博得国人之奖誉,时势造英雄,其前途本大可有为,顾乃出处不慎,利令智昏,竟为日阀之傀儡,腼颜为伪政府之新职。自出席沈阳会议后,其亲友均不直所为。自伪国宣布后,其子马子元,见无可挽回,乃与其父诀绝,随万福麟之子国宾,结伴出洋游历,经中东铁路前往欧洲,业于前日动身,并有万氏友人三人同行云。"

24日　二版"社评"《论开放党禁》:"关于所贵于宪政者,为许各政党之存在,并许其为政治上之自由活动,诚如是,则共党亦应在内。"

30日　二版"社评"《再论开放党禁》:"梁君漱溟……其人格风度,久为全国推重。昨梁君来书同情本报开放党禁之主张,吾人以此事关系重大,爰披露梁君之函,更申述吾人感想。"

三版头条《沪会昨已正式同意停战,但日军驻地及撤归期日仍为难关,莱顿称国联不负中国信任》。

4月

14日　四版头条"本报特讯"《马占山恢复真面目:合法黑省府临时设黑河;通电全国宣布伪国证据》。马占山日前自黑河电:"占山兹由海伦忍痛应付,暂返省垣,本拟忍至春耕后,再行举动。兹以国联调查团行抵东北,日人强奸民意,谓我东北人民,自愿脱离中央,以遂其侵略政策而欺骗国联调查团。时机急迫,故事先暗将军队分布东边一带,于月之七日,急来黑河,所有军政各机关,即时成立,照常办公,并将日人强制满洲伪政府种种阴谋,整理清楚,俾得宣诸国联调查团,以揭穿其侵我阴谋。占山一息尚存,誓本以身许国之初衷,决不负期许之至意。马占山佳(九日)印。"

15日　二版"社评"《马占山通电之意义》,在叙述了"马电证明数要点"之后说:"马占山及其所部将士,在现在形势下,仍将受惨烈之牺牲;然有此一电,以参与伪国成立之人,揭破所谓人民自决之假宣传,使世界舆论,重新得一明确认识,即此一点,已有重大意义。……马占山此电既表示东三省官民之不甘屈服,更揭破日本吞并三省酝酿大战之政策内容,当此调查团行将出关,此诚最好之参考资料。"

18日　四版中间加框刊登《社会待人至公》:"马占山反正后,本报读者又有捐款者。"

5月

6日　二版"社评"《上海停战协定签字》:"上海停战协定昨已签字。自一月二十八日起发生之上海战事,迄此为一阶段。本协定之意义,为双方约定停止上海附近之战斗行为,而沪战之问题未解决,中日全局之问题更谈不到。""一月二十八日以后之淞沪战事,其责任全不在我。"沪市府完全接受日方苛刻条件后,日军依然向我全面攻击。日军海陆空军猛烈炮火对我上海市区狂轰乱炸,战事一月之久,市民死伤无数,公私财产遭到巨大损失,此"为近代世界历史上空前未闻之残酷行为"。"此次签字,在各国为调停力穷,在中国为大拂民意。况日兵不撤事实上问题全未解决。地方现状不复,战事责任未偿,则仅以沪事论,除战争停止一点以外,一切在未决状态也。"并且至今为止,"日本无悔祸之诚意及智慧,则大局紧张,毫无松弛"。

三版头条《停战协定昨午签字》:"开会时我代表有郑重声明,郭泰祺重光均在医院签署。"

19日 三版"通讯"《南游忆语》。前言:"记者于四月二十五日由津浦车入京,住五日,乘汽车经京杭国道作西湖之游,两宿之后,经沪杭路至沪,勾留七日,遵海赴青岛,停两日转赴济南,早到晚去,于前日返社。旅中匆促,仅以要闻专电报告,其详况则无暇笔述,兹行装已卸,爰将三周见闻,简略纪之,杂以感想,聊志鸿爪耳。记者附识。"(按:该记者为胡政之,此次南游的路线为天津—南京—杭州—上海—青岛—济南—天津;时间为4月25日—5月17日,往返22日。该通讯共四篇,载5月19—22日第三版。今日刊登第一篇《京市小留之考察》:"记者在五日之间,曾与汪精卫、蒋介石、何敬之、陈其如、陈果夫、张道藩诸氏晤谈,比较前后访问中央诸要人,所得印象较佳。"第二篇《从南京到杭州》,第三篇《上海之一周》,第四篇《青岛与济南》)

26日 二版"社评"《废止内战!!!》:"夫内战之起,自非突然而来,从事其间者,又必各有理由。然而国人今之反对内战,实为在原理原则上,不容许国内因政治问题再起军事行动。"指出,"军阀罪恶,诚有多端,而政客策士之挑拨蛊煽,财阀商蠹之逢恶助势,其罪恶尤不可恕"。国乱当头,必须猛醒。

28日 二版"社评"《敬悼淞沪抗日阵亡诸烈士》,对淞沪抗战中阵亡的烈士给予了崇高评价:"夫死有重于泰山者,此次淞沪抗日诸烈士之死,诚哉其然!"并说,"诸烈士虽殉国成仁,精神实为永久不死","伟烈丰功,终垂不朽"。

三版头条《追悼淞沪抗日阵亡将士》:"今晨十时在苏州开大会,中央党部国府各院均派员与祭,布置庄严悲壮,全国共悼国殇。"

6月

2日　三版头条《蒋定今晚赴汉指挥军事,"剿匪"部人员昨夜已乘轮西上》。

13日　三版头条《蒋在庐山开"剿匪"会议》。

17日　三版"通讯"《归秦杂记(一)》(季鸾)。前言:"我籍隶陕西,但离榆林故里,已二十余年,不到长安,亦十余年。自十八年关中大灾以来,归乡之念甚切,但迄无机会。直至上月下旬,始决计一行,而因陕北交通不便,仅得作长安之行。往返匆匆,说不到考察,只不过会会劫后余生的一般亲友;看看听听地方苦况。现已归津,回想这两旬中的见闻,仍然觉着莫可名状的感伤和忧虑。现在拉杂写几段出来,权当做报告在各地的同乡亲友,同时希望唤起全国各界注意这西北的严重问题,和各省类似的严重问题。"(按:《归秦杂记》共六篇,连载于第三版。今天刊登第一篇《农村大破产,今年又旱灾》。其余为:《泾惠渠一瞥》,载6月18日;《一般的问题》,载6月19日;《为孤儿请命》,载6月21日;《耆老与青年》,载6月22日;《西安社会观》,载6月23日)

29日　三版头条《蒋昨抵汉"剿匪"总部成立,平汉交通尚未复,刘峙南下,蒋将召各将领议肃清计划》。

7月

1日　二版"社评"《今后之"剿匪"问题》。

三版头条《三省"剿匪"方略决定》。

6日　二版"社评"《注意热河问题!》说:"近来日本各报多载热河种种消息,日参谋次长真崎前日赴锦州,与日军师旅团晤洽,亦公然发表为与热河问题有关。就日本向例观测,此类宣传,决非无因而至,故今后之热河问题,实值得注意。"接着论述热河地理位置的重要,及应该如何采取措施早加防范。

20日　二版"社评"《日军攻热果已开始》:"吾人日前论时局真相,谓虽甘心失三省,而不能苟安。观今日攻热军事之发动,遂得一确切证明。""至于救亡大计之推行,则责在政府与全国国民,及时图之,庶几不至三误四误也!"

三版头条"电话"《日军果进犯热河!!!》:"第二期侵略暴行之开始,敌机轰炸朝阳,掷三十弹历半小时。"

21日 二版"社评"《进一步之废止内战运动！》，鉴于"'剿共'难有近功，抗日则需要急效，将欲同时并举，事实自有所不能"，故一方面劝当局停止"剿共"，一方面希望共产党"唤起民族意识，停止赤化斗争，使内顾无忧，举国一致，鞭策政府，俾得悉移'剿共'之兵力财力，以度此空前非常之国难"。

29日 三版头条《"剿共"军事加紧进行中》。

8月

3日 三版"通讯"《苏俄惊人的工业国防建设：全世界第一大炼钢厂麦尼笃哥斯克》（历樵）。（按：分两次载完。4号三版续登第二部分）

4日 三版头条《蒋昨返汉月底匪平即回京》。

28日 三版《废止内战大同盟成立》："昨晨大会出席代表三百余人；提案审查完竣，今晨开二次会。"

29日 三版"专电"《废止内战大同盟闭幕》：决议别为三类，确定内战意义；银界坚决表示不再援助内战。马相伯、段祺瑞等十五人为名誉委员，吴达诠等五十七人为常务委员。

9月

6日 四版"专载"《苏俄之国防运动》（敬慈译），译者按语："最近苏俄国民，缩衣节食，踊跃输将，以充实国防。返视我国，弥复可悲！日本武官笠原幸雄近著《苏俄国防运动》一文，对于苏俄充实国防方策叙述颇详，足供我国救国运动之指南针，特择要译述如次，以供国人之参考。"

10日 一版"新书出版广告"："《资本论·第二分册》，潘冬舟译。马克思的《资本论》，我国译本自第一分册出版后，迄今三年，尚未续出。盖此书理论精奥，文字艰深，非精通数国文字且对于斯学研究有素者，不敢着手翻译也。本局特聘潘君冬舟继续翻译……潘君专攻马克思经济学有年，译笔尽极忠实畅达，研究新兴社会科学者，不可不人手一编。""《哲学之贫乏》（马克思著，许德珩译）出版了。这是马克思批评浦鲁东的一本名著，他不独开始阐明了唯物史观和新经济学的理论，并且摧毁了资本主义经济学论的根据，为研究哲学、经济学、社会科学的人所不得不先读的一本书。"

18日 "本报今日因纪念'9·18'国难，特别稿件过多，篇幅不敷分配"（二版《本报鸣谢》),特商之各大银行、公司和商号,将其广告位置借出。所有版面均为纪念国难文章。

一版上半版刊《国丧纪念辞》。首先说:"自去年九一八夜,日军占沈阳,迄此一年。我政府人民将于此国丧周岁纪念之日,敬谨哀悼一年来各地死难之军民同胞,并互相砥砺,期尽其救国雪耻之重任。本社同人谨随国民之后,吊殉国之英魂,唁死者之家属,并系以辞,以与全国同胞共同检讨焉。"

一版下半版登载中华民国地图,图片说明文字为:"中华民国全图:领土完整不容割裂!!!"

二版和六版"资料汇编"《九一八之一周年》。为"九一八"事变及之后一年来的大事资料汇编,共计二十五项内容。

三版头条《同难纪念!!!》:"中执会发表《告国人书》,首都及各地今晨举行纪念会。"

四版头条《救亡大计:建设航空,充实国防》:"丁兹国丧惨痛纪念日,本报宣布决定援助中国航空建设协会,希望全国读者与本报合作。"

五版头条《日本制造伪国之始末》。

七版头条《今日何日!》:"勿忘沉痛之九一八,全市静默,共志哀悼。"

八版上半版《九一八以后日本之财政经济》:"侵略中国更加重其恐慌。"

九版头条《不屈服!不合作!讨逆抗日自卫守土,东北三千万民众的真意》,报道马占山、自卫军、义勇军守土抗日的活动。

27日 三版头条《"剿共"军事重心移江西》:蒋将在赣小住,亲任指挥。

10月

4日 五版"通讯"《陕南视察记(一)》。(按:本报特派记者随陕西实业考察团于8月15日开始对陕南进行考察。该通讯共34篇,至11月23日载毕)

12日 一版出版广告:"《苏联五年计划奋斗成功史》现已出版。此书三百四十余页十余万言,为最近由苏归来之王印川先生所著,叙述详实,论断简当。苏联民族奋斗建设之精神活跃纸上,欲研究苏联近情者不可不先睹为快。"

14日 四版"通信"《三省"剿赤"收复区域灾况视察之第一信:信阳社会现状一瞥》。(按:记者李天织于10月4日从天津出发赴豫鄂皖"收复区"视察,至11月19日返回天津,为时凡一月有半。该系列通信共10篇,至11月26

日陆续载毕。其中多污蔑之词)

22日 三版"福州专电"《朱毛陷建宁,孔荷宠"窜"湘赣边境》。

23日 三版"南昌专电"《兴国又成赤区中心,豫鄂边境发现大股"土匪"》。

12月

14日 二版"社评"《中俄复交矣》说:"中俄恢复国交,业于昨日正式宣布,此中国外交一大事也。吾人四年以来,迭次著论,主张中俄不宜长在断交状态,'九一八'国难前后,申说尤力,及以内外障碍重重,至今日始闻主张之贯彻,回溯旧论,盖不胜其感喟。"最后说:"要之,中俄关系有不容疏远之运命,今日坠欢重拾,实中国国民之所欣忭,希望继此而将互不侵犯条约及使领互换诸事,迅即商定实施,厚增两国之联络。"

三版头条"南京十三日专电"《远东局面紧张中,中俄邦交宣告恢复》:"先复通常邦交及派领关系,第二步进行互不侵犯条约。"

四版头条《中俄邦交之回顾》。前言:"在暴日凭陵之下,中俄邦交宣告恢复,世界历史又展开重要之一页。……东隅已失,桑榆非晚,中俄复好,前途斯远。爰述中俄邦交之回顾,以谂世人。"主要内容:(一)中俄宣言与中俄协定;(二)孙越宣言与国共联合;(三)俄使馆案至国共分裂;(四)广州暴动与第一次断交;(五)哈领馆案与正式断交。(按:此文于12月15日续完)

四版中间加框广告:《中俄复交了! 欲知苏俄外交真相,请看〈苏俄外交秘幕〉》。

15日 二版"社评"《国人宜组织赴俄视察团》。建议:"宜由全国各界,组织赴俄视察团,招致专门人才,一同赴俄研究。一方面调查建设,引为师资,一方面交换智识,俾俄人明了中国之历史民情、国际地位、生产程度,澈底了解夫中俄提携,别有其道,扶持中国,无取赤化,既有正确之见地,则今后不致再蹈覆辙,重为损人不利己之试验工作,此中俄交利而尤有裨于中国之建设事业者也。"

1933年(民国二十二年)

1月

1日 三版头条《献岁声中频传警报》:日本决定攻热策略,日阀竟欲"警告"华北当局。

3日 二版"社评"《日军又在山海关寻衅!》,在列举了自九一八以来日军屡次寻衅的事实和日本当局的野心狂言后说:"夫日军进逼之事实如彼,日本负责军人发表之抱负如此。试问我全国上下,尤其华北军民,立在背水之阵,岂复尚有丝毫苟安旦夕之希望,精神弛懈之余地?吾人请正告我有血气有知觉之华北军人曰:抵抗到底,一雪'不抵抗'之耻!更请正告我爱国家民族之华北民众曰:忍耐奋斗,为国家民族争人格,为吾子若孙留生路!"

三版头条《榆关战事前晚突发》:"日方寻衅竟迫我让出榆城,昨晨开炮我军奋勇抵御。"

4日 二版"社评"《榆关战事重大》:"截至昨晚报告,日军以海陆空攻山海关城,迄昨午不息。我守城之石团,以寡御众,视死如归,军民牺牲异常重大。日本侵略中国之第二幕,竟由此揭开!"

三版头条《日军昨晚入榆城,陆海空联合总攻向关内冲击》。

5日 三版头条《榆城全破坏人民死数千,世界文明人类一齐震惊》。

6日 二版"社评"《政府示最后决心之时至矣》:"是以今日之事,存亡已迫眉睫,责任必须自负!此无他,国民政府应代表中国民族,对日本暴阀及世界全人类,公开表示其最后之决心,曰:此类武装侵凌,中国不能再受,倘复相逼,决与拼命,是也!"

7日 三版头条《日军昨确击我阵地,榆关日军换防传又继续增兵,国联无为政策影响世界和平》。

8日 三版头条《锦州日军续向榆关集中,昨前线无变动全局形势仍急,政府决就地自卫但处以慎重》。

10日 三版头条《日军将实行大举侵热省》:"日阀竟直认侵热为势所当然,秦岛日陆战队登岸似有企图,石河阵线无变动但前方形势仍紧。"

16日 三版中部显著地位《"日本目的在瓜分全中国"——朱毛发表〈告民众书〉,愿与国军一体抗日,但以国军停攻为前提》:"'上海十五日路透社电':'所谓中国苏维埃政府发表告中国人民宣言,谓倘令政府军立时停止向苏维埃区进攻,允许人民民主权利,并组织义勇军支队''为中国国防、独立与统一奋斗',则中国红军愿与国军一体抗战。该宣言又称,日本目的在瓜分全中国,令其屈服。宣言具名者为'中国临时苏维埃政府主席'毛泽东与'工农红军革命军事会议主席'朱德。"

20日 四版头条《本报特派记者石河前线劳军记》："我军抱必死之心，敌人不敢深入；战地需要品以棉裤棉袜最合用；何柱国对社会援助深表谢意。"通讯小标题："固守滦东""周旋到底""无险可守""彪炳千秋""变攻为守"。（按：此通讯为《大公报》记者汪松年所写）

四版《耐严寒冒风雪我最前线守兵之雄姿》标题下配发三幅照片。

23日 三版头条《国联宣告调解失败》。

24日 二版"社评"《勿被动！》，在回顾了九一八以来的经历后说："夫过去失败之点何在乎？就外交论，只问国联要办法，不与国联导出路。就军事论，只言就地抵抗，并无作战计划。简言之，一切处于被动是也。"并敦促政府在此紧急关头，扭转以往的被动局面："应将中国最后的态度，公开的具体的宣布之。此所谓为国联开路之说也。"同时表示："倘长此国土被占继续受侵，则决计与侵略者拼命。……夫此非仅表示决心而已也，中央政府须立时有军事上之总计划而实施之。断不能只以标榜就地抵抗为事，且断不能许现状之长此拖延。"

28日 三版头条《蒋昨晚赴赣督师》。

2月

12日 六版"写真通信"（一）《由北平至束鹿途中：平汉路南岗洼站旁之小茶馆》（赵望云）。（按：《大公报》聘请画家赵望云为写生通讯员，深入内地调查民生，随时绘画写照，每日刊布。至8月18日，共刊出166幅。后由《大公报》结集出版）

18日 三版"北平专电"《日阀侵热总攻前将发表声明》："自称正当欺骗世人，日军续向朝阳寺锦州增兵，南岭方面昨午后有小战争，传下周将大举进攻。"

19日 三版头条《全国一致誓保热河！！！承德昨热烈欢迎宋张》："宋院长谓此行视察感奋有加，张委员长等昨通电决心奋斗。"

三版头条《日军开始攻热河》："朝阳昨日激战，凌源形势亦紧。"

27日 二版"社评"《中央须速负全局责任》，先说："热河军事，甫发动耳，然连日形势，未闻边界之剧战，已见腹地之紧张，敌方自恶辣宣传，但我方确消息混沌。……观开鲁等处情形，足证我方自始未努力于必要的组织及配备。"准备不足，援军不至，宣传不力，"一切行动，殊欠敏活"。后说："因念今日已遭遇国家安危之根本问题,必须中央当局迅速肩负最后之全责,已顷刻不容徘徊,丝毫不容含混。第一,计划如何胜?其次,则筹措如何败?……吾人审念前途,以为最后责任,毕竟在中央。盖地方当局、前方将帅皆受命中央,赏罚用舍之权、外交军事之策,皆在中央。故推至最后中央绝无诿责之余地。"

三版头条《日伪军昨各路猛攻,凌南凌源情势紧张,白石咀子激战敌受重创,敌机大举轰炸损害惨重》。

3月

1日 二版"社评"《热战意义之重大》,首先提出"愿政府及全国军民注意者"四点:"第一:日阀战略及其决心显已可知,盖得热之后,必攻滦东,其计划欲以次第击破之手段,至少达到并吞热河并暂时占领滦东之目的。至对于平津一带,则于击攻滦东时,视军事外交各方情形而定。第二:即纯由军事上论,守热河即为固河北,盖若热河失守,则滦东军队之地位顿陷危险,北宁沿线,立受影响。故关内苟免之希望,恐绝非事实所许。第三:世界视线,今日全集中于热河之战,国联及北美今后之趋向如何,一以中国自卫之过程如何以为断。第四:日本国家之权力现在全集中于军人,彼等认为现在进行中之侵略,等于为与世界舆论之决战,且为拥护其在国内支配权之死活问题。以上四点,足以证明热战之国防的及国际的意义之重大也。""惟其然,我政府第一应贯彻保热之责任,无论如何,必须为更有效的设施。"

3日 三版头条《颜顾郭辞国联代表,热战接触五日而失赤峰凌源,日机昨轰炸平泉并侦察承德》。(按:颜顾郭即颜惠庆、顾维钧、郭泰祺)

5日 二版"社评"《当局误国至何地步!》,首先说:"热战发动一星期而承德失守,此暴露军事腐败至何程度,不得诿责于国力问题。"接着分析道:"自去春伪国宣布,即无人不知热河之迟早有祸。今为时一年矣,居今回顾,此一年中军事上作何防御?有何布置?一星期而失承德,则证明所谓准备之等于零也。昨日所闻,汤玉麟于三日晚即弃城而遁,致日兵以一百二十八人星夜急行,而稳占承德,汤弃土之罪,实无可逃。"汤早有通叛之嫌,又不学无术,嗜财虐民,而政府对此人始终倚赖,是何原因?承德失守,"第一:证明中央地方当局者,自始未曾尽力布置热河之防御。第二:如此重大之军事而无作战的布置,我方军队为调防,故日军之侵入,乃等于平日之行军。第三:兵士效死尽忠，而将帅未融为一体，呼应既不灵，指挥亦不当。第四：作战首视军纪，军纪表于赏罚。顾九一八以来，国家绝无赏罚，弃土丧军者，罚不及身，然则果何以奖勇士而励怯夫？"最后说："今后苟欲转危为安，第一在迅谋己身之改革，整军纪，严赏罚，并将军事组织，澈底刷新，鼓舞军心，重新团结，然后可以图存。"

三版头条《承德竟于昨晨弃守》："何应钦今晨抵平，张（学良）候晤何后仍拟赴前方。"

6日　四版"短评"《无穷的悲痛》：立法院长孙科说，中央初以热河天险，至少可以守二三月，不意陷落如是之速。"依孙先生话看来，中央就根本不知热河真相，这是何等危险？何等可痛？……教我们感到国家的危机重大极了！"

7日　三版头条《蒋委员长昨晚北上，何暂不离平张中止赴前方，决遵蒋电饬各军继续抵抗》。

8日　三版头条《张学良电京辞职，我军抵冷口敌退口外设防，何应钦杨杰赴石家庄迎蒋》。

9日　二版"社评"《蒋委员长北来》，首先说："吾人近日屡论热河失败之经过，谓必须迅速由中央肩负全责。蒋氏为军事重心，党国领袖，当此千钧一发之时，得彼亲来，足图补救。"接着向蒋提出建议，并"望蒋委员长此来，实际肩负全盘之责任，由国家整个前途上由军事全局上，善定方略，沉着应付。同时望全军及各界人民应信赖责任当局之措置，勿有局部行动，勿坚执个人见解。"

11日　三版头条《准张学良辞何应钦继，日本迫我军撤入长城》："蒋张会晤结果，华北新局面揭开；日本野心未已，喜峰口战事剧烈。"

12日　三版"通讯"《石庄二日记》。"本报记者（按：此记者为胡政之）由津赴石家庄，于九日清晨到达，勾留两日，至十日午后十时离石北返。在石庄曾谒见蒋委员长，并与其秘书长杨畅卿君暨其他随员晤谈数次。于此次华北政局改组之经过，得闻其详。现在张代委员长业已辞职，决定离平。爰将所知真相，披露如次，以存信史。"该通讯分三部分："蒋氏北上经过""蒋张会面一幕""记者谒蒋谈话"。"记者谒蒋谈话"部分写道："记者九、十两日，两度谒蒋于车站，觉其面貌清癯，视去年更瘦，惟眼光奕奕，精神甚佳，对于北方事，谓张代委员长既恳切请辞，中央当可准如所请。此次本人既已北来，必将北方大局，筹划妥帖。"

13日　二版"社评"《行矣张汉卿！》，首先说："张氏自九一八以来，谤满天下,热战失利,尤受攻击,今于长城各口抗日酣战之机,竟得解除要职,脱身远行,为个人计,不可谓非幸事,而以拥众十数万大军领袖,经保定车中一席谈,居然放下兵权,自请摆脱,又不可谓非中国军界之一创例也。"接着说:"世人责备张氏,咸置重于九一八不抵抗之一点,实则张之责任,在于平日对日外交之应付无方,警戒非常之漫无准备,而不在于卧病北平,仓皇闻变时之临机措置。九一八以后……乃泄沓因循,少有进步……最近热河失败,张与汤玉麟同为公论所抨击。……张氏为人,不矜细行,耽于逸乐,废弛公务,纵容腐化,是其短处;然而爱国家,识大体,在少年时代,即翘然有所表现。"最后说:"吾人以为张氏方在壮年,今后尽有创造新生命之希望,故更举奉军创造之历史,唤起东北将领之注意,使知封建式的武力集团,有害于国家,无利于个人,实断断不容于今日之时代。"

16日 二版"社评"《宋哲元部血战长城》,首先说:"连日宋哲元部在长城喜峰口血战,已达一星期,破杀之众,掳获之多,打破中日军队接触以来之纪录,而论其军械设备之不充足,后方组织之不完全,视十九路军在上海抗日时之环境,直不可以同日语。"由此生发出两点感想:其一,对所谓"现代战事,一机械战耳"的说法不以为然:"前岁济南五三惨案,中国守城军队,颇予日军以重创,事后日人批评,谓华军虽不明新式战法,而勇于攻击,敢于牺牲,其精神几与日俄战争时之日本军队相仿佛。凡此皆可以昭告吾人,即令物质力量薄弱,而精神力量如果充足,亦未尝不能抗敌。因是军队中杀身成仁之修养,攻击精神之锻炼,在中国今日特为必要。吾人以为全国军队,果能尽为上述日人之批评,士兵有信念,官长善指挥,则虽器械不如人,犹尽可奋其肉弹,捍卫邦家。所惜者,二十年来,国民竭尽脂膏,供养数百万带甲之士,而其力只能自残同胞,一旦抗外御侮,其脆弱乃至不堪一试。"其二,认为"作战之要,重在组织,左右前后,贵在联络,盖不特乌合之众,不可当敌,即精兵弱卒,亦不宜杂用于一条战线,否则一发之牵,全身为动,徒受牺牲,无补战局,至可痛也。"并说,热河之失,其绝大之败因便在于"组织配置之漫无计划"。

三版头条《长城血战震动日本》:"东京电称华军势盛,日已增援;喜峰口日未再攻,古北口我方援到。"

22日 四版"通讯"《通县伤兵慰问记》(本报特派员之慰劳视察报告)。(按:该通讯25日续完)

23日 三版"通讯"《热河流亡记(一)》(本报特派记者)。前言:"记者二月二十三日离开北平,三月十七日从察哈尔绕道回来。这一次到热河,原是要作一个随军的记者,没有想到事实上竟无军可随。热河的沦陷,虽然早在我们的意中,也没有想到会沦陷得这样的痛快。我没有看见敌人的踪影,我没有听到敌人的枪声;我的眼前只有惊惶错乱的扰攘,我的耳里只有骇惧哀怜的呻吟,我所饱尝的和一般无辜的同胞同样是流亡的滋味。在这里已经告诉我们,热河的沦陷,并不是沦陷于今日的敌人,我们自己早已把热河的运命注定了。"(按:该通讯为日记体,记载2月22日至3月17日的战场见闻。27日刊登完)

26日　三版"通讯"《喜峰口前线视察记(一)》(本报特派记者)。(按:此特派记者于21日赴喜峰口前线视察,由北平启行,当日到达。该通讯于次日续载完)

30日　三版"通讯"《冷口前线视察记》(本报特派记者)。

4月

2日　三版"通讯"《近三月来江西"剿匪"军事》(天流自南昌寄)。(按:该通讯于次日续载完)

5日　三版"通讯"《八十四师参观记》(本报特派记者)。

8日　二版"社评"《速筹保全内蒙!》:"日本既得吉黑,已进行经营呼伦,嗣得热河,更努力构煽内蒙,惟其所有方法,仍是利用宗教,勾串王公,如拟以五十万金建喇嘛庙于呼伦贝尔,以图号召蒙众,复以飞机送巴林王等至长春,使溥仪加以优礼,此皆前清之成法。"接着说:"中国今日如欲保全内蒙,既不必如俄国对外蒙之废王公,绌宗教,亦不必如日本之用旧法,施诈术,但当开诚布公,对蒙古各界动以利害,结以情感,介居于王公与民众之间,为之规划自治,指挥国防,使甘与我立于共同战线,抵御日本之侵略。"

三版"通讯"《张家口视察记》(本报特派记者),前言:"热河失后,察哈尔之安危,为全国所深切系念,本报因此特派记者赴张家口视察,昨晚归津,兹纪述各方面情况如左。"通讯内容:"多伦关系重大""如何防守内蒙""察西军事巩固""冯焕章谈大计""外蒙通商顿挫"。

10日　二版"社评"《警汉奸》。先痛骂:"滦东近日之战,证明为汉奸李际春等为虎作伥,加害同胞。凡闻此讯者,诚莫不恶其罪而悯其愚。吾人兹愿代表全国同胞,以悲悯之精神,劝告此辈汉奸及将为汉奸者,曰:尔等之行为,太不值矣!尔等胜,不过引狼入室,使中华祖国之领土,降为异族之征服地,尔等之利何在？其败而死也，等于蝼蚁而已，宁值半文钱哉？夫祖国今日危险诚甚，然而有可断言者，日本军阀断断吞咽不下，今日之国难断不能致中国民族于死亡。故国难虽甚，终能渡过无疑也。中国民族之生命，与天地以共久，是则一日为汉奸，永劫受唾骂。尔等之于中国，先茔所在，子孙所居，乡党戚友所托庇以为生者也，今乃背同胞之公意，为外敌作先驱，日阀视之，为不甚爱惜之走狗，同胞视之，则破坏祖国之罪人。"后劝告道："吾人由上述种种，切念汉奸之行可诛，而其愚可悯，用敢竭诚劝告，急速回头。其已上圈套者，速自振拔，其游疑受惑者，速断然省悟，勿复牵连！就近事论之，李际春辈，应即日中止活动，解散所部，勿再纷扰，人只一生，奈何以生命换取同胞永久之唾骂！"

三版头条《敌机惨轰后方各地》："冷口迁安，撤河桥人民受惨害；东线仍紧，敌向石门寨正增兵。"

11日　三版头条《长城线四路战起，竟欲压迫我军由各口后退，敌机轰炸我后方残暴绝伦》。

三版"通讯"《滦东战区视察记》。

15日　三版连续刊登"南昌通信"《蒋莅南昌后之赣"剿赤"军事》。（按：此文次日刊毕）

19日　三版"本报特讯"《抗日战史之一页：孙殿英孤军奋战记》。前言："热河御辱之战因守土将领无决心，对军事上缺乏整个布置，故与敌人接触后，立呈土崩瓦解之势。东线守军不肯作强烈抵抗，承德守军，遂弃城而逃，与敌人周旋者，只有四十一军孙殿英部。孙军与敌鏖战于热河西北深山穷谷中，给养困乏，援军不至，始退入热察边境，经军委会指定防区现正严阵待敌。该部所受之艰难困苦，远在入热其他部队之上，而保存之实力，竟亦在其他部队之上。孙为人轻财好义，平日与士卒共甘苦，故临战之时，能得兵心，团体之坚，绝非偶然也。记者日前往张家口，闻孙部已结集完竣，配备于察热交界各要隘，故特往参观防区，询其作战经过。勾留数日，备闻其详，归而记之如次。（松年附识）"文中配发孙殿英半身照。（按：该记者为汪松年。该篇通讯1月20日续载毕）

22日　三版头条《敌攻南天门受创退却》："滦东沉寂，各将领日内返防，英伦传日人拟挟溥仪回平。"

23日　三版头条《南天门一带昨仍有战事》："左翼高地得失数次，我军伤亡甚重；日陆军省昨宣布长城以南将停战。"

30日 二版"社评"《多伦告急》:"近滦东撤兵,而多伦告警,足以知今后日阀行动之方向矣。"为此道:"为今之计,在察热边界务须严重设防,大举戒备,务使敌人非以大兵正式攻略,不能达其占领之目的。"并建议做以下四件事:"(一)于察东察北赶筑要塞式之正式工事。(二)调拨他线军队出口,加厚兵备。(三)改编义勇军,加意安民,禁止征发。(四)招内蒙各旗会议,扶助蒙民,完成合作。"

三版头条《孟奎激战多伦告急,南天门阵地有变动》。

5月

1日 三版头条《多伦前日竟被攻占》。

2日 四版刊登"通讯"《察东视察记》(本报特派记者之报告)。前言:"暴日西侵,热河弃守,向不为国人注视之察哈尔,遂一跃而为军事上之重地,尤以察东一带,警耗频传,得失存亡,关系颇巨。惟因交通未便,消息不灵。记者为明了真象计,特衔社命,前往作实地之调查。"(按:记者于4月19日由北平抵张家口,20日因天雨滞留,21日由张家口北上,22日抵沽源,23日到平安镇……26日返沽源转道回北平。此文于3日、4日续刊)

8日 四版"南京通信"《南京的素描》:"国难虽亟极,金粉繁华未减;歌台舞榭兴隆,民气消沉。"

12日 三版头条《南天门空前血战,敌陆空猛攻我军苦战两团殉国,敌机昨飞北平侦察散荒谬传单》。

13日 二版"社评"《警告为虎作伥者》:"日来南天门战事愈益激烈,我军抵抗之强,牺牲之巨,堪为民族争光。乃不幸在此抗日剧战之中,一部分失业军人、落拓政客颇有勾结敌人为虎作伥者,道路传闻,颇足令人诧骇,吾人痛心国难,忧虑将来,愿矢垂涕而道之诚,为关系者一陈利害。"

17日 三版头条《黄郛今晨过津赴平》:"离京时与当局谈商华北局势,政府勉以安定人心为第一义。"

23日 二版"社评"《黄委员长到平后之时局》,首先说:"自政务委员长黄郛氏北来,平津空气颇以为战事将停。而观黄氏发表之谈话,亦似谓将交涉停战。盖察政府之所以任黄,与黄之所以自任者,首为此点,此不庸为讳者也。"在敌攻我守的情况下,所谓停战,即敌人不再进攻。但是"征诸事实,则黄氏任命之发表,而各线总攻,迨其北来之就职,而追击愈烈。昨日形势,通州已成前线矣!"因此,"全国人士,必须严重觉悟,今后凡非卖国汉奸,凡普通有志气有智识之中国公民,请勿以为对日本统治阶级,尚可梦想平等互善之交谊"。

31日 三版头条《中日代表昨会集塘沽,停战协定即日可签字》。

6月

1日 二版"社评"《〈中日停战协定〉痛言》,首先说:"《中日停战协定》,业于昨午在塘沽签字,由双方正式发表,中国历史上从此又增添一种惨痛纪念,此诚国民所应永世勿忘者也。"接着说,此项协定虽由双方军事当局派代表签字,属军事范围,但是"惟核其辞句与意义,充满战胜国对战败国之形式,狰狞面目,活跃纸上,故在我当然为败辱的屈服。殊如'挑战'字样之外,更有'扰乱'之语,含义之广,直可使中国动辄得咎;又如彼方得以飞机或其他方法来我指定的地点之内视察,我且须负保护及予以便利之责,尤为令人难堪。此外蛮横之点,不一其辞"。号召国民认识屈辱所由来,奋发图强,在不远将来洗涤国耻。

三版头条《〈中日停战协定〉昨签字》:"性质限于军事,充满屈辱文字,被占各地治安由我派警维持。"刊登协定全文。

19日 三版"上海专电"《杨杏佛昨突遇狙》:"中两弹甫抵医院即气绝,凶手一名情急自戕余逸,公仇欤? 私怨欤?"

四版"上海通信"《丁玲失踪案》。

20日 二版"社评"《杨杏佛暗杀案感言》,先说:"近日南北叠出暗杀案,而杨杏佛案尤招惊诧。杨现任中央研究院总干事之要职,而近年与宋庆龄女士、蔡孑民氏同主持民权保障同盟,营救政治犯。因此暗杀之讯一传,一般即以是否有政治背景为疑问。"后说:"杨杏佛氏为国民党名士,今遭暗杀,其真相如何,当局自应饬责任官吏,彻底调查,使社会周知。沪电传,宋庆龄女士近来时接恐吓信件,此系何种团体或个人所为,应速侦查,预加防范。吾人感想,倘政治上暗杀之风大作,恐国家基础,大受损害,于政府施政上,有极不良之影响。"

25日 二版"社评"《论实行法治之必要》,首先说:"上海近日在一种意义中已陷恐怖状态。政治的暗杀层出不穷,自丁玲失踪,至杨杏佛被刺,智识阶级受强烈刺激,而又不深悉其真相。而自国民的立场论之,则深叹政治空气之不光明,殊足为国事痛也。"接着说:"吾人因此等案件,痛感国家内部,正酝酿一种不祥之危机,倘不早加纠正,速实现光明正大之法治状态,则隐忧重大,不堪设想。"九一八国难迄今，外患愈演愈烈，"当此严重时机，统治者之所以维系民心者，惟赖诚恳之态度，光明之手腕，外交公开，而内政法治，期以至诚至公之精神，感格一切思想倾向不同之人，相信相谅，合作救国，此中国今日惟一之路也。"

7月

28日 二版"社评"《庐山会议后之察局》，极力主张蒋介石政府和冯玉祥达成谅解："坦率言之，一般对察事实主和反战，东南社会尤甚。此纯为直觉的情感问题，并非袒冯，亦非助粤。盖其理由至简，《塘沽协定》对日屈和，李际春尚可编，甚至郝鹏尚可放，则对冯方为何不可宽假？此种情感，凡痛心国难国耻者殆无不同然也。"

8月

4日 三版头条《何应钦谈对察办法》："冯（玉祥）形成的割据须取消名义，同时让出张垣退往康保。"

5日 三版头条《察局已到最后一幕》："蒋电中央陈述对冯意见，宋（哲元）为最后调解，今晨北行。"

7日 三版头条《冯昨通电归还政权》："沙城商决具体办法发表，冯治安部昨开张垣接防，宋哲元即接收省政办理善后。"

12日 三版头条《汪飞庐山商华北善后，冯居处商定俟晤宋后即行，宋今日赴张各军止于宣化，冯语本报记者对国事没有什么意见》。标题下共五则专电，其中第三则为"张家口本报特派记者专电"："记者十一日晨访冯玉祥于新村，警卫减少，形象冷落，冯在卧室延记者谈话。身穿蓝布薄棉袄裤，发已剪短，面容较前稍瘦，精神仍健旺。寒暄毕，记者先询发出麻电经过，冯谓余始终抱定枪口不对内主义，时至今日，更不容有内战发生，徒给敌人造机会，非弄到亡国不可，所以决定发麻电，一切军政善后都交给宋主席，我不管了。问今后行止，冯答：我一两天就离开此地，到何处还没定，我在那里居住，全是一样。问今后对国事意见，冯答：我没有什么意见。言毕，冯尚有事，记者辞出。冯近会客甚少，每日时间多半阅书，阅书时戴眼镜。"

14日 二版"社评"《冯玉祥氏决离张垣》，详述了"察事"缘起和解决的过程之后，对"交还政权后"的冯玉祥进行了安慰和勉励："以冯氏之精力绝伦，热诚爱国，廉洁自持，严正御下，纵令放弃军权，脱离政界，其于社会上固自有崇高之地位,尽有发挥能力,寄托精神的事业可干,是在冯氏之善自运用,而当局方面亦宜有以善用冯氏之长,藉收相得益彰之效。"

三版头条《冯定今晚过津赴鲁》"张家口本报特派员专电":冯玉祥准备十四日晨三四时专车离张垣赴鲁。配发冯玉祥半身照。

15 日 三版头条《冯昨晚过津赴鲁》:"宋(哲元)送至黄村折回北平,韩(复榘)迎至德州同车南下。"其中一则内容为"冯对记者之谈话":"记者在张垣曾访问冯氏,而冯氏昨日途中过青龙桥及北平时,又两度接见新闻记者谈话,记者亦皆参与。"冯氏谈话内容主要为"枪口不对内主义"及"察事"解决的情况等。

9 月

18 日 二版"社评"《国丧二周纪念辞》。

十三版《九一八纪念特刊》"前头语"。

《纪念特刊》刊登了三篇"本报特派记者调查记":《沦陷二年之东北概观》《沦陷半年之热河实况》《伪满洲国一年来政情之一斑》。[这次特刊内容是张季鸾、胡政之亲自策划的,三篇调查记是由陈纪滢冒险深入采访所得真实材料所为。特刊出版次日,就收到南京行政院(汪兆铭时任院长)电报,说什么"日中两国正在敦睦邦交声中,天津《大公报》竟私派记者潜入'满洲国'秘密采访,虚构事实,破坏两国感情,殊属不友谊之行为"。陈纪滢感到很大压力,胡政之安慰说:"报馆既刊登你文章,报馆就负责,一切责任报馆担当,你不必介意。"见陈纪滢:《毕生尽瘁新闻事业》,《报人系列·胡政之》,第186—187页]

11 月

22 日 二版"社评"《闽变之种种疑点》:"第一,从党的立场观察:陈铭枢等此次举动,实乃杂凑反国民党的各党各派于一台,不仅标榜推翻党治,且已通令各机关将中山遗像遗嘱撤除……然究竟主脑人物之陈铭枢、李济深、蔡廷楷(锴)等人,是否将毁党造党?其所造者将为何党?""第二,从政治立场观察:……前日福州成立之新组织,称为'人民革命政府',固不失为第三党与国家主义派共同之称号……""第三,从军事财政外交观察",闽变主脑人毫无出路。

三版"上海专电"《孙夫人声明》:"'上海二十二日上午一时半发专电':宋

庆龄发表声明,先述外传彼将赴闽等说,均系中伤。""'上海二十二日上午一时发专电':宋庆龄二十一日发表宣言,对京闽均多指摘。"

24日 二版"社评"《闽变与华北》,在列举九一八事变前后全国各地"另立政府,脱离中央"成"昙花一现"的事例后说:"今则闽变继起,其发动形式、组织派别、宣布主张,大致与察哈尔相彷佛,然有一最大特异之点,即以澈底抗日威名闻于世界之十九路军为唯一武力背景之新政府,标语独不言抗日是也。"指责闽变主脑"为急于争夺政权起见……不惜将十九路军一世英名付之流水。"

三版头条《对闽侧重政治解决》:"中常会决议(一):陈铭枢、李济深、陈友仁……应永远开除党籍……并交政府严行拿办。"

12月

16日 三版头条《中央昨开重要会议讨论闽事》"中央社南京十五日电":国民政府十五日令,陈铭枢、李济深、蔡廷锴"背叛民国,罪恶昭著,着即褫去本兼各职"。

18日 二版"社评"《胡汉民氏之今昔》,叙述了自北伐武汉到闽变中的胡汉民之言论行为,对他的功劳成绩充分赞肯,最后说:"胡氏风骨棱峻,不失为一肯负责任之人物,苟能自省其主倡裸姆论之责任,回顾数年间支持中央之苦心,体念夫尔后冤亲同尽之危险,勉为大局着想,于原理原则之主张以外,稍稍念及事实上易于做到之办法,以与中央相商洽,为救国救党,再作一次之努力,则庶几不失为大政治家之风度,胡氏其有意乎?"

24日 二版"社评"《战时注意保民之必要》:"闽变之起,国人鉴于内战之不幸,颇望政治解决避免战事,而近时情状,闽竟改易国号,出兵犯浙,是为保持统一计,中央之动员讨伐,事实上已成不得已之举。""虽然,有切望当局注意者,此后用兵之际,务须避免使人民受战祸牺牲,不幸而有牺牲,务须减至最小限度,由此议论,如最近漳州市街之轰炸,诚不幸之至者也。"

1934年(民国二十三年)

1月

9日 三版"上海专电"《张学良到沪,谓系应蒋电召回国》。

10日 三版头条《中央军直逼福州》:"古田前夜剧战,县城已被炮毁,福州情势奇紧,投机分子四散。"

14日 三版《中央军收复福州》:"十九路(军)昨晨全部撤退,闽垣无战事,地方尚安。"

15日 二版"社评"《十九路军失败之鉴戒》,首先说:"昨据福州电讯,十九路军不胜压迫,业于十二日晚间由福州开始撤退,咋晚方可退尽。……以十九路军参加革命努力抗日之光荣历史,乃为陈李辈轻率谬妄之举动牺牲至此,凡属国人,同声惋惜,该军此次失败,诚足资军人之鉴戒也。"

16日 二版"社评"《闽变之又一教训》,首先说:"此次闽变,对于有政治热之青年,应为一重大教训。即在国势阽危之今日,凡欲利用一部军队,以内战之手段,成割据之形势,以希望达到一种改造国家之目的者,绝非成功之出路是也。闽变两月,一切瞬成过去,军民牺牲异常重大,而其中定有几许为政治烦闷之青年,陷入漩涡,随同失败。此辈青年中,定有一大部分真挚爱国,非徒为投机求富贵。观其今日之颠沛流离,宜为之同情抱惜,并愿一般政治的青年以此役为鉴,不复走入类似的错误之路!"接着说:"现政府治绩不彰,诚意不显,人民失望,早达极顶。故今后政治上之督责改造,不惟事所必有,而且理之当然。现政府终不能负责,则必须改造之,然其前提,要须不以利用一部分军队诉诸内战为手段。盖如是则结果适得其反。"

31日 三版头条《十九路军已成历史名词》。

2月

1日 四版头条《孙(殿英)马(洪奎)战事仍甚激烈,孙部攻宁夏省垣甚急,侯成昨由并到平复命》。

6日 三版头条《孙殿英免本兼各职》:"所部分交于世铭等改编,孙如抗令即以实力制裁。"

9日 三版头条《赣川"剿赤"军事顺利,蒋昨谒岳武穆墓并献花圈,张学良将于下周入京就职》。

27日 二版"社评"《张学良氏再起》:"张学良氏游欧半年,健康恢复,学识弥进,上月返国,见者翕然称之。近拜鄂豫皖'剿匪'副司令之命,重绾军符,业于前日抵汉,昨日视事。"

3月

1日 三版头条《宪法初稿今日公布》:"国民大会三年召开一次,闭会期间设国民委员会。"

九版(各地新闻版)头条《南昌新生活运动由江西试行推及全国》:全文刊登蒋介石2月19日在行营扩大纪念周训话——《新生活运动之要义》。

3日 二版"社评"《读宪法草案初稿》。对宪法草案作了具体批评,并望国人共起讨论之。(按:这篇社评发表后,受到蒋介石的关注,电函张季鸾,询问作者。张回函告知为"政之")

4日 四版"短评"《新生活运动的前提》:"南昌发起的新生活运动,在沿江各都市,已唤起普遍的注意,大势上有流行一时之可能。我想这样运动的成功,应有三个前提。第一:公务员要以身作则,尤其高级官吏。第二:凡所提倡之事必须不使人民增加费用,换言之,应要省几个钱,不可使人民因参加新生活运动之故,反而增加用度。第三:提倡之事,不可太多,只择其最要的;禁遏之事,也不可太繁,只去其为害最甚的。"

10日 二版"社评"《新生活运动成功之前提》先说意义:"南昌发起之新生活运动,在最近期内,有流行全国之可能。自一种意义言,将成为今年政治上社会上最轰动全国之问题。此运动为蒋委员长所发起,故其意义应求之蒋氏在南昌数度之演辞。简单释之,乃主张民族复兴之基本,在从人民自身生活改革起,在于衣食住行上,养成整齐清洁简单朴素之习惯,尊重礼义廉耻之精神。"接着提出了几点建议:"第一:此种运动之主要对象,为所谓中上流社会,而非一般乡民,盖私人生活之最需改革者,为中上流社会,而一般乡民所最需者,应为求生运动,尚谈不到新生活运动。……夫主要对象既确定,则知此种运动成功之前提。""吾人以为此种运动,原则上不应强迫一般人,但对于官吏,尤其高级官吏,须具强迫性。夫一方劝人民重廉耻,尚简朴,而一方文武高官挟多金而放荡奢侈,则新生活运动之收效难矣。""第二……此种新生活运动之内容,除蒋委员长所讲之全国军事化在外,似应注重经济的意义。具体言之,吾以为中国亟务在降低中上流社会生活标准,以提高一般人民之生活标准。是以对于中上流社会之新生活运动,应注重节约及使用国货,凡消耗国富之恶俗,应特别禁戒。""倘不能澄清行政,禁绝贪污,一部分贵而且富者享受欧美最高度之生活,而劝城市居民安于东方式的简朴,恐不易使之心悦诚服矣。"第三,此次新生活运动"勿又成为官吏奉行政令之一套,结果或徒增人民烦累,而埋没倡导者之苦心",即切勿强迫,不搞形式上的整齐划一,不搞铺张和表面的工作。

17日　九版"南昌通信"《提倡新生活运动，南昌市民大会盛况》：汪讲须持久奉行，叶楚伧说明运动目标。

20日　二版"社评"《新生活运动之前途》先说："南昌发起之新生活运动，各地响应异常迅速，吾人睹此现象，不禁一喜一忧。"接着说了三条理由：第一，社会运动不能一哄而起，应先有中心组织，进行试验，再推广之；第二，主要军政要人，从自己首先做起；第三，先革新政治生活，即"须澄清政界，屏绝贪污放纵"。最后说："诚如是行之数月期年，不待宣传，即足使人民真正信仰领袖彼等者之公私生活，确已革新矣。"

4月

6日　三版头条《"剿匪"军各路进展》。

19日　九版"泰安通信"《泰山访冯记》："冯谓上山读书，下山抗日。"

24日　三版"通讯"《南游纪要》，前言："记者为视察南方诸省本报业务起见，于本月四日由北平乘平汉车南下，经历鄂湘赣各处，所至对于社会、政治、教育各方面，亦有所访问，兹特择要纪之，以志鸿爪。"（按：此记者为胡政之。他在文中说，1927年2月经李大钊介绍访问过武汉，此次来汉又访问了张群与张学良。该通讯共四篇，续载于25日、26日、28日三版）

5月

1日　三版头条《赣闽军事之进展》。

6月

16日　四版"汉口通信"《张学良呼吁统一》。"张学良在汉口会见本埠英文汉口《民声报》记者，发表谈话"，称："每一个中国人，苟对其国家尚有些许之心与敬爱，苟能看出当前民族危机之严重，均应郑重放弃一切自私之念头，而为国家鞠尽其天职。凡属中国人民，无论其为共产党、国民党、第三党，或其他任何党派，果系自命为拯救中国者，均应在拯救中国之惟一动机中摒除一切歧见，联合一致，此乃救国之惟一途径。否则如今日萎靡不振、自相残杀之趋势，任其发展，中国真无希望可言矣。"

27日　三版"通讯"《新疆旅行记》（本报特派员李天织）。前言："新绥汽车公司为便利西北交通，于去年八月三十日由绥远开车五辆赴迪化，试行通车，绥远省政府特派代表另乘一车随行，以便与沿途各省当局接洽保护事宜，本报以开发西北之声浪遍传国内，至于西北之实际状况若何，交通之便否又如何，当时似尚少人过问，故商得该公司同意，派员搭车赴新。记者衔社命先到绥远，加入同行，至十月十日到达迪化，不幸遭遇战事，交通复断，迄至本年六月四日，始得当局许可，仍乘久未开行之汽车，离迪东归，二十二日到绥远。……此行往返为时约十阅月。"（按：该通讯连载于 6 月 27—30 日、7 月 1—4 日。李天织采访中被盛世才扣留一年多，后经张季鸾出面交涉，获释）

7 月

6 日　二版"社评"《新疆问题之认识》，首先说："自东北沦亡，'开发西北'之声，响彻全国，然而占整个西北面积约二分之一的新疆，宝藏之富，并世无两，民情朴厚，犹有古风，舍此不图，则西北经营，直无意义，吾人因是特派记者，躬赴西陲，历经艰险，阅时近岁，方得归社。日来读李天织君所纪新省情形，当予国人以深刻之印象。吾人兹愿更举三点，唤起政府与国民之注意，俾得认清新疆问题之真相，庶为远见之士所容许也。"接着讲了三点："一、新省最大问题为种族复杂，盖约略计之，全省人民不下二十余族……殆占全省人数十分之六七。""自四一二政变后……已颇了解革命，晓然于五族平等之义，思想开通……且以通商关系，多使子弟就学俄国，据传其数不下数万之众。""二、新省地广，与英俄两国壤土相接者数千里，比较与内地交通，其便利盖远过之。省内物产虽丰，制造则须仰赖外国。""三、新省因与内地隔绝，久在封建专制思想统治之下，天然易于形成独裁政治。"要改变这种情况，"今后中央政府亟宜与新省当局切实合作，共维边局"；同时，应尽快发展交通。

8 月

11 日　三版头条《赣"剿匪"军进迫兴国，黄郛昨晚抵浔即登庐山，汪昨对军官训练团讲演》。

14 日　三版头条《汪蒋黄谈话未终，黄（郛）语本报记者尚无北上期，汪因公务未毕改今日返京》。标题下第一则专电为"牯岭十三日下午四时发专电"：本报记者十一日抵牯岭，十三日晨晤黄委员长。（按：该记者是王芸生。王于 8 月 8 日离开天津，11 日到庐山。这是他进《大公报》后第一次外出采访，并负有为蒋介石讲授中日关系史的使命）

9 月

2 日　三版《昨日记者节各地新闻界举行庆祝》。第一则消息为"平讯"："昨为九一记者节,平市新闻记者公会,召集全体会员暨新闻界同人举行庆祝大会,到百余人。"随后是发自杭州、太原、绥远、长沙、南昌、青岛的六则专电,报道这六地的庆祝活动。

7 日　三版头条《赣军事到最后阶段》。

10 日　二版"社评"《川黔"剿匪"之关键》。

18 日　二版中间框刊《国难三周年纪念辞》。

十三、十四、十五、十六版为九一八纪念特刊,刊载赵惜梦以"本报特派记者"名义写的两篇通讯:《沦陷三年之东北纪要》为短篇,刊于第十三版;《热河视察记》为长篇,连续刊于第十三至十六版。前者前言："东北沦亡,转瞬三载,强敌方得寸进尺,无时不在加紧其统治之步调;国人则醉生梦死,对此似痛痒已不甚相关。记者此次奉派出关,原期多所揭露,以资国人之警惕;奈监察严密,行动维艰。更以道路不宁,交通阻断,记者虽欲一瞻祖宗之庐墓犹不可得。友朋相遇,只能目语,其情绪之消沉,精神之痛苦,有非笔墨所能形容者。本篇仅就见闻所及,略述梗概,至于经济详情、农村实况及其他重要问题,容日在本报发表。"

10 月

20 日　二版"社评"《"剿匪"胜利中之急务》。

30 日　三版"香港航信"《朱毛大举突围,南路一度激战》。

11 月

14 日　三版"上海专电"《史量才遇狙》："沪杭道上被击殒命,汽车夫等二人同遭不幸。"

12 月

10 日　三版头条《五中全会今晨开幕》:汪将说明统一团结之旨;程潜谈非统一不能图存,非团结不足以应付艰巨。

16 日　四版"本报莫斯科特约通信"《俄京闲话》。（按:次日续完）

18 日　三版"通讯"《宁都视察纪》。（按:22 日续完）

22日　四版"通讯"《赣省收复"匪区"现况——本报特派员视察纪》。(按：该通讯连载于1934年12月22—29日，1935年1月22日—2月22日)

23日　三版"通讯"《归乡杂感》(榆民)，前言："记者秋间回陕北榆林县原籍扫墓，里居月余，往返三月。最后绕道长安小住而归津，现当国人注意西北建设之时，记者见闻所及，义应择要发表，兹将对于陕西各地之片断的考察，与往返途中经过太原所得关于山西之印象，简单叙述，载诸本报。……倘能供各界参考，则幸甚。"(按：此记者为张季鸾。该通讯25日续完)

1935年(民国二十四年)

1月

26日　四版"特约通讯"《苏俄近闻》(一)。(按：此"莫斯科本报特约通讯"为戈宝权所撰。28日续完)

2月

1日　三版"通讯"《过港访胡记》(冷观)。(按：胡政之于1月中旬离津南下作两粤之游。先到南京，访问了中枢要人，叩以京粤合作之内容；22日午后由上海登轮，25日午前十一时抵九龙，渡至港，第二日午前九时，如约前往胡汉民寓所访问，下午乘广九车到广州，27日在广州旅舍写下《过港访胡记》)

3日　三版头条《蒋委员长昨午赴赣，广元仍被围，泸州严行戒备，方志敏昨由上饶解抵南昌》。标题下共有九则各地专电，第八、九则均为"中央社南昌二日电"，报道有关方志敏的消息。

18日　二版"社评"《中国不适于独裁》："蒋委员长最近对日本朝日记者之谈话，深切著明，言无不尽。不惟足代表政府之立场，且符合舆论之希望，全国闻之，想表同感。"年来颇多鼓吹独裁制者认为，"中国今日国难严重，必赖巩固有能之统一政府，以全国民意为背景，施行有计划有效率的政治。今后训政结束之后，国民党之地位，自仍可为中心势力，但同时宜本遗教所示，以培养民主政治之完成为目标。吾以为中国目前之理想，在以民主精神，行权责集中之政治。是则人才之团结与锻炼，与夫贪污之扫荡为第一义，政治组织之形式如何，犹其次矣。"

19日　三版"通讯"《粤桂写影》。前言："记者于上月中旬离津作两粤之游，住广州四日，旅行于广西各地者十日，兹就见闻所及，足供世人知人论事之参考者,拉杂记之,以当报告。"该通讯作者为胡政之,第一部分未署名,从第二部分起署名"冷观"。共六部分:(一)广州的四日勾留;(二)广西的一般观察;(三)广西的政事与军事;(四)广西民团的真相;(五)广西的教育事业;(六)旅行粤桂后综合的感想。在第六部分中,胡政之谈了五点感想:第一,两省当轴对于局部建设有诚意而且很努力;第二,以他们的才力精神治理桑梓,可说是游刃有余,如扩大范围,恐会捉襟见肘;第三,两省各有短长;第四,任何方面如要鲁莽激进,断收不到良好结果;第五,粤桂和中央互相之间缺乏了解;只要中央开诚布公,应付得宜,两广的事不难解决。(按:该通讯从此日起连载,2月23日续完)

3月

7日 二版"社评"《整理川局之重要性》。在"蒋委员长飘然飞渝"之际,社评提出"整理川局之重要性"问题,并具体说了三点意见"惟当轴察之":整顿军队、惩治贪污、统一四川。

26日 二版"社评"《蒋委员长赴黔》:"蒋委员长自本月二日由汉口飞抵重庆……通令川滇黔各军,悉听统一指挥,信赏必罚,军纪肃然。……昨更乘飞机躬赴贵阳,度必于军事上有重要之指导。"

29日 四版"短评"《四川的转机》:"据本报特派记者报告,观察最近四川情形,在军事政治、社会风纪及民众情绪上,均欣欣向荣,有日臻上理之势。这显然是由于蒋委员长入川所促成的一个大转机。"(按:此特派记者为张季鸾。他于3月中旬离津,先至武汉,逗留数日后于26日至重庆)

4月

15日 三版头条《张学良飞贵阳谒蒋,本报记者与张同机抵黔,蒋委李仲公为黔行政特派员》。(按:记者即张季鸾)

17日 三版《吴忠信继主黔政,王家烈专任军职,张学良飞渝今日返汉》。标题下有各地专电七则。第一则为"贵阳十六日上午十一时本报特派员发专电":"张学良谒蒋事竣,定十六日下午飞返渝转汉。"第五则为"重庆十六日下午九时发专电":"张学良在黔谒蒋毕,十六日下午三时乘机返渝,四时半到,定十七日晨飞回汉口。"[按:十五日晚蒋曾邀记者(张季鸾)便餐。蒋告记者,谓须待黔事就绪后始赴渝,预料当在一个月后。张学良在黔谒蒋毕,蒋促张早

日返汉]

18日 三版头条标题下第三则专电为"重庆十七日下午九时发专电";"张学良十六日午后偕本报记者张季鸾由贵阳飞渝,十七日晨十时一刻复相偕飞汉,蒋限两月完成川黔公路及电报线。"

19日 三版头条标题下第一则专电为"汉口十八日下午十时本报特派员发专电"。19日刊登电文内容:"记者(张季鸾)十七日下午四时附乘张汉卿飞机返武昌,川黔旅行告终。兹作一般报告如左,甲、军事状况……乙、行政财政……丙、未来希望……"20日刊登电文内容:"记者川黔旅行之结论,以为为全国文化平均发展计,西北西南亟应注意,将来以四川为中心,左陕甘而右黔滇,为庶政之建设,自是国家大计之一部分,川黔各界咸殷望之。"(按:此专电20日续载毕)

5月

3日 三版"通讯"《川黔之行》(季鸾)。前言:"我近日有川黔之行,往返一月,归途小游京沪,昨日归津。现在写一些感想报告读者,主要是说一点自己对四川政治产业前途的观察与意见。贵阳只住两日,知识太少,置于最后。有些游记式的短文,另在《国闻周报》发表。我在四川,没有尽到考察研究的责任,所说都很粗陋,或者还有错误,但自己确有一片热诚,藉此答谢重庆成都各界,并求指教。"(按:该组通讯载于5月3—8日、10日。通讯的小标题依次为:"治川关键在整军""建设前途的展望""四川人才与建设""我的具体希望""贵州一瞥"。张季鸾由汉口入川时乘邮航机,由重庆出川搭乘张汉卿专机)

8日 四版"通讯"《西北视察纪要》(本报特派记者报告)。前言:"记者此次随同冀省党部西北考察团赴西北旅行,于四月十六日由北平出发,沿途在大同、绥远等处游览,至包头后,该团团员则联袂返平,记者继续西行,至五原临河视察军垦进行情形,途中因交通不便,耽搁较久,本月五日始返抵北平,往返共费二十日,因记者初至西北,途中所见所闻,均觉新异,而绥省近年来对建设事业之努力,凡至西北旅行者,莫不同感,整齐严肃,充满朝气之绥远,至今仍予记者以深切之印象,故将途中见闻,拉杂记下,想亦关心西北问题者所乐闻欤。"(按:该通讯共计24篇,至7月5日续载毕)

10日 十版(各地新闻版)刊登"旅行通信"《塘沽码头》(长江)。编者按:"长江君由津赴川南旅行,与本社约定沿途撰述通信,寄本报发表,自本日起继续刊登。"通信开头的话:"记者此次国内长途旅行,目的在从各方面来表现'现实的中国'。现实的中国整个的在变化过程中,而且正沉沦于破落与痛苦的阶段,自然我们所得的印象,不会是富丽与安舒,即是有一些安乐的现象,它的背后实存在着无限的苦痛与辛酸。"[按:范长江"旅行通信"系列均刊登在《大公报》第十版,篇目与刊登日期如下:(一)《塘沽码头》(5月10日);(二)《安东的中国人》(5月11日);(三)《烟台警察枪杀女生案》(5月12日);(四)《烟台的今昔》(5月13—15日);(五)《南迁古物》(5月19—20日);(六)《浙江省政治新动向》(5月23—24日);(七)《浙江的烟禁》(5月29日);(八)《浙江省土地的整理》(5月30—31日);(九)《浙江的公路》(6月3日);(十)《留杭一周记》(6月4日);(十一)《沪桂公路上》(6月5日);(十二)《兰溪实验县》(6月8—9日);(十三)《夜走杭江路》(6月13日);(十四)《高兴后的悲哀》(6月14日);(十五)《上海真正"大减价"》(6月19日);(十六)《扬子江上的香客》(6月22日);(十七)《"千里江陵一日还"》(6月24日);(十八)《危崖上的重庆》(6月26—27日);(十九)《成渝道上》(7月9日);(二十)《成都改观了》(7月19日);(二十一)《内江的糖业》(7月24—28日)]

24日 二版"社评"《安内为先》:"今年以来,论时局者殆无不焦虑三大问题。曰日本问题,曰'剿共'军事,曰经济金融。顾此外尚有亟需注意之一要点:谋全国各方面之和平一致是也。"所有问题的解决"惟有赖于全国之团结。是以安内或和内,自一种意义言,将为国家施行任何大计之前提"。安内问题,主要解决三方面问题:第一,关于两广问题。第二,关于党内党外问题。第三,关于智识界问题。

6月

11日 二版"社评"《读十日国府命令》:"昨日国府命令:'对外在确守国际信义,共同维持国际和平,而睦邻尤为要着。''凡我国民对于友邦,务敦睦谊,不得有排斥及挑拨恶感之言论行为,尤不得以此目的组织任何团体以妨国交。'吾人读此命令后之感想,以为我全国国民应认识国家之地位与其需要,实行国府命令之主旨。"

三版头条《日军条件全部承认,国府昨颁睦邻敦交明令》。

四版"短评"《河北问题》:"所谓河北问题,因我方之承认全部要求,而小告段落,但详细内容,还不大明了。……今番结果,更加倍证明河北是边省了。

人们不要悲观,只要责勉自己。"

17日 二至三版"社评"《日本的认识》:首先说:"世人恒言:'弱国无外交',实则正惟弱国,更需要外交。世人论兵,辄言'知彼知己',实则外交亦应如是。……中国苦于对日外交也久矣!……吾人以为中国今日亟务,在能研究日本,了解日本,认识日本,而后更求其对我了解与认识,互正前失,共图挽救,以自拔于东亚两大民族相仇相厄同归于尽之惨剧。记者抱此理想,于上月东游视察,历时一月,旅行各地,访问多人,以为对日认识之初步工作。兹已返国,综合主要观点,陆续报告国人,以供参考。"接着说:"依吾人观察所及,日本政治重心,迄在军部,而军部中心势力存于少壮军人,此乃事实,无可否认。故吾人欲求认识日本,首须了解日本军人。"并指出,日本宪法保证军部有绝对优越的地位,并且军部这种政治上的优势"一时殆难转变",同时又说,"日本军人绝非中国国民心目中之旧式军阀。彼号为少壮派者,初非幼稚新进,乃属中年之人,经过长期教育,对世界大势殊具相当认识,对国家利害非无相当打算,纵有少数极端分子一似卤莽放恣,漫无理解,实则内心不尽如是,抑一二人亦不足以代表全体。盖此曹领袖人物自有其一套理论,不容抹杀"。随着日本国力的强大,"此辈因有轻视欧美之成见,又逆臆欧洲之必起战争,故亟欲独占东亚霸权,遂思在国防上对中国求得安心立命之点,企获第二次世界大战时之安全保障,其所以一再进迫中国,万般胁逼,底因在此。""甚愿国人了然于日本军人今日之地位,憬然于日本改造前途与中国之关系,相与从事实上研究其中心势力的人物与思想,以求发见中日共存之径路,早脱两大民族于相厄相争之浩劫,则不仅知彼知己,大有利于现在将来之外交,且于世界和平远东福利所益亦当不少,可断言也。"

18日 二版"社评"《日本国力的根柢》:"近年日本军人所以敢于强袭猛进,悍然与世界对垒者,其背后当然有所恃而无恐。故考察日本国力的根柢,实为认识日本之又一要点。"(按:5月中旬至6月中旬,胡政之率员工东渡日本进行考察,回来后,写了《日本的认识》和《日本国力的根柢》两篇社评)

28日 三版头条《张北事件昨告解决》。(按:所谓"张北事件"发生在6月5日。日本特务4人到张北活动,被当地驻军扣留8小时后放回。日本关东军特务机关长土肥原以日本士兵在张北受到中国军队侮辱和威胁为借口,大做文章,并以武力相要挟。国民政府再一次屈服,与日本签订《秦土协定》,处罚事件责任者,撤换一三二师参谋长、军法处长)

7月

2日　三版"通讯"《蜀游杂记》(前溪)。(按:《蜀游杂记》共四篇,载于7月2—5日)

5日　四版"汀州通信"《瞿秋白毕命纪》:"……今晨忽闻,瞿之末日已临,登时可信可疑,终于不知是否确实,记者为好奇心所驱使,趋前叩询,至其卧室,见瞿正大挥毫笔,书写绝句,其文曰:'一九三三年六月十七日晚梦行小径中,夕阳明灭寒流出咽,如置身仙境。翌日读唐人诗,忽见"夕阳明灭乱山中"句,因集句得偶成一首:

夕阳明灭乱流中,(韦应物)

落叶寒泉听不穷。(郎士元)

已忍伶俜十年事,(杜心甫)

持半偈万缘空空。(郎士元)

方欲提纸笔录出,而毕命之令已下,甚可念也。秋白半有句:'眼底烟云过尽时,正我逍遥处'。此非'词谶',乃狱中言志耳。'书毕乃至中山公园,全园为之寂静,鸟雀停息呻吟,信步行至亭前,已见菲菜四碟,美酒壹瓮,彼独坐其上,自斟自饮,谈笑自若,神色无异。酒半乃言曰:'人之公余稍憩,为小快乐;夜间安眠,为大快乐;辞世长逝,为真快乐。'继而高唱"国际歌",以打破沉默之空气,酒毕徐步赴刑场,前后卫士护送,空间极为严肃,经过街衢之口,见一瞎眼乞丐,彼犹回首顾视,似有所感也。既至刑场,彼自请仰卧受刑,枪声一发,瞿遂长辞人世矣!(平写于十八日午刻)"(按:文中配发"瞿秋白遗像"照片)

29日　二版"社评"《论陕乱》:"数月来,全国目光集中于黔滇川,今则川境已将肃清,问题渐趋于川甘边,同时陕北之乱,由地方问题而演成不可忽视之军事的及政治的问题。"(按:中共中央和中央红军在长征途中,不时通过《大公报》了解情况,7月23日头条的"专电"、7月29日的"社评"所提供的材料,便是中央红军确定陕北为落脚点的根据。张闻天1935年9月写的文章《发展着的陕甘苏维埃革命运动》中曾提及此事)

30日　三版"通讯"《西北纪闻》(季鸾)。通讯的小标题有:"关于新疆""关于甘肃""关于陕北""关于内蒙""关于晋绥"。(按:该通讯在第三版连续三天刊载,8月1日续完。张季鸾7月15日左右到绥远,住一星期,22日左右到太原,月底返津)

9月

13日　三版"通讯"《岷山南北"剿匪"军事之现势》（长江寄自兰州），并附岷山南北军事地理略图。（按：范长江从塘沽到成都后，便从成都出发开始西北地区的考察旅行。这是"西北旅行通讯"的第一篇，14日续载毕）

20日　四版"通讯"《成兰纪行》（一）（长江自兰州寄）。前言："记者入川以后，本来打算先作环川旅行，然后入西康。但是到了成都以后，因为朋友的方便，得了一个由成都经松潘北上兰州的旅行机会，这条路在平时亦是不易通行的去处，尤其在目前军事紧张时期。……记者因为爱惜这个机会，所以放弃了过去的准备，决定和朋友们先行到兰州。"[按：《成兰纪行》是范长江在兰州写的长篇通讯，共十九篇，除第九篇刊于第三版、第十八篇刊于第十八版、第十九篇刊于第十版外，其余都刊于第四版。篇名与发表日期为：（一）《由成都出发之前夕》（9月20日）；（二）《由成都至中坝途中所见》（9月21日）；（三）《中坝平谥铺间匪区残迹》（9月25日）；（四）《响岩坝山中土劣横行》（9月27日）；（五）《可怜焦土一百里》（9月29日）；（六）《到松潘去!》（9月30日）；（七）《过大雪山之艰苦》（10月1日）；（八）《松潘所见藏民情形》（10月2日）；（九）《松潘章腊之金矿区》（10月7日）；（十）《藏民之社会经济状况》（10月8日）；（十一）《自弓杠岭至戎洞，林海中旅行见闻》（10月16日）；（十二）《甘藏边境见闻实录》（10月17日）；（十三）《甘肃边境极荒凉难行》（10月19日）；（十四）《甘边农村经济疲敝情形》（10月21日）；（十五）《洮河上游种族战争残迹》（10月22日）；（十六）《洮河南岸访问杨土司》（10月25日）；（十七）《旧城回教新教运动——教主马明仁访问记》（10月28日）；（十八）《由陌务赴夏河途中，拉卜楞之一般状况》（11月2日）；（十九）千里长征安抵终点（11月4日）]

10月

9日　三版"通讯"《徐海东果为萧克第二乎?》（长江寄自平凉）。[按：该通讯分三次刊登，前两次刊于第三版，第三次刊于第四版，小标题名称与发表日期为：（一）《朱毛徐向前目前之困斗》（10月9日）；（二）《徐海东行动路线的研究》（10月12日）；（三）《今后军事的推移》（10月13日）]

22日　四版"北平电话"《香河暴动》："乡民聚众围城，县长避走，参加之日浪人被日宪兵拘捕，闻系白坚武等所主使。"

27日　四版"特讯"《本报特派记者香河事件调查记》："武宜亭鼓动乡愚造成事变,良民出走,城中陷恐怖状态。"(按:本月21日河北省香河县发生所谓民众请愿之事,逼走官吏,自举县长。今已数日,尚未解决。因事件内容颇形复杂,报社审慎征询,多方考察,不敢轻下论断。于是派记者前往调查,并写此调查记)

11月

21日　三版"通讯"《红军之分裂》(长江寄自陇东庆阳)。

23日　四版"通讯"《毛泽东过甘入陕之经过》(长江寄自庆阳)。

25日　三版"通讯"《陕北甘东边境上》(长江寄自庆阳)。

"本市消息"《殷汝耕等组织"冀东防共自治会",发表宣言即日成立》。

26日　二版"社评"《有吉大使将再入京》,说:"自香河事件以后,日本通信社及报纸屡传华北五省自治运动之说,吾人业报者,虽较一般社会消息灵通,然于山西,于山东,于绥远、察哈尔,从未闻该地人民有何类于所传之运动。惟河北省,过去有香河事件,近日则天津市内发现各种传单,昨日尚有东马路之一幕,而最显著者,为殷汝耕在通州宣布停战区域各县之脱离中央。……夫殷汝耕,中国官,而昨日在天津东马路聚集示威者,皆中国人,此诚如近日东京电所云,乃中国内政问题。惟此类之事,要属局部事件,理论上,事实上,因与广义之华北无关,且亦不能包括河北省。"认为天津的事情,市府当局有责任、有能力解决,通州事件也应由省府去解决,不应影响中日两国的外交谈判。

三版"通讯"《从瑞金到陕边——一个流浪青年的自述》(长江寄自平凉)。前言:"记者于陇东某处,得遇一零落之狼狈青年,面目黧黑,衣不蔽体,冷缩不能直身,口语赣音,知其必有特殊来历。乃近与之谈,初坚不吐实,继明记者身份后,始以兴奋而疲弱之声调为记者述自瑞金出发后,过湘桂黔滇川甘,直至陕边散落后之经过。其事奇,其辞哀,而其所显示之问题相当重大。记者事后仍以述者口气追忆记之。或亦为关心时事之读者所乐闻欤。"

27日　三版"中央社南京电"《国府下令缉殷汝耕》。

四版"本市消息"《津市昨甚安静,昨晚起停止戒严,公安局妥慎维持治安》。

28日　三版头条《宋哲元电辞新职》。标题下第五则讯息为"北平电话":"宋哲元二十七日晚电京辞冀察绥靖主任。"

三版"通讯"《陕北共魁刘志丹的生平》(十一月八日长江寄自庆阳)。

四版"短评"《时局》："日大使一半天到南京开正式交涉,但以北平为中心的局部形势,同时也增加其紧张。这是双管齐下,但并非各自为谋,这三几天内进展,值得特别注意。"

12月

1日 三版头条《何(应钦)部长启程北来,有吉大使定今日再入京,宋(哲元)司令电中央催示办法》。

3日 二版"社评"《勿自促国家之分裂》:"时局焦点在平津,平津重心在宋司令,故愿对宋氏进一言。"说:"夫今日中国遭逢之问题,大事也;以全国之智力能力,且无良策,岂一军一长官之力所能胜任,故宋氏及其干部而无良策,此不能为之咎。……虽然,有前提焉。其一:无论如何,要之不容自促国家之分裂。盖纵舍义理而专讲利害,则欲图苟全苟安,亦必须在统一的规模之中得之。……是以当此千钧一发之时,应认定无论如何必须保障国家之统一,为公为私,为国家,为地方,皆须守此最后轨道。""其二:上述者为常理,然假令常理不能通,当局者另有一种自信,以为别有维持地方之道,则敢以最小限度之请求进。即当局者须以自身之名义,公开负责,万勿托词于民意是也。……试问中国良民,谁要求其国家分裂者!""故一民族之走恶运,处逆境,本常有之事,然断无民意自动的要求分裂者。名分所在,是非所关,责任所系,此不容含混者也。"(按:此社评开罪了宋哲元,报纸受停邮处分10天)

4日 三版头条《何部长昨到北平,代表中央解决河北问题,昨晚居仁堂有重要会议》。

5日 二版"社评"《所望于何宋诸当局》,希望宋哲元、何应钦:(一)不屈服于外力压迫;(二)服从中央;(三)对外绝无任何秘密协定。

8日 三版头条《时局处理方案决定,成立一冀察政务委员会,何定今日赴颐和园晤宋》。

三版"中央社南京专电"《一中全会闭幕礼成,中枢负责人选推定》:林蝉联主席,蒋长行政院,胡(汉民)汪(精卫)分任党政两会主席。立法院长孙科、司法院长居正、考试院长戴传贤、监察院长于右任。

9日 二版"社评"《今后之冀察时局》,在以宋哲元为中心的冀察政务委员会即将成立时,说三点感想:(一)政府对于时局的处理"应高瞻远瞩,早作研究",不应事到临头,"仓皇应付,狼狈不堪"。(二)"所望宋氏及其干部念国家之重寄,感来日之大难,此后施政成败关系国土安危。"(三)"深望此次新设之机关,实事求是",勿蹈过去有名无实、不负责任之覆辙,"甚盼此次参加新政务委员会者,俱竭尽智力,为国家保华北,为华北谋进步!"

10日 三版"北平电话"《北平数校学生昨举行请愿,对何部长提出六项希望》。

11日 二版"社评"《对学生请愿之感言》,首先说:"自华北时局紧张以来,平津教育界渐抛弃连年埋头读书不问政治之态度,而从事于匡救工作。"由大学校长、院长、教授的否认自治宣言发展到大学生、中学生的请愿运动,"令人有一九一九年'五四'及一九二六年'三一八'重来之感!"接着分析了北平学生请愿运动兴起的原因:第一是对"埋头读书的指导原理"的反作用,第二是对当局应付时局方针的不满,第三是受近来埃及大学生反英的民族运动的刺激。并说:"从种种主要原因言之,其心可谅,其情可悯。然时非'五四',地非首都,纵流血于边鄙,有何补于大局?时代不同,对策当异,依样葫芦,未见其可。"最后对当局、对学校、对教师、对学生提出了希望:希望中央及地方当局对学生要"开陈利导";希望学校领导默察群众心理,"予学生以相当程度的讨论之自由";希望教师教育学生"努力从科学学理上作对于时局之客观的认识,勿流于感情论";"希望学生把握'未来责任全在今日之学生肩上'之真理,一方面勿读死书,一方面勿轻于行动"。

13日 二版"社评"《政府改造之时局的意义》首先对蒋介石、胡汉民、汪精卫为首的"当局"评价说:"综合观之,足知现时之中央为在可能范围内代表举国一致之政府,在现状之下,可谓最有强力之政府。"并认为其表现有二:首先,党内一致。"国民党三著名领袖蒋胡汪,今共同负责焉"。其次,党外参政。"就昨日行政院各部人选观之,张公权、吴鼎昌二氏,以非党员之财界重镇参加国务,此为从来所无。"说:"此次新阵容之组成,甚为不易。……尤值注目者,蒋委员长数年来专任军事,不躬负政治责任,现在军事之责任未解,竟肯挺身任内政外交全局之冲,此不可以寻常问题目之者也。"其后提出希望:"居于领导地位之新政府,至宜竭尽智力,宝惜寸阴,以求有以尽职责而慰民望。"

第三版头条《行政院阵容一新》:各部会署长人选发表(并于电文上方刊登其照片):内政部长蒋作宾、外交部长张群、财政部长孔祥熙、军政部长何应钦、海军部长陈绍宽、教育部长王世杰、实业部长吴鼎昌、交通部长顾孟余、铁道部长张嘉璈等。

14日　三版"北平电话"《北平各大学校长发表告同学书》:"劝即日恢复上课,请愿罢课目标已达到,勿别生枝节虚掷光阴。"

17日　三版"中央社南京电"《教(育)部电五大学校长负责劝止罢课游行》。

20日　三版"南京专电"《京沪学生游行请愿,翁文灏勉学生谨守纪律,宋哲元发表告各校长书》。

22日　三版"通讯"《兰州印象记》(长江寄自兰州)。

23日　三版"通讯"《对于西兰公路之观感》(长江寄自兰州)。

(三) 社会服务

1928年(民国十七年)

6月

16日　一版"启事"《大公报救灾委员会启事》:"同人鉴于天津四郊难民之颠沛流离,战后有遣送回乡振恤扶助之必要,特于本日起成立救灾委员会,本服务社会之天职,为苦难同胞作呼吁,倘承各界士女予以助力,不胜感祷。一切接洽事件,请径函本会是幸。"

29日　出《救灾特刊》一张,版次为第九版、十版,刊登反映灾民生活的照片和呼吁赈济的文章。刊头下刊登一句类发刊词:"请到收容所中看看,无论如何硬心肠,也得可怜他们。"

九版《活流民图缩影》(记者),前言中写道:"在从前,直鲁军势力范围内生活的民众,因为万恶军阀的横征暴敛和匪式军队的骚扰蹂躏,都感受非常的痛苦。……自从直鲁孙军节节败退,撤至津郊,于是天津四乡的人民,在遭受横征暴敛的苛政之后,又被蹂躏骚扰了……他们除掉身上穿着一袭破衣而外,什么都没有了。我们觉得难民的救济善后,真是刻不容缓,所以把一幅活流民图的一部分,缩成这一张特刊,把他们的悲惨痛苦社会,希望引起社会的同情,共起赈济!"

特刊中,除刊登表现灾民生活的摄影照片和文章外,还刊登有一些口号:"省下一文钱,救得一条命!""恻隐之心,人皆有之!""谁无父母？谁无子女？谁无兄弟？谁无夫妇？""一枝卷烟抵得几个窝窝头,省将下来救救他们吧!"

"求福不用拜神,只须救济难民!""拯灾民于啼号中是吾人之责!"

8月

1日 七版《大公报救灾委员会启事》:"迄今一月有半,承各界对本报之信托,陆续交来捐款大洋一万五千零八十三元五角、辅币三角、铜元三百七十六枚。……又十滴水二打,救急丹三十三瓶,痧乐一百十瓶,红灵丹六十瓶,仁丹十二包、清丹五百包、玉米面票十五张计一百五十斤。"并说,"本委员会亦自今日起取消。"

12月

1日 十版《贫民的呼号》(第一号),编者志:"入冬以来,本社日接贫民投寄求助函件,为数极多,原拟每日披露若干,只以篇幅有限,未能尽量刊载,兹以积压过多,且多数贫民,待援孔亟,特将'公开评论'周刊暂停,改刊'贫民的呼号',俾读者得知天津市上贫民之生活状况,同时唤起慈善家之注意,亟谋所以救济之方也。"(按:《贫民的呼号》共出四号,第二至四号刊登日期为本月的8日、15日、22日)

1929年(民国十八年)

2月

8日 二版"广告"《本社主办平津慈善演艺会》:"本社因鉴于平津市郊贫民众多,际此春冬之交,生活尤为凄惨,特恳请中外慈善大家发起慈善演艺会,在平津两地分别举行,所有应需开销,概归本社捐助,其售票收入悉行拨充救济平津贫民之用,拟函请朱庆澜先生经手发放。"

20日 二版"启事"《本社启事》:"本社主办之平津慈善演艺会,前昨两晚在北平举行,承中外各界热心赞助,并荷闺秀名媛,登场演奏,惠襄盛举,嘉宾济济,尤深荣幸,敬申谢忱……再者所入券款,一俟汇算,当作详细报告,至在津继续举办日期,亦俟筹备就绪,即将披露,并希台察。"

3月

17日 二版"社评"《为各省灾民向全代会请命》:"西北六省区甘陕晋豫察绥自去夏大旱为灾",而政府救济少之又少。来自灾区的公私报告"满纸凄怆,全非人世"。呼吁全代会责成国民政府速办三件事："其一,速正式发行既经议决之公债一千万元,全体买为粗粮,由政府机关赈灾委员会自行分运各灾区散放。""其二,速使赈灾委员会依前次决议,在全国各大都会克期同时挨户募捐。""其三,前国务会议议决之官吏捐薪充赈办法,克期实行。"最后说："自人民观点言之,今日国家最急最大之事,实莫过于救三千万同胞之生命,使之免死。"

5月

10日 四版《本社慈善演艺会分配款数报告》："本社主办之平津慈善演艺会所集款项六千一百二十元七角,业经与华北赈灾会朱子桥先生商妥,分拨平津慈善机关,该款已于昨晨全数送交,请朱君代为分拨矣。"

12日 二版"社评"《赈粮车》,指责南京、北平"扯皮拉筋",交通阻隔,使得赈济陕西灾民的救济粮不能运到。

9月

21日 二版"社评"《为陕甘灾民呼吁》,首先说："陕甘灾情,在过去三个月达于历史上空前未有之悲惨状态。据最近报告,秋收约有数成希望,然未收获前不能救死。既收获后,亦不过略减中产之死亡率。至一般小产及无产者,严冬将届,衣食两无,西北数千里仍全然一地狱状态,立待政府与全国各界之大规模救济者也。"接着呼吁政府与全国人民必须从速救济："(一)速大规模集赈款赈粮赈衣;速全力通商运。(二)速散放大宗麦种。(三)速解决驻军问题。""三事同为重要,第三事尤要。"

10月

6日 二版"社评"《速解放西北灾民》："何言解放？盖灾区有两大苦痛而尚在天灾以外者,曰捐税之负担,曰交通之塞滞。试观自春夏以来,天时人事,以正比例的同趋恶劣,最近一两月尤甚。各县知事之向民间派粮,竟有及于升斗之微者。人民望赈不来,自活不了;续命之粮日少,而供应之命反日以紧。况秋收复失,前途茫茫。军民同归于尽之形势已成,而商家运粮贩卖之道仍阻,是以已死者数十万,而未死将死或恐不免于死者尚有数百万。""而最重灾区之数百里间,竟尚驻有十数万之军队。此辈之食,何从得？将仍取诸此垂尽之灾民乎？""假令军队移出十万人,则灾区负担可以较现在减少十分之七八。……所谓解放灾民者,此意是也"。

1930年(民国十九年)

5月

9日 二版"社评"《朱庆澜等为陕灾之呼吁》。

十一版头条位置以《最后五分钟》为题刊登朱庆澜、李晋西安来电全文。

10日 三版中间显著位置《三元救一命!!!》,发表李晋在北平请求平津各界捐助灾民的谈话。

12日 一版头条《为救济陕灾事诉诸本报读者诸君——数百万同胞生命最后五分钟,三元钱救一命希望各界捐助》:"……平津经济界连日正应朱君等之请求,组织临时急赈会,筹募捐款。本社鉴于灾区时机之紧迫,及朱君等办理赈务之可信,谨诉诸我全体读者诸君,乘朱君等在平津最后募捐之时量力捐助,共成义举。稍节饮食娱乐之资,便可救同胞数十百人之生命。此而不为,等于见死不救。故望读者诸君一致努力,并特为劝募。本社可代为收转交。兹将拟定收捐办法条列如后。"

二版《本社收到陕灾赈款报告》:5月11日共收七百八十八元,连以前共收五千零二十九元一角。除先后已汇灾区三千三百元外,现存一千七百二十九元一角。

14日 一版大字标题《快!!! 快!!! 快!!! 三元一命要救从速》:"敬请本报读者快救陕西同胞。本社代收捐款办法如后……"

15日 二版"社评"《陕灾之造因及目前之转机》:"查陕西旱灾已三年余,饿死之人亦达三百余万,在历史上为罕见之惨劫。"如仅有此天灾,如果救助得法,不至成此惨状。"盖三年来之陕西,西北军之统治地也。因政治的离合所迫,局促于一隅;使数十万大军与饥民争食,军未必饱,而民则已死。"即将开始的中原大战,实为陕北灾区救命之转机:"盖因中原战争之故,西北数十万大军咸过潼关而东之,减少与灾民夺食之饿虎,此其 ……"

16日 一版用近二分之一版在《人间地狱》标题下刊"全陕灾区图",同时重刊"敬请本报读者快救陕西同胞"告示。

二版"社评"《陕灾宣传周之精神》:读者捐款,无论多少,踊跃而普及,"正如日月之经天,江河之行地","此诚社会大可庆幸之现象也,然本社之所以敢发起此陕灾宣传周者,岂仅在物质一点,尚另有其精神存在。……宣传事实,劝人捐助,在现实的社会教育上有无上之价值。"

18日 一版大字标题《最后一天》:"本社代收陕赈捐款预定从十二日起一星期,今日系最后一天。决定如期结束,明日即不再收。兹特最后请求读者尽此最后一天,发挥最大仁慈,努力捐助,以延陕西同胞最后五分钟之生命。"

二版整版《本社收到陕灾赈款报告》。

三版"社评"《陕赈宣传周结束之声明》:"吾人对于捐款诸君,愿致诚恳之谢意……并贺中国人心之不死。"进而申说道,不仅救灾工作要开展,"各种事业,应一致猛进。而政治上之造孽,须同时有以阻之;民命应重,政略应轻,从此国民应监督鞭挞政治上之有力者,不许因权力之暗斗危害亿兆之生灵。"(按:《大公报》的陕灾赈款宣传周活动声势浩大,效果显著,总收 72 224.225 元,见 19 日第二版及第三版的报告,捐赠者数千人)

1931年(民国二十年)

1月

10日 二版"社评"《政府应积极为陕赈负责》:"陕省遭空前浩劫,无灾不备。从前政府因政治关系,形格势禁,未能多施救济。仅由社会各界之热心人道者,恻然哀悯,奋起救助。即以天津陕灾急赈会言,经募赈款,一年之间逾七十余万。""政府在战事中间,对于陕灾,无法救助,其情自堪共谅。"战役告一段落,于右任眷念桑梓,在四中全会席上与何应钦联合提案,"为陕民呼吁乞赈。其后中央轸念陕民,特许发行陕赈公债八百万元。是案通过"。上月于氏回陕"携回二十万元以为巨款施赈之先声。陕省孑遗之民,延颈举踵,以待此八百万元之仁浆义粟者,其情至为迫切。乃案决之后,消息沉沉,公私呼吁,寂无回响。自陕民言之,殊不能不抱失望遗憾之感矣。"

8月

3日 四版"通讯"《京沪水灾视察记》。小暑以来,江南各县无日不雨,河水暴涨,圩堤溃决之报,接于耳鼓,灾象已成,生民憔悴。记者今日起亲赴京沪路各地调查灾情,所得情报,逐日寄刊,以告关心民瘼者。(按:该通讯共五篇,刊于 8 月 3 日至 9 日第四版。今日刊第一篇《江南繁华半沦水中》,其余略)

8日 四版头条《一片汪洋万家号啕,汉口之空前大水灾》。前言:"记者深感回天术疏,援手力薄,睹闹市之洪流,仰彼苍而洒泪,对我漂没栖止失所之被难同胞,千言万语,迸集五衷,由博反约,亦只'痛心'两字而已。"

四版《各省水灾概况》。被灾者已有十六省:安徽、河南、湖南、江西、江苏、湖北、福建、浙江、河北、广东……

16日 三版头条《全国忧惶中之武汉两城命运》:武昌大堤溃决,全城陷水;省政府水深两尺,人民无饮料;汉华界水深丈五,人民在屋顶待救。

20日 一版特大字标题《代鄂皖等省水灾被难同胞求救!》:"本年鄂皖等省大水为灾,武汉要埠成为泽国,江淮流域一片汪洋,同胞被难者数千万人,实为百年未有之浩劫,救援赈济刻不容缓。本报上年办理陕赈,备荷读者赞助,期月之间捐款十万,仁声义举,遐迩同钦。现在鄂皖诸省罹此巨灾,范围之广尤过陕西。本社爰再组织水灾急赈委员会,由经理编辑两部同人分担办事责任,敬向全国读者呼吁,伏希再振侠情,慨与赞助,量力捐赈,以惠灾黎。敢为洪流呻吟中之无数同胞顶礼致敬,泥首以请。"(募赈办法略)

三版头条《沿江三千万灾民待赈》。

22日 二版"社评"《平津各界与救灾》。从不同角度摆列"敢请平津官绅商学各界男女人士,一致奋发,领导华北,迅速捐赈"的八条理由,望"各界其勉之"。

24日 二版"社评"《从三种利害说到救灾问题》:从"民族前途之利害关系""国家前途之利害关系""社会前途之利害关系"论述全国有力之人必须一致奋起尽力救灾,认为此为全国当前最大的问题。

四版中间显著位置刊登《征求水灾特稿》:"(一)此次水灾范围过大,一般人多注意通都要埠,其偏僻小地之惨况直苦无法调查,应请各界热心人士广托亲友,就公私函件中代为传钞访问,随时见示,以便尽量揭载,为民请命。(二)此次大灾各地军政商学各界不乏勇于救灾之仁人义士,亟思广为调查,公开表扬,以昭激励,并乞各地读者代为搜求事实,不吝教益,以便刊载。《大公报》社启。"

25日 二版"社评"《更进一步敬告读者》:"其不可借口东南富庶而迟疑者一也";"其不可有恃于政府之募债而观望者二也";"其不可奢望友邦之救济而徘徊者三也。"

三版《传染病蔓延武汉灾区》:朱庆澜今晨赴汉视察,本报汇寄赈款电报朱已收到。(按:《大公报》汇至武汉赈款4 000元)

26日 一版特大字刊《惟能救人乃为真道德,愿读者一致奋起!!!》

二版"社评"《本报发起"救灾日"运动》，首先说："方今国内各地，经济同感困难，各界人士生活同感苦痛，将欲舍己救人，必须多方筹划。同人不敏，特发起'救灾日'运动，且愿首自牺牲，以身作则，谨举办法，求正公众：（一）无论公私各界、政商机关、家庭学校，均可自行择定一日为其'救灾日'；（二）凡'救灾日'，所有是日公私收入，概行捐充赈灾。其各公私机关服务人员或有职业之人，可按薪给收入标准，捐出一日应得之数助赈，为灾民服务，其愿多捐者，自是多多益善；（三）'救灾日'，无论公私机关、家庭学校均应节食减膳，停止娱乐，各人除自尽其捐赈义务外，更应分往亲友家宣传灾情，劝导捐赈，或帮助各筹赈机关，分担事务，务将此日一身之时间、精力，献纳于捐赈、劝赈或办赈工作，为灾民服务。"接着又写道："吾人既倡斯议，愿效先驱，决以九月一日即本报复刊五周年纪念日，定为'《大公报》馆救灾日'，所有本报是日营业应收之报费广告费概行牺牲，全部捐出，并纸张油墨各种垫办之成本，亦不复收回，以示决心。此外，各部工作同人各按薪工数目捐出三十分之一，为基本数，其自愿多捐者听，悉数加入助赈之内，详细数目捐款名单当于九月二日公布。"

七版通栏口号："数千万水灾难民生无安身之所，死无葬身之地，鹄待赈济，岂容观望？"

27日 二版"社评"《读中宣部告全国书》："中央宣传部前日为赈济水灾发表长文之《告全国同胞书》，读之不胜感痛。"中宣部之文以为，要根除中国面临祸害，"第一便须中国有勤俭廉洁之政治"；"第二，当此号召救灾之时，凡我革命政府下之高级文武官吏应尽毁产助赈之责"；"第三，宜严厉禁止病民最甚之政，如各省鸦片问题"；"第四，严厉警告社会一切人，禁止一切奢靡享乐之事。"

三版《昨日中政会议决全国官吏捐薪助赈》，规定比例成数以三个月为限：月薪百元以上者，捐百分之五；二百元以上者，捐百分之十；四百元以上者，捐百分之十五；六百元以上者，捐百分之二十。

七版通栏口号："未受灾的人们别忘了灾区同胞的水牢生活！"

29日 七版通栏口号："困穷的前清逊帝、疏远的外国君民尚且踊跃解囊，况在同胞，何忍坐视？"

30日 第二版"社评"《为大水灾告全国学生》，在叙述了水灾情况后说："全国学生诸君！在此新学年入学之始，应人人抱定一种新觉悟：觉悟己身为危急被难民族之一分子，同时为肩负复兴建设责任之一分子！自兹以往，应立新志气，养新精神；所有怠惰浪漫消沉敷衍之习，完全一扫！加倍的勤学问，加倍的练身体,加倍的俭费用,加倍的惜光阴!其心理状态,应如临阵士兵,如服丧子弟,如狂风怒涛中之舟子,如暗夜沙漠中之旅人。其戒慎!其紧张!其决心奋斗!一切无益之事,如跳舞演戏种种费时耗财之娱乐,俱自动废止!……我全国数百万在学之男女青年,早能因此民族的大灾大难之打击,而有上述之心理的革命,中国之兴,犹有望也!"

9月

1日　一版"启事"《今日敬乞各界赞助!!!我们的"救灾日"》:"本日为'《大公报》馆救灾日',本报除将本日营业上发行广告两部收入扫数捐出,连同本报同人捐款数目定于明日公布外,希望各界热心慈善家鉴此微诚,利用今日努力捐赈以示赞助,本报同人当全体动员办理收款手续。……《大公报》社启。"

二版"社评"《本社救灾日之辞》,向"全国同胞,尤其军政界、经济界、智识界"提出唯一希望:"心理上起大革命,实力上为总动员!"

2日　二版整版《本报救灾日收款报告》。"本社全体同人捐款清单":"吴达诠一千元,胡政之三十元,张季鸾三十元,王佩之二十元,傅立焦二十元,许萱伯二十元,曹谷冰十元,杜协民十五元,杨历樵十元,王芸生十元,汪松年十元,周作恭十元,徐凌霄十元,张逊之十元……"共计1 419.9元。"本社一日营业收入"共计1 840.94元。社会捐款:"本日统共收洋一万零八百十三元七角一分,连前次共收洋五万零三百五十六元二角八分五厘。"《梅兰芳致〈大公报〉社书》:捐助洋一千元整。

三版"社评"《不受灾者应有之心理》:不受灾者有饭吃,有衣穿,有屋住。不受饥寒困苦者应具两种心理:其一,感谢;其二,忏悔。

七版通栏口号:"希望大家都定一个'救灾日',集中力量为灾民求赈济!"(按:二版救灾捐款报告、七版通栏大字口号这样的版面设置,至28日止,每天如此)

4日　三版"汇款报告"《本社昨续汇赈款五千元,连前共计汇出五万五千元》。

七版通栏口号:"捐款救人所失的不过身外之金钱,所得的乃为精神的快慰,利人自利,何故不为?"

7日　七版通栏口号:"对于已捐的人们表示最高的谢意,对于未捐的人们抱有极大的希望。"

22日 二版《天津〈大公报〉馆水灾急赈委员会收付赈款报告》："本社此次代收水灾振款系自八月二十日起至九月二十日止，内除本馆救灾日捐助一日营业收入及全体同人捐款共计三千二百六十元零八角四分并捐助广告地位宣布捐款人台衔外，所有邮电及纸墨费用等共计去一百二十二元余，亦概由本馆完全捐助并未动支振款分文。兹特将收支清账宣布如左……"（按：总收入共208 046.72元）

26日 自即日起，《大公报》社每天收到全国各团体、个人捐助马占山部队慰劳金，至1932年元月11日为止，共收洋30 121.32元，先后汇给马氏1 800元。龙江局面大变后，一部分款退回捐主，一部分款按原捐款人意见，转寄上海充抗日军慰劳金。

1932年(民国二十一年)

2月

1日 二版《本社代收慰劳上海抗日军捐款》。（按：自1932年1月31日起至6月10日止，共收款154 170.085元）

3月

17日 二版《本报为淞沪战区灾民乞赈启事》。（按：自即日起至1932年6月19日止，共收款9 856.944元）

4月

4日 二版"告示"《本社代收救国飞机基金捐款》。

"社评"《对于救国飞机运动之管见》说："天津电报局同人发起捐募救国飞机基金，委托本报保管，其意甚盛。本报三年以来，因公益之事，谬承读者信任，以捐款相托者，数逾五十万元。……今本报复受读者督责，又负重任，深惧不胜，惟此项救国飞机基金，甫经发起，尚待进行，本报责任，第一步为代收保管，专款存储，至将来如何处分，自当取决于捐款人多数意见，吾人仰体发起诸君之热诚毅力，亦愿陈其一得之愚，供各界爱国人士之参考。"接着说："政府本身既对军队无整理善法，对空军无全盘规划，纵令民间热心，购献新机，其能充实对外力量，究有几何，不能不认为疑问。"因此，"吾人本兹见地，以为此项救国飞机,宜侧重于民用航空之用途"。(按:此项捐款到 1933 年 12 月 15 日,计本息共 43 899.285 元。12 月 13 日成立"救国飞机基金保管委员会",并于 15 日接收保管办理一切,并继续募捐。此信息来源于 1933 年 12 月 15 日第二版启事)

5 月

28 日　三版《本报电汇万元捐助遗族抚恤》。今晨十时在苏州开大会追悼淞沪抗日阵亡将士。本报"除派驻沪记者朱永康君代表赴苏致祭外……特将经收之慰劳上海抗日军捐款一万元,托交通银行免费电汇苏州,交蔡廷锴、张治中两军长分别办理"。

6 月

14 日　二版《本报代收救济沪战伤兵捐款》。此项捐款至 6 月 13 日止,共收洋四千五百零四元零七分四厘。

24 日　二版《代收西安孤儿教养院捐款启事》(张季鸾):"连日承各界函询对于西安孤儿教养院寄款方法,并已有人慨捐一千元,托鄙人代收汇转,鄙人鉴于各界善士之热心,应为谋汇寄之便利,现声明自六月二十四日起,以一月为限,如有愿向该院捐款托鄙人汇转者请送交'《大公报》馆张季鸾'代收,制取收据,当负责汇寄西安,俟一月满期,当将捐款台衔在《大公报》广告栏公布,特此通告。即希鉴察为幸。"(按:至 7 月 24 日,共收捐款计洋三千五百七十元,其中吴鼎昌一人首捐一千元。此信息来源于 1932 年 7 月 26 日第二版启事)

29 日　二版《本报代施防疫药品启事》:"兹值时疫流行,蔓延可畏,本市乐仁堂老药铺本济世活人宏愿,特施舍自制避瘟散一万袋,藿香正气丸五千包,防止虎疫,神效绝伦。兹托本社代为施放,每日上午十时至十二时在本社收发股领取,每人限各样一包。"

7 月

17 日　二版《本报代办部征求书报启事》:"本报近因销行遍于全国,各地读者委托代购书报等事日多一日,现拟于天津、上海两处设立代办部。……惟代办部之设,虽系为本报读者谋便利,亦愿为各地著作家、出版家尽介绍推销之劳。兹特征求各地出版书报,敬希各大书局、各杂志社以及各种出版著作同人,即日将样本各赐寄一种,以便编印书目介绍于本报与《国闻周报》之读者,及陈列书橱而资销售……"

1933年(民国二十二年)

1月

8日　二版"启事"《本报为榆关守城阵亡及受伤官兵募集抚恤金启事》:"此次榆关战事,我守城将士受不意之袭击,作必然之牺牲,沉勇尽职,视死如归。营长安德馨,连长刘虞臣、关景泉、王宏元、谢振藩及各士兵等或慷慨殉国,或浴血裹创,壮烈忠贞,至堪钦悯,所有阵亡及受伤官兵理应受国民之膜拜。本报兹定于一月八日起十五日止一星期为限为之募集抚恤金;伏希各界踊跃捐款,以彰公义。"

9日　二版"社评"《发起抚恤守关伤亡官兵之意义》。

17日　二版《募集榆关守城伤亡官兵抚恤金报告》:共收洋一万零四百五十九元二角二分五厘,衣物七件,业于昨日派员送交何柱国司令,照收原函录次(略)。

2月

23日　二版《本报代收天津地方协会捐款启事》:"本报兹受天津地方协会之托,于即日起代该会募捐委员会取受各界慰劳军队及救济战区之各项捐款。"

3月

17日　二版《本报代天津地方协会催募慰劳捐款启事》:"现在前线战事益烈,士兵伤亡甚众,尚希各界从速踊跃捐输,以资鼓励。"(按:4月30日第二版刊登该委员会第二十五号报告称:"结至四月二十九日",共付捐款洋70 309.66元)

22日　二版《孝惠学社义振委员会嘱托本报代收陕西义振捐款》。

9月

16日　二版《本报代收冀南三县黄河水灾捐款启事》:"此次黄河暴发,冀南长垣、东明、濮阳三县受灾奇重,百万灾民嗷嗷待哺。本报兹受冀南三县黄河水灾救济会来函委托代收捐款。尚乞各界善士自即日起踊跃捐输是幸。"(按:至10月4日止,共收捐款394元整。信息来源于1933年10月5日第二

版启事)

25日 二版《本报代收山东水灾急赈捐款启事》:"本报兹受山东旅津同乡水灾急赈会之委托收捐款,各界好善之士,如愿捐献者,希于每日上午十时至下午五时止将款送交本报营业部,制取收据,本报当将台衔刊布以扬仁风,即乞公鉴。"(按:至11月20日为止,共收洋49.5元,以后由"急赈会"自己收理。信息来源于1933年11月21日第二版启事)

10月

16日 二版《各界公鉴》:"本报兹受中国华洋义赈救灾总会之委托,代收黄河水灾农赈捐款。"

1934年(民国二十三年)

7月

18日 四版"通讯"《江南旱灾踏查纪》(本报特派员),前言:"入夏以来,江南大旱,为数十年所仅见,本报特派专员分赴内地考查情况,兹特披露松江特派员报告于次。"(按:该通讯共四篇,25日续完)

22日 二版"社评"《哀农民》:"自从江南大旱,这一两月以来,号称文化中心的江浙,顿时倒退了半世纪。你看所有现代的观念,都失了权威,只见到处求神,乞雨,设坛打醮,抬龙王。最惨痛的,有农民自溺求雨之悲剧,最不堪的,如上海雨后求雨之天师。"

9月

15日 二版《本报为马丁威廉先生遗族募捐启事》:"前瑞士日内瓦主笔马丁威廉(Willian Martin)先生,自前年东北问题发生,在该报始终为中国力持正义,阐扬公理,国联迭次决议案多受其言论之影响,洵可称为中国国民之友。去夏远来中国游历,南北所至,演讲备受欢迎,回国后不幸于本年七月罹疾逝世,身后萧条,所遗子女三人,教养俱待筹措,本报迭接留欧友人来函,金以马丁君生前无条件为中国努力,今兹溘逝,凡我国人亟应发挥仁侠尚义之精神,醵金致赙,慰生报死,因请本报发起募捐。窃以马丁君同情我国,见义勇为,高风盛谊,实应表扬,爰特登报为其遗族公开募捐。事关国民外交,万乞各界赞助。该款不拘多寡,敬希交付本报,制取收据,并当登报公布台衔。一俟集有成数,即行妥汇欧洲,交该遗族领收,取具证明函件登报公告,以昭信守。募捐日期暂以一月为限,至十月十五日截止,并此声明。"该项募捐至10月15日止,收款计洋2 521.5元;又延期至11月15日,共计收洋3 149.56元。《大公报》同人捐款200元。

1935年(民国二十四年)

3月

27日　五天"通讯"《视察黄灾报告》(本报特派员)。前言:"黄河自民国二十二年在冯楼溢决,冲破河北省北一段大堤,自大车集至石头庄决口凡三十二处,后经黄灾救济委员会于冯楼附近修筑圈堤,将冯楼决口堵塞,始将大堤修复。去年冯楼以西,河身又溢,决口凡二十余处,水至河北大堤,顺流而东,为圈堤所阻,复将大堤冲破四处。因大堤欲堵无土,乃于河身处施工,将各口门先后堵塞。……本报因黄害已深,堵口工程完成无期,关系冀鲁豫三省民众利害甚巨,特派记者前往视察。记者十八日晚到汴,因十九日大风,未能过河,二十日始赴贯台,二十一日由贯台赴长垣,二十三日视察太行堤及河北大堤,东至濮阳之坝头,翌日沿黄河南堤返抵开封。……兹就闻见所及,缕述如次,以供关心黄灾者之参考,切盼中央地方当局迅筹巨款,以救危急,并派专员前往勘察,速定整个计划。"该通讯分十六个小标题:"黄患略志""堤防纪要""决口原因""堵筑经过""失败原因""补救办法""工程展望""贯台途中""贯台形势""河工生活""河工名辞""黄河水讯""船行一日""长垣城中""太行堤危""坝头之行"。(按:此文连续五天刊登,至31日刊毕。前四天刊于第三版,最后一天刊于第四版)

7月

15日　三版头条《江水略稳堤防转急》:"汉张公堤姑嫂树段裂陷,军民数千人昨竟日抢护。"

三版"中央社汉口电"《鄂省呼赈》:电中央及蒋委员长等。

16日　三版头条《武汉各堤险象环生》:张公、萧公等堤昨均出险。

17日　三版"汉口通信"《武汉大水速写》。

21日　三版"汉口通信"《湖北之救灾与防水》。

8月

7日 二版"社评"《救灾办赈之今昔观》:"今年江河告灾,延亘数省,湖北山东,尤形严重。鄂省虽武汉幸免沉沦,而全省精华,扫地垂尽;山东被灾之广,难民之多,殆为历年所未有。"如何办赈?"宜由灾重各省,自订办法,别谋唤起公众注意之计。依吾人意见,(一)宜放弃历来抽象的呼吁、夸大的数字,而宜多列事实,诉之中外同情;(二)不必以要价还价之形式,向政府提出不易办到之要求,而宜以足踏实地之具体救济办法,宣示公众,求社会之援助;(三)宜招致办赈有经验、社会有信用之人士,请往灾区查勘,代定赈济计划,既可利用其信用,发表报告,以征公众共信,又可资其经验,监督放赈,以坚社会信仰;(四)宜诉诸宗教的仁爱心,多请天主教、耶稣教以及佛教诸团体或个人,参加查灾办赈,以宏效率。"

8日 一版"启事"《本报为江河水灾求赈启事》:"本年入夏以来,长江泛滥于先,黄河决口于后,灾情之惨,灾区之大,实所罕见。本报迭据各方报告,除死亡不计外,各地灾民竟逾千万,露宿风餐,嗷嗷待哺,就中尤以鄂鲁两省为最,若不急起救济,势必愈增惨酷。本报因鉴于灾情日益重大,灾胞亟待救援,同情心切,坐视难安,爰有江河水灾捐款委员会之组织,自即日起代收捐款,俟有成数,即行汇交湖北张主席山东韩主席,请为散放,除本社同人集有少数,昨已分别汇往鄂鲁外,想全国各界尽多乐善好施之士,若荷援助,共襄义举,则仁慈所被,灾黎受惠多矣,如有于鄂鲁两省之外愿指定专赈某一灾区者,本报亦可代收,妥为汇寄,至于收款办法,一仍历次代收捐款手续办理。"

四版《救济江河水灾,本报今日起代收捐款》:本社同人捐款暨经募款项昨汇交鄂鲁两省,各二千元。

24日 二版"社评"《为救灾事再告全国读者》。(按:从8月8日至今,只收捐款1.4万余元,故此再次呼吁。至1936年2月8日止,共收洋103 206.684元。详见1936年2月8日第二版《本报代收水灾赈款报告》)

9月

27日 从此日起至10月15日,连续刊登"通讯"《本报特派员水灾视察报告》。共7篇,篇名、发表日期与版次为:(一)《鲁西流民图——济宁车站之素描》(9月27日三版);(二)《山东之赈务——实行有饭大家吃主义,将灾民分配各县就食》(9月28日三版);(三)《大明湖畔啼哭声》(10月8日三版);

(四)《苏北灾区流民图》(10月9日四版);(五)《邳县的防灾工作》(10月12日四版);(六)《宿羊道上》(10月14日四版);(七)《宿羊山麓之哀鸿》(10月15日四版)。(按:此特派员为萧乾。萧乾自7月1日起任副刊编辑,出外采访是临时派定。这次萧乾是与绘画记者赵望云奉社命一道赴鲁西苏北采访的,因此,除有萧乾的文字通讯外,有时还配有赵望云的绘画写真,比如9月27日第四版刊登赵望云绘画《鲁西流民图》,反映"济宁车站灾民拥挤,扶老携幼向载运灾民之火车移动情形")

(四) 副刊、专刊与特刊

1926年(民国十五年)

9月

1日 八版上半版副刊《艺林》(心冷编辑)创刊。《我们说些什么》(心冷):"《艺林》里除掉长篇短篇小说,和有趣味的诗词、笔记、戏剧电影的批评、奇奇怪怪的消息之外,还加些流行的时装或是社会的写真。""国家大事固然要说说,就是里巷间的琐事也许谈谈。只要是和天津大多数人有关系的事,便免不了要说上几句。这么着,读者看了既觉得报纸的确和自身有密切的关系,就是我们说的也觉得说得有些意思,不至于白费了。"

10月

1日 八版副刊《艺林》扩展为一整版。《再说一遍》(心冷):"因为承受读者的要求,将地位展放到全页。"并向读者申述了编辑宗旨。

1927年(民国十六年)

1月

1日 十二版"文学专刊"《白雪》创刊,周刊,每星期六出刊。由"白雪文艺协会"编辑。《发刊小引》:"严冬的夜里,北风呼呼的刮着,洁白的雪花,纷纷下落,仿佛要遮盖了这丑恶的世界。""四五个朋友""生在民不聊生的中国",感到"人生的悲哀",于是"做个效颦的东施",成立了个"白雪文艺协会",借《大公报》一块地方,办一个文学刊物,做一点于中国有益的工作。

2月

11日 八版《家庭与妇女》创刊,始为半月刊,由报社当时唯一的女记者蒋逸霄主编。《我们的旨趣》:"我们觉得在现代社会中,有多数人感觉到家庭间精神上的痛苦;我们又感觉到有多数的女子太不担负家庭的责任。因此造成了许多难于申诉的家庭间的隐痛。""我们觉得在这样枯寂的社会里,足以安慰我们的,只有美满的家庭。那么家庭中应当怎样的造成一个美满的环境?这是每个家庭间夫妇应当共同商量的一点。""希望尽我们一份绵薄的力量,向每个家庭贡献一些小小的意见。"

15日 八版《电影》创刊,为旬刊。《编者敬告读者与作者》写道:"(一)我们看见天津一般社会对于电影的狂热,所以有'电影'之刊。本来预定是出半月刊,现在因为各方的关系,改为旬刊,每逢五日、十五日、廿五日出版。(二)我们这小小的'电影',是想给电影观众一些辨别电影好坏的帮助,所以希望作者多赐些不含有'捧'的性质的稿子。这是我们所欢迎的。"

3月

7日 八版"综合复刊"《铜锣》创刊。《第一下》说:"大家打盹的打盹,睡觉的睡觉,木铎声音太低,惊不醒他们,我们只好在他们耳朵旁边打铜锣,难道还能装睡?烽烟弥漫,到处都是一片刀光血影,有多少母子离散,夫妇惨别,我们且学'鸣金收兵'的办法,打起锣来,请大家休息休息!"(按:原来在第八版的副刊《艺林》移至第五版)

9月

1日 五版《副刊一》(由原第五版《艺林》改称)设"谈话室""小说""文艺"等栏目。"专载含有文艺意味之小说诗文,体裁不论新旧,趣味务求浓郁。此处另辟《谈话室》一栏,刊载隽永之小品文字,性质不拘,但求短峭简洁,至宏文巨著,则殊无容纳之可能。"

八版《副刊二》(由原《铜锣》改称)设"渤海波光""世界珍闻""科学谈话""趣话""电影消息""游艺消息""戏剧"等栏目。"戏剧"栏专载关于旧剧之批评及介绍,并由"凌霄阁主人"撰著名作;"科学谈话"专载关于科学之小新闻;"世界珍闻"搜集各国奇闻逸事;"电影消息"介绍国内外、本外埠各种电影消息;"渤海波光"则专载本埠富有趣味之逸闻纪事;"趣话"则搜集各种诙谐笑谈;"游艺消息"则专载各学校团体游艺纪事。

2日 《副刊二》增设"运动"栏目,记体育界之消息。

4日 《电影周刊》创刊,共两个版面,分别在第五版和第八版。第五版上的文字偏重理论,第八版的文字偏重业务。

8日 《妇女与家庭》创刊,周刊,共两个版面,分别在第五版和第八版。

13日 《戏剧》创刊,不定期刊,共两个版面,分别在第五版和第八版。按语:"本报除原有副刊及《电影》《妇女与家庭》周刊外,并随时发刊不定期专刊,以助兴趣。此次先刊《戏剧》,此后当就其他各种搜集材料,随时发表。"

11月

9日 《儿童特刊》创刊,不定期刊,共两个版面,分别在第五版和第八版。

五版《起头的几句话》(一个大孩子):"现在的小孩子,都是国家未来的主人,儿童教育,是怎样要紧的事,东西洋各国对于这个事,是怎样的注意,一切设备,又是怎样的完全。提起了我们中国,真是叫人短气!叹息!"在列举了中国儿童教育方面存在的问题后说:"本社几个大孩子,因见到这个地方,遂大胆的、赶忙的来办这个《儿童特刊》,供给他们些校外读物。第一目的,先引起小孩子看报的兴趣。"

1928年(民国十七年)

1月

《大公报》由于添张,同时出六个专刊,均为周刊,位置均在第九版(按:《文学副刊》第一、二期在第五版,从第三期起移至第九版)。刊登时间为:星期一《文学副刊》,星期二《电影》,星期三《戏剧》,星期四《妇女与家庭》,星期五《体育》,星期六、日《儿童》。

1日 《小公园》综合性副刊创刊,何心冷编辑,每天出刊。元月1、2号位置在第四版,从元月3号起移至第五版。

《我们的公园》(园丁):"我们的公园,本来是为需要精神上得到安慰的人们而设的,'门虽设而常开',爱什么时候进来都行,只要能使大家安安静静的领略一些自然的趣味,不求其他。有花随你玩赏,有鸟伴你歌唱,有高高的天空,任你长啸,有密密的浓荫,任你狂哭,我们相信在这一块小小的地方,也许会发生出不少的趣味。"

2日　五版《文学副刊》创刊,吴宓主编,编辑部通讯处设在北平清华大学内。《本副刊之宗旨及体例》说:"(一)本报今兹增设《文学副刊》。略仿欧美各大日报之文学版(Littérature et Critique)及星期文学副刊(Literary Supplement; Review of Literature)之体例,而参以中国现今之情形及需要。""(二)本报《文学副刊》每星期出一期,每期一版。其内容约分十余门,各期互见。除主要之二三门外,以材料之优劣精粗为去取之权衡,不以门类为重,但总括之,可分四大类:一曰通论及书评;二曰中西新书介绍,间附短评;三曰文学创造,诗词小说等择尤登录,笔记谈丛之类亦附此中;四曰读者之通信、问答及辩难。""(三)本报之宗旨为大公无我,立论不偏不倚,取公开态度。愿以本报为国中有心人公共讨论研究之地,此宗旨亦即《文学副刊》之宗旨。《文学副刊》之言论及批评,力求中正无偏,毫无党派及个人之成见。其立论,以文学中之全部真理为标准,以绝对之真善美为归宿。""(四)欧美各大日报之《文学副刊》,每期必有最近一星期中所出版之新书书目,分类汇列,而详记其书名、作者及出版书局,发售价目。""但中国习惯不同,交通不便,实难仿行。今兹本报《文学副刊》虽有此意,惟不能每期编列新出书目,仅能就本报同人所见及所得知者,为读者批评介绍,且篇幅有限,故重选择。""(五)本报《文学副刊》既愿为全国文学界之公开机关,故所有各门,均极端欢迎社外人士投稿,而通论及长篇小说,尤为重视。""(六)本报《文学副刊》力求与读者发生关系,后幅专为读者而设。读者惠寄之书函,当择优选登。"

4日　九版《戏剧》创刊。《戏剧周刊述旨》说:"本报自去年添设剧评以来,虽承读者加增注意,常致好评,而揆诸本意尚多缺憾。因篇幅限制不能充量登载。现值新年度开始,本报扩张版数,并各种周刊分立之计划亦已筹备就绪,《戏剧》一周一出成为专刊之性质,庶几收整齐画一之效果,为同志公共讨论之机关。"

6日　九版《体育》创刊。《本刊的旨趣》(记者)说:"我们这个《体育》周刊,注重是为给青年们和有子弟的家长们看的。""青年们! 人生归趋,是真善美,但是欲求真善美,都非有健全身体不行。""中国青年比外国太差多了。外国——尤其是欧战以后——无一不极力提倡体育……""我们设这个《体育》周刊,盼望能多少增加青年体育的兴趣,盼望大家投稿……盼望凡看《大公报》的诸君,都成了运动家,都养成健全的身体,都成就伟大的事业。"

3月

3日　九版《艺术周刊》创刊。今天出第一号。

第一号刊登《本刊缘起与宗旨》(记者)："本刊以公开的态度,介绍海内外名家和中国现代有独创力的新生产。""本刊本爱护艺术的至诚,不攻击任何派别,不存任何意见而妄加批评,以扩广赏鉴艺术的领域。""本刊最高之目的,是以艺术产生于社会性质之美感情绪。""本刊研究的范围,在发展'真美与真理',使人人建设他们的生活,在这个'美与真理的世界'里,且无民族与国境的制限。""本刊最要紧的宗旨,是从根本上去整理,切切实实地下一番功夫去研究,把高尚的优美的提倡起来,使一般人确实的知道真善美的意义与价值;一面把卑劣的丑恶的消弭下去,不使他遗毒社会,堕落人心,引导公众的眼光到高尚的路上去。"

第一号刊登赵望云旅游写生《疲劳》,描绘民间疾苦。(按:乡村旅游写生画成为新记《大公报》一大特色。当年刊登日期和版次为10月26日第十版、12月21日第十版)

8日　五版《小公园》(第二十六号)刊登了何心冷写的《小病》："大凡'人'到了'要'的地位,有了什么办不了的事,或是不愿干的时候,不二法门就是称'病'。他们如果不得已而至于出国,至少也得藉口于到那里去'养病'。像我们这班劳工,生不起病,也生不得病,随便你头痛脑胀,四肢无力,也得咬着牙的干去。即便万不得已而生病了,也只是自己哼哼给自己听。病魔呀!你缠着我没有好处,他们那班爱生病的多着呢,请你另图高就吧!"

5月

13日　十版《儿童》周刊《我是怎样的一个人》(心冷),何心冷作自我介绍："我的模样儿就是像图上那样子(文中附何心冷头部漫画)。我是江苏人,没有姊姊妹妹,也没有哥哥弟弟……后来眼睛变得近视了。……我以前曾当过好几年小学教师……我到今年虽然三十岁了,但是自己还觉得是个小孩似的……"(按:因为《儿童》周刊的编辑C先生生病请了长假,何心冷兼编《儿童》)

6月

2日　五版《小公园》《蜂尾(2)》(心冷),讽刺社会上各类下赌的人。(按:在《小公园》,"园丁"何心冷经常设一些引人注目的专栏。如每天发表一篇小

品文,很受读者欢迎。6月1日发表《蜂尾》,次日发表《蜂尾(2)》)

29日　三版《国民裁兵运动——本报发行〈裁兵特刊〉预告》说:"本报同人本匹夫有责之义,著论发起国民裁兵运动,执笔仓卒,思虑不周,昨得读者投书数通,承荷赞同,且多督责。""本报拟求各界热心贤达多发谠论,各贡所知,赐交敝报,以便汇集多篇,发行〈裁兵特刊〉,以广宣传。"(按:《裁兵特刊》共出4期,每期两版,位置在第九、十版,出刊日期依次为7月13日、20日、27日,8月3日)

7月

1日　五版《小公园》设"镰刀"栏。今天发表的《镰刀(1)》(园丁)说:"在上个月里,那一只弱小的蜂尾,不知刺上多少人,我想,至少总有一部分人会感觉到有些东西在那里刺着,微微的觉得疼;但我更相信一定还有许多人本来他们的皮就厚得可以,你只管刺,他连觉得都没有觉得。我认定那班腐化分子,犹之乎小公园的荆棘与野草,留着它终是祸害。园丁没有别的本事,拿上一把破镰刀割割野草,或许还可以做得,所以我便大胆地从今天起启用我的'镰刀'了。"

8月

1日　五版《小公园》设"仙人掌"栏。其中写道:"只要提到'外国人',什么都是好的。没智识的这样想,有智识也这样想,所以中国人办的报上的真实消息倒没人注意,而外国人的报纸上的谣言,却信以为真,一般民众如此,所谓官也者,也是如此。明明是中国人,而坐的汽车上硬扯上外国旗,招摇过市,自己以为是莫大的光荣似的。这种事情那一天都能碰到几个。这种观念不革除,那么你索性自己承认是个猴子,随人家的便去耍着顽吧。"

9日　三版《本报特别启事》:"本报近蒙各方不弃,时以宏著投寄,嘱为发表,惟因篇幅所限,每多割爱,深以为歉。本报素旨注重民生疾苦,发挥真正舆论,故同人认为应当尽量公开表现民意,兹特于每星期六将所增副刊辟为《公开评论》,容纳各界对于国家社会以及地方公共事业之建议批评,爰定办法数种,幸垂鉴焉:(一)本报为完全营业独立之报纸,在政治上处绝对超然地位,故两年以来,自社评以至纪事,始终一贯,不背'大公'之旨,所收稿件,亦以'大公'为范围;(二)同人对政治外交,固可自由批评,惟以环境关系,有时亦不能无相当之范围,故凡投寄关于上述文字,须具诚挚负责之态度,俾免本报代人受过；(三)本报言论纪载,向主正大光明,凡关系攻评个人隐私文字,恕不刊载；(四)投寄文字,本报有修润之权,此种稿件,概不致酬,原稿不用,如须退还者,投寄时务请写明'《大公报》公开评论部',并附十足邮票。"

11日 九版《公开评论》创刊。首刊黄天宇写的《促本刊之产生者》："贵报创办以来,关心时局,殚精政论,振聩发蒙,本爱国热忱,每为民众救国之倡导,常发起救国专号,资为民众吐露政见,得以雄鸡一鸣,万方皆白,而漫漫长夜,从此可以待旦矣。"接着说,北伐完成后,国家进入"过渡时期","吾民今不可不有切实之沉思,有见及此,故欲恳请贵报,本爱国之主旨,每星期于报章中任何部分,划出一大幅,作为民众在此过渡时期对于政治及一切问题之意见,统为讨论,一则以警告当局者之迷,二则可尽民国国民之天职,得免重演决裂之惨剧,以完成统一之大计,吾民幸甚,国家幸甚。况政治与人民之关系实深且厚,昔日本大隈氏有言:'政治者,余之生命也。'故吾人对于政治责任,不可放弃,往昔奸人之得以长久专横者,实国民政治思想之缺乏也,可不痛哉。"

9月

专刊、副刊位置调整。第十一版上部为每天出版的《小公园》副刊。第十版为专刊版：星期一,《文学副刊》；星期二,《电影周刊》；星期三,《大公戏剧》；星期四,《妇女与家庭》；星期五,《公开评论》；星期六,《艺术周刊》；星期日,《儿童》。

1日 何心冷在《小公园》设"三言两语"栏。

1929年(民国十八年)

1月

今日起,因改用轮转机印报,报纸篇幅扩充,每日出四大张十六版。第十六版为综合性副刊《小公园》,第十五版为各种周刊,出刊时间调整安排如下：星期天,《儿童周刊》；星期一,《文学周刊》；星期二,《电影周刊》；星期三,《科学周刊》；星期四,《妇女与家庭》；星期五,《戏剧》；星期六,《市政周刊》。

9日 十五版出《科学周刊》(第一号)。《发刊辞》首先说："现在政治革命已告一段落,以后建设事业,百端待举；但最重要的是增进我们的国力。我们要不遗余力的提倡物质文明。""要自己创制物质文明,就非从根本上下手不可；我们要提倡科学。""现在我们的有知识的人,他们的生活是玄学的,没有纪律,不讲效率的,什么事都糊糊涂涂……那些没知识的人呢,他们只是烧香许愿,疑鬼疑神……因此,我们要提倡科学。"接着说:"我们所提倡的以普通科学为主。""所谓普通科学,是指自然科学而言。"最后引用科学家易巴斯笃的话:"在我们这个时代,科学是国家兴盛的灵魂,各种进展的有生命的渊源。不幸那日日讲谈的政治虽然似乎是引导我们,实在只不过是一种空像。但真正领导我们向前进步的,只有科学的发明和应用。我们谨以此作为刊头语。"

12日 十五版《市政周刊》创刊。《本刊的旨趣》说:"市仿佛是一个国家的缩影,除掉外交、军政、海关、铁道、邮电等数项,属于中央政务范围,为市政府权限所不及外,其他的政务,差不多都包括在市行政范围以内。更就行政上的区分言,中央政府的政令和一切设施,是多半间接及于国民的,市政府的政令和设施,是完全直接及于市民的,所以市政二字与市民有极大的关系。""大凡社会的进步,都是先都市而后乡村的,要是都市没有进步,乡村便决不会有进步;换句话说,都市没有进步,国家社会全部便不会有进步的,所以市政二字与国家社会有极大的关系。"最后说:"本刊的旨趣,一方在讨究市政建设之计划,凡是有利于市民、有益于国家的,务竭全力促其成功;一方报告一切关系市政的法令规程于市民,遇必要时,更加以浅显的说明,使市民了解市政当局的措施,然后市政建设才能顺利进行。"

4月

27日 十五版《社会研究月刊》创刊,"北平社会调查部"编。《本刊旨趣》说:"近世欧美各国,对于本国之社会问题莫不采用科学方法,考察其实况,推求其变化,以为研究学术、改进事业之根据。我国人士向不注意调查与统计,致于社会实际状况缺乏真确之认识,学术事业亦受其弊。社会调查部成立之初,即以研究社会实况为惟一任务。三年以来,内本实事求是之初衷,外承中外人士之赞助,幸于困难之中小有成就。计先后刊行中英文社会研究丛刊若干种,颇为读者所赞许。兹以历年实地调查,尚获有零星材料多种,未克一一发表,积存过久,复恐丧失时效。调查时所得实际经验,亦思得一机会,与关心社会调查者共同商榷。爰创本刊,予以容纳。故本刊内容,侧重于社会研究之报告与方法,空泛不切实际之文字概不登载。如承海内同志惠赐性质相同之著作,自所欢迎。兹当创刊之始,谨揭示其旨趣如左:(一)发表社会研究之调查报告与统计材料;(二)讨论社会调查与社会统计之方法;(三)介绍并批评关于社会研究之书报；（四）报告本部及国内外社会研究之消息。"

7月

3日 十三版《医学半月刊》创刊，由丙寅医学社编辑。陈志潜在《发刊漫谈》中说，这个医学副刊"始而《世界日报》，最近《新中华报》，现在又到《大公报》"。并详细介绍了这个演变过程：起初，丙寅医学社应《世界日报》之约，在该报上出版了《医学半月刊》。去年夏季，《世界日报》以"国民革命成功"忙于登载政局消息，对于副刊、周刊主张节省篇幅，将原有全篇改为半页，丙寅医学社同人颇为不满，几经交涉无效，只得离开了《世界日报》。随后到《新中华报》。目前《新中华报》内部组织变更，对于副刊、周刊一律取消，于是丙寅《医学半月刊》与之同归于尽。之后与《大公报》合作，在该报上出版《医学半月刊》。并定于"一月之中，每一三星期三发刊"。

1930年（民国十九年）

1月

7日 十三版《政治副刊》创刊，由辽宁东北大学政治系政治讨论社编辑。

6月

3日 十一版《社会科学》创刊。第一期刊《本刊发刊之旨趣》："我们中国到现在政治基础尚未稳固，经济制度尚未建立，社会秩序尚未确立，其原因固然问题很多，然而一般国人对于政治经济与社会诸科学过于忽视，未能出而贡献个人对于稳固政治基础、建立经济制度及社会秩序之意见，不能不算问题中之最大者。不过若进一步考其何以忽视之根由，则吾人不敢讳言，是缺乏政治、经济、社会诸科学之知识，若缺乏政治经济社会诸科学之知识，当然对其无甚兴趣，若无兴趣，岂有不忽视之理欤？""吾人因鉴于在现在的中国，此种知识之应急于普及地灌输与介绍，故特组织此刊，由北平北斗社诸君担任主要撰述。"

4日 十一版始设《读者论坛》。《敬告投稿诸君》说："本报为应读者要求起见，特将每星期三副刊地位，全行划出，贡献于爱读本报诸君，为公开发表言论之一专刊。"并说明了六点注意事项："（一）稿件性质不拘，但必须在法律警章所许范围以内；（二）篇幅珍贵，稿件不宜冗长；（三）凡在本刊发表之文字，文责均由投稿者自负；（四）本刊系为便利读者自由发表言论而设，概不给酬。"(五)(六)为投稿注意事项,略。

9月

20日　十一版《儿童周刊》从108号起由何心冷之妻李镌冰女士主编,在这一期刊登的《一封公开信》中说:"我们的家庭在日租界福岛街盛往里二号。因为心冷也喜欢和小朋友接触,所以我们欢迎你们有了工夫,到我们家里来玩。记着,我们的门上有一块铜牌,上面是写着'寒庐',这总比较容易寻到了吧。大姊姊镌冰。"

23日　十一版《社会科学》(第三十三期)刊登《马克思主义演进的三个时期》(布哈林著,郑林庄译)。

11月

10日　七版"津市职业的妇女生活"栏刊登《本报记者的自叙记》(蒋逸霄)。

30日　九版《摩登》(第一期)《开场引子》:"本来,'摩登'就是'时髦'之谓,再讲详细些,是要合乎时代的潮流。现在的摩登男女,只披了一件摩登的外衣,专在形式上用功夫。意志薄弱,怎会不入歧途?经验毫无,焉不上大当?自然难怪四面八方只听得苦闷的呼声,闹得朝气蓬勃的青年,一个个垂头丧气,莫知适从。""我们这个'摩登'刊,并不是提倡奢华,指导青年们怎样的去享乐。不过想尽一点微薄力量,为已经受到苦闷烦恼的青年男女寻一条正当的出路。报纸和社会息息相关,虽说专管人家的闲事,其实也是我们的职责。"

12月

30日　十一版《社会科学》《本刊启事》:"本刊同人因为近来答应了为另外几个月刊和周刊写稿,又正遇着本报要改篇幅,所以特藉着这个机会在本年底将本刊结束。"

1931年(民国二十年)

1月

1日　四版《本报启事》:"本报自本年起,为满读者希望起见,拟向缩小广告范围,扩张新闻纪载方面努力做去。……除《文学副刊》《医学周刊》《经济周刊》照旧外,儿童版每周刊行五次,其他周刊停止。"

5日 二版《本报特别启事》:"本报现已聘请徐凌霄先生为文艺部主任……《小公园》园丁任务,亦由徐先生管理。"

第九版《小公园》《且别读者,介绍新的园丁登台》(心冷):"本报自十五年创刊以来,这小小的园地,由'艺林'而'铜锣',由'铜锣'而'小公园',中间虽然变过不少次数的名称,而实际上只是一个读者公共发表作品的地方而已。在这四五年中,为想投合一般读者的口味,也曾屡次的更变方略。……不佞经营了几年的园政,功过听诸公论。""所幸者,将来的园丁,可以不负读者之望,而且和几多读者还是极相熟的一员。提起此人,大大的有名,就是以前《戏剧周刊》的编者徐凌霄先生。他不但装满了一肚子戏的学问,就是世间一切,也无不用戏剧的眼光来观察解剖。这一点,我深信《小公园》此后一定会增加出不少浓厚的趣味。"

9月

4日 十一版《现代思潮》(第一期)《发刊词》:"当欧西的文化,和中国文化接触起来时,中国在各方面全失却了有力的平衡,而立刻现出不安的状态。"总结几十年与西洋文化接触的历史为两个时期:(一)模仿皮毛的自然科学时期;(二)模仿皮毛的社会科学时期。这种模仿皮毛的路走不下去了。那么,到底还有没有道路可走?"我们回答说:有!现在还有一条可走的路——也许是最后最澈底的一条路——就是要抓住西洋人的思想,西洋人的灵魂:西洋人的哲学!"

1932年(民国二十一年)

1月

1日 四版"小论坛":"本报自今日起,特辟此栏,欢迎简短警辟之投稿。"

8日 八版《军事周刊》创刊。《本刊的旨趣》说:"国家受了重大外患,被人占领了三省,做报的人,这时候才开始纸上谈兵;犹如亡了羊,才来议论补牢的方法,还说不到补牢,这种现象,根本上就可耻万分,所以我们出这种《军事周刊》,根本上是增加国耻的一件事。""在今后这个大奋斗的过程中,军事问题,当然是国民必须准备必须努力的一个方面,我们因为无国防受了外患,就不能说因为空言可耻而不作研究。""我们这个周刊,就是想讨论研究关系军事的一些问题……我们欢迎专门家及一切有志者的赠稿。我们想藉这个周刊,使军界以外的各界人士,狠容易的得到军事常识,感觉国防必要,好一齐努力向光明的出路迈进!"

5 月

1 日　八版《小公园》:何心冷辟"园丁的话"栏,每天发表一则杂文。

7 月

1 日　九版《小公园》:何心冷辟"吗啡针"栏,每天发表一则杂文。

十一版创设《本市附刊》,有"社会鳞爪""游艺场所""银幕小志""商场琐闻""旧都百话"等栏目。(按:栏目名称后来有调整)

8 月

16 日　九版《小公园》"吗啡针"栏改为"闲话"栏,何心冷每天发表杂文一则。

9 月

3 日　八版《世界思潮》创刊,由清华大学哲学系教授张申府主编。《本刊的旨趣》:"本刊的旨趣只在新的正的的介绍,旧的歪的的批判;总期使读者们知道些新东西,更期使读者们得到一种正的观点,对的识见。""介绍批判的态度标准"是:"我们只是要客观,我们只是要如实,我们只是要脚踏实地、实事求是。"(按:《现代思潮》于 6 月 25 日出第 40 期,之后停刊。从今日起,原时间、原位置出版《世界思潮》周刊)

18 日　十一版《小公园》刊头下语:"请游园的诸君今天暂且休息,各人静默的想想:自从九一八以后,自己为国家出了多少力? 在忍辱偷生的今日,可曾愧对了自己的良心?"

10 月

1 日　九版《小公园》"闲话"栏改为"发牢骚"栏,每日发表杂文一篇。

1933 年(民国二十二年)

2 月

12 日　十二版《写真周刊》创刊,刊摄影照片八幅。其中一组照片(共两幅)标题为"深沟高垒,枕戈待旦!",照片之一:"南开大学所组之慰劳队,最近赴前线慰劳抗日军将士"。

15日 十二版《社会问题》(双周刊)创刊。《编者言》:"在现阶段社会里,我们所看到的大多是混乱不清,充满着动摇和不景气,一切事物多少带着'问题',尤其是我们所处的社会,日夜在危急中进行,日常所听到的无非是农村破产,盗匪横行,失业,罪恶等等,都期待着我们去清理和研究。文化组织和文化解组相继不断地在社会里交替着演出,都应该了解和认识。我们有许多话要说,所以决定编辑这个刊物,同时也期待读者们踊跃地参加。"

创刊号刊登了梁漱溟的文章《请大家研究社会问题》。

27日 二版"启事"《本报发行两种专门周刊启事》。

《经济周刊》:"本报自三月一日起创刊《经济周刊》,以后每周星期三见报,由南开大学经济学院主编,承南大经济学院院长何廉博士暨各教授诸先生担任撰述,并由该院调查农村之学生诸君特别寄稿,以供研究中国经济问题者之参考。"

《科学周刊》:"本报自三月三日起创刊《科学周刊》,以后每周星期五见报,承平津科学界诸大名流热心赞助,北平方面由北平研究院诸先生组织之投稿,并另组审查委员会,以李润章先生、李耕砚先生、雷孝实先生为委员担任审查。"

3月

1日 十一版《经济周刊》创刊。《本刊之旨趣》:"我们现在不但有政治的国难,还有经济的国难。政治的国难大家都感觉到:国土给敌人强占着,人民给敌人屠杀着,国家的主权给敌人蹂躏着。但是经济的国难却没有这样的为大家深切地注意到。……大家却很少感觉到我们的经济已经蒙受着和政治同样深度的国难。""本刊就是以讨论我国经济状况,介绍世界经济大势,这样一个旨趣创办起来的……每期都有这样三类的文字:第一类是论文……第二类是经济调查通讯……第三类是书报批评……"

3日 十一版《科学周刊》创刊,由"二二社"和"三三社"合编。《发刊词》(雷孝实):"吾国谈提倡科学之日久矣",但成就不多。国难以来,"今政府民众咸感科学武器缺乏之严重性矣,例如飞机之捐募,军火之购置,奔走呼号,不乏其人。然此特应付目前不得已之途径,犹未足以言亡羊补牢也"。因此,"本刊之作,假日报广播之能力,以唤起社会之注意,一面发表专家论著,以供同志之钻研,一面介绍科学常识,以增社会之兴趣。"

5日 二版"启事"《本报特别启事》:自本月起本报各种周刊发刊日期如下:星期日,《写真周刊》;星期一,《文学副刊》;星期二,《医学周刊》;星期三,《经济周刊》;星期四,《世界思潮》;星期五,《科学周刊》;星期六,《社会问题》(双周刊)、《军事》(双周刊)。

20日 十一版《文学副刊》头条《社会主义经济学家马克思逝世五十年纪念》(曹康),并配发马克思头像照片。(按:马克思生卒年为1818—1883年,曹康错写成1818—1893年)

5月

4日 十一版《世界思潮》头条《恩格斯在马克思下葬时的演说》(林风译),并配发照片两张:"马克思中年象及签字"和"马克思笔迹:一八六七年八月十六日夜二时写给恩格斯告诉《资本论》印稿校完的信"。

9月

1日 八版《每日画刊》登《读者注意》说:"写真周刊"自本月1日起,扩充篇幅,改为"每日画刊"。

2日 十二版《小公园》,刊《"最"字号的》(森),共列举十三项"最",其中,(一)说得"最"冠冕堂皇的,莫过于中国政治机关的布告和通电;(二)骂得"最"痛快淋漓的,莫过于军阀火并之前列举敌方罪状的电文。

3日 十一版《妇女与家庭》恢复出刊。"讲坛"栏刊登《妇女与家庭》一文说:"我们在民国十六年二月起曾出过《妇女与家庭》周刊,到了十九年九月因为缩小篇幅的关系停止了,直到今天才得恢复,这是对读者很抱歉的事。"又说:"我们想利用这个小刊物,把妇女生活改造到充实化,把家庭状况弄到理想化,这个过重的责任,我们当然不能够单独地负担起来,所以希望全国各界,尤其妇女界同志,一同起来,帮着我们进行实际工作!"

22日 二版"启事"《本报增刊"文艺副刊"启事》:"本报现约定郑振铎、闻一多、朱自清、俞平伯、梁思成、金岳霖、余上沅、杨金甫、沈从文诸先生,及林徽因女士,编辑'文艺副刊',并特约周作人、叶公超、卞之琳诸先生及谢冰心女士等长期撰文,每星期两次,逢星期三、六发行。创刊号明日出版,内容有周作人先生之《猪鹿狸》、林徽因女士之《惟其是脆嫩》、卞之琳先生之《倦》、伯上先生之《鱼的话》、杨振声先生之《乞雨》、郑振铎先生之《跋传奇十种》，希读者注意!"

23日 十二版《文艺副刊》创刊，内容与昨日"启事"所说略有出入，以沈从文之《〈记丁玲女士〉跋》替代了郑振铎之《跋传奇十种》和伯上先生之《鱼的话》。

25日 二版"启事"《本报发刊〈图书副刊〉启事》："本报兹发刊《图书副刊》，特约陈寅恪、傅增湘、孙楷第、贺昌群、张其昀、赵万里、缪凤林、王重民、陈训慈、刘节、王庸、向达诸位先生担任撰稿，创刊号定于九月二十八日(星期四)发刊，创刊号以后每两周出版一次。创刊号计有新书介绍(九篇)、学术界消息(五则)、赵万里先生《芸庵群书题记》《书林拾遗》等篇。"

28日 十一版《图书副刊》创刊。创刊号除刊登预告的内容外，还刊登《卷头语》"把渺小的怀抱表白一下"："我们想用一大部分的力量来作中外新旧书籍的介绍与批评……以使读者能触类旁通；此外便尽力来传达学术界的消息，使社会上一般人士也能知道中国和他国学术界的轮廓，以及大概进步到甚么程度。"

12月

14日 应北平中华基督教青年会之请，《大公报》这两日拿出十三、十四两个版面出《宗教特刊》，14日第一期，17日第二期。

28日 十一版《世界思潮》头条《战斗唯物论的意义》(列宁)，并配发列宁遗像照片，文字说明为"本世纪初最伟大的辩证唯物论家"。另刊《忆列宁》(罗素)。

30日 十一版《军事周刊》(第89期)刊登《本刊启事》说："因明年本报篇幅、内容概有变动，本刊决至本期停止。"

1934年(民国二十三年)

1月

1日 三版"启事"《本报特别启事》："(一)本报今年每星期日敦请社外名家担任撰述《星期论文》，在社评栏地位刊布，现已商定惠稿之诸先生如下(以姓氏笔画多寡为序)：一、丁文江先生；二、胡适先生；三、翁文灏先生；四、陈振先先生；五、梁漱溟先生；六、傅斯年先生；七、杨振声先生；八、蒋廷黻先生。"(按:"星期论文"是《大公报》"言论报国"办报宗旨的产物。1月7日,《大公报》第二版原"社评"位置刊登第一篇"星期论文"《报纸文字应该完全用白话》,作者胡适。随着时间的推移,"星期论文"的作者队伍不断扩大,据统计,从1934年1月到1949年6月,为《大公报》写"星期论文"的作者有200多人,共发表"星期论文"计730余篇。发表10篇以上论文的作者有胡适、傅斯年、吴景超、陈衡哲、陶孟和、张其昀、沙学浚、周太玄、何承倛、谷春帆、伍启远、丁文江、黄炎培、方显廷、陈博生、王芸生、费孝通等。这个作者队伍多为社会名流、军政显要和知名教授、学者,因而论文涉及面宽,发表之后所产生的社会影响大。"星期论文"是新记《大公报》的独创,且延续了15年半之久,为加强报纸与社会各方面的广泛联系、实行言论开放以形成社会舆论起到了重大作用)

(二)本报今年各种副刊略有变更,共计九种:星期一,《明日之教育》(周刊,明日社主编);星期二,《医学周刊》(丙寅医学社主编);星期三,《经济周刊》(南大经济学院主编)、《文艺副刊》(本社特约编纂);星期四,《乡村建设》(双周刊,乡村建设研究会主编)、《世界思潮》(双周刊,本社特约编纂);星期五,《科学周刊》(二二社、三三社主编);星期六,《图书副刊》(周刊,北平图书馆同人编纂)、《文艺副刊》(本社特约编纂);星期日,《妇女与家庭》(周刊,本社编纂)。

十一版《文学副刊》(第三百一十三期)刊《本报启事》:"本副刊至本期止停办。"

4日 十一版《乡村建设》创刊。《发刊辞》说:"……这些乡村建设同志,平时都散布在国内各地,埋头做他们的工作,做他们的试验。""如果这些同志能有一种结合,彼此经验能够时时交换,则他们的错误必可避免不少,他们的效率也可增高不少。乡村建设学会就是同人大家觉得这种缺憾以后,需要以后,大家精诚的团结来谋整个中国乡村的建设的。""在语言方面,我们每年有一次见面,可以畅谈心中的困难,心中的心得以及心中的抱负。在文字方面,我们便有这个双周刊,同人随便在什么地方,在什么时候,都可以彼此交换意见,交换经验。"

8日 十一版《明日之教育》创刊。《与本刊初次见面的读者谈话》:"明日社系民国二十一年春间成立。……明日社以讨论及研究教育问题为宗旨。成立后,创办明日之教育半月刊,陆续刊行了两卷,共十六期。本岁改为周刊,与《大公报》合作。宗旨与立场,一切依旧,多数《大公报》之读者,在本期初次与本刊见面,为诸位认识本刊起见,仅依据创刊期之发刊辞及第二卷卷头语,撮拾旧话,简要地重申几点":(1)教育是建国最重要的工具。(2)中国今日之教育不能令人满意。(3)中国之教育当力求中国化。(4)教育必得与生活打成一片。(5)教育是专门事业。(6)中国明日之教育,断非一党、一派、一家、一阀所能包办得了。"本刊取材的范围为评论、介绍与研究三项。"

3月

4日 十三版《本市附刊》头条位置刊照片《高尔基演说》,文字说明:"苏联的社会主义建设,一日千里,例如挖掘运河,这一条挖好;便又开始另一条。现在波尔墨尔斯托里的工人,正挖掘由莫斯科通到瓦尔加河的运河。世界名作家高尔基氏曾去参观,并作鼓励工人的演说。"

4月

19日 四版"写生通信"(一)《唐山市广东街的一角》(赵望云)。"写在写生之前":"赵望云先生是一位志趣高尚而富于情感的青年,他对于第一次发表的农村写生作品并不自满……表示更当努力精进,用副读者的期望。这次的写生通信,是以唐山为起点,沿长城作塞上之游,拟以包头和百灵庙为终点,以地理风俗的不同,或者比冀南通信有更新的发现。"(按:该"写生通信"自5月17日起移至第九版,1935年1月移至第十版。至9月3日止,共刊登60幅。后由《大公报》结集出版,冯玉祥题写书名)

9月

14日 十一版《科学周刊》(第八十期)。《休刊辞》:"本刊自二十二年(二二)三月三日(三三)由二二及三三两社创刊以来,阅时一年又六月有半,截至本期,已编刊整八十期矣,每期约各八九千言,迄今已共编刊六七十万言矣。""两社同人以周刊之间六日始出一期,不克随时编印带时间性之科学佳作;又以定期刊行,殊觉呆滞,且篇幅有限,每致遗珠之憾……近特与《大公报》编辑部商定并承其议决,本刊出至第八十期即行休刊。"

18日 十三至十六版《九一八三周(年)纪念特刊》,刊载《沦陷三年之东北纪要》《热河视察记》。

21日 十一版《史地周刊》(第一期)。《发刊辞》说:"我们担任这半张纸上作文字的表演的人都是以教学或研究为正务;副刊的把戏只是我们业余弄笔的结果。……我们盼望本刊的一大部分能够成为中小学的史地教师和学生的读物。对于教师供给他们以补充的教材;对于学生,供给他们以课外的消遣。"

10月

10日 九、十版《第十八届华北运动大会特刊》。开幕式上,河北省主席于学忠致辞,于夫人剪彩,随后信鸽齐飞,接下来由市立各小学表演太极拳,场面十分壮观。

"特写"《泪下沾襟》:全场中最为生色者,即南开学校之啦啦队。时值东北沦陷、华北危机,抗日救国呼声日盛,当东北运动员列队入场时。南开啦啦队以黑白旗布置字形,如"勿忘国耻""勿忘东北"等,极得好评。

12月

27日 十一版《世界思潮》(第八十八期)《编完》:"本期是本年本刊最后的一期,但同时也是本刊全部的最后一期。从此本刊便与读者们告别了。……今年在哲学上可说是解析之年。本刊感其关系的重要,因拟作点子比较系统的介绍。但载至现在止,不过刚刚开了一个头。"

30日 十一版《妇女与家庭》(第十七期)《别了,读者!》说,新年后,本刊将行停刊。

1935年(民国二十四年)

1月

1日 二版《本报特别启事二》:"本报本年星期论文除约定丁文江、任鸿隽、吴景超、胡适、翁文灏、陈振先、张奚若、杨振声、傅斯年、蒋廷黻诸先生照旧担任外,并添请何廉、徐淑希、梁实秋、陈衡哲四先生(依姓名笔画为序)参加撰述。"

《本报特别启事三》:"本报自本年元旦起各种副刊规定如左:星期日,《文艺副刊》;星期一,《明日之教育周刊》;星期二,《医学周刊》;星期三,《经济周刊》;星期四,《艺术周刊》;星期五,《史地周刊》;星期六,《图书副刊》。"

3月

31日 二、三版"星期论文"《试评所谓"中国本位的文化建设"》(胡适)称:

"新年里，萨孟武、何炳松先生等十位教授发表的一个《中国本位的文化建设宣言》，在这两三个月里，很引起了国内人士的注意。"胡氏说，这个所谓"中国本位的文化建设"乃是"'中学为体、西学为用'的最新式的化装出现。说话是全变了，精神还是那位《劝学篇》的作者的精神"。十教授的笔下，尽管宣言"不守旧"，其实还是他们的保守心理在那里作怪，他们还是舍不得那个"中国本位"，生怕它被西方文化冲垮。胡氏说："我的愚见是这样的：中国的旧文化的惰性实在大的可怕，我们正可以不必替'中国本位'担忧。我们肯往前看的人们，应该虚心接受这个科学工艺的世界文化和它背后的精神文明，让那个世界文化充分和我们的老文化自由接触，自由切磋琢磨，借它的朝气锐气来打掉一点我们的老文化的惰性和暮气。"当然，"将来文化大变动的结晶品，当然是一个中国本位的文化，那是毫无可疑的"。［按：胡适的这篇文章发表后，陶希圣4月2日在《大公报》第四版发表《为什么否认现在的中国——读〈大公报〉三月三十一日胡先生星期论文》，与之商榷。5月14日，十位教授（王新命、何炳松、武堉干、孙寒冰、黄文山、陶希圣、章益、陈高佣、樊仲云、萨孟武）在《大公报》第四版发表专文《我们的总答覆——关于中国本位文化建设》，表示"我们所揭橥的中国本位文化建设，在纵的方面不主张复古，在横的方面反对全盘西化，在时间上重视此时的动向，在空间上重视此地的环境，热切希望我们的文化建设能和此时此地的需要相吻合"。"中国本位的文化建设是一种民族自信力的表现，一种积极的创造，而反帝反封建也是这种创造过程的必然使命。"5月22日《大公报》第四版又刊登严既澄的专文《"我们的总答覆"书后——向"中国本位文化建设宣言"的十位起草者进一言》，对"十位教授的文章"发表不同意见，指出十位教授所陈列的三件事——充实人民生活、发展国民生计、争取民族的生存，既然是一切国家所共有的问题，又何必凭空加上"中国本位"四个字？严氏以为，今日惟一的表现中华民族之心理的路径，只有孔子的"好学不倦"、孟子的"与人为善"的精神，尽可能地学取今世一切强国中已著成效的东西——一切学问知识、文化制度、方法组织都包含在内。换言之，也就是所谓"全盘西化"。5月25日，《大公报》第四版又发表王西徵的《中国本位文化要义》，指出十位教授的宣言的要害是把三民主义变成二民主义，讲民生、讲民族，不讲民权］

7月

1日 萧乾接编副刊《小公园》。

4 日　十二版《小公园》刊登《"园例"——致文艺生产者》（编者）。（按：这是萧乾担任《小公园》编辑后，在胡政之的支持下发表的改造该刊的"新大政方针"）

5 日　十二版《小公园》刊登《计划》（编者）。萧乾在文中首先告诉读者，将有重要文人为本园星期六、日特辑写稿；并说，以后在每星期的特辑上准备辟三个特栏："书报简评""文艺新闻""读者与编者"。

8 日　十二版《小公园》"读者与编者"栏刊登《关于"园例"》《关于"计划"》，向读者交底说，编者是个年轻学徒，他脑子中还浮现着不少年轻人的理想。欢迎年轻朋友投稿，只要是有创新的好文章，均欢迎。（按：此文于 9 日、10 日续刊）

9 月

1 日　副刊变化与专刊版面重排：（一）《小公园》副刊 1935 年 8 月 31 日出至 1782 号后停刊，从今日（9 月 1 日）起，原《小公园》处（第十二版）改出《文艺》副刊，一、三、五、日出刊，每周四期，星期日在第十一版，为特刊；《家庭》副刊，日、二、四、六出刊，每周四期。（按：自 1937 年 3 月 12 日起，每周一的《文艺》改出《家庭儿童周刊》）（二）专刊副刊版面安排：星期日，七版《经济周刊》、九版《每日画刊》、十一版《文艺》、十二版《家庭》；星期一，九版《每日画刊》、十一版《明日之教育》、十二版《文艺》；星期二，九版《每日画刊》、十一版《医学周刊》、十二版《家庭》；星期三，九版《每日画刊》、十一版《电信特刊》、十二版《文艺》；星期四，九版《每日画刊》、十一版《图书副刊》、十二版《家庭》；星期五，九版《每日画刊》、十一版《史地周刊》、十二版《文艺》；星期六，九版《每日画刊》、十一版《艺术周刊》、十二版《家庭》。

二、新记中期(1936年1月—1941年9月)

(一)报业发展与报刊理念

1936年(民国二十五年)

1月

28日 二版"启事"《本报代办部总部移沪启事》:"本报在津、沪、平、汉各处设立代办部,业已三年有余,服务社会,各界称便,兹为办事便利起见,特将天津总部移至上海,设立专肆经营,该地为全国出版业中心,嗣后关于出版界与著作家委托寄售,均可就近接洽,各界读者委托搜购各种书籍,亦复便捷,上海代办部新址在福州路四百三十六号……"

2月

20日 《国闻周报》移沪出版。

4月

1日 二版"启事"《〈大公报〉新记公司启事》:"本报自今日起在上海、天津两地同时刊行。敬希各界注意。"

《大公报》上海版创刊。馆址在法租界爱多亚路181号,电报挂号7000。经理李子宽,编辑主任张琴南,要闻版编辑徐铸成、许君远,各地版编辑吴砚农,本市版由外勤课主任王文彬编辑,副刊《文艺》由萧乾编辑,《小公园》编辑由许君远兼任。

二版"社评"《今后之〈大公报〉》:"本报以清光绪二十八年创刊于天津,民国十五年,由新记公司同人接办,迄今又十年。幸承全国各界之同情赞助,得植其事业基础,更自本年四月一日,即今日起,于上海天津两地同时刊行。谨乘此机会,缕述本报今后经营之旨趣,以奉告全国爱读诸君,而乞其鞭策与呵护焉。""吾人所首愿诉诸全国各界,并信为各界诸君所同感者,在国难现阶段之中国,一切私人事业,原不能期待永久之规划,即规划矣,亦不能保障其实行。倘成覆巢,安求完卵。藉曰避地经营,实际又何所择。是以首愿我爱读诸君谅解者,此次本报津沪同刊之计画,既非扩张事业,亦非避北就南,徒迫于时势急切之需要,欲更沟通南北新闻,便利全国读者,而姑为此非常之一试是也。本报同人认识祖国目前之危机,异常重大,忧伤在抱,刻不能纾。回忆十年来服务天津,多经事变,当年中原重镇,今日国防边区,长城在望,而形势全非,渤海无波,而陆沉是惧。尤自去夏以来,国权暧昧,人心忧惶,盖大河以北,四千年来吾祖先发扬文明长养子孙之地,今又成岌岌不可终日之势。国难演进至此,已非仅肢体之毁残而竟成腹心之破坏。此而放任焉,中国之生存已矣!本报同人,自惭谫陋,徒切悲悚,惟于萦心焦虑之余,以为挽回危局之道,仍在吾全国各界之智慧与决心,因而痛感负有沟通国民思想感情责任之言论界,此时更须善尽其使命。同人等因愿自津沪两地发行之日始,更随全国同业之后,本下列诸义,以与国民相见。"

接着申述"四不"宗旨及对内对外之基本方针与立场:"其一:本报将继续贯澈其十年前在津续刊时声明之主旨,使其事业永为中国公民之独立言论机关,忠于民国,尽其职分。同人尊重中华民国开国者孙中山先生之教训,而不隶籍政党,除服从法律外,精神上不受任何拘束。本报经济独立,专赖合法营业之收入,不接受政府官厅或私人之津贴补助。同人等不兼任政治上有给之职。本报言论纪载不作交易,亦不挟成见,在法令所许范围,力期公正,苟有错误,愿随时纠正之。以上为本报自立之本。其二:同人认为在国难现阶段,惟民族团结,为自救之路,因此对于凡有国家意识自觉为中国人者,原则上皆表好意。……本报深愿继续努力于斯,在法律禁令之范围内,公开本报,为全国人讨论问题交换意见之用。同人深信救国利器,为动员舆论,舆论养成,赖自由研讨,其绍介之责,本在报界者也。所愿政府鉴于国难之迫切,民心之郁闷,实行历次宣言,保障言论自由,俾我国同业,得动员全国报纸,以发扬民意焉,则不仅本报同人所希求矣。其三:关于内政。同人认为国家现状,不堪再自纷扰,故以拥护统一和平为其一贯之标帜,然同时认识巩固统一之道,首在政治之开明健全,故其属望及督责政府者亦至殷。去夏以还,默察全国心理,已一致集中于救亡。……然不幸因各方地位有异,见解难同,政情既复杂,而现象有矛盾,故在全国一致决心救亡之空气中,而仍多感情思想之扞格,此恐为目前最危之现象也。同人等愿本其良知之昭示,竭诚为调和疏解之呼吁,当尽可能,剖析事实,衡量利害,不畏强权,不媚时尚,期以公正健实之主张,化全国各种感情思想上之歧异。""其四:关于外交。同人之志,以为国家虽遭遇非常,吾民不应失其理想与常度,中国虽危弱,但对外应守合理的远大之方针。夫问题最亟者,莫若对日。吾人所见,以为东亚两大民族,将来必有互尊互亲之日,其关键则在中国之自立自强。本报十年来,甚注重中日未来之关系,故近年虽严正反对其侵毁中国主权之军国主义的政策,但从不漠视或敌视日本国家与其人民。""以上四者,为本报旨趣之大端,亦过去爱读诸君所共谅。"

上海版创办后,胡政之、张季鸾亲自坐镇指挥。天津版留许萱伯为经理,王芸生为编辑主任;9月,王芸生与张琴南对调至上海。

2日 二版"社评"《改善取缔新闻之建议》:"本报在津沪同刊之计划,已于昨日起实行,其旨趣昨已略述之。吾人于此,熟察国家大势,内省报界职责,以为有首盼中央及各省当局注意者,为亟须改善取缔言论之方法。请陈其故,幸垂察焉。"

阐述言论自由的重要性:"去年以来,凡论救国方略者,莫不以民族团结为第一义。顾团结何自成乎?假令一般智识界人,欲言者不得言,欲知者不得知,其感想何如,恐去团结之阶段远矣。""吾人持此见解,本抱乐观,惟最近颇怀忧虑。并认为其关键之一,即言论自由问题。吾人厕身报界,深知当此国家紧急时期,政府对于取缔言论纪载,有其不得已及必要之理由。其所愿者,为取缔应只限于最重大之事项。……各界讨论国事之文字,若其本质上非反动宣传,则虽意见与政府出入,利在许其自由发表。人民有拥护政府之责,同时亦俱有批评政府一部分政策,或攻击官吏一部分行动之权。倘不尊重此权,则无所谓团结之可论矣。至于事实之禁载,则须限于极少,尤其对外问题,利在多发表事实。如华北危急,全国关心,国地当局义应,亦利在使全国随时得知华北所发生及遭遇之事实。中国各地有外字报,或外人经营之汉字报。中国报受检查,此辈不受。外报虽盛载谣言,国民亦不能判断之。夫报纸者,国民之耳目也。倘其所欲言者,报纸不能登,其所欲知者,报纸不见载,是耳目闭塞矣。"

最后"希望政府改善新闻检查办法。谓宜(一)凡禁载及注意事项,由检查机关列举通知,其事项应限于中央过去决议之原则,此外概不禁载。(二)对各地报纸,于其出版后检查之。如有违令违法之事,依法办理,而废止检查稿件之烦苛办法。(三)对于各界人之公表言论,力采宽大主义,凡批评政局政策及官吏行动者,除非其主张有阴谋反动之嫌,概不禁止。吾人以为此乃目前可行之简易主张也"。

6月

1日　自今日起,上海版增出《本市增刊》一大张。

9日　二版"社评"《论统制新闻》,从中外新闻政策的比较说起:"自理想论,应如英美之尊重言论自由,人民对于国事之正确判断力及责任心,政轨易定,谣诼不生,此上上者也。次之如德意等一党专政国家,或日本军权政治之国家,统一宣传,干涉言论,其事虽有弊端,而犹能收整齐划一之效于一时。独至中国,行统制而不能完成,本国报默然,外字报哗然。譬如藏首而露其尾,封锁之效,仅得其半……关心时事之人民,阅本国报不得消息,只有求之外报。"因而,必须改变统制新闻政策:"年来最痛心之事,如去夏河北事件进行中之时,日方之要求及应付之经过,当时全禁揭载;如察东察北两次事件,因何经过至于现状,国民今犹不明。大抵中央或地方当局之苦心,在安定人民,不使惊扰。虽然,既值非常之变,必须唤起舆论,共同应付,仅不惊不扰,其奈亡国何?……吾人熟察大局之迫切,以为中央政府此后宜断然改变新闻政策,弃封锁主义,而为暴露主义。即不论关于外患或内忧,皆尽量宣布事实,并随时表示政府之态度意见。对于报纸纪载错误者,随时告以事实,使其更正。……总之,欲国民对国事尽责,首在使国民知悉时事,然后能识利害,辨是非,然后能真正形成一致的舆论。今日者,内外交迫,千钧一发,为最需要辩论动员之时,而全国大多数人当然期待中央政府之为国努力,故领导团结之责,尤在政府。试看内外情势,敢问蒙头盖面之统制新闻政策,尚能维持几日乎?"指出统制新闻的危害性:"吾人实痛感国家日入于非常之危遇,挽救之道,惟在齐一民志,是则必须赖有聪明健全之舆论;而舆论养成,必须自明晓事实起。国民耳目闭塞,仅由外字报中寻求一知半解,如此国家,安有舆论?且此种现象,徒使国民致疑政府缺乏担当难局之勇,同时使民气萎缩,失判断之能力,其弊害不可胜言也。"

8月

22日 《大公报》出版部结集出版范长江所写的《中国的西北角》。

9月

1日 《大公报》续刊十周年纪念日。

津沪版同时发表张季鸾写的"社评"《本报复刊十年纪念之辞》。先谈十年来事业的发展:"本报于十五年复刊之始,规模狭小,全体职工约七十人,因中途退社及死亡,今在社者三十八人。……现时全体职工增至七百人,仅职员约二百人。十五年九月一日印行两千余纸,今津沪合计,逾十万纸。忆复刊第一月总支出,约六千元,今津沪支出,不下十万元。最初印报机为小型平面机三架,今用高速度轮转机。现时全国分销机关,共一千三百余处,除东四省不能寄递外,行销遍于各省。今春感于时势之需要,自四月一日起,于沪津两处刊行,销路愈增。其姊妹事业之《国闻周报》,亦由两千部渐增至两万余部。"文章还特别谈了经济实力的增长:"同人自复刊以来,常以本报之经济独立,及同人之忠于职业自勉。此种愿望,幸获有成。回忆十年经过,除第一年入不敷出,耗用股本之外,未几即渐达收支适合。迄来工场设备之发展,皆以营业收入充之。现时工场财产,价值约四十万,皆自然发达而来者也。……为保持职业神圣之计,对于职工福利,须有设施,故自前年起,创设养老备险诸基金,专款存储,月累岁增。果幸而事业长久,凡我职工将不忧老病死亡。"接着陈述数端体会,以告读者:其一,尽报纸责任。"同人十年来谨服膺职业神圣之义,以不辱报业为其消极的信条。虽技能有限,幸品行无亏。勉尽报纸应尽之职分,恪守报人应守之立场。""其二,本社为私人营业,同人为职业记者,故其所采方针,类于外国无党派之普通营业报纸,盖以采访事实,绍介舆情为主。同人自信,不敢存成见,有偏私,兢兢自守,十年一日。其三,同人……惟苟有主张,悉出诚意。国难以来,忧时感事,晨夕不安。但本良知发言,不计利害毁誉,错谬定多,欺罔幸免。"检讨过去,尚有未尽责者:第一,报纸生命,首在新闻,本报复刊十年来,"未达万一";"第二,尤缺陷者,各国报纸,近年莫不注重关于国民经济之纪述与主张。中国亦亟需之,同人虽愿努力于斯,而十年来未迈初步";第三,近代报纸,本有国民外交之意义,以拥护国家利益为其主要使命,本报于此"犹常憾识见不足,或主张不勇";"第四,报纸为人民公用之工具,凡各地疾苦,各界烦闷,皆宜勉为宣达,以期政治日新";"第五,同人笃信舆论之锻炼,赖于智识之集中。故十年以来,祈求各界权威与之合作。……然所惜者同人努力不足,未得普遍求教";"第六,现代报业,除刊行报纸外,应为社会实际服务。凡社会应倡行之事,报纸宜为其先锋或助手"。

三版"特启"《本报复刊十周年纪念,举办科学及文艺奖金启事》:为纪念复刊十周年,"特举办科学及文艺两种奖学金,定名为'大公报科学奖金'及'大公报文艺奖金',由本报每年提存国币三千元,以二千元充科学奖金,一千元充文艺奖金。每年得奖人数,科学拟一人至四人为限,文学以一人至三人为限。即自本学年开始至学年终了为一年,每年评选一次,定期三年。如有变更,至期满另行通告,并经聘定学术界先进孙鏐、严济慈、曾昭抡、杨钟健、秉志、胡先骕、胡焕庸、刘咸诸先生担任科学奖金审查委员,杨今甫、朱佩弦、朱孟实、叶圣陶、巴金、靳以、李健吾、林徽因、凌叔华、沈从文诸先生担任文艺奖金审查委员……兹值本报复刊十周年纪念之日,特先通告,用资纪念,并祝学术界进步"。

津沪两馆同日举行复刊十周年纪念会。在本社服务满10年的38人各获金质纪念章一枚,全体职工每人获铜质纪念章一枚。

2日　沪版七版《本报复刊十周年纪念会昨在徐园举行》:张季鸾在酒席间特别说起"熙来谈话"的事,即胡政之、张季鸾与王佩之在天津熙来饭店关于《大公报》续刊事宜的一场谈话。称有记者来给胡张王拍摄合照为"熙来三友"。

11日　因《文艺》副刊(1936年8月16日)刊登了白尘的独幕剧《演不出的戏》,上海公共租界捕房控告《大公报》"妨害秩序"。张季鸾亲自出庭,当日辩论终结,一周后(9月18日)上海租界法院宣判张季鸾无罪。

1937年(民国二十六年)

2月

18日　二版"社评"《论言论自由》:"第一,言论界本身应注意之点。全国言论出版界不满现状,憧憬自由,此目前之实际现象。然吾人以为此问题之解决,除求诸政府外,兼须求诸言界之本身。何则?自由之另一面,为责任,无责任观念之言论,不能得自由。……言论界人自身时时须作为负国家实际责任者,倘使我为全军统帅,为外交当局,则我应如何主张,应作何打算?此即所谓责任观念也。……苟尽研究之功,谙利害得失之数,而发为诚心为国之言论,而政府犹干涉之,压迫之,此政府之罪。反之,自身研究不清,或责任不明,政府是,不肯说其是,盖欲免反政府者之相仇故;政府非,亦不敢鸣其非,而惟诿责于干涉之可怕。是自身不尽其责任矣,自由何从保障哉?是以吾人以为言论自由问题之解决,首视言论界本身之努力如何也。要公,要诚,要勇,而前提尤要熟筹国家利害,研究问题得失。倘动机公,立意诚,而勇敢出之,而其主张符于国家利益,至少不妨害国家利益。纵意见与政府歧异,政府亦不至压迫干涉矣。总之,言论自由为立宪国民必需之武器,然不知用或滥用,则不能取得之,即偶得之,亦必仍为人夺去。"

"第二,政府应注意之点。……夫统制言论新闻,非原则的问题,乃程度、范围、方法、态度的问题。盖统制言论新闻之必要,专限于关系国家大局之重大问题,其外应无其必要。是以取缔之标准应极狭,开放之范围应极宽,故其态度应为但可放则放。而不幸目前情况乃为但可扣则扣。换言之,政府应认检扣新闻或干涉出版为不得已,为不幸,司其事者不可于原则上抹杀人民言论出版自由之权利,而仿佛认为准许出版营业之为恩惠者然,此种态度甚足以误国家大事也。具体言之,吾人认为政府有权禁止者,应限于(一)破坏国体,(二)妨碍国防,(三)扰乱公共秩序之宣传。其外概不必禁,而日常施行统制或检查之时,应以充分尊重人民权利之精神行之,但可放则放,切勿但可扣则扣,其表现之方法应依经常之法律,不依临时之命令。……吾人愿政府与言论出版界之间,其关系一以《出版法》为准,而适法与违法之衡量宜宽大,不宜苛刻。……须知立法之目的重在指导,不重在钳制,若当局抱吹毛求疵之态度,则中国永无言论自由可言矣。"

"第三,各省当局应注意之点。言论自由问题,不仅关中央,同时关各省。年来地方报纸所受限制更甚于都会报纸,盖不特不能批评省当局省行政,不能纪载或评论与省军事当局意旨好恶有违之事,并且不能批评各县及一般下级之事。数年前,重庆记者因开罪某军官马弁,大受殴辱,几至殒命,其一例也。是以吾人除希望中央直接改进统制言论出版办法之外,并进而希望中央推行此改进办法于各省各地方,使全国地方报纸及他出版品同得受法律之保障,因此亦希望各省当局,尤其有军权者,注意各该地之言论自由问题,勿有法律以外之干涉。"

3月

21日　四版《本报张总编辑昨日五十寿辰》:"昨为本报总编辑张君季鸾五

十生日,本报同人生日会于午刻假新新酒楼称觞,合编辑、经理两部同人加入祝贺者百余人,阖座腾欢,喜气洋溢。同人以张君素爱昆曲,特邀江南惟一昆班仙霓社彩排,来宾来观者甚众。……于院长右任手书寿诗贻赠,诗云:'榆林张季子,五十更风流。日日忙人事,时时念国仇。豪情寄昆曲,大笔卫神州。君莫谭《民立》,同仁尽白头。'于院长与张君系民元《民立报》旧同事,末句的'同仁'即指此。""专电《蒋委员长电张季鸾君祝寿》,文云:"先生文字报国,誉满天下,届兹五十初度,希望益完伟业,指导国论,完成复兴。敬祝幸福无量。蒋中正哿(二十日)京。""本报津馆全体同人以昨日为总编辑张君季鸾五十寿辰,张君适在沪,乃先于晨间发电致贺,下午六时,同人生日会特假明湖春聚餐,同吃寿面,以志庆祝,编辑、经理两部同人届时均行加入,席间觥筹交错,尽欢而散。"

5月

15日 二版《本报文艺奖金揭晓》:"本报二十五年度文艺奖金一千元,兹由文艺奖金委员会审查委员杨今甫、朱佩弦、朱孟实、叶圣陶、巴金、靳以、李健吾、林徽因、凌叔华、沈从文诸先生投票推荐作家,其得全体委员过半数推荐之当选人及其作品披露如次:曹禺(戏剧《日出》),芦焚(小说《谷》),何其芳(散文《画梦录》)。"

三版《本报文艺奖金的获得人:曹禺、芦焚、何其芳》:介绍获奖人和获奖作品。

6月

13日 二版"广告"《芸生文存》:"这是本报记者王芸生先生的第一个文集,共约十五万言。这些文章都是最近五年内写的,内容大部是关于外交问题——尤其是关于中日问题的文章。作者对中日外交史曾用过一番功夫,这些文章在九一八以来的大时代中写作者,无论在学术上及当前的国家问题上,均有其固定的价值及特殊的意义。"

21日 四版"专载"《几点诤言》(王芸生),先说:"君有诤臣,不失其天下;士有诤友,不离其令名;则国岂可无诤民?窃愿自侪国之诤民之列,对国家贡献几点诤言。但愿言者无罪,听者或亦有益欤?""现代的政府,要使它的国家能治能安,不仅是政治、军事、外交要措置得宜,尤其要在思想上能做领导。……国事演进到今天,国民党已实际握得政治的领导权,应该更进一步做思想的领导者,并把思想建设到实际的政治上。要使思想建设到实际政治上面,先须在思想上做一番爬梳整理的功夫,并须有忠勇的实际政治家去执行。"并说:"在这一方面,蒋先生很够一位实际政治家的资格。"为此,要将孙中山先生的"三民主义"加以整理:"国民党(第一)应该把孙先生的全部遗教,先做无遗漏的搜集,再做条理的爬梳,精严的整理,分门类,划时代,把过程和结论表列出来。使人对孙先生的遗教能有系统的明了的认识,而不至误会或曲解。(第二)给三民主义下个简单的具体的定义。"(按:此文于次日刊毕)

26日　十六版《本馆出版书籍一览》。如下:

书　名	著译者	定价（按：略）	邮费（按：略）
《战争与经济》	艾秀峰		
《苏俄视察记》	曹谷冰		
《美日外交秘幕》	杨历樵		
《苏俄外交秘幕》	杨历樵		
《日本军人眼中之日美危机》	杨敬慈		
《日美太平洋大战》	杨历樵、马全鳌、赵恩源		
《大公报画刊集萃》	大公报编辑部		
《好莱坞影坛百星集》	素		
《今传是楼诗话》	王逸塘		
《短篇小说集》	野史		
《大街》	白华		
《五千年来中华民族爱国魂》	徐用仪		
《清代殿试考略》	傅增湘		

续 表

书 名	著译者	定价 (按：略)	邮费 (按：略)
《东游纪略》	王揖唐		
《衡庐日录》	傅增湘		
《采风录》(第一集、第二集)	国风社		
《藏园群书题记》(1—4集)	傅增湘		
《六十年来中国与日本》(1—7卷)	王芸生		
《苦果》	罗瞠岚		
《莫索里尼与新意大利》	冯秉坤		
《日本及列国陆军军备》	叶筱泉		
《宪法全稿》			
《死灰》	陈铨		
《中国的西北角》	长江		
《赵望云旅行印象画选》	赵望云		
《大公报文艺小说选》	林徽因		
《东行日记》	曾昭抡		
《远东的危机》	马全鳌		
《察绥西蒙写生集》	沈逸千		
《生还》	凫工		
《英国侵略西藏史》	薛桂轮		

7月

1日 二版《本报科学奖金揭晓》："本报于去年复刊十周纪念,创设科学奖金,征求科学论文,其廿五年度奖金论文,于本年四月三十日以前收到者,经按照奖金章程规定,分送各审查委员评阅竣事,兹将入选论文、当选人姓名披露如次：

学　科	当选人	推荐机关	论文题目
数学	王熙强	山东大学	尤拉氏多项式根之分布
化学	刘福远	黄海化学工业研究社	中国明矾石化学工业之研究
动物学	苗久棚	中国科学社	南京及其附近数种森林昆虫之研究
动物学	倪达书	中国科学社	角鞭毛虫属骨板之形态及腹区骨板之讨论
植物学	梁其瑾	清华大学	盐酸之反应对于小米种子发芽率之影响及其水份吸收作用、原生质之物理与生理性质及呼吸作用之酵素等之关系
气象学	魏元恒	青岛市观象台	中国北部及中部高空气流与天气

除上开五门外,原定征文学科,尚有物理、地质、人类考古三门,但未有论文入选,故奖金二千元完全就上开五门分配,又数学门有论文一篇,经审定荣誉入选,当选人及文题如次：华罗庚（清华大学）《华林问题之研究》。按华君论文,本应入选,惟以华君本年已获得中华教育文化基金会甲种补助金,经审察委员会核定,援照学术奖金给与成例,不另赠与本报奖金,改为荣誉入选。"

28日　因日本侵略军晚间进攻天津,对外交通断绝,天津版次日只能在天津市租界内发行。

30日　沪版二版"社评"《天津本报发行转移之声明》。

8月

5日　沪版四版《天津本报自今日起停刊启事》："前月三十日天津发生街市战,报纸不能寄递,天津本报因于是日起除刊销津市及其附近区域外,其寄递全国各地者,概由上海发行。本报并于是日郑重声明,天津本报,决与中华民国在津之合法的统治同其运命,义不受任何非法统治之干涉,若津市合法官厅中断,即自动停刊,以待国家合法统治之恢复。兹者津市已在日军军事占领之下,我国合法行政组织不复存在,天津本报决自今日起自动停刊,特此声明,即希鉴察。"

13日　因"八一三"淞沪抗战打响,沪版当日出一大张。

14日　胡政之电南京办事处,命曹谷冰赴汉,着手筹备汉口版事宜。

15日　胡政之做出决定,沪馆通信课与外勤课合并,称"通勤课",范长江为主任,领导战地采访;王文彬为副主任,领导上海市区采访。为适应战地采访需要,特设战地特派员,先后有范长江、孟秋江、陆诒、杨纪、高公、唐纳、徐盈、赵惜梦、杨士焯、樊迪民、朱秀金、戚长诚、李天织、张高峰等。同时设国外特派员,驻英特派员先后有萧乾、马廷栋、黎秀石,驻美特派员先后有杨刚、朱启平、严仁颖、章丹枫、张鸿增,驻新加坡和印度的为郭史翼,驻缅甸的是吕德润。

上海抗战后,王芸生倡议改支"国难薪",即只发给员工工资半数,由胡政之批准,通告实行。

17日　张季鸾率孔昭恺、李清芳等人由上海启程经南京赴汉口。沪版"社评"交由王芸生负责。此前,天津版的许萱伯、赵恩源、袁光中等由天津出发前往汉口。

9月

18日　《大公报》汉口版创刊,创刊号继津版署12262号。馆址:汉口特三区湖北街宝润里二号。张季鸾主持;许萱伯任经理,次年许调港,曹谷冰继任;张琴南任编辑主任,编辑赵恩源、孔昭恺。

汉版一版《本报启事》(一):"本报津版因平津沦陷暂时宣告停刊,淞沪战起,沪版寄递复感困难。兹为便利各地读者起见,特将津版移汉发行。时间仓卒,筹备未周,尚希各界多赐指教,无任感幸。"

《本报启事》(二):"本报津版兹已迁汉发行,如荷惠稿,请径寄汉口宝润里二号本报编辑部。惟以发刊伊始,篇幅有限,除新闻稿外,凡属研究某一问题之专门稿件,请以二千字为限。此外,为便利各界公开发表意见,特辟'读者信箱'一栏,务求简短,每条暂限百字,以资普遍。来稿无论登载与否,凡未附有退稿邮票者,恕不退还。"

汉版今日发表两篇"社评":《本报在汉出版的声明》《九一八纪念日论抗战前途》。

《大公报》汉口版创刊,收到了康心之、杨耕经、汪孝慈、于右任、冯治安、刘汝明、陈继淹、张伯苓等人的贺电及祝辞。

于右任祝辞:"《大公报》社长暨社员诸君鉴,当我忠勇将士为国家之独立与民族之生存,浴血苦战,以抗暴敌之际,诸君为国服务,于汉市分社发行新刊,坚举国作战之心,壮前方杀敌之气,至佩至佩。今日为我中华民国之独立的领土主权横被蹂躏之国耻纪念日,六年以来,寇氛益深,偕亡之痛,积于全国。诸君为转战南北之论坛宿将,炳灵江汉,构成新垒,一心一德,再接再励。必能与前方将士同时挺进,共建不世之勋业也。"

汉口版发行数最高达 3.7 万余份。

10月

14日　汉版一版"社评"《关于宣传工作的建议》,根据抗战需要,旁察各地实情,向最高统帅部就宣传工作问题提出五条建议:"(一)宣传工作甚需要,但亦不能潦草散漫的去办。必须整个组织,整个推动。(二)战时一切,应以最高统帅部之意志为意志,故必须由统帅部直接指挥。(三)有此大规模的巩固组织之后,则不论战事过程怎样变迁,后方宣传工作,永不至停顿或无力。(四)现时趁武汉集中人才甚多,其地又最适中,当然应以武汉为中心,赶紧推动。(五)各省市应办之事太多,宣传一部分,归中枢直接整个推动,于各省市亦极便利。"最后说:"中国无穷的力量,归根结底,是在我们民众自身!……一切民众教育训练,都必须趁抗战进行中完成起来,而第一步就是宣传。这个工作,又重大,又紧急……"

12月

13日　沪版接到日本占领军要检查新闻小样的"通告"后,胡政之当晚召集在沪主要干部会议,决定次日宣布停刊,以示抗议。

14日　沪版停刊。发表《暂别上海读者》和《不投降论》两篇社评。《暂别上海读者》说,"我们的报,在北方有三十余年的历史,去年四月在沪出版,承江南人士厚爱,在这一年多的光阴中,得随在上海历史悠久的诸同业之后,为读者服务,深感厚幸。本报津版已随国权的中断而自动停版,今天又到了本报沪版与读者告别的时候。国军是在上月十二日完全退出了上海,摆在我们报人面前的有两条路:一是随国军的退却而停版,另一是在艰难的环境下继续撑持下去,尽可能的为我们上海的三百万同胞服务一天算一天,一直尽了我们的最后的力量为止。但有一个牢固的信条,便是:

我们是中国人,办的是中国报,一不投降,二不受辱。那一天,环境上不容许中国人在这里办中国报了,便算是我们为上海三百万同胞服务到了暂时的最后一天。国军退出后的上海,完全成了一个孤岛,我们在这孤岛上又撑持了三十多天。在这三十多天内,我们继续记载南北各战场的战迹,继续鼓舞国人抗战的决心,关于上海的一切,尤充满了沉痛的篇幅。特殊势力的气焰一天天的增高,租界内中国人的生命财产也一再受到非常的侵犯,我们这个中国人办的中国报,自然也渐渐的不能与特殊势力并存了。特殊势力先接收了我们的新闻检查所,成立了他们的新闻检查机关。这个机关要求我们送报,我们未送;昨天又来'通告',说:'自十二月十五日开始小样子检查,而不经检查之新闻一概不准登载……'我们是奉中华民国正朔的,自然不受异族干涉;我们是中华子孙,服膺祖宗的明训,我们的报及我们的人,义不受辱。我们在不受干涉不受辱的前提之下,昨天的'通告'使我们决定与上海读者暂时告别。"

《不投降论》最后一节写道:"我们是报人,生平深怀文章报国之志,在平时,我们对国家无所赞襄,对同胞少所贡献,深感惭愧;到今天,我们所能自勉兼为同胞勉者,惟有这三个字——不投降。"

沪版停刊后,除王芸生之外的编辑人员及市区采访的外勤人员全部给资遣散。徐铸成、王文彬到《文汇报》;李子宽、张篷舟暂留上海,战地采访的外勤人员归汉口馆指挥。

16日 一版"广告"《西线风云》(长江新编)出版预告:"长江先生新编《西线风云》一书,最近在沪出版,仅残余之租界读者,第一日即销售三千册之多。本书以西战场为背景,详记各次战争的经过,指出抗战的教训,能给予读者以抗日战争实际发展过程的认识。最近长江先生更将太原战争前后全部材料,整理增编,希望全国读者能从本书中了解我们失败的根源,和转变到胜利的途径。"

27日 《大公报》附属刊物《国闻周报》在上海停刊,共出40卷672期。

12月底 胡政之派张篷舟到港筹备创办香港版事宜。

1938年(民国二十七年)

1月

5日 王芸生由沪经港赴汉,本日到达。

27日 三版"专载"《今后之战时新闻政策》(长江)。内容：（一）新形势与新需要；（二）过去的新闻政策；（三）新新闻政策；（四）新政策推行的可能性。其中关于"新新闻政策"论述四点：（1）建立战时统一新闻指挥机关。战时新闻政策之决定与施行，应由总政治部负其全责，如是始能切战时需要，超越传统鸿沟，而谋在战争中造成舆论一致之阵线。（2）确定新闻原则。新闻政策不能脱离政治而独立，然政治上已定之原则，则必须有机地表现于新闻政策上。如外交上决定与日本抗战到底，凡帮助日本侵犯中国之国家，当在反对之列。内政上，国共决定重新携手，则应明定携手方式，彼此各自教育党员，并以此表里如一之说法，告诉国际和国内。……原则已定，则应策动全国新闻界为此原则而努力。全国新闻检查所只能在此原则之下执行其职务。（3）加强新闻界之组织。（4）从事新闻记者之训练。

3月

本月 胡政之率杨历樵、李纯青等人从上海出发赴香港，筹备港版创刊。

30日 三版"本市消息"：青年记者学会今日举行成立会，明日继续讨论具体工作。中国青年新闻记者学会，系国内青年记者范长江、邵宗汉、恽逸群、陆诒、朱明、杨潮等为青年记者方便自我教育与相互协助工作起见，发起成立的。

"短评"《青年记者学会》："全国青年记者学会今天在汉口开成立大会，这个组织是一部青年记者的结合。这几年青年记者的进步，实是中国新闻界的可喜现象。这个组织的用意，在于藉自我教育，以促进业务的进步；我们期待这个会有一个坚实的前途，在自我教育及工作协助的两个基点上，稳健前进，充实自己的修养，以贡献与事业与国家。"

5月

13日 三版"特写"《本报发起募款救伤兵，组织大公剧团》："本报为扩大救护各战场负伤将士捐款运动起见，特倡办大公剧团，将在本市公演《中国万岁》三幕国防剧，现已组织就绪，特于昨日下午三时假普海春餐厅举行茶会，招待戏剧界诸先进，及全体团员，到会者有田汉、洪深、阳翰笙、孙师毅、马彦祥、史东山、应云卫、凌鹤、辛汉文、郑君里、黎莉莉、舒绣纹，及本报张季鸾、曹谷冰、王芸生等暨全体团员共六十余人。由本报曹谷冰主席，报告倡办大公剧团之目的,嗣由张季鸾阐述所以发起救济伤兵募款公演之缘由及倡办大公剧团之意义,继由洪深、凌鹤、辛汉文、阳翰笙、田汉、应云卫诸先生演讲……后由王芸生代表本报致谢辞。"

6月

17日 三版头条《救伤公演开幕盛况》:音乐节目甚为动人;《中国万岁》引起共鸣;各界踊跃参加共襄盛举。昨天晚上在维多利亚纪念堂,"八点了,开会仪式过后,王芸生君代表本报致辞。他指出了本报公演的两个目的。第一是募捐救护伤兵,第二是为扩大抗战的同情及拥护。""郭沫若先生继以极镇定的姿态出现在台前,他对于这次演剧表示极大的欣慰。他用激昂的声调说:'这表示中国民族除了有抗战力量,还没有忘记创造文化,更表明了建国不忘抗战,抗战不忘建国。'""在《中国万岁》国防剧上演以前,许多可珍贵的音乐歌舞开始,这些音乐,这些歌舞,也同样是中华民族抗战中新诞生的成果!"文华铜乐队、新疆歌舞团、怒潮乐社演出了很多好节目;周小燕女士的独唱《八百战士》与一支"松花江流亡曲"受到了热烈欢迎。许多在汉的国际友人看了演出。史沫特莱,这位走遍了中国大地的社会主义的女记者,随郭沫若高呼"中国万岁"时特别激动。《中国万岁》由应云卫、凌鹤导演,唐纳编剧,舒绣文主演。这次公演从6月16日开始,至6月19晚结束,公演4天7场,共收入1.4万余元,全部购买药品分送武汉各伤兵医院。

20日 二版"社评"《敬致谢意!》:"本报的救伤公演,昨晚圆满闭幕。这是参加表演、指导、协助的诸君的辛劳及各界观众的热情所交织成的结果,我们为此敬致谢意! 这次公演,共演了四天七场,除了白天的三场高价座券略有空额外,大致都是满座,并且有许多人买不到座券而不能临观的,这是我们筹备不周,又因为演员及参加表演的诸君太过辛劳不能续演,应该特致歉意!""我们早声明过,公演的全部收入都作为救护伤兵之用。券价收入的细账迄昨晚尚未结算清楚,大略估计,约得国币一万二千余元。这些钱都是武汉各界人士贡献给我们负伤战士的,我们决定把它全部用在武汉各伤兵医院。至于如何分配,我们已函请军医署指示意见,日内必有答覆,我们即遵照办理。至于这次公演的用费,约需国币三千余元,这完全由本报捐助,不动券价的分文。一切详账及分配的情形,俟办理清楚,当在本报详布。"

8月

13日 《大公报》香港版创刊,创刊号继沪版署 12384 号。馆址:香港皇后大道中 33 号 3 楼。胡政之主持,由汉口调来的许萱伯任经理兼编辑主任,未几,许病逝,金诚夫回报社接任,后徐铸成回来,分任编辑主任。创刊前后,胡政之基本上将沪版停刊时遣散的人员都召至香港,从昆明召回萧乾,从重庆《国民公报》召回曹世瑛,重返香港《大公报》。

当日港版第二版发两篇"社评"——《本报发行香港版的声明》和《八一三一周年》。

9月

9日 三版"告示"《本报发行重庆航空版》称:"本报为便利西南各地读者起见,自即日起发行重庆航空版,爱读诸君请就近向重庆建华公司或人民书报社订阅,惠登广告,请向重庆下新丰街十九号本报办事处(电话八五二号)接洽。"

本月间,范长江离开《大公报》。

10月

1日 三版《本报董事许萱伯君逝世》:"本社董事许萱伯君于昨日下午在港逝世。许君自北大毕业后,即从事新闻事业,初为北平国闻通信社记者,民国十七年调津,任本报编辑,旋为编辑主任,二十四年改任副经理,次年被选为董事,仍兼副经理职。去年平津沦陷,天津本报自动宣告停刊,乃间道来汉,一度任本报经理,至本年六月,以喉结核症赴港疗治,不幸于昨日逝世。许君服务新闻界逾十五年,于本社业务之主持规划,卓著劳绩,其待人接物,并极公诚,故素为同人所敬爱。本报自津沪两版因国难停刊,事业基础颇受影响,今兹汉版仅可勉支,港版发行伊始,正需许君之努力,同人切盼其早日康复,回社服务,遽闻溘逝,同深哀悼。许君年四十三岁,安徽歙县人,寄籍扬州,其封翁在港,太夫人在渝,夫人胡氏,遗子三人,均幼。"

15日 三版《双调折桂令》(右任):"季鸾弟癸丑十月十一日在北京出狱二十五年纪念,同在汉口。危哉季子当年。洒泪桃源,不避艰难。恬淡文人,穷光记者,呕出心肝。吊民立余香馥郁,说袁家黑狱辛酸。到于今大战方酣,大笔增援;廿五周同君此,纪念今日,庆祝明天。"(按:当时张季鸾主持北京《民

立报》，因宋案持正不阿，权奸胁诱，不为所动，及赣皖兵起，遂被捕至军政执法处羁押三个月）

17日 一版《本报特别启事》："本报自即日起暂停刊，迁往重庆继续发行。"汉版最后出版号数：12656号。

二版"社评"《本报移渝出版》说："本报即日移重庆出版，在迁徙期中，对于武汉读者将有少数日的小别。本报在渝出版的计划，原定于去年。当去冬国府西迁之际，我们即决定在渝出版，派员赴渝，觅定社址，筹备一切。当时计划，本拟汉渝两地同时出版，嗣上海本报因拒敌人干涉而停版，移至香港续刊，因限于人力财力，在渝出版的计划遂暂搁置，直至上月，才在重庆发行航空版，略应川中读者的需要。"

11月

15日 港版出版《大公晚报》，由杨历樵主编。

12月

1日 《大公报》渝版创刊，馆址在重庆下新丰街19号，营业部设在中山一路96号。早在1937年除夕，曹谷冰便奉命赴渝筹备渝馆，三个月后事竣。惟武汉撤退时在宜昌遭敌机轰炸，损失巨大。故延缓至今日出版。渝版创刊号继汉版署12657号。渝馆由张季鸾主持，曹谷冰任经理，王芸生任总编辑。

二版《美大使詹森先生赠本报之祝词》："《大公报》迁渝出版，得躬逢其开幕，并能乘此时机敬祝《大公报》事业成功，无任荣幸。余并愿向《大公报》诸同仁及其读者追述，以往种种亲睦关系，已使中美两国间获得显著之沟通。余希望两国间之沟通，能长久继续以此友谊为基础。詹森（签字）"

1939年（民国二十八年）

1月

《大公报》桂林办事处成立，负责人王文彬，外勤记者钱大燕，译电员黄梵。

4月

15日 二版"社评"《报人宣誓》："今天是第二期抗战第二次宣传周的教育文化新闻日，本市新闻界定于今日举行《国民公约》宣誓，当报人宣誓之际，我们愿一谈报人的本分。"

先谈报人的条件："中国之有现代报,历史不及百年,报人的地位,尚未尽为社会所认识。但其故不在社会,而在报人。报人欲为社会认识,必须报人先自认识;报人欲为社会尊重,必须报人先自尊重。新闻记者这种职业,似乎人人都可以干,但要干得尽职,却不是一件容易事。一个克尽厥职的新闻记者,他须具备几个异乎常人的条件。他须有坚贞的人格,强劲的毅力,丰富的学识;对人类,对国家,对自己的职业,要有热情,要有烈爱;然后以明敏的头脑,热烈的心肠,冰霜的操守,发为威武不屈,富贵不淫,贫贱不移的勇士精神,兢兢业业的为人类、为国家,尽职服务。平时的报人,已应如此;若当国家对外作战,以全民族之力拼存亡主奴之时,报人的工作益为艰巨,而报人的坚贞,明敏与勇力,更为加倍的需要。"

再谈本报同人过去的精神："本报同人,执役于新闻事业,多者二十余年,少亦十载左右,我们不敢自信已克尽厥职,但有充分志愿,向此鹄的以趋。本报是民营事业,不受公家津贴,同人等皆愿终身为报人,不兼公职,不受外给,故本报虽有相当长久之历史,而始终为书生事业。但愿此报能与国家同休戚,威利不足以动本报的精神,艰险穷困亦不足挠同人之心志。在平时,我们曾本这种志愿与精神,对国家社会略尽微职。抗战爆发以来,我们始终在抗战大纛之下,挣扎奋斗,以尽言论界一兵卒之任务。在第一期抗战之中,本报曾随战局推移而转战于津沪汉三地,尽管财产受损失,同人受奔波,而我们的志愿与精神,则愈坚愈奋。"

最后宣誓："我们誓本国家至上民族至上之旨,为国效忠,为族行孝;在暴敌凭陵之际,绝对效忠于抗战。我们对国家的敌人必诛讨,对民族的败类必摘击,伐敌谋,揭奸计,是我们不敢后人的任务。我们对忠良军民,必敬爱褒扬;对汉奸国贼,必严厉贬责。我们拥护政府抗战建国,服从领袖的领导;但绝不阿谀邀宠,逢迎取媚。我们誓做国家的忠卒,并愿做政府的诤民。我们绝对守法,但对法令范围以内的言论自由,必为最善之使用与尊重,我们不愿幸获法外的便利,同时也不愿见政府弛法以养奸。我们必本威武不屈、富贵不淫、贫贱不移的精神,守分尽职,为社会服务,为国家效忠!"

5月

3日 自即日起,日机对重庆连续大轰炸。《大公报》重庆馆编辑部被炸垮。工厂被震毁,工友王凤山被炸逝世。

4日 一版"启事"《本报特别启事》:"(一)昨日空袭本报工场震毁,现借用《国民公报》设备,每日暂出半张。一俟工场整理补充竣事,即当恢复原状,敬希公鉴。(二)本报文件报签昨日抢救时一部遗失散乱,清查整理均需时日,读者设有漏寄,敬请原谅。(三)本报现为篇幅所限,各方委登广告未能照刊,至深抱歉,凡无时间关系者,略缓当即补登,其因时间关系不须补登而又预收广告费者,当于一星期后分别退还。(四)本报馆址不能办公,现营业部暂移沙利文一号,编辑部暂移《国民公报》,各界投送文件或有事面洽者,请向上列处所接洽为荷。"

"社评"《血火中奋斗》说:"本报社址在下新丰街,正是敌机轰炸最烈的地方。特告慰我们的读者,我们虽遭受了损失,但在艰难的情况之下,我们仍照常出版,以表示我们不折不挠奋斗不屈的精神。在这里,我们特别感谢社内外朋友们的救助。在烟火弥漫之中,我们的社员工友都以异常的勇敢,抢救社产,那种忠勇精神,真令人感激落泪。尤其可感的,是社外朋友更表现了'被发缨冠'的义侠精神。同业《新华日报》《新民报》《商务日报》,都有多数同仁来为本报抢救器材,华北同学工作队及防护团在场抢护,华北同学工作队吕君且因此负伤。我们对这许多急难相助的朋友,谨致最诚挚的谢意,对于吕君尤特致敬慰之忱!最后,我们应该特别感谢《国民公报》社暨诸位先生,因为我们的编辑部及工场已不能工作,承《国民公报》借予一切工具及便利,使本报得不间断,照常为国家社会服务,这完全出于《国民公报》之赐!血火中的奋斗,最足锻炼钢铁的意志;危难中的友情,更是表现同胞爱的伟大。"

二版《本报工友王凤山君遇难》:"本报工友王凤山君昨日不幸被炸逝世,业已入殓,即日营葬。王君湖北人,曾在汉口本报服务。于去年十月本报移渝时随同入川。平时工作,克尽厥职,待人谦和,并足称道,不幸被难,本报职工同人咸深悼惜。"

《大公报》今日出半张,署12811号。自5月5日起,与重庆各报一道奉命暂时停刊,改出各报联合版,王芸生为联合版编辑部负责人之一。

8月

13日 《大公报》重庆版恢复单独出版,报纸署12812号。当日发表题为"全面抗战两周年——本报复刊献词"的社评,称:"本报自五月初旬奉命疏建,迄今复刊，其间中断百日。"（按：渝馆被炸时，胡政之适在渝。胡政之主持在近郊李子坝建设新村自建新馆，并在重庆市中一路138号设营业部）

萧乾从香港启程赴英国学习，后任本报驻英特派记者。萧乾离开后，副刊编辑由新入社的杨刚接任。

9月

1日 二版"社评"《祝九一节——报人自勉》："今天是九一记者节，在民族大战中，我们报人逢着这个节日，实有异常的感奋与惭愧。报人所一向视若生命的是言论自由，但在今日，这问题简直可说是不存在。因为现在我们奋全力拼生死以争的是民族国家的自由；没有民族国家的自由，那里还谈得到言论的自由？所以在今天过记者节，我们第一应为尽力争民族国家的自由而感奋，第二应为自己尽力的不够而惭愧！""我们除了善尽战时报人的职责以外，更致几点希望如次：（一）青年报人应大批发动到阵前敌后，从事效果最宏、意义最大的新闻工作。（二）政府应特别认识阵前敌后新闻工作的重要，努力加强，把收音机誊写板及简单的印刷器材多多运到前方和游击区，所有阵前敌后的政工人员都应该从事报人工作。（三）政府应该用飞机把后方的报纸运送到前方及游击区。"

1940年（民国二十九年）

1月

11日 二版"本报香港专电"《敌人无耻——僭用〈大公报〉名义在广州出版伪报》：广州出版伪报，报头及版形悉模仿港版《大公报》，外国电讯及评论亦照抄，惟中间夹杂诋毁中央之记载。敌妄图窃《大公报》名义，以遂其反宣传之毒计。香港《大公报》十日发表重要声明，斥敌手段卑劣。

22日 香港《大公报》独家发表汪精卫所谓《日支新关系调整纲要》原件，暴露日本灭亡中国的妄想和汪精卫可耻的卖国嘴脸，并发表题为"揭露亡国的'和平条件'——日阀的毒辣，汪兆铭的万恶"的社评予以抨击。一时间，香港乃至全国舆论大哗，《大公报》港版也因此影响力剧增，发行数飙升至5万多份。

6月

17日 因重庆遭到敌机轰炸，即日起，《大公报》每日只出两版。

8月

胡政之飞桂林考察,拟在《大公报》桂林办事处的基础上成立《大公报》桂林分馆,并出版桂林版。当年冬,胡政之再次到桂林筹划。

30日　重庆版李子坝馆被日机轰炸。

9月

2日　二版《"记者节"》说:"昨天是记者节。……说到'记者节',我以为应有两个解释:一个就是'记者的节日',这是因为国民政府于二十二年九月一日颁布了保护新闻事业的法令,以尊重新闻记者的自由。……这是纪念记者之被尊重的一个节日。再一个解释是'记者的节操'。我觉得这后一个解释特别有意义。据《荀子·君子》篇说:'节者,死生此者也。'是为'名节'而生死不渝之谓。所谓'名节',实际就是我们传统道德的'忠义'。我们所守的节操,就是要为国家尽忠,为社会行义。我们常有一种觉悟,就是要做一个完善的新闻记者,必须由做人开始。个人的人格无亏,操守无缺,然后才算具备一个完善的新闻记者的基础。这个'记者节',乃是新闻记者所应自重的。在平时记者应该注重节操,当国家遭逢敌国外患而全力奋战以争取国家民族万世生存之时,我们新闻记者尤其要注意节操。"

15日　重庆版李子坝馆再次遭日机轰炸。办公楼及印刷厂第二车间被炸毁,一名工人被炸身亡。报社将18架平版印报机的一半搬进半山腰的防空洞内印报。

1941年(民国三十年)

1月

4日　胡政之指令蒋荫恩、李侠文、张篷舟等及40余名工人,由港启程赴桂,筹备桂林版。

3月

15日　《大公报》桂林版创刊,馆址:东郊星子岩,并在桂江大桥北堍设营业部。桂馆由胡政之主持,王文彬任副经理,蒋荫恩任编辑主任(后蒋被燕京大学借调任新闻系主任,编辑主任一职由徐铸成接任)。创刊号上发表了题为"敬告读者"的社评和署名"老兵"(按:老兵应为张季鸾)的"重庆通讯",报道国民参政会开幕的情况。

桂馆报社同人读物《大公园地》在桂林创刊,为16开4页的油印小报。在桂出版3期。以后曾复刊,也只出了4期。

16日 二版"中央社讯":中国新闻学会今开成立大会,蒋委员长赐电祝勉。

"社评"《祝中国新闻学会》,首先说:"中国新闻学会的诞生,是象征中国报人的自觉。……抗战将近四年,我新闻界同人,崎岖奋斗,艰难经营,均各尽其言论兵卒之责任;但到今天,我新闻界同人已深感如此散漫作战不足以充分发挥其战斗力,尤其在精神上更需要精勤砥砺,故以此会为枢纽,使全国报人在此组织之内,更加黾勉奋发,在新闻岗位上,以辅导抗建大业达于胜利成功之域。"

其次,"在自觉之下,检讨既往,策励未来。"新闻工作中存在许多的"不够"和"不对"的东西,主要有几种陈腐落后的论调:(1)军事上,"以空间换时间"的说法,过去曾经有其相当作用,而在今天"却陈了,腐了,不适用了","自今为始,我们的军事意识理论应该是'夺回空间缩短时间'";又比如,"消耗战一词,现在也陈腐不适用了","在今天,我们已经不能单讲'消耗战',我们必须能战斗且胜利,才能保证独立求生存"。(2)政治上,大家均宣传"团结"。这种宣传,"最初的短时期未尝不可,而长此呼号'团结',适足彰我们的欠团结,实是国家之羞";又比如,"拥护政府拥护领袖"这类的话,现在也都陈腐得使人不要听,现在应该说"军令政令统一,一国之内不得有两个军令系统"。(3)外交上,过去习闻"正义""公道""集体安全""和平阵线"等名词,这些话都是人家的口头禅,而我们随声附和。随着人家的外交名词旋转,是不能获得成功的。

最后指出,出现这些"不够"和"不对"的主要原因是报人学习不够,没有与时俱进,缺乏对时代的深刻了解。"在抗战初期,我们还可以用爱国憎敌的热诚纯感来支撑;到今天胜利待争、建国期成之时,时代所要求于新闻记者的,是救国救世的纯诚,尤其是指导时代的真知灼见。这需要研究,需要工作,更需要进步。"(按:"中国新闻学会"1941年3月16日在重庆举行成立大会,蒋介石委员长赐电祝勉。大会选举于右任、戴季陶、居正、陈布雷、王世杰、陈果夫、陈立夫、叶楚伧、吴铁城、吴稚晖、张继、朱家骅、邵力子为名誉会员,选举萧同兹、陈博生、曹谷冰、胡政之、马星野、成舍我、陈铭德、赵敏恒、周钦岳等十九人为理事,杜协民、潘梓年等七人为候补理事,选举潘公展、张季鸾、王芸生、董显

光、程沧波、谢六逸等十一人为监事。见《大公报》当日二版报道)

4月

4日 二版"社评"《青年飞上天去!》:"关于滑翔运动,本报曾尽倡导之劳,'大公报号'滑翔机是中国天空上的第一架滑翔机。今天滑翔总会成立,我们心中真有无限的喜慰,更对国防前途寄有无限的希望。"

18日 二版《美国米苏里新闻学院赠本报荣誉奖章》:"美国米苏里大学新闻学院教务长马丁函本报胡总经理政之称:《大公报》刊行悠久,代表中国报纸,积极作特著之贡献,对于中国读者之服务,式符新闻学之信条。米苏里大学新闻学院有鉴及此,在教授会议中全体一致议决,将本学院今年颁赠外国报纸之荣誉奖章一枚赠予贵报,并嘱鄙人将该决议案通知阁下,私衷良深庆幸。又本校此项荣誉奖章已定于本年五月十五日在本校举行第三十二周年新闻周时颁赠,敬希派代表一人前来参加仪式等语。本报刻已电覆接受,并请中央社驻美主任卢祺新君代表受领。"

21日 二版《米苏里之荣誉奖》(马星野):"美国米苏里大学新闻学院最近宣布,一九四一年的荣誉奖,由《大公报》代表中国新闻界来接受。这是中国新闻界之光荣,也是中国民族的荣誉。……据作者的记忆,世界报纸受过米苏里荣誉奖的在英国有《曼彻斯特导报》、伦敦《泰晤士报》等。在美国,得奖的较多,如《纽约时报》、布尔顿《基督科学劝世报》均在其列。在东方,日本人的《朝日新闻》同印度的《泰晤士报》(1939年),均曾与其荣。中国报纸之得到这个国际荣誉,《大公报》是一个开端。"

5月

15日 二版"社评"《本社同人的声明——关于米苏里赠奖及今天的庆祝会》,首先说:"美国米苏里大学新闻学院赠本报荣誉奖章,这是赠给中国报界的第一次。本社同人,以其有关我国报界全体在国际上的荣誉,故决定托中央社驻美记者卢祺新君今天在米苏里代表接受。同时中国新闻学会及重庆各报联合委员会,特为此事,定于今天下午在重庆开盛大的庆祝会。"接着就此事谈了两点感想:"第一,中国报业本来历史短,规模小,国家地位又这样落后,所以国际上多年不深知我们报界情形。但我们公平论断,中国报人的精神,在许多方面断不逊于各国报人,或者还自有其特色。……何以说中国报人自有特色?

中国报,有一点与各国不同,就是各国的报是作为一种大的实业经营,而中国报原则上是文人论政的机关,不是实业机关。这一点,可以说中国落后,但也可以说是特长。……我们自信,《大公报》的惟一好处,就在股本小,性质简单。没有干预言论的股东,也不受社外任何势力的支配。因此言论独立,良心泰然。而我们同人,都是职业报人,毫无政治上事业上甚至名望上的野心。就是不求权,不求财,并且不求名。……我们经营本报十五年,自省积极的尽责太不够,而在消极方面,则差能自守,尚无大过。"

"第二,国际友谊,靠报人维持;世界文化,靠报人流通;今天为保卫人类自由,建设世界和平,尤其靠报人合作。关于此点,中国报界向来愿意尽力,现时更愿尽力。因为世界局势太不好了,现在业已有全人类半数以上陷入战争惨祸之内。就远东而言,中国受侵略业已十年,大规模抗战,业已近四年。我们全版图之半,被侵略者蹂躏着,全国到处,受着轰炸,平民妇孺,天天丧失生命,而日本报纸还说这是'圣战',是'共荣'。完全扯谎,毫不自省。我们因此,在新闻道德的意义上,感觉人类的悲哀。因此不能不呼吁全世界信仰正义与自由的报人,应当努力密切合作,动员全世界爱自由及受侵略的一切民族,用道德的及一切的力量,共同抵抗侵略,以救世界。"

"专电"《奖状全文》:"在中国遭遇国内外严重局势之长时期中,《大公报》对于国内新闻与国际新闻之报道,始终充实而精粹,其勇敢而锋利之社评影响于国内舆论者至巨。该报自于1902年创办以来,始终能坚守自由进步之政策;在长期作战期间,始终能坚执其积极性新闻之传统;虽曾遇经济上之困难,机器上之不便以及外来之威胁,仍能增其威望。该报之机器及内部人员,曾不顾重大之困难,自津迁沪迁汉以至渝港两地,实具有异常之勇气、机智与魄力。该报能在防空洞中继续出版,在长时期中仅曾停刊数日,实具有非常之精神与决心,其能不顾敌机不断之轰炸,保持其中国报纸中最受人敬重最富启迪意义及编辑最为精粹之特出地位。《大公报》自创办以来之奋斗史,已在中国新闻史上放一异彩,迄无可以颉颃者。"

《贺电一束》:《新华日报》赠贺联一副:"养天地正气,法古今完人。"又赠一条幅"同心协力"。山东新闻界赠条幅"报界之光"。华北战地服务团团长何冰如先生赠条幅"誉荣中外"。

三版《自由与正义胜利万岁!——本社对美国广播致辞》(《大公报》经理胡霖、总编辑张炽章)。胡、张在向美国公众"介绍中国报"时,采用问答式,讲了这样几个问题:"(一)一般中国报的情形怎么样?(答)中国报,从事实上说甚落后,从精神上说却决不后人。最明显的例,上海自我们军队退出后,多少报人,不惧威胁,不受利诱,仍始终为正义与自由而奋斗,因而被杀害者甚多,但前仆后继,现时还在奋斗中。而在其他被占领地冒着生命危险尽报人职务者也不少。至于在前线危险区域临时刊行的小型报的活动,也同样可感。这种精神,应当是中国报人的荣耀。……(二)中国报有没有言论自由?(答)有。因为法律有保障。这几年,国家在紧急状态,但法律依然并不禁止批评一般政治。以《大公报》的经验说,我们在战时首都每天自由讨论批评一切公众有关的问题,从未受过官吏的干涉。不过要加一点说明:国民政府在战时所禁止的言论,只有一种,就是破坏抗战的言论。这一点,我们很赞同。因为国家境遇,非常严重,不容许社会思想感情的混乱,尤其不容有直接妨害军事利益的思想之传播。我们认为这种禁止,是民族紧急自卫的当然措施。凡是负责的政府,一定这样做;凡是爱国的人民,一定同情这样做。其次,统帅部现在行着新闻检查,我们在检查的范围方法上,有时与政府意见不同,但在原则上认为有检查的必要。同时相信这种战时制度,在战后一定可以废止。(三)《大公报》的言论是不是独立的?(答)是。关于此点,愿特别报告几句话,因为假若《大公报》多少有值得米苏里称赞的价值,恐怕只有这一点。我们是信仰言论自由的职业报人,最久的有三十年,办这个报十五年了。我们深切认识,要言论独立,必须报社及主持人本身精神上先能独立,因此实行下列两个信条:(一)股本小而简单。《大公报》最初实际资本,只华币五万元,我们向不接受投资,因为怕股东干预言论。(二)同人相约不作政治活动,不求权势财富,亦不求卖名。若入政界,则辞去报馆职务。我们社长吴鼎昌后因为国难参加政治,对本报即立时辞去职务。我们多年实行这两点,所以确能保持独立的言论。我们对全国任何个人或党派并无说好或说坏的义务。除过良心命令以外,精神上不受任何的约束。我们在私的意义上,不是任何人的机关报,在公的意义上,则全国任何人,甚至全世界任何人,只要在正义的范围,都可以把《大公报》看作自己的机关报使用。举一例说,我们全国信任的领袖蒋委员长,假若他有重大过失,那么,我们不但没有代他辩护的义务,并且要加以严正的批评,一如美国报可以批评罗斯福大总统一样。这是中国报人当然的职责,也是在中国法律保障下的权利。"

16日 二版《本报答词》(张季鸾):"为青年同业一谈报纸成功之条件或秘

诀,即不望成功,准备失败,是报人天职。曰忠,曰勇。忠即忠于主张……此则须时时准备失败,方能做到勇字。报纸失败有两种可能:一为与政府或当地官厅冲突结果而失败,一为与社会空气冲突致销路跌落而失败。以本报为例,自十五年开始经营,时时准备此两种失败。就本人所记忆,此十五年中有两篇文字可谓勇敢:其一为民十六,三月十二日纪念孙先生二周忌之文,忆为胡政之君执笔,声明赞同孙先生之联俄政策,当时天津为张宗昌范围,而报馆地址在日租界,故可称为勇敢。其二则九一八后天津事变甫告段落,本社迁至法租界,当是时平津学生大举入京,请愿宣战,同业亦盛倡是说。吾等审知国家毫无准备,不可宣战,而宣战之主张又非常合理,倘反对宣战,恐为社会空气所不容。本人与胡政之君讨论,社会厚遇我报,我报应有以报答社会,其随波逐流以不顾国家危险乎,抑宁肯牺牲销路与名望而作良心之主张乎,两人同意宁作牺牲,亦应发表忠实意见。遂由本人撰一文述宣战之危险,谓战则必须战到底,决非一战所能了事,在当时空气中作此主张,亦可谓勇敢也。今为此言,乃声明本报在今日境遇甚好,得政府与社会之爱护,然心理上仍有此两种失败之准备。"(按:此为张季鸾在为庆贺本报获荣誉奖陪都新闻界盛大集会上的答词)

25日 桂林文化界暨各团体借三民主义青年团广西支部礼堂举行庆祝《大公报》接受密苏里大学新闻学院荣誉奖章大会,到会200余人,胡政之正好由港飞桂,在大会上致答词。

26日 第二版《后到的贺函》(陈布雷先生):"政之、季鸾、谷冰、芸生、诚夫诸先生钧鉴:《大公报》获膺美国米苏里大学国际荣誉奖,是报界之庆,亦吾国之光。陪都举行庆祝,布雷因事未能躬与盛典。"陈氏说,吾人与贵报诸君子交谊之久,不能无一言表示祝贺。陈布雷在函中回忆道:"民国二十年贵报举行出版一万号纪念,广征纪念文字。委员长蒋公时任国民政府主席,重视舆论,特赠'收获与耕耘'一文,忆在某次会议议席中亲为签署而寄出之,固已认识贵报五年奋斗之精神,卜其必能昌大以靖献于国家,因而特致其期勉。今此纪念号之报纸必尚保存于贵报,而其事又隔十年,《大公报》之耕耘未尝一日或辍,国难以来,流离转徙,社内同人,备历危艰,而守此岗位,锲而不舍,精神益奋,宜其十年以后,获此稀有之荣誉。蒋公平时训迪青年,常谓'天下无不劳而幸得之收获,亦无徒劳而勿获之耕耘',力行建国,其道在斯,而贵报之奋斗成功,即为明征矣。"

6月

20日 三版《道歉与呼吁》:"本报发行数目甚高,印刷需时甚久,近因电力公司每于上午印报时间停电,并以事前未能预知,临时雇工摇印,困难殊甚,致本市发行之报每至近午始能印竣,外埠发行之报,往往当日不及寄发。……敬希读者鉴谅。"此事"值得主管方面之注意"。

7月

10日 渝馆又一次遭敌机轰炸,损失惨重。

11日 二版"社评"《本报社址被炸述感》:"敌机昨午袭我陪都,本报总社一部被炸焚毁。这是敌机炸重庆三年来本报第二次受到的重大损失。我们愿乘此机会一述本报同人的感想。""(一)以敌寇而轰炸《大公报》,可说是千应该万应该之事,在本报可谓毫无遗憾,且毋宁是一种荣誉。""(二)谨奉告读者诸君:本报的非常准备虽尚感觉不够,但还继续出版,今天虽不得已而暂减篇幅,我们盼望明天即可恢复原状。四年来,我们曾遍历艰辛,尽管物质凭依菲薄,而精神始终一贯;目前之些少挫折,更不足撼摇我们的精神之丝毫。我们谨此宣告:《大公报》绝不屈服,在任何艰难情况之下,必为国家斥敌诛奸而不辞!敌寇汉奸听着:《大公报》对你们绝不留情!"(按:当日出版半张两版)

9月

6日 张季鸾在重庆病逝,终年54岁。

7日 二版报道张季鸾病逝的消息,刊登遗嘱,并发表了蒋介石的唁电及于右任的悼念文章。

《本报主笔张季鸾先生昨逝世——一代报人竟搁巨笔,蒋委员长特电赐唁》:"本报创办人,常务董事,本报主笔张季鸾先生,讳炽章,近因肺疾沉重,于上月三十一日入中央医院疗治,延至本月六日上午四时,不幸逝世,享年五十四岁。"

《遗嘱》:"余生平以办报为唯一之职业。自辛亥以还,无时不以善尽新闻记者天职自勉,期于国族有所贡献。迨九一八事变后,更无时不以驱除暴敌、恢复我国族之独立自由为念;同时深信必须举国一致,拥护领袖,拥护政府,忠贞自励,艰苦奋斗,始能达此目的。故尝勖勉我同人,敬慎将事,努力弗懈。今届抗战第五年代,胜利在望,而余病势将不起,特重言之,并愿我全社同人痛感时会之艰难,责任之重大,本此方针,一致奋勉,务竟全功;尤宜随时注重健康,以积极精神,为国奋斗。至关于余子之教养,及家人之生计,相信余之契友必能为余谋之,余殊无所萦怀,不赘言。"证明者:于右任、陈布雷、甘乃光、萧振瀛、王芃生、康心如、康心之、王陆一、陈博生、邵毓麟、王家曾、萧同兹、曹树铭、王玉珍、张陈筱侠、屈武、王芸生、王籍田。笔记人:曹谷冰。

《唁电》蒋委员长电:"《大公报》社转张夫人礼鉴:季鸾先生,一代论宗,精诚爱国,忘劬积瘁,致耗其躯。握手犹温,遽闻殂谢。斯人不作,天下所悲。怆悼之怀,曷可言罄。特电致唁,惟望节哀。蒋中正鱼。"

"专电":本报胡总经理抵筑,即日来渝主持季鸾先生丧礼。

8日 二版"社评"《敬悼季鸾先生》:"中华民国三十年九月六日上午四时本报主笔张季鸾先生逝世于重庆中央医院,此在本报为塌天之祸事,在国家亦为巨大之损失。

"先生为本报创办人之一,十五年来始终主持笔政,先生之于本报,实一而二二而一,精神事业,两不可分。本报同人与先生或为三十余年之契友,少亦十年左右之同事,兹于先生之逝,事业失所领率,同人丧其导师,悲痛曷极!先生一代报人,遽尔殂谢,识与不识,莫不同悲,本报同人岂可无一言以述哀思?

"先生从事报业,历三十年……自民国十五年接办本报,以迄于今。先生一生志趣在新闻事业,以做报为终身事业,故立志不作官。先生曾于民初拒受国会议员之选,接办本报之时复与本报总经理胡政之先生相约不作官。……综其一生事业,除民元曾一度任临时大总统孙公之秘书及民三曾一度任教中国公学外,三十年来,始终做报,澈底做到终身做报之志。

"先生之视报业,一非政治阶梯,亦非营利机关,乃为文人论政而设,而个人则以国士自许。……先生尝言:报人之天职,曰忠,曰勇。忠即忠于主张,勇则勇于发表。忠勇二字,本做人行事之本,先生引为报人天职,故先生之主张能忠贞不惑,发表亦少所禁忌。先生文章之影响大,感人深,胥由忠勇二字得来。……民十五接办本报时,正国民革命军誓师北上之时,本报设在张宗昌治下之天津,而先生言论斥军阀虐政,促国运统一,故当时本报有'坐北朝南'之目。国民政府统一全国后,指摘内讧,鞭挞时政,亦曾数忤政府,而先生之主张则屹然不变。国难既作,御侮为先。自九一八事变起,迄今十年矣。先生忧国心深,爱国情切,知非维护国家统一,树立国家中心,不足以御侮复土。保定匡庐,两访蒋公,抵掌谈天下事,知唯蒋公足任国家之重,故决心拥护,以图兴复。

国人读报，有一传统错误，即以攻击政府为敢言，以放言丑诋为痛快；国难以来，少数读者于先生言论每有不谅，甚且曲为揣测，而不知先生之维护国家中心，以利兴复大计，固国士之用心也。先生之所是，斧钺之威不能变；及其非之也，尤非庸俗之毁誉所能摇。是即其忠勇表现于言论者。

"先生尝对同人言：新闻记者不为威胁易，不为利诱亦易，惟不为名惑最难。先生言论终身，初期仅署别号，接办本报后文章概不署名。社评不署名制，虽不始自本报，却自本报使此制成为典型。不署名制，于立言便利且有力，盖以其代表全社，自较个人为重，亦寓个人不求名之意。然先生不求名，而名满天下，此殆非躁急之士所解矣。先生不为名惑之训，不仅不出锋头不骛浮誉之谓，尤有与流俗作战而准备失败之积极精神。先生尝以'不望成功，准备失败'八个字为报纸之秘诀。报纸失败有两种可能：一为与政府或当地官厅冲突结果而失败，一为与社会空气冲突致销路跌落而失败。前者系不为威胁，易；后者系不为名惑，则难。忆九一八事变后，平津沪学生大举入京，请愿宣战，同业亦盛倡是说。先生审知国家毫无准备，不可宣战，而宣战之主张又极合理，倘反对宣战，恐为社会空气所不容；而先生宁牺牲报纸之销路与名望，著论力驳宣战之议，谓战则必须战到底，决非一战所能了事。此为一例。又当二十六年末，上海既陷，敌逼南京，陶德曼奔走调停，和战不决，危疑震撼，先生在本报汉口版发表《最低调的和战论》一文，力言和局之不可保，只有继续抗战之一途。该文一出，空气澄清，群疑一扫。先生之言，故由于睿智聪明，而敢于如此主张，亦不怕与社会空气冲突而不惜报纸失败之勇气使然也。

"先生以一身系国家三十年舆论之重，继往开来，堪当中国报界之一代大师。于右任先生谓：'先生积三十年之奋斗，对国家有大贡献，对时代有大影响，其言论地位，在国家，在世界，并皆崇高。'先生何以能达此境界？同人以为其最高兴趣与最低享受实造成之。报人生活，原极辛苦，而先生业此不疲，实靠其最高兴趣维持。先生于新闻事业永远兴趣盎然，环境之艰，生活之苦，举不足以阻之。先生三十年做报，无时不在奋斗。此所谓奋斗，不特与环境战，最可痛者，乃耗损其躯体。先生体素瘦弱，民二十三春初患肺疾，医嘱长期休养，先生不忍恝置所业，仍以弱体支持本报笔政。抗战军兴，沪战继作，先生知淞沪之必不守，决定增出汉口版，以树立战时言论之中枢。先生于八一三后四日，仅率两位同人，冒险离沪，在敌机不时威胁下，舟车毛驴，病不辍行，兼程抵汉，于是年九一八创刊本报汉口版。自是经年，先生如一沙场老将，独力主持汉版笔政。彼一时期,国家大局最震撼,为本报言论最系国家重轻之时,而先生亦最劳瘁。自二十七年冬来重庆后,先生之疾,时发时愈,而仍往返渝港,指导两版言论,竟无休养之暇。近月疾作,病榻缠绵,犹不时指示本报之言论方针,明知有违医嘱静养之旨,而不能自已。及至病已不起,侍者不敢进报纸,犹不时以时局情况见询。弥留之际,言不及私,惟谆谆以'敬慎将事,努力弗懈'勖勉同人。呜呼！鞠躬尽瘁,死而后已,先生有之矣！

"先生成就之大,不徒文章名世,而其人格性情实为基本。先生性和易潇洒,有蔼然仁者之风;而所守不渝,故贞亮冠世。先生交友遍天下,上自名公巨卿,下至贩夫走卒,无不乐于先生为友,而深契生死者,更仆难数。先生不求名而名至,但从不以其成就自骄,时时以扶持弱小同业为念,而尤以奖掖青年后进为乐。先生所起草之《中国新闻学会宣言》有云:'在过去半世纪内忧外患丛集之中,其能久于斯业显露头角者,实极少数,大抵困顿饥寒,消磨壮志,怀才莫伸,荏苒老死,今日之吾业青年大群,盖已不知其第几代矣！'其悲悯同情慈祥恺悌之怀,跃然纸上。先生之人格修养如此,故能掌一代论坛,而从无一人与先生结私怨,亦甚少人不谅解先生之用心。先生言论风采,为世所重,虽在敌国,亦敬畏之。先生接办本报之初,馆址在天津日本租界,而纵论日本事,不稍避忌,于济南惨案及九一八事变时,批评日本,不稍假借,亦从未受日人之干涉。日人器识素小,而于先生独知敬重,此非谓日人明达,乃先生之人格声光有以慑之。抗战以来,本报维护国策,诛斥敌伪,不遗余力,敌人虽恨《大公报》刺骨,因知先生执笔,特重视之。先生成就之宏,影响之大,此其一斑。……"

三版《季鸾先生哀思录》:"周恩来、董必武、邓颖超三先生电《大公报》转张季鸾先生家属礼鉴：季鸾先生文坛巨擘,报界宗师。谋国之忠,立言之达,尤为士林所矜式。不意积劳成疾,遽归道山。音响已沉,切劘不再。天才限于中寿,痛悼何堪。特此驰唁,敬乞节哀。"(按：由于发来的唁电、唁函甚多,《哀思录》一连刊登几天)

15日 《大公报》社全体同人公祭张季鸾先生,总经理胡政之主祭,致悼词,并宣布《大公报》董监事联合办事处成立。

16日 二版《本报全体同人昨公祭张季鸾先生》:"本报全体同人于昨日下午一时公祭我常务董事、总编辑张季鸾先生。礼堂设本馆新屋,帷中正面悬季鸾先生遗像,旁悬胡总经理挽联云:'十五年协力同心,辛苦经营,报业才树始基,嗟兄早逝；二千里间关转毂,仓皇遄进,死别竟悭一面,悔我迟来。'全体同人挽联'精神不死,事业长存',则张挂帷外。更有先生生前友好馈赠之花圈、挽联、祭帷甚多,排满壁间,布置肃穆。到张先生遗属及胡总经理以下职工二百余人,由胡总经理主祭,曹监事谷冰、李董事子宽襄祭。"

胡总经理致哀悼词:"……(余与先生)民十五相逢津沽,朝夕盘桓,常行经余曾一度任事之《大公报》馆,时《大公报》已停刊,先生颇致惋惜,劝余合作,筹划接办。余初与先生及吴达诠先生固有在沪办报之议,未克实行,至是余以专心国闻社事,虽不感兴趣,终以吴先生敦劝之结果,事乃实现。彼时决定方针:由吴先生独筹资金,先生与余分任馆事,约定:(一)绝不接受外间金钱;(二)三人签约,三年内不得担任有俸给之公职;(三)文字由先生负责,惟评论意见须经公同讨论。方针既定,乃筹款五万元,以一万元接收报馆,继续发刊。"悼词在回顾新记《大公报》发展经历后说:"在晚近数年来,先生与余更如鸟之两翼,车之两轮,兹轮摧翼折,仅存其半,余心悲痛,匪可言宣。先生既逝,余复近退休之年,瞻念前途,自应未雨绸缪,为事业作永生的准备,故于路经贵阳,举行本公司董事会之际,适闻先生噩耗,遂即建议加强本报机构,使续起干部,多担责任,幸原议经董事会采纳,兹于张先生灵前报告同人,宣布干部新组织成立,此为张先生与余之素志,所以如此,亦藉以慰先生在天之灵。""嗣即宣布本报董事会决议案如下:(一)设立董监事联合办事处;(二)以胡政之、李子宽、王芸生三董事,曹谷冰、金诚夫二监事为委员,胡董事为主任委员;(三)由董监事联合办事处综揽全社事务。宣读后,各委员即于灵前就职。"

同时,《大公报》还正式成立社评委员会。由胡政之、王芸生、曹谷冰、李纯青、孔昭恺、赵恩源(重庆版)、金诚夫、徐铸成(香港版)、蒋荫恩、王文彬为委员,王芸生为主任委员。

渝、港、桂三版发表"社评"《今后之〈大公报〉》:"自本报总编辑张季鸾先生逝世之后……本报同人尤感悲痛与惶恐,悲痛失此导师,惶恐今后事业。但本报乃是一个永久事业,季鸾先生生前已有不可人死报亡之诫,本报同人也感觉事业的神圣,惟有更加奋发,黾勉努力,以发扬光大之。本报同人本此精神,怀此情绪,于昨日祭告季鸾先生之灵,宣告成立董监事联合办事处于重庆,总揽全社事务,期以协力同心、共同负责的精神,经营本报的业务,善尽本报的使命。

……

"追溯十五年来的本报,张季鸾先生与《大公报》实已镕为一体,这种精神,今后也将永远健在。我们实无所长,如其有的话,也仅仅在于始终尽力本职之一点而已。在张季鸾之先,以至同时,并非没有更有能力更有声光的记者,譬如中山先生与梁任公,皆是开拓时代的大记者,但他们皆怀有更大之志,办报不过是他们为求达到更大事业的一种工具。其次焉者,多不免以办报为一种阶梯,往往一时声华卓越,半途搁笔而去。其下焉者,甚且失操守,丧人格,以至身败名裂而后已。以上三者,季鸾先生皆非其俦,一下手就立志以做报为终身事业,洁身自好,极平凡的,极有恒的,做一个新闻记者,以迄于瞑目。树立报人人格,创造新闻道德,给中国新闻事业建设一个轨道,这不能不说是季鸾先生三十年来平凡有恒之功。这一点精神,本报同人今后必拳拳服膺,不失报人人格,维持新闻道德,在新闻事业的轨道上,平凡努力,有恒前进。

"其次说到报的本身,在《大公报》之先,以至同时,非无更有力量更有声光的报纸。但许多先辈报纸,都各有它的历史任务,任务终了之后,或消灭,或减色,往往随人或随团体的进退而生灭。至于《大公报》,由创办人至一般从业员,皆尽力躲避个人虚名,一切以报为本位。文不署名,人不兼差,惟兢兢业业,平凡做报;报也是平凡前进,而不急于媚众求售,或诌权乞存。……这一种优良的传统,今后本报必永守不替。

"再次说到报馆与国家的关系,本报同人仅声明一点,即民主国家的一个特色就是言论自由。中国在世界分野上,是民主集团的一份子,三民主义的建国路线也就是要把中国建成一个民治民有民享的新国家。《大公报》以过去十五年的奋斗,在社会上曾挣得一些言论地位,今后也必为民主的新中国撑持言论自由的阵营而努力。这所谓言论自由,自然不是违法荡纪、祸国害俗的盲目自由;但我们根据国族利益,获得真知灼见,必然坦白主张,纵使与政府见解或社会空气发生冲突而不辞。这一点随时准备失败的精神,本报在过去曾不断有所表现,季鸾先生生前也曾一再以此训诲同人,今后将永远为本报'社训',必坚持不坠。

"最后我们愿再郑重声明一点,即本报同人皆以做报为惟一的终身职业,效忠于言论报国,在国家至上民族至上的大原则之下,立言纪事,绝不与任何团体或个人修私怨,但遇伤害国家民族利益之事,无论发动于何方,本报必斥击之不遗余力。本报同人自审学识有限,立言纪事,有时或不免囿于一时之蔽;但可保证一点,即纵有错误的过失,绝无故意的罪恶。我们自然要努力避免过失,而确信必不作恶。这是报人信条之一,我们必慎守不懈。"

24 日　三版《季鸾先生哀思录》首条:"毛泽东、陈绍禹、秦邦宪、吴玉章、林祖涵五先生电:'张季鸾先生追悼会及季鸾先生家属礼鉴:季鸾先生在国民参政会内会外,坚持团结抗战,功在国家。惊闻逝世,毋胜悼念,肃电致唁,藉达衷心。'"

27 日　二版《季鸾先生之哀荣》:26 日上午八时起至下午六时,在嘉陵宾馆吊唁张季鸾;下午三时中国新闻学会重庆各报联合会在此举行公祭。国民政府送来对张季鸾的褒扬令:"张炽章学识渊通,志行高洁,从事新闻事业,历三十年,以南董之直笔,作社会之导师,凡所论列,洞中窾要。抗战以来,尤能淬厉奋发,宣扬正谊,增进世界同情,博得国际称誉。比年连任参政员,对于国计民生,并多贡献。兹闻积劳病逝,轸悼殊深,应予明令褒扬,用昭懋绩。""各界前往吊奠者自晨至暮,约达千人",林森派人致祭,蒋介石于下午三时半亲临吊奠,并赠大花圈一个及挽联云:"天下慕正声千秋不朽;崇朝嗟永诀四海同悲。"

张季鸾逝世前夕,他坐镇的渝版销数达 35 724 份。

(二) 消息、言论与通讯

1936 年(民国二十五年)

1 月

4 日　四版"通讯"《松潘战争之前后》(长江寄自天水),通讯一共三篇,篇名及发表日期为:(一)《再论红军之北上与分裂》(1 月 4 日);(二)《政府军之布置与错误》(1 月 6 日);(三)《松潘战争的结果》(1 月 11 日)。

2 月

25 日　二版"社评"《陕晋间之军事形势》:"最近消息,陕北共党一部分约八九千人,由吴堡延川县境渡河来晋。"

三版头条《阎就绥蒙会长官职,陕共渡河晋军准备迎"剿"》。

3 月

10 日　四版"通讯"《首都访冯记——由救亡说到文化》(本报特派员萧乾

自南京寄)。(按:萧乾自津到沪参加沪版工作,途经南京,于3月5日访冯玉祥)

4月

4日 十版"通讯"《伟大的青海是中华民族的一个支撑点——本报特派员西北视察记之一》(长江),前言:"在华北风云急剧变化,国内军事正排演着空前的大旋转之际,关于新疆以东,外蒙以南这一块地区之实况,想为一般留心时局之读者所系念。记者于去年十二月十七日由兰州到西宁,更西北经大通台源,越祁连山至张掖,更西走酒泉,出嘉峪关,历玉门、安西,而至敦煌,随由原路返张掖,东南经武威,以三月十一日到兰州,费时三月,所感甚多,兹谨先将祁连山南北之概势介绍于读者。"(按:此为范长江取得《大公报》特派员身份后写的第一篇通讯。4月6日续完)

9日 三版"通讯"《弱水三千之"河西":汉族历史上的斗争舞台——本报特派员西北视察记之二》(长江)。(按:该通讯12日续完)

10日 四版"通讯"《晋南视察记》。(按:该文次日续完)

19日 四版"通讯"《妇女节在苏联》(戈宝权寄自莫斯科)。(按:该通讯次日续完)

21日 三版"通讯"《祁连山南的旅行——本报特派员西北视察记之三》(长江)。(按:该通讯共十二篇,每篇另无篇名,4月21日至5月6日载完)

5月

1日 三版头条《立法院昨日三读通过〈国民大会组织法〉》:今日审议《选举法》及宪草,定于本月5日同时宣布。

2日 三版头条《立法院通过宪草》。中央社讯:宪草修正案全文,昨日立法院三读通过。

5日 二版"社评"《宪草公布后之国民责任》:"本日为国民政府公布宪法草案及国民大会两法之日,亦即在理论上不啻为正式开始结束训政,同时正式开始准备施行宪政之日,其在中华民国之历史上具有划时代的重大性,自不待言。""在最近之数月间国民方面何以对于宪政之实施,未有积极的兴奋表示,转呈轻视冷视之倾向?其理论的基础何在?据吾人观察所及,国民轻视冷视之理由,综而言之,殆不外以下六种":(一)外患严重说;(二)历史观察说;

(三)有治人无治法说;(四)国民经济建设说;(五)立宪政治不符合时代需要说;(六)怀疑政府诚信说。接着分析了产生以上六种观点的原因,最后提出:宪草公布后,国民有责任"促进宪政之施行在预定期间实现,而不容其依任何理由而延期或停顿"。

三版头条《国府下令宣布宪草》:令文昨已拟定,今日颁发。

13日 二版"社评"《悼胡汉民先生》:"昨深宵接香港电:胡汉民先生,因血管破裂,医治无效,已于昨日下午七时四十分逝世!"在简述经历和职务后说:"胡先生逝世,于国家政治上实际影响如何,兹不具论,惟凡同情及翼赞近代中国之革命者,当兹国难,将无不痛惜此老成人物之凋零,而感慨系之矣!"

三版头条《胡汉民昨在粤病逝》:血管爆裂后转为脑充血。附胡氏头像。

22日 二版"社评"《关于日本增兵华北问题》:"日本增加华北驻军事已实现,中国各界之一致的心理,可以不安二字括之。"在具体阐明"不安"的三条理由后说:"近知我中央当局曾向东京交涉,望其中止增兵,闻日方迄未答复。又欧美方面,对此事甚感惶惑,日来报端迭有纪载。惟吾人兹所欲论者,全不在此,盖以为就东亚全局而论,最近之平津增兵,及察北沦陷后之军事形势,俱表现时局之阴郁,使期待中日关系好转因而促进东亚安定者,更感前途之棘手。国地当局,宜就日本之大陆国策,根本考量肆应之方针,非一纸抗议所可塞责者也。"

6月

6日 三版"专电"《外部电驻外各使辟西南异动谣言》:孙科等昨由粤抵沪,杨德昭今入京谒蒋。

7日 三版头条《两粤仍为中外注意》:桂兵入湘境说确为谣言,粤钞跌价尚需中央援助。

9日 三版头条《昨晨中央纪念周蒋报告两粤问题》:相信两广绝不会脱离中央,将召开二中全会公决大计,西南执行部昨开扩大会议。

10日 三版头条《蒋电西南劝告息兵,粤桂军北进达郴祁》。

四版"短评"《悬崖勒马!》:"两粤军事,不幸竟然发动,粤桂北进的部队,分达湘南郴永两州,桂军前锋且已到达祁阳。中央驻军奉令撤退,以避免冲突。故军事虽已发动,尚非不可挽回。悬崖勒马,此正其时!"

12日 三版"通讯"《祁连山北的旅行》(长江)。(按:该通讯共十四篇,每

篇另无篇名,6月12日、15—16日、18—20日、22—23日、27—30日、7月2—3日,每日一篇)

15日 三版头条《粤桂撤兵时局急转》:此后进止决于今日广州一会,湘南及闽赣边昨均安靖,中央决以和平方针处理。

四版"通讯"《莫斯科的地道车》(戈宝权寄自莫斯科)。

24日 三版头条《时局渐至重要关头》:"陈济棠就一集总司令职,蒋电复宋韩决力避内战。"

7月

4日 三版"专电"《京市党部电陈李白等敦促入京出席全会》:粤军机七架失踪,空军戒严。

"通讯"《贺兰山的四边》(长江)。(按:范长江于4月20日离开兰州,搭乘牛皮筏,循黄河至宁夏,然后到上海,这篇长篇通讯是6月在上海写的。该通讯共19篇,每篇另无篇名,7月4—7日、13日、16—25日、27—28日、30—31日,每日一篇)

7日 三版头条《对粤桂决从容处理》:政治解决方法在考虑中,唐绍仪抵京将访各当局。

9日 三版头条《余汉谋飞京谒蒋,李汉魂通电吁和》:驻赣南粤军两师反对内战。

14日 三版头条《全会昨议决撤销西南两机关》:国民党中央西南执行部与西南政务委员会撤销,陈济棠免职,军队改组,余汉谋任粤绥靖主任,李宗仁、白崇禧任广西正副绥靖主任。

四版"短评"《时局解决办法》全文:"二中全会昨日议决时局解决办法,颇为澈底。西南执行部及西南政务委员会两机关,原是割裂中央政权,近年更单纯的变成地方军阀的割据机关。现决予撤消,另组一国防会议,陈、李、白及各省军事领袖皆为委员,自是由割裂转入统一的一种趋向。看中央的办法,决意除去此次戎首之陈济棠,而以余汉谋收拾粤局。对桂省则留有余地,任李、白为广西正副绥靖主任。据大势判断,陈济棠如抗命,广东虽将难免战祸,而余汉谋之力即足收拾之。现在所不可知者,李、白的态度如何耳。"

15日 二版"社评"《陈济棠能否拒命》,首先说:"前日二中全会既已对处理粤局作正当之解决,国府既已下令,则对于命令之实施,定将贯澈到底。关于粤事,已交余主任汉谋负责。……是以陈济棠果负隅抗命,则不免由余主任负责平乱。"接着说:"中国今日有一大前提,曰:不容割据分裂。在割据分裂之形势下,立国基础将动摇……必须为巩固统一而前进,不容少数人障碍把持,陷国家于混沌相持或分立对峙之状态。"

20日 十版"通讯"《绥蒙写生通信》(沈逸千作并注)。(按:沈逸千继《察东写生通信》《察蒙写生通信》《五台山写生通信》后,今始每日刊登写生画一幅,并附简短说明,每篇通讯由若干幅画组成。今日刊登"从晋北往绥东之一"。《绥蒙写生通信》至7月30日刊毕)

25日 四版"通讯"《东行日记》(曾昭抡),编者按:"北京大学化学系主任曾昭抡氏,上月初带领该系部分教授、学生赴日参观日本化学工业,月底分两批返国,兹承曾氏盛意,允许于百忙中将参观所得成绩印象记逐日撰稿,交本报发表,留心日本工业与日本问题者,幸注意焉。"(按:《东行日记》共35则,刊登于7月25日—9月9日)

26日 三版头条《李宗仁任军会常委,白崇禧调浙省主席》:黄绍竑为广西绥靖主任。

四版"短评"《桂局解决》全文:"昨日国府命令,李宗仁任军事委员会常务委员,白崇禧任浙江省主席,而以黄绍雄(按:当为黄绍竑)调任广西绥靖主任,李品仙为副主任。这一番人事调动,证明桂局业已解决。黄绍雄氏本为桂人,与李白感情素佳,其收拾桂局,最为适宜。李白离桂,一至中央,一至浙省,安置均甚适宜。我们盼望李白二氏连受新命,则云收雾敛,国基自此固矣。"

8月

3日 三版头条《蒋电李白促受新职》:长言规劝解释误会两点,蒋拟赴粤与李、白谋一晤,冯玉祥、陈绍宽昨到牯岭。

7日 十版"通讯"《绥南写生通信》(沈逸千作并注)。(按:至8月22日刊毕)

12日 三版头条《蒋委员长昨到广州》:决派居正、程潜等赴桂,对李、白作最后之劝告。

13日 三版"政局述评"《西北当前几种急务》(长江)说:"记者在西北旅行一年归来,深觉西北之大有可为,尤以西北人之诚笃勇敢,将来定可致力于国家。'关东出相,关西出将',自古已然。西北因为各民族相互竞争生存关系,锻炼出若干异常英勇的人材。……为整个西北前途计,记者认为下述各问题,有急待提出,引起社会之注意与设法进行解决之必要。""第一,沟通新疆。""第二,整刷西北民族关系。""第三,整顿土著军队。""第四,最低限度之西北交通。"

15日　三版头条《从和平中想解决法》:黄绍竑抵港对桂局表示,张任民盼黄氏出任斡旋,李、白代表谒蒋后已返桂复命。

"专电"《蒋抵粤详纪》:对桂仍主和平,约晤李白消除隔阂。

17日　三版头条《桂空军飞粤投效》:司令林伟成等昨日谒蒋,粤党政要人今晨就职。(按:李宗仁任中国国民救国军政府主席,白崇禧、蔡廷锴任副主席)

21日　二版"广告"《〈大公报〉记者范长江著〈中国的西北角〉出版》:"长江先生所撰〈西北纪行〉,自在《大公报》发表以来,获得全国读者之欢迎,纷纷来函要求发售单行本,以便购存。兹特商之作者,就成兰纪行及祁连山南北、贺兰山四边各篇,加以整理,附刊地图,以资考证,并插入照片多幅,藉示风景人物之一斑,现已出版,即日发售。"

24日　二版"社评"《朱徐毛彭等之新动向》,在叙述了朱、毛、彭、徐、萧、贺等部队的动向后说:"共产党今年以来,政策上颇有重大变化。土地政策上不再没收'不作汉奸之地主和富农的土地'。工商政策上,不没收'非汉奸之工商业'。在外交政策上,不再'反对一切帝国主义',而表示愿与同情中国之帝国主义携手。对内政治上,亦放弃一党专政之主张,而以联合相标榜。由此种政策的变动观之,则知其军事之变动,非偶然也。"

27日　三版头条《传桂军两路侵粤》:和平空气仍相当浓厚,林主席定月初离庐返京。

9月

3日　三版头条《居程朱昨飞抵南宁,桂局关键在此一行》。(按:居、程、朱为居正、程潜、朱培德)

6日　三版头条《桂提和平初步办法》:俟蒋接纳后再详商步骤,刘维章携蒋函今日返桂。

7日　二版"社评"《广西问题和平解决》,说:"广西问题,自经居正、程潜、朱培德诸氏亲赴南宁晤商李宗仁、白崇禧,而得大体的解决。故程氏前日亲告本报广州特派员,谓和平已成铁铸。果也昨日国府发表明令:以李氏任桂省绥靖主任,而调白氏为军委会常委,黄绍雄(按:应为黄绍竑)氏则仍回浙省主席前职。此事既系商定而后发表,则广西问题可谓已见和平解决,此诚国家之幸也。"

17日　三版头条《李宗仁等昨就新职》:李(宗仁)、黄(旭初)今晨飞粤谒蒋委员长,粤南路翁照垣开始撤退。

25日　二版"社评"《中日交涉之危机》:"中日交涉自本月十五日由张外长与日本川越大使第一次会见,就成都事件暨一般问题听取日方意见后,次日……(两人)谈仅数十分钟而别。"

30日　二版"社评"《西北"匪祸"亟须解决》。

10月

3日　三版"专电"《京沪各报对中日关系发表共同宣言》:希望全国国民,"尽其所应尽之力,而整齐步骤,集中意志,以听命于整个之国策。一切行险侥幸之观念,应一扫而空,分歧自乱之举动,应绝对鄙弃"。

7日　二版"社评"《绥远问题》:"中日交涉行将进入具体的协议之新阶段……中国今日不容再失寸土,故绥远问题,值得万分重视,愿再正告当轴,幸勿掉以轻心也。"

20日　三版"专电"《鲁迅昨在沪逝世》:蔡元培等组织治丧委员会,明日大殓,后日安葬。刊登鲁迅头像。

四版"短评"《悼鲁迅先生》全文:"文艺界巨子鲁迅周树人先生,昨晨病故于上海,这是中国文艺界的一个重大损失!他已是世界文坛上的有数人物,对于中国文艺界的影响尤大。自《呐喊》出版,他的作风曾风靡一时。他那不妥协的倔强性和那嫉恶如仇的革命精神,确足代表一代大匠的风度;他那尖酸刻薄的笔调,给中国文坛划了一个时代,同时也给青年不少的不良影响。无疑的,他是中国文坛最有希望的领袖之一。可惜在他的晚年,把许多的力量浪费了,而没有用到中国文艺的建设上。与他接近的人们,不知应该怎样爱护这样一个人,给他许多不必要的刺激和兴奋,怂恿一个需要休养的人,费很大的精神,打无谓的笔墨官司,把一个稀有作家的生命消耗了,这是我们所万分悼惜的!"(按:王芸生执笔写的这篇短评,对鲁迅先生进行了不公正的评价,对当时中国文坛那场论争进行了不合时宜的解读,因此发表后,受到了津沪及全国广大读者的抗议)

23日　三版头条《蒋院长昨飞抵西安视察并指导西北"剿匪"军事》。

30日　三版头条《蒋委员长昨日抵洛阳》。

31日　三版头条《蒋院长今日游中岳，献机典礼隆重举行》。

"专载"《五十生日之感言——报国与思亲》(蒋中正)。

四版"专载"《蒋介石先生的家庭教育与学术修养——为介石先生五秩诞展而作》(邵元冲)。

11月

4日　三版头条《匪军齐动绥边吃紧》：蒙军大部开往百灵庙一带，伪匪进犯绥北兴中有冲突，傅作义谈决尽守土责任。

8日　三版头条《匪军准备大举犯绥》：王英匪部一周内集中百灵庙，中日交涉昨日仍甚沉寂。

12日　二版"社评"《守绥远》："今日之国民心理，乃认识绥远为北方最后之壁垒，西北数省共同之门户，此而有失，即足导灭亡之祸。故以为守绥远即为守西北，不论有何困难，生何变化，必须善为守护，不使被侵。"

16日　三版头条《绥东将士冒雪鏖战》：匪军三千人昨猛攻红格尔图，飞机七架助战并有野炮多门，六次进犯皆被我军击退。

18日　三版头条《蒋委员长昨飞太原》：阎主任昨召开高级将领会议，全体愤慨矢志守土抗战到底，绥边日内将有激烈战斗。

20日　三版"中央社电"《前线奋勇杀敌，后方慷慨解囊》：激励士气，纷电慰劳。

四版"短评"《坚固的精神国防线》："连日各界对于捐款援绥，热烈紧张，实在太令人激感了。细察这次运动，不仅充满热烈的情绪，还有持久的决心；不仅青年学生为然，各界人士都同此认识，同此感觉。即就方法步骤上说，这次也有大进步。试看这次援绥大募捐，学生界组织之严密，动作之敏速，态度之慎重，都是向所罕见的。一年来的青年学生，其思想行动，与过去是不能相提并论了。以北方论，这种青年心理，已构成了坚固的精神国防线，这是不可忽视的事实。"

21日　三版头条《匪伪军侵扰平绥路，王英主力已被击溃》。

四版《前方将士的精神》："过去一周中，绥远前线将士，在零下十二度的寒威下，在雪深三尺的战壕中，与敌人拼命，为国家守土，彭毓斌师长和兵士们竟至三日夜不眠,眼红声哑,而精神仍甚奋发。这种强毅忠勇的精神太令人感动了!"

25日 三版头条《我军昨开进百灵庙》。

26日 二版"社评"《绥北大捷之意义》:"国军二十四日晨收复百灵庙,为绥远军事之一大胜利。"接着说:"今欲明国军胜利之意义,应知三点:其一,汉蒙人民之援助。世人论绥事,不可只注意军队,应注意人民,尤应知蒙旗官民援助国军,关系甚大,意义甚深。""其二,将士之决心。""其三,匪伪之无斗志。"

29日 十版"消息"《章乃器邹韬奋移送法院》:以有妨害秩序行为,史良失踪,派警追缉。

12月

2日 十版"航讯"《沪救国会常委被捕后禁室中访问记》:沈钧儒对史良逃亡颇不谓然,朝野领袖名流分头设法营救。

"专载"《七人被捕后各人家庭状况》。

7日 四版"通讯"《越过大青山》(长江),前言:"百灵庙之克复,政治上与军事上皆有其非常的关系,非普通之克一城一地者可比,而战争的经过,又表示我们英勇的战士若干可歌可泣的事迹;记者自归绥出发时,本与平津沪若干同业同行,但后因详细调查起见,独留战地,迟三日始归,使本报读者不能早日读此视察经过,深为抱歉!"(按:范长江是11月27日清晨乘载重汽车离开归化城前往绥远采访的。该通讯共6篇,分别刊于12月7日第四版,9日、10日第三版,12日、21日、22日第四版)

13日 三版头条《张学良竟率部叛变,蒋委员长被留西安》:中央紧急会议今晨始散,国府已下令张免职严办,行政院长由孔祥熙代理。

14日 二版"社评"《西安事变之善后》说:"兹抒所怀,幸全国爱国人士留意焉。""一、解决时局,避免分崩,以恢复蒋委员长自由为第一义。""二、其次专论地方利害,亦不得不望主动者迅速悔祸,免陕省之糜烂。""三、最后吾人愿反复为国人告者,切勿化中国为西班牙。"

16日 二版"社评"《再论西安事变》,继前日所述,进而论述三点:"第一,吾人以为今日最有发言权而又为全国所重即西安亦不能漠视者,当为绥远前方卫国守土之将士,此诸将士者,月余以来,在冰天雪地中,精忠奋发,伤亡载道,全国同胞莫不衷心钦敬,乃今当前方血战之时,而张学良等劫持全军统帅,以摇动人心,破坏组织,前方将士尤受精神上事实上之重大打击。张等犹自称救国,其如此事实何?""第二,闻张等于事变之后表示,与学生救国运动之主张有类似之点,且闻事变之前,西安曾有学生请愿风潮,事变之后,西安市内有学生正举行宣传周。虽然,吾人愿速知全国及西安之学生界真正态度,盖青年意见亦政治上之一重要因素,一般纯洁爱国者要其祖国成何种境界,亟有表明之必要也。""第三,陕西省尤其西安市人民,现受切肤之祸,故对于要求和平解决有特别发言权。……吾人故望在京陕籍人士,宜向中央请愿,顾全地方,非至最后无途径时,务应避免战事,尤请求勿用轰炸……"

17日 二版"社评"《讨伐令下之后》:"中政会昨晨已议决对张学良下讨逆令。"

三版头条《国府昨下讨伐令,大军冒雨西征》:何应钦为讨逆总司令,于右任宣慰西北军民。

18日 二版"社评"《给西安军界的公开信》,首先说:"主动及附和此次事变的人们听着!你们完全错误了,错误的要亡国家,亡自己。"

接着专对东北军说:"东北军的境遇大家特别同情,因为是东北失后在关内所余惟一的军团,也就是九一八国难以来关于东北惟一的活纪念。你们在西北很辛苦……全国悲痛国难,你们还要加上亡家的苦痛。所以你们的焦灼烦闷格外加甚,这些情形是国民同情的。你们大概听了许多恶意的幼稚的煽动,竟做下这样大错,你们心里或者还以为自己是爱国,那知道危害国家,再没有这样狠毒严重的了!你们把全国政治外交的重心,全军的统帅羁禁了,还讲甚么救国?……全世界的舆论认定你们是祸国,是便利外患侵略。"

谈到如何解决西安事变,社评对张、杨二人说:"所幸者现在尚有机会,有办法,办法上且极容易,在西安城内就立刻可以解决。你们要从心坎里悲悔认错,要知道全国公论不容你们,要知道你们的举动充其量要断送祖国的运命,而你们没有一点出路。最要紧的,你们要信蒋先生是你们的救星,只有他能救这个危机,只有他能了解能原谅你们。你们赶紧去见蒋先生谢罪罢!"并且指出:"你们记住几点:(一)现在不是劝你们送蒋先生出来,是你们应当快求蒋先生出来。(二)蒋先生若能自由执行职务,在西安就立刻可以执行,你们一个通电,蒋先生一个命令就解决了,几时出西安,是小问题,谁不是他的部下,谁不能作卫队呢?(三)切莫要索保证,要条件,蒋先生的人格,全国的舆论,就是保证。……(四)蒋先生是中央的一员,现在中央命令讨伐,是国家执行纪律,但我们相信蒋先生一定能向中央代你们恳求,一定能爱护你们到底。"

最后说:"今天的事情,关系国家几十年乃至一百年的命运,现在尚尽有大家成功的机会,所以不得不以血泪之辞,贡献给张学良先生与各将士。我想中国民族只有澈底的同胞爱与至诚能挽救。我盼望飞机把我们这一封公开的信,快带到西安,请西安大家看看,快快化乖戾之气而为祥和。……我们期待三天以内就要有喜讯,立等着给全国的同胞报喜。"(按:张季鸾执笔写的这篇《大公报》社评,宋美龄十分重视,指示将当天的社评印成传单30万份,派飞机散发于西安)

19日 二版"社评"《祖国利益高于一切》,说:"中央讨伐令下以后,国家等于在紧急戒严状态。关于陕变之纪载言论,我们要接受中宣部指导,加倍慎重,所以凡类似调停疏解的言词,概不可用。不过有一层,我想西安一定有许多幼稚的文武青年在思想上有严重错误,应当纠正他们,所以我们在这里就原则上说几句。""第一,我们自身的国际观是平和主义,我们有同胞爱,同时有人类爱,所以我们反帝国主义。……我们反对日本的侵略中国,对于侵略必须抵抗,这是当然合理了。""第二,中国人应完全以中国利益为本位,换句话,祖国利益高于一切。""第三,说到国防利益,我们介绍武大教授吴其昌先生一段文字。……他说:'现在中国相信有无数的真正爱国国民,请愿献身殉国,那么就请一致站在中央领导之下去献身,才可以获得救国的结果。'……我们诚恳盼望西安一部份参加事变的人们,深切反省,现在全国同胞都愿意你们从速自新,回头是岸。"

21日 二版"社评"《国家进步之表现》说,陕变十日以来,有三点"证明中国确已有重大进步":"第一,自陕变之起,全国虽悲愤而不惊慌,政府不因军事行政领袖之蒙难而沮丧动摇。""第二,最足注意者,为全国同胞对蒋委员长同情之深切,自陕变起至现在,全国各大小都市莫不为愁云所笼罩。""第三……此次变后,金融商业概能镇定。"

23日 三版头条《中央军昨进迫渭南》:赤水张部昨晨已被缴械,蒋夫人与宋子文飞西安。

24日 三版头条《陕局已到最后关头,中央决定澈底讨伐》:东西两路军队取得联络,大军奉令现正兼程急进。

"通讯"《陕变别记》(本报特派记者潼关通信,1936年12月18日夜)详细叙述事变经过。说张学良受蒋委员长申斥,杨虎城始终不敢谒见。(按:该记者12月16日率社命从天津出发赴洛阳,沿津浦路南下,转陇海而至开封,逢于右任奉中央之命入陕宣慰西来,乃改乘于专车,一同西行至潼关。写此稿时,车到灵宝车站,时至深夜。大雪纷飞,遍地已成银世界。该记者估计是张季鸾)

25日 三版"专载""中央社潼关专电"《敬告西北与东北将士人民书》(于右任)。

26日 二版"社评"《国民良知的大胜利》:"两星期来,中国国民不提防的无准备的经了一个严重的试验,而试验结果却大得胜利了。这一胜利,使得全世界知道中国确是统一的国民,确有领导全国的领袖,使得我全体国民无论文武,无论何种职业者,今后更坚强了爱国卫国的自信,因而精神上事实上更增进了团结。"

三版头条《蒋委员长脱险飞洛,全国民众欢跃若狂》:蒋委员长昨驻洛阳,今日返京;南京闻喜报,顿成不夜城;全国慰问电,如雪片飞来。

下半版在《喜报乍传欢声雷动,举国同庆爆竹齐鸣》标题下,报道全国各地欢呼蒋介石返京的情况。

27日 三版头条《蒋委员长昨午到京》:发表引咎谈话,答谢全国同胞,张学良、宋子文昨亦飞京。

28日 二版"社评"《一言兴邦》。此文为"蒋委员长对张杨之训话"而作。

1937年(民国二十六年)

1月

13日 三版"通讯"《沉静了的绥远》(长江),该通讯共四篇,篇名及发表日期为:(一)《朔风卷黄沙,长歌赴东线》(1月13日);(二)《经过十二苏木,走进红格尔图》(1月17日);(三)《由红格尔图南行——黑夜穿过战线》(1月18日);(四)《绥东刁斗声中社会经济危机》(1月19日)。(按:范长江发表《越过大青山》之后,于1936年12月出发赴绥东采访)

14日 三版"通讯"《西安一月来见闻录》(本报特派记者),前言:"西安自去年十二月十二日发生非常事变,其发生之骤与解决之速,均出一般人意料之外,记者驻陕将及一年,事变之当日适在城中,兹幸于本月十一日晨返抵上海,爰详述一月来之闻见及事变发生之因果,以作关心中国大局者之参考。虽明日黄花,但此事在民国史上尚属空前,固不能无记也。"(该文载于1月14—

17日）

22日 二版"社评"《对西安负责者之最后警告》。首先警告西安当事者,然后分别对东北军、西北军说,最后论共产党。

三版头条《陕局和平殆将绝望》:李志刚昨飞京谒何部长,杨虎城就范希望仍甚微。

2月

8日 三版头条《顾祝同即进驻西安,杨虎城昨突赴三原》:西安各界欢迎中央军入城,本报驻潼关特派员乘陇海车抵西安报告。

14日 三版"通讯"《潼西段沿线视察纪》(本报驻潼关特派员),该通讯所记为潼西沿途见闻。其内容有"拥护国民政府""欢迎顾主任祝同复兴西北"等。(按:此特派记者上年12月18日搭乘于右任专车到潼关后,便一直在潼关,2月6日乘陇海车由潼关抵西安)

15日 三版头条《三中全会上午开预备会议》。

16日 三版"政局述评"《动荡中之西北大局》(长江):"双十二以来全国人对于西北方面之政治了解,要不外'人民阵线''联合阵线''立即抗日'等流行政治宣传,而实际西北领导的理论不但不同于上述各说,而恰与之相反。彼等之政治动向,为反人民阵线的民族统一战线,为在某种政治商讨之下拥护国民政府,与服从蒋委员长之领导。至于对外应有一定步骤与充分准备一点,在和平统一的前提之下,除少数感情冲动者外,实无人加以反对。"还说:"双十二事件之发生,实以东北军为主体,陕军为附庸,共产军以事后参加之地位,而转成为政治上之领导力量。"(按:西安事变后,范长江立即离开绥东于2月3日到达西安,采访了周恩来、叶剑英,并随即进入延安采访。之后回到上海,赶写了这篇形势述评。这篇述评分析了西安事变发生的原因,及共产党对事变的态度,透露了共产党建立抗日民族统一战线的主张)

17日 三版"通讯"《西北近影》(长江):"绥远战事暂告弛缓,社中乃命记者亲历西北视察……"(按:这篇通讯2月28日写毕于上海,刊于2月17—21日、25—28日)

22日 二版"社评"《今后之内政外交》,首先说:"吾人认识近时国家之最大转机,为已形成一定的前进之针路,今后在思想上、理论上,将极少对立之状态,所需者惟团结与实行,易言之,国是已定是也。"接着论及国是的内容:"第一，国家之独立完整必须保持，已失之领土主权必须恢复，侵犯之来必定自卫，决不容再有屈让丧权之事。""第二，全国今日有一种超越党派、地域、职业之平凡的共同认识，为和平统一之绝对的需要。此本非仅为对外之计，然实为救国御侮之绝对的前提条件也。同时又共同认识，所谓统一云者，绝非封建割据式之伪装的、松懈的结合或联合，乃必须有坚固有力之政府，使全国如身之使臂，臂之使指，以紧密灵活之组织，尽速为广义的国防上、经济上之有效的建设。"

三版头条《三中全会今晨闭幕，蒋委员长昨发谈话》：开放言论并集中全国人才，酌释政治犯，限制军额军饷。

26日 二版"社评"《今后的对日问题》："第一，应知外交为政治之一部分，离开内政不能言外交。""第二，再进一步，国民应觉悟经常非常之不可分。""第三，上述为自己应具之觉悟，兹将进述处理对日问题应有之态度方法。按日人过去对我有一种评论，以为中国惟于受武力威胁下，方可谈问题，易言之，以为中国非威胁不通融，遇威胁必屈服是也。自今而往，务须以事实证明其相反：即横逆之来必不屈，交际以礼则可商，充前者言之，愈威胁愈抵抗，以举国威胁，即以举国抵抗，中国民族誓不受侵略瓜分，不作亡国民。""第四，最后讨论中国对日外交之目的。……中国对日，仅关于自卫自存之问题，此外别无争点是也。"

3月

15日 二版"社评"《敬悼绥战殉国军民》说："去冬绥远被伪匪侵攻，我守土军民挺身抗战，保全国土，击破敌谋，兹逢绥垣举行绥远挺战阵亡军民大会之日，本报谨掬衷心之诚意，致沉痛之哀思，并愿为国人勖！"

三版头条《风沙弥天同悼国殇，汪阎预定今晨飞绥》：大青山麓充满了悲壮景象，国民要踏着烈士血迹前进。另有《蒋委员长祭文》《傅主席的哀词》。

18日 四版"通讯"《到江西的路上——从上海到杭州》（本报旅行记者徐盈）。

19日 四版"通讯"《"浙赣"的春天——到江西的路上》（本报旅行记者徐盈）。

21日 四版"通讯"《南昌新影》（本报旅行记者徐盈）。

22日 三版"通讯"《江西省的农村改进事业》（本报旅行记者徐盈）。（按：载于22日、24日）

25日 四版"通讯"《赣东风雨》（本报旅行记者徐盈）。（按：26日续完）

27日　三版"重庆专电"《刘湘语本报记者,谓川谣当可消散》:本报特派员赴成都,26日午后一时在绥署谒川主席刘湘。

4月
2日　三版"通讯"《从"收复"到"复兴"——记邵行政专员的谈话》(本报旅行记者徐盈)。

3日　三版"通讯"《宁都漫记》(本报旅行记者徐盈)。

4日　三版"通讯"《山道上的"三险"》(本报旅行记者徐盈)。

5日　三版"通讯"《瑞金巡礼》(本报旅行记者徐盈)。(按:该文7日续载)

6日　二版"社评"《沈钧儒等一案起诉感言》,先说:"此案自发生以后,全国各界颇形震动,吾人自始即主张交由司法机关依法办理。现在检察处既已起诉,自应听候法院定期宣判,有罪无罪,当事人尽有依法辩诉之权,殊不宜由局外人率加批评。惟吾人撇开司法不论,单就政治观点,亦殊不无感想,愿略陈之,以告当世。"接着说:"中国在去冬以前,国难严重,人心愤激,政府当内外交迫之冲,慎审肆应,责重事繁,既不能巨细公开,尽求国民谅解,则因公受谤,势所难免。国民方面痛心时局,烦闷煎忧,惟其知之不深,遂不免责之过甚。"然自绥(绥远挺战)陕(西安兵谏)之事后,情况根本改变,因此认为,从政治方面考虑,不宜对沈等人士科事。说:"要之,过去国民对政府往往多为反事实的怀疑,政府对国民遂不免有不必要的钳制。互信不立,害及大局。现在情势一变,上下双方,皆应勾销陈迹,一新态度。率直言之,如《危害民国紧急治罪法》者,虽予废止,亦无不可。"

9日　四版"通讯"《赣南的剖面》(本报旅行记者徐盈)。

10日　三版"通讯"《赣州一瞥》(本报旅行记者徐盈)。

13日　四版"通讯"《京滇周游记》(本报特派员木公),前言:"京滇公路以南京为起点,经苏、皖、赣、湘、黔而达西南边徼之云南省会,全程计长三千公里,乘自备汽车则十日可毕全程,不但在吾国交通史上开一新纪录,在促进统一,实现民族团结,及沟通经济文化上,亦称空前之大事。记者应邀参加周览团,作万里壮游,览九省市人文物产,耳闻目接,当随时将所留印象,报告读者。"(按:该通讯共11篇,分别刊登于4月13日、16日、18日、19日、21日、30日,5月5日、11日、12日、14日、18日)

5月

2日 三版头条《杨虎城辞职照准》：蒋委员长派杨出洋考察军事。

四版"短评"《杨虎城辞职照准》全文："陕绥靖主任杨虎城辞职,已经蒋委员长照准,并奉派出洋考察军事,日内即可成行。现陕局大定,军政渐复常轨,杨氏乘此机会外游,于公于私,可谓都有裨益。杨氏在陕奋斗有年,部下也是有光荣历史的军队。此次出洋,更得增益智识,归国以后,必能对国家有切实的贡献。所以杨氏此行,确是很有意义的。"

3日 三版"通讯"《太原印象纪》,主要内容："普遍实施军政训练""造产运动成绩良好""统制经济实物准备""公营事业归之省民""积极进行兵工筑路""吾省禁烟问题检讨""主张公道团的工作"。(按：该通讯连载于3—6日、8—11日、13日三版或四版。作者赵恩源。报社为使社会重视山西建设成就起见,13日第二版还发了题为《今日之山西》的社评)

13日 二版"社评"《今日之山西》："本报特派员视察山西,既作太原印象纪,连载前报,以匆匆旬日之间,其所见闻纪载,诚未必尽符真相,惟由此可知山西现状之轮廓。兹再综合论之,期全国共同情注意山西之建设问题焉。"

15日 四版"通讯"《景德镇的恐慌》(本报特派记者徐盈)。

16日 四版"通讯"《梅雨时节——赣北一环的水景》(本报特派记者徐盈)。(按：该通讯共3篇,载于5月16日、17日、20日)

21日 三版"通讯"《全国手工艺品展览会纪》(本报记者长城)。(按：该通讯连载于5月21—23日)

四版"通讯"《庐山之春——及植物园的访问》(本报特派记者徐盈)。(按：该通讯2篇,载于5月21—22日)

22日 四版"通讯"《雁荡天台探胜记》(本报记者萧乾)。(按：萧乾此次参加道路协会旅行团游雁荡、天台,在两处共盘桓7天,写作的该通讯共9篇,载于5月22日、24—28日、30—31日,6月4日)

28日 三版头条《蒋委员长已抵庐山》：政躬康复,假满即将销假视事；杨虎城昨飞沪,日内晋京。

6月

5日 三版头条《蒋院长对本报记者谈话,集思广益迈进建设》：渴望全国智识界与政府合作,暑期邀大学教授至庐山畅谈,全国将为精神的建设动员。

"南京专电"："本报记者谒蒋院长于牯岭，顷已归京，兹记谒见印象如下：记者为蒋院长销假视事后报界最初谒见之人，见其精神复原，谨致贺意。蒋先生自谓体气已如常，惟因新愈，起居一切尚加慎重。遂谈及国事，谓国内军事已结束，本人健康已恢复，此正集思广益迈进建设之时……"（按：此记者为张季鸾）

四版"通讯"《京滇周览印象记》（本报记者木公）。该文分三部分：（一）"共识中朝使节来"，主要写贵州灾情及其他；（二）"得天独厚之云南"；（三）"新政得失之感录"。（按：此文载于6月5日、9日、13—17日、21—26日。木公即汪松年。汪松年应邀参加周游团，从南京至云南游览，已发表长篇通讯《京滇周游记》。除发表文字通讯外，还摄有照片，《京滇周览印象记》照片6幅刊于6月18日第九版《每日画刊》）

9日 三版"通讯"《江西农村改进事业的全貌》（本报记者徐盈）。（按：连载于6月9—11日、15—16日、18—19日）

四版"专载"《沈钧儒等答辩状》："沈钧儒、王造时等被告危害民国一案，苏州高等法院定于十一日公审，沈等已分别聘定……辩护律师……并已拟定答辩状，兹觅录如下（略）。"（按：载于9—15日）

11日 二版"社评"《沈钧儒等一案公判》说："本案在今日着重在定是非，明利害，以更促进全国之精诚团结，意见一致。夫回忆去年全救会之所号召者，诚不无危险之影响，当时政局虽与今日不同，然燥急之鼓动，庞杂之组织，各党各派合作建立政权之理论，盖不惟不足加强国家之地位，且使国家更艰于指导与运用。去冬上海，尤可随时爆发意外之危机。尝闻论者有云：'救国何罪？'盖以为苟动机为救国，则行动无谬误。实则问题须看国家所受事实的影响如何，不能仅以名义为准。譬如吃饭，固足以养生，然要须食物内容之无害。吾人以为政治上重要理论之确立与统一，实建国御侮之最大前提。不然，自身先纷乱不宁，且封建割据思想更依附种种理论而复燃，国基不安，遑论对外？"

四版"消息"《沈钧儒等一案今日公审》：下午一时开庭审，辩护律师先后到苏。

13日 三版头条《汪主席将赴庐山》："蒋委员长与汪主席邀请各大学教授谈话事，经中政会教育部筹备，大体就绪。此次被聘者二百余人，其中大学教授占一百余人，余为各界领袖。"

三版"通讯"《沈案首次公审旁听记——各被告受讯时的言论仪度》（本报

特派员自苏州寄)。

20日 三版"南京专电"《庐山谈话程序确定》：名单已决定,请束即寄发,汪主席将赴庐静养。

27日 三版"中央社南京电"《许大使昨日由京抵沪,各界对川越谈话失望》。(按：许大使,即中国驻日大使许世英,23日在牯岭被蒋介石召见后,26日抵沪会晤日本新任驻华大使川越。川越离日前对中央社驻东京记者发表谈话,坚持侵华立场)

三版"通讯"《京芜途中——土地利用应当改进,军人思乡激动感情》(本报记者徐盈)。

四版"短评"《中日关系的前景》："国人对中日关系的前途,将因澈底的失望,更可有深一层的认识。中国现在,只是固守我一贯的立场,保持我领土主权的完整。必谨慎而勇决地应付今后的局面,不怕事,亦不惹事。至于中日关系究将如何推演,其关键只看日本的真实态度。"

十版"通讯"《京滇导游》(木公)。(按：载于6月27日,7月1日、5日、19日、21—23日)。

28日 四版"通讯"《沈钧儒等一案第三次公审纪——供词论点涉及西安事变》。

29日 二版"社评"《中日国交之前途》："日本对华空气,近有显著若干逆转,新阁尚不及前阁,广田又逊于佐藤。其原因中有误解,有错误,兹特辟其误解,正其认识,而最后贡献吾侪意见于日本国民之前。此皆披肝沥胆之言,望其能有俾于两国国交前途也。"

7月

2日 四版"通讯"《三星期七省游察之印象》(华南生)内容有："甲、对于粤汉铁路之印象""乙、对于公路及市政之印象""丙、对于风景名胜之印象""丁、杂感及旅行须知"。(按：载于7月2日、6—7日、9—11日、13—17日,七省即河北、河南、湖北、湖南、广东、广西、山西)

9日 三版头条《芦沟桥中日军冲突》：日军猛烈进攻,我军沉着应付,迄昨夜止双方交涉尚无结果,日方正增兵,我军决死守。

"社评"《芦沟桥事件》："昨日河北省宛平县政府所在地之芦沟桥地方发生日军藉故向我军攻击事件,视去年九月之所谓丰台事件,情态尤重,实为不幸之至。"在驳斥日方传播的颠倒是非曲直的消息后说明事变真相:"此事据称系因日军声言士兵失踪,要求入城搜索,我方以深夜无法查找,彼遂出于攻击,甚至要求我军退出芦沟桥。综合此种情况,纯系日方放肆要挟,有意寻衅。"

10日 二版"社评"《芦沟桥案善后问题》,首先说:"芦沟桥日军向我攻击一案,经中日代表斡旋结果,昨已双方撤退,停止战斗,紧张之局得免扩大,自系不幸中之幸。"接着指出:"此案虽因两方撤兵,稍纾危机,然善后问题亟待解决。吾人以为此际首应切实注意者:(一)保安队接防芦沟桥,只能认为暂时权宜处置,不应含条件性质。……(二)芦沟桥形势重要,不能容许外兵驻扎,更不容有不驻我军之诺言。"最后谈感想:"今后惟有迅决大计,上与中央连成一片,下与民众结为一体,凭藉强厚,犹可为有力的周旋。否则退让复退让,畸形复畸形,士气何堪得用,地方成何体制!"

三版头条《芦沟桥中日军撤退》:两军昨晨停战即各遵令后撤,双方无任何条件及文字规定,保安队入宛平城暂维治安。

11日 三版头条《日军猛攻芦沟桥》:昨日违约挑衅企图扩大事态,我军奋勇抵抗,今晨战况转剧,大局刻刻增加严重程度!

四版"短评"《芦沟桥事件逆转》文:"芦沟桥事件昨又逆转,日军不仅不撤,并且继续挑衅。昨晨起双方又冲突,今晨战况愈剧烈。一面日方陆续增兵,大局刻刻在增加其严重程度!我方具有和平解决的愿望,但亦抱定守土自卫的决心。中央当局和地方当局的态度,皆极沉着而坚定。外交部现已派员北上协助交涉,同时更须注视大势,在种种方面为迅赴事机的准备。"

12日 二版"社评"《危机一发的东亚大局》,首先说:"这两天日军在芦沟桥的几阵炮声,很可以变成远东和平的吊钟,在国际间将要酿出严重的局势,在历史上将要种下百年的浩劫。我们对这次事件推演的局势和结果,简直是不忍想象!所以我们衷心祈祷主动方面能够悬崖勒马。"接着阐明中国的态度:"我们是五千年的文化古国,讲谦让,爱和平,却决不是没有羞恶之心的无耻民族。""而且因为近年国民的统一意志非常坚强,政府也没有力量敢于违反民意,默认外力割裂。不幸日方始终不肯认识此点,前年有所谓'华北五省自治运动'的纷扰,去年南京中日交涉之卒至不调,都是所谓'华北特殊化'的一念之差!观察这次芦沟桥事件发动的背景,大致仍是'特殊化'的梦在作祟。我们不问日方计划如何,真意何在,敢断言拆散中国民族,割裂中国领土,已是时代过去的陈腐思想!我们更敢断言:日本此次果把中国逼到无路可走,则我们全国国民决不能眼看着二十九军的忠勇官兵单独在北方挨打！所以说这事将成中日间扩大的冲突，尽有酿出严重局势和百年浩劫的可能。"

三版头条《东亚大局危机一发，北平附近继续激战》。（按：整版刊登有关卢沟桥事变的专电以及中外通讯社有关此案的电文）

13日 二版"社评"《希望日本政府持重》："这两天东京的对华空气，显然十分紧张。近卫内阁势将利用中国问题，加强他所谓'举国一致内阁'的地位，所以召集金融界新闻界谈话，要求援助。一方面在军事上调兵遣将，极力作对华扩大化的布置。"希望近卫公爵"不要成为政治上的冒险家，因为这一冒险，说不定要成百年历史的罪人"。最后希望"全国国民应当信任当轴，沉着镇静，举国一致，各各准备着走我们不能不走的道路"。

三版头条《日本继续增兵运械，前方形势仍甚严重》。

四版"短评"《昨天形势》全文："中日双方虽已商定撤兵，但日方迄不实行，双方军队距离太近，前方刻刻有极端恶化的可能。一方面日本国内对华空气异常紧张，一方面更大举增兵，昨夜并有由古北口运来的大批军械开到北平城外。所以即令暂时无事，而事态随时可以扩大，情势依然万分严重。我方立场甚坚定：人如决心进犯，我必拼命自卫。因为大势如此，我们除了为悲壮而坚决的抵抗外，实在没有第二条路可走！"

14日 三版头条《日方企图现已判明，形势紧迫大战难免》。

四版"短评"《重大关头！》全文："日方对华企图，今已完全判明。关东军发言人的声明，更充分揭开了狰狞的面目。现在大势，显然已不能赖外交折冲。在这重大关头，政府须领导全国，加紧为自卫的布置和准备。国民须认识当前的危机，同抱从容赴义的决心，各尽庄严神圣的责任。现在是中国民族生死存亡的紧要关头，全体国民须一致准备为悲壮的大奋斗！"

16日 二版"社评"《日本诚意何在？》。文章说："芦沟桥一带中国军队前晚业已复员，依常理与公道言之，日本此际应即简单明了，完全撤兵，表示诚信，乃事实上不但澈底撤兵未见实行，援军利械且仍源源而来。""现在北方局势犹在变化莫测之际，吾人一面希望日方省悟，速速收拾，惟观于昨日日本陆军大臣杉山在地方官会议演辞，对于中国尽情诬蔑，窥其意直不许中国自奋自强。盖凡中国之复兴运动，被竟以'排日'目之，而不悟日本自身在中国之行动，乃时时刻刻予中国国民以反感，供给其恨惧日本之实物教材。如此不自反省，仍复加重武力压迫以求征服，将欲解决两国问题，何异火上浇油，缘木求鱼？抑吾人观于杉山所言,益觉日本于北方和平解决一无诚意。"

三版头条《日本续向平津增兵》:东京昨公表再派兵来华,双方在津交涉昨无进展。

四版"短评"《国民一致的要求》全文:"我军撤退原地以后,日军昨尚不撤,且仍继续调兵运械。交涉前日移津办理,昨天毫无进展,北方大势随时有极端恶化的可能！一般观测:日军在一切布置完竣以后,恐将不免提出重大要求,要求不遂,难保不即刻采取重大行动。日本的企图极为明了,所以表面缓和,固不可恃;局部妥协,尤无可能。此时负责当局须上承中央意旨,下徇全国舆情,立定脚跟,沉毅应付。苟安必不可求,寸土不容放弃。这是国民一致的要求,因为此外我们也没有第二条路可走！"

17日 二版"社评"《时局真相的解释》说:"现在我们将时局真相再澈底的解释一番,庶几易于澄清国际观点,决定一切是非。""第一:自七日芦沟桥发生事件之第一瞬间起,以至今日,我们冀察当局,我们中央政府,一直是求和平,不是求战争。……这种态度,现在依然,所以时局关键始终只在日方能否撤兵,能否停攻我们的部队。""第二:问题之严重化,是从十日左右起,在九日北平方面认为已可解决,当局间的空气是乐观的,然不料十日又有严重的冲突。接着日本阁议就决议大举出兵。……十五日夜日本陆军省反正式发表了出兵令。依现状推论,在几天以内,平津间并且平津外,将有数万日军集中,那么这两天的比较沉静,只可解释为等候援兵齐集之后,要有严重动作。""第三:这两天……中央与冀察当局实际是一个态度,一个意志。……全国同胞须知道中国决没有一点再屈再退之余地,平津一带同淞沪一样,是中国的心腹,是几百代祖先惨淡经营的国土。日本此时对中国主权更进一步的任何打击,其意义是要中国的命！中国政府与人民固然不求战,并且避战,但到避不了之时,只有拼命自卫。因为要不然就是放弃华北,就是自杀。所以中国绝没有选择之余地,也没有观望之可能。关于此点,中央与宋是绝对一致的。""第四:我们客观的考察,感觉时局危机刻刻增大。日本除去从满鲜不断的进兵平津之外,并且下了内地师团的出兵令,这是一个极严重的事实,世界舆论界要认清此点,大家为远东和平努力,再迟就来不及了！"(按:卢沟桥事变发生时,张季鸾正在牯岭,准备参加蒋介石召集的庐山谈话会。由于局势日益严重,他不待庐山谈话会开幕就回到上海。这篇社评是张季鸾庐山归来写的,基本上代表了蒋介石对时局的看法)

18日 三版"社评"位置刊登张其昀的"星期论文"《卢沟桥之位置》,分析卢沟桥地理位置的重要性:此"为北方铁路交通之枢纽"。

三版"专电"《日军已违反〈九国公约〉,我向签约国提备忘录》:谓中国将用全力保卫疆土,美官场发表正式文告。

"本报专电"《本报特派员长辛店视察记》:人心镇定,治安如恒,民众组防空救护队(本报记者于十七日晨由保沿平汉线来长辛店视察,十一时许抵达)。

19日 三版头条《大势今明日见分晓》:宋哲元昨访晤香月有所商洽;日方照会我外部提两项要求;外部抗议日机射击平汉车。

"专电"《庐山暑训首期毕业礼蒋院长亲临致训》:讲题为"建国运动"。

20日 二版"社评"《我们的坚决立场》说:"本月十七日庐山谈话会第三次开会,行政院蒋院长曾有关于时局的演说,历时三刻钟,态度沉着而恳切,听者感动,鼓掌达数分钟不绝。""按照蒋院长表示,我们所求的:只是不丧失领土和主权,不变更冀察政治机构,不更动冀察地方官吏,和不限制二十九军防地。要拿条件来说,可谓简单合理之极。"

三版"专电"《蒋院长演辞昨晚已发表》:"蒋委员长十七日在庐山谈话会第二次谈话时,对芦沟桥事件有所报告。兹纪其要点与演辞如下:一、国府政策为求自存与共存,始终爱护和平;二、芦沟桥为北平门户,芦沟桥事件能否结束,就是最后关头的境界;三、临到最后关头,只有坚决牺牲,但吾人只准备应战,而不是求战;四、和平未绝望前终希望和平解决,但要固守四点最低限度之立场:(一)主权领土完整不受侵害;(二)冀察行政组织不容改变;(三)中央所派官吏不能任人要求撤换;(四)二十九军驻地不受约束。"

四版"短评"《举国一致的精神》全文:"蒋院长在庐山演辞昨晚发表,由此可证明政府态度的坚定。全国国民对政府此项方针,都一致的热烈拥护。在过去十几天中,国民的严肃沉着,兵士的忠勇,负责当局态度的坚定,都已充分的表现出来。这足以证明中国近两年中确有重大进步。尤其是目前举国一致准备拼命自卫的精神,真不是前几年所能想像。只凭这种精神,即可保证我民族决不至衰亡!"

21日 四版"短评"《最后关头》全文:"时局趋势,迄昨夜已大致判明,眼看中国民族,将被逼走上悲壮之路。最后关头一到,全国国民都要毫无踌躇地各自担起奋斗求存的使命。牺牲小己,效忠国家,是最平凡的工作。国民须一致担起这平凡的工作,以迎此重大时代之到来!全国国民要整齐严肃,沉着镇定,守纪律,听指挥,以当此大事。社会各界领袖们,此时尤须谨慎勇敢,善尽职责,为国民的领导。"

23日 三版"通讯"《芦沟桥畔》(长江)。内容:一、无从说起;二、太息唏嘘;三、问题重重。(按:载于23—25日)

24日 三版"专电"《本报特派员前线视察纪》(本报特派员二十三日赴战地视察,上午七时由保定乘平汉车出发,至长辛店下车)。

十版"通讯"《茶在黄山——皖南看茶记》(本报记者徐盈)。

25日 三版头条《日本仍将继续增兵》:宋哲元电京陈述北方情势,并报告解决芦沟案交涉经过。

四版"短评"《上海又出事》全文:"北方日军不撤而反增加,在这大局紧张中,昨夜上海又出了事!我上海市府及警备部,自芦案起后,严防意外纷扰,江湾闸北一带警察对日人特别注意保护。乃日领馆昨夜忽称有一日水兵因打架失踪,同时日兵即在狄思威路附近各处布岗搜人,拘捕我方巡长巡官,闹得闸北一带居民黑夜搬家。惟捕房则迄不能证明有打架失踪事实。这到底是怎么一回事?关于此事,我上海地方当局当能据理交涉,妥为解决。惟当此非常时期,各地方当局务须慎防意外纠纷,尤盼各地人民勿事张皇,都能沉着镇定。"

8月

2日 沪版二版"社评"《关于时局的几点说明》:希望全国国民信任政府的时局方针;分析平津失守的原因主要是主将宋哲元"和平念切,习于妥协"。

5日 沪版二版"社评"《关于外交立场的剖析》:"中国始终维持着最小限度之目的……就是维持领土主权,而此所谓领土,尚不含过去之失地,乃仅仅针对卢沟桥事件以前之冀察平津现状而言。"

30日 沪版一版"社评"《中苏不侵犯条约公布》,首先说,中国一贯求和平,苏联欣然与中国签订互不侵犯条约,与中国的意愿完全吻合,因而,对"中苏不侵犯条约表示诚挚的欢迎";还说,中国与苏联签订的互不侵犯条约,其性质与文字,根本上是消极的,只是消极的不侵犯,而无积极的互相援助。故日本人不要总怀疑我们从此"亲俄"。如果将"亲"解释为"亲善"的话,我们和一切国家亲善,包括日本;并论述道:"中苏不侵犯条约,其精神与文字一致,它是世界和平的一环,和平机构的一种。我们本着和平的意愿,愿同世界任何国缔结同样的条约。"

沪版二版"电讯"《中苏不侵犯条约公布》：不以战争解决国际纠纷，不助第三国攻击缔约国。

9月

18日 一版"社评"《九一八纪念日论抗战前途》，首先说："今天是九一八的六周纪念日，年年此日，烦恼愁闷，慨叹呻吟，今年今日，却已展开了壮烈的血战，以清算六年来日本侵略中国的耻辱。"接着论述抗战前途："日本在政略上，现在已陷于不可挽回的失败。""何以言之？第一：中国早已决定在任何情形下，断不屈服，换句话说，中国民族今天对日本军阀只两句话：或者你们全占了去，或者全吐出来！中国已决心不容再零碎分割，要么全征服，要么全解放。所有九一八以来日本所用的一切辱华欺华名辞，'特殊化''明朗化''局部化''自治化'一类话头，中国决心再不听不理。只是牺牲拼命，拼到中国完全自由独立之日为止。……现在不但是国民党阵营内全国军人，一致奋斗，不屈不挠，就是新编第八路的朱德、彭德怀各军长的部队，也完全在同一的精神与信念之下，为祖国效死。……这样精神统一，这样牺牲壮烈的对外战争，中国历史上是第一次。这没有别的，就是共同认识牺牲必得胜利，屈服就是亡国！中国民族这种决心，今后在任何情形下，断不变更，那么日本军阀，凭什么能征服中国？所以日本不论怎样凶横，在政略上业已一败涂地了。第二：中国这样大规模的抗战，当然有苦痛，战事延长，苦痛自多。但是不要怕！因为……（中国将用这次牺牲换来永久的和平）这牺牲的代价，是何等高贵呢？……（而日本的）军备，固然为征服中国，也同时为对付世界。所以和中国为敌，打这样血战，败也是败，胜也是败。因为实力日减退，经济日动摇，对华商业丧失，世界市场被夺，所以在中国越纠缠，越深入，他对世界缺陷越大。……这也是事实上日本军阀必然失败的理由。第三：中国不但是消极的抵抗日本侵略，并且在世界上有理想，有主张。中国这一战，是以自己的生命资财，为世界争取新秩序，成立新轨道。中国决心为条约尊严为国际互助而战。……中国要拼命给世界打出一条光明之路，要与全世界主张和平自由的善良人类，共同奋斗！我们相信中国这种精神，就是世界大多数善良人类的共同精神。"最后说："乘这九一八纪念之日先简单呼吁全国同胞：中国能持久必能胜利，能全国总动员，则必能为最大限度之持久。"

二版头条《沪昨大雨战局稳固》：闸北有炮战，罗店依然在我手；敌军不断偷袭,浦东均被击退。

二版"通讯"《沪战一月记》(杨纪),其内容:"后发先制""空军处女战""步兵奇迹""炮战""翼攻击"。(按:19日续完)

20日 三版"通讯"《由石家庄到沧州》(本报战地特派员)。(按:记者杨士焞8月14日夜由保定随同某军人员到石家庄,作石家庄到沧州的视察,因天雨和其他方面的原因,竟用了十多天才完成沧石间的路程。该通讯是杨士焞回保定后写的)

21日 二版"通讯"《战区远足》(杨纪),通讯内容为1月以来上海抗战的情况。(按:载于9月21—23日、26日、28日)

三版"通讯"《娘子关雁门关途中》(小方于大同),其内容有:太原市中日机首次轰炸;并市青年活泼而善要善导;晋北情势紧急需要严密守卫。(按:载于9月21日、23日)

22日 二版"通讯"《挥泪话天津》(《大公报》天津版一读者,9月12日)。

23日 一版"社评"《论北部战局》说:"……北方战与淞沪战,同等重要,乘现时阵容巩固,急应将前线配备及一切战略战术上的问题,再重新作根本的刷新。"

二版《中国共产党发表宣言》:决与中央合作抵抗侵略,希望全国同胞共起奋斗。

二版"通讯"《北方前线》(本报战地特派员),内容有:(一)北方的重镇保定;(二)平汉前线的新阵地;(三)消耗敌人飞机炸弹;(四)切望空军助战;(五)维护我们的受伤将士;(六)内地消息需要沟通;(七)防空与防毒;(八)肃清敌人的爪牙汉奸;(九)前线听到的平津近况;(十)增强我们抗敌的力量。(按:此文载于9月23—24日、26—28日)

24日 一版"社评"《不干涉还待何时?》,先愤怒地痛斥日军的暴行:"大家看清了罢!日本是要毁灭中国,不止统制中国。无耻的近卫广田,还欺瞒世界,说不敌视中国人民,而他的陆军空军实在的行动,是要杀绝中国人民。苏州河上,有多少难民帆船,京沪杭各大小站有多少难民列车,被他们炸坏了!低空扫射的暴机,纵瞎了眼,也认清是非战斗员,不是军队,他们丝毫表示过慈悲吗?北方大小城邑乡镇,一个不剩的被轰炸。太湖流域,也是这样。我们千百万民众,逃无可逃。暴日最意得的,特别是轰炸都市,最近尤其屡次袭击南京、广州、徐州、太原。暴日的志愿,现在证明是要一寸一尺的把中国都毁坏尽,把人民都杀害尽。"接着呼吁:"欧美各文明大国听着！现在是你们联合干涉的时机了！因为现在干涉,很容易,并不要你们打仗。何以故？因为仗归我们打,我们牺牲,不累朋友,只要你们各大国站在一条线上说话。""我们的口号是：全世界文明国民联合起来,援助中国,制裁残暴无人道、贪婪无止境的军阀日本！"

二版头条《绥东紧张河北激战》。

"中央社电"《蒋委员长昨发表谈话》：共党捐弃成见望实践宣言,全民族一致觉醒团结救亡。

25日 一版"社评"《读蒋委员长谈话》："蒋委员长,因中国共产党发表共赴国难之宣言,前日特发表谈话,其全文已见昨报。我们愿乘此对外对内说几句话。""（一）全世界要明白认识：今天的中国,是全民族团结奋斗,御侮救亡,只有民族意识,没有党派观念。""（二）蒋委员长谈话：'在存亡危急之秋,更不应计较过去之一切,而当使全国国民,澈底更始,力谋团结,以共保国家生命与生存。'又说：'中国民族,既已一致觉醒,绝对团结,自必坚守不偏不倚之国策,集中整个民族之力量,自卫自助。'这几句话,就是全国同胞当前应守之信条。""最后,我们全国官民要注意！抗敌与革命,是一件事。蒋委员长谈话,首先声明：'国民革命之目的,在求中国之自由平等,总理曾说,三民主义为救国主义。'又对于共产党说,'惟望其真诚一致,实践其宣言所举之诸点,更望其在御侮救亡统一指挥之下,人人贡献其能力于国家,与全国同胞一致奋斗,以完成国民革命之使命。'这一段话,全国官民都应当牢记着。"

二版头条《敌坂垣师团殆歼灭》：晋北山中鏖战两日我军奇胜,击毙及生俘数千战利品无算。"南京二十四日下午十一时发专电：晋北平型关线上前晚迄今晨大战,吾军将敌第五师团坂垣部大部歼灭,在战略上收全胜之利,敌樱井旅团陷于全灭,毙敌千余人,其余俱缴械,愿作俘虏者二千五百人。"

三版"短评"《晋北大胜》文："上海战很胜利,而晋北平型关线这一仗更可特别庆贺！""我们伫候昨天以后乘胜杀敌的第二第三捷报！"

26日 二版"通讯"《血战居庸关》（小方）。内容有：（一）抢防南口；（二）肉搏坦克车；（三）新的长城；（四）"铁汉"之泪。（按：载于9月26—27日、29日）

29日 二版头条《晋北全线大激战》：我空军助战便衣队扰敌后方。

"重庆专电"《川军出川抗敌》。

30日 二版"通讯"《退守雁门关》（秋江）。内容有：（一）大同守不住；

(二)雁门关上;(三)同蒲车里。(按:载于9月30日、10月1—2日)

10月

1日 一版"社评"《几张必须兑现的支票》,首先说:"随着战事的展开,我们军民牺牲,一天比一天大,战区痛苦,一天比一天深,这固然是抗战过程中必不能免的现象,但我们国家必须负起救护抚恤的全部责任,早一些宣布于全国同胞之前。"接着说:"第一,对于作战军队。我们军队的耐苦拼命,自军队说,是当然,自国民说,却必须酬报,我们盼望政府现在就宣布几种法律:(一)凡阵亡官兵,一定得抚恤。……(二)凡病伤残废者,完全负救护之责,其残废不治者,国家赡养之……(三)应特颁法律,规定一切勋赏恩给办法。……(四)同时可订立特种法令,对作战有功军人,种种优待。""第二,对于战区人民。作战功绩,不能专归军队,各地方人民之牺牲与援助,同样的可佩可钦。……我们以为,人民报国,义之当然,为国牺牲,亦无悔怨,但从国家的立场看,则民众负担,要全国平均,民众牺牲,应当加以救济。……希望政府及早宣布:凡人民受敌军损害者,国家一定抚恤。""除以上两项之外,对于公务员工之受牺牲者,一样要抚恤。最显著者,特别是前线铁路员工。……凡以上所说,都似支票之类,但这些支票,是必须兑现的。盼望政府早日发行这几张支票,而以全国同胞的公意热情,保证其必须兑现!"

3日 二版头条《晋北敌深入被夹击,津浦线我反攻得手》。

"通讯"《南口迂回线上》(秋江)。内容有:(一)日军迂回进攻;(二)横岭城头;(三)在司令部中;(四)横岭城观战;(五)战地夜色。(按:10月3—4日连载)

5日 二版"通讯"《大战平型关》(秋江)。内容有:(一)平型关战前行;(二)赵壁村前线的一夜;(三)团城口战前行;(四)×××师残兵血战;(五)×××督战迷回村。(按:载于10月5日、7—9日、14日)

三版"通讯"《今日的山东》(徐盈)。其内容有:(一)从济南说起;(二)山东农村漫游;(三)乡村工作者;(四)所谓"小衙门"。(按:载于10月5日、10日)

6日 一版"社评"《对战事前途应有的认识》:"中国民族的运命,只有两条路:一条是胜利——胜利到打倒日本军阀,完成中国之自由平等。一条是灭亡。灭亡的味,不用远求,东四省与今天的平津,就是榜样。……全国各界,既然一致拒绝做日本奴隶,一致求中国之自由平等,那就必须拼命求取胜利。"

10日　一版《国庆之辞》:"今天我们在辛亥革命起义之地,当南北战区国军将士浴血卫国之时,以迎中华民国第二十六度的国庆纪念日,不禁悲喜感叹而为之辞。""本文执笔者,从辛亥冬就服务报界,最近从津沪迁徙来汉,参加今天的国庆纪念,感慨万端,亦悲亦喜,谨贡献意见如右。"(按:这篇社评显然是出自张季鸾的手笔)

二版头条《蒋委员长国庆致词》:此次抗战为死中求生的一战,唯有牺牲到底始有光明前途。

三版"通讯"《在火线上——中国人不打中国人(阵地巡礼之一)》(冰莹)。

11日　三版"通讯"《在火线上——往哪里逃?(阵地巡礼之二)》(冰莹)。

13日　四版"通讯"《在日本宪兵司令部——天津东车站纪实》(子冈)。(按:载于13—16日、18日)

14日　二版头条《晋北我军昨晨大捷》:在原平歼敌三千,获坦克多辆,雁北游击部队入冀境收复涞源。

三版"短评"《晋北捷报的重要性》:"昨夜果然得到晋北的捷报,这与北方全局,是有重要关系的。……现在晋北获胜,而晋东易守,至少,山西是巩固了,而且晋北此次之胜,还有继续性。雁北八路军的活动,更可期待。最近新加入晋北线的优良部队不少,此次之胜,不是偶然。"

18日　二版"通讯"《前线道中——东战场通讯之一》(本报特派员高公)。记者说:"'芦沟桥事件,是全面抗战的序幕,八一三沪战,才奠定了全面抗战的基础。'不错的,自从八一三以后,我们全国各主要都市,包括了南京杭州南昌芜湖汉口以及广州汕头厦门,敌人的飞机都光顾了。沿海各处敌人的军舰都在开炮——骚扰,确实是全面战争了,然而我们各处的战时机构,是不是足以应付非常,这是值得注意的,也是我此次旅行的任务之一。"

19日　三版"中央社专电"《郝梦龄殉国,曾预立遵嘱》刊登郝梦龄、刘家骐遗像。

"短评"《礼赞军神!》全文:"中华军人的志气精神,越发扬,越伟大了。郝梦龄军长、刘家骐师长、郑延珍旅长,十七夜先后在晋忻口阵线壮烈殉国了,而昨天上海有秦庆武团全团至死不退,一齐牺牲!郝军长、刘师长都阵亡了,其军队牺牲重大可知。但是因有五十四师各援军这多少天的血拼,才挽回了最紧最危的晋局。这牺牲的意义,可谓重大极了。秦团长受了伤,不退,最后剩下十二人,还不退,以至全部与阵地同尽,但敌方的死伤比我还大。这一团健儿,无疑的留下了重大的功勋!军师长的阵亡,全团的牺牲,我们不能哭,只能歌!这些牺牲者,都成了中华万代的军神了!这些勇士,发挥了军人道德的极致,完成了他们的本分,就个人言,更可谓死得其所死得其时!中国民族今后千代万代生存发展的铁券,就是这些忠勇将士的鲜血所铸成。中国是绝对不亡了!后死的全国军民,要礼赞我们的军神!要一齐踏着军神们的血迹,继续前进!郝军长等在天之灵,正盼望同胞大家努力呀!"

"通讯"《陇海中段通过记——郑州潼关沿途闻见》(本报特派记者寄自郑州)。

20日 二版"通讯"《平型关胜利之光荣回忆——九月二十六日平型关之役》(溪映10月11日于晋北前线):"在目前河北的敌军推进到德州石家庄,山西的得失成为整个华北乃至全国抗战的大关键的形势下,我们提出平型关战役的胜利经过,来报告国人,以作我们最实际的教训,当然是最重要无比。"

21日 一版"社评"《购买救国公债!》。

三版"通讯"《晋北前线朱彭会见记》(中央社记者王少桐)。10月10日,记者访问了八路军总部,会见了正副总指挥朱德、彭德怀。通讯描写了八路军最高指挥员的精神和形象。关于彭德怀:"第二天(即10月11日)的上午八时,我们在八路军的总部,一个着一身旧灰布军装,戴着一顶有党徽军帽的人,正坐办公桌前翻阅电报公事,经介绍后,才知道他就是彭德怀,八路军的副总指挥,相互的招呼一下,我们注意力也就集在他身上,服装简朴,与他们的勤务兵是一样,也许还赶不上勤务兵的整洁。……这时有勤务端上两盘菜,一盘烧麦,把台布掀去一半,就是餐桌,他停止了工作,开始他的早餐,同时开始和我们谈话,边吃边谈,没有一些客套,没有一些掩饰,态度带些浪漫,但是也很严肃,面容虽是和蔼,目光却很锐利,我们所问的他都有详细而诚恳的答覆。"关于朱德:"下午我们又去总指挥的办公室,一个穿士兵衣服、戴眼镜、满脸胡子的人,站在门口,我们几个人都没有十分注意而踏进了门,可是他们的参谋长立刻过去向我们介绍,这位是朱总指挥,刚从前线回来。这时我们的内心真是无限的惭愧,可是这实在也难怪,他们没有符号,没有领章,更没有一般高级长官的派头,额上既不刻着字,你说只一个不相识的人,如何分辨出谁是长官,谁是士兵。……他开始和我们谈话,同样没有什么寒暄和客套,要谈他所要说的话,很慢而很有力,态度是沉着而刚毅,言语间很少含有理论,好像一句话的出发点，都根据着事实上的体会或经验。"

24 日 三版"通讯"《潼关一瞥：民众热烈欢送抗日军队出发》（本报特派记者 10 月 15 日寄自潼关）。

27 日 一版"社评"《勉北战场各军》："三个多月抗战的结果，是南方的淞沪始终保持光荣的胜利，北方则丢冀察，弃绥远，山西濒危，山东被侵。……"北方战场失利的原因："我们的兵个个是好样的，人人是勇敢的，只是有些负指挥责任的高级将官不能尽职。"希望"千百将官更加尽职"，"人人都作郝梦龄，切莫学李服膺！"

三版"通讯"《战地一周》（惜梦）。（按：记者 10 月 10 日离开南京到上海作战地采访，10 月 16 日离开上海，下午八时至苏州。该通讯在苏州写成，载于 10 月 27—30 日）

28 日 二版头条《上海我军守新阵地，昨晨退出江湾闸北》：八十八师一营断后，宁死不退；闸北大火，真如、彭浦正激战中。

三版"短评"《哭军神》说："闸北退了，有殿后的少数部队未退，沪电说是八十八师的一营。他们在焦土废墟中，奋战杀贼，明知出路已断，而绝对不屈。同胞们在租界中远望见这些健儿最后报国的壮烈光景，只有哭，不能救！""八十八师是模范军，从八一三就奋斗着，最后又是他们给中华军人立下道德上最高的典型。这些牺牲者，每一个人，都成了军神，他们的精神，要永生在千代万代的中国儿孙灵魂里！""我们编辑部人，个个都哽咽着读这段纪事，只有求四万万同胞，都哭都歌，崇拜牺牲者，争做继承人！"

三版"通讯"《一个典型战士——同蒲车上谈抗战经过》（本报特派记者 18 日寄自太原）。文章开头写道："同蒲车里，我遇到一个归队的抗日战士，他有两个伤疤，一个在左太阳窝上，敌人的刺刀只割去了他的瓜子大的一点骨头；一处是在小腿肚上，已结了一个菊花大的伤疤。他伤痊愈了，正在各处找寻他的十三军部：归队。"结尾处写道："末了，他又告诉我：'我要找不到部队，就去加入第八路军，他们用游击战术，他们打得好。我们要打敌人，我们不能等着再挨打了。'"

29 日 二版"通讯"《山西的外线战》（溪映，10 月 19 日）。内容有："胜利之初""一个小兵""一个夜会""到前线去"。（按：这篇通讯从几个不同的方面展示了八路军高尚的精神风貌。载于 10 月 29 日、11 月 2 日）

30 日 二版"上海专电"《谢团死守四行堆栈，敌昨进袭未逞》。（按：谢

团,即八十八师谢晋元团)

　　三版"短评"《八百壮士》全文:"四行巍楼,八百壮士,在敌军占领地中,傲然展着一面祖国军旗,等候着杀敌同尽。这两天,换得全中国,甚至全世界,多少同情之泪!特别是上海,哭坏了多少有天良、有血气的同胞男女!我们不再哭了,我们要歌。要请全中国的男女青年少年,尤其是在学校者,要都以八百壮士为做人的模范。这样就是做人的胜利,就免于做亡国的懦夫!'慷慨殉节易,从容就义难',谢团长与八百壮士,做到'难'了,这是圣贤,不只是战士!八百壮士的决死,是可歌,而守看他们牺牲以尽的人们,太心痛了。我尽管说不再哭,还是忍不住泪!"

　　31日　二版"中央社电"《中华民族革命同盟昨发宣言解散组织》。

11月

　　1日　一版"社评"《闸北孤军奉令退出》说:"沪闸北四行堆栈中的谢团一营,这几天,轰动全中国以至全世界……该营昨天拂晓以前,遵奉蒋委员长命令,业已安全退出。这件事,我们认为应当特别加以评论。"谓:"此次闸北孤军的死守,及其奉令退出,可以阐明两义。一个是军人的绝对牺牲精神,一个是长官爱护部下官兵的至情至理。两义相合,遂成为可泣可歌的佳话。"

　　二版"上海专电"《闸北孤军奉令撤退》:入公共租界,尚未归队;四行堆栈起火,存粮付一炬。

　　"战地述评"《北战场给我们的教训》(丁作韶),前言:"记者从平津到济南,时在九一八的午后,征尘甫卸,即去沧州最前线,既而同军队下退,而桑园、德州、禹城……十月十三日后又转到平汉线,由新乡,而卫辉、汤阴、彰德,最近回到新乡,根据一月多的实地视察及与各军事领袖、各地方民众、各级士兵的谈话,觉得有几点教训是我们上下应当注意的,或者并且是应当力改的。"

　　2日　一版"社评"《中华民族革命同盟宣告解散感言》说:"中华民族革命同盟之负责人李济琛、陈铭枢、蔡廷锴、蒋光鼐、陈友仁、徐谦等,日前宣言自动解散该同盟之组织。……这证明该同盟之至诚爱国,毫无私念,当然对于内政外交,皆有极好的影响。我们因此希望一切在过去自有政治组织的爱国人士,精神上都要这样。关于贯澈自卫战争的政略战略上许多问题,大家要扶助并信任政府,要完全服从最高统帅部指导。……归根一句话:要团结,要互信,要澈上澈下,无党无派,都至诚相见,以共同拥护领袖,贯澈这艰难困苦的自卫战争!"

3日 三版"通讯"《敌机轰炸中的苏州》(惜梦)。(按:赵惜梦10月16日下午8时到苏州,20日离开苏州到无锡。这篇通讯是记叙他亲见苏州被日机轰炸的情况)

5日 一版"社评"《比京会议与调解中日问题》:"《九国公约》签字国的比京会议,前天已经开幕了。这几天随着会议开幕的消息传来者,都是欧陆盛传的中日和平问题。这种风说,不但淆乱国际听闻,影响比京会议工作,甚至使得中国人心忧疑,动摇上下互信,破坏抗战大局。……我们不忍缄默,因愿加以研讨,以告国人。""总之,中国现在对日,无论从国外国内观察,都没有妥协投降的余地。"

二版头条《比京会议协商调处,我政府决坚持立场》:不问会议形势,全力继续抗战,顾(维钧)代表声明和平须根据公约。

9日 二版"战况述评"《纸上谈兵录》(杨纪)。内容有:(一)清算期的现势;(二)全部敌情;(三)沪战比较观;(四)步军奇迹。(按:载于11月9—11日)

10日 一版"社评"《我们的认识》,首先说:"最近几天的战况,在北方是太原危急,正有争城之战。在南方因为敌军在金山卫登陆,威胁松江,因而大家在悬念太原的旦夕,忧虑上海的命运,或者一部分人怀疑到抗战的前途,在情绪上,无形中蒙上一层黯淡的厚幕。我们觉得这是万分不应该的,愿以下列两点认识请国人注意。(略)""综合以上两点,我们应该澈底认识,这次战争是以弱敌强,以衰抗暴的战争。在这样的战争中,必然要遭遇到很大的艰苦;在心理上我们应充分准备下担当这份艰苦的勇气,在事实上,我们更应拿出尝取这份艰苦的气力。在目前的战局中,我们不要为阵地一隅得失而心灰气沮,而要坚强的发挥我们的战斗力。"

二版头条《沪我军作战略后移》:沪西守虹桥、龙华一带阵线,南市方面由军警协力防卫。

"通讯"《娘子关失陷记——我军苦战经过》(本报特派员陆诒10月1日自寿阳前方)。

11日 二版"通讯"《退守晋东》(本报特派员陆诒10月4日寄自临汾)。

12日 一版"社评"《美英法与虎谋皮》:"迄两日以前,比京方面,还传布乐观空气,说日本可以到会。前天的路透电,却已得到相反的消息,知道日本决定设词拒绝。……在此紧急与机微的阶段中,我们特别对美英法三大国,实在不能不贡献几句忠言。就是:根据这几天的调解声浪,显然证明各国对日本还认识不透。而这样与虎谋皮的做法,结果一定是空虚,徒然增长日本气焰,便利日本加紧进攻中国!"

13日　二版"上海专电"《上海太原沦陷》:东战场敌猛攻枫泾,西线固守交城太谷。

"专载"《长期抗战何以胜利必属于我》(郭世珍)。(按:本文次日载毕)

17日　三版"通讯"《山西的外线战》(溪映,10月23日晋东前线)。内容有:"军队和人民""胜利比赛"。(按:文章从军队在驻地做群众工作、行军时做政治鼓动工作两方面突出了八路军与其他部队的不同特色)

18日　二版"通讯"《退出太原城》(秋江)。内容有:"黑暗中的太原""夜渡汾河""交城二日"。(按:载于18—20日)

20日　三版"专载"《群众运动诸问题》(董必武讲,巴达笔记)。附记:"这是董先生在武汉大学抗战问题研究会的讲演笔记稿,原稿后面还论到抗战与民主革命的问题,还有抗战后中国社会组织之资本主义前途与非资本主义前途的问题,极为透澈。本文题目,系由笔记者自加,笔记稿亦未经董先生校阅,如有错误,由笔记者负责。"

21日　一版"社评"《恭读国府宣言》。

二版头条《国府宣言移驻重庆,统筹全局长期抗战》。

"战况述评"《北战场上》(惜梦11月16日写于新乡)。内容有:(一)军事上的几个罅漏;(二)怎样发动豫北的民众;(三)难民伤兵救济的问题;(四)关于五十三军的种种。

22日　二版"通讯"《平汉前方》(本报特派员寄自郑州)。内容有:(一)游击式的反攻;(二)安阳河之战;(三)左翼出奇制胜;(四)回师克大名;(五)敌人实力调查。

"通讯"《寄后方姊妹——北战场上十二个随军女性》(惜梦)。(按:本文记叙了河北省任邱县抗敌救国会救护队的十二个女性随军救护伤病员的感人事迹。她们中最小的才8岁)

24日　二版"通讯"《告别上海——上海退出记之一》(长江11月18日于南京下关)。(按:载于11月24—25日)

26日　二版"通讯"《绕行江北——上海退出记之二》(长江11月16日于

南京下关轮中)。(按：载于11月26—27日)

三版"通讯"《西兰风雨相》(徐盈寄自兰州)。内容有：(一)先报告一件喜讯；(二)匪患依然可惊；(三)陕甘边境；(四)六盘山前后；(五)一步比一步穷苦；(六)通过了最后的障碍。(按：载于11月26—28日)

27日　二版头条《林主席昨抵重庆》：国府定于下月起在渝办公。

29日　三版"通讯"《西安今日》(陆诒11月25日寄自西安)。

30日　一版"社评"《祝国府在重庆开始办公》。

二版"本市消息"《蒋委长语外报记者：深信国际间必能助我，敌机投匿名信件决不置理》："蒋委员长于本月二十五日接见留京之欧美记者七人，谈话中涉及最近敌机飞京，掷下小箱中藏有不署名之信件事。该信件内容，谓敌方对我无何要求，但须我方参加'共同防共'。各记者问蒋委员长感想如何及作何处置，蒋委员长谓该信件既云对我无何要求，而又要我'共同防共'，根本上自相矛盾，本人对于此类匿名信件向不置理。"(按：本市，即武汉市)

12月

1日　二版"通讯"《陷落前的无锡》(穆菲11月20日于镇江)，内容有："谣言促我东去""记住这些创痕""无锡竟成死城""保卫江苏省"。

三版"本报特讯"《各方到武汉领袖昨筹组全国抗敌救亡总会》：推沈钧儒等为起草要员。

2日　三版"通讯"《郑州到新乡》(列岛寄自新乡，11月23日)。

3日　二版"通讯"《抗战后的东北——一个东北来人谈话》(惜梦)。

"本市消息"《德使赴京》：德大使陶德曼氏来汉多日，前日乘船返南京。

4日　二版头条《东线正面大战句容，右翼我决死守宣城》。

"本市消息"《德大使公毕回汉，前晚已离京西来》：德大使回南京公干，已见昨报，兹悉该大使于前日到京后，曾谒见蒋委员长，当晚仍乘船离京，计今日当可回汉，闻该使此次系奉有该国政府之训令，向蒋委员长有所面陈，我外交部昨已将此项情形通知有密切关系之在汉各国代表云。

5日　三版"短评"《保卫首都之战》。

"短评"《德国调解之声》全文："德大使南京之行，中外注意，应当简明的评论几句。我们所闻，德使是奉其政府训令，正式提议调停。我政府认德国此举是好意，而中国的立场，是从不拒绝国际调解，所以也不拒绝德国调解。但是事实上,这调解必无希望,因为日本必无诚意,现在竟悍然攻我首都,就是决不中止侵略之最大证明。中国抗战为保卫主权与领土之完整,决不为屈辱丧权的议和。同时,中国最尊重国际信义,凡足以相碍中国对国际信义之要求,中国亦决不承认。大家由此可认识德国调解之必无成,不过我们不抹杀德国之好意。全国军人一致的在蒋委员长统率之下,一心抗战,不知其他。后方大家,不要听谣传,不可乱揣测。"

6日 一版"社评"《国家主权与国际信义》,先谈国家主权:"我们抗战的目的,蒋委员长七月中旬在庐山发表的那个著名演词,最可以代表。蒋先生演词中,揭明中国最小限度的立场,就是拥护领土主权及行政完整。问题起于北方,故可以说抗战之起,为着拥护华北领土主权及行政完整。……现在抗战四个月,我们因武力不充,准备不周之故,在北方受了顿挫,察绥两省,完全失陷,河北平原亦被占领,山西失了一半,鲁北豫北,也已受兵,同时八一三以来,有延长三个月之淞沪血战,最近敌人更扰江浙,攻南京,所以现在领土主权之受侵害,更大于芦沟桥事件发生之时几倍。因而我们拥护领土主权行政完整之对象,亦同样扩大,不限于北方。"再谈国际信义:"中国要恪守国际信义。中国是和平国家,在国际上负有种种条约上之义务,而对于这些义务,无论国步怎样艰难,一定信守不渝。……譬如中苏订有互不侵犯条约,中国在事实上精神上,就一定遵守到底。无论日本如何压迫中国,中国一定不会附和日本。这几年,中国政府,一直拒绝参加所谓'共同防共',而那时候中苏间并没有互不侵犯条约,现在相约不侵,更当然尊重信义。"

7日 二版"肤施专电"《毛泽东谈抗战》:亟应实施战略反攻,加强全国团结,争取胜利。

8日 一版"社评"《最低调的和战论》,首先说:"我们首都,已不幸在敌人围攻中……我们以为政府即日即时,应当明白向中外宣布,如日本不停止攻南京,如日本占了南京,则决计不接受调解,不议论和平。我们以为这绝对不是高调,乃是维持国家独立最小限度之立场。我们不问日本条件如何,总之一面庆祝攻占南京,一面说和议,这显然证明抹杀中国独立与人格,那条件之劣,就不问可知。且纵令条件在文字上粉饰得过去,但实行起来,一定在实质上丧失独立。因为他若诚意议和,就断不会再攻我首都。既攻首都,就是想叫我正统政府于失尽颜面之后,再屈服给他。敌人既存心如此,试问怎样和得下去,换句话说,怎样屈得下去呢?"最后分析屈服议和的危害:"我们认识国家军事上经济上之种种艰难,同时极不满于英苏美等比京会议之虎头蛇尾,但无论如何,我们必须自己努力保持国家之独立与人格。这个如不能保,则不但抗战牺牲,付诸流水,并且绝对无以善其后。中国今天,虽在此危急环境之中,但仍有一极强之点,就是军心团结,永无内乱。倘使我正统政府于失了首都后,反而接受所谓和议,则国内团结,亦将立时不保,那就怕真要成瓦解土崩之大祸了。"

二版头条《敌分三股袭南京,其进路已被阻断》。

"通讯"《一月来的东战场》(樊迪民)。内容有:(一)杭州湾敌登陆;(二)连累了浦东;(三)苏嘉路紧张;(四)嘉兴失陷前后;(五)西子湖的波动。

三版"通讯"《兰州近影》(本报特派记者寄自兰州)。

12日 一版"社评"《敬慰问蒋委员长及全体将士》。

13日 一版"社评"《对于一切爱国者的警告》:"今天是亟亟需要根据三民主义的革命精神,重新组织系统的理论与方法,而将一切爱国者镕一炉而冶之。中国今后,势不容再谈各党各派,应当只成为一个党,一个派。"

二版头条《京城战事激烈空前,敌屡图内冲均失败》。

"专载"《抗日战争的经验》(林彪,12月5日于山西)。(按:载于13日、18日)

"通讯"《上海沦陷后》(问津,12月3日寄自上海)。内容有:(一)食料的恐慌;(二)租界的孤军;(三)南市与浦东的浩劫。(按:载于13—14日)

14日 二版头条《蒋委员长发表宣言,继续抵抗敌军侵略》:退出南京绝不致影响既定国策。

三版"短评"《蒋委员长的宣言》:"蒋委员长因国军退出南京,昨晚特发表宣言,声明不影响抵抗日本侵略的既定国策,更加强全国继续抗战的决心。守京军队,这几天以最坚决的牺牲,勇敢善战,给敌人重大损害,现在奉命退出,可谓已完全达到其任务。我们万分敬礼殉城官兵的英灵,同时祝退出部队,能安全到达新的防线。"

18日 二版"通讯"《一片血腥话皖南》(镇东)。内容有:(一)广德东坝的不守;(二)肆无忌惮的轰炸;(三)流亡到哪里去;(四)当前的大教训;(五)民众武装义勇队。(按:载于12月18—19日)

三版"通讯"《最近的兰州》(徐盈,12月5日)。

20日 二版"通讯"《济南之行》(若君)。内容有:"一场虚惊""冒着敌人的炮

火前进""没收敌人的财产""一个不幸的忏语"。(按:载于12月20日、22日)

三版"通讯"《青海杂报》(徐盈,12月3日)。

"通讯"《毛泽东谈抗战前途——陕北通讯之一》(本报特派员陆诒12月6日寄自延安)。前言:"自从上海失陷敌军进迫南京后,战局呈现异常紧迫的阶段。西战场也因太原弃守,使陕北成了直接抗战的区域。为了理解陕北的动态,听取那方面人对于眼前抗战紧急阶段的意见,记者于本月一日作陕北之行,逗留延安四日,一切均呈乐观。八路军将领一致表示拥护最高领袖抗战到底主张,并以最大的努力,巩固全国团结的抗日统一战线,尤其是我们抗战胜利最有力的保证! 现在,我把四天来采访所得系统的报道于国人。""通讯之一"主要是报道记者到陕北的第二天(5日)访问毛泽东先生的详细情况。(按:这组通讯,只见"之一")

23日 二版"通讯"《返回汾阳途中——晋南前线视察记之一》(秋江,12月6日于汾阳)。

24日 二版"通讯"《劫后的汾阳、介休——晋南前线视察记之二》(秋江,12月8日于介休)。

25日 二版"中央社电"《敌在南京大屠戮!》。

26日 二版头条《杭州撤守钱江南岸,津浦战事北段紧张》。

"通讯"《陷落半月的平遥——晋南前线视察记之三》(秋江,12月12日于介休)。

27日 二版头条《胶济全线形势甚紧》。

28日 二版"社评"《为匹夫匹妇复仇》说:"敌军在南京屠杀奸淫,穷凶极恶,已是铁般的事实,所不知者,只系被杀遇害者之确数,而最初之报告,说被杀平民有五万人之多。""我们对这些被害的同胞,不但根据中国人之立场,万分悲痛,万分愤懑,并且从人类普通之立场上不得不大声疾呼,愿全世界有正义人道观念者,起来为匹夫匹妇复仇! 全世界的善良人类! 不论何洲何国,何党何业,请大家都做人道的勇士,声讨这现代化装的万恶日阀!"

29日 二版"社评"《杭州济南之失陷》说:"杭州济南,相继失陷,这是敌人占我首都后对中国更加紧摧残的重要事实,就是我中国民族所受有加无已的重大耻辱。"指出,"现在事实上,是敌人赤裸裸的进行征服全中国,因此中国的决心,只有两点,受征服或抗战,这其间,绝无中间性的存在。现在问每一个中国人,一定反对征服,那么结论只有抗战。一切悲苦,一切牺牲,须绝对豫期,不容瞻顾"。

30日 二版"通讯"《到了平凉》(本报特派员陆诒于12月21日寄自平凉)。

"中央社贵阳电"《新任黔省主席吴鼎昌视事》：发表施政方针,将先整理公路交通。

31日 "通讯"《十三军进行曲》(本报特派员溪映,12月16日于祁县山中)。

1938年(民国二十七年)

1月

2日 二版"社评"《眼前的国际形势》："第一,从眼前国际形势说,所谓民主集团或平和集团,并未形成,且去题甚远。""第二,德义日集团,比之民主各国间,关系密切,而行动贯澈。""第三,欧局关键,首在英国态度。""第四,苏联在国际间,始终是一特殊的存在。""第五,美国是最大的第三势力,对于国际全局,举足轻重。"

"肤施专电"《毛泽东谈抗战》：望大家加倍努力,争取胜利。

"通讯"《忆东战场》(本报特派员罗平)内容有：(一)杭州湾敌人登陆；(二)太湖三昼夜；(三)来自敌人后方；(四)新中国的儿女。(按：载于1月2日、4日、5日、8日、9日)

3日 二版"通讯"《南行琐记》(杨纪29日寄自香港),内容有："脱出了死岛""中国鸟""海葬""封锁线在那里""东方的里维拉""广九晚车""新广州一瞥"。

8日 三版"国际动态述评"《现阶段世界外交的主潮》(谢诒徵自柏林航邮寄)。(按：连载于1月8—9日)

"通讯"《战地插话》(中央社记者侍桁)内容有：(一)投子江心；(二)黄雀；(三)哨兵。

10日 三版"专载"《答一位青年》(王芸生),前言："我是本月五日来到汉口,到这里行装甫卸,便读到一位青年朋友预先寄来的一封信。这封信的内容,触及当前的许多问题,我认为有把它发表并加以公开答复的必要。因为这封信内所提出的问题,是一般知识青年的共同苦闷,而我所要说的话也未必便是一个人的私言。"王氏在回信中说道："我们的建国的中心力量,是寄托在全国国民真纯的国家意识上的,它的表现方式便在于能够接受这种意识并有力执行这种意识的统一政府。"还说："我们决不能接受亡国的条件。"(按：载于

10—11日）

12日 二版"中央社东京电"《敌昨举行御前会议决继续侵略日内宣言》。

13日 二版"社评"《论东京御前会议》："东京前日举行御前会议,因而引起世人的注意。"在推论其形势发展的几种可能性后说："至于我们自己的认识,应该坚定如一。对敌人要做最凶最猛的估量,对自己一切要做最坏最艰的打算。在敌人优越的军势下,奋力支持长期的抗战,它宣战如此,不宣战也如此,没有尊荣的和平根据,决不接受敌人的亡国条件。现在正是我们对日抗战的严重关头,全军全民都要坚固信心,奋发忠勇,拥护政府,继续抗战!"

三版"通讯"《甘宁道上》（本报特派员陆诒于12月28日寄自宁夏）。（按：载于1月13—14日）

15日 三版"国际动态述评"《英国的军事评论与军事改革》（谢诒徵12月22日寄自柏林）。（按：载于1月15—17日）

16日 二版"中央社东京电"《敌宣言即发表》。

17日 二版"中央社东京电"《我国绝不屈服,敌决加紧侵略》：敌声明书昨午公布,广田接见德意两使。

"通讯"《骑兵门师的战绩》（本报特派员陆诒于12月30日寄自宁夏）。

18日 二版"社评"《东京的强暴宣言》。

三版"战况述评"《暂时沉静的西线——保卫绥西的重要性》（陆诒12月17日寄自宁夏）。（按：载于1月18日、20日）

19日 二版头条《国民政府发表宣言决保领土主权完整》。

20日 二版"社评"《读国民政府宣言》说："我国政府于前日发表了一篇严正的宣言,这宣言可说是对东京宣言的答复,并将中国的严正的立场昭告于全世界。中国的立场异常简单明朗。（一）中国是自卫,是抵抗侵略；（二）中国领土主权与行政之完整必须维持,任何不以此原则为基础的恢复和平办法,中国决不忍受；（三）日军占领区域内的任何非法组织绝对无效。这三点是我们中国所必守的立场,军阀日本如不自敛凶锋,则我们中国的自卫战,反侵略战,便惟有坚决的继续下去。"

"通讯"《今日的上海》（幻爪）。（载于1月20—21日）

"中央社讯"《韩复榘撤职拘讯》：擅自撤退等四大罪,在高等军法会审中。

三版"短评"《韩复榘革职惩办》："一个封疆大吏,当国家对外作战之时,擅弃国土,苛扰人民,当然不容于国法。韩氏有罪,国家应予惩戒,其他军政人员犯同样过错的,也要一律予以惩戒。退出上海以后南北各线战事的失利,不全是军力的问题,军纪问题实占主要的成分。韩案应是整肃军纪的起点,望全国将领以此为戒,葆爱中华军人的令誉,守军纪,遵军令,奋发忠勇,守土杀敌!"

21日　二版头条《许大使昨离日归国》:民族进步精神非武力能压抑,德国发表声明,调解已成过去。

"社评"《许大使归国》说:"许世英大使业于昨日离东京,就归国之途。这是东京政府强暴宣言的结果。它既声明'今后不以国民政府为对手',实际即是宣布断绝邦交,则我们中华民国的驻日大使自然要下旗归国。""许大使昨日离别东京时发表谈话云:'历史告诉我们,每一个国家均有盛衰。这种盛衰之势并非永久不变的。一个民族的进步精神,绝非武力所能压抑。'许大使的话,真正触及真理的核心。……过去半年中,许大使坐在东京过着苦闷的日子,我们都很系念;现在他把完整的国徽带回祖国,我们都很喜慰,将来我们的胜利必定再把这幅青天白日旗送回东京!"

23日　三版"专载"《再答青年》(王芸生)。(按:载于1月23日、25日、26日)

25日　二版《韩复榘明正典刑》。

30日　三版"通讯"《中原大战之前夕》(长江)。记者说:"……津浦陇海大战之揭开,为期不远。中国新闻记者,于上海大战中已重视其周详深刻报道之职责,此次中原会战,预料其战斗将不能如上海之猛,而战略上此役支持时间之久暂,及其所及于敌军之影响,当有其划时期的意义。记者故在预定南行之前,特先兴奋地绕行中原一周,将中原大会战前之形势,为读者作相当周遍之报告。"内容有:(一)满怀兴奋入中原;(二)纵思平汉线;(三)下层的觉醒;(四)异样心情过郑州;(五)无恙到徐州。(按:载于1月30日,2月5日、7日)

2月

1日　二版头条《津浦南段展开大战,池河西岸炮火猛烈》。

4日　二版"社评"《悲愧,奋力》:"关于敌军的残酷的兽行,近来日多一日的传到后方来,真是叫人耳不忍听,怒不可遏。"针对有人认为"一挂顺民旗,便可安居乐业"的想法,指出:"在暴敌的统治下,绝对不能生活,生命被残杀,财产被焚掠,妇女失掉贞操之后仍被惨戮! 这是说国破不能保家,亡国且将灭种!"

6日 三版"专载"《抵御外侮与复兴民族》(蒋中正)。记者谨志:"此篇为蒋委员长于民国二十三年七月对庐山军官训练团精神训话,为一不许转载之密件。讲演时间虽在四年以前,但所讲的内容与四年后今日中日战争之实情几全相符合。当兹抗战时期,此篇训词,实有公开发表之必要,兹由政治部奉得蒋委员长之许可,准各报全部登载,俾全国抗战军民读之,益坚定最后必胜之信念也。"(按:载于2月6—11日)

8日 二版头条《淮河北岸三路激战》。

"通讯"《川军在山东前线》(长江于2月3日鲁南前方),内容有:(一)新作风;(二)辛酸的幽默;(三)滕县好县长;(四)军民合作的新姿态;(五)打出了新胜利信心。(按:载于2月8日、9日、13日、14日、15日)

13日 二版头条《世界反日大会开会,蒋委员长严正表示》:中国继续除暴之神圣战争,甚望大会能表现具体步骤。

14日 二版"通讯"《孤岛上的种种》(幻爪)。(按:载于2月14—15日)

15日 二版"社评"《感谢伦敦反侵略大会》:"对世界大众,深表感谢",同时也"促使军民同胞们,更认识世界大势与自己责任"。

三版头条《援华反日办法》:伦敦大会通过决议案,请政府勿供给日本军火金钱,抵制日货并举行援华运动周。

16日 二版"上海来信"《〈新闻报〉炸弹的由来》(士民寄自上海):我军撤离上海,《新闻报》在孤岛上屈服日军新闻检查政策,出版迎合日方的报纸。"讵不料在一月二十八日晚上,汉口路《新闻报》馆前轰然一声,炸弹爆发了。这是给汪氏的初步的警告。"(按:汪氏指《新闻报》时任老板汪伯奇)

三版"通讯"《沦陷后的芜湖》(朱民威)。

17日 二版头条《平汉线战况紧张》。

"通讯"《淮上观战记》(长江于2月12日徐州),内容有:(一)一切都向好处转;(二)反省与同情;(三)小蚌埠的胜利;(四)白刃战;(五)我们又胜利了。(按:载于2月17日、20—21日、25日)

三版"通讯"《山东的西北角》(北鸥),内容有:(一)一片干净的国土;(二)一群救亡工作者;(三)游击战展开了;(四)军民联合了起来。

18日 二版"社评"《敌我的军事大势》:"这几天,津浦全线,与平汉正面及我右翼,皆展开了激战。敌人自攻陷南京后,即欲南北夹击,以打通津浦线,然而在淮河南北遭遇我军坚强的抗战,同时我江南部队,不断的攻袭芜湖,鲁西部队,反攻济宁,激烈巷战,而皖北部队,亦侧击明光一带。敌军因津浦棘手,于是调较大的部队,从平汉正面及我右翼,分头进攻,企图渡河攻汴郑一带,这就是最近两路战事极概略的说明。"

20日　三版头条《新运四周年纪念,蒋会长致词》:愿同胞表现最高精神力量,摧毁敌人暴力以复兴民族。

四版,从即日起辟"敌寇万恶录"专栏。前言:"敌寇在我国内的种种暴行,是万恶无赦的。这一方面是暴露敌寇的人格破产,走上了绝境;一方面则给我每个同胞加强了抗战的信念,为国为家,都要复仇! 现在敌寇已把奸、淫、掠、掳,当成拿手好戏,在各侵占地扮演,对它这种万恶的罪行,应该记录,藉使全世界爱好和平,主持正义的人士知晓,并唤醒国人,起来复仇!"该专栏每周三、日出版,共出6期:(一)《陷落后的南京》(袁霭瑞)(2月20日、21日);(二)《暴行片段录》(抗军)(2月23日);(三)《上海地狱——敌寇的行乐所》(章国康)(2月27日);(四)《虎口余生追记》(徐惕三)(3月2日);(五)《沦陷后的安阳》(张向远)(3月6日);(六)《非人道的戏虐——在广德玩弄算命的瞎子》(姜薏)、《汶上见闻录》(陈中和)、《敌寇在来安》(章祖惠)(3月9日)。

22日　二版头条《战局大势趋重山西,我军通令各线反攻》:晋敌三路进犯,企图绕攻临汾。

三版"通讯"《敌在皖南兽行》(中央社战地记者刘尊棋)。(按:载于2月22—23日、25—26日)

23日　二版"社评"《雪耻复仇》,说:"日前新生活运动四周纪念之日,蒋总会长对全国同胞广播演说,特别以'雪耻复仇'勉励国人。蒋先生大声疾呼的说:'我们为子女的要替父母报仇,为兄弟的要替姊妹复仇,后死的要替已死的同胞复仇,我们不但为同胞复仇,也要为国家复仇。'当暴敌纵横、同胞陷于水火的今日,这个呼吁,必将唤起全国同胞的敌忾之心,与暴敌抗战到底。"

27日　二版头条《晋南战事趋重东路》。

28日　二版头条《晋南战况颇紧张》。

三版"短评"《全力保卫山西》。

3月

1日　三版"通讯"《最近之贵州》,前言:"贵州省政府主席吴鼎昌氏履新以来,将达两月,此月余之短时间内,黔省情况如何,省外友人率多以此为问,记者费数日之力,从各关系方面询知大概如次。"该通讯内容有:"人事融和""统一征兵""惩治贪污""救济伤兵""惩治盗匪""整理交通""国民军训""实业建设""教育设施""整顿吏治"。(按:载于3月1—2日)

2日 三版"通讯"《炮火声中话皖南》(朱民威)。(按:载于3月2—4日)

3日 二版"战况述评"《江淮间的运动战——初次胜利的战术经验》(长江于2月24日寿州)。

三版"通讯"《豫南皖西的新气象》(长江于2月23日六安)。

5日 二版"通讯"《孤岛遐思》(非非于2月27日寄自上海)。(按:载于3月5—7日)。

三版"通讯"《安徽政治在好转中——以六安为中心的新局面》(长江于2月24日寿县)。

7日 二版头条《山西战事局面一新,大规模运动战展开》。

8日 二版"通讯"《抗战中的西南》(长诚),前言:"我们因为暴日的侵逼,才发动了长期的全民抗战,在这长期抵抗之中,后方的组织、训练、补充,与农村抗战力量的准备、储存和增长,大可以决定战事的前途及其最后结果。南京沦陷以后,蒋委员长曾告国人:'今后的抗战,是由城市转移到农村',农村的重要,可想而知。记者因奉社命,赴湘黔农村考察。遂由汉口乘粤汉车到了长沙,预备沿湘黔公路南行。"内容:(一)到了长沙;(二)初上征途;(三)夜宿太子庙;(四)往常德途中;(五)后方卫生;(六)两位学者;(七)敌机首次来常德;(八)把金银献给政府;(九)县政府里一席话;(十)由常德到毛家溪;(十一)桃源观感;(十二)初入匪区;(十三)连夜虚惊;(十四)冰雪中的沅陵;(十五)在沅陵;(十六)巧遇范将军;(十七)努力前进;(十八)如此公路;(十九)到了晃县;(二十)火烧坳遇险;(二一)辰谿煤矿;(二二)龙溪河畔;(二三)晃县的水银矿;(二四)产金的湖南。(按:载于3月8日、13—14日、19日、21日、29日,4月6日、20日、27日,5月1日、14日,6月5日,7月3日)

10日 二版"战况述评"《淮南战场》(长江3月1日于安庆)。

12日 二版"通讯"《皖中战影》(长江3月6日于武穴)。(按:载于3月12—13日、16日)

15日 二版"社评"《知耻!》,先说:"今天是武汉各界抗敌运动大会的'新运日',新生活运动的精神在于礼义廉耻之提倡与实践,我们愿乘此机会一释知耻之义。'礼义廉耻'四字是不可分……而归结于知耻。非礼者无耻,不义者无耻,丧廉者无耻。耻有内外两义,在内为良知,在外为荣誉,人若丧掉良知,不惜荣誉,那就是无耻之尤。无耻之尤,根本不配叫做人,而是禽兽。"接着说:"中国到今天,凡是中国人都应该扪心一下:'我是否知耻?'我们这一个五千年历史的大国,在过去,对人类曾有无限的贡献与创造,到今天,疆土日削,国运不保;这是我们无耻!日本原是受我提携的落后民族,到今天,它自命为东亚的保护者,而以劣等民族看待我们中国;要灭亡我国家,奴隶我人民,我们的耻辱是怎样严重?国家半残破,人民多流离,暴敌长驱入,流血无已时。在这种情况之下,假使一般文武公务员与各界国民,不决心抗敌,犹思苟安,那是否无耻?今天的情况,是弥天的大耻压在我们民族国家之上,我们的唯一任务是抗敌雪耻。军人怯懦,无耻;文人自私,无耻;官吏溺职贪污,无耻;国民泄沓苟活,无耻。"最后说:"个人皆有死,而民族国家是永生的;我们万万不可以个人的苟活,玷污了民族国家的永生。在这时,我们要堂堂正正活,死则轰轰烈烈的死。……我们古圣先贤讲'耻'最精。他说'知耻近乎勇',他要'明耻教战';现在中国惟一的生路是勇战!我们是知耻的民族,我们要发扬我们的祖宗的知耻精神,一定勇敢抗战,不至失地收复国耻昭雪不止!"

"通讯"《西线上的血肉长城》(北鸥),内容有:(一)燃起了壮烈的烽火;(二)筑起了血肉长城;(三)保卫到最后一条胡同。

三版"专载"《新运与精神动员——为武汉各界抗敌运动作》(陈诚)。

19日 二版头条《鲁南右翼我军大捷》:歼敌甚众且毙其一联队长,空军助战归途击落三敌机。

六版"战况述评"《桂兵佳话》(长江,3月2日于安庆)。

20日 二版头条《津浦北段乘胜进攻》:两翼同时推进,正面敌受威胁;临城激战,韩庄发现敌骑歼灭;南段我亦出击,围定远克考城。滕县血战,川军牺牲壮烈,王师长等殉国;敌军重创,板垣师团大溃,敌尸运青二千。

三版"国际动态述评"《德国的真相》(谢诒徵,2月25日自柏林寄)。(按:载于20—22日)

"短评"《鲁南的大捷》全文:"最近鲁南临沂方面的胜利不是一件小事。我们抗战半年多,在过去,总存着一种失败心理,现在开始矫正了这种心理,而要在军事上取胜利了。鲁南的大捷,便是失败到胜利的转变点。此役的出力部队,是庞炳勋、张自忠两部,他们的战绩,实值得全国人的敬慰。"

21日 二版"社评"《临沂之战》:"临沂之胜,是抗战开始以来可以特书大书的一件事。"

"通讯"《临沂歼灭战》（曹仲植），内容：（一）由临城到临沂；（二）论临沂形势；（三）庞炳勋之强硬态度；（四）诱敌深入；（五）光荣之歼灭战。

22日　三版"通讯"《傅作义将军会见记》（杨令德，2月28日于陕北榆林）。（按：载于3月22日、24日）

24日　二版"通讯"《滕县血战——病榻前访问陈师长》（罗平）。（按：陈师长即川军的陈离师长。陈离与王铭章师长共同坚守滕县，王战死，陈负伤）

25日　二版"通讯"《烽火潼关》（秋江，3月8日于潼关）。（按：载于3月25—26日）

27日　三版"通讯"《徐海风云》（惜梦），前言："武汉是当前复兴中国的核心，想复兴中国，必须巩固武汉，徐海是武汉的前卫，想巩固武汉，必须保卫徐海。""此次随江苏区监察使李君世军，视察苏北，遍历徐海二十余县，民情的激昂，士气的旺盛，处处都在昭示我们抗战前途的光明。谨将这次视察的经过，择要记述，给我们后方的同胞作一个报道。"内容有：（一）徐州速写；（二）前进的途中；（三）如此淮阴；（四）高邮夜话；（五）阜宁如皋间的一瞥；（六）沦陷前夕的南通；（七）由灌云到赣榆；（八）展开了保卫徐海的血战。（按：载于3月27日、29日、31日，4月2日）

28日　二版头条《鲁南激战，续克枣庄》。

三版"短评"《克复枣庄》全文："枣庄昨日正式克复，这是一件大事。敌军的策略，是用全力争徐海，我们要绝对保卫徐海，并要进而歼灭敌人。临沂大捷，证明我军能守；枣庄克复，又证明我军能攻。这几天的战报，都证明我军在动，一定还要继续动下去。我们预料这一两天，津浦线上还要有好消息来！"

29日　二版"中央社讯"《敌军监视下京傀儡剧登场矣》：我外部发言人声明，傀儡行为对内对外皆无效。

30日　二版"社评"《汉贼不两立！》说："南京伪组织，于前日出现，并发表宣言，窃号曰'维新政府'。这群汉奸，是民族之贼；这个组织，则是一个贼团。'汉贼不两立'，我们惟有凭民族的威灵，国家的力量，以扫荡群丑，诛灭诸贼！"

4月

1日　二版头条《临沂我军再度大捷，台儿庄激烈争夺战》。

三版"短评"《鲁南大捷》："津浦线的大战，连日剧烈进行，我军概占优势。

津浦剧战的重心在台儿庄，连日都有捷报。津浦线上战事，我们有两处胜利，一在台儿庄，一在临沂。……由津浦战事看来，我们已打出胜利的信心，敌人正开始向泥沼中沉陷。"

2日 二版头条《鲁南我军二次总攻，台儿庄残敌清剿中》。

"社评"《北方健儿吐气！》。

4日 二版头条《台儿庄我四路获胜，昨夜再度全线出击》。

"通讯"《台儿庄歼敌记——两受伤团长谈话》（苍岑）。

6日 二版头条《台儿庄东北敌被围》。

7日 二版头条《鲁南顽敌成瓮中鳖，两万之众势将聚歼》。

8日 二版头条《鲁南我军确定胜利，台儿庄顽敌大溃退》。

"社评"《台儿庄胜利以后》说："台儿庄的光荣捷报，昨日午间，就传遍了全国，欢腾振奋，亿兆同心。此次胜利，当然意义极大。敌人打通津浦的毒谋，这一战，受了澈底打击。而敌人板垣矶谷两师团，都是敌军精锐，经此一战，证明我们军队，如运用好，决心坚，便充分可以战胜暴寇。这精神的收获，其价值更是伟大无量。"分析指出："此役的胜利，怎样来的？根本上说，是出于四万万同胞共同的决心，及真正的觉悟。其决心与觉悟为何？就是认定不胜利则亡国，不救国则灭种！历史上战争之事多矣，但绝对没有如日本军阀这样残，这样酷。大家今天祝捷之时，要记着：只南京市我们多少非战斗员同胞被暴敌残害！其确实数字虽不能得，但慈善界计算，至少不下十万。大家同时要想到在广大的被占领区域，多少女性同胞，被敌人杀辱！这个数字也不能统计了，但合南北各地而论，要有几十万遇害者。现时在沪、在杭、在苏、在京、在其他地方，不知有多少青年妇女，其中且不知有多少受教育的闺秀，被敌人监禁，视为营娼，正过着暗无天日、求死不得的悲苦日月！""我们军队，我们人民，在此存亡主奴的关头，当然壮烈决心，绝对奋斗，今年以来各战线形势的进步，就是以这种至哀至壮的心理为背景。此次鲁南之役，业已激战月余，我们每一个部队，都尽了任务，每一个士兵，都受了辛苦，且不惜任何牺牲，争着尽忠卫国。"最后指出："全国同胞对于此次胜利之观感，应当一致遵奉蒋委员长通电之意旨，大家要悼念殉国官兵，关怀被难同胞，在既证明确能歼敌取胜之后，更要决心，要谨慎，要如蒋委员长所指示：'务当兢兢业业，再接再厉，从战局之久远上着眼，坚毅沉着，竭尽责任，忍劳耐苦，奋斗到底，以完成抗战之使命，求得最后之胜利。'"

9日 二版头条《战后台儿庄》"台儿庄本报特派员发专电"：本报特派员7

日下午一时进入新克六小时后之台儿庄,慰问将士。(按:此特派员为范长江,他是 7 日下午与池峰城师长一同进入台儿庄的)

三版"通讯"《台儿庄歼灭暴敌血战的一幕》(惜梦记于庆祝台儿庄胜利的次日):(一)台儿庄是怎样的一个地方;(二)歼灭暴敌的一幕血战;(三)这仇恨是不能不报复的。

12 日　三版"通讯"《台儿庄血战经过》(长江于 4 月 8 日寄自徐州)。

13 日　三版"通讯"《慰问台儿庄》(长江于 4 月 9 日),内容有:(一)炸裂了的土地;(二)台儿庄内;(三)胜利的光辉。

17 日　三版"战局述评"《活跃的豫西北》(倪烦)。

18 日　三版"通讯"《离乱从军行》(柳秀),内容有:(一)离乡;(二)遇旧;(三)惨酷的诡计;(四)军民的联合;(五)灿烂的战绩;(六)怒吼的民众;(七)流亡的青年特写。

"通讯"《台儿庄血战故事》(长江 4 月 9 日徐州)。

"专访"《台儿庄的刘大个》(惜梦 4 月 12 日徐州)。

20 日　二版"战况述评"《江南划期的胜利》(中央社战地特派员刘尊棋),内容有:(一)战役的始末;(二)为什么敌军发动扫荡计划;(三)首先佯攻宁国牵制我军;(四)台湾军登场;(五)×师的苦战;(六)胜利的伟大意义。(按:载于 4 月 20—22 日)

21 日　二版"中央社讯"《张君劢等组织国家社会党》。

22 日　二版"战况述评"《大兵团的运动战》(长江 4 月 18 日徐州)。

23 日　二版"战况述评"《鲁南运动战的经验》(长江),内容有:(一)敌军的优点和弱点;(二)我军的成功和缺陷。(按:载于 4 月 23—24 日)

三版"通讯"《全面游击战的山西》(秋江 4 月 7 日于乌华村),内容有:(一)绕道去山西;(二)由韩城到宜川;(三)经过×区;(四)进入山西的永和县;(五)晋西的一般情形。(按:载于 4 月 23—24 日、29 日)

25 日　三版"国际动态述评"《英人心理与英国政治》(谢诒徵 4 月 15 日自伦敦航寄)。(按:载于 4 月 25—27 日)

26 日　二版"社评"《这一战》说:"这一战,当然不是最后决战,但不失为准决战。因为在日本军阀,这一战,就是他们最后的挣扎,所以这一战的结果,于日本,于中国,都有重大关系。"并说:"中国对这一战丝毫无悲观理由,并且事实上,从最高领袖起,以至前线每一士兵,都充满必胜的信念,而正作殊死的斗争。""这一战我们胜了,就可以充分得到这样证明,从此以后,日阀就在精神上失了立场,只有静候着末日审判了。"(按:"这一战",指的是正在激烈进行的徐州会战,或称鲁南第二次决战。社评虽然指出了"不是最后决战",但是说是"准决战",和以往宣传的"持久战""长期战"观点有些不符)

"战况述评"《光辉的战场》(长江4月25日),前言:"敌人正在鲁南进行对我第二次大的决战,他用十万以上的军队,来挽回台儿庄失败以后的颓势,大家都悬心于战争的成败,这里且把第一次会战中敌我战斗上的表现,作为我们推测这回战争的参考。"内容:(一)镇定的我军;(二)光辉的战斗;(三)慌乱的敌人。(按:载于4月26日、28日)

27日 二版"社评"《团结的增进》:"这一周来,有富于政治史意义的一件事,就是,国家社会党代表张君劢君与中国青年党代表左舜生君,先后代表各该党,致书于国民党蒋汪两总裁,陈述其主张态度,蒋汪各有恳切之复书。这几封往来书信,于增进政治的团结上,当然有重大的意义。"

"中央社讯"《中国青年党函蒋汪两总裁》:愿与国民党共患难,拥护政府抗战建国,蒋汪复函表示感慰。

30日 二版头条《空军再创光荣战绩,廿一敌机葬身武汉》。

中央社电《鲁南克复郯城》:歼敌千余,乘胜追击中,第二次会战首次捷报。

二版"特写"《观空战,吊敌机》(罗平)。(按:4月29日,敌机空袭武汉,被击落21架,我空军取得光辉战绩。此特写便是写的这次空战)

三版"通讯"《活跃在台儿庄的女服务队》(惜梦4月23日于云龙山下)。

5月

3日 二版"社评"《欧局概观》,分析欧洲局势的新变化:(一)"英法实际上成立军事同盟,这一点,是支配今后欧局的主要柱石";(二)"捷克内讧的演进,极带危险性";(三)"德意轴心并未瓦解……依然存在,而已非过去那样锐利光芒了";(四)"欧局第一问题,现在是捷克,而西班牙是次要";(五)现时没有"成立英法意德四强协定的可能性";(六)"现在最可痛的现象,是国联确实失了权威。……国联虽失败,但欧洲人民热望集体安全制之成长发达者,依然甚多"。

三版"通讯"《痛话南通》(惜梦4月27日徐州),内容有:(一)南通是沦陷在梦里;(二)铁蹄下的惨剧;(三)张非武小姐的义勇。

"短评"《"五三"十周年》全文:"今天是五三济南惨案的十周年纪念。在今天纪念'五三',实有特殊的意义。日本的大陆政策,据说是明治所定,但是所谓大陆政策的内容,只有'田中奏议'是一个具体说明。民国十七年本是新中国诞生的一年。但是,一个新兴而统一的中国,是与日本大陆政策相冲突的。在这一年,日本两次出兵山东,并于五月三日发动济南凶变,那是田中义一开始揭开大陆政策的丑面。在日本的大陆政策之下,是不容许中国独立存在的。自'五三'到现在,相激相荡,十年之久,而有今日的两国全面战争。我们要深切了解,中国的独立与日本的大陆政策是不两立的。我们回想十年来的深仇,在今天只有坚决的抗战,打倒日本的大陆政策,建设独立自由的新中国!"

4日 三版"通讯"《微山湖畔——战区民众的慰问之一》(惜梦4月23日于利国驿)。

6日 二版"本报特派员专电"《本报特派员视察韩庄前线》:我敌甚近謦欬可闻,微山湖内水波不兴。(按:该特派员为赵惜梦,他于5月4日晨到达韩庄,适逢十年未通音信的老友程必春,在程领导下视察了阵地)

"通讯"《鲁南二期会战》(高公)。

8日 三版"通讯"《巢湖风云》(朱民威5月7日于汉口):(一)江北的鱼米之乡——巢湖;(二)平静中的五个月;(三)红枪会到处有;(四)在敌机狂炸中;(五)以武装抗战答复敌人进攻。

9日 二版头条《津浦会战重大阶段》:敌似倾大部在华兵力进犯,现战况侧重蒙城、济宁两路。

"通讯"《江南的游击战》(罗平),前言:"最近我游击队在北方已经进展到了北平的近郊,给敌人一个极大的威胁,同时在江浙一带我们也正有着几十万的游击队伍,经常给敌人很重的打击。"

16日 二版头条《津浦陇海大战方酣》。

17日 三版"通讯"《为同胞们复仇——敌在晋南之残暴兽行增长了民众抗敌力量》(溪映4月23日寄自山西)。(按:载于17—18日)

19日 二版"社评"《徐州一带的会战》。

21日 二版"中央社电"《我军奉令退出徐州》。

三版"短评"《津浦战局》:"前天本报已说过:问题不在守徐州,而在求胜利。""徐州支持了四个多月,在鲁南,在徐东,歼灭敌军,阻挠敌谋,我们将士,完成了多少光荣任务!现在虽奉命撤出徐州,而这几个月的辛劳与功绩,将永远为同胞所铭感。"

22日 三版"通讯"《戎装的女儿们——记抗敌青年团女生队》(子冈),内容有:(一)五百多条女儿心;(二)出发到前线;(三)她们的大队长。

五版"通讯"《山西的一角》(溪映4月23日于山西)。

24日 五版"通讯"《全面游击战的山西》(续)(秋江4月19日于南阳村),内容:(七)追记午城镇、井沟村的胜利战斗(载5月24日);(九)冲过同蒲线(载6月14日);(十)×××师的游击战(载6月14日、18日);(十一)赴围攻晋南之战(载6月26日);(十二)围攻侯马(载7月3日);(十三)机动的符旅长;(十四)访问李将军;(十五)向导的谈话(载7月8日);(十六)晋南的政治和军队政治工作(载7月13日);(十七)离开山西(载7月17日)。[按:孟秋江此次山西采访历时两个半月,在山西境内回旋了两千里左右的路程。写了长篇通讯《全面游击战的山西》。6月中旬取道西安返回汉口。写《全面游击战的山西》共计十七篇。(一)至(五)刊载于4月下旬。缺(六)、(八)]

26日 二版"通讯"《离徐记》(本报特派员高公于5月30日写完),内容有:"郝集至郝寨""初次接触""整齐的行列""突击""兵不厌诈""敌前强行军""全师而还""故人无恙"。(按:载于5月26—27日、29—31日)

28日 五版"通讯"《击碎敌人对晋东南的九路围攻!》(溪映4月23日于山西)。

29日 二版"通讯"《胜利的退却——淮北浍河突过记》(长江),内容有:(一)秘密进军;(二)夜行军;(三)接近敌人;(四)突过浍河。(按:载于5月29—31日、6月2日)

三版"国际动态述评"《西班牙与我们》(谢诒徵5月11日自巴黎航寄)。(按:载于5月29—31日)

31日 三版"通讯"《李宗仁夫人会见记》(子冈),内容有:"朴实、豪爽、精悍""机构和生产""话说战时的广西""壮丁出征以后"。

6月

1日 二版头条《武汉空战我军再捷,敌机十四架成齑粉》。

"特写"《滠口看坠机》(徐盈)。

三版"短评"《敌机又来送礼!》全文:"敌人的飞机,在四二九(他们的天长节)送了一批礼,廿一架葬身武汉。昨天是《塘沽协定》的六周年,敌机又来武汉送礼,被我击落十四架。敌机上次受了教训之后,一个多月未敢来武汉,这次抖胆再来,又遭巨击。昨天的空战,我们空军的巧妙战术,实博得空前的胜利。这样大规模的战斗,获得这样的战果,而我军直等于未受损失,这真是优美的胜利。"(按:5月30日,敌轰炸武汉,被击落14架。今天,《大公报》对这一胜利喜讯进行"立体"反映:消息、通讯、特写和言论)

4日 二版"社评"《今后的战局》说:"大家要时刻牢记:中国出路,在持久战,现在去决胜时期,还辽远的很,国民对政府用兵的考察,请专注意于战斗力之保持与增长,而较不注重局部战斗之进退与得失。"

五版"国际动态述评"《法国政治现状》(贻徵5月17日寄自巴黎)。(按:贻徵即谢贻徵,又作谢诒徵)

6日 二版"社评"《我们的把握》,首先说:"徐州退兵之后,中日战事又转入一个新阶段。在绵长的中日战事中,这一个形势,在阵地上是我们退,在战略上则是我们进,进到与最后胜利更近的距离。"

10日 三版"通讯"《幼小者的流亡》(子冈)。

12日 二版头条《前线大雨黄河决口》"许昌十一日下午七时本报特派员发专电":连日豫东大雨,黄河赵口、花园口两处决口。大水向东南流,敌军极为狼狈。

三版"通讯"《伟大的同情——汉口伤兵医院风景线》(徐盈),内容有:"伤兵们的灯塔""伟大的同情""永久的记忆"。

"国际动态述评"《国际形势的好转》(谢贻徵5月27日寄自巴黎)。

14日 五版"国际动态述评"《捷克——欧洲文明的最后防线》(贻徵5月20日寄自巴黎)

15日 二版"社评"《巩固西北》,提出巩固西北的具体方法:"第一,为建设大军之计,除派兵屯驻训练之外,主要的要唤起本地人民之自卫热情,使之参加军队。""第二,陕北特区问题,望中央与该特区当局,更求得妥当的解决。现在陕甘间属于特区的各县,一县有两县长,这种畸形状态,断非良好现象。若令我们坦率立言,则望中共拥护三民主义,拥护政府,更多发扬其贡献于抗战建国的力量,而这特区办法,则殊有改善必要。第三,则特别注意汉回之融和,这主要的要陕甘宁青各省党政军当局,密切合作,共同注意。""第四,最平庸亦最重要之结论,要一切得人。"

18日 三版"通讯"《中原纪行》(高公6月14日于信阳),内容有:"滚滚长

江水""大别山""重入中原""漯河的一夜""陇海及豫东""狮河之滨"。（按：载于6月18—19日）

21日 三版"通讯"《三多里听课记》(子冈)。

29日 二版"社评"《贺苏联选举成功》称："苏联自一九一七年十月革命以来，在这二十年中，击退敌人，建设新国，万苦千辛，以至于今日。……苏联发展到今天，在本身上可谓一无遗憾了，她要注意应付的，就是在国际上还有对她不甘心的敌人。苏联的和平政策是积极的，现在就正是苏联积极推行她的和平政策的时候。"

三版"通讯"《抗战中的女工——纱厂迁移她们怎样安插》(子冈)。

30日 三版"通讯"《晋东南一瞥》(溪映)，内容有："范村一夜""民众的觉醒""收复之长治"。（按：载于6月30日，7月1日、3日）

7月

3日 二版"中央社伦敦电"《蒋委员长对英记者谈我军必坚守武汉》：绝不欢迎任何国家调停。

5日 二版"中央社讯"《陈诚部长报告保卫大武汉阵容》。

6日 二版"社评"《祝国民参政会开幕》说："一般参政员在未开会前的表示，一致的主张此次会议，要超越党派观念，纯以国民的地位，至公至诚，协赞政府，执行抗战建国的伟业，从这些情形上，可预断此会的成绩，一定伟大。"称"我们甚赞同超越党派，不争私见，但同时主张各参政员应充分施行组织条例所赋予之职权，并尽其责任。对一切重大问题，应充分讨论，以求至善的解决。"

三版"国际动态述评"《以西班牙为中心的最近欧情》(谢诒徵6月25日寄自巴黎)。

7日 二版头条《抗战建国一周纪念，蒋委员长告世界书》：宣布日阀罪状，声明吾族决心。

"本市消息"《参政会开幕礼》：蒋委员长、汪议长致辞，民主政治初步奠定基础。（按：本市为武汉市）

"本市消息"《献金——各献金台今开幕》。

三版"专载"《全力保卫大武汉——为国民二十七年抗战周年纪念作》(陈诚)。

8日 二版头条《蒋委员长告全国军民》：工作要紧张，生活要节约，拼必死之心以团结奋斗，寸土个人亦必抗战到底："我们必须发抒精诚，做到钢铁一般坚固的团结。那就是说，要精诚纯一，一切的言论动作，完全以'国家至上''民族至上'为前提，以'军事第一''胜利第一'为目标。"（按：报道中提到的蒋介石《抗战周年纪念日告全国军民书》据说是张季鸾起草的，两个"至上"，两个"第一"，均为张的杰作）

9日 三版"通讯"《鄂东平静》（高公7月1日于广济），记者说："我被派到鄂东，担任武汉大会战一角的战地采访，经了数日的准备，二十七日我们在天家巷踏上建设厅航业局的内河小轮东下。"（按：该通讯载于7月9—10日）

10日 五版"通讯"《民众动员模范区的辽县》（溪映）。

12日 二版"中央社讯"《参政会昨大会通过节约运动大纲》：政府将订方案付诸实施。

"通讯"《广济到黄梅》（高公7月4日于太湖西树林冲）。

15日 二版"通讯"《淮南战局的转变》（高公7月7日于宿松亭前驿）。

17日 三版"国际动态述评"《欧洲近情》（谢诒徵7月2日寄自巴黎）。（按：载于7月17—18日）

四版"通讯"《马陵关前——山西前线通讯》（溪映5月31日）。（按：载于7月17—18日）

五版"通讯"《挺进正太路》（溪映6月12日）。（按：《挺进正太路》是一组描写正太路一带游击战的系列通讯，共计四篇，这是第一篇）

18日 二版"通讯"《沦京五月记》（李克痕），前言："记者系南京某文化机关的职员，当南京陷落，因职务所累，未得退出，身受种种痛苦，目睹了男女同胞遭暴敌之蹂躏，想来伤心至极，泪已盈眶。我不善为文，谨就个人之经历，诚恳记下，献于我爱国同胞之前。"内容有：（一）乞讨生涯；（二）南京城里；（三）难民区；（四）敌人的兽行；（五）市面一瞥；（六）伪组织；（七）教育与邮政；（八）其他；（九）怎样脱险。（按：载于18—21日。载毕时，《大公报》还为此发表过一篇社评《读〈沦京五月记〉》）

19日 二版"通讯"《炸安庆敌舰归来》（梅元白述，朱民威记）。

21日 二版"社评"《读〈沦京五月记〉》说："本报连日登载着一篇血泪文章，就是李克痕君的《沦京五月记》。……李君这篇文章，每一字都流注着中国人的鲜血，每一句都弥漫着日本人的罪恶。"并说："这篇文章的意义太大了。

它普遍的告诉中国人,国万万不可亡,亡了国便休想做人!它告诉中国战士,抗战杀敌是卫国保种的唯一手段。"

三版"旅欧通讯"《抗战一周年在欧洲》(谢贻徵 7 月 9 日晨自巴黎航邮)(按:载于 7 月 21—22 日)。

22 日　二版"政局述评"《湖南对抗战之政治准备》(长江 7 月 20 日扬子江中)。

三版"通讯"《冲上江防第一线》(中央社记者刘尊棋 6 月 19 日寄自贵池)。(按:载于 7 月 22—23 日)

24 日　二版"通讯"《长沙行》(长江),前言:"陆去长沙,舟还武汉,短短一周中,感触不少,用特择要记之。"内容有:(一)有利的地形;(二)长沙伤兵多;(三)伤兵问题;(四)难民问题;(五)三个人物;(六)青年会和记者会;(七)舟过洞庭湖。(按:范长江此次长沙之行的时间是:7 月 15 日离汉赴长,20 日离长返汉)

26 日　二版头条《九江方面发生激战,我军大举反攻姑塘》。

27 日　二版"通讯"《江西大战的前夕》(秋江 7 月 19 日南昌),内容有:"敌情判断""我军的部署""鄱阳湖西□的星子县"。

28 日　三版"特写"《在汉口的一位日本女作家绿川英子偶访》(子冈)。

30 日　二版"政局述评"《冀省政闻》(天织 7 月 25 日由洛阳发)。

8 月

1 日　二版"中央社电"《苏日纠纷扩大》:张高峰竟被暴日侵占;日本军部强硬,有意扩大事件。

"社评"《张高峰事件的扩大》:"二十七八日,日军有侵犯苏境事,苏联提严重抗议,而日方反唇相讥,反说苏联越境,到昨天下午,东京更有惊人的发表。"

2 日　二版"塔斯社电"《暴日续犯苏边》:苏联公布日军已受重创,昨夜东京电,苏空军出动。

3 日　二版"塔斯社电"《苏日昨续接触》:苏联陆空军出动自卫,东京已弥漫紧张空气。

"莫斯科哈瓦斯电"《苏联舆论》:日军一意孤行,必将遭受打击。

4 日　二版"塔斯社电"《莫斯科大愤激》:工人大会要求打击日阀,张高峰接触,昨午后略停,日惧空袭,全国灯火管制。

"社评"《苏日问题的前途》：第一，中日之间，中国同情苏联。"苏联是中国之友，同情中国，援助中国。现在日本又侵犯苏联，我们当然同情苏联，而反对日本。"第二，苏联同我们一样，不侵占别人一寸土地，也不容忍别人侵占一寸土地。日本在张高峰战斗数日，苏联在自卫，即使"演成大规模的战斗，在苏联也是决不退缩的"。第三，日阀"一面积极挑衅，而一面宣传避战，这只是想卸责苏方，以蒙蔽世界"。苏联一定识破日阀伎俩。第四，受侵自卫的苏联膺惩暴日，今天却是战略上绝好的时机，机不可失。

5日 二版"中央社电"《张高峰更紧张》：暴日增兵威胁，形势严重，全苏人民奋起号呼膺惩，苏方声明目的只在复土。

三版"国际动态述评"《欧洲时局与远东》（贻徵7月16日寄自巴黎）。

6日 二版"通讯"《活跃的豫东民军》（天织8月1日），内容有：（一）豫东民军之战绩；（二）敌人弱点的暴露；（三）敌人的残酷；（四）宋专员来洛。

"社评"《张高峰事件的重大意义》："张高峰事件怎样演进，我们不预言。但可断言者，此案对于远东及世界全局的影响与意义，已经十分重大。"内容有：（一）暴露日本丑态；（二）表现苏联英姿；（三）加强中国信念；（四）唤起世界公论。

"路透电"《暴日奸谋失败》：请求划中立区，苏联拒斥；主张日军应无条件撤退；张高峰苏军昨继续炮攻。

三版"特写"《妇女救亡工作在长沙——施剑翘女士访问记》（子冈）。

7日 三版"通讯"《热情的送别》（朱民威）。

8日 二版"通讯"《九江战事追纪》（胡雨林8月2日于武汉）。

"中央社路透电"《暴日迄不撤兵》：苏联陆空军继续出动。

三版"国际动态述评"《英法德之三角戏》（谢贻徵7月23日寄自巴黎）。

9日 三版"通讯"《活跃的北战场》（杨令德7月21日寄自榆林）。

11日 三版"特写"《抢救武汉的儿童——儿童保育会宣传队在烈日下出发宣传》（子冈）。

12日 "塔斯社电"《暴日屈膝了！》：完全接受苏联条件而停战，莫斯科宣告收复张高峰。

"特写"《烟火中的汉阳》（子冈）。

14日 二版头条《浔西山地争夺战，敌艇驶赤湖骚扰》。

三版"国际动态述评"《战争与和平——七月杪的国际瞻望》（谢贻徵7月

30日寄自巴黎）。（按：载于8月14日、16—17日）

  16日　二版"社评"《寄前线战士——三十万封慰问信之一》："亲爱的卫国战士：这时是武汉的深夜……夜里工作，在我们真是习惯了。我们这样的工作，从天津到上海，又从上海到武汉，一直这样工作了十几年。""无论怎样，你们是在神圣的战场上，而我们却还以夜当昼的在编报，记载你们的胜利战绩。我与你的工作岗位虽有不同，而抗敌的心情是一致的；我与你的地方虽有距离，而呼吸的疾徐是一致的。这时已过午夜，天边泛出微白，我们且再努力些时，伟大的黎明就要到来！"

  22日　二版"通讯"《河北腹地的民军》（天织8月17日自洛阳发）。（按：载于8月22日、24日）

  23日　二版"通讯"《夜过马头镇》（长江8月15日于长沙）。

  四版"通讯"《挺进正太路（二）》（溪映6月27日），内容有："越太行山""在黄北坪""到井陉去"。

  24日　二版"社评"《读"第三百零三个"》："'第三百零三个'是产生在扬州的一个真实的故事。……这故事太悲惨残酷了，但在日本民族性里，的确含有构成这种悲剧的原素。……可怜无数的吉田呵！你们是被沦陷在什么样的境地呵！你们是无名的来送死，做军阀的牺牲，而你们的妻女也被军阀如此作践！可怜无数的吉田呵！当你们作尽一切罪孽而发见自己是怎样愚蠢怎样可怜时，当你们毁灭自己的生命的一刹那，你们心情的感应究竟是悲愤呢，还是觉悟？死去的'大和魂'，假使它真有悠悠不断的一丝魂灵的话，我真祈祷它觉悟哟！"（按：23日四版"战线"刊登布德写的真实的故事《第三百零三个》）

  25日　二版"通讯"《另眼看庐山》（长江8月15日于长沙）。

  27日　四版"通讯"《挺进正太路（三）》（溪映6月27日）。

9月

  4日　三版"通讯"《"东方佛朗哥"之死》（长江），记叙的是黄宇宙、徐靖远、吴朝翰三将军，举义水冶，诛杀大汉奸"皇协军"第一军军长李福和，同时击毙日本少将川村及大佐以下军官数十人，率军反正，归于政府的英雄事迹。（按：载于9月4—5。5日，《大公报》为此事发了题为《送徐靖远君还豫北军中》的社评，说："徐君兹将北上还军中，记者嘉其诛叛杀敌之功，又甚感念义军全体将士之劳苦，故赠以数言，以壮其行曰：诸君之功伟矣哉！……"）

5日 二版头条《瑞昌以西敌又重创,江北岸大战亦展开》。

6日 二版"社评"《中苏友好的前途》:"杨大使(按:中国驻苏联大使杨杰)于呈递国书后,向苏联报界发表一篇谈话,其中旨趣,我们完全同情,特别最后一段:'中国人民,致力于人类福利,一如苏联人民具有之美德,因此两大国间非自私的友好关系之存在,及其日渐加强,乃系当然趋势。此种建立于两国人民共同美德与彼此利益上之关系,将永续增长,而带来全人类幸福。'这几句话,我们尤其同感。"由此指出,中苏的国交,是孙中山先生、列宁先生两大领袖的遗产。"中苏两国第一代领袖孙、列宁两先生,逝世多年,而幸有第二代的领袖蒋委员长与史达林先生,各各完全承继起来。"因而,中苏两国的联盟是很有前途的。并且中苏的关系,不但对于中苏两国本身,就是从亚洲未来的全局上看,一样很重要。

四版"通讯"《挺进正太路(四)》(溪映6月24日)。

9日 二版头条《江北大捷克复广济,南浔线亦歼敌逾千》。

"社评"《全国报界共同宣言——我们对本届国联会的共鸣》:"国联行政院会议,今天在日内瓦举行。……在国联行政院及大会开会的中间,我们代表中国全国舆论",希望国联"为了基督文明,为了人道正义,更为西方各国自身的利益,这次国联对日本在东亚大陆的疯狂,不能不速谋有效的制裁,盟约上规定的一切制裁。制裁日本,援助中国,便是解决欧洲各种问题,解决世界全盘问题"。

"中央社电"《国联行政院会议定今日开幕》:我提案已列入议程,各地均定今日举行民众大会,拥护国联制裁暴日援助我国。

"通讯"《庐山脚下的难民》(秋江9月3日于南昌)。

12日 二版头条《战事大势侧重北岸,黄广方面我扫荡中》:固始西南亦大捷,敌死伤三千;南岸胶着状态,敌疯狂用毒气。

"路透电"《国联今日大会》:"中国驻法大使顾维钧十日与英国外务次官巴特拉进行谈话时,曾明白表示,国联会各会员国若不能对于日本实施制裁手段,则中国或当退出国联会。"

三版"特写"《欢迎雷鸣远连长记》(季鸾)。(按:雷鸣远神甫为天津《益世报》创办人,抗战爆发后,他即到山西从军,以63岁的高龄担任第××师的卫生连连长。他爱正义、爱中国,此次来汉,张季鸾在菜根香饭店略备蔬果,聊表欢迎。这篇文章记叙的是这次会见的场景)

"通讯"《长征一年——劳动妇女战地服务团抵汉》(子冈)。(按：载于9月12—13日)

13日 "通讯"《广济之捷》(高公9月11日于浠水)。

16日 二版"社评"《欧局一转》："英相张伯伦,突然乘飞机赴德国访希特勒,这一幕意外的发展,顿时吸集了全世界的视听。"

三版头条《张伯伦飞德国》：亲访希特勒作最后谈判,国际空前创举,欧局系于此行。

17日 三版头条《欧局最后之谜》：英相一晤希特勒已遄归,内容全不明,但约定再见。

18日 二版头条《"九一八"七周年纪念,蒋委员长告东北同胞》：国家的光荣胜利将近实现,你们要安心大胆对敌奋斗！

20日 三版头条《英法谈商欧局》：双方同意力谋和平解决,劝告捷克重划德捷边界,英相定今日再访希特勒。

21日 二版"社评"《国联发动第十七条》："国联行政院,已采纳中国请求,决依盟约第十七条,电邀日本接受义务。此为中国主张之贯澈,国联权威之伸张,吾人欣慰之余,再陈述意见,贡献于各大友邦。"(一)对国联毅然发动第十七条处理中国问题,中国国民对此表示感谢；(二)给日本侵略战争定性："日本乃破坏盟约搅乱和平之罪魁,其侵略中国,无任何条约根据,更无民族问题可以藉口,故纯为赤裸裸的以一国家而企图征服另一国家之侵略战争。"(三)日本是一个贪得无厌的国家,它侵占中国之后,便是苏联,是欧洲,是美国。"吾人愿奉劝英法苏各大会员国,及会外之美国,务必切实联合行动,以制裁日本,安定远东。"(四)日本必不服国联判决,因此"最盼英法苏三大国,密切提携",并且"务必邀请美国合作"。此诚"可扑灭日阀侵略之毒焰也"。(五)"中国实充分自负责任,以民族的流血,自卫国家,并卫国联主义与世界和平。"

23日 "社评"《捷克接受英法提案》："英法迫劝捷克割地,捷政府最后已无条件接受。"称"张伯伦总妥协的企图,恐怕甚难贯澈,结果,虽然牺牲了捷克,也甚难换得较长期间的苟安"。最后说："从中国立场上说,我想：我们全国公意,一定是同情捷克。中国与捷克,关系不多,但一方根据中国憧憬国际自由平等的精神,本来同情一切弱小国民之独立,一方面,又因中国正身受武力侵略,对捷克有同病相怜之感。至于中国本身,因欧局的感触,而更坚其抗战建国的信念。"

25 日　三版"特写"《典型的战士——慰劳伤兵第四天》(子冈)。

"特写"《征募寒衣——一个突击队的活动》(子冈)。

28 日　二版头条《大江两岸全线激战,广济以西我军进展》。

二版"通讯"《再到江南》(高公 9 月 22 日于修水)。记者说:"去年八一三起,就担任了本报的战地采访,那时工作的区域,是所谓锦绣的'江南',由闸北开始,沿着京沪铁路工作,直到十二月首都的沦陷,才暂时告一段落,整整的过战场生活四个月。由那时以后,辗转的在山东、江苏、河南、安徽前线流浪了些时,今年八一三后,战事进展到大别山脉和长江南北岸,'江南'两个字,又和我的工作联系起来。"为了了解保卫武汉战的江南战线情况,记者又来到了江南。(按:载于 9 月 28 日、30 日,10 月 2 日)

29 日　二版"社评"《国联决议适用第十六条》称:"国联行政院,已决议适用第十六条于中日问题",其"最大意义,是对日本侵略中国责任的定论"。"从现在起,日本之侵华战争,'已视为对于所有国联其他会员之战争行为',换句话说:从现在起,日本在国联认定之下,是全体会员国的共同敌人!"

30 日　四版"通讯"《江西的军政》(本报特派员寄自南昌,9 月 22 日),内容有:(一)南浔线的血战;(二)政治走上了轨道。

10 月

1 日　三版"通讯"《俘虏山本芳夫》(子冈)。

3 日　二版"通讯"《再飞罗山》(朱民威),内容有:"公路、河流、村舍炸敌记""扫射敌军的飞翔"。

4 日　二版"通讯"《初飞富水东岸——空军再建奇功》(朱民威)。

6 日　二版"通讯"《三炸罗山——巨鹰歼敌记》(朱民威),内容有:(一)灵巧的编队;(二)高射炮指示了方位;(三)炸弹投完的时候;(四)飞还母地。

四版"国外视察报告"《巴尔干各国的近态——本报记者视察报告》(谢诒徵 9 月 16 日自捷京航寄),内容有:"过维也纳""匈牙利""南斯拉夫""阿尔巴尼亚""希腊""保加利亚""罗马尼亚""进入捷克""捷克实力""捷克外交""民族问题"。

7 日

二版"社评"《欧洲问题的教训》:"捷克瓜分了。……这个问题,对于弱小国家所给的教训,是什么?""第一,一个民族,任在何时,必须有自决运命的觉悟,不以依赖外力为国策。""第二……一个被压迫国家,到了必须战争以自卫之时,就应当毅然牺牲,不得计成败,较利害。""第三,从此次之事,证明同盟互助的关系,是如何的不可靠!""第四……一个危邦弱国,固然战祸可畏,而可畏之事,尚有更胜于战祸者!……卑屈悲惨的降服,则足以堕落民族精神,使之一蹶不可复振。"

四版"通讯"《潢川血战记》(佚名9月30日),内容有:(一)重上战场;(二)急行军;(三)春河集大战;(四)潢川血战。(按:潢川,以前名光州,时为河南行政第九区专员所驻地)

9日 二版头条《江南我军两路获捷,豫南方面大战方酣》。

10日 二版头条《坚强抗战中欣逢国庆,蒋委员长告全国国民》:最艰难时期即最大成功机会所在,要继承创造民国的精神努力奋斗。

11日 二版头条《南浔左翼国庆奇捷,我军歼敌两个旅团》"南昌十日下午五时本报特派员专电":今晨传来空前喜讯,即由瑞武路侵至德安西北万家岭、张古山一带之敌,约三个联队一万数千人,经三日来我军×师、×师、×师等猛攻,敌确已伤亡殆尽,敌余四五百人,弃甲曳兵而逃,已无力再作困兽之斗,尸骸遍野,遗弃枪炮无算。

13日 二版"香港专电"《粤省沿海紧张》。

14日 二版头条《沿江战事侧重南岸》。

"广州电话"《粤东边境激战》。

14日 三版"通讯"《抗战后方的贵州》(长诚),内容有:(一)前奏;(二)贵州的表里;(三)农业的发展与改进。(按:该通讯10月15日续载后,因汉版停刊而没有登完)

15日 三版"通讯"《新疆行》(陈纪滢10月6日于迪化),内容有:(一)告别武汉;(二)汉陕途中;(三)兰州一瞥;(四)过乌鞘岭;(五)从哈密瓜到抓饭;(六)到了迪化。(按:新疆10月1日召开全疆第三次代表大会,督办盛世才邀请内地各界权威莅临观光。张季鸾在邀请之列,因武汉战局紧张,馆务不能分身,于是派陈纪滢代替前往。10月4日,陈纪滢、萨空了等人从武汉起飞,5日抵哈密,6日晨抵迪化。陈纪滢此次赴新疆采访,除随时发回专电外,还写了一系列的通讯)

"通讯"《沦陷后的太原——烧杀淫掠魔鬼世界》(匡时10月1日于兴集)。

二、新记中期 627

(按：载于 10 月 15—16 日)

17 日 三版"通讯"《战时的湖南》(高公 10 月 15 日)。

12 月

1 日 三版"通讯"《新疆的民族大会》(陈纪滢)，本篇通讯内容有：(一) 大会召集意义；(二) 筹备经过；(三) 会场布置；(四) 开会情形；(五) 语言问题；(六) 几个特征；(七) 通过提案；(八) 离迪前；(九) 大会的收获。(按：载于 12 月 1—2 日)

"特写"《欢送壮丁出征》(子冈)。

"特写"《教育学术团体年会昨闭幕》(徐盈)。

2 日 二版头条《粤鄂等地我军猛攻》：广州从化间敌伤亡颇重，荆沙防固我一度入通城，克武胜关部队直指信阳。

"通讯"《战场谈》(本报特派员高公 11 月 28 日)，内容有："武汉的弃守""湘鄂边境的现势""今后的军事""长沙大火前后""湘桂之行""平凡的广西"。(按：载于 12 月 2—3 日、5 日)

"社评"《抗战大局》："现在距广州失守武汉撤退已一个多月，军事部署渐趋坚稳，和平谣言全肃清，特将抗战大局一加估量。""谈到当前的国家大计，最不可想象的是议和。就我们的本身说，要得到荣誉的和平，必须我们有充分战斗的力量。因为不能战的和平，其结果必然是投降。……我们要澈底觉悟，现在中国只有战斗求生的一条路，绝对绝对没有和平！"

3 日 二版"社评"《国际大势》："慕尼黑会议以后，国际大势有了更明显的变化。"主要表现在："(一) 国际信约等于无效，讲信义简直不'摩登'了。""(二) 弱小国家起危亡之惧，争看强霸的颜色。"

三版"通讯"《新疆十四民族各代表访问记》(陈纪滢)，内容有：(一) 疏勒县大阿洪阿都日西提；(二) 一位疏勒县的呼尔加；(三) 学生代表依敏江；(四) 和阗阿洪谈片；(五) 于阗代表谈抗日；(六) 阿克苏青年具长阿布都拉；(七) 萨衣提谈库车；(八) 吐鲁番的水灾；(九) 焉耆风光；(十) 蒙古活佛夏律瓦；(十一) 昭苏设治局局长那逊；(十二) 哈萨克代表托合塔日汉；(十三) 乌孜别克族的代表；(十四) 青年局长哈生明；(十五) 塔兰其族那孜尔和加；(十六) 米医生；(十七) 回族大阿洪马良骏；(十八) 三个小民族的代表；(十九) 捐资筑路的维族青年；(二十) 尔德尼盟长；(二十一) 帕米尔高原上的县长;(二十二)维族女代表任沙丽;(二十三)归化族伊万诺夫;(二十四)笑的种族;(二十五)柯尔克思族;(二十六)两位汉族代表。(按:载于12月3—7日、12—16日、18—19日、23日)

5日 三版"通讯"《参加经济学社年会——学术界稀有的大舌战》(徐盈),内容有:"风雨如晦,鸡鸣不已""攻与守的舌战,提出外汇问题""孔作诙谐长谈"。

6日 三版"特写"《光荣的追悼——〈新华日报〉昨追悼殉难人员》(子冈)。(按:《新华日报》部分工作人员从武汉乘江新轮往宜昌途中,10月23日在嘉鱼附近燕子矶被敌机轰炸,潘美年、李密村、项泰等16人遇难)

四版"国际动态述评"《由张伯伦到近卫》(谢贻徵11月7日自巴黎航寄)。

8日 四版"调查报告"《一个尖锐的对照——关于重庆市的平民住宅》(子冈),内容有:(一)他们就住在河岸边山脚下;(二)数不尽的洋楼树立起来;(三)应该建筑些什么呢?

10日 二版"社评"《〈九国公约〉能修改吗?》:"敌外相有田,前天早晨对驻东京的英国大使克莱琪及美国大使格鲁,正式提出修改《九国公约》的要求。这是近代东方外交史上的一个空前大问题。"对此指出:"《九国公约》的原则及精神必须维持,这个原则一被推翻,远东局面将全变更。英美若接受了暴日这个要求,便是自承退出远东,任暴日独霸,而实行其强盗式的'东亚新秩序'!"

11日 四版"国际动态述评"《意法之争——欧洲纠纷之又一幕》(丹枫),内容有:(一)罗马的呼声;(二)历史的回溯;(三)到底谁错了。

12日 二版"通讯"《西北壁垒》(木公)。

三版"战局述评"《西北战场之前瞻》(徐盈),内容:(一)"保卫西北"郑重提出;(二)敌人进攻西北的路线;(三)建设"秦岭汉水区"抗战根据地;(四)西北战场的保卫问题。(按:载于12月12—13日)

15日 二版"社评"《中德关系》。

16日 三版"通讯"《幸福圈外》(子冈)。(按:该通讯写的是流亡到重庆的一些难民妇女为生活所迫而操皮肉生意的辛酸事)

20日 三版"通讯"《伟大的母性》(子冈)。(按:该通讯写的是抛弃优裕的家庭生活,投身伤兵医院服务工作的"伤兵母亲"——周太太)

21日 二版头条《中美白银协定展长》:美国对暴日恫吓之有力答复,我外部发言人痛驳有田谰言。

"社评"《英美借款对暴日的打击》:"最近英美对华借款的成立,无论款额多寡,在政治及经济上均给暴日以甚大之打击。"

四版"国际动态述评"《如此欧洲》(本报驻欧记者谢贻徵)。(按:载于12月21—24日)

22日　三版"特写"《壮丁出征以后》(子冈)。

23日　二版"社评"《抗战中的经济斗争——三论吃苦抗战》说:"在这个必然的长期战争之下,我们要多方加强战斗力,以期决胜于疆场;而经济的斗争,将为长期战中的最主要的因素。谁的经济力能持久并发展,最后胜利便属于谁。如何使战时的经济力能持久并发展?唯有吃苦!"

24日　二版头条《外部痛斥近卫谰言,英法美亦一致抨击》。

"社评"《辟近卫之谰言》:"敌首相近卫前晚发表一篇所谓《与'更生中国'之国交调整根本方针》的声明,其言甚狂妄,且甚诡谲。"指出:"他所谓的'更生中国',是取消了独立自主的资格,而由一群仰日阀鼻息的汉奸傀儡所主持的'奴隶中国'。"并表示:"中国的国策绝不动摇,暴日若不放弃其亡华霸亚的野心,我们的抗战绝不停止,近卫再有千百篇声明,只有更坚固中国的决心!"

"中央社讯"《汪副总裁出国,现抵河内就医》。

27日　二版头条《蒋委员长重大表示》:近卫声明为灭华阴谋总暴露;国人益坚抗战决心,绝不屈服;汪副总裁离渝,毫无政治意味。

30日　三版"通讯"《赵侗从华北来》(子冈),内容:(一)不粗野剽悍的英雄;(二)华北抗日军;(三)华北坚强起来,中国坚强起来。(按:赵侗是东北义勇军将领之一)

1939年(民国二十八年)

1月

2日　二版头条《汪兆铭氏违法乱纪,中央予以除籍撤职》。

"社评"《汪兆铭违法乱纪案》说:"新年中有一极可痛而亦可喜之事,便是汪兆铭氏的违反纪律危害党国案。"对此指出:"第一,可痛的是:在如此紧急的抗战关头,以汪氏这样有历史有地位的人,竟有这样的举动,无论如何,均是极可痛惜的事。""第二,可喜的是:此事是在敌欲毕露,国策人心均极坚定之时爆发,不致撼动大局。(一)中央将汪氏永远开除党籍,并撤除其一切职务,处分得迅速而严明,党纪国法,两俱昭然。……(二)汪氏中途脱离抗战营垒,在客观上，毋宁收澄清内部之效。"

3日　四版"通讯"《粤湘桂之行》(问津1938年11月19日于桂林旅次)，内容有："粤省府北迁""从翁源到乳源""曲江的印象""粤北的军政""衡阳在战时""湘桂路现状""今日的广西"。(按：载于3—7日)

4日　二版"中央社路透电"《美国之巨吼》：英国或亦对日提出照会，两国均在考虑经济报复。

"中央社讯"《美国严正声明》：第二次照会暴日详文。

6日　三版头条《美总统国会演说抵抗侵略国家》：坐视他国被侵必自蒙害，民主国家有联合之必要。

9日　三版"特写"《新的尝试——介绍互济手工纺纱工厂》(子冈)。

"国际动态述评"《现阶段各国外交分析》(本报特撰)，内容：(一)德意志；(二)意大利与法兰西；(三)英吉利；(四)北美合众国。(按：本文为本报特派员谢贻徵自欧洲回国后特撰；载于1月9日、11日、14—15日、17—18日)

10日　三版"通讯"《满怀兴奋看船坞——记"民生造船厂"》(徐盈)，内容：(一)逆波划入造船厂；(二)漫步大船坞；(三)参观机器厂；(四)瞻望未来优良港湾。

13日　二版"通讯"《湘北前线》(本报特派员高公1938年12月29日寄自长沙)。(按：载于1月13—14日)

三版"通讯"《新新疆的财政》(陈纪滢)，内容：(一)过去财政经济概况；(二)纸币的沿革；(三)税收的种类；(四)土地与田赋问题；(五)财政制度；(六)五年来财政经济建设事业进展情况。(按：载于1月13日、14日、16日、18日)

14日　三版"特写"《抽签壮丁入伍》(子冈)。

15日　二版"通讯"《广东西北区》(问津1月7日于桂林)。(按：载于1月15日、18日)

三版"特写"《动员重庆妇女的前奏》(子冈)。(按：记叙蒋夫人宋美龄14日下午在重庆社交会堂向两千多妇女演讲的情况)

16日　二版头条《国联政院今日开会，我要求实施制裁案》。

三版"通讯"《中国的新军》(徐盈)，内容：(一)"后方重于前方"(委员长的训辞)；(二)列兵王林；(三)"军民要合作啊"；(四)广东团长与新型军官；(五)"优待家属第一"；(六)"好铁要打钉"。(按：载于1月16—17日)

17日　二版头条《英国对日照会发表,光明磊落义正词严》:澈底揭穿暴日之野心及欺诈,正式声明坚守《九国公约》立场。

20日　二版头条《法国照会送达东京,国联考虑我国提案》。

三版"通讯"《薛将军会见记》(高公1月2日寄自长沙)。(按:载于1月20—22日。薛将军,即薛岳,字伯陵)

"通讯"《在华北打游击——一个"破坏大队长"的独白》(萧乾自港寄),内容:(一)那天收复北平;(二)黄色炸药的初试;(三)黄寺的烈火。(按:载于1月20日、22日)

21日　二版"特写"《蒋夫人会见记》(子冈):(一)异域的中国女孩;(二)各级子弟当兵去!(三)充实我们自己;(四)每个人拿出你的力量!(按:载于1月21—22日)

24日　三版"特写"《太太们站起来了——蒋夫人昨宴请高级长官夫人,将动员太太们参加后方工作》(子冈)。

四版"通讯"《朝鲜义勇队》(本报战地特派员高公)。

25日　二版"社评"《论党》:"抗战建国大业,国民党领导之,而为全民族所拥护与服从。吾人今以人民一分子之地位,述其浅陋之感想,以贡献于国民党中央委员诸君。"其一,关于党的纪律。严整,不留遗憾。其二,关于党部的工作。抗战工作之源泉机关有三:党、政、军,此三者,应各据其特有之岗位,"以收互助之效果",三者不可"混同"。

三版"通讯"《在艰苦中复兴——参观矿冶研究所》(徐盈)。(按:载于1月25—26日)

四版"通讯"《五虎将——献给青年建国英雄》(谢贻徵)。

26日　二版头条《五中全会开会蒋总裁讲我国必胜》。

三版"通讯"《陕西的政治》(天织1月19日于西安)。(按:载于1月26—27日)

27日　二版"社评"《读蒋委员长全会训词》:"昨报发表蒋委员长在五中全会席上之训词,说理详尽,气盛言宜,国人读之,无不感奋,谨申述以下二义,以唤起国人之注意。第一,坚持并发挥我们的必胜之道。……第二,现在没有'和'字。"

28日　二版"社评"《"一·二八"与反侵略》。

三版"通讯"《纺织工业的复兴》(徐盈),内容:(一)一串有内容的数字;

(二)今日的纺织工业;(三)无名的中国阿克来!

30日 二版"通讯"《粤西北江的前线》(本报特派员海星17日自小北江旅途中),内容有:"孤舟过××峡""守护西江前门""准备还是观望""北江民众劳绩"。

31日 四版"通讯"《西安街头——一个星相家的抗战论》(天织1月28日自西安)。

2月

1日 三版头条《苏联坚强发展》:宣布第三次五年计划,注重远东区经济建设。

4日 二版"通讯"《在淅河战壕里》(北鸥1月25日于樊城),内容:(一)火线上的进步;(二)二期抗战的姿态;(三)战壕巡礼;(四)战壕的座谈会。

10日 三版"专载"《日本在中国之侵略战》(胡适),编者按语:"我国驻美大使胡适博士,于上年十二月四日在纽约讲演《日本在中国之侵略战》,说明我国抗战之艰苦,中枢决定国策与全面抗战到底决心之坚强,并以美国革命战争之历史证明我国必能获得最后胜利。此项演词英文稿经纽约中国文化协会印行小册,兹译录如次,以饷本国之读者。"(按:载于2月10—11日)

"特写"《女佣工训练班——培德堂巷的巡礼》(子冈)。

11日 二版"社评"《持久抗战与加强游击》。

12日 二版头条《太平洋上之"九一八"》:暴日犯海南岛发动南进野心,蒋委员长昨对外报记者谈话。

13日 三版"特写"《活跃的星期日——战时首都画像》(子冈),内容:"冬令救济发放赈款""新运会试办自助餐""青年团体开交谊会""老舍讲创作的经验""银行业励进会成立""久大公司义卖精盐"。

14日 二版头条《海南岛我军奋战中》。

二版"通讯"《湘鄂赣边区纪行》(本报特派员高公),内容:(一)离开长沙;(二)平江印象;(三)××镇军民合作(1月28日于长沙);(四)献钟和嘉义;(五)××街(2月1日于长沙);(六)天岳关下;(七)游击战在××;(八)行程终了(2月2日于长沙)。(按:载于2月14—15日、18日、20日)

三版"专载":《海南岛的战略形势》(方秋苇),内容:(一)海南岛的国际关系;(二)海南岛的史略及地势;(三)环岸港湾的军事价值;(四)日本海洋防线与海南岛。

15日　二版头条《海南岛北部战最烈》：澄迈附近相持，定安全城起火；岛之南端又有敌登陆，正迎敌；王司令电告决与敌周旋到底。

三版"政局述评"《甘省的财政》（天织2月9日寄自兰州）。

16日　二版头条《海南岛战事益烈》：敌军逐渐内侵，敌机狂炸，法舰十余艘集海口附近。

三版"专载"《暴日移民伪满——进攻苏联的准备之一》（纯青）。

18日　三版"专载"《定三年计划，打一年半仗》（王芸生）。

19日　四版"通讯"《绥省抗战佳话》（天织2月2日寄自兰州）。

20日　二版"中央社香港电"《除一巨奸，陈逆箓遇刺毙命》。（按：陈箓为伪维新政府外交部长）

21日　二版"社评"《除奸！》。

22日　二版头条《参政会第三届会重要决议拥护二期抗战国策》：大会昨圆满闭幕，蒋议长致辞，抗战艰苦时期确立民治基础。

四版"政局述评"《甘肃的吏治》（天织2月6日寄自兰州）。

23日　二版头条《蒋委员长在参政会报告国民精神总动员》。（按：蒋介石的报告《国民精神总动员纲领》为张季鸾起草。在"共同目标"这部分写了三点：（一）国家至上，民族至上。（二）军事第一，胜利第一。（三）意志集中，力量集中。前四句话是1938年7月张季鸾为蒋介石起草的《抗战周年纪念日告全国军民》中提出来的，这里再次使用；而后两句话是陈布雷建议增加的）

24日　三版"通讯"《纱厂一日——记在后方挥汗做工的姊妹》（子冈），内容：（一）训练工；（二）她们对得住前线将士；（三）流亡的故事。（按：载于2月24日、26日）

25日　二版"通讯"《四川志愿兵》（本报特派员高公2月10日于长沙）。

28日　二版"通讯"《三位日本弟兄参加我×路军工作》（希明2月1日在敌后方之山西××县）。（按：三位日本兵冈田毅、小林武夫、杉本一夫在战斗中被我八路军俘虏后，被感化，而于1939年"一·二八"这一天在晋东南某地自愿参加八路军。该文载于2月28日、3月1日）

3月

3日　二版"社评"《乱臣贼子人人得而诛之》："对于叛国的汉奸，不仅为国法所不容,在民族纪律上,凡属国人,均有执行诛奸之责。"

4日　三版"特写"《偶访刘王立明》(子冈)。(按:刘王立明即原沪大校长刘湛恩先生的夫人,刘湛恩在上海沦陷后不甘附逆而被敌人暗杀,他的夫人王立明继承丈夫的遗志,继续奋斗)

7日　三版"通讯"《伤残兵在后方》(子冈)。

11日　三版"述评"《中国的工业——滨海工厂是怎样迁厂的?》(徐盈),内容:(一)强烈的对比;(二)一篇糊涂账;(三)划时代的事业;(四)迁厂的故事;(五)建立中的新厂;(六)今后没有压迫。(按:载于3月11日、13日)

12日　三版"塔斯社电"《苏联共党代表大会史丹林重要报告》:国内外政治经济情势,苏联在进步,各国恐慌未减。

"短评"《祝苏联共党代表大会》:"苏联的坚强存在,是世界和平的一根柱石,是野心侵略的一个威胁。"

16日　三版头条《欧洲地图变色》:捷克夷为德国之保护国,柏林谈话送了一个国家。

17日　二版"社评"《吊捷克——并论中东欧今后的局势》。

三版头条《哀哉捷克不抵抗而亡,德军又开入斯洛伐克》。

21日　三版"通讯"《北战场的游击战》(天织3月1日寄自兰州)。

23日　三版"通讯"《日本俘虏在中国》(子冈)。

27日　二版"通讯"《粤游击区的缠斗》(一宇3月20日)。

29日　二版头条《南昌守军坚强抗战》。

31日　二版头条《南昌撤守奉新克复,高安方面三路接触》。

4月

1日　二版"社评"《南昌撤守与今后战局》称:"现在的战事,由南昌撤守说,是第一期抗战的尾声,由全盘战局说,则是第二期抗战的开始。""预料中应失的地方都已失掉了,今后的战略应该是确守及反攻。……第二期抗战的任务就是要打胜仗!"

三版"通讯"《在丝厂里——国民精神总动员和劳工生活问题》(子冈),内容:(一)关于丝的话;(二)十指并不纤纤;(三)十二小时一毛钱!(四)国民精神总动员。(按:载于4月1—2日)

3日　三版"通讯"《农情预报》(徐盈4月1日成都),内容:(一)"四月"决定"丰收";(二)蜕变中的农村;(三)为农民说话;(四)今年的农情。

5日 二版头条《汪精卫通敌卖国》:为敌画策企图颠覆国民政府,骇人听闻之所谓"汪平沼协定"。

"社评"《汪精卫的大阴谋》:"在汪氏通敌卖国之事未暴露之前,他脱离重庆,发表艳电,还只是违法乱纪;现在他接受敌人金钱,代敌画策,企图颠覆政府,已是危害国家的叛逆。"

三版"通讯"《纪念儿童节》(子冈、秀金、楷园),内容:"作品展览""演讲比赛""抗战游艺""歌咏决赛"。

6日 三版"伦敦通讯"《英国自由党党魁辛克莱访问记》(未风3月20日伦敦航空信)。(按:载于4月6—7日)

"特写"《抗战新英雄——××驿劳军记》(嗣曾),内容:(一)春郊行旅;(二)伟大的行列;(三)胜利第一;(四)我们应该怎样。

8日 二版"通讯"《冀南战局——徐××将军的谈话》(希明2月27日寄自冀南前线)。(按:徐××将军即徐向前。该文载于4月8—9日)

10日 二版"通讯"《包头滩上》(令德3月22日榆林发),内容:(一)绥远健儿为保卫家乡而流血;(二)袭击包头敌机场;(三)新城东大社之役。

11日 二版头条《我军大举反攻南昌》。

13日 三版"通讯"《都江堰开水记》(子冈11日寄自灌县),内容:(一)都江堰水利;(二)今年的开水典礼;(三)农产品展览会。

14日 四版"通讯"《四川农业增产运动——参观四川农业改进所》(子冈9日寄自成都)。

17日 三版"通讯"《未开发的处女地——西康踏入记(通信之一)》(徐盈4月8日雅安寄),内容:(一)先决问题的交通;(二)今日的"边茶";(三)建立起反攻根据地;(四)未开发的处女地。

18日 二版"社评"《罗斯福通电与世界大局》:"在欧洲杌陧不安之际,英苏法三国正在谈判军事同盟,藉以防阻侵略之凌逼,美总统罗斯福霹雳一声,于本月十四日发出通电,对希特勒、墨索里尼询问,是否准备提供保证,不以武力攻击他国?并建议以国际会谈方式,解决各项问题。罗总统这个电报,不仅给欧局增加了和平声威,对于世界大局也有相当巨大的影响。"

19日 二版头条《蒋委员长重要谈话》:痛斥投降理论,决心抗战到底。

三版"短评"《蒋委员长谈话》全文:"昨天深夜读到蒋委员长对中外记者的

谈话,有三点重要的宣示,第一,有力的斥责汪精卫的投降理论,认为是'无耻之极的主张','这种人在精神上已经自己宣告了死刑'。第二,现时没有和平。汪精卫辩解近卫声明不是灭亡中国的条件,而以为还是可和,是'求降卖国',是'以汉奸自居''甘心做日本的奴隶'。第三,决定抗战到底。这是中国的决心与政策,现时由最高领袖加以宣示,甚为需要。汪精卫的机关报《南华日报》连日都在喋喋助敌张目,破坏国家信用,蒋委员长这篇谈话,粉碎了一切通敌卖国的奸谋,全国军民都要在抗战大纛之下,抗战到底!"

"伦敦通讯"《英国保守党女议员阿斯特女爵访问记》(未风 3月28日伦敦航空信)。

20日 二版"社评"《罗斯福第二步如何?》,推想有三:德意拒绝以后,罗氏仍然要进行国际大会的主张;美政府一定更加强实际援助英法苏等国的步骤;大战若起,美国不容置身事外。

三版"通讯"《向西康进发——西康踏入记(通信之二)》(徐盈 4月13日荥经),内容:(一)雅安观感;(二)荥经的铁。

23日 三版"特写"《郭沫若讲主和论的批判》(子冈)。

25日 三版"通讯"《河北半年》(爱棠 3月15日写于渝),前言:"笔者于去年八月间,前往沦陷一载有半之河北战地,实地调查,经数月来调查所得,作一简单报告,以飨读者。"内容:"在洛一月之筹备""由洛经晋入冀""省当局工作""由冀归来""结语"。(按:载于4月25日、27日、30日)

27日 三版"特写"《入川以后的中央工业试验所》(楷园)。

29日 二版头条《我军进抵南昌市郊》:新飞机场及车站相继克复,赣江西岸在牛行附近相持,鄂南我亦优势,敌败退崇阳。

5月

1日 三版"通讯"《向西昌进发——西康踏入记(通信之三)》(徐盈 4月18日越嶲发),内容:(一)大相岭内外;(二)三个农业地带。

四版"特写"《妇女工作在湘南》(子冈),内容:(一)播种工作;(二)知识分子不要逃避责任;(三)祖国需要我们赶快出力。

3日 二版头条《赣北鄂南我猛攻中,鄂中激战随县以东》。

三版"通讯"《伤心话太仓》(轰振),内容:(一)揭开假面具;(二)"宣抚班"大撒金钱;(三)铃木的悲哀;(四)活跃城郊的游击队。(按:作者是太仓

人,他于 4 月 8 日曾回去过一次,文章写的是他回家见闻)

4 日　一版头条《敌机滥炸重庆市区,五三血仇又深一层》。

三版"通讯"《五三空战歼敌记》(毅夫)。

8 月

13 日　二版头条《"八一三"两周年纪念,蒋委员长告上海同胞》:要在艰难困苦之中,各竭其力,坚忍奋斗,尽量巩固我们的精神堡垒与经济堡垒,明了法币价值真义,重视工界本身力量。

14 日　二版"社评"《战就是胜,主和者奸》说:"'战就是胜利''主和的就是汉奸'。"

三版"特写"《重庆怎样抵抗轰炸?》(子冈)。

15 日　二版"通讯"《鄂北的出击》(北鸥),内容:(一)×单位的出击;(二)前线的××学生军;(三)俘虏口中的敌情。

"社评"《外交大势》称:"我们不依赖国际为制胜的唯一因素,却不忽略外交的运用。"

16 日　二版头条《晋境三路续有激战》。

三版"通讯"《今日川康》(徐盈)。

四版"特写"《豫难民淘金现况》(天织 8 月 7 日寄自西安)。

17 日　二版头条《晋境战事侧重东南》。

19 日　四版"通讯"《云南现势》(恩源 8 月 3 日寄自昆明),内容:"农村的认识""交通新设施""经济和建设""金融和财政""教育和卫生"。(按:载于 8 月 19—21 日)

20 日　三版"通讯"《三月来江南敌情》(问津 8 月 13 日桂林)。

21 日　三版"通讯"《西北保卫线上》(中央社特派员刘尊棋)。

22 日　二版"专电"《我军克服晋城》:敌"扫荡"太行山计划又告粉碎。

23 日　二版"社评"《晋城之捷与北方大局》。

三版头条《德苏将订互不侵犯约,里宾特罗甫即日飞苏》:消息传出,各国咸表惊异,欧洲局势为之划然一变。(按:里宾特罗甫为德国外长)

25 日　二版"通讯"《晋东南的游击根据地》(北鸥),内容:(一)小根据地和据点的综合;(二)不怕敌来,敌来更好;(三)军政民化合的武力。

三版头条《德苏条约签字》:规定签字后立即生效,两国政府须迅予批准。

29日 二版头条《蒋委员长重要谈话》：我对国际有利形势更应戒慎，继续自力奋斗，博取最后胜利；望欧局和平，对美总统表钦佩。

30日 二版"社评"《以不变应万变》说："蒋委员长前天对新闻记者的谈话，其中有一节说：'吾人抗战，首为自卫生存，故自始即以独立自主与自力奋斗之决心，从事抗战，既不稍存依赖之心，更无利用国际形势之念，吾人只须循平平实实之正当大道做去，以一定不变之方针，应付瞬息万变之时局，必能达到吾人之目的。'这就是'以不变应万变'。我们把住这六个字，便绝不会迷了路。"在分析了国际上因苏德缔结互不侵犯协定而引起的变化后说："我们不利用国际形势，同时却本公理正义的立场，向世界求友，我们对于朋友，不稍存依赖之心，同时也绝无侥幸之意。尤其因为我们的立场如一，恩怨分明，所以目前的国际变化尽管大，对于我们却并无毫厘之差。英美法苏，都是我们的好朋友，并不因最近的国际变化而有丝毫的增减。"

9月

1日 三版"专载"《日本人论汪兆铭》（纯青）。

2日 二版头条《德军发难进攻波兰，欧战序幕正式揭开》。

4日 二版头条《德国不答最后通牒，英相宣布对德战争》：英法两国驻德大使昨均回国。

5日 二版头条《法国开始军事行动，苏美两国保持中立》。

三版"专载"《历史的文件——德拒绝英通牒之复文》。

9日 二版"社评"《美国在远东的责任》："欧战爆发之后，暴日随即宣布恶意的中立，对英法提出撤退驻华军队的要求，昨天东京政府会复宣布，要求英国'停止一切妨害日本在华地位的举措'。……（暴日）以为这次欧战，将给它一个驱逐英法，征服中国，并独霸远东的机会。"事实上，"英法因欧洲战事之故，在远东的力量当然相当的削弱，这是暴日发生趁火打劫之野心的诱因；因此，美国在远东的责任便加重了。"呼吁"美国应该迅速采取步骤，以打击暴日的野心，以保障《九国公约》的尊严。这是美国的义务，也是美国的责任！"

14日 三版"通讯"《游击军活跃的徐属》，内容："敌人的真面目""敌人的假面具""敌人目前的处境""敌人口里的敌国国内真象""新的政治和军队已在成长"。（按：载于9月14—15日）

17日 二版"特写"《访问马占山将军——第一位抗日英雄的素描》

(子冈)。

18日　二版"社评"《"九一八"八周年》表示,十分怀念东北同胞。

三版头条《苏联进军波兰》。

19日　二版"社评"《苏联·波兰·欧局与远东》说:"在德波战事剧烈进行波军逐步崩溃之际,苏联军队于前天起开入波兰,保护乌克兰人及白俄罗斯人。这件事,给世界以甚大的冲动,各方的观感也甚不一致。"(按:苏联进军波兰,《大公报》出于中苏友好,感到难于立言。经过王芸生与国际问题专家王芃生讨论,由张季鸾出主意,王芸生执笔写了这篇社评,一骂波兰"不忠不智不义",二强调中苏友好,在远东抗击日本人)

22日　三版"专论"《千变欧局一杯茶》(记录者)。(按:这是张季鸾为欧局变化事而写的一篇专论。文章采用对话体,谈了如何看待"希特勒的但泽演说""苏联出兵波兰""英法的去向"等问题)

25日　二版头条《湘北两路大激战》:新墙河畔、洞庭湖滨炮火炽烈,我军勇猛搏斗,迭却进犯之敌。

"社评"《以战辟谣!》说:"近一周来,上海的谣言特别多,再加上外国通讯社辗转传播,更加离奇。"在分析了谣言的出处之后说:"我们如何粉碎敌人的政治进攻并消灭汉奸投机家的谣言?惟一有效的办法是抗战!我们不投降,并且打胜仗!……连打几个胜仗,谣言不辟自息!"

27日　二版头条《湘北方面激战中》:我军阻敌湘阴白水以北之线。

"战局述评"《漫谈山西战事——我强敌弱的实例》(木公9月10日)。(按:28日续完)

30日　二版头条《湘北各路血战方酣,鄂中我军全线出击》。

10月

1日　二版头条《军委会发言人谈话,湘鄂会战敌遭重创》:现相持于平江、湘阴、长沙交界一带。

3日　三版"国际动态述评"《欧战观感录(一)》(熊式一9月4日伦敦航信),编者按:"作家熊式一君,侨寓英伦七年。近以欧战爆发,乃于著作之暇,特撰《欧战观感录》投寄本报,关于英国政党、国会、战时内阁,以及政治舞台上重要人物,均将叙及,陆续由本报发表。"内容:(一)起因;(二)英政府战与不战之决定。(按:4日续完)

5日　二版头条《湘鄂会战我军大捷,甘粕师团歼灭殆尽》:长沙外围战事即将告一段落,我正肃清汨水南岸,一部北追。

6日　二版头条《湘北歼敌三万余》:神勇我军造成空前战绩,汨罗江南岸大致已肃清。

"社评"《湘北大捷之意义》说:"此次湘北会战,我军大捷,敌军惨败,约略估计,敌军被歼灭者已达三万之众,其甘粕师团已消灭殆尽。迄昨日止,敌军已被击退至汨罗河北岸,殆已恢复三星期前敌军开始蠢动时之原状。敌军如此遭受无情打击而败退,自开战以来,尚为第一次。我军此次胜利之价值,实远在台儿庄与鄂北战役之上。此次湘北之捷,乃我抗战军事之大转机,而为敌我强弱败胜转移之枢轴。"

7日　二版头条《湘北我军确定胜利,暴敌溃退新墙之线》。

9日　二版头条《新墙沿岸敌势穷蹙,湘鄂公路我军续进》。

10日　二版"通讯"《湘北大捷纪实》(本报战地特派员高公),内容:"敌军布置""新墙血战""营田登陆""主动转移""全线反击""胜利之因素"。(按:载于10月10日、12日)

15日　二版头条《空军袭汉再建殊勋》:机场敌机逾百架几全炸毁,并彻底破坏敌之军事设施。

二版"通讯"《在抗战阵营中的罪犯》(子冈)。(按:本文记叙的是"十年以下的罪犯调服军役"后,戴罪立功,英勇杀敌的事)

三版"通讯"《粤北之旅》(杨纪9月18日追记于江西樟树镇),内容:"封锁何在""收税青年""东江小景""韶关形色""司令部中""粤政缥谈""谒白将军"。(按:载于15日、17日)

16日　二版"通讯"《兴集的轮廓》(穆欣)。(按:兴集是陕北某山区的一个小村子,因抗战功绩大而出名)

三版"战局述评"《攻势在江西》(罗卓英),内容:(一)两位江西勇士;(二)第一个阶段;(三)出击高安南昌;(四)敌军的败征;(五)赣北民众;(六)像散在田间的麻雀。

18日　三版"政局述评"《内政纵横谈》(徐盈),内容:(一)秋旱谈农灾;(二)机构的改善;(三)人民与宪政。

19日　三版"通讯"《赣北之行》(杨纪10月10日追记于桂林),内容:"渡大庾岭""工合运动""赣州见闻""赣江一苇""军民合作""战地唱和""樟树镇

记""浩气长存""界化陇上""赣游杂感"。（按：20日续完）

"通讯"《儿童保育经验——访问六位保育院院长》（子冈），前言："儿童保育会在蒋夫人领导下，于一年多的时光中陆续成立了四十八个保育院，收容了将近二万个难童，也就是替国家保留栽培着有希望的幼代；这一工作已经获得了各方人士的注意，尤其是华侨，他们更不断地给儿童保育会汇钱来。本月二十日起总会召集各地院长在渝举行院长会议，商议改进计划，检讨过去的成绩。至大半院长抵渝后，记者访问了广西、湖南、贵州、四川六位院长，从她们的谈话中，可以见到目前保育工作的现状和问题。"内容："岩洞中的保育""经费和干部问题""怎样使保育院被当地人爱护""为抗战军人子弟办保育院""孩子们也要民主""抚养病孩、抚养伤兵的孩子""结论"。（按：20日续完）

20日　二版"中央社香港电"《吴佩孚大骂汪逆下贱》：赠汪一首正气歌。

"通讯"《神鹰展翼——毁灭汉口敌机场的初炸》（小苗），内容：（一）深秋的晨曦；（二）武汉在期待着；（三）十月三日十一时的武汉；（四）汉口敌机场的毁灭；（五）我机安然返航。

23日　三版"专载"《关于所谓"东亚协同体"——批判侵略者的基本理论》（纯青）：（一）汪逆倒霉；（二）协同体的两面；（三）"亚洲的归亚洲"；（四）"非帝国主义论"；（五）民族问题；（六）"协同体"在日本国内；（七）"协同体"与汉奸。（按：24日续完）

二版"通讯"《神鹰再出击——毁灭汉口敌机场的再炸》（小苗），内容：主要叙述10月14日之役。

24日　三版"通讯"《太行山隘七勇士》（木公双十节于西安），木公谨志："自抗战军兴，书报所记，我同胞为国牺牲，杀身成仁，舍生取义，忠贞义烈，可歌可泣之事迹多矣。而忠勇不屈之行为，被敌人推为军人模范；慷慨殉职之义烈，被敌人誉为具有最高武德之完人者，尤无过于在太行山隘殉职之吾七勇士者。敬谨述之，用供同胞景仰。此种至高无上之武德之发扬，求之近代列国战史中，固少见也。"

28日　三版"巴黎通讯"《战时的巴黎》（孝隐9月25日巴黎航信）。

29日　二版"通讯"《面与线的鏖战——敌后六省自由来去记》（徐盈）。（按：本文记述梁漱溟先生用8个月时间环行敌后华北、华东六省农村的见闻：农民的苦难；积极配合游击军打击敌人）

11月

4日 二版"通讯"《我所见的临汾》(高咏),内容:"贫乏的城""王道表演""毒品工资""临汾外面"。(按:高咏化装成商人进入被敌人占领的临汾城视察。文中述其所见所闻)

6日 二版"通讯"《战斗中的山东》(田义)。(按:7日连载完)

7日 二版"社评"《祝十月革命二十二周年》:"十月革命,在世界历史上的伟大意义,是尽人皆知的;而苏联自十月革命以来所经历的艰辛,尤其值得追念。"

三版"中央社讯"《今日苏联国庆》:莫斯科将举行阅兵典礼,中苏协会函苏使馆致贺。

"国际动态述评"《欧战观感录》(熊式一9月18日伦敦航信),内容:海军及护运。

8日 三版"通讯"《湘北之行》(杨纪11月4日追记于桂林),内容:"茶陵一宿""衡阳三日""粤汉铁路""三入长沙""××豪语""长沙会战""湘政缫谈""湘江所见""南岳风光"。

16日 三版"通讯"《地上的英雄们——记劳苦功高的航空机械士》(子冈)。

19日 二版"特写"《万人欢跃看滑翔》(徐盈):"大公报"号表演成绩良好,教部拟造百架训练青年。

三版"短评"《滑翔运动》:"'大公报'号,是中国第一架滑翔机,她已引起国人对航空的浓厚兴趣,此后滑翔机陆续造成,滑翔运动将普遍全国,则本报读者捐献提倡之微意,对青年、对国防,均为不虚矣。"

21日 二版头条《六中全会圆满闭幕,蒋委员长兼行政院长》:明年11月召集国民大会,中央秘书长及组织部、宣传部、社会部、海外部四部长更迭。

22日 二版头条《敌机昨日狂炸南宁,粤桂边区正激战中》。

"社评"《汪逆的评价》:"在十几天以前,汪逆精卫的傀儡运动,被敌人宣传得如火如荼,近来却渺无声息了。"分析说,这可能是日本"主子"对成立汪伪政权还没有下定最后决心:(一)日阀渐渐认识到,汪精卫之傀儡,非但不能帮他一兵一卒之力,反有激发中国士气之效;(二)暴日与英、美各国在我国沦陷区起冲突;(三)暴日近来与苏联套近乎,所以冷落了反苏反共的走狗。

26日 二版头条《南宁我军予敌重创》:迄前日午仍在城郊混战中。

四版"通讯"《绥远三烈士记》(杨令德11月11日陕北榆林),内容:(一)血洒阴山的李森;(二)和林格尔的范盈;(三)一门忠义的乔全清。

29日 二版"通讯"《桂北之行》(杨纪),内容:湘桂铁路、桂林现象、建设计划、广西民团。

12月

1日 二版头条《南宁以东我军却敌》:粤境各路仍有激烈战事,洞庭湖敌试探登陆被击退。

"社评"《继续打胜仗!》说:"湘北大捷才两个月,桂南战事继起。……湘北大捷是我们两年多抗战累积下来的战绩,而现在桂南战事必将获得更大的战绩。这不仅是我们全军全民的信心如此,而事实的结果也必然如此。"

5日 四版"通讯"《生死之间》(张仁仲),编者按:"这是一篇血泪的记录。从这里我们知道了敌人是怎样残酷的虐待我们同胞,而我们的同胞呢,是用着怎样坚定的意志,威武不屈,承受着无比的苦难。尤其难得的是耿君能以'国家至上'为前提而不惜牺牲了老年的叔父,历经艰险,投效到祖国的抗战阵营中来。这是我们民族可贵的新青年的精神,我们欢迎这一种血的史实的真实报道。"(按:载于5—7日。该通讯载毕的7日,《大公报》第三版发表"短评"《驱除东亚魔鬼!》说:"本报连载的一篇《生死之间》,今天登毕,是记载一个中学生耿君在北平受敌人毒刑拷打的经过。我们相信,凡是有良知、有同情心的人类,读了这篇记载,一定要对野蛮残暴的日本军阀愤怒痛恨!")

6日 二版"中央社电"《吴佩孚逝世,何部长电平吊唁》。

"社评"《悼吴佩孚将军》,在追述了吴佩孚的一生后说:"惟其志节坚贞,故能处淤泥而不染,嘻笑怒骂于暴敌群奸之重围中,而始终不屈。呜呼!将军死矣,其正气高节则凛然长存于天壤之间;绌暴敌,愧群奸,永为中华民族之好男儿,将军有之矣!"

7日 二版头条《桂南大会战即展开,晋南方面搏斗正酣》。

"社评"《揭穿汪逆精卫的阴谋》,首先说:"自敌军发动侵桂军事后,汪逆精卫在这旬日之间,先后嗾使他的机关报《中华日报》,发表了几种麻醉人民、假充爱国者的'意见',随后又发表文字,流露急欲登场'局部议和'的真态。我们根据这类事实,揭发汪贼的野心,与他今后的阴谋。"指出:"谓要'局部议和',却是急于登场的表现,料想汪逆日来正向暴日各方钻营,以求早日获偿其欲。"

最后说:"对于汪逆的阴谋,要随时随地予以扑灭,毋使滋蔓!"

8日 二版"社评"《美国应该监视着太平洋》。

三版"通讯"《岷山游击军》(王克浪11月15日会安),内容:(一)赣北的胜利基础;(二)岷山的形势;(三)胜利的记录;(四)反攻的政治设施;(五)光荣的未来。

15日 二版"通讯"《记一个战士的遭遇——中条山通讯》(周延)。

三版"英国航信"《欧洲往哪里去?》(萧乾11月27日密尔顿村),内容:(一)神经战争;(二)第四军备;(三)腹患难免;(四)经济战略;(五)往哪里走。

19日 二版"通讯"《今日之安徽》(以防11月抄于立煌)。(按:20日续完)

20日 二版头条《桂南我军出击报捷》:邕武路上克复大高峰坳,邕宾路敌已被截成数段。

21日 二版头条《桂南我军开始反攻,一部进抵南宁郊外》。

22日 二版头条《桂南我军续获胜利,邕宾路上克昆仑关》。

三版"本报讯"《重庆昨日盛会》:庆祝斯大林六十寿辰。

23日 二版"通讯"《黄淮垂直线上》(徐盈),内容:(一)黄淮四千里;(二)从山东到河南;(三)敌我纵横谈。(按:24日续完)

26日 二版"塔斯社莫斯科电"《苏联领袖斯大林祝我抗战胜利》:电谢蒋委员长祝寿。

29日 三版"特写"《再访日本弟兄》(子冈)。

30日 二版"社评"《岁暮直感》:抗战的目的是为了建国,经济建设要特别顾及农民生活。

"通讯"《伟大的同情——成都慈幼治疗院参观记》(杨纪)。(按:成都慈幼治疗院是法国驻川领事贝珊先生创办的,故称"伟大的同情")

1940年(民国二十九年)

1月

1日 二版头条《蒋委员长新年致词》:勉国民加紧实行精神总动员。

4日 二版头条《粤汉南段我军大捷》:歼敌一万数千夺获无算,近卫兵团一个联队全灭。

三版头条《美国会昨开幕》：罗总统拟请增加军费，以联合力量促进和平。

5日　二版"社评"《粤北之捷》说：敌人在粤北的进攻，受到我军"严重打击，并使他的近卫师团整个联队被歼。"最后说："敌阀出其最后的本钱，以图一逞，只打得个完全溃败，敌人在战场获胜的希望更加稀少，整个战争的溃败也可预卜。"

6日　二版"通讯"《中国游击队的恩人白求恩博士之死》（庄栋）。

三版"欧洲通讯"《战时英国印象》（萧乾 12 月 16 日英国航信）。

9日　二版"通讯"《贵州视察记——西南建国巡礼之一》（杨纪 1 月 7 日追记于重庆），内容："黔南一瞥""雨之贵阳""企业公司""二四工厂""农村工作""合作事业""记县训所""抗属小学"。（按：载于 1 月 9—11 日）

10日　三版"特写"《重庆烟民图》（子冈）。

13日　二版"专电"《阿部已表示引退》：近卫不愿干，宇垣无望，池田、荒木等俱有呼声。

16日　二版"专电"《敌米内内阁昨日组成，海陆相蝉联有田再出》。

三版"述评"《中国机械工业——迈进中的工业鸟瞰之一》（徐盈），内容：（一）在民族复兴根据地；（二）他们怎样克服困难；（三）从原料竞争到技术竞争。

17日　二版"社评"《评米内内阁》："米内内阁业经成立"，在介绍阁员后评论道："第一，对华政策是继续侵略"；"第二，对苏对美是听其自然"；"第三，对内政策将有变更"。

19日　二版"社评"《汪逆之无耻》，指出："汪精卫这无耻怪物，一生惯过毫无把握而看人颜色的生活，现在当了不肖到极点的汉奸，还是在患得患失的过着看人颜色的生活。"

20日　二版头条《鄂北相持随县东北，敌军猛犯迭遭重创》。

22日　二版"社评"《胜利之年》指出，中华民国二十九年是"胜利之年"。"九一八事变以来，我们未曾有过内战，许多惊涛骇浪都能化凶戾为祥和……在以往两年半的抗战中，非但我们的国誉增高，国家的建设也在突飞猛进。这就是由于中华民族知道羞耻之故。在万钧国难之下，我们再没有脸面同室操戈，而且'耻'这个字还要我们每个中国的好儿女挺起腰来，共御外侮。"

"香港二十一日下午四时专电"《高宗武陶希圣在港揭发汪逆卖国密约》：将密摄照片呈送国府，另函交本报港版发表。

港版要闻版头条大字标题《高宗武陶希圣携港发表汪兆铭卖国条件全文》：集日阀多年梦想之大成！极中外历史卖国之罪恶！从现在卖到将来，从物质卖到思想。另外第九、十版两版登出汪精卫与日本签订的《日支新关系调整要纲》日文原件照片铜版。（按：此为独家新闻）

　　23日　二版头条《敌汪阴谋全盘暴露》：所谓《日支新关系调整要纲》集暴阀多年亡华梦想之大成。附《日支新关系调整要纲》全文。

　　"社评"《敌汪阴谋的大暴露》，首先揭露汪逆精卫与日本军阀签订的所谓《日支新关系调整要纲》的本质："（一）在前提上要中国'承认事变中新国交修复以前既成事实之存在'，并'承认事变继续中基于必然之要求而起之特殊事态之存续'。这两行字，等于撒下天罗地网，使现在的既成事实及将来的侵略掠夺皆无遗漏的入于网罗之中。（二）在原则上，是'日支满三国一般的提携'。怎样提携？是'日支满为相互尊重本然之特质'，'浑然相提携'，'互助连环'。这样一'特'、二'浑'、三'连环'，所有侵人土地，夺人财产，奴人人民，亡人国家的种种法宝，均可运用自如。（三）在事实上，则所谓'强度之结合地带'，'设定特殊地位''特定区域'，可以适用于中国全境。……（四）在具体事实上，一、藉'防共同盟'之名而'驻军'，而'共同维持治安'……二、藉'经济提携'之名，对于'经济资源之开发及利用'，'予以特别之便利'，'予以必要之便利'。这'特别'与'必要'四个字，便把中国的经济资源囊括无遗了。"接着说："全国同胞应该澈底明瞭了：敌人野心阴谋是如此的深刻狠毒。所谓'东亚新秩序'，所谓'近卫声明'，揭开了它的糖衣，便是所谓《日支新关系调整要纲》的亡国毒药。汪精卫的所谓'和平救国'，就是整个的亡国。这完全说明了一个绝对的真理，就是：与日本军阀做对手，只有打仗，讲'和平'就只有亡国。因此，我们应该向蒋委员长暨全体将士致最感激之忱！蒋委员长领导国家抗战，是最正确的救国之路；全体将士的忠勇抗战，是我们国家不亡的唯一保障。""世界各友邦应该澈底明瞭了：暴日的野心是如此之大，阴谋是如此之毒，它在外交上的一切做作，皆是欺骗伎俩。"

　　24日　二版头条《关于日汪协定——蒋委员长告友邦人士》：暴日企图控制中国，独霸太平洋；各友邦应速予制裁，使停止侵略。

　　"中央社讯"《蒋委员长告全国军民》：日汪协定益增我人敌忾，加紧抗战消灭疲惫之敌。

　　"社评"《揭露亡国的"和平条件"——日阀的毒辣与汪逆的万恶》。

2月

1日　二版"述评"《绥西——收复绥远的根据地》(杨令德1月5日陕北榆林),内容:(一)绥包沦陷后的绥西形势;(二)绥西如何渡过它的危难;(三)傅主席回绥后的绥西;(四)绥西为收复绥远的根据地。

2日　二版"社评"《日本政党与军阀》:"日本议会昨天开始议事,一般人对于这种议会,或者难免抱有误解,我们殊有一言之必要。"说:"对外侵略,是日本全国一致的国策,没有政党与军阀的区别。世人若期待政党握权,改变对华政策;我们就请他看看日本各政党的宣言,是否与军阀有丝毫区别?"

4日　二版头条《桂南战事激烈展开》:窜抵宾阳附近之敌正被围歼。

6日　二版头条《桂南血战我军势盛》:敌被包围,正痛歼中。

7日　三版"专载"《"新中央政权"是什么?》(陶希圣)。(按:载于7—9日)

8日　二版"通讯"《战斗的广西学生军》(钱庆燕1月20日于桂林)。

12日　二版头条《桂南连日歼敌万余,我军进抵宾阳城下》。

13日　二版头条《桂南告捷,克复宾阳》。

14日　二版"社评"《宾阳之克复》说:"这次桂南会战,胜利又归我军,总计上林、宾阳、武鸣三方面已歼敌二万余,宾阳等地相继克复。这是继湘北、粤北两次胜利以后的第三次胜利,其意义甚为重大。"

"通讯"《自由的来去——江南前线通信》(秀金12月于江南前线)。

三版"通讯"《看四川农会》(民威2月9日于成都西郊),内容:(一)向成都外东走;(二)会场一瞥;(三)几个印象;(四)观后感。

18日　二版头条《南宁大火城郊混乱,我军各路勇猛挺进》。

三版"短评"《南宁敌败退》说:"桂南敌连日节节败退,近又开始自南宁败退,并放火烧城,作掠逃之计。……这种流寇的'焦土侵战',还不是说明敌人已到崩溃之期了吗?"

19日　二版《新运六周年纪念蒋会长广播词》:提出五项下半年度主要工作:厉行精神动员,策进战时生活;协助兵役建设,尊敬受伤将士;协助肃清烟毒,增进国民健康;促进国民经济,增加战时生产;唤起妇女同胞,推进妇女运动。

23日　二版"社评"《抗战建国的新生活》:"本月十九日是新生活运动六周年纪念,全国举行新生活运动纪念周,以推进新运。""蒋委员长把'礼义廉耻'解释为严守纪律,慷慨牺牲,刻苦节约,热烈奋斗,这是抗战的新生活,同时更是建国的新生活。愿全国同胞各懔国亡之惧,族奴之耻,严肃的在新生活的基点上做人报国。"

24日 二版"通讯"《豫南的游击队》(臧克家1月15日于正阳前线),内容:"游击队的建立""瓦解伪军的策动""游击队在前线上"。

27日 二版"通讯"《滇空歼敌记》(刘毅夫14日于昆明)。

3月

2日 二版"通讯"《桂南之行》(本报特派员庆燕2月25日于上林××乡公所)。

4日 二版"社评"《祝中央人事行政会议》。

"通讯"《战斗中的繁昌妇女》(秀金2月2日自皖南),内容:"妻子送郎上战场""守住自己的岗位""帮助他们洗伤口""山芋送进战壕里""把坑挖得深一点""叫儿子都去当兵"。

5日 二版"通讯"《暴敌兽行——纪沦陷后之鄂东》(余义明2月22日寄自房县)。

7日 二版"特写"《守望在豫东的游击队》(子冈)。

12日 二版"本报特讯"《今日孙公忌辰,精神总动员周年》:今晚纪念会并火炬游行,蒋会长向国民广播致训。

14日 二版"社评"《苏芬和平成立》。3月12日,苏芬和平条约在莫斯科签字,13日中午,双方停战——这是"苏联安全政策的贯彻",使"欧战范围缩小了"。建议苏联应该掉过头"回到东方来",既可解除东面的威胁,又有力地支持了中国的抗战。

三版头条《苏芬停战签订和约》:双方合组委会重行划定国界,根据条约复员并将续订商约。

18日 二版"通讯"《记孙令衔》(威)。(按:载于18—19日、21日,孙令衔是我空军某部905号机的飞行战斗员)

19日 三版"通讯"《台湾岛上的声音——五百多万人的苦痛和奋斗》(子冈)。

22日 二版"战局述评"《敌在绥西的冒险》(杨令德3月3日,陕北榆林),内容:(一)敌之失败,我之成功;(二)敌图利用王英之分析;(三)敌人另一阴谋之粉碎。

25日 三版"通讯"《地质学家在威远》(徐盈),内容:"地层上下的横剖面"

"井盐之城""臭水与油田""山丛新气象""新工业区的成长"。(按:1940年3月17日起,中国地质学会学术旅行团到离渝300公里的威远县进行了为期一周的实地勘查,为中国将来召集世界地质会议作准备。这篇26日续完的通讯叙述的是这次勘查的情况)

26日 二版头条《绥西大捷克复五原,邕钦东侧仍追击中》。

28日 二版"通讯"《游击队杀敌的故事》(项朝3月20日追记于重庆),内容:(一)敌人的墓地;(二)两颗兽头;(三)又一个故事;(四)突来的夜袭;(五)美人计杀敌。(按:该通讯是写鄂南游击队杀敌的故事,其事为作者耳闻目睹)

29日 二版"中央社讯"《声讨汪逆伪组织——林主席今晚广播讲演》。

30日 二版"社评"《汪贼傀儡登场》,首先说:"汪贼兆铭的伪政府,今天在南京傀儡登场。中国的历史被他污了一页,傀儡的悲剧又演一场,如是而已!"最后说:"今天南京的一幕剧,毕竟是我们抗战史上的丑事。南京是我们沦陷了的首都,敌人在那里曾大举屠杀我们的同胞,仅经红十字会掩埋的尸体就有二十三万具,而我们的妇女同胞受敌人的奸淫蹂躏,更是我们的千秋万世之羞。这深仇重耻,我们还未曾报雪,而汪贼群奸竟在同胞的血尸之上,敌人的刺刀之下,扮演傀儡丑剧,真是丧尽了天良!复仇雪耻,抗敌诛奸,这责任完全负在我们全国同胞的肩上。"

"消息"《国府明令缉奸》:汪逆等廿八名已有案,梁逆等七十七名亦务获法办。

31日 二版头条《外交部照会各友邦,傀儡组织行为无效》。

《讨汪标语》:(一)消灭汪逆伪组织;(二)汪逆伪组织是敌人政治阴谋的最后把戏;(三)汪逆伪组织是敌人排斥第三国权益的工具;(四)汪逆伪组织是罪犯汉奸的总集团;(五)汪逆伪组织是全世界所不齿的傀儡;(六)汪精卫是被开除党籍的叛徒;(七)汪精卫是国民政府通缉的逃犯;(八)参加汪逆伪组织的都是无耻的败类;(九)建筑无名英雄墓,速铸汪逆夫妇的跪像;(十)加紧锄奸运动。

"中央社电"《五原附近血战》:我军正机动歼敌中,扶南激战,敌被击退。

4月

2日 二版头条《参政会第五次大会开幕,蒋议长重大指示》:胜利基础已奠,更立三年计划;抗战前途决于政治经济建设;敌势穷蹙,抬出汪逆无异丧钟。

三版"中央社电"《绥西再获胜利》:反攻五原之敌被击溃。

3日　三版"通讯"《孙夫人印象记》(子冈)。(按:孙夫人宋庆龄3月31日由港飞渝,这是抗战以来她第一次到重庆,为欢迎孙夫人来渝,子冈写了这篇回忆文章)

6日　二版头条《傅副长官功勋彪炳,蒋委员长特令嘉奖》:呈请国府颁给青天白日勋章,所部分别从优奖叙并予重赏。

三版"短评"《绥西之捷》:"绥西我军,数并不众,装备给养,都不充分,乃以较少之兵,艰难的物质,与敌大战数月,往返拉锯于五原、临河、包头之间,卒能支持阵容,克复重镇,并给敌人以大打击,这种艰苦卓绝的战绩,是极可宝贵的。由于绥西之捷,可以知道我们能打穷仗,能打苦仗,并能在艰苦中打胜仗。凭这一点,就注定了我们最后必胜!"

11日　二版头条《参政会圆满闭幕》:蒋议长休会词赞述三大贡献,精诚团结支持抗战民治楷模。

"社评"《国民参政会的贡献》指出:"这次大会所集中注意的三大要点:诛斥敌伪,发展经济,实施宪政;固然是目前的要务,实际也是抗建前途成败所系的大工作。"

13日　二版"战局述评"《五原大捷与绥西战局》(刘熹亭、尹仁甫),内容:(一)绥西重镇;(二)敌寇企图;(三)大捷原因;(四)绥局瞻望。

15日　二版"通讯"《平昌关之雄姿》(臧克家3月29日前线归来于河口),内容:(一)平昌关的形势;(二)平昌关战役;(三)烈士墓与小鬼坟。

16日　二版"专访"《访巴云英女王》(子冈)。(按:巴云英女王即绥西乌拉特后旗额王的夫人巴云英。额王1936年去世,世袭小王爷只有五岁,于是其母云英代理公务。敌骑践踏草原时,巴云英和其他各旗的王公一样,戎装驰骋战场。为了向当局报告绥西战况,巴云英到了重庆。子冈乘此机会采访了她)

17日　二版"特写"《真诚的同情——苏联民众关心我抗战,邓颖超昨谈留苏现感》(子冈),内容:(一)关心着中国;(二)日渐优裕的生活;(三)他们的后代;(四)农业展览会。

三版"通讯"《保卫祖国领空的华侨飞航员》(林有):(一)陈瑞钿;(二)黄

泮扬;(三)黄新瑞;(四)刘领赐;(五)马国廉;(六)谢全和;(七)吕天龙;(八)雷炎均;(九)陈镇和;(十)叶思强;(十一)顾均;(十二)林日尊;(十三)周一尘;(十四)吴金龙;(十五)梅一冲;(十六)姜碧川;(十七)韩锦桐;(十八)陈玉懿;(十九)陈蔚文;(二十)侯臣;(二十一)刘盛芳;(二十二)梁添成。(按:载于17日、18日、22日、23日、26日、27日)

18日 二版"消息"《国府明令——授傅作义青白勋章》。

"通讯"《中条山佳话——创造奇迹的老牛》(周延3月25日)。(按:老牛即驻中条山某部的一个军官,叫牛天顺,农民出身,他创建了一支游击队,并带领这支队伍创造了消灭敌人的奇迹)

19日 三版"专载"《斥阿部信行——昨晚在中央电台播讲》(王芸生)。

22日 二版头条《南昌外围捷报频传,克复安义挺进牛行》。

三版"短评"《克复安义》说:"这个消息相当大,因为安义是赣北的重要据点,牛行再一克复,便逼进南昌了。"

"通讯"《悼吴连长炎智》(居浩然)。(按:本文作者居浩然是国民政府司法院长居正之子,他投笔从戎,上前方杀敌。本文所描述的为他亲历的作战情形,生动感人)

24日 二版"社评"《最后胜利之先路》先说:"本月十七日国民政府命令,给予傅作义青天白日勋章。抗战以来得这种最荣誉勋章的,傅副长官是第一个人。政府为什么给傅副长官这种荣誉,是为了绥西之捷。蒋委员长对绥西之役曾颁布嘉奖令,说:'此役不仅保障西北,而且奠定收复失土驱逐寇敌之基础。'又说此役'开创我军最后胜利之先路'。可见此役在军事上意义的重大。"接着赞扬了傅作义治军作战"密"与"狠"的精神,故才能"以不优之众,较劣之器,歼敌复土"。希望"全体抗战将士,皆循绥西胜利的轨道前进"!

25日 二版"通讯"《鲁南山地里》(卜菁4月2日寄自皖北),内容:"鲁南在战斗中""杀敌新纪录""叫小鬼一个也回不去!""伤兵之母""抗战不累!""两条铁路的夹角中""中国兵的腿,大大地好使唤!"(按:载于4月25日、27日)

30日 二版"通讯"《绥西大捷经过》(本报特派员木公4月15日),内容:(一)困辱之敌企图报复;(二)晋察绥敌合兵西犯;(三)保卫绥西之主力战;(四)五千敌尸换取五原;(五)扫荡套内敌人经过;(六)气吞河岳迫向五原;(七)历史上的空前伟绩;(八)五加河畔之决胜战;(九)我克五原大功告成;(十)敌酋授首敌官就俘;(十一)军事学上伟大成就。(按:载于4月30日,5

月1日、3—5日)

5月

3日　二版"中央社讯"《滑翔专家韦超殉职》。

三版"专载"《敬悼韦超先生》(胡政之):追念韦超对中国滑翔事业及"大公报号"滑翔机的贡献。(按:据《大公报》报道,国民精神总动员周年纪念日,即3月12日,航空委员会滑翔训练班主任韦超氏,奉命驾驶国造中级航空第一号滑翔机,由某地起飞,于上午十时前来渝市上空,作滑翔飞行表演,并散发传单,不意起飞不久,于距机场六百公尺许荒地上空发生不测,一代极负盛誉之滑翔专家,以身殉职。韦超为中国滑翔事业及"大公报号"滑翔机贡献颇大)

6日　二版头条《豫鄂方面大激战》:图犯桐泌之敌正遭我阻击,随县西北、钟祥以北相持中。

二版"通讯"《信阳敌阵的毁灭——我神鹰部队建功豫南》(紫萱5月1日)。(按:7日续完)

7日　二版"通讯"《赣江前线》(胡雨林4月20日赣江前线)。

10日　二版头条《豫鄂方面濒于决战》:我军南下北进加紧围攻,唐河克复桐柏在固守中,窜樊城东北之敌亦击溃。

11日　二版头条《襄东会战我军大胜,枣阳周围敌将全歼》。

14日　二版"通讯"《桂南战场的学生军》(钱庆燕5月10日于桂林)。

15日　二版头条《枣阳方面战斗仍烈,敌迭反扑均被击退》。

"消息"《本报昨晚设宴欢送邵张两使,并请孙院长等作陪》。

16日

二版"社评"《送邵大使——中苏关系的新考察》:"邵大使力子,在各界热烈的欢送声中,行将赴任。我们乘此,对中苏关系的前途加以检讨,即以祝邵大使使命的成功。"(按:邵力子任驻苏大使是张季鸾等向蒋介石建议的,此事反映了《大公报》对中苏友好关系的重视)

"通讯"《进步中的伊盟》(杨令德3月23日陕北榆林),内容:(一)先从奉移成吉思汗陵寝说起;(二)森盖凌庆;(三)榆林与伊盟;(四)文化教育之进展及西部伊盟。(按:17日续完)

18日　二版头条《豫鄂我军完成胜利,枣阳克复残敌全溃》。

"专载"《豫鄂大捷之意义》(陈诚)。

"社评"《枣阳克复,豫鄂大捷!》,首先说:"这次豫鄂之役,是自前年武汉会战以后的较大的一次会战。"然后说:"前线的战士,真对得起国家!后方的人们,听见这个大捷报,应该作何感想?……想想我们是否也对得起战士?请看一看近月来的后方景象:政治是那么松懈,经济是那么紊乱,人心是那么萎靡,官吏不尽尽职,商人多在牟不义之利,一般人的坏毛病都在发荣滋长。……后方大多数人,或是醉生梦死,或是损国利己,请问这是健全的现象吗?"并呼吁道:"请大家激发天良,不要对不起我们的战士!"

22日 二版"通讯"《夜袭开封》(洪中流 4 月 30 日寄自郑州)。

23日 二版"敌后随军通讯"《赣北游击战》(倪鹤笙 5 月 1 日),内容:(一)前奏;(二)夜渡锦江通过敌阵;(三)展开谍报网;(四)炸毁木溪桥;(五)修不完的工程;(六)冲出一条血路;(七)锄奸;(八)西山大包围只扑一个空;(九)花庙前的扫荡;(十)尾声。(按:24 日续完)

27日 二版"社评"《设立经济设计院之建议》。

29日 二版"通讯"《越过津浦线——山东随军通讯》(李金声 4 月 19 日寄于山东××镇)。

31日 二版"战局述评"《江南战场》(问津 5 月 24 日桂林),内容:(一)敌骑到处碰壁;(二)敌企图实现了多少。

6月

4日 二版头条《鄂北告捷再克枣阳,渡河残敌在聚歼中》。

5日 二版头条《美国实行对日禁输》:暴日极惶恐或将发表声明。

"社评"《太平洋的大局已定》:"在这局势下,美国整军经武,更进一步对日实施禁运,日本这个不安分的份子,整个的被控制住了,太平洋的大局已定。"

7日 二版头条《豫鄂边境会战已告结束,襄河西岸大战将作》:前方某军事当局语本报记者,敌处境艰窘,我绝不使其漏网。

"通讯"《驰骋塞上的骑士们》(金晓),内容:"驰骋绥东""进晋北""重返后套与出击包萨""保卫后套与反攻五原"。(按:8 日续完)

10日 二版头条《襄西大战渐次展开》。

12日 二版头条《襄西左翼敌势渐挫,我军发动全线总攻》。

三版头条《意对英法正式宣战》:希特勒电意王墨相表欢迎,英法准备完成,法开始应战。

14日 二版"通讯"《邕钦线争夺战》(问津6月11日桂林),内容:(一)邕钦线与邕宝线;(二)灵山县境各战役;(三)敌军暴露的弱点。

15日 二版头条《犯宜昌敌遭受重创,襄西我军反攻荆沙》。

"通讯"《粤北二次大捷》(本报特派员云实诚6月12日曲江)。

三版头条《德军进占巴黎》:法国迁都决作战到底,英宣言竭尽全力援助。

18日 二版"消息"《欧洲大局急转直下,法国宣布对德停战》。

三版"消息"《希墨重要会商》:英相宣布继续作战,法不接受屈辱条件。

20日 三版"通讯"《遂宁空战》(驼草)。

21日 二版头条《当阳方面主力会战,我克沙市冲入江陵》。

22日 二版头条《当宜附近战事激烈,沙市以北克建阳驿》。

三版"通讯"《重庆的米和煤》(子冈),内容:"市井所见""平价以来""记一个模范消费合作社"。

23日 二版头条《鄂西战事顺利进展,当宜之间歼敌两千》。

"香港专电"《敌突在粤宝安登陆,图威胁香港九龙》:正进攻英租借地以北地区,我军迎战,港当局戒备。

7月

7日 二版头条《抗战三周年纪念日,蒋委员长勖勉军民》。

三版"中央社讯"《张总司令自忠转战疆场竟以身殉》。

8日 二版"消息"《张自忠将军哀荣》:府令褒扬并追晋上将,政院准予入祀忠烈祠。

9日 二版"社评"《悼张自忠将军》,首先说:"此次随枣之役,第三十三集团军总司令张自忠将军率部追击顽敌,遭敌反噬,于五月十六日阵亡于南瓜店前线。……将军之死,乃抗战三年以来第一个殉国之大将,故值得战史上为之振笔特书也。"接着叙述张自忠的经历、抗战以来的四大战功及最后战死的壮烈场景后说:"马革裹尸,大将之荣,将军尤死得其所。吾人居今以论张将军,可以'浑身英勇,绝顶聪明'八个字尽之。夫以将军之勇迈坚战,固属'浑身英勇',而何以谓其'绝顶聪明'?人孰无死,惟其能死得其所,是以为聪明也。"最后说:"呜呼!吾人于悲悼张将军之际,固深望张将军之精神能永活于我文武同胞之身也!"

12日 二版头条《襄西我军各路进击,宜昌近郊歼敌甚众》。

三版"通讯"《记油田》(徐盈)。

14日　三版"通讯"《记木棉》(徐盈)。

16日　二版"通讯"《海南血痕》(云实诚6月25日曲江),内容:(一)敌寇的军事侵略;(二)敌寇的政治侵略;(三)暴行一页;(四)我游击队的收获。

25日　二版"通讯"《铁道破坏队》(木鸟)。

三版"专载"《近卫·东条·松冈》(纯青7月18日)。

27日　二版头条《美国加紧制裁暴日,石油废铁一并禁运》。

28日　二版头条《美禁运油铁后予暴日打击甚重》:东京训令驻使向美求情,美国准以油船租与苏联。

29日　二版"通讯"《襄阳之役》(黄丹6月7日襄阳)。

30日　二版"通讯"《豫鄂歼敌经过记》(本报特派员木公草于豫鄂前方,完成于洛阳),内容:(一)两司令长官之谈话;(二)开战前夕敌我态势;(三)桐泌以东首挫敌锋;(四)新唐路上敌陷网罗;(五)新枣间造就反包围;(六)枣阳附近之歼灭战;(七)克复襄枣完成战果。(按:载于7月30日、8月1—4日)

8月

1日　二版"通讯"《五百壮士在开封——豫东第十四次扫荡之壮烈战绩》(洪中流7月10日)。

2日　二版"消息"《擢拔真才,防止幸进——国府重申前令》。

三版"欧局述评"《欧洲怪战——联军失败的原因》(何思可自伦敦航寄)。

3日　三版头条《苏联最高会议开幕莫洛托夫演词》:重申维持和平中立政策,对日警觉,称颂中国抗战。

4日　三版"通讯"《中国的海军》(徐盈),内容:(一)海军哪里去了;(二)破铜烂铁回炉吧;(三)水上的新"盲肠";(四)中国的生命线在海洋。

5日　二版"社评"《读莫洛托夫外交报告》:"苏联对于中国的长期援助,真挚友情,我们全国人都刻骨铭心而不忘,同时相信苏联领袖及其全体人民,也都珍重中苏间的善邻关系,而使之更加充实与发展。巩固苏联的东陲,更进而奠定远东的大局,实系于中苏两大国家之更亲密而坚强的握手!"

"敌后通讯"《江南的步哨》(泰羊)。

8日　二版"通讯"《记孙连仲将军》(徐盈)。

17日　三版"通讯"《瞻驿运》(徐盈)。

20日　二版"社评"《如何达到清明政治？》。

25日　二版"通讯"《镇海荡寇记》(观瀑自浙东前线)。

26日　二版"通讯"《魔窟里的奴隶们——奴颜婢膝荒淫无耻的一群》(一萍)。(按：写尽南京汪伪政权里的丑态)

27日　二版头条《正太路上我军告捷,攻克娘子关井陉矿》。

28日　二版"社评"《所谓"日汪谈判"》：日本内阁6月14日通过所谓"日支新国交调整基本条款"后,到南京与汪逆进行谈判。虽然暴日"认为这张'条约'之等于签字,汪逆画押与否已不成问题,然而从中国国民看来,这种东西,根本就不会有任何效力,买卖交割也得有个业主,就凭汪逆兆铭画了卖身契,难道某国就能成为太平洋的所有人了吗？中国人里面凡是有心肝的,哪一个愿意接受这种苛刻的束缚,使国家民族沦于万劫不复的地步？"

31日　二版"通讯"《今日晋北》(白鹤寄自绥西),内容：(一)七天的医院；(二)杀人不见血的毒化政策；(三)荞麦皮里榨油；(四)屠刀下的小惠；(五)新奇的杀人方法；(六)奴化教育；(七)伪警的统治；(八)坐黑窑子。

9月

2日　二版"通讯"《渝郊观秋记》(徐盈),内容：(一)登高远望；(二)金田漫步；(三)稻之品评。

4日　二版"本报讯"《周恩来谈话》：北方反"扫荡"继续不懈,敌"秋季攻势"必被粉碎,国内团结日趋巩固。

5日　二版"社评"《瞻望北方胜利》："宜昌战役以后,三个月来各线无大战事。……在这夹缝中间,传来北线胜利的捷音。自上月二十日以来,我军在北方发动了大规模的运动战,平汉、正太、同蒲三路同时发动反攻,铁路到处被破坏,冀晋豫三省同时报捷。斩获既多,并克复了重要据点,尤以娘子关的克复为最。"

8日　三版"短评"《远东外交大势在动》："国府命令,明定重庆为永久之陪都,这是表示我们中国的抗战大计的坚决不变；而远东的外交大势,确是在动、在变。""暴日的南进在踌躇"；"英美的太平洋联防,实际已在开始"；"英苏关系也在动"。因而,"以我们的不动国策,把握大势之动,是可以促进我们的最后胜利的"。

12日　二版"通讯"《抚河前线》（钱台生8月30日于抚河前线），内容：（一）赣北钢铁的堡垒；（二）传奇式的游击生活；（三）西山民众的怒吼；（四）我们怎样打了胜仗；（五）魏老太太。（按：13日续完）

15日　二版"战局述评"《赣北战局》（青原8月26日寄自赣北前线）。

18日　二版头条《"九一八"九周年纪念蒋委员长勖勉同胞》：东北同胞寄语救国勿失时机，不分前方后方协力杀敌制胜。

21日　二版头条《越南谈判已告破裂》：暴日有通牒时限明日午夜，法外长宣称拒绝泰方要求。

"社评"《暴日真要南进了！》。

24日　二版头条《法越竟对暴日屈服，我国提最严重抗议》。

28日　二版头条《德意日宣布同盟，以美国为假想敌》。

三版"通讯"《赣南访钨记》（徐盈）。

30日　二版头条《暴日与德意订盟后，美国正熟虑报复》：将加紧援中英，改善对苏关系。

"社评"《再评德意日同盟》指出："德意日同盟，是日本被德国利用了。在表面上未尝没有虚声，好像它获得两大强友，而实际却是更孤立了。因为德意在太平洋上的毫无凭藉，军力财力都拼在欧战上，绝对不能在远东帮日本，而日本却切切实实的结下英美两个大敌，并且这两个大敌都是太平洋根深蒂固的大国。交虚友而结实敌，岂不上当？"

10月

3日　二版"社评"《暴日将怎样南进？——缅甸恐为第一目标》。

6日　二版头条《暴日对美大施恫吓》：近卫松冈发表狂妄谈话。

7日　二版头条《美国接受暴日挑战》：海军部长答复近卫松冈狂言，一旦挑衅来临，美军立即应战。

10日　二版头条《今日国庆纪念蒋委员长告军民书》：敌盟德意加深踏进覆灭深渊，国际形势于我有利更应奋勉。

23日　三版"伦敦通讯"《轰炸中的伦敦》（萧乾，9月23日伦敦），内容：（一）两种本能；（二）屠杀前夕；（三）中古僧院；（四）地狱的夜晚；（五）牛津街的厄运；（六）阴险的玩艺。（按：24日续完）

24日　三版"通讯"《四川的四川》（徐盈），内容：（一）伟大的四川；

(二)四川的四川(指长江、岷江、沱江、嘉陵江);(三)蔚蓝中的一点黯淡。(按:25日续完)

25日 二版头条《我军三路进击南宁》。

26日 四版"伦敦通讯"《滇缅路开放前的一瞥》(萧乾自伦敦航寄),编者志:"滇缅路的封锁满期,十八日起已恢复三个月以前的状态。我们最近接到六月六日的伦敦航信,叙述关于滇缅路问题在英国内部的情绪,其中有仗义奔走的英国友人,和一般的趋向,虽然不是决定开放滇缅路的最后因素,但不失为一种有力的推动。我们乘滇缅铁路封锁今天满期的当口,把这一篇通信登出来,还是值得回忆的。"内容:"救护队汽油""加拿大同意吗""重大的因素"。

28日 三版"法国通讯"《由巴黎到维琪》(建文)。[按:建文是《大公报》特约驻法记者孝隐女士的好友。巴黎沦陷前,孝隐欲观真实情况,毅然居留空城。建文因有他事赴维琪(即维希)。这篇文章是建文抵维琪后致孝隐之函,对于由巴黎至维琪之困难,叙述极详,借以告知法国被占领区内人民之不自由情形。该文29日续完]

29日 二版"通讯"《皖南歼灭战》(张明烈10月12日于上饶)。

30日 二版头条《桂南我军收复南宁》。

11月

1日 二版"社评"《知耻,知惧,知勉》:"愿乘国军收复南宁之际,提出知耻、知惧、知勉三点,以与全国同胞共勉。"

7日 二版头条《罗斯福三任美总统》:膺选后广播称保持一贯政策。

"社评"《祝苏联国庆》。

"社评"《贺罗斯福总统三届连任》。(按:一天发表两篇关于国际新闻的社评,虽然表明在对待苏美两国上有"一碗水端平"的意思,但是从两文编排位置看,此时在《大公报》的心里,苏重于美)

三版"专载"《纪念苏联十月革命,并加强中苏之提携互助》(孙科)。

16日 二版"战局述评"《广东战局》(本报特派员云实诚),内容:(一)我敌动态;(二)桂南敌撤以后;(三)今后粤北局势。

20日 二版"通讯"《大青山里的血和泪》(草野寄自绥西),内容:(一)九十里内无人烟;(二)血淋淋的韭菜沟;(三)汉奸可杀。(载于20日、22日)

23 日　二版"通讯"《访问四万反正弟兄》（冯诗云寄自郑州），内容：（一）浸在酒瓶里的敌兵；（二）伪军干些什么；（三）四万弟兄的呼声。

12 月

1 日　二版头条《汪逆与敌签订卖国条约，王外长严正声明》：傀儡组织行动对中外全无效，倘有承认者将自绝对华友谊。

"社评"《斥敌伪丑剧——并勖我军民同胞》："暴日与汪逆昨天在南又演了一幕丑剧，签订了一串所谓'条约''议定书'及'谅解'。这一幕是继去年十二月三十的日汪密约，今年三月三十的日汪傀儡登场的三部曲。至此，暴日已完成自造傀儡而自行承认的步骤；至此，暴日已充分暴露宰制中国、奴役中国的毒意；其结果却是徒暴其丑而毫无所获。"

6 日　三版"专载"《"以伦理基础建立东亚新秩序"——日汪协定之明文与密件（第一论）》（陶希圣）。

8 日　三版"战局述评"《重庆——东亚的灯塔》（徐盈）。（按：9 日续完）

9 日　二版"专载"《"共同防共与防共驻兵"——日汪协定之明文与密件（第二论）》（陶希圣）。

10 日　三版"专载"《"撤兵即驻兵"——日汪协定之明文与密件（第三论）》（陶希圣）。

12 日　二版"专载"《经济之平等即独占——日汪协定之明文与密件（第四论）》（陶希圣）。（按：13 日四版续完）

15 日　三版"伦敦通讯"《空中闪电下的伦敦缩影——伦敦一周间》（萧乾 10 月 29 日伦敦航信）。（按：载于 15—28 日）

六版"专载"《公私事业之"合办"即独占——日汪协定之明文与密件（第五论）》（陶希圣）。

16 日　二版"战局述评"《东战场的新形势》（蒋莱 10 月 30 日自浙南寄），内容：（一）东战场的休战期；（二）中国的新生与日本的苦恼；（三）定期性的流窜战；（四）"十月攻势"的失败；（五）旧战场的新炮声。

"社评"《充实乐观》："我们抗战已快三年半，目前乃是最乐观的时候。"其理由："第一从敌我大势说：在三年以前，我们的抗战乃在极悲观的情绪下进行，是赌全国家民族的命运，以求不亡。……三年多的大战，打出中国必不败亡的确信，这是一个最大的乐观！""第二再说外交大势：自从九一八事变起，这十年来我们处的是外交逆境,到现在,在世界的连天烽火中,却出现了外交的黄金时代。"

六版"专载"《赔款文化教育及其他——日汪协定之明文与密件(第六论)》(陶希圣)。

17日 二版"社评"《物价的心理病》:物价一天天高,钱一天天不值钱。面对此种"物价的心理病",提出"借几个头"来平逆物价。"苍蝇的脑袋不必细数,最好拣几个虎狼之头。"

18日 二版"通讯"《宜昌前线》(蔡述文11月29日赵家湾),内容:(一)市场繁盛;(二)看宜昌城;(三)在最前线;(四)我为中国;(五)敌人会撤出宜昌吗?

19日 二版"通讯"《战斗中的湖北》(毓昌11月28日),内容:"推行新政治""禁毒与剿匪""建设与财政""教育与文化"。

20日 六版"专载"《其他具体事项如"顾问"等——日汪协定之明文与密件(第七论)》(陶希圣)。(按:载于20日、22日)

24日 二版"本报讯"《公务员囤积处极刑,杨全宇昨晨伏法》:蒋委员长通电各省告诫,军法机关发表杨犯违法证据。

三版"国际局势述评"《建立南洋联盟以保证亚洲和平》(谢贻徵)。(按:载于24日、26日)

26日 三版"专载"《"战争行为"与"既成事实"之承认为协助——日汪协定之明文与密件(第八论)》(陶希圣)。

27日 二版"通讯"《湘北敌后》(容朝汉、夏晨中),内容:(一)展开乡土保卫战;(二)方山岭的反扫荡;(三)尖山是怎样克复的;(四)据点内幕;(五)魔爪——"密缉队";(六)可惊异的动员。

三版"专载"《"建军"及其他——日汪协定之明文与密件(余论)》(陶希圣)。

28日 三版"伦敦通讯"《矛盾交响曲——速写一个动乱时代》("话说当今英格兰:前奏")(萧乾11月14日伦敦航信)。

30日 二版"昆明专电"《南洋局势仍紧》:盛传德决支持暴日续进,敌将先侵越南南部要点。

三版"中央社讯"《蒋委员长手令关系机关,取缔囤积彻底平价》:所有粮物限期出售登记,保障正当商人合法利润,原来营运商人不得停业。

1941 年(民国三十年)

1 月

1 日 二版头条《蒋委员长元旦文告,明示今后建国要图》:要有牺牲的精神、严肃的纪律,全国一致努力奠定民族基础。

三版头条《炉边爆炸震动了侵略国家,美将对我贷借军火》:罗斯福演说系东西洋并重,美决以武力维护远东权益。(按:"炉边爆炸"是指美国总统罗斯福的"炉边谈话")

3 日 二版"专载"《罗斯福总统〈炉边闲话〉全文》。

5 日 三版头条《美第七十七届国会开幕,举世瞩目华府》:造船援英即有重大决定,罗总统将提庞大军费案。

6 日 二版"通讯"《抗战与蒙古》(杨令德 1940 年 12 月 15 日寄自榆林),内容:(一) 绥境蒙政会之质的变化;(二) 绥西与乌伊两盟;(三) 绥蒙委纷入行都觐见之意义;(四) 朱绥光谈蒙政。

8 日 二版头条《美总统作狮子吼,决与侵略国搏斗》。

"社评"《科学研究应加紧建设扩充》,指出:"在后方的经济建设及工业化运动急进的发展中,我们忽视了一件根本重要的事,便是与之密切相关的科学研究事业","科学研究是一切经济建设文化建设之母",必须予以高度重视。

三版"伦敦通讯"《银风筝下的伦敦——空袭难题怎样对付》["话说当今英格兰(一)"](萧乾 1940 年 11 月 16 日伦敦航信)。(按:载于 1 月 8 日、11—12 日)

10 日 二版头条《美总统下令美舰大部驻太平洋》:各舰官兵增至战时最高员额,建议国会扩充关岛等处设备,援助中英希计划亦即将提出。

11 日 二版"中央社电"《美援助中英希计划昨日提出国会》。

"译载"《一月六日美国会席上美总统咨文全文》。

14 日 二版"中央社电"《朱子桥将军昨晨病逝西安》。

三版"伦敦通讯"《并无出奇法宝:科学在二次大战中》("话说当今英格兰之二")(萧乾 1940 年 11 月 17 日伦敦航信)。

18 日 三版"伦敦通讯"《妇女在战争中》("话说当今英格兰之三")(萧乾 1940 年 11 月 28 日伦敦航信)。

20 日 二版"中央社讯"《美国三任总统之第一人罗斯福今就职》:我林主

席已去电致贺。

"社评"《贺罗斯福总统三任荣典》："美国罗斯福总统今天就任，连任第三届总统之职，这一个荣典，是美国历史上的空前之事，在当前世界局面中，尤其有重大的意义。"

21日　二版"社评"《关于新四军事件》，先引用"军委会通令"，说新四军违抗命令，不遵调遣，而被"解散编遣，军长叶挺就擒，交军法审判，副军长项英在逃，通令严缉"。再引用何应钦、白崇禧"皓电"及"统帅部限令"等，叙述了"此次新四军事件的综合经过"。最后说："就法律论，军令系统绝对不容破坏，军纪必须整肃。就政治论，则必须保持公道与相安两个要素。中国共产党在西安事变时的表现，是极合乎国家民族利益之公的，我们敢信中共现时必仍然信守国家至上民族至上的原则。在信守国家至上民族至上的原则之下，任何党派的政治主张，容或因求治之急而近于激，非但可谅，亦且可敬，政府惟有努力于政治效能的增进，以餍足国人之望，国民党尤其要贯彻孙先生天下为公的伟训，努力造成清明公道的政治。就政治观点以论新四军事件，这部分军队原质本有微异，而且是抗战发动后才加入国军的战斗序列的，我们虽不必请求政府对之另眼看待，却极希望统帅部之慎重处理，于整肃军纪之外，不可偶或羼入感情的成分。我们恳切希望叶挺氏个人能邀得宽大的处分，更恳切希望中央小心翼翼的处理此问题，勿使有节外的牵连与蔓延！"

二版"通讯"《襄河边上的战斗——去年冬季鄂中胜利报告》（邹茗军1940年12月20日在荆门）。

25日　二版头条《美总统派代表来华》：居里秘书定28日启程，经济专员特斯普勒斯同行。

27日　二版"通讯"《江南战场——最前线的溧阳》（蒋星德），内容：（一）江南没有丢；（二）屹立最前线；（三）敌人的"盲肠"；（四）"拉锯战"；（五）坚固的堡垒。

"通讯"《春节前夕访问荣誉军人》（子冈），内容：（一）黑院墙里住着谁；（二）虽残不废；（三）英雄点将录。

29日　二版头条《蒋委员长在中枢纪念周报告——整饬军纪加强抗战》：制裁新四军在集中抗战意志，友邦同情国民振奋争取胜利。

"社评"《整饬军纪，准备反攻》："蒋委员长前天在中央纪念周的报告，特别提及整饬军纪的必要。关于处置新四军之事，特别指斥敌人的谣言。"指出：

"抗战是全国家民族的需要,因为战是求生,不战则死。全国人民与军队的意志完全一致,除非少数汉奸国贼才违此意志而行。"认为:"现在的新四军问题,性质绝然不同。因为没有人反抗战,也没有人去降敌,只是国家要求军队听命遵纪的问题。"

30日 二版"通讯"《遮断长江的战斗》(张明烈1月7日于上饶),内容:(一)敌寇夺取长江的目的;(二)长江上面的游击战斗;(三)两个理想的战斗原则;(四)我控制下之长江航路。

31日 二版"通讯"《晋南山地游击战》(山灵),内容:"经过十二次反扫荡战的中条山""经常在战斗中的稷王山""吕梁太行南端的战绩""晋南到处都展开了游击战"。

2月

3日 二版"通讯"《新春新政——四川张兼主席会见记》(徐盈1月27日寄自成都),内容有:"基本精神""省政大计""县的调整""行政会议""新的作风"。(按:张兼主席,即张群,1940年至1945年任成都行辕主任兼四川省政府主席)

4日 二版"社评"《囤积与居奇》:"在物价高涨期中,一般奸商故意居奇,甚至还有官商以更狠毒手腕推波助澜。这群人,应受同胞的唾弃及国家的刑罚,是毫无疑问的。但必须慎防因恨恶奸商居奇之故,而对正当商人在生产或购运到市场过程中的物品,一律指为囤积而罪之。""惟望政府……务要辨明囤积的限界,于取缔居奇之中,还要特别注重奖励正当商人的营运,以使物源不绝。"

8日 二版"中央社讯"《居里抵渝》:晋谒蒋委员长,呈美总统亲函,美政府调高斯使华。

9日 三版"通讯"《湘北新年之捷》(张弓1月15日寄自湘北前线)。

15日 三版"通讯"《川政琐话》(徐盈),内容:(一)前方与后方;(二)譬如粮政;(三)百年大计;(四)安定之策;(五)上层与下层。(按:徐盈奉社命赴成都考察张群兼任四川省主席后的新政。他将了解到的情况写成几篇通讯。2月15日,《大公报》还特发社评《四川的贡献》表扬张群的政绩。该文16日续完)

20日 二版头条《英美加紧压制暴日》:新加坡增防中,香港宣言抵抗,美下令在太平洋划防御地带。

24日 三版"通讯"《美国通信》(林语堂2月5日于洛杉矶)。

25日 二版"社评"《太平洋集团的形成》判定:"法国屈降以后,太平洋主要的关系国家,只剩了英美澳荷四国。……这四国在海上的联合封锁,在资源和经济上,便足以致日本的死命。……(日本)南进的野心,对于日本的意义,将无异于政治与军事上的切腹。"

26日 三版"通讯"《封锁中的战时法国》(本报驻法特约通讯员孝隐),内容:"阴阳隔界""食物缺少""冬居无火""早知今日""华工生活""留法学生"。(按:27日续完)

28日 三版"通讯"《西川风景》(徐盈2月24日寄),内容:"蓉城花絮""灌县览胜""西川风景"。

3月

3日 二版头条《二届参政会首次大会开幕,蒋委员长重要指示》:抗战必须争取最后胜利,建国必须达到国防安全。

4日 二版"社评"《艰苦打算,险恶准备》:"蒋委员长对国民参政会致词有一段话说:'敌人的失败是已经决定的了,一般的形势也于我国十分有利,但我们还不能不作最艰苦的打算,最险恶的准备。我们不独要在胜利愈近之时,更加戒慎,更加奋斗,而且要对当前世界大局有新的认识和新的觉悟。'这'最艰苦的打算,最险恶的准备'两句语,真是沉重极了,透澈极了。我们的抗战已到最后决斗阶段,而世界大局是异常冷酷而严重,假使我们没有艰苦的打算,险恶的准备,将何以争取最后胜利?更何以独立生存于当今之世界?"

三版"专载"《南洋局势的紧迫》(谢诒徵)。

5日 三版"伦敦通讯"《战时英国教会动态》("话说当今英格兰":肆)(萧乾1月20日伦敦航信)。(按:6日续完)

6日 二版头条《蒋委员长宴参政员席上,乐观中国力能自立》:最艰危的去年业已过去,坚持必胜信念,建成好国。

"社评"《建立思想国防》:"蒋委员长在本届国民参政会的致词"说,"抗战必须争取最后胜利,建国必须达到国防绝对安全。……使全国成为一个统一强固的战斗体。"就此指出:"为了完成这个战斗体,除了物质的国防建设之外,更主要的应先建立起思想的国防。"各种陈腐落伍的意识理论"必须从我们的头脑中剔除以去,而代之以'国族至上国防第一'的战斗观念"。

8日　三版"通讯"《美国通信(第二封)》(林语堂)。

9日　二版《共党参政员出席条件》,毛泽东等代电,提出解决新四军善后的十二条:(一)制止挑衅;(二)取消一月十七日的命令;(三)惩办皖南事变祸首何应钦、顾祝同、上官云相三人;(四)恢复叶挺自由,继续充当军长;(五)交还新四军全部人、枪;(六)抚恤皖南新四军全部伤亡将士;(七)撤退华中"剿共"军;(八)平毁西北的封锁线;(九)释放全国一切被捕的爱国政治犯;(十)废止一党专政,实行民主政治;(十一)实行三民主义,服从总理遗嘱;(十二)逮捕各亲日派首领,交付国法审判。

11日　二版头条《二届参政会首次大会闭幕,蒋委员长重要指示》:务须实事求是,以求逐步推进;捐弃党派之见,贡献抗建大业;大会宣言拥护政府施政方针。

12日　三版"本报特讯"《追悼朱子桥将军》:遗爱在人,公谥"勤惠先生"。"短评"《朱子桥将军遗爱在人》:"会上提议以'勤惠'谥将军,全场鼓掌……孔子哭子产曰'古之遗爱',朱勤惠先生的遗爱将永远温馨在被泽慕德者之心头!"

13日　二版头条《国民精神动员二周年蒋会长广播演说》,指示三点勉海内外同胞努力:第一,确立共同信仰,发挥集体意识,促进社会的纪律化;第二,提高科学精神,普及科学技术,完成国父实业计划,促进国防的科学化;第三,普及音乐体育,发扬民族精神,促进国民生活的现代化。

三版"专载"《怀朱勤惠先生》(季鸾)。

15日　三版"伦敦通讯"《活宝们的受难——空袭下的英国家畜》("话说当今英格兰:五")(萧乾伦敦航信)。

16日　三版"中央社合众电"《罗斯福谈话》:一切抵抗侵略国家,均可获得美国援助。

17日　二版头条《美总统讲美必援华》。

18日　二版头条《美国援华前途光明》。

19日　二版"译载"《白宫招待新闻界,罗斯福讲辞全文》。

20日　二版"社评"《再评罗斯福总统的演说》:"就实际意义讲,军火《租借法案》成立之后,美国的中立已不存在,事实上业已参加了两洋战争","而其可能性太平洋较富于大西洋"。并说:"闻我蒋委员长已特电罗斯福总统表示感谢,我们全中国人民也一致衷心感谢。中美两大国家,在太平洋上业已紧紧握手,日本军阀一定要倒毙在这双巨手之下!"

三版"伦敦通讯"《舆论、广播、宣传——民治精神的测验》("话说当今英格兰:六")(萧乾1月8日伦敦航信)。(按:载于3月20—22日)

22日　二版"通讯"《川西空战》(民威3月19日于蓉)。

三版"仰光通信"《今日的缅甸》(本报仰光特约通讯员郭史翼3月8日仰光航信),内容:(一)阿马里口中的缅甸;(二)战时准备平时景象;(三)倒阁潮与议会插曲;(四)一段小故事。

23日　二版"通讯"《豫南之捷》(范世勤2月22日于老河口),内容:(一)腹心战场;(二)豫南大战之前;(三)敌人攻击的真面目;(四)南阳之役。

24日　二版"通讯"《粤南歼盗记》(云实诚3月10日自曲江发),内容:"战事经过""抚辑灾黎"。

26日　二版头条《赣北顽敌全部击溃》。

29日　二版头条《赣北残敌突围未逞,赴援之敌亦遭痛击》。

"通讯"《记空军出击宜昌》(紫萱)。

三版"伦敦通讯"《衣食足然后可御侮——战时物质供给问题》("话说当今英格兰:七")(萧乾1月15日伦敦航信)。

30日　二版头条《赣北大捷完成战果》:残敌大部被歼,余众向东溃逃,据俘房供敌师团长大贺阵亡。

4月

1日　三版"伦敦通讯"《进攻的故事——一九四零年的悲喜剧》("话说当今英格兰:八")(萧乾1940年秒)。(按:2日续完)

5日　三版"通讯"《鄂西的胜利》(鸣舞3月15日寄自鄂西),内容:"战事的爆发""有几个人打几个人的""凶猛的攻和坚苦的守""袋中鼬鼠岂能逃'""决定胜利第一声""不如牲畜的人类""义烈的故事"。

9日　四版"伦敦通讯"《国际本是座大舞台——一九四零年欧洲稗史大观》("话说当今英格兰:九")(萧乾伦敦航信)。(按:12日续完)

10日　三版"译载"《美国世纪》(亨利卢斯 Henry R. Luce 作,恩源译),译者附志:"美国思想界最近发生了剧烈的转变,孤立主义的势力日渐销沉,一般远见的思想家都在热烈的讨论美国怎样利用时机领导世界的问题。亨利·卢斯在本年二月份《生活》杂志上发表《美国世纪》一文,可以作为这个思想的代表。卢斯是威尔基派的共和党人……现在他认为美国危机严重,根据对时局的认识,呼吁美国全民拥护罗斯福总统,把握住目前的时机,造成真正的美国领导地位,实现美国世纪的新世界。卢斯的抱负很大,但是他也承认,美国必须尽到责任,才能实现这个计划。他的文章得到了美国民众的同情赞助,美国正向着这个方向迈进。"(按:该文4月13日续完)

13日　二版"通讯"《赣北之捷》(记者4月2日于长沙)。

14日　二版"通信"《美国通信(其三)》(林语堂)。

15日　二版"中央社讯"《苏日宣言妨我主权,王外长声明其无效》:"外交部王部长对于苏日共同宣言昨日发表声明如下:本月十三日,苏联与日本签订中立协定时所发表之共同宣言,内称日本尊重所谓'蒙古人民共和国'领土之完整与不可侵犯性,苏联尊重所谓'满洲国'领土之完整与不可侵犯性。查东北四省及外蒙之为中华民国之一部,而为中华民国之领土,无待赘言。中国政府与人民对于第三国间所为妨害中国领土与行政完整之任何约定,决不能承认,并郑重声明:苏日两国公布之共同宣言,对于中国绝对无效。"

17日　二版头条《美国决即助我军火》:罗斯福总统宣布一部已核准。

"社评"《美国精神》:"苏日中立条约订立之翌日,美国国务卿赫尔发表声明,申明美国的立场与政策,并不因苏日条约而有所变更。又据华盛顿电讯,十五日我胡适大使与宋子文氏参与白宫会议,罗斯福总统表示即将根据军火《租借法案》而加紧实际援华。这很自然的使人想起一种美国精神,就是每当远东发生相当重大外交事件时,美国必有一种适机的表示与措置。"

20日　三版"通讯"《我们在前线》(邹若军于荆门军次),内容:(一)怎样训练;(二)怎样作战;(三)怎样娱乐;(四)军民怎样合作。(按:21日续完)

21日　二版"通讯"《上高保卫战》(张宏英自赣北前线)。

22日　二版"通讯"《血战下陂桥》(张宏英4月6日写于上高)。

23日　二版"通讯"《官桥围歼战》(张宏英4月8日于上高)。

25日　三版"伦敦通讯"《民治国家特色之一——"良心反战者"之审判》("话说当今英格兰:十")(萧乾2月28日伦敦航信)。

28日　二版"社评"《论政治教育》指出:"政治教育就是国民教育。一言蔽之,是教做人……要使现在的民族少年锻炼成为有建国卫国共同意志的国民,必须期待每一个人有刚健不屈的人格。"

30日 二版"中央社讯"《杰姆士罗斯福昨由港抵渝》:携有美总统致蒋委员长函件。

"专载"《杰姆士罗斯福在美国政府中的地位》。(按:杰姆士·罗斯福系美国总统罗斯福的长公子)

5月

6日 二版头条《罗斯福总统重要演说,美国随时准备作战》:申明赤诚拥护民主主义决心,纯赖武力征伐者必终致溃灭。

9日 二版"社评"《世界剧变在目前》:"读美陆长史汀生氏六日的广播演词及美参院议员泼贝尔氏七日在参院的演讲,而发生的直觉的印象是:美国挺身负责的时机,业已十分迫近。"称:"现时最容易想象的,是美国就要实行在大西洋武装护航,假若有一艘美舰不幸击沉,恐怕时局立刻便要急转直下。"

"通讯"《美国通信(第四封)》(林语堂4月20日纽约)。

12日 二版"中央社讯"《蒋委员长饯别詹森大使》:中美两国利害与共,中国获援可早击溃暴日。

19日 二版头条《中条山内连日血战,我军一部绕袭敌后》。

三版"短评"《美国的"中国周"》:"'中国周',已于昨天在全美国宣告开始,美国州长十四人、市长二百人发表宣言,作援助中国的运动。这一个运动,不仅期待金钱的数字,而精神上的影响尤其大,因为这已超过了同情而到了痛痒相关的程度。……中美两国实际已走上利害共同之路,美国这次举行的'中国周',将会把这观念灌输给全美人民。"

21日 二版头条《晋南连日对战激烈》:中条山敌后我军获重大战果,由诸暨南犯之敌续向北回窜。

"社评"《为晋南战事作一种呼吁》:"晋南战役,业已经过半个月之久,我军苦战,全国关切,而十八集团军集中晋北,迄今尚未与友军协同作战,则系事实。我们相信统帅部必然已有命令,要十八集团军参加战斗,因此我们竭诚呼吁:凡在山西境内的国军,务必协同一致,共同战斗,歼灭敌军!这是四年来保卫北方的一次最要紧的战役,敌人是悉力来攻,我们必须同心抵御,丝毫不待懈怠!……十八集团军向主团结抗战,并常将其衷曲向国人呼诉,全国同胞皆知十八集团军是抗日的,是会打游击战的,现当晋境敌军求逞之际,近在咫尺的十八集团军,岂能坐视敌军猖獗而不抗?岂能坐视国军苦战而不援?"(按:据王芸生、曹谷冰说,这篇社评是蒋介石的第二侍从室主任陈布雷嘱托王芸生写的)

四版"伦敦通讯"《疏散与失学》("话说当今英格兰:十一")(萧乾伦敦航信)。

23日 二版《"敌所欲者我不为,敌所不欲者我为之"——周恩来先生致本报的信》(周恩来5月21日夜):"季鸾、芸生两先生:读贵报今日社论《为晋南战事作一种呼吁》,爱国之情,溢于言表,矧在当事,能不感奋?!惟贵报所引传说,既泰半为敌人谣言,一部又为《华盛顿明星报》之毫无根据的社评,不仅贵报'不愿相信',即全国同胞亦皆不能置信。""贵报所引事实,一则谓'十八集团军集中晋北,迄今尚未与友军协同作战',再则谓'我们相信统帅部必然已有命令,要十八集团军参加战斗'。但我可负责敬告贵报,贵报所据之事实,并非事实。在贵报社论发表一周前,晋南白晋公路一段即为第十八集团军部队袭占,停止通车;其他地区战事正在发展,只因远在敌后,电讯联络困难,此间遂不得按时报导。而中枢及前线旬余军事磋商与夫配合作战之计划,皆因军机所限,既不便且不得公诸报端,亦不宜在此函告,于是,愤于造谣者流曾公开向人指摘第十八集团军拒绝与友军配合作战,我曾为此事一再向中枢请求更正,不意市虎之言亦影响于贵报,当自承同业联络之差。唯环境限人,贤者当能谅我等处境之苦。"在列举十八集团军在晋南、在华北、在江南作战的事实后,周恩来说:"我们可负责向贵报及全国军民同胞声明,只要和日寇打仗,十八集团军永远不会放弃配合友军作战的任务,并且会给敌人以致命的打击的。"最后说:"敌所欲者我不为,敌所不欲者我为之,四五年来常持此语自励励人。今敌欲于积极准备南进之际,先给我以重击,并以封锁各方困我。力不足则辅之以挑拨流言,和平空气。我虑友邦人士不察,易中敌谣,故曾向美国通讯社作负责声明,已蒙其十九日在上海广播,不图今日在此复须作又一次声明。我信贵报此文是善意的督责,但事实不容抹杀,贵报当能一本大公,将此信公诸读者,使贵报的希望得到回应,敌人的谣言从此揭穿。"

27日 三版"本报特辑"《伟大的工厂》:介绍美国军工生产。

29日 三版"短评"《问军事委员会》。

"本报特辑"《今昔美利坚》:"一战"时的美利坚与"今日"美利坚经济国力

的对比介绍。

6月

2日 二版"中央社合众电"《中美新换文》：申明平等待遇原则，郭新外长、赫尔国务卿往来函。

"社评"《主流趋势》指出："现在看美国趋势的主流，将必然走上参战之路。"暴日南进，美日在太平洋上必有一战。"美国现在信赖中国的抗战，认为中国必能有效的拖住日本，到它对美发动时"，美国也就能有效地制服日本。"罗斯福总统讲得好，'我们援助别人，并不掩饰，是为了自己的利益'。这'自己的利益'几个字最真切，就注定了中美的友谊，美日的敌性，以至太平洋大局的前途。这是主流所趋，它有排山倒海之势，而莫之能御。"

10日 二版"通讯"《五月洛阳》（子冈）。

12日 二版"通讯"《美国通信（第五函）》（林语堂5月18日于纽约）。

18日 三版"短评"《十八集团军之出击》："战报公表，上月秒太原、清源等地之敌六百余向清源西屠村进犯，经我十八集团军部队在该村附近迎击，将敌击溃。这虽属小战斗，却是大消息。"

20日 三版"通讯"《晋豫经济战——记晋豫区工合》（子冈6月6日寄），内容：（一）晋豫工合的背景；（二）由无依到战斗；（三）今天的牺牲，明天的独立自由。

23日 二版头条《德对苏联宣战进攻》：苏联声明抵抗并对英接洽，意亦对苏宣战，暴日正开会。

"社评"《德国进攻苏联》，对苏德开战，发表评论四点："第一，居今定论，当前年此时，英法最后求苏联合作，而苏联订了《苏德互不侵犯条约》，放弃了英法。这一着，不少的人称颂为苏联和平政策之伟大胜利者，到今天证明毕竟犯了错误。质直的说，我们还是信仰前多年苏联为集体安全积极努力那样勇敢的带有侠义风采的外交，而毕竟惋惜苏联近年专注重于'不代他人火中取栗'而标榜中立的外交。……苏联当局不能透澈看破国际侵略势力的本质，以为苏联可以旁观而坐大，这不能不说是犯了重大错误了。""第二，现在战幕即开，过去的事，不暇多论，应当论今后之事。那么，我们愿诚恳的警告苏联朋友，一误不可再误，既误于西，万不可再误于东！不错，苏日现有中立条约，而苏联愿订此约之目的，恐即在防备德国攻苏之日，希望日本中立。那么，我们愿苏联朋友万勿再作此类迷梦！德苏互不侵犯条约可以撕毁，试问凭什么能相信日本？""第三，我们在苏联蒙受侵略的今天，愿诚恳的表示中国人民对苏联人民的同情，并保证中国对苏联在患难中的友谊。中国做朋友，是最可靠的，而友谊的团结，在患难中最易表现。中国人民常感谢我国抗战四年来苏联给我们同情与援助，当然愿意遇有苏联需要之时，在远东大局上，随时与苏联合作，为反侵略而努力。""第四，就战局上说，因为德国是处心积虑先发制人之故，在攻守初期，恐怕苏联不利，不过苏联是大国，人民爱国而勇敢，军事准备有这样久，则常识判断，一定能持久抵抗，决不脆败。"

24日　二版头条《苏联猛抗德军攻势》：莫斯科公报德军之负创后退，大批装甲部队源源开赴前线。

26日　二版头条《美国宣布援助苏联，苏德激战无大变化》。

7月

2日　二版头条《德意承认南京傀儡，我撤回驻德意使节》：敌定今日声明对德苏战争状态。

3日　二版头条《郭外长宣言——我对德意断绝邦交》：美再度声明绝不承认汪傀儡。

6日　二版"美国通讯"《美国通信（第六封）》（林语堂6月13日于纽约）。

7日　二版"社评"《抗战四周年纪念辞》："其尤要者，抗战以来，全国最有力的口号，为团结抗战，而国家全上，民族全上，则精神动员之中心思想。"（按：这是张季鸾执笔写的最后一篇社评）

15日　二版头条《英愿放弃在华特权》：一俟远东和平状态恢复之时，即协商取消领判权、交还租界。

16日　二版"社评"《由英美放弃在华特权说起》道：英美先后表示，愿于战后放弃在华所享受的特权，"对于英美两大友邦这种光荣的表示，我们全中国人士都感到衷心的喜慰，并预兆着世界前途之光明"。并说："废除不平等条约，是中国国民革命的目的之一，这种运动实与中华民国之诞生而俱来。经过三十年的奋斗，因为最大的障碍尚未排除，所以尚未达到完全成功之域。"这最大障碍"就是敌人日本！"我们坚持抗战，把日本打出中国，实际上"就是为了挣脱帝国主义特权的枷锁而战！"

18日　三版"伦敦通讯"《大西洋上的中国海员——冒着同样的风险、得不到同样待遇》("话说当今英格兰：十二")(萧乾5月20日英国航信)，内容："两条新闻""五镑的原委""待遇的悬殊""海员工会"。(按：19日续完)

26日 二版头条《郭外长郑重宣言》：越南全境已被日本占领，我必全力尽责反抗侵略，有关各国亦应不予纵容。

8月

2日 二版头条《泰国卒对暴日屈膝》：承认伪满并订约贷款供货。

18日 三版"专载"《苏德之战》(恩源)。(按：19日续完)

19日 二版"社评"《我们在割稻子!》说："在这一段空袭期间，东京各报大肆宣传，以为是了不起的战绩。然事实证明，敌机尽管卖大力气，也只能威胁我少数城市，并不能奈何我广大的农村；况且我少数城市所受的物质损害，较之广大农村的割稻收获，数字的悬殊何啻霄壤？由福建、两广、赣、湘、黔、滇以至四川，这广大区域的早稻收获，敌机能奈之何？所以我们还是希望天气晴朗，敌机尽管来吧，请你来看我们割稻子! 抗战至于今日，割稻子实是我们的第一等大事，有了粮食，就能战斗!"

28日 二版头条《美总统宣布：派军事代表团来华》：声言予暴力征服运动以打击，苏联对暴日态度亦转趋强硬。

9月

6日 三版"通讯"《一对战死与殉情的同命鸟》(民威)，内容：(一)小引；(二)×月××日的拂晓空战；(三)悲壮的殉情；(四)余意。(按：该通讯写英勇的空军战士为抗战而牺牲的英雄事迹)

18日 二版头条《"九一八"十周年纪念，蒋委员长昭告国民》：排除万难以恢复东北失土，勖勉关内外同胞加紧奋斗。

19日 二版头条《湘北方面激战又起》：敌渡新墙河南犯在痛击中。

20日 二版头条《湘北战事益形激烈》：渡河之敌续增，我正阻其南犯。

21日 二版头条《湘北战事移汨罗江》：南渡敌续增刻被阻于沿岸，敌似窥长沙将遭歼灭打击。

24日 二版头条《湘北激战我军进展，空军出动助战建功》。

28日 二版头条《湘北全线血战方酣，我军阻击深入之敌》。

30日 二版头条《长沙城郊我军击敌》：薛长官电告敌陷重围必遭聚歼。

10月

1日 三版头条《三国会议开幕》：设六个委员会立即工作,史达林再接见英美代表。

2日 三版"综合报道"《晚秋庆丰收》(徐盈),内容为报道四川、西康、贵州、云南、广西、广东、福建、江西、湖南等省农业丰收的情况。(按：3日续完)

3日 二版头条《湘北会战我军大捷》：窜长沙东北之敌全线北溃,汨水南北我军捕捉败敌中。

"社评"《湘北大捷的意义》："敌军这次以十三万精锐之众,奇袭长沙,作战不过两星期,就损兵折将,伤亡过半,狼狈溃逃。自中日战起,四年余来,经过大大小小的许多战役,像这次敌军失败的速而惨,尚无前例。敌军为什么失败得这样速而惨？最大的败因是由于骄满轻敌。……戢敌寇之轻狂,彰我军之勇威,这是湘北大捷的第一点意义。"

4日 三版"通讯"《松白机杼声》(子冈),内容："松灌纺织实验区""新运抗属工厂"。

6日 三版"通讯"《白沙巡礼》(子冈),内容：(一)学生镇；(二)二大文化机关。

10日 二版头条《民国三十年国庆纪念——蒋委员长告军民书》：敌势竭蹶,反侵略阵营益趋鲜明；全国军民应再接再厉,以竟全功。

11日 二版头条《国庆人捷克复宜昌》：我军攻坚战之重人成果,迄昨晚七时残敌将肃清,荆沙当阳亦在我攻击中。

"社评"《国庆日收复宜昌》："溯自去年六月中旬,宜昌失守业已一年零四个月,敌人重视这个名城,以为西进的前哨据点。我们失掉此城,也使四川的外唇为敌所扼。这一个敌我必争之地,现在幸告收复,当然是一件大事。由于这次战斗之烈,以及敌军拒守之勇,如我军克复南津关时,敌仅余一官一兵,尚图抵抗,足见敌军有死守宜昌之志,而我军卒能将其攻克,这在军机上与湘北之战是不可分的。……湘北之战,证明我军之战能胜；宜昌之役,又证明我军之攻能克。战胜攻克,这是抗战军事的大转机。"

14日 二版头条《宜昌我军奉令退出,郑州城郊仍有激战》。

20日 二版头条《美日谈话应即停止》：美认谈话为日本攻苏之策略,威尔基大声疾呼放弃和平幻想。

"社评"《东条内阁如此!》："东条内阁的性格,是一个北进侵略的临战体制。在它待机侵苏之际,对美继续开交涉,是虚与委蛇,是一种障眼法,冀以松懈美国的战意,分化反侵略阵线,以收各个击破之效。因此,我们特别唤醒美国,不要上日本的当!"

25日 三版"战局述评"《二次长沙会战之前后》(本报记者10月10日寄自湘北前线)。

29日 二版头条《郑州城关发生激战,晋西南战事亦猛烈》。

31日 二版"通讯"《湘北战后》(本报记者10月20日寄于竹山镇)。

三版"通讯"《全国电讯的司令台——重庆电讯工作剪影》(本报记者),内容:"全国电讯总览""地下机键室""三年来的重庆电话""电报的收发"。

11月

1日 三版"通讯"《贵州水利》(本报记者),内容:"贵州的水""农田水利""航运整理""水力发电"。

2日 二版头条《豫中告捷收复郑州》。

3日 二版"社评"《国军克复郑州感言》:郑州之役"进退得失的发展,不仅关系我中原与西北之安危,同时也会影响到暴日北进的企图"。又说:"再从长沙、宜昌与郑州三役的根本精神来看,长沙是坚守不失,郑州是虽失必复,宜昌是反攻初试。这就说明我们已放弃了'以空间换时间'的战略,现在必不使空间再失,今后且必随时将空间夺回。……长沙、宜昌、郑州各役的精神,就是我们打到东北而收复一切失土的第一步!"

7日 三版"中央社讯"《今日苏联国庆》:林主席电加里宁主席致贺,祝苏联早奏肤功痛击暴力。

"专载"《预祝苏联抗战胜利——为苏联二十四周年国庆纪念而作》(孙科)。

9日 二版"中央社电"《美考虑撤退在华陆战队,华府认此系对日之警告》:表示美国准备应付太平洋变局。

18日 二版头条《参政会昨圆满开幕,蒋主席讲抗战大势》:太平洋上各友邦联系完成,击敌先击弱,"解决日本事件"。

三版"通讯"《为"解决日本事件"而奋斗——记二届参政会二次大会开幕》(本报记者),内容:"决定时期到来""人民的代表""一片民主声""新决定新作风"。(按:第二届国民参政会第二次大会于17日开幕,蒋介石针对日本内阁所谓"解决中国事件"说:"今天远东大势和世界全局上最要的一着是'解决日

本事件'。"该通讯题目由此而出）

29日　三版"美国通信"《美国通信（第七封）》（林语堂11月7日自纽约）。

（三）社会服务

1936年（民国二十五年）

11月

16日　二版"启事"《本馆启事》："近日本馆迭接各界来函，以塞外已届严冬，绥北兵士尚无皮衣，询问本馆是否可以代收捐款，转汇绥省。本馆为社会服务机关，对于读者诸君办理委托之公益事项，自当勉效微劳。爰定于本月十六日起，每日上午九时至下午六时止，由本馆庶务处代收捐款，转汇绥省。"（按：至1937年3月18日止，津沪两馆共代收此项捐款计25.7万多元）

1937年（民国二十六年）

3月

17日　二版"启事"《敬代甘肃灾民吁请慨助衣物》："甘肃河西、庆阳、环县、正宁、合水、宁县、镇原、固原、岷县、临潭、渭源、通渭、陇西等数十县叠遭水旱兵燹，灾情惨重，而平凉、武威、张掖、酒泉、安西、玉门一带，近更受残匪窜扰，人民流离。灾情更惨，被灾妇女，衣裤俱无，急待救济，本报叠接各方函告，心实难安，兹敬代表灾区人民呼吁，恳求海内外各界人士悯斯孑遗捐给衣物，但使灾区妇女得所蔽体，无论新旧单夹，受者均感恩德，倘蒙慷慨惠助，请将物件就近送交下列各处是所盼祷（按：地址为上海、南京、北平办事处）。天津、上海《大公报》谨启。"

4月

20日　二版"启事"《本报代收川省旱灾捐款启事》："径启者：川灾惨重，待救孔急。本报沪馆受川灾救济协会之托，自即日起代收捐款，汇交朱子桥先生散放。津馆亦决定同时收，转寄沪馆随同汇川，所有捐款人台衔及款数，仍照历次成例在报端发表，以昭大信，尚乞各界踊跃捐输，共襄善举，则数百千万灾黎受惠多矣。"（按：至7月23日止，共收国币60 710.91元）

5月

13日 三版"重庆专电"《川灾情愈严重化,农民将相率离乡》,为本报记者川北视察报告。

18日 三版"贵阳专电"《救济灾荒根本办法,周内送呈行政院核夺》,为本报特派员视察黔灾报告。"贵阳十七日上午十一时发专电",本报特派员九日偕延国符专员乘车离筑,沿黔滇公路鲍龙公路观察,十六日回省。经过清镇、平坝、安顺、镇宁、安南、普安、盘县、兴仁、安龙等十县,沿途所见灾区惨状,不忍卒述。(按:川北视察及黔灾视察的记者是杜协民)

23日 三版"通讯"《川灾勘察记》(长江)。(按:范长江此次奉社命入川勘灾,先到成都;4月29日离成都赴川北视察。卢作孚先生邀华西大学教授黄勉生作伴,至南充、重庆;5月16日到东线视察,至内江。该通讯是范长江回上海后完稿的,共11篇,连载于5月23日—6月2日)

29日 四版"通讯"《黔行印象》。(按:该通讯共四篇,载于5月29—31日、6月2日,详细记录贵州的灾情及灾荒形成的原因和救济灾荒的根本办法)

6月

15日 二版"启事"《本报为灾童乞赈启事》:"川甘各省灾情惨重,而被遗弃之男女幼童,转徙流亡,厥状尤惨,若不赶速设法收容救济,势必造成全数死亡之大悲剧。本馆谨掬诚向全国各界为此无告之灾童呼请赈济,务求立颁仁浆,共图挽救,翘企慈云,胜曷盼祷之至,再寄送此项捐款时,务请捐款人指定专供赈灾童之用,以便汇转为荷。"

10月

14日 三版报道晋北我军昨晨大捷的消息,发表题为《晋北捷报的重要性》的"短评",在论述晋北捷报的重要性后,发起募捐:"同胞们要赶紧赠寒衣!现在晋北已甚寒,后方各都会的人们,快快捐募罢!"

1938年(民国二十七年)

4月

3日 一版"启事"《本报代收救护伤兵医药捐款》说:"前线官兵为抵抗暴敌而奋斗,是国家的干城,是民族的护士,我们后方的同胞对于负伤官兵之救护,实在责无旁贷。本报前日接到东战场中央社全体记者来电,详叙前线医药担架设备不周,及负伤战士际遇困苦情形,希望立即号召一个专为救济各战场受伤官兵的募捐运动。本报对此项建议,已竭诚接受,愿为代收机关之一,自即日起收受医药捐款,各界读者务请踊跃输将,俾收集腋成裘之效。兹谨将收款办法公布于后,敬希垂鉴是幸。(下略)"(按:至10月17日汉版停刊时,共收款146 704.22 8元)

6月

16日　一版上半版刊登"广告"《本报创办大公剧团今晚献演三幕国防话剧〈中国万岁〉》:"本报创办大公剧团今晚献演,明日起至十九日日夜两场。""全部收入救护伤兵。"(按:该剧连演4天7场,卖票收款14 000余元全部捐献,演出费用3 000元由报社捐助)

7月

26日　二版"本报特讯"《黄灾区域益扩大,洪流已入安徽境》:屈映光、朱庆澜谈豫省灾振,灾民十万移殖陕西。

"中央社讯"《花园口决口益扩大》。

29日　二版"社评"《救黄灾!》。

9月

25日　一版"启事"《本报征求读者及各界人士捐款购报赠送前线将士启事》说:"前线将士需要阅读本报者甚众,本报现特征求读者及各界人士捐款购报,赠送前方。本报愿依照纸张成本作价代为购赠,读者捐款不拘多寡,请于每日午后三时前送到本报社,远道可以邮票代现。捐款人务请开示姓名或别号,收到后不给收据,但于次日报上登出台衔及捐款数目,当即以捐款换作次日本报交战地文化服务处,分送前线。"

1939年(民国二十八年)

9月

29日　一版"启事"《本报代收寒衣代金启事》:"本报承全国征募寒衣运动委员会重庆分会委托,自即日起代收寒衣代金。敬祈读者尽力捐输,多多益善,收款地点:中一路一三二号本报营业处,收款时间:上午八时至十一时,下午二时至五时。"(按:这项活动至12月29日止,共收国币55 171.02元)

10月

21日 二版"成都电话"《本报读者飞机捐款,购滑翔机呈献政府》:"本报为提倡航空事业,在津曾向读者征募飞机捐款,于年前特在德国购买最新式滑翔机一架,呈献政府,该机早经运蓉,二十日上午八时半时特在××飞机场举行试飞表演,届时中委戴传贤,陈立夫及教厅长郭有守,市长杨由××会滑翔机训练班韦主任驾驶表演,至十时许始毕。陈立夫部长以滑翔机构造简易,危险性少,我国自造,每架不过国币四五百元,甚宜于青年学生运动之用,将大批订购,以便分发各校作运动项目之一,藉可鼓励一般青年对于航空之兴趣,培育初级飞行人员于各学校之中。"

11月

14日 三版"专载"《大公号滑翔机》(周至柔),首先介绍了这架滑翔机的来历,然后对滑翔机的性能和作用作了较为详细的说明。(按:周至柔,抗战时期任中国空军作战前敌司令部总指挥。"大公号"应为"大公报号")

1941年(民国三十年)

6月

7日 二版"启事"《本报代收空袭救济金》说:5日晚敌机空袭重庆市,因防空洞通风差,窒息而死者461人,伤者291人。"单独妥筹抚恤救济,殊非本报能力所及",只得向社会乞助,本报代收。

(四) 副刊、专刊与特刊

1936年(民国二十五年)

6月

27日 十一版《艺术周刊》出至89期停刊,并发表司徒乔的《告别读者》。

7月

11日 十一版《科学副刊》(第一期),刊《发刊旨趣》:"本报对于提倡科学,素具热诚,凡有关科学新闻、论著,常不惜以显著地位,充裕篇幅,揭载日报,并曾两次委托公私团体,代编科学周刊,惟以人事沧桑,变化靡常,致刊而复辍。但科学重要,与时俱增,默察我国'此时''此地'之需求,仍有本素来宗旨,毅然决然,重新刊行《科学副刊》之必要,为惩前毖后计,决改由本报自行编辑,特约专家撰述论文,欢迎各方投稿。"

8月

16日 十一版《文艺》第198期(戏剧特刊),刊独幕话剧《演不出的戏》(白尘)。(按:上海公共租界捕房因《大公报》刊登这个剧本,以"妨害秩序"的罪名向租界法院起诉。张季鸾亲自出庭受审,后被法院宣判无罪)

1937年(民国二十六年)

3月

15日 九版《每日画刊》出《民国二十五年绥远挺战阵亡军民追悼大会特刊》。(按:15日、16日、19日、20日共出版四期)

5月

6日 十二版《燕大新闻学系新闻学讨论会特刊》。《发刊辞》:"在去年此时燕京大学新闻学系曾在天津《大公报》上出了一页《新闻教育特刊》,今年我们要把讨论的范围更扩大一些,除了培养专门新闻人材的问题外,还要进一步探讨一下今日中国报界的使命究竟是什么。这里有三篇文章可供社会上一般对于新闻事业有兴趣的人士参看。"这一期刊登三篇文章:《今日中国报界的使命》(梁士纯)、《如何造就领袖的报人》(刘豁轩)、《从目前报界的使命谈到燕大新闻学系》(王九如)。

9日 十三版《文艺》(专刊版)主题"作家们怎样论书评",刊《我如果是一个作者》(圣陶)、《我只有苦笑》(巴金)、《关于批评》(张天翼)、《假如我是》(李健吾)、《书评家即读者》(施蛰存)、《批评家的路》(艾芜)。

16日 十一版《文艺》(专刊版)主题"诗歌特刊",刊《谈〈宝马〉》(冯沅君)、《我怎样写〈宝马〉》(孙毓棠)及曾溥(《悟差》)、卞之琳(《雪》)、林徽因(《前后》)

等人的诗作。

17日　八版《河北省第一届全省运动会特刊》。（按：至20日，共出版四期）

23日　十三版《文艺》（专刊版）为"艺术特刊"，刊《从法国沙龙说到全美展的审查》（常书鸿）、《观全美展国画后所感》（陈之佛）、《再述全美展的雕塑》（吴作人）、《〈力量〉与〈聪明〉》（余山）、《全美展的西画》（秦宣夫）。

30日　十一版《文艺》（专刊版）为"翻译特刊"，刊《六个在森林里的人》（格莱塞作，赵家璧译）、《她底跳舞》（葛巴丝卫里作，孟十还译）、《献给维小姐》（梅立克作，刘荣恩译）、《汤姆·格莱》（西班牙阿左林作，徐迟译）。

6月

6日　十三版《文艺》（专刊版）"外行人论新诗（一）"，刊《一个煤黑子论新诗》（彭黻叔）、《新诗的贫乏》（养素）、《两个疑问》（吴近山）、《一个工程师论新诗》（赵生筠）、《薄书论新诗》（维新）。《编者致辞》："本日特刊的文章完全是征求来的，而且，编者收到的稿件比我们能刊出的多了不止十倍，这是我们不曾料到的。在近百位投稿朋友中，有医生，工程师，店员，也有兵士。职业上，他们原本与文艺漠不相干，但他们却很单纯地关心它，珍爱它。如果我们的诗人不拒绝赤诚的'进言'，这片外行话可说反映了广大读者层对新诗的一点意见。……"〔按：由于收到的稿件多，7月2日又出了专刊"外行人论新诗（二）"〕

20日　十三版《文艺》（专刊版）为"书评特刊"，刊登《〈里门拾记〉》（杨刚）、《〈南行记〉〈夜景〉》（黄照）、《〈野火集〉》（宗珏）、《〈吉卜龄自传〉》（刘荣恩）。

7月

4日　十一版《文艺》（专刊版），出"读者论书评（一）"，刊《读者·书评·书评家》（北平·黄梅）、《书评的内容》（天津·李剑）、《掌管那条绳索的》（南京·吕玲心）、《冲出狭窄的风气》（石家庄·冀南）、《一个图书馆员论书评》（武昌·碧茵）、《我们的书评家》（济南·王雪茜）、《救救内地的读者》（曲沃·董文炳）。

《编者致辞》："这次本刊举行的读者公开讨论，除了发表若干无从觅取的宝贵意见外，一个最动人心魄的启示是：如果我们的新文学曾经有过错误，漠视了读者应是一个极严重的错误。""《外行人论新诗》的讨论来稿多出本刊的容量不止十倍。谈到书评，一个更普遍的部门时，编者也收到更多的文章。

(而且《现代小说给了我些什么》的讨论才宣布不久,编者便已捧读了许多可贵的意见了。这将是一个更踊跃的讨论)这些来稿的意见尽管不同,甚而有时矛盾,但一种被冷落了的愤怒情绪却是普遍一致的,这事实值得郑重地提供给国内从事文艺的师友。"[按:由于来稿太多,7月7日第十四版《文艺》又出版了"读者论书评(二)"]

5日 十三版《科学副刊》刊《本刊一周年献辞——及改〈周刊〉后之希望》:"岁月不居,时序如流,本刊自去年七月创刊以来,至本年此时,正届一周年。""在一年短期之内,本刊共收到外来投稿都一百七十余篇,特约稿尚不在内。""本报鉴于普化科学知识之重要,兼为副各界人士对本刊之赞许及期待起见,特自七月份起,将过去之'半月刊'扩充为'周刊',每逢星期一在津沪两地同时出版,仍名《科学副刊》,名称不变,俾各方佳作,得以迅速披露,以增时效。""总之,本报有鉴于科学之重要与乎吾国相需之殷,对于发达科学事业,愿就棉力所及,予以提倡,本报设立'科学奖金',广事征文,即其一端。"

11日 十一版《文艺》为"散文特刊",刊《我和散文》(何其芳)、《寻梦草》(陈蓝)。

13日 十一版《县政建设》(第一期),刊《县政建设的使命——代发刊词》:"近六七年来,乡村建设运动已经普遍全国,朝野都认为这是救亡图存、复兴民族的一条大路。近二三年来,县政建设也风起云涌,相继而兴,朝野都认为这是改革政治、促进国家的唯一基础。同时,这两种运动渐渐的合为一流,二者不仅是相辅并进,而且二者的工作已渐趋于同化,目的渐趋于一致,力量也渐渐的集中合并。这种现象实在是我们关心国家民族的人最应该欣幸的一件事,也就是我们最值得共同努力的一件事。"本刊由县政研究社主编,为双周刊,每隔一周星期二出版。

18日 十一版《文艺》为"艺术特刊",刊《当前的大道》(司徒乔)、《关于文西的〈最后晚餐〉》(秦宣夫)。

9月

18日 汉口版今日创刊,在第四版出版副刊《战线》。编辑陈纪滢在《我们的信念和态度》中说:"自从十九世纪产生了一个'为文艺而文艺'的口号后,一些从事文艺的作家们,便拿它当成金科玉律,一方面显示自己的超然,一方面把文艺变成了特殊阶级的专利品。这种普遍的现象虽然也曾随着时代的轮转而变换它的外壳,但是实质上,这种不正确文艺的洪观,依然跟着时代的尾巴残留着。""关于本刊今后的取材标准也愿附带说明在下面:一、我们需要前方关于战争的报告文学,散文,诗歌,速写,木刻,戏剧等作品。文字技术固然很需要,但是如果不擅于描写,也可只把事实朴实地写给我们。我们希望士兵,官佐能够爬在沟壕里完成作品。同时希望参加救护,运输,慰劳的人们,把每天亲身经历的事情,也片断的写来。二、希望在后方的非战争员而实际已担起救亡任务的人们,每天把所接触的可歌可泣的事情,能用各种不同的体裁写来。三、特别愿意为华北,上海各地流亡的同学有发表作品的机会,自然因为他们所亲受的较多。四、我们不但希望老作家们在这时候特别努力,更希望无名作家不要忽视自己的责任。我们无宗派观念,不崇拜偶像,不论人,只管文章。"

29日 四版《战线》,载"战时街头剧"《难民曲》(光未然)。(按:30日载毕)

10月

3日 四版《文艺》复刊,出第372期,改为周刊,每星期日出版,依然由萧乾主编。于1938年3月6日出至第394期停刊。这一期刊登一篇文章《给山川均先生》(巴金)。

24日 四版《文艺》上刊登萧乾写的《答辞》,叙述沪版停版后他个人的经历。

26日 四版《战线》刊特写《一位值得崇拜的母亲——孟县三次壮丁出发记》(曼洛),记一位母亲在大儿子于抗战前线受伤住院的情况下,毅然将新婚的二儿子送上前线的场面:"只要别叫鬼子打过来……"

11月

1日 四版《战线》刊登《向八百壮士致敬礼(朗诵诗)》(高兰)。

1938年(民国二十七年)

1月

1日 四版《伤兵尊敬及慰问难民运动特刊》,《发刊词》:"倭寇肆虐,向我侵略,旧仇新恨,本已多不胜说,而最近越发猖獗,野心勃勃,竟想鲸吞我国。因此,我忠勇将士在最高领袖指导之下,奋起抗战,以救国救民。五个月来,浴血疆场,前仆后继。这壮烈牺牲,已完成消耗战的任务,已奠定最后胜利的基础。在这次神圣战役中,不要说许多轰轰烈烈,身殉国难的烈士,会在中华民族史上,留下最灿烂最有价值的篇幅,就是我们负伤归来的员兵,也将有可泣可歌的光荣事迹,被登录起来。这是必然的事实,也是应该的事情。不过,要伤兵能够永恒保持这种光荣的记录,必须有两个条件,就是:社会要尊敬伤兵,伤兵要尊重自己!……"这一期刊登了《国民政府军事委员会第六部武汉办事处为举行伤兵尊敬运动告负伤官兵及各界民众书》《国民政府军事委员会第六部武汉办事处慰问被难同胞并告各界民众书》,还刊登了邵力子题词。

9日　四版《抗敌木刻展览特刊》。

15日　四版《战线》刊《红鬼——延安散记之二》(彭华),主要记叙延安一些"红小鬼"的故事。(按:17日续完)

25日　四版《战线》刊《新年的延安》(烈群),内容:"除夕的一天""一九三八的开始"。(按:26日续完)

29日　四版《中华全国电影界抗敌协会成立大会特刊》。

2月

6日　四版《基督徒为国祈祷特刊》。

12日　四版《全国文化界响应国际反日运动宣传大会特刊》(武汉文化界抗敌协会编)。

16日　四版《战线》刊《金星、白马、八千战士!》(碧野)、《踏雪看会操——延安民众的武装》(元留)。

20日　四版辟"敌寇万恶录"专栏。前言:"敌寇在我国内的种种暴行,是万恶无赦的。这一方面是暴露敌寇的人格破产,走上了绝境;一方面则给我每个同胞加强了抗战的信念,为国为家,都要复仇!现在敌寇已把奸、淫、掠、掳,当成拿手好戏,在各侵占地扮演,对它这种万恶的罪行,应该记录,藉使全世界爱好和平,主持正义的人士知晓,并唤醒国人,起来复仇!"[按:该专栏每周三、日载文,至3月9日止,共出6期。6期载文如次:(一)《陷落后的南京》(袁霭瑞)(第一期,2月20日);(二)《暴行片段录》(抗军)(第二期,2月23日);(三)《上海地狱——敌寇的行乐所》(章国康)(第三期,2月27日);(四)《虎口余生追记》(徐惕三)(第四期,3月2日);(五)《沦陷后的安阳》(张向远)(第

五期,3月6日);(六)《非人道的戏虐——在广德玩弄算命的瞎子》(姜蕙)(第六期,3月9日)〕

3月

8日 四版《武汉妇女纪念"三八"节特刊》。

10日 四版《战时儿童保育特刊》。

15日 四版《武汉各界抗敌运动大会新运日特刊》,刊《抗战及建国的基本条件》(冯玉祥)、《礼义与抗战》(邵力子)及于右任的题词——"从英勇抗战中养成生活习惯,从日常生活中养成牺牲精神,用伟大的牺牲精神,争取中华民国之自由平等"。

17日 四版《武汉各界抗敌运动大会建国日特刊》,刊《建国才是目的》(陈立夫)、《所有的精神凝集在一点》(石瑛)及陈诚题词"抗敌建国"。

25日 四版《中国学生救国联合会第二次代表大会特刊》。

5月

9日 五版《雪耻与兵役宣传特刊》(武汉各界雪耻与兵役扩大宣传周筹备会编)。

6月

4日 六版《战线》刊散文《黎明——西北线之一》(刘白羽)。

18日 六版《战线》刊散文《母子篇》(姚雪垠)、《潼关——西北线之二》(刘白羽)。

7月

3日 六版《战线》刊散文《渡黄河——西北线之三》(刘白羽)。

7日 五版《抗战建国纪念特刊》,刊登《卢沟桥事变回忆录》(王冷斋)。编者按:"王冷斋氏为前河北宛平县长,卢沟桥事变即爆发于此。王氏亲身经历,艰苦备尝。本文写其回忆……及篇末记载意义三点,至堪国人注意,谨此介绍。"此外,还刊登《新闻战》(彭革陈)、《抗战建国纪念日感言》(邵力子)、《愈战愈强的必要条件》(周佛海)及林森题词。

六版《战线》出《七七周年纪念特刊》。编者在《文艺抗敌一周年》中说:"文艺工作者在过去一年中所表现的工作概括地来有三点值得提出：第一，从'七七'抗战后，全国文艺工作者跟随着政治上的进步，停止了十几年来的有关文艺的自我斗争，形成了大团结，和国家对抗战的一切设施配合起来；第二，在文字上，在题材上是完全把握着现实，充分地发挥了它的暴露性；第三，把文艺孕育在实际的战争生活中，从实际的战争生活中换取了文艺的成果。"这一期刊有《这一年的笔》(老舍)、朗诵诗《这一年》(高兰)、诗《新的卢沟桥》(纪滢)、《抗战才一年》(罗荪)及光未然为抗战周年写的歌词《为独立、自由、幸福的新中国奋斗！》。

25日 六版《战线》刊抗战以来的优秀作品《闸北打了起来》(欧阳凡海)。

8月

23日 四版《战线》刊《第三百零三个》(布德)。这是一个真实的故事：吉田别了老母娇妻幼女而出征，他在中国奸淫了302个妇女。就在扬州，当他去逛军部为他们特备的"慰劳所"寻欢时，却发现他久别的妻——蕙子，正供另一个"皇军"淫乐，并在诉说，她怎样被军部征为营妓送到中国来"慰劳皇军"，她的幼女病死，婆母留在日本。天啊！这是什么事！这是吉田的第303个！于是吉田和蕙子双双拥抱着碰死在"皇军慰劳所"。(按：24日续毕)

24日 二版"社评"《读〈第三百零三个〉》，号召日本士兵认清日本军阀的残忍，赶快"觉悟"！

9月

18日 五版《战线》(第一百九十一号)，今天是"九一八"七周年纪念，也是《战线》创刊周年纪念日。这一期刊诗歌《七年祭》(舒群)、《东北作家近影》(冈纪)、《遥远的大地》(黑丁)、《寄东北流亡者》(萧红)等。

12月

1日 四版《战线》，汉版停刊时出至210号。今天渝版第一天，出211号。编者陈纪滢在《寄本刊读者作者》中说："我们这一群，素来以文艺工作自任的一群，今天仍是有祖国的孩子，仍是一名不屈不挠的战士，我们没有吉波西人流亡的悲哀，我们只有斯巴达人的卫国精神，我们要拿起这枝铁笔，戳破敌人想征服我们的文化工作的痴梦，发挥更大的威力，帮助抗战，抛掉一切失败主义的情绪,唤起民众,鼓励士气,争取抗战最后胜利!"

2日 四版《战线》刊《江上杂记——寄萧炳乾兄》(王芸生10月28日于重庆),记叙了《大公报》一行数十人从武汉至重庆一路上所经历的艰难困苦。

1939年(民国二十八年)

1月

2日 四版《重庆市儿童抗敌图画展览特刊》,刊三幅儿童图画及《重庆市儿童抗敌图画展览感言》(陈立夫)、《儿童画的特质》(李清悚)、《儿童抗敌图画展览赠言》(朱家骅)及陈诚的题词。

16日 四版《战线》编辑召集本刊作者座谈会,"到会的人有:潘子农、厂民、姜公伟、宋之的、老向、须旅、沙雁、罗荪、段超人、夏英喆、吉罡、程铮、吕润璧、邓中铁、何容、孙钿、王鲁雨、袁勃、戈宝权、李辉英、高兰、张周、姚蓬子、胡风、覃处谦、陈敬一、孙重民诸先生,另有本报王芸生、子冈、谢贻徵、徐盈四位先生和编者。"按编辑的要求,发言时,大家集中谈了这样的一个题目,即"目前文艺工作者努力的方向",同时谈对本刊的意见。

28日 四版《纪念"一二八"暨响应国际反侵略运动大会特刊》(全国文艺界抗敌协会、国际反侵略中国分会主编),刊《一二八与反侵略》(陈铭枢)、《纪念"一二八"剪辑》(郭沫若)、《一二八感言》(老舍)及白崇禧题词——"世界反侵略大会中国分会,积小胜为大胜,以空间换时间,我们答覆日本帝国主义者的侵略是根据以上两个原则来进行持久与全面抗战,争取最后胜利"。

4月

4日 四版《重庆市儿童节纪念特刊》,刊登《大家要抢救中国小儿女》(邵力子)、《献给儿童节》(陶行知)、《儿童节感言》(戴传贤)、《她记得》(老舍)。

9日 四版《文协年会特刊》:编者在《祝文协周年》中说,出版这个特刊的目的是为了"检讨过去,努力现在,策励将来"。刊有《扩大文艺影响》(罗荪)、《努力,努力,再努力!》(老舍)等文。

15日 四版《第二期抗战第二次宣传周教育文化新闻日特刊》,刊《国民精神总动员应有的基本观念》(孔祥熙)。

17日 四版《战线》(第323号),刊《第十一及第一》(布德)。编者说:"这是一篇伪军反正的描写。从这里面,可以知道伪军是怎样受着敌人的压迫,和他们怎样在向往着祖国。同时更启示给我们,必须加紧前方政治工作,才能争取伪军的反正;能争取伪军的反正,才可以粉碎敌人'以华制华'的迷梦。""布德自去年在本刊上发表了《第三百零三个》以后,他的作品已引起读者们的注意。他很年青,有热情,有骨气,但还需要大多数文艺界前进指导他,鼓励他,使他在祖国的抗战烽火中长成!"

10月

2日　四版《战线》(第382号)为"通俗诗歌特辑"。编者说:"我们很注意'文艺通俗化'这一问题。我们曾为文提倡,也曾刊布过一些文章,但未免太少了。尤其是在几个专门刊载通俗文艺刊物不能普遍地散布到前方和后方的今日,需要我们担当起这个任务。所以本刊预备今后每月至少有一两次关于这类文章的特辑,盼各方好友赐稿。"本期刊"民众读物"《讨汪》(老向)、《抗战歌谣(一)》(李健章)、《抗战歌谣(二)》(罗四维)。

11月

19日　四版《战线》(第420号),刊《太岳山仍在欢笑着——反"扫荡"报告之一》(沙寨)等。

20日　四版《战线》(第421号)为"通俗文艺专辑"(第二号),刊通俗唱词《冯则勇》(文俊)、《黄河颂——〈黄河〉大合唱中的第二支歌》(光未然)、豫西山调《牧羊曲》(谢润声)、《打东洋》(提菩)。

12月

26日　四版《战线》(第448号),刊编辑《致语》:"我们邀请了几位对于文艺部门有兴趣的作家,给我们写了几篇概括性的检讨文章,有的是专家,有的虽非专家,而对于他负责写的部门确有相当研究与贡献的。我们更可以负责告诉读者的,是他们的态度异常公正、客观。从今天起,将陆续把它们刊出来!"本期刊"检讨过去批评文之一"《战斗中文艺创作的里程——写给战斗中的作家们》(魏东明)。[按:该文27日续完。以后几期《战线》陆续刊登的"检讨过去批评文"有:《再论现阶段通俗文艺的缺陷及其克服》(向林冰)(449—451号)、《抗战第二期的诗过程》(王冰洋)(453—455号)、《论现阶段的木刻与漫画》(陈烟桥)(456—458号)、《抗战戏剧发展的检讨》(马彦祥)(461—463

号)、《检讨过去一年间的抗战电影》(潘子农)(464—465号)]

1940年(民国二十九年)

1月

3日 四版《战线》(第452号),编辑陈纪滢在《迎春——并答读者作者》中说:"今天是本刊本年第一次和读者见面的一天,我愿把过去一年来在编辑职务上所感觉到的一些事供画出来,作为向读者的新春贺礼,并作为对读者和热心帮忙撰稿的作家们一个总答复。"

29日 四版《战线》(第469号)。本期刊《新诗漫谈简纪》(记录者),介绍本刊召开座谈会的情况。出席座谈会的有力扬、丘琴、臧云远、方殷、高兰、戈茅、王亚平、老舍、光未然、常任侠、沙雁、陈纪滢。陈纪滢主持座谈会,他说,今天乘欢迎从各地来战时首都写诗歌的王亚平、光未然、高兰三位先生的机会,愿请教一些关于新诗创造上的意见。会上,大家就诗歌的语汇、形式、音韵、诗歌发展的前途等问题,广泛发表了意见。

3月

8日 四版《"三八"纪念特刊》(重庆市各界妇女"三八"纪念大会筹备会编),刊《纪念"三八"对妇女文化工作的展望》(兹九)、《男女职业教育机会均等》(诸问鹃)、《纪念"三八"要保护母性》(向平)。

10日 四版《重庆市露天歌咏大会特刊》(重庆市普及民众歌咏运动委员会主编),刊《战时推行普及民众歌咏运动的特殊意义》(谷正纲)、《民众歌咏运动之开展》(洪兰友)。

28日 四版《战线》(第512号),刊《新文艺和旧形式》(周扬)。(按:载于3月28—30日)

6月

9日 四版《战线》(第569号),为"屈原纪念特刊"。《发刊小言》:"在今天纪念屈原,绝不是厚古",而是"要注重屈原的伟大不屈的人格"。此特刊连续出三天(6月9日至11日),占三期(第569—571号)《战线》篇幅。刊登的文章主要有《关于屈原》(郭沫若)、《哀屈原》(诗)(方殷)、《纪念大诗人屈原》(陈纪滢)、《纪念屈原先生》(关吉罡)、《诗的灯塔》(臧云远)。

7月

7日 为纪念抗战三周年,本日增加半张。第五、六两版出《七七纪念特刊》,刊登《迎接胜利的第四年》(于右任)、《三年来的文艺运动》(老舍)、《中韩合作之我见》(金九)、《抗战三年》(颜惠庆)、《抗战三年来之金融是不是有助于物资转移?》(谷春帆)、《和他再拼三年》(范旭东)等文及杨云史的手书题赠《大公报》七七特刊《满江红》。

11月

21日 四版为《重庆陪都第一届防空节纪念特刊》,刊登《中国防空事业的昨今明》(刘峙)及白崇禧、程潜题词。

1941年(民国三十年)

1月

13日 五版《中国红十字周特刊》(中国红十字总会编印),刊《国民对于红十字会应有之认识》(金宝善)、《抗战建国必胜必成之保证》(谷正纲)、《红十字周献词》(洪兰友)、《为什么要举办红十字周》(王正廷)、《红十字周的希望》(杜镛)、《中国红十字会战时工作的各方面》(刘鸿生)、《抗战以来中国红十字会的工作及举行红十字周的意义》(许世英)、《今后红会事业之展望》(潘小萼)以及孔祥熙题词"疴瘝在抱"、许世英题词"善与人同"、吴国桢题词"疴瘝在抱,任勇兼赅"等。

3月

6日 四版《战时公债劝募运动特刊》,刊登《国民认购公债的意义》(翁文灏)、《自动捐献与购买公债》(王家桢)以及《劝募运动特刊题词》(喜饶嘉措)、《马相伯先生生前致友人书》等。自即日起,第三版辟"读者投书"栏,不定期。该栏刊文,多反映一些社会问题,主要是日常生活问题。如《望医院勿苛待病人》(3月31日)、《贫苦市民请领平价米,保长巡长竟违法勒索》(4月19日)、《关于改善公务员生活》(4月23日)、《应该救济小学教员》(5月6日)、《关于面粉统制》(6月11日)、《为大学毕业女同学呼吁》(6月26日)、《请救济流浪儿》(8月4日)等。

4月

4日 六版《中国滑翔总会成立大会特刊》,刊登《国防教育之心理建设》

（陈立夫）、《祝滑翔运动》（张治中）、《介绍滑翔运动》（周至柔）、《飘翔与上升气流》（韦鼎烈）、《推动滑翔的意义》（李大经）、《滑翔运动与体育》（郝更生）。（按：中国滑翔总会1941年4月4日在重庆成立，蒋介石任会长，陈立夫、张治中、周至柔任副会长）

5月

1日　四版《"五一"纪念特刊》，刊登《抗战建国与中国工人》（朱学范）、《现阶段工人运动的任务和使命》（王家树）。

4日　六版《五四纪念特刊》（陪都各界纪念五四筹备委员会编辑），刊登《从五四到七七》（陈立夫）、《五四运动的价值》（谭平山）、《五四运动的新检讨》（陈庆瑜）、《我替青年上陈情表》（陶百川）。

9月

5日　六版《滑翔园地》（中国滑翔出版社编）创刊。编者在《我们的号角》中阐明了创刊宗旨，在于向民众介绍滑翔知识，开展滑翔运动。该刊1944年4月26日出至第55期后无疾而终。

三、新记后期(1941年10月—1949年6月)

(一) 报业发展与报刊理念

1941年(民国三十年)

10月

7日　董监事联合办事处制定《职员薪给规则》,分别为月薪、特别费、年终酬劳、生活津贴、年资薪等五类,各类分若干等级。月薪从50元至1 000元不等;年资薪依月薪额,按服务1—30年,加发6%—30%。

12月

13日　日本侵占九龙。《大公报》港版发表《暂别香港读者》社评,宣布停刊。港馆撤离。

1942年(民国三十一年)

1月

渝版销数达43 760份。

7日　胡政之率赵恩源等5人冒险离港入桂。

29日　渝版二版"社评"《回溯港九之役》,奉检免登。"社评"位置仅登出标题,正文处开天窗。

"专电"《港九陷敌之前后》:本报胡总经理目击纪,敌残暴以逞,地方骚然。

2月

19日　渝版三版《本报港版停刊经过》:"香港于十二月二十五日全部沦

陷，敌军的报道部和'兴亚'机关以及汉奸组织的'共荣会'便着手诱胁各报复刊，除《南华》《天演》《自由》三汉奸报不计外，《华侨》《华字》《循环》《星岛》等均先后复刊；那时，我们知道难关已来临，便赶速办理结束，使全体职工能早日冲出魔窟。正在这时候，魔手已向我们伸展了！最初，是由'共荣会'出面，给我们一个'警告'，要我们赶快自动复刊，否则将以'敌性'看待；后来，看到我们置之不理，便由'报道部'直接派人暗中监视我们经理、编辑两部的负责人；一面向我们诱惑，说《大公报》如复刊，不仅财产可全部发还，而且报道部可以借给全部纸张及经济，除必须赞成'大亚洲主义'一点外，可以尊重言论之自由。一面则严词威胁，说他们知道《大公报》是最抗日的报纸，这次他们'不咎既往'，特别给《大公报》一个最后的'机会'，如对此'好意'再不接受，便不能再'宽纵'。我们在此高压下，始终不答复；幸而我们的同人散居各处，在此期内，先后冒险离港；最后，被暗中监视的经理和编辑主任二人，也在一个死一般静寂的清晨，化装了工人，杂在难民群中，逃出罗网。现在，我们都已平安回抵祖国，分别加入渝桂两馆工作了。"

桂馆人员增加，人事作调整：金诚夫为经理，王文彬仍为副经理；徐铸成为总编辑，蒋荫恩借调燕大任新闻系主任。随后，马廷栋任编辑副主任。

4月

1日 桂版《大公晚报》创刊。

5月

31日 渝版销数突破5万份。

8月

20日 胡政之十九日由渝飞兰州，定日内赴陕，主持张季鸾先生公葬典礼。

9月

6日 二版"消息"《季鸾先生今日公祭》："本报故总编辑张季鸾先生公祭典礼，定于今日下午一时在西安城南竹林寺墓地举行。本报总经理胡政之先生业已抵达西安，主持一切。本报全体职工定于今天下午二时在李子坝本馆举行社祭,以申哀思。"

"社评"《献告——季鸾先生公葬典礼》:"本报故总编辑张季鸾先生,去年九月六日逝世于陪都,噩耗传布,哀思遍于全国,经全国新闻界暨陕西省各界发起公葬,今天是先生逝世的周年忌,公葬典礼即于今天在西京隆重举行。……本报渝桂暨各地同人,因工作羁牵,不克一一参加,遥望秦云,哀思曷极,谨述数言,以献告于今天在西京举行的葬礼。"

7日 二版"中央社电"《季鸾先生昨日公葬》:蒋委员长亲颁祭文,西安公祭与祭者三千人。中华民国军事委员会委员长蒋中正于五日下午五时亲临祭堂祭奠。祭文云:"呜呼,挺生俊义,邦国之英。宜寿以朝,蔚为大成。天胡弗恤,竟夺以殇。我思贤良,雪涕如绠。繄维张子,物望推崇。志行忠亮,器识宏通。学究中西,操绳护矩。发为文章,远惊寰宇。淋漓大笔,气挟雷霆。慴彼豺虎,师导蒸民。忽为怛化,海内同惜。郁郁樊川,佳城是宅。吁嗟万方,风起云扬。威弧方弦,正义必张。魂兮归来,渺然何极。茹泪尽词,敬酹坛席。"

同日,渝馆举行社祭:本报特于今日下午二时在李子坝本馆季鸾堂举行社祭,到场职工二百余人,由本报曹经理主祭,王总编辑、李董事随祭,仪式简单肃穆。

8日 二版"中央社电"《季鸾先生之哀荣》:西京南郊公葬礼成,灵车所经民众夹道迎祭,墓前观礼者数逾十万人。并刊《全国新闻界祭文》《公葬筹委会祭文》。

16日 二版"社评"《对敌宣传周》:"中宣部举办对敌广播宣传周,用以纪念'九一八',此事富有意义。"用以往事例说明,用列举数据,摆出事实的方式,是可以做好宣传的。但是,"现在一般人都对'宣传'二字印象欠佳,好像宣传就是撒谎。因此,宣传的第一个原则,应叫人不觉得其为宣传,而且所宣传的必须是事实。在我们的立场上,也可以说,暴露事实已经就是最好的宣传。把日本军阀丑恶的罪戾,暴露给日本人民,就是我们对敌宣传的目的。"

25日 二版"西安通信"《季鸾先生安葬之时,领袖在陕两度临祭》:"本报故总编辑张季鸾先生公葬典礼,于本月六日在西安南郊竹林寺举行,素车白马,极尽哀荣。蒋委员长时正巡视西北,于季鸾先生公葬前二日移节西安,五日下午五时轻车减从,莅停灵之兴善寺赐奠。本报总经理胡政之先生偕张凤翙、彭昭贤诸先生及公葬筹委会委员在兴善寺迎候。蒋委员长政躬康健,缓步入后殿,频向恭迎之人颔首答礼。入祭堂后,哀乐声中,祭礼开始,公葬筹委会全体人员陪祭。蒋委员长亲手三献祭品,由张佛千先生读祭文(原文已载本报),蒋委员长向季鸾先生灵台赐礼,陪祭者随同三鞠躬,默哀三分钟,复奏哀乐,礼成后,蒋委员长进至灵前,手揭灵帏,瞻视遗榇;旋就东厢小坐,挽季鸾先生哲嗣士基于膝前,抚摩询问,嘱以好好读书,并对张夫人备加安慰,于居处生活一一问及。小坐约二十分钟返回行辕。行时语政之先生,谓明日有事,不来送殡,日内当往墓地一祭云。十三日下午三时许,蒋委员长偕胡主任宗南莅竹林寺赐祭,礼后俯首哀念,并在墓园徘徊良久,而翌日蒋委员长即行返渝。(十五日寄)"

11月

22日 二版"社评"《向英议会访华团介绍我们自己》,首先说:"有人把《大公报》比做伦敦《泰晤士报》,我们愧不敢当;若使我们勉强与英国同业相较,则《大公报》在精神上颇有几分像《曼彻斯特卫报》,是一个代表进步自由主义的报纸。《大公报》创办于一九〇二年,迄今整整四十年。这四十年,是关系中国国运最重大的时期,《大公报》则勉强挣扎,以尽其时代的任务。"其次说:"《大公报》的地位是独立的。我们股本很小,向不接受投资,因为怕股东干预言论。……我们对任何人任何事都能批评,举一例说,我们全国信任的蒋委员长,假若他有重大过失,我们不但没有替他辩护的义务,并且要加以严正的批评,一如英国报可以批评邱吉尔首相、美国报可以批评罗斯福总统一样。"最后说:"《大公报》对国家对世界都负有言责,斥敌诛奸,扶持人心,督促内政进步,固结盟邦友谊,战时如何争取共同胜利,战后如何建设和平秩序,都是我们所萦心的问题,也都是我们所建言的对象。"(按:英国议会访华团11月22日晚上参观《大公报》渝馆,渝版故特发该社评)

1943年(民国三十二年)

2月

1日 二版《豫灾实录》(本报战地通信员高峰,元月十七日于豫西叶县),该通讯不仅披露河南灾情严重,民不聊生,而且批评地方当局不顾人民死活,加重课税。

2日 二版"社评"《看重庆,念中原!》。这篇社评是根据张高峰的通讯写成,在社会上引起强烈反响,触怒当局。军委会即刻下令《大公报》停刊三天(2

月3—5日)。通讯《豫灾实录》作者张高峰亦被国民党豫西警司逮捕。

6日　二版《三日大事记》。(按:因罚停刊,3—5日渝版无报,6日复刊,补登被罚停刊三天的要闻)

7日　桂版发表《本报重要声明》,拒绝国民政府信贷。

4月

4日　渝版发行数突破6万份。报社为此举行庆祝会,欢宴员工。

5月

12日　渝馆篮球队在中国新闻学会于陪都举办的第一届新闻从业人员篮球比赛中,取得九战九胜的好成绩。

20日　报社同人读物《大公园地》在重庆复刊,改为32开本,半月刊,每期至少16页,注明"不供社外人阅读"。第一期有曹谷冰写的《发刊词》,主要内容为记载报社情况及同人动态。出至1944年8月20日第15期停刊。

6月

13日　胡政之对桂馆编辑部同人讲话,主要讲"新闻事业努力的途径":"首先,我们应该了解报纸的前进性。报纸因为是直接反映社会的,所以成功的报纸必须是领导社会前进。求其次,亦必须随同社会前进,否则这张报纸必遭淘汰。办报与开铺子不同,不能靠老牌子的原因即在于此。"报纸要前进,作为新闻记者更需要"不断进步,无论在学业上以及事业上"。"做一个新闻记者,必须认识并实践下列几个基本的原则:第一,无我的精神。……我们《大公报》一向的传统精神,就是:只求事业往前进,而绝不容许把个人放在事业的前面。例如张先生的一生,辛辛勤勤就是把生命完全灌注在事业中,而绝未计及个人。但是张先生并非一生湮没无闻,终且遐迩知名。所以,一个有志的新闻记者,应该在张先生身上,得到成功的秘诀。有些记者把办报当作升官发财的桥梁,但我敢说,他们财也许可以发,官也许可以做,但绝不能成为一个成功的新闻记者。……第二,要注意健康。……第三,爱管闲事的态度。"最后,胡政之说:"我希望大家重视自己的职业,重视自己。须知新闻事业最能训练头脑,一个新闻记者不但具有丰富的人生经验,而且具有敏锐的观察力、判断力。新闻记者多闻广知之外,且能道出一件事物的所以然,又善于应付环境,因此一个新闻记者的能力，远过于任何一种人。外国的名政治家多出身于记者，不无理由。"（按：见王瑾、胡玫编：《胡政之文集（下）》，第 1074—1077 页）

9 月

5 日　在张季鸾逝世两周年时，胡政之在《大公园地》上发表《回首一十七年》："《大公报》于前清光绪二十八年即西历一九〇二年在天津创刊，至民国十五年一月一日停刊（按：此处有误。王记《大公报》停刊时间为 1925 年 11 月 27 日，即民国十四年十一月二十七日），随由新记公司盘收，完全改组，于（次年）九月一日复刊，以迄于今，所以我们把这一天定为社庆日，纪念复刊。""最初创办《大公报》者系满族英敛之（华）先生……辛亥革命以后，英先生病了，报馆营业也就日渐退步。民国六年（按：此处有误。王郅隆接办时间为 1916 年 9 月，即民国五年）乃由旧股东王祝三先生全部接收，聘请我任经理兼总编辑，力加整顿，浸复旧观。张勋复辟之役，本报言论纪事，翕合人心，销路大涨，一时有辛亥年上海《民立报》之目。民国八年欧洲停战，我代表本报赴法国参加和平会议，留欧两年，报馆无得力的人负责，营业复坏。民国十年我回国返社（按：此处有误。胡政之从欧洲回国返社时间是 1920 年 6 月，即民国九年，非民国十年），正在准备整顿社务，而直皖战争爆发，北方从此多事，我遂辞职，到上海创办国闻通信社，本报内容，因以益更退化，卒于十四年底停办。民国十五年夏，我因事旅行天津，张季鸾先生适亦在焉。我住日租界熙来饭店，张先生住息游别墅，相去不远，每日过从，必自《大公报》馆经过，张先生辄劝我收回老巢，恢复旧业。后来商之于吴达诠先生，表示赞成，愿任筹款之责。吴先生与我们都是老朋友，我与张先生更为多年的文章道义之交，大家志同道合，在上海即有共同办报之约，因为资金需要太多，营业没有把握，遂未敢办。此际张先生既赋闲，吴先生常住津，我则北平国闻社业务相当发达，吾家亦在平，尽可兼顾天津，遂决定收买《大公报》，由我出面与旧股东接洽，一面邀约旧同事王佩之先生再作冯妇，召集原有职员工友，分任筹备，三个月间，诸事就绪，十七年前之九月一日，华北唯一的老牌报纸卒以崭新姿态，与世相见。先是吾等三人决议之初，约定五事：（一）资金由吴先生一人筹措，不向任何方面募款。（二）我等三人专心办报，在三年之内大家都不担任任何有俸给的公职。（三）我和张先生以劳力入股，每届年终，须由报馆送与相当股额之股票。（四）吴先生任社长，我任经理兼副总编辑，张先生任总编辑兼副经理。（五）由三人共组社评委员会,研究时事问题,商榷意见,决定主张,文字虽分任撰述,而张先生则负整理修正之责,意见有不同时,以多数决之,三人各各不同时从张先生。这也差不多是我们创业时的宪法。……""本报复刊之时,正是国民革命军发动北伐的时期。我们办报十多年,奔走南北,痛心于军阀政治与内战痛苦,此时当然希望革命成功统一实现,改造国家,于是便利用文字,唤起民众对革命的同情……我们三人都是为办报而办报,为国家民族利益说话,绝对没有私心和成见,更从来不以报来沽名谋利,所以纵然有人一时误会,久之自能冰释。还有一点,张先生能说善辩,长于肆应,他对人一本真诚,从不机诈,任何人见了他都要发生深挚的友谊,报馆之所以能在极端混乱的时局中安然度过者,张先生的交际天才和崇高人格掩护的力量,也不在小……""民国十五年九月一日的发刊辞,标出不私、不党、不卖、不盲四点,乃是张先生的手笔而为吴先生与我所赞同者,归纳起来,即是不私、不盲而已。不私固难,不盲也着实不易,我们自来论人论事,都力求深刻切实,决不随俗唯否,纵因此干冒危险,受人攻击,亦所不辞……"

6日　张季鸾逝世两周年的纪念,渝馆同人下午二时举行公祭,胡政之主祭,并宣布了董事会新近制定的《本社同人公约》五条。《公约》第一条为"本社以不私不盲四字为社训";第三条是"本社职员不得兼任社外有给职务,并不得经营抵触本社利益或影响社誉之业务";第四条规定"本社以每年九月一日为社庆日"。

20日　胡政之在《大公园地》第8期上发表署名文章《本社"社训"和"同人公约"要义》,对"社训""公约"作逐条说明:"我们的社训,只有简单的四个字,就是'不私不盲'。记得民国十五年九月一日本报的第一篇社评里面,我们就曾经说明本报的基本立场,提出'不党、不私、不卖、不盲'八个字。而现在我们的社训'不私、不盲',就是将以上八个字归纳起来说的。'不党'可以归纳入'不私','不卖'可以归纳入'不盲'。这'不私、不盲'四个字,一方面是本报的最高言论方针,另一方面,也可以说是本社同人对人对事的指导原则。"并讲一步说:"'私'的反面就是'公',所谓'不私',就是'至公'。我们一切言论行为,无论是团体的,或是个人的,都应以'公'为第一要义。……所谓'不盲',就是说,不但报馆整个的言论行动应从独立主张出发,即全体同人中的一切个人言论行动,亦应如此。"

胡政之选任国民参政员,递补张季鸾的遗缺。

10月

1日 二版"社评"《今后的中国新闻界》说:"中国新闻学会第二届年会,定今天在重庆举行,我们愿乘此机会,一谈今后的中国新闻界,为同业勉,更以自勉。"

20日 《大公园地》编者按:《大公报》渝馆编辑部在季鸾堂开会,王总编以次编辑部主体同人出席,曹经理(谷冰)、李总书记(子宽)亦出席。胡总经理致词对今年编辑工作有重要指示,其词有两段如下:"中国素来做报的方法有两种,一种是商业性的,与政治没有联系,且以不问政治为标榜,专从生意经上打算;另一种是政治性的,自然与政治有了关系,为某党某派做宣传工作。但是办报的人并不将报纸本身当作一种事业,等到宣传的目的达到了以后,报纸也就跟着衰歇了。但自从我们接办了《大公报》以后,替中国报界辟了一条新路径。我们的报纸与政治有联系,尤其是抗战一起,我们的报纸和国家的命运几乎联在一块,报纸和政治的密切关系,可谓达到了极点。但同时我们仍把报纸当做营业做,并没有和实际政治发生分外的联系。我们的最高目的是要使报纸有政治意识而不参加实际政治,要当营业做而不单是大家混饭吃就算了事。这样努力一二十年以后,使报纸真能代表国民说话。现在我们还没有充分做到这种代表国民说话的资格。但只要同人努力,这个目的总会达到的。……我已是五十多岁了,身体又坏,大可以停业不干。但是要前途有希望,也仍靠全体同人的努力。我们的报纸能有今天,不全赖吴先生、张先生和我的力量,即排字房的小徒弟,也有他的一份贡献在内。""我以往因为在香港做报,以后桂林馆新创,又在那儿主持,在渝的时间极少,和同人见面的机会不多。……今天还愿在这儿将编辑部各部门事情谈一谈。"(按:见王瑾、胡玫编:《胡政之文集(下)》,第1079—1083页)

11月

10日 胡政之以参政员身份参加国民政府组织的访英团。

16日 新闻学会与报联举行茶会欢送胡政之赴英,萧同兹致欢送词。

12月

胡政之在英国期间,找到在英国学习的萧乾,劝他放弃做学者的想法,到欧洲战场当记者。萧应允,后成为在西欧战场上采访的唯一中国记者。

1944年(民国三十三年)

1月

2日　《大公报》馆成立"同人福利委员会",通过会章14条,选举委员11人,候补委员3人。委员会下设书记室及进修、俱乐、服务三部。

6日　二版"中央社伦敦4日电":英国新闻学会举行会议,欢迎中国访英团成员、《大公报》总经理胡霖。胡霖向英国新闻学会转交了中国新闻学会会长萧同兹签署的向英国报界的致意函,并发表讲话,希望中英报界密切合作。

10日　"同人福利委员会"开办职员业余进修班,举行开学典礼,参加者30人。

2月

6日　二版刊登《访英归简——本报胡总经理致本报同人函》:"×××诸兄同鉴:弟到英以来,生活奇忙,直无片刻之暇;而环境变化太大,如入宝山,迷惘无措。……英人对我确甚敬重,个人感觉,视二十四年(一九二○)前第一次游英,实如隔世。此皆托庇于领袖外交指针之正确,与军民牺牲之巨重,有以提高国格,加强地位所致。……而本报在国际上声誉之高,复出意外。如何配合国策,善尽言责,窃以为亟须与同人详商,因此决计变更原计,缩短旅程,由英至美,仅拟勾留一月,即作归计。坎拿大情报部曾派人邀弟赴坎一行,其意甚殷,未忍遽绝,拟到美后如可抽出三五日空闲,决作渥太华之行,必于将来工作有所裨益。……弟霖顿首,一月七日于伦敦。"(按:胡政之一行于1943年12月3日抵达伦敦,1944年2月上旬结束访英,转到美国访问)

3月

5日　二版"中央社合众电":本报总经理胡霖谒美总统,谈对华供应问题,史汀生称空运量日增。中国《大公报》总经理胡霖出席白宫记者招待会后,曾与罗斯福总统会谈。(按:胡政之在美活动约一月。曾赴美各地旅行24天。在纽约期间,曾访问《纽约时报》、《每日新闻》、合众社,以及《时代》《生活》《幸福》三家杂志发行人鲁斯、赛珍珠,并被邀请出席纽约外籍记者协会,发表演说;在华盛顿除与著名新闻记者晤谈外,还曾拜谒美国总统,并于3月4日参加

白宫记者协会第二十届年会晚宴。胡政之结束在美国的访问后,从纽约乘飞机往访加拿大)

28日 二版"中央社讯":访英团员全部回国,王世杰、胡霖抵渝。(按:胡政之访英游美,并在渥太华作短暂访问后于1944年3月27日与王世杰一道返抵重庆)

4月

10日 中国新闻学会下午在新落成的会所举行茶会,欢迎胡霖访英游美归来,参加会员70余人。

14日 三版"通讯"《十万里天外归来——访英游美心影记(一)》(政之)。前言:"记者于去年十一月奉最高国防委员会之命,参加访英团。是月十八启行,经过印度、埃及、葡萄牙各地,于十二月三日到达伦敦。勾留两月,于本年二月三日转往美国一游,小住三周有余,取道加拿大返国,于三月二十七日抵渝。此行共四阅月零十日。行时适值久病初愈,亲友多以余之健康为虑,幸沿途平安无恙。在英美加三国交际之忙,过非国内可比;余亦甚有戒心,尽可能少作文字工作。故在英期间,仅为本报发出四次专电,公私通信,几皆断绝。如此集中精神体力,应付新环境,得免陨沉,私衷称幸。兹回渝已逾旬日,远近知交,多以远游心得见询。忆亡友张季鸾先生恒言:吾辈老记者不能放弃笔杆,否则老记者不记则适成其为'老者'而已!余不甘遽以'老者'终,故仍不能无记。惟此次旅行,时间甚短而见闻殊多,当时既无纪录,事后追忆,难免误漏,希读者谅之!"内容:(一)艰险的旅程;(二)珍贵的友谊;(三)不磨的印象;(四)宝贵的教训;(五)英国政治的前途;(六)英国的经济动向;(七)英国的战时社会;(八)美国与加拿大。(按:载于4月14—16日、18—20日、22日)

5月

31日 二版"社评"《尊重舆论与改善检查》:"这次十二中全会,不少重要决议,与我们报界最有关系的,厥惟尊重舆论的表示。十二中全会的宣言,共标揭五点,以昭告全国军民,其第五项就是'厉行法治,保障民权,尊重舆论,宣达民隐,以慰国民之愿望'。这一点,对于全国舆论界是一个大鼓励,对今后的国家政治也表露一种新的倾向,我们真是又喜慰,又兴奋。……关于尊重舆论一点,我们愿特赘数言。"

6月

1日　渝版增出"国外版",只登新闻,不登广告,航运国外发行。年余后停版。

24日　吴鼎昌在重庆《大公报》社讲话:"我们办这张报是毫无目标的,如果有目标的话,那就是'为新闻而新闻',要真正作人民的耳目喉舌。我们并不为了某种利益而办报,更不为了某一个派系而办报,也绝不为某一个个人而办报,我们是为了人民全体的利益而办报。"(按:见王芸生、曹谷冰:《一九二六——一九四九年的旧大公报》,《新闻业务》1962年第9期,第43页)

25日　《大公报》驻英办事处成立,地址在伦敦舰队街40号至43号,由特派员萧乾主持。"萧君前任本报文艺编辑,民国二十九年膺伦敦东方学院之聘,由港去英教授汉文,时为本报写寄通信。本报港馆停版后,乃入剑桥大学,专心研究英国文学两年,现结束其读书生活,专任本报驻英特派员。"(按:见本报当年7月8日二版"本报伦敦电"《本报驻英办事处上月下旬在伦敦成立》)

27日　日军侵桂,桂版《大公晚报》停刊,并决定疏散一部分物资及员工。

7月

31日　根据桂林当局"疏散人口"的命令,桂馆遣散职员22人、工人133人,派往渝馆职工20余人。报馆仅留四五十人坚持工作。

9月

1日　二版"社评"《祝记者节》。

渝版《大公晚报》创刊,徐铸成任主编,日出半张两版,徐盈等人负责编务。

渝版日报销行达九万一千五百余份,晚报三万二千余份,又创重庆报业史上空前之纪录。

渝馆增出《大公报双周刊》,空运纽约发行。1945年5月停刊。

12日　《大公报》桂版停刊。

14日　桂馆最后一批人员撤出桂林,分批转移到重庆。胡政之举家移至离渝馆不远的红岩村。

29日　二版"社评"《赞成新闻自由》:"新闻自由已是世界趋势的必然,一切捏造事实与歪曲事实的新闻政策都应被淘汰;在民主大家庭中,国际和平、经济合作与新闻自由是三位一体。我们赞成美国方面新闻自由的运动;在国内,我们正逐步走向新闻自由,深信完全的自由将随抗战的胜利而实现,并企望国际间的新闻自由早日确定,将与民主的胜利而同放光辉!"

12月

渝馆出版《季鸾文存》(上下册),以纪念张季鸾逝世三周年。胡政之编辑并作序:"此刻得见《季鸾文存》印成,在我实了却一大心愿。……季鸾是一位新闻记者,中国的新闻事业尚在文人论政的阶段,季鸾就是一个文人论政的典型。他始终是一个热情横溢的新闻记者,他一生的文章议论,就是这一段时代的活历史。读者今日重读其文,将处处接触到他的人格与热情,也必将时时体认到这一时代的历史。"

1945年(民国三十四年)

1月

3日 二版"社评"《博采舆论的新作风》:"在蒋主席元旦致词的三点指示中,我们特别重视关于博采舆论的指示。因为这不仅与我们报人的职业有关,而也的确关系政治隆污及国家兴亡。""说到新闻检查,根据蒋主席这一指示,新检条例应该大加修正。假使新闻检查制度还继续存在,则根据蒋主席这博采舆论指示,应该是——除了军机及外交机密之外,一概无须检查。假使舆论有揭露缺点、指责过失之处,新检人员若予检扣删改,那便是违背蒋主席的指示,不忠于职务。""蒋主席指示政府百官要博采舆论,这是言论自由的一面,与此相配合,还需要政治公开。政治一切公开了……一切摆在光天化日之下,十目所视,十手所指,任大家公开批评,公开检讨,无善不彰,无恶不显,则政治哪得不修明?国家哪得不进步?"

13日 三版"专载"《我还想做新闻记者——昨为中国新闻学会学术讲演会讲》(于右任):"《民立报》创刊词中有两句话:'有独立之言论,然后有独立之国家,有独立的国家,然后有独立之国民。'……无自由不能独立,不独立亦不能自由。国家有自由,言论方有自由,言论有自由,人民方有自由。……五年前,重庆各报联合版,是中国新闻史上一个光荣记录;七八年来,全国新闻界全体从业员所表现的,真是智仁勇三者无所不包。……有此三者,岂但新闻界之荣,亦国家精神上最珍贵之收获。"

22日 一版"广告"《大公报小丛书》第一辑出版(杨历樵负责编辑):"这一次世界大战,从历史的眼光观察,实具有革命的意义。目前西方的政治学者对这次战后和平问题,正殚精研究,而英美苏三国的合作,对于战后和平,尤其是一个重大关键。本书《伦敦,华盛顿,莫斯科——和平的伙伴》系由本报同人汇集英国拉斯基教授、葛里格爵士及美记者费希尔三氏最近著作,编译而成,足瞻今后世界大局发展的新趋势。"

2月

10日 一版"广告"《大公报小丛书》第二辑出版:"罗邱史三巨头正会谈中,他们对于战后和平机构之建立将有重要决定,本书《国际和平机构如何建立?》系译辑牛津和平座谈会论丛,议论精当,文笔简洁,允为关心世界问题者不可不读之书。"

3月

1日 一版"广告"《大公报小丛书》第三辑《中印公路是怎样打通的?》出版:"中印公路(即史迪威公路)已经通车了。这是我国驻印军远征军分由缅北滇西蛮荒山地打出来的一条对外陆路交通线,中美英三国协力创造的伟大成果。此次战役,堪为我国胜利反攻的开始,至足珍视。本书系搜集滇缅战场最生动最翔实之记录,加以有系统之整理而成,读之可对此历史上最艰苦之战争获得深刻之认识,同时对劳苦功高之国军将士必益增钦佩。"

27日 一版"广告"《大公报小丛书》第四辑《台湾经济生活》出版。本书作者系太平洋学会助理研究员,他根据日本官方统计,以科学方法将台湾经济情形详尽分析,从多方面描述日寇榨取台湾的狡狯手段及台湾同胞在敌人魔掌下所过的黑暗生活,洵为近年外国专家研讨台湾问题之权威著作。近月太平洋战事迅速发展,无论美军何时在台湾登陆或是否登陆,台湾之重入我国版图,要已为期不远,而本书遂为关心台湾问题者所不可不读。[按:《大公报小丛书》共出版12辑。之后几辑为:第五辑《如何处置德国》,4月9日出版;第六辑《旅美观感》,4月29日出版;第七辑《太平洋战线》(上卷),5月25日出版;第八辑《旧金山会议实录》(上卷),6月9日出版;第九辑《太平洋战线》(下卷),7月8日出版;第十辑《旧金山会议实录》(下卷),7月27日出版;第十一辑《法兰

西第四共和国的诞生》,8月17日出版;第十二辑《胜利与复兴》,9月15日出版〕

二版头条《旧金山会议我国代表团发表》:《大公报》总经理胡政之以参政员身份为代表团成员。

30日　二版"社评"《欢迎新闻自由》:"记者执笔写此文时,心情非常兴奋。因为美国同业三代表福勒斯特、麦吉尔、亚更曼三位先生到了重庆。他们三位是为了新闻自由运动访问各联合国家的首都。他们已访问过欧非两洲,现在到了亚洲的中国战时首都。我们以中国同业的资格欢迎他们三位,是欢迎新闻自由的传教士,也就是欢迎新闻自由!"

4月

3日　二版"社评"《送别新闻自由的使者》说:"新闻记者的职务比历史家的更实际,更庄严,也更有意义。新闻记者怎样执行这种实际、庄严而有意义的职务呢?我们以为只有'真'与'勇'两个字。真实的记出你所见到的事,勇敢说出你心里的话,可以无愧为一个新闻记者了。敢说,敢做,敢担当,是自由人的风度;敢记,敢言,敢负责,是自由报人的作风。新闻自由应该如此求,也应该如此用。我们不仅要求权利,也要忠实于自己的义务。"(按:美国新闻界三代表3月28日到重庆,逗留6日,4月3日离开。在渝期间,麦吉尔、亚更曼曾访问过《大公报》渝馆。2日夜,麦吉尔又一次到《大公报》渝馆。《大公报》趁机大做新闻自由的文章。3日二版"消息"《美报代表濒行告别,赞我拥护新闻自由》)

5日　一版"启事"《本报紧缩发行启事》:"近年物价不断上涨,本报业务经营,久感困难。入春以来,产地纸价较之去冬腾涨二倍以上,水路运费亦复称是,而油墨器材等等,价格近亦日见腾贵。周转资金,本苦竭蹶,值此环境,更费张罗。迫不得已,决自即日起紧缩发行,以期直接减少纸墨器材之用量,间接压抑周转资金之需要,特规定……敬特披沥事实,至乞读者鉴谅。此启。"

当日,胡政之作为中国代表团成员之一,启程赴美国旧金山出席联合国创立大会。见次日二版"中央社讯"《旧金山会议我代表吴贻芳、胡霖昨赴美》。

6月

26日　旧金山会议闭幕。胡政之没有随代表团回国,为购置新印刷机等事滞美。(按：胡政之为战后报馆事业的发展,年初面呈蒋介石一信,请求准购官价外汇20万美元,用以购买新印报机。后经蒋批准。胡政之滞美,向美国华尔德·史考脱厂定购轮转印报机三部,所需美金20.1万余元,只得接受旅美华侨李国钦入股美金5万元。在购置三部印报机之外,又购置了一些通讯器材、卷筒纸及办公用具等)

8月

13日 三版《本报发行一万五千号,员工同人昨开会庆祝,创办人吴达诠莅会致词》："昨日本报发行一万五千号,本报员工同人于下午四时在大礼堂开会纪念,到会二百余人,相互举杯为祝。本报总经理胡政之先生因公滞美,不及参加,创办人吴达诠莅会致词。首由曹经理谷冰致开会词,以本报发行一万五千号,正值抗战胜利,深感欣慰。纪念会后表演简单游艺节目,晚上向美新闻处借影片放映。"

9月

1日 二版"社评"《政府可以先做一件事》："检查新闻,管制言论,本来是反自由的,反民主的,我们不该有此制度。但是,我们竟行之有年,大家能够忍受,以至谅解,因为是限于'战时'二字。现在抗战胜利了,'战时'可以让它过去了。"

5日 《大公报》总编辑王芸生、编辑主任孔昭恺、采访主任王文彬在红岩新村中共中央南方局办事处拜见了来重庆与蒋介石谈判的中共中央主席毛泽东。

6日 二版"本报讯"：毛泽东对本报记者谈,愿团结商谈早获结果,协议国民大会将延缓,主张以政治会议解决国是。

20日 王芸生、孔昭恺和王文彬三人再次来到红岩新村拜会毛泽东。王芸生反复强调并希望中共方面以团结为重,共同建国,不要把国共合作的局面丢掉了。毛泽东听后,点头赞同,反复强调"和为贵"。王芸生等人回馆后,以《大公报》名义发出请柬,在李子坝设宴招待毛泽东为首的中共代表团。数日后,毛泽东、周恩来、王若飞、董必武等人应邀出席《大公报》宴会。席间,王芸生又一次提起所谓"不要另起炉灶"事,毛泽东回答说："不是我们要另起炉灶,而是国民党灶里不许我们造饭。"(按：见王芝琛：《一代报人王芸生》,长江文

艺出版社 2004 年版，第 113—114 页）

30 日　二版"本报讯"《战时新闻检查撤销》：出版品审查办法，禁载标准，书刊审查规则，违检惩罚办法均废止。出版法及影剧检查标准均须修订。

10 月

1 日　二版"中央社讯"：新闻言论开始自由，新检局招待报界报告结束。

"社评"《新闻言论自由之始》："内地的战时新闻出版检查制度，政府宣布于今日起取消了。除收复区尚有短时期的新闻出版检查制度外，在大后方各省从今天起，新闻自由了，言论自由了。……这真是中国新闻界值得大笔特书的一件事。""从今天起新闻言论自由了，要善护这新闻言论自由之苗，使之发扬光大，使之成为国家进步政治民主的动力，政府、报人与读者三方面都有其责。政府既经解除了对新闻言论的束缚，则今后就要表里如一始终尊重新闻言论自由，而不作法外的干涉。报人既已得到新闻言论自由，就要善用慎用此自由，为人群服务，促国家进步。读者也要以一等国民的襟怀，来评判报纸，监督报纸，而不使之走入滥用自由的歧路。"

13 日　二版"社评"《新闻检查取消之后》说："现在新闻检查已经取消了，新闻是否已经自由？老实说：不。……所谓新闻自由，除了取消检查制度之外，至少还包括采访自由，传递自由以及发布自由。这些自由已否实现，还要看新闻垄断制度及歧视制度是否仍然存在。"接着举了访员采访到新闻后拍发电报的检查为例。因此说："新闻自由是一个世界性的运动，其目的在增进人类彼此间的了解与进步，以期消弭战争于无形；而在我们中国，更是促进民主建设的一大助力。在政策上，政府要放宽自由，培植新闻事业，应无疑义；但至少在技术上还得大刀阔斧改善一番。……一切不必要的限制都应当一笔勾销。"

11 月

1 日　《大公报》上海版复刊，馆址在南京路 212 号，经理李子宽，编辑主任徐铸成。复刊号上发表题为《重来上海》的社评。

3 日　胡政之由美国返抵重庆。

12 月

1 日　《大公报》天津版复刊。为筹备复刊事，报社先派徐盈、孔昭恺于 10

月23日到津,办理旧产接收手续;曹谷冰等人于11月24日抵天津。天津版由曹谷冰任经理(后曹调沪,由金诚夫继任)、孔昭恺任编辑主任。馆址在第一区罗斯福路241号。复刊号上发表了社评《重见北方父老》。第二版还发表了题为"由抗战到胜利八年来之本报"的长篇文章,叙述了《大公报》抗战八年的主要经历。

津版复刊前,先行恢复了北平办事处,徐盈为主任,成员有彭子冈、谭文瑞、张高峰。

津版复刊后,渝版经理初为金诚夫,后金调津后由王文彬继任,编辑主任先是李侠文,李侠文调沪后由金慎夫继任,不久金离渝,由顾建平接任。

年底,渝版《大公报》发行数达9.7万份。

1946年(民国三十五年)

1月

10日 政治协商会议在重庆召开,胡政之出席,并在会上发言。

12日 胡政之宣布撤销《大公报》新记公司董监事联合办事处,正式成立《大公报》社总管理处,地址在上海南京路212号,并决定在其美路(按:今四平路)购地16亩,筹建馆舍。

《大公报》新记股份公司第二次增加资本,总额为6亿元法币,分6万股,每股法币1万元。因为当时通货膨胀,物价飞涨,董事会决议"本公司资本应保持实质为美金60万元",即每股折合美元10元。

2月

10日 重庆发生较场口事件,《大公报》记者高学逵受伤。

13日 政协会后,胡政之由渝飞津,并赴平活动。

18日 胡政之应邀在天津市政府纪念周做题为"内外大势"的演讲,演讲稿刊登于次日津版第三版。

3月

胡政之返沪,草拟《〈大公报〉总管理处规程》,并初定人事安排,得到董事会通过。

4月

13日 王芸生率李侠文等人由渝飞沪,主持《大公报》沪馆工作;同一天,编辑主任徐铸成离开《大公报》往《文汇报》,空职由许君远继任。

5月

30日 二版"社评"《论宣传休战》:"我们是中国的现役报人,在过去八年抗战中,我们效忠抗战,斥敌诛奸,虽历尽艰难困苦,而意见始终发挥,目标始终如一。及至胜利到来,全国人民,都喜极欲狂,我们报人也都喜不自禁,笑与泪并。谁知就在那举国狂欢之际,党争加甚了,人人心头所玄虚的内战也不宣而战了。在不宣而战的局面下,宣传战也大大的加紧了。令人心惊肉跳魂魄不安的宣传战,主要的对垒者是国共双方。但是,细想一想,国共以外的一般报纸刊物也不是毫无责任。宣传战的背后是枪炮战,血眼相视,血口相喷,自然不可避免。但一般人民立场的报纸如何呢?《大公报》不属于任何党派,是一张人民立场的独立报纸,我们就痛感我们的力量微弱,努力不够。……我们诅咒内战,愤恨内战,要安定,要进步。同一立场,两面受攻。一面飞来红帽子,使我们苦笑。另一面又骂你是'帮闲',骂你是'法西斯帮凶',更使我们莫明其妙。奉告一面,不可为渊驱鱼,把天下人都看做共产党。奉告另一面,要争政权,就不可作践人心。……《大公报》在这方面,是打不还手,骂不还口。也许是我们的懦弱,内心一句话,我们不愿意参加宣传战。"

6月

胡政之迁家至上海,住格罗西路(按:今延庆路)大福里9号。

张琴南回天津《大公报》(按:张1939年离开《大公报》,到《中央日报》和燕京大学新闻系任职)主持该馆工作,编辑主任孔昭恺调任南京办事处主任,空职由赵恩源继任。

13日 沪版从今日起增出半张,连原来一张半,共两张八版。新增副刊《工业与科学》《文艺》《现代人生》《戏剧与电影》《医药与健康》《大公园》。

7月

7日 津版三版"专载"《汉渝两馆抗战中之回忆》(曹谷冰)。关于汉版,曹谷冰写道:"二十六年八月上海虹桥飞机场'事件'发生后,本社最高干部即断定全面抗战必将开始,沪馆不能幸存,乃决定另办汉馆,冀从事于抗战卫国之宣传,并为读者继续服务。及八一三沪战爆发,胡政之先生即于次日电京,命笔者赴汉着手筹备。九月初张季鸾先生率同编辑、经理两部主要同人,冒敌人炮火,离沪赴京。及抵京,遇敌机空袭,本社驻京办事处房屋悉为炸毁。季鸾先生以次同人幸各平安。越日即渡江北上,转陇海、平汉两路赴汉。时汉馆筹备工作已粗有端绪,汉口版遂于九月十八日问世。""汉版发行之始,人员极少,社评仅季鸾先生一人执笔。……迨淞沪、首都相继撤守,上海本报自动停刊。王芸生兄于二十七年春偕沪馆一部分同人经香港抵汉,汉馆人力因以充实。……是时(按:1938年夏)本报愈得社会之同情与信任,销数竟达五万三千余份,造成武汉报业史上发行最高之纪录。秋节以后,敌军逐渐逼近,旋武汉大会战开始,本报奉命撤退,遂于十月十八日宣布停刊,迁往重庆。……计汉版发行期间,为一年又一个月。"

关于重庆版,曹谷冰说:"渝版于是年十二月一日发行。先是笔者奉命于二十七年除夕到渝筹备渝馆,经三月即竣事。""抗战期中渝馆经过之岁月几七年,其值得回忆者,除上述第一度之被炸(按:即1939年5月3日首遭摧毁)外,计有:(一)三十年五月米苏里新闻学院对本社赠与奖章,是为我国新闻界获得国际荣誉之第一次。""(二)七月十日馆址被炸……炸后适逢大雨,全部员工雨中露宿者两夜。(三)七月三十日防空洞外之印刷房又遭空袭。""(四)九月六日季鸾先生不幸病逝于歌乐山中央医院。……先生之不起,诚本社之一大不幸,亦国家社会之损失也。(五)三十二年春以《看重庆望中原》社评,为当局所不谅,奉令停刊三日。(六)是年冬政之先生参加访英团赴英,经美加各国,于次年春返渝。(七)三十三年……因于九月一日起发行晚报。……时日报销行达九万一千五百余份,晚报三万二千余份,则又重庆报业史上空前之纪录也。(八)三十四年春政之先生奉命赴美参加旧金山会议,会毕并访问加拿大。……先生在美曾为本社订购印刷机器,应战后复员之需要。(九)八月十二日为本报发行一万五千号纪念,创办人吴达诠先生莅馆主持庆典。"

9月

1日 二版"社评"《我们的节日》说:"今天是九一记者节,同时是《大公报》的社庆日。丁此佳日,不可无一言以为惕勉。""本报创刊之际,适在庚子残破之后,满清王朝已经不成样子。悍后专政,弱帝如囚,国辱政昏,外患深入。本报于此时诞生,正如鸡声喔喔啼于风雨黑夜。本报创刊人英敛之先生,属满族旗籍,而著论抨诋慈禧,鼓吹新思想,不遗余力。所以创刊初期,即铮铮有声。迨英先生老去,继起无人。至民国十五年九月一日由吴达诠、胡政之、张季鸾三先生接办续刊。其时北洋政府已极没落,天津在张宗昌、褚玉璞统治之下,可谓最野蛮黑暗的时代。其时已北伐军兴,本报续刊之日,国民革命军正与吴佩孚大战于汀泗桥。本报言论记载,抨击腐旧,鼓舞新兴,尤期待国家之统一。本报以此为国人所重视,也被北方当权者讥为'坐北朝南'。时代是向前的,没落腐败的北洋军阀的一串政权至此结束其生命,新兴的国民政府统一全国。十七年的统一,是国家一大关键。但日本帝国主义必不容中国走上统一强盛之路,济南惨案既未能阻扰北伐的成功,最后乃有九一八事变的爆发。这一爆发,不但是中国国难的开始,同时摆明了存亡兴废的命运。由此前进,中国只有保持统一团结以准备雪耻复兴的一条路。本报的言论方针也完全遵循此路前进。到七七事变,抗战军兴,本报流离转徙,效忠抗战。这时期的言论方针,在于卫护国家的中心,以领导团结全国的力量,集中全力于抗战。到抗战胜利,这更是国家的一大关键了。在全国腾欢之际,我们警戒着全国人心大开闸;在胜利复员之时,我们痛指乱抢乱收之糟糕;在团结动摇之际,我们大声疾呼,切勿分裂;我们尤其彻始彻终反对内战,而切望国家走上和平统一、民主进步之路。这时期本报的言论方针,是要国家光荣存在,是反内战,要民主,要进步,要民生建设。"

为纪念《大公报》续刊20周年,津、渝、沪三馆同人捐款庆祝。公司宣布,在报社服务8年至18年的老员工,他们在抗战期间尤特著辛劳,授予报馆股权。他们是孔昭恺、袁光中、赵恩源、王光耀、王文彬、费彝民、萧乾、徐盈、李清芳、周绍周、黄钱发等11人。

6日 张季鸾逝世五周年忌日。发表胡政之《追念张季鸾先生》的署名文章。[按:此文刊于二版。三版设"张季鸾先生哀思录"专栏,刊登《悼张季鸾先生》(于右任)、《国府褒扬令》、《张先生逝世日蒋委员长唁电》]

7日 二版刊登《张季鸾先生逝世五周年本报津馆同人昨日举行公祭》:由曹谷冰主祭,张琴南、赵恩源陪祭。主祭上香,全体默念致哀,向遗像三鞠躬。

"专电"《追念季鸾先生——本报沪馆同人举行追思礼》:"行礼时,首由胡政之、王芸生二先生及张夫人陈孝侠女士向张先生遗像三次献花,全体肃立,行三鞠躬礼,并静默三分钟后,即由政之先生报告季鸾先生生前尽瘁报业及其爱社会、爱国家之行状,对于政府当局以及各方友好,尤其在西安之胡宗南将军过去赞助张先生葬礼,完成墓地,关切遗族之友情,深表感激。"

"专电《季鸾先生新闻奖学金》:本报同人捐社庆日筵席费五百万,另有友好捐助,一并移充张季鸾先生新闻学奖金,准备在各地大学新闻学系设立奖学金额,以资纪念。

11月

15日　国民大会开幕。胡政之以社会贤达的身份被推为国大代表。他于当日到大会报名后即返回上海。事后,对人谈起此事说:"为了《大公报》的存在,我个人只好牺牲,没有别的办法,希望你们了解我的苦衷,参加国民大会不是我的本意,我是被迫的。"(按:见王瑾、胡玫编:《胡政之文集》(下),第1186页)

12月

25日　沪馆设立台湾办事处,地址在台北市本町2丁目26番地。成员有吕德润、何添福、严庆澍。(按:严庆澍利用职务之便在台湾收集了不少国民党的资料,后到香港参与《大公报》港版工作时,以"唐人"为笔名撰写《金陵春梦》等)

1947年(民国三十六年)

2月

27日　王芸生以《大公报》总编辑身份参加中国赴日记者团,赴日考察16日。

4月

15日　沪版二版"社评"《向社会争新闻自由》:"按自一月杪迄今,有消息可稽的,全国被打报馆已达九家。出事地点,近在苏州、无锡,远如长春,南至福建,西至成都,中有武汉。不幸事件是全国性的。"并说:"被打的报馆九家,其中有七家是民营的。民营报馆也许自由空气多些,刊载新闻的尺度稍宽。"

"中国传统的说话道德,是隐恶扬善。我们相信忠贞报人也愿如此。但这仅是报纸的一面,不是全部。一张完善的报纸,就新闻说,要忠实反映客观事实;言论文章,也要有褒有贬。时代如此,报纸的天职如此,人民的要求更是如此。须知报纸不是教科书,它所记载的是新闻,是最新的历史。作史有史德,记者也要有记者的道德与骨气。其立言应公允,当时当地的公是公非,不能不为之吐露。社会对于站在正义立场的报纸,如不予爱护,则正义亡。"

5月

5日 《大公报》社同人读物《大公园地》复刊。第1期刊曹谷冰写的《复刊词》,并发表《大公报社职员福利金支给补充规则》。

6月

1日 凌晨三时,国民党重庆警备司令部派人包围渝馆,以"共党嫌疑,煽动学潮"的罪名,逮捕了采访课主任曾敏之,记者李光诒、张学孔、方蒙、廖毓泉、蒲希平、廖忠管等7人。(李光诒之妻袁纹亦被捕,当天获释)同时,《大公报》驻广州特派员陈凡亦被广东省保安司令部以同样罪名逮捕。(按:由于胡政之千方百计地营救,蒲希平、廖毓泉、廖忠管于6月4日获释,李光诒于6月7日获释,张学孔、陈凡、曾敏之分别于6月13日、16日、17日获释,方蒙最后于7月4日获释)

5日 沪版"社评"《逮捕记者与检查新闻》:"从六月一日天未亮的时候起,本报连续遭遇了三件不幸:(一)重庆本报八位记者曾敏之等被捕;(二)本报驻广州特派员陈凡被捕;(三)天津自六月一日又行新闻检查,本报津版特受苛遇,凡属专电特稿大半检扣。这固然是《大公报》的不幸,其实更是国家的不幸。"又说:"现今在政府区域内已无中共与民盟的报纸,而独立立场的民间报的自由天地也日趋狭窄。新闻记者的职务就在追逐新闻,抗战之时,出入战场,生死度外。今天各地学校里发生问题,新闻记者自然要注意学校新闻。今天情形,只要是独立报纸的记者到各学校采访新闻,就有被认为阴谋鼓动学潮而遭逮捕的可能。重庆所捕本报八位记者,大部是外勤记者;广州所捕本报记者陈凡,就因为三十一日中山大学学生罢课游行时,他步随学生行列,采访新闻,中途目击血案,回寓撰发电报(此电被扣,报馆迄未收到),当夜睡梦中即被检查户口者逮捕。"

7日 沪版"短评"《如此新闻检查!》:"据本报津馆报告,天津的新闻检查如此：(一)名曰新闻检查,社评也得送检；既经检删之后,字句破碎,稍加修整,不变原意,便受到警告。(二)纯用中央社稿,并须照用中央社的标题,如另写标题,便不答应。(三)各地拍来关于捕学生的电讯,一律不准登……(四)本报渝粤记者九人被捕,不准登载,一面捉人,一面封嘴。(五)并无检查标准,检查人的红笔就是命令。"

18日 胡政之在上海编辑部会议上讲话《报人自处之道》(梅焕藻记录)："这次全国大规模捉人,各地方当局虽奉有中央命令,但所谓黑名单却是就地拟定的。……此番渝粤九位同人被捕,迄现在止已有七人恢复自由,希望其余二人不日也可以获释。""从今天起,我报的地位更将困难微妙,这是可以断言的。第一,乱局的趋势虽然是延长扩大,决定性的变化仍旧渺茫。换句话说,民主自由根本没有存在,更有待我们的争取。在争取的过程中,横逆之来毋宁是当然的。因此,忍耐的能力和镇静的功夫是必要的。第二,斗争既烈,当局者受情感的支配,'镇压'的手段想见越来越凶。中国政界习惯,官家只有错捉没有错放。……第三,由于全体同人的孜孜不息,我报的销路天天上涨。办报纸,自然希望销路涨。不过,在此时此地,我们却不能一味高兴。……目前的经济情势和政治情势一般严重,黑市白报纸的价格涨到什么程度简直难以预料。此外,近日销路上涨的速度,不但使环伺我们的同道奔走相告,更使得当局者忧惧不安。"(按：原载于《大公园地》复刊第5期,1947年6月18日)

20日 《大公报》社总管理处在《大公园地》复刊第4期上发布总管理处负责人、部门和分馆负责人选及全社职员346人名单。

总管理处主要负责人：总经理胡政之,总编辑王芸生,副总经理曹谷冰、金诚夫,副总编辑张琴南。

其他部门和分馆负责人为：总务部主任叶德真,业务部主任袁光中,设计委员会主任费彝民,编审部主任王芸生,南京办事处主任孔昭恺,驻英办事处特派员黎秀石,驻美办事处特派员朱启平,驻新加坡办事处特派员郭史翼,驻日特派员高临溇,台湾分馆办事员杨宝琳,广州办事处特派员陈凡；上海馆经理李子宽,编辑主任许君远,天津馆经理金诚夫,编辑主任赵恩源；重庆馆经理王文彬,编辑主任金慎夫。(按：原载《大公园地》1947年6月10日复刊第4期)

7月

9日 胡政之在沪馆编辑部会议上讲话："自从五月二十日南京游行学生

被打事件发生以来,我报可以说遭逢了多事之秋,这也证明了《大公报》是和国家共利害的。""抗战最初发生的时候,大敌当前,情势紧急,我报的方针是唤起民众,抗战到底,因此对政府的措施,拥护多而批评少。过了三四年,我在香港和季鸾先生商定要逐渐多替老百姓讲话。不久之后,除了在言论方面依上述决定而行,还开放了'读者投书'。三十四年八月,胜利来临。我们是民间报纸,当然要回到民间的独立的立场,但同时只要我们认为政府的政策是对的,我们仍然拥护它。不幸的是:在我们认为当然的,在政府硬以为我们变更态度。我们对于接收的种种弊端曾经无情地予以揭发。我们的作为一方面帮助了政府,使它明瞭了接收官员的不法;一方面为民喉舌,的确使老百姓高兴感激。凡事有利便有弊,我们的揭发得罪了一部份有特殊势力的人。适逢其会,南京的《救国日报》出来了,该报主持人也是接收人员之一。如同大家所知道的,《救国日报》是靠谩骂《大公报》过日子的。该报攻击我们,起初还是个人的行为,后来其他的接收人员,见有'纸盘'可以利用,便推波助澜,从而极力支持之。这时候我从美国回来,在南京听说有人向最高当局进谗言,说《大公报》馆里面有共党份子,当局虽不深信,却也认为外勤同事或驻外人员中不免有之。一切的怨毒都证明了我的预料,即胜利之后我报的困难只会加多,不会减少。""对于《救国日报》的谩骂我们不辩。对于外间说我们是政学系的机关报,我们也不辩。这是什么道理呢?这是因为我们的言论要与天下共见,任何巧妙的宣传总归不能改变事实。""今后我们应当如何应付呢?关于这一问题,我想就公私两方面来说:就公而言,我们的根本方针不容变更。对于内战,我们仍是主张和平。……《大公报》到今天,不知是多少人的心血结晶,我们要加意爱护这个事业,使它成为舆论中心。我们要警戒着内部千万不可有对立的心理。要知'左''右'是相对的,不是绝对的,而且相反适足相成。只要我们遇事求心安理得,一切便没有问题。就私而言,我们不可结私仇,不可伤害个人,处事接物要谦虚,以免招致同业间或任何其他方面的嫉妒。我们执笔为文,万万要设身处地,切不可使任何人感觉到受我报声光的压迫。立言记事,态度要严肃。批评一件事情要堂堂正正,光明磊落,切忌嬉笑怒骂,逞快一时。"(按:原载《大公园地》1947年7月20日复刊第6期)

18日 《胡总经理对津馆经理部同人的谈话》:"离开天津,已经一年多了(按:1946年2月胡政之曾有天津行),我们的报馆,正和国家一样,困难一层一层的加重,而我们在目前国家的困难情形中办报,更觉困难。""谈到沪馆情形,现在已居上海第二位,报馆本身经济力量很弱,人才不够,困难也是不少,上一个月沪馆因为销路畅销,配纸不足用,加之海关腐败,纸取不出来,在黑市场购纸竟用了二十亿元,全月收支达到三十亿元,借款的数目达到十五亿元,负着一分三的息钱,真是困难极了。""我,是快六十岁的人了,从元年起,就加入《大公报》工作,到现在三十多年了。我的生活,力求简单,在上海影戏都不看,我们要在苦的生活中,才能求得进步,深愿和全体同人共勉之。"(按:原载《大公园地》复刊第7期,1947年8月5日)

21日 《胡总经理对津馆编辑部新旧同仁的谈话》,胡政之在讲了报馆的历史后说:"丁此时艰,本报同仁更宜谨慎将事,以期事业之能维持于久远。"

"一份理想的报纸":"我国过去的报纸大致可以分为两派:一派专为表达所属政党的政治主张;一派则完全着眼于生意。……我对以上两派都觉得无聊,都不以为然。我认为一份理想的报纸,要兼顾营业与事业。营业能独立,始能站在超然的地位,不为他人所左右。本报自民国十五年接办以来,即未尝与任何党派或个人发生金钱上的关系,本报的精神也就在这一点。"报纸的任务"应是民众政治教育的工具,但绝不是自组政党来提出自身的主张"。

"有敢言之名":分析生存环境——"党治之下,全国各大报均趋统一,变成清一色"的情况下,"在当局看来唯有本报是个例外,不肯听话。许多不利于本报的宣传都由是产生,于是我们便陷于孤立而危险的境地。凡是我们的同仁都要特别小心谨慎,以期永远支持下去。"

"牺牲必须值得":目前环境下,很多人感情苦闷,找岔子,求发泄。因而"编辑部诸位同仁,不可不特别注意。写稿标题,以及个人的行动,务须处处当心,一切向'稳'字做去"。本报创刊四十余年,从来不怕牺牲,但是,"牺牲必须值得"。"现在内战正打得火热,报纸已无置喙的余地,但是我总相信终有一天要言和,在国际间也没有不了的战事,何况都是中国人?到那时我们仍旧可以替民众呼吁和平。但是万不可单凭个人的意气,随便发泄,以致累及全体永久的事业。"

"多交朋友,少树敌人":"俗称:'富贵不能淫,贫贱不能移,威武不能屈。'我还要再加一句:'毁誉不能动。'受人恭维,那是尊重你背后的事业,不可太看重,以为自己了不起;受人毁谤亦不可神经过敏。"总之,"要多交朋友,少树敌人。平日到处结怨,一朝有事攻击全来。……以上所谈,外勤同仁写稿,应该特别小心"。(按:原载《大公园地》1947年8月5日复刊第7期)

本月，沪版发行数达 148 388 份。

8 月

13 日　胡政之对北平记者联谊会演讲民元报业："我愿意把个人几十年来从事新闻事业的经验，向大家来随便谈谈。""（从日本留学）回国之后，经人介绍进了章太炎主持的《大共和报》，那时的经理就是王伯群，王是章太炎的弟子。……这一年我是二十三岁，我除了翻译日文新闻之外，还兼写评论，那时一切都是白尽义务，后来卖文章，每篇才自十五元，一直卖到四十元，我因为日文、英文都能谈写，所以材料比一般人所得的都要多一些。""我那时作了《大共和报》的总编辑，我总想从外国报上找一点消息给读报的人，官僚政治一天大似一天，民字头的报纸影响也是一天大似一天。……袁世凯看上了章太炎反对孙中山，收买了《大共和报》。我请求离开，后来他们派我到北京作特派员，那时的薪水每月只有二十元。……我到北京的那一年是二十五岁，袁世凯正厉害，每天都要杀人，我那时住在崇文门内河泊厂，一出门就可以看到杀人的告示，北京报人懒的连当天的布告都不抄，我看见的总比别人早一天，因此四川副督张培爵被杀，我的电报比别人早一天到上海，很受各方面的注意。张季鸾打了一电报向我道贺。""《大共和报》就因为有共和两个字才被袁世凯收买改了名字，生财全给了经理，我那时的薪水又涨到一百元，转到东北去，作了一点别的事。""《大公报》是英敛之先生创办的，他是反对西太后的满洲人，经济上受两个人帮忙，一个姓柴，是位盐商，一个是王芝隆（按：即王郅隆），王是学徒出身，人极能干，善于赌博，后来袁世凯为北洋大臣时，倪嗣冲等人都请他来管私账，他与北洋军阀的关系极深，这也只是个人的关系，他对我极尊重，到我们接办后，他从不加以干涉。但是，《大公报》却不能说不多少受他一些影响。……当时报馆如衙门，主持人称师爷，全馆为天主教徒，只我一个人不是。访员七个人皆为脑中专电制造专家，我把他们开除了六个，自己动手，留下的一个，他的父亲是总统府的承宣官（即听差头），总统派车接谁和谁去看总统的消息，因为他是宣达者，所以不会错的。天津的消息多靠北平的电话，那时有三个人在袁世凯的《公言报》作事，一是梁鸿志，一是林白水，一是王峨孙，后者曾到英国留过学，他们是一个干一天，我就请梁鸿志给我们发电话。我在那时自己出马采访，督军团开会时，那所谓杨梆子（以德）常派车来接，就说是'请胡师爷去记'。""到了法国正是第一次和会，中国记者九个人，只有我一个是真的。……路透社全体出动,三分钟,换一个速记,随说随发,使我大为感动,归国后便决定办了国闻通信社。民国十二年孙中山就大元帅,我便与党人有了接触,到中央社成立,我就停办通信社,专心来办《大公报》了。"(按:见徐盈:《胡政之谈民元报业》,《人物杂志》1947年第2卷第11期)

25日 胡政之在上海馆社评委员会上讲话《北行观感》:"这次去北方一共耽搁了四十多天(按:胡政之1947年七八月的北方之行,在北京、天津、张家口几个地方逗留40多天)。……在北方,接触过许多大学教授。各大学——尤其是清华、燕京——都有比较舒适清静的环境,教授们可以潜心研读,这是一个好处。但同时也有坏处,就是教授们和现实隔离,以至彷徨苦闷,每发议论很多是缺乏建设性的。""许久以来,我们有一个看法就是国民党要以军事力量消灭共产党是不可能的。此次北方之行,证实了这个看法。……国家非走和平的路不可,成问题的不过是迟早而已。我们始终保着这一信念,现在不能动摇,任何时期也不能动摇。"

沪版发行数突破15万份(150 155份)。

9月

1日 二版"社评"《祝第四届记者节》说:"自由而负责的报纸,在现代进步的社会中,是支撑这个社会生活的一个不可或缺的支柱。于有关公众且可受公评之事,报纸必须正确报道,公开讨论,让一般人民知其所欲知,言其所欲言,这所以充分反映社会动态,尽量宣达人民公意,决壅蔽,申正义,彰明公是公非,探讨公利公害,领导公众,鞭挞当局:政治民主,社会进步,实莫不于此植其始基。"

13日 董事会通过施行《〈大公报〉社旅费支给规则》(15条)。规则规定:处主任以上,火车可坐头等,轮船特等;办事员以上,火车可坐二等,轮船头等;其余职员,火车三等,轮船二等。以上三层人员住旅馆分别为头、二、三等。驻外特派员携眷属回国,可报销交通费。

10月

22日 胡政之在上海馆编辑部会议上讲话《从销路说到编辑态度》(梅焕藻记录):"战火到处蔓延,交通时断时续,发行方面感到极大的困难。不但报纸堆积路中,能不能到达丝毫没有把握,账目也没法子清算,弄得不好,便要遭受大的损失。我们《大公报》是全国性的报纸,发行重点在外埠。但鉴于上述两点,我们要立加矫正,设法增加本市的销数并特别注意京沪、沪杭沿线各地的推销。本市新闻的写法和编排,其好坏最能影响本市的销数。……因此,做本市版编辑的要使用细致的头脑,修改写得不好而材料实在好的稿件,再辨别轻重缓急,加以适当的处理。……还得跟上海各方面多多接触,把自己弄成个'上海通'。"

11月

11日 二版"社评"《出版法与新闻自由》说:"绝对的新闻自由,今日根本不存在。英美的大报通讯社多握在有力巨子手里,另外还受着广告户的影响,而苏联报业是受政府的严格控制的。中国人民希望的也仅是几分相对的自由。"

27日 《认清时代·维护事业——三十六年十一月二十七日对渝馆编辑部同人讲话》(1947年11月27日,曾敏之记):"我离开重庆虽然很久,人不在这里,而精神却系住这个地方。""追溯《大公报》事业历史,过去对国家曾有两大贡献:一是完成统一。……其次是拥护抗战。""就事业上讲,抗战胜利了,我们当然希望国家步入建设,本报得以贡献意见,事实却与愿望相反,内战战火燃烧得愈来愈烈,报业也陷入更艰苦的境地。渝馆曾有大劳绩,大贡献,值得我们永远葆爱。……至于渝馆'六一'的不幸事件,我认为并非意外。出事时幸我在南京开参政会,得以设法营救。""中国数千年来是一个文章国家,人们爱写文章发空话,而不重实际做事。……'六一'之前,我写信给王文彬先生,即认为有些同事可虑,太爱空发牢骚,未认清环境。……也有人向最高当局进谗,说有共党份子参加《大公报》。最高当局也居然曾为《大公报》解释,谓内勤未必有,外派访员或有之。他指的或者是接收初期,由于我们在外特派员暴露军人接收的丑恶而引起嫉恨的一篇旧账而言。""国共决裂之后,本报暗中所受的压迫厉害极了,举例说:如配给洋报纸,我们就无法获得较多的数量,不得不以高价向黑市买用,这是极痛苦的事。事业是在这样的国家环境里,怎能不细密,谨慎,奋斗?……至于批评别人,千万别太具体,太尖刻,概括笼统一点是可以的。……因为向远大处看,我们的使命重大,不能随便牺牲。在不离报馆所持大原则之下,应该妥慎应付环境,免于事业有碍。现在说来好听得很,国家要行宪了,政府在表面上也许尊重舆论,报馆记者或有一点保障。但反动力量很大,反动局面依然厉害,希望大家了解时代,认清环境,谨慎工作。"(按:原载《大公园地》1947年12月20日复刊第16期)

1948年(民国三十七年)

1月

1日 上海版自即日起,国内外新闻、专电一律改用白话文(中央社的消息照旧)。

《大公报纽约双周刊》创刊。其内容是将两周内《大公报》的重要社评译成英文,在纽约出版。这项业务开办时间不长即停。

5日 二版"专载"《两点说明》(胡政之)。第一点是关于"我(按:指胡政之)对远东国际法庭为日本战犯铃木贞一作证的事",第二点是关于《大公报》社评出自谁的手笔。对于后者,胡政之说:"《大公报》原是书生论政的组织,民国十五年由三位同志各以资力劳力合办起来,当时有一重要特质,就是立论是不私不盲,发言是团体负责,我们的社评是由社评委员会开会共同讨论意见,根据结果,指定一人执笔。过去我和张季鸾先生及另外一二同人分担撰述的时候,社外许多朋友欢喜知道某篇文章是出谁人手笔,季鸾总向人解释,《大公报》的社评是不署名的,反正都是《大公报》说的话,你们不必管它是出于何人之手。这几句话,就可说明《大公报》社评言责在于社的本身。近年我们的团体大了,执笔的人也较前加多,所以我们的言论都是共同的意见,整体的负责。……过去我们只有三五个人作主干,近年经了两次的增资,年久资深的同人不但多成了负责的高级干部……中级职员,工厂内有功的老友们也同样作了公司的股东,所以我们现在内部不但不是一二人负责的场面,抑且一步一步的向着民主化的路在走,任何事情都不是谁人可以个人自由处决,而是要根据众人意见作最后决定的。这一点,社外人不甚明瞭,免不了陷于一般事业之重视个人,而忽略了团体性之重要,论功责过,都免不了有违反事实苛责个人之外。这是我愿意在此说明的。"(按:1947年12月16日《大公报》发表了《何必防闲学生活动》的社评,遭到国民党《中央日报》的攻击,总编辑王芸生被点名叫骂。胡政之这篇《两点说明》中的第二点,是为王芸生顶缸而写的)

24日 胡政之在沪馆召集同人茶会,代表公司宣布,赠给成绩显著的9个人以劳力股权:张琴南、李纯青、许君远、严仁颖、曹世瑛、叶德真、左芝蕃、樊更生、于潼。〔按:据王芸生、曹谷冰在《1926至1949的旧大公报》(载《文史资料选辑》第25辑，中华书局1962年版，第35—36页）中说："以吴鼎昌的金钱股与胡政之、张季鸾的'劳力股'相合，成为这个企业的公司性质。后来又增设'荣誉股'的名义，赠送股票给职工。这项'荣誉股'先后赠送过三次，持有这项股票的计有曹谷冰、金诚夫、李子宽、王芸生、杨历樵、孔昭恺、费彝民、王文彬、王光耀、袁光中、赵恩源、许萱伯、王佩之、张琴南、李纯青、萧乾、许君远、严仁颖、徐盈、曹世瑛、李清芳、叶德真、左芝蕃、樊更生、周绍周、黄钱发、于潼等二十七人，皆为股东。"并加注释说："这种'荣誉股东'，最初的几个人在最初的几年曾经拿到过少数的股息，以后索性未曾发过股息，可谓空头股东。"王、曹此处记述两处有误：一是这项荣誉股先后赠送过四次，而不是三次；二是获股人员名单顺序有误。实际情况是：第一次获股者是曹谷冰、金诚夫、许萱伯、李子宽、王佩之5人；第二次获股者是王芸生、杨历樵2人；第三次有孔昭恺、袁光中、赵恩源、王光耀、王文彬、费彝民、萧乾、徐盈、李清芳、周绍周、黄钱发等11人；第四次有张琴南、李纯青、许君远、严仁颖、曹世瑛、叶德真、左芝蕃、樊更生、于潼等9人〕

25日　胡政之率费彝民、杨历樵、李侠文等由上海飞香港，筹备复刊港版。

2月

7日　沪版"社评"《政党・和平・填土工作——论自由主义者的时代使命》："因为《大公报》不属于任何党派，它的地位是独立的，却不是一般所谓的'中立'。《大公报》有自由主义的传统作风，《大公报》同人信奉自由主义，我们无大野心，却有极大热诚，愿为国家建设做些填土的工作。"

3月

10日　胡政之在港馆第一次编辑会议上讲话："廿年来我们因为时局的动荡，办报多注重政治，而没有对社会问题、经济问题多加注意。现在时代不同了，我们的观点应该改变。须知社会、经济等问题如果没有解决，政治亦不可为。……港版复刊后，头条应力求活动，不仅国内要闻，就是国际新闻、港澳新闻，如果有重要性都可以作头条。……香港各报固然有他们的缺点，像港督日前对我说：香港报没有原则。但他们的新闻网罗丰富，有人间趣味，却是长处。……现在大家集中在这里，可以发挥自己的理想，共同努力。廿年前我们以五万国币打开今天的局面，现在局势虽然不同，我们相信以五万美金总可以奠定我们向海外发展的基础。前途如何，责任在诸位青年同事。"（按：原载《大

公园地》复刊第 19 期,1948 年 5 月 5 日)

  15 日 港版复刊,馆址在利源东街 15 号(后迁轩尼诗道 342 号);经理费彝民,编辑主任杨历樵。当日,刊登胡政之撰写的《〈大公报〉港版复刊词》,主要阐述三点。第一点说"本报是民间组织,营业性质,现在总社在沪,天津、重庆均有分版,台湾,以上海纸版航空递寄至台印行,连同香港本版,一共虽有五个单位,事业却是整体的。……因为《大公报》是整体的,言论方针是各版一致的。"第二点说"我们在八年抗战中,事业由黄河流域而到长江流域,由长江流域而到珠江流域,一切都是团体行动,不知道经历了多少艰难困苦。"并说:"这并不是同人有什么过人之能,实在我们觉得,在历史上书生向来都有一股傻气,我们之所以能在如此艰难困苦环境之下团结了同人,吸收了若干青年同事,就是我们不敢妄自菲薄,想代表中国读书人一点不屈不挠的正气。"第三点说:"现在政治的不安,经济的动荡,差不多成了全世界的一般现象。两极端的政治思想热烈的斗争着,相互激荡着。最受苦的,是爱好和平,倾心自由的善良人群,这些人的环境与中国民众所处的地位正复相同。""民国二十七年的《大公报》香港版,只是为了应付抗战的临时组织,这次复刊却是希望在香港长期努力。"

  港版复刊后,《大公报》津、沪、渝、港四版的销数突破 20 万份。四馆总资产 60 多万美元。

4 月

24 日 胡政之伏案工作,突然膀胱膨胀,小便闭塞,医生诊断疑为肝硬化。
27 日 胡政之因患重病,由香港飞回上海就医。

5 月

董事会推曹谷冰为代总经理。

6 月

4 日 董事会改称总管理处,费彝民为总书记。

7 月

10 日 沪版"社评"《由〈新民报〉停刊谈出版法》,首先说:"溽暑炎天之际,中国新闻界又出了不幸事件,南京《新民报》于前天奉令永久停刊。……据内政部发言人谈话,处分《新民报》,是因为该报'违反《出版法》第二十一条第二、三两款出版品不得为损害中华民国利益及破坏公共秩序之宣传或纪载之规定,乃依照同法第三十二条之规定,予以永远停刊处分。'这可见出版法对于新闻界的关系之重大。我们谨以满怀惶悚之情,一谈出版法问题。"接着说:"出版法……是袁政府时代的产物,国民政府立法院虽略有修正,而大体因仍其旧,实是一件憾事。因为言论与发表的自由,是人民的基本权利之一,宪法例有保障的规定。出版法的立意,乃在限制言论与发表的自由,这与保障民权的精神是不合的。……闻《出版法》的修正草案即将提出立法院审议,我们敬盼立委诸君,本保障民权的精神,毅然决定将此法予以废止。尤望新闻出版文化各界的立委积极主张并奋斗之。""现代民主宪政国家,人民可以公开抨击政府施政,在野党在宪政轨道中尤其以推翻政府为其能事,那非但不犯法,且是一种特权。"(按:该文发表后,国民党南京《中央日报》于16日发表社论《在野党的特权》,抨击《大公报》说:"《大公报》本月十日社评,抄袭赵普'半部《论语》可以治天下'的旧话,主张'三部法律可以治国'。这三部法律就是宪法、民法和刑法。他又提出一种理论,以为'在野党以推翻政府为能事,那非但不犯法,且是一种特权'。……我们深知王芸生君心目中有许多妙论,不料这一篇社评已经含有三个妙论在内,待我一一指将出来。""新华社咒骂我政府为袁世凯政府。所以王芸生君在这篇社论中指现行出版法为袁政府时代的产物,以影射我政府为袁政府。"可见王芸生是"新华社的应声虫")

18日 《答南京〈中央日报〉两点》(王芸生):"《大公报》向有一种气度,就是挨骂不还嘴,我个人也从来不与人打笔墨官司。此刻读到本月十六日南京《中央日报》题为《在野党的特权》的一篇社论,极险辣的罗织了《大公报》,并扯出我个人的名字,实在不能不辩几句了。"接着申辩两点:"(一)《大公报》社评……是代表报社的,不是代表个人的。南京《中央日报》社论与《大公报》社评讨论问题,却以我个人为对象,全文中十二次提到'王芸生君'如何如何。把报社与个人相混,是可以不必的。""(二)内政部处分南京《新民报》,引用的是出版法,出版法条文中有一款是:'意图颠覆国民政府……者',《大公报》那篇社评内有几句话,说:'现代民主宪政国家,人民可以公开抨击政府施政,在野党在宪政轨道中尤其以推翻政府为其能事,那非但不犯法,且是一种特权。'南京《中央日报》社论指责说:'在野党以推翻政府为特权,这一妙论在政治学说和实际政治上都没有基础。……'南京《中央日报》社论这段话,似乎有意省略了'在宪政轨道中'六个字,于是就扯到'武力暴动推翻政府'了。于是《中央日报》社论就说:'我们要告诉王芸生君:这依宪法以改组内阁不能与武力暴动推翻政府相提并论'。请阅《大公报》社评的原文,何尝与'武力暴动'相提并论?"(按:王芸生的署名文章发表后,7月19日,《中央日报》发表了题为《王芸生之第三查》的社论:"我们大可发起三查运动来检讨王芸生君。我们的第一查,查出自一九四六年七月至一九四七年三月,王芸生君致力于国际干涉运动,为莫斯科会议作准备。经过了《大公报》九个月的准备,苏联外长莫洛托夫在莫斯科会议席上提议苏英美三国共同干涉中国。""我们的第二查,查出自一九四七年三月以后到今日,王芸生君以《大公报》贡献于反美扶日运动。……今天我们等待着第三查。本月十日中国共产党中央委员会通过了一个决议,响应共产国际谴责南斯拉夫共产党的决议……我们等待着王芸生君谴责南斯拉夫共产党特别是狄托元帅的论文和通讯在《大公报》发表,作为他效忠共产国际的证明。"据悉,《中央日报》7月19日的社论《王芸生之第三查》是陶希圣写的,显然是蒋介石的意思,所以对王芸生构成了很大威胁。据王芸生、曹谷冰说,"这也使王芸生感觉到一件事,就是他再不能在国民党统治区继续混下去,最后只有一走了"。见王芸生、曹谷冰:《1926至1949的旧大公报(续完)》,《文史资料选辑》第28辑,中华书局1962年版,第202页)

9月

1日　三版"社评"(二)《今日记者的责任》:"倘有自由,须负责任。自由权利的行使,须与责任相伴而后可。所以自由而不负责的报纸,在欧美早已为社会所诟病,斥为滥用自由,指为垄断公意。所谓负责,其要义为不专追利润,不热中权势,不媚群众,不畏强御,应乎社会的需要,真为大众而服务;简单诠释,要不外乎纪载真实,立论公平,无偏私,无成见,能使一般公众,藉报纸的刊行,而知其所当知,言其所欲言。报纸所以号为大众思想的交通机构,所以称为现代社会生活的一大支柱,其真谛在此。"

10月

30日　李纯青向王芸生转达中共中央和毛泽东对他的邀请,请他到北平参加新政协,并希望他尽快离沪。

11月

5日 王芸生根据中共的指示,离沪飞台。

8日 王芸生由《大公报》台北办事处主任吕德润陪同,由台飞港。

10日 港版发表王芸生写的"社评"《和平无望》。社评分析自"东北军事剧变"、"币制改革失败"、"教授上书呼吁和平"遭蒋斥责等国内形势后说:"事势如此,和平无望。……请想中国这个古老国家,人类历史虽已进步到二十世纪的现代……而中国的政治形态尚迟留在家长封主的时代。康梁维新未曾损其毫毛,辛亥革命未曾挫其根株,北伐只完成一瞬的统一,抗战仅于挣脱了一具近侧的帝国主义的枷锁,政协未曾解消内在的矛盾,三年战乱又扯开了一切疮疤,到现在,石走悬崖,箭已脱弦,其势已无法挽转,再难得简易的和平了。""大局板荡,生民涂炭,身在水火,忧心曷极。但要知道,真正的历史创造者,并不是稀世的英雄,而是亿万生民。亿万生民的求生力量,才是人类历史的真正动力。违逆了人民大众的生存轨道,必无治;摧折人民大众的求生欲望,必乱;明白了这基本的道理,则如何拨乱以返治,自可不言而喻。看目前中国的乱局,人民真是痛苦极了,目前纵然和平无望,人民大众终会走上合理生存之路。我们挥泪跋涉,总希望这条真实而持久的和平之路已不在远!"

27日 杨刚奉命离港奔赴西柏坡。宦乡和孟秋江也赶到。在毛泽东、周恩来的亲自主持下,研究对解放后天津《大公报》的处理问题,并形成了如下几条决定:(1)按私营企业对待,党和政府不予接管;(2)发动《大公报》天津馆全体职工对《大公报》"拥蒋反共"的反动政治立场和"小骂大捧"的手法进行揭露和批判;(3)在原天津《大公报》的基础上进行改组易名,继续出版;(4)按巴黎公社原则由全体职工普选成立临时管理委员会,实行民主管理;(5)在揭发批判《大公报》的基础上,以全社职工同人名义发表宣言,代发刊词,公诸社会,借以肃清《大公报》在广大读者中的思想影响。毛泽东还亲自提出并决定了《进步日报》这个报名。(见邹什:《天津解放后第一张民营报纸——〈进步日报〉》,《新闻大学》1994年第1期;方汉奇等:《大公报》百年史(1902.06.17—2002.06.17)》,中国人民大学出版社2004年版,第326页)

12月

19日 津版一版"社评"《寒夜杂感》:"战火包围中的故都,最可怀念。前晚城内已落炮弹,昨天入夜炮声益见紧密。平津电话遮断,电报迟滞。我们和北平本社同人以及本报读者大群,眼看失却联络。……自十四日起,我们寄北平的报纸印好了,展转托空运人员递送,几次飞去,而报纸却因无法投递,又几次退回来。我们真懊恼极了。"

由于战事原因,自今日起,《大公报》津版暂缩篇幅,出半张两个版,每天印行四开一张。

29 日 津版一版刊《吴达诠启事》:"自三十八年元日起辞去《大公报》董事,此启。"

30 日 国民党重庆市社会局局长陈去惑奉重庆绥靖公署的旨意,在重庆地方法院起诉《大公报》重庆版,开列十项"罪证",要求予停刊三日的处分。十项"罪证"是:(一)三十七年(1948 年)2 月 25 日刊《严寒的东北》(高峰通讯),有"违反政令,称'共匪'为共军,夸大东北危机"罪嫌。(二)同年 4 月 20 日刊《杯酒一席谈》(何永佶文),内有"政府得到美援,并未应用于国家,为一般中饱分子贪污了,又带到美国去置产业,并谓毛泽东是革命者",有"毁谤政府,为'匪'辩护"罪嫌。(三)同年 6 月 23 日刊《干枯东北》(高峰),罪名"毁谤政府,夸大危机"。(四)同年 7 月 11 日社论《由〈新民报〉停刊谈出版法》,有"为《新民报》辩护其为'匪'宣传之事实,淆乱视听"罪嫌。(五)同年 7 月 8 日刊高峰通讯《跌在糟房里》,罪名"刺激学潮"。(六)同年 7 月 15 日刊毛健吾等联名请求立院应即修正违宪旧《出版法》,题为《反对政府违宪,摧残新闻自由,并为南京〈新民报〉被停刊抗议》,罪名"故意载此反对政府言论,刺激人心"。(七)同年 8 月 16 日本报讯,"山东学生在京乞讨度日",罪名"刺激学潮"。(八)同年 11 月 6 日刊《武汉有和谣》,有"故意刊载和谣,扰乱军心人心"之罪嫌。(九)同年 11 月 16 日本报讯,"碾庄地区战事持续,宿县郊外搏斗激烈",有"夸大'匪军'力量"罪嫌。(十)同年 11 月 25 日刊《"共匪"广播声明反对美援》,罪名"故意转载此类消息,为'匪'张目"。重庆版经理王文彬请雷国能、高步腾两位律师辩护。案子拖了半年之久,结果不了了之。

1949 年

1 月

15 日 津版"社评"《可惊怖的一日》:"昨天是天津全市最可惊怖的一日。炮弹纷纷,火光熊熊。人民所刻刻提心吊胆祈祷着避免的牺牲,竟不能完全避免,这真是大不幸!""本报津馆同人今露立在炮弹纷飞中,甘冒生命危险,愿为读者服务。虽水电供给都已断绝,电讯来源都成问题,同人仍愿克服种种能够打破的困难,为读者勉尽忠实报道的职务。昨午炮弹险些落在本馆屋顶,全楼震撼,弹片横飞,门窗摇晃自开,玻璃纷纷坠地。当此之时,同人等悼念我死伤流离以及在惊悸悲苦中的市民大众,并深自惭悚未能善尽舆论界一卒的职责。"当日出版了第16246号后停刊。

19日、23日 中共中央就处理天津《大公报》等报刊的问题连续两次给天津市委和总前委发出指示。19日的指示说:"对《大公报》可告以因系全国性报纸已请平津前线司令部转向中央请示,尚未得复,同时经过其内部人员设法使其资财不致逃匿,以待杨刚等前来由该报内部解决,实行革命,然后重新登记,以便利用原有资财班底改名发刊。"23日的指示说:"《大公报》不要让它先出版,可即以接收其中官僚资本股份名义找该报经理公开谈判改组,指出该报过去对蒋一贯小骂大帮忙,如不改组不能出版,以便和徐盈、杨刚等里应外合。"[按:见《中国共产党新闻工作文件汇编》(上),新华出版社1980年版,第268—269、270页]杨刚、宦乡、孟秋江跟随着解放天津的部队进入天津,并通过组织关系联络到了《大公报》馆内5位地下党员,即杨邦祺(李定)、胡帮定、李光诒、傅冬菊、刘桂梁,和原《大公报》北平办事处的徐盈、彭子冈,以及平津战役打响以前从上海来的高集,向他们传达了中央关于改组天津《大公报》、出版《进步日报》的决定,并共同研究了有关改组的方法和具体步骤。

26日 《大公园地》在上海停刊,出至复刊第26期。

2月

3日 原《大公报》津馆编辑部联谊会召开扩大会议,发动群众揭露、批判《大公报》的政治立场和政治手段。杨刚、徐盈、高集等人参加了大会,徐盈、赵恩源等20余人作了揭露和批判,并作了自我检讨。

19日 原《大公报》津馆举行全馆职工大会,238位职工出席,选举出了由张琴南、杨刚、宦乡、徐盈、孟秋江、李纯青、高集、李光诒和彭子冈9人组成的临时管理委员会,宦乡担任主任,张琴南担任副主任。临管会下设编辑、经理两大部门。编辑部由宦乡兼任总编辑,李纯青为副总编辑,杨刚为主笔,下设四个部,高集为新闻编辑部主任,孟秋江为采访通信部主任,李光诒为社会服务部主任,赵恩源、曹世瑛为研究部正、副主任;经理部由徐盈兼任经理。

与此同时,共产党在报馆内的党组和党支部建立起来,党组成员为杨刚、宧乡、李纯青、孟秋江、徐盈、李光诒和彭子冈,杨刚任党组书记,李光诒任党支部书记。

之后,着手筹备出版《进步日报》。

27日　《进步日报》创刊出版。创刊号上刊登了张琴南、杨刚、徐盈、高集、彭子冈、赵恩源、李光诒等人签名的《〈进步日报〉职工同人宣言》(代发刊辞)和《〈进步日报〉是如何产生的》。

《同人宣言》用主要篇幅揭露了"《大公报》的真实面目":"在北洋军阀时代,《大公报》是依附于军阀官僚买办统治集团而生长起来的。等到蒋介石代替了北洋军阀,建立了卖国独裁的反动政权以后,它就很快的投到蒋介石门下,成为国民党政学系的机关报。"并列举了近几十年来的《大公报》和蒋介石政权结成"分解不开的关系"的事例。在谈到《大公报》主持人"善于在所谓'社论'宣传上运用狡诈手段"时,《同人宣言》写道:"他们懂得,如果完全正面为罪恶昭著的反动统治者说话,是徒劳无功的,因此,他们总是竭力装成'在野派'的身份,用'在野派'的口气来说出官家要说而不便直说的话。……小骂大捧是《大公报》的得意手法。……因此,《大公报》在蒋介石御用宣传机关中,取得特殊优异的地位,成为反动政权一日不可缺少的帮手。"在谈到同人在《大公报》工作的感受时写道:"同人等过去在这样一张报纸中工作,实在是百端痛苦。我们愈深切的看出它的本质,就愈觉得难于忍受。"最后说:"总之,我们的一切经历使我们不能不下个断语:《大公报》实在是彻头彻尾的一张反动报纸,名为'大公',实则大私于独夫;名曰'无党无派',实则是坚决地站在反人民的立场上,做国民党反动派的帮凶。"

《〈进步日报〉是如何产生的》主要是详细介绍了前天津《大公报》改组成为《进步日报》的过程。

4月

14日　总经理胡政之在上海病逝,终年60岁。曹谷冰继任总经理。

15日　为悼念胡政之,沪版以"胡政之先生遗言"为名发表胡政之1943年9月5日写的《回首一十七年》。并开辟"胡政之先生哀荣录"专栏,用以刊登国内外各界、各阶层、各团体及个人的挽联、挽词、唁电、唁函,直至5月4日为止。

渝版"社评"《敬悼胡政之先生》:"本社总经理胡政之先生患肝硬化症整整一年,昨晨在上海寓所逝世。胡氏系本报创办人之一,先后经营本报达三十年之久。现在国家正值大变革时代,本报亦遭逢空前难关。正需要他的英明领导,不料辛劳的工作妨害了他的健康,无情的病魔夺去了他的壮志。这不仅是本报事业上的大打击,也是中国新闻界很大的损失。……而胡先生永离人间,不能再为人民服务,岂仅本报同人丧失一英明导师,人民亦减少有力的代言人了。"

5月

27日 王芸生、杨刚随同解放军回到上海。

是晚,国民党重庆警备司令部稽查处派人包围了《大公报》重庆馆;28日凌晨以所谓"泄露军事机密"和"通共"罪名,逮捕了编辑主任顾建平,软禁经理王文彬。

同时,《大公报》驻宜昌记者黄勉之、驻昆明记者严达夫先后被捕。

6月

17日 沪版发表王芸生写的"社评"《〈大公报〉新生宣言》,首先阐述上海解放的意义,指出:"上海的解放,实际是国民党匪帮的反动政权彻头彻尾的灭亡,是全中国获得新生。在这重大时会,《大公报》也获得了新生。"接着检讨历史:"《大公报》有将近五十年的历史,创办于清末开明贵族之手,民国初年曾落入安福系政客的掌握,一九二六年大革命开始之年续刊,一部资本出于官僚,政治意识渊源于封建政客及新兴资产阶级。《大公报》的根源如此,它的政治属性自然不会跳出这个范畴。……在过去二十几年的人民革命浪潮中,《大公报》虽然不断若隐若现的表露着某些进步的姿态,而细加分析,在每个大阶段,它基本上都站在反动方面。在大革命破裂之后蒋介石的'剿匪'时代,《大公报》是跟着喧嚷'剿匪'的。在九一八事变东北沦陷之后,《大公报》是主张'缓抗'与'攘外必先安内'的。在对日抗战初期,《大公报》站在民族主义立场,为抗战尽了些力;但是由于它反对抗日民族统一战线,极力宣扬'国家中心'论,把蒋介石捧上独裁的宝座,经常宣传'军令政令统一'的说法,以压制八路军和新四军的发展,因此,在抗战中期和后期,《大公报》的领导思想在抗日问题上有些摇摆。到抗战已近胜利之时,《大公报》还不赞成联合政府的理论,而想替国民党维持独霸的局面。《大公报》曾赞成政协的决议,但到国民党反动派撕毁政协决议时,《大公报》的负责人反而参加伪'国大'去制'宪'。蒋介石既撕毁政协决议,又勾结美帝发动'戡乱'内战,人民解放战争已于东北开始之时,

《大公报》却发表了《可耻的长春之战》社评,为蒋介石也即是为美帝撑腰。当人民革命浪潮已把反动势力震荡得摇摇欲坠之时,《大公报》又提倡所谓'自由主义''中间路线',以自别于反动统治阶级;其实人民与反人民之间绝无所谓'中',而所谓'自由主义'既根源于买办资产阶级,这'金外絮中'的外衣更是混淆是非,起着麻痹人民的作用。"还说:"要知道这绝不是偶然的。《大公报》基本上属于官僚资产阶级,与过去的反动政权是难以分离的,总的方向是跟着国民党反动统治走的。其基本性格既然如此,因此在国际关系上,基本上是亲美反苏的。"

然后宣布:"在新民主主义的中国,《大公报》是具有政治与文化两重机能的私营企业,它检讨过去,开拓未来,也正是扬弃旧污,开拓新生。……《大公报》同人对过去的错误,内心是愧疚的,今当新生,提高警惕,痛感责任,黾勉前进,努力为人民服务。从今天开始,上海《大公报》从机构到版面,都经过重大改革,内容固期崭然一新,机构也已民主化。今后的《大公报》,从经济观点上说,是私营企业,而在精神上,是属于人民的。《大公报》全体职工同人,业已郑重确立了工作方向与目标:为人民服务……并郑重确定了工作态度:向人民负责。言论、记事,以至广告,都要向人民负责。一字之错,一语之非,都不许含糊,都要勤于检讨,勇于改过,尤其方向不许有错。我们必努力而小心的这样做,更诚恳请求广大读者给我们帮助,给我们督责。今后的《大公报》,已不是官僚资本的了,也不单是我们服务人员的,而确定是属于广大人民的了。"(按:《大公报》沪版宣布新生后,8月15日,国民党西南行政公署奉命查封《大公报》渝版,因故暂缓执行,至9月17日,派员强行接收渝馆,仍以《大公报》之名出版。11月30日重庆解放,王文彬回馆主持《大公报》渝版的工作。1951年12月12日,《大公报》渝馆宣布公私合营,1952年8月15日停刊)

(二) 消息、言论与通讯

1941年(民国三十年)

12月

2日 二版"社评"《收缩通货及信用之紧急处置》,首先说:"现在物价之涨,已显明的成为恶性循环。事势急迫,已需要政府及各界群策群力,用救急的手段来处置。我们觉得不应当再讳疾忌医,而应当大声疾呼,指明危机的根本所在,在于通货及信用之膨胀。"在分析了膨胀的原因后接着说:"当前紧要的事情有两桩:一是收缩钞券,一是收缩信用,而根本便是收缩事业。我们不能再说一面抗战,一面建设。我们要等抗战胜利后,再谈建设。在抗战过程中,财政收支不能平衡,而要减少发钞,是不容易实行的事;但停止事业的扩充,限止资本的活动,便可以间接减少发钞的需要。只要有决心,并非不能办。"

3日 二版"社评"《由明年度预算谈紧缩》,首先说:"紧缩之政,要先从中央做起:一、莫设新机关;二、少办新事业;三、现有的机关也要加以调整与紧缩。"接着详尽列举了官吏兼差冗滥,机关庞大重叠的若干例子,并希望"政府一定要下大决心,来纠正这种风气,那不但节省了国家的开支,同时也可收到修明政治之效。"最后说:"抗战已到决定阶段,军事稳,外交好,而较弱的一环是财政。我们为了撑过艰难的阶段,争取胜利的光明,紧缩公私生活,乃是目前救国工作的第一义。关于财政,政府一定要以如临深渊如履薄冰的谨慎心情去处理,万万不可稍涉放漫,致使抗战大业功亏一篑。"(按:2日、3日的两篇社评发表后,在社会上引起了较大反响,读者纷纷来信表示赞同。12月6日第二版《读者投书》栏刊登两封:《关于收缩通货及信用》《巴渝二孔庙可以停修》)

9日 二版头条《暴日对英美宣战,太平洋大战爆发》:英美昨日立即宣布应战,我国决定对日德意宣战,蒋委员长电美英苏当局。

"社评"《太平洋大战爆发,暴日走上切腹之路》。

10日 二版头条《我对日德意宣战》。

三版"专访"《日本将三面作战——杨杰将军的谈话》(本报记者)。

11日 二版头条《蒋委员长激励军民》:我国将与英美苏并肩作战,奋发苦斗消灭人类之蟊贼。

"中央社专电":罗斯福总统演说,美国必能胜利,痛斥暴日之奸诈丑行,并称德意已认为对美作战。

12日 二版头条《德意对美国宣战》:美即宣布应战,两院已通过。

"社评"《德意对美宣战——世界大战尚缺一环》说:"自从暴日对英美开衅之日起,世界大战的壁垒已极显明,现在德意又对美国宣战,严整的局面仅差一环,就是苏联尚未对日本宣战。"并说:"苏联的对日宣战,乃是极重要的最后一环,只要这一环完成,解决日本,极有把握。"

13日 二版"社评"《太平洋大战爆发后关于我国经济财政的几点建议》,首先说:"本月二三两日本报曾发表《收缩通货及信用之紧急处置》及《由明年度预算谈紧缩》两篇社评,我们仍维持该两文的主张不变,兹因太平洋大战爆发,对我经济财政均有相当影响,特再作几点建议,以为前两文的补充。""第一,管理物资",特别加强对粮、盐、油、煤、棉布等几种主要生活物资的管理。如此,"一面可以消灭囤积居奇的现象,同时也可以阻碍沦陷区的法币内流"。"第二,预算的紧缩与监督考核。"尤其是"中央的政费必须缩减,国家的信用贷款必须收缩,现在不再重复申说。而综核全部预算,实以军费为大宗,凡事一涉到军,就机密不公开,是否毫无浪费不得而知"。对于军队发饷,"特作以下两点建议:(一)逐渐行实物发饷制,以减少钞券的去路";"(二)预算缩编之后,还得有健全的执行与审核"。"第三,澈底管理银行。近来操纵物价的投机事业,大都是通过银行的金融资本,所以管理银行资本,乃是当前的最急务。……管理银行,国家银行也得管理,对商业银行的管理尤其要严格。老实说,现在的立法,需要和他们为难,就把现有的商业银行关掉一半,也不算多。"最后说:"以上三点,虽牵涉很广,但有一个共通点,就是收缩通货紧缩开支,并尽可能的阻断游资在投机市场上的通路。"

14日 三版"专访"《贵州在前进中——记黄炎培氏谈话》(本报记者)。

20日 二版头条《敌军在香港登陆》:英防军力抗中,形势已严重。

21日 二版头条《同盟军拟设统帅部》。

"中央社讯"《全会重要决议》:厉行法治,修明政治,确定战时经济方针。(按:全会指国民党五届九中全会。此次会议12月15日在重庆开幕,23日闭幕)

22日 二版"社评"《拥护"修明政治案"》:"为今之计,所有政府机关,一要全部厘清其系统,二要逐个考核其执掌,系统紊乱或重复的,就毅然将其裁并,执掌空洞的,就决然把它撤销。冗员当然要裁掉。……今后要绝对倡导'一个人要切实做到一个人所应做能做的事',有志气要做事的人,应该以兼差为耻。此外最要紧的一点,就是肃官箴,儆官邪。譬如最近太平洋战事爆发,逃难的飞机竟装来了箱笼老妈与洋狗,而多少应该内渡的人尚危悬海外。善于持盈保泰者,本应该敛锋谦退,现竟这样不识大体。又如某部长在重庆已有几处住宅,最近竟用六十五万元公款买了一所公馆。国家升平时代,为壮观瞻,原不妨为一部之长置备漂亮的官舍,现当国家如此艰难之时,他的衙门还是箕踞办公,而个人如此排场享受,于心怎安?……另闻此君于私行上尚有不检之事,不堪揭举。总之,非分妄为之事,荡检逾闲之行,以掌政府枢要之人,竟公然为之而无忌。此等事例,已传遍重庆,乃一不见于监察院的弹章,二不见于舆论的抗言,直使是非模糊,正义泯灭。……现在九中全会既有修明政治的决议,我们舆论界若再忍默不言,那是溺职;新闻管理当局若不准我们发表,更是违悖中央励精图治之旨。"(按:文中所举的"某部长"即6月30日就职的外交部长郭泰祺。郭氏1932年起出任中国驻英大使。1941年4月,国民党八中全会决议其任外交部长。《大公报》社评发表时,正值国民党开五届九中全会,鉴于舆论压力,蒋介石当即提议将郭泰祺撤职,而以宋子文继任。另外,关于文中所说的"老妈洋狗"问题,交通部长张嘉璈出面于12月29日致函《大公报》说:"本年十二月二十二日贵报社评《拥护'修明政治案'》文内,涉及此次香港来渝逃难飞机装载箱笼老妈洋狗,致多少应内渡之人尚危悬海外等语,当以此事为社会视听所系,经饬中国航空公司彻查具报,据称:……惟是日香港与九龙间交通断绝,电话亦因轰炸不通,其未经来公司接洽之乘客,无法通知。……在起飞前,时已拂晓,因敌机来侦之故,不能再待,惟飞机尚有余位,故本公司留港人员因此亦有搭机回渝,并将在站之中央银行公物尽量装载填空,随即起飞,决无私人携带大宗箱笼老妈之事,亦到站不能搭机之乘客。至美机师两人,只有空位,顺便将洋狗四只,计三十公斤,携带到渝,确有其事各等情。……查所称各节,确属实在情形,贵报社所述殊与事实不符,除美籍机师携洋狗一层,殊属不合,已由本部严予申儆外,相应函请查照,即予更正,以正是听,是所至盼。"此《交通部来函》载于本月30日《大公报》第三版)

27日 二版"中央社讯":敌军侵占香港,水源断绝,英军停止抵抗。

"社评"《哀香港》:"在香港岛及九龙租界百万人口,除一小部份外,都是中国的华侨。栉比的高楼大厦,华侨所建;累累的市井货物,华侨所积屯;一炮飞来,中国人的损失或在英国之上。尤以此次战祸突兀发生,有许多中国优秀人才,未及脱出;许多中国的贵重物资,未及迁移;更令我们十分悬念,十分惋惜。"

29日 二版"社评"《事业紧缩与消费节约》,首先说:"自本报发表《收缩通货及信用之紧急处置》与《由明年度预算谈紧缩》两文以后,得到许多同情的拥护,但也有人怀疑与反对。"针对有人提问"消费诚然要节约,但事业何以要紧缩?""投机事业诚然要取缔,但生产事业何以也要收缩?"认为:"事业紧缩是信用及通货紧缩的根本,也是消费节约的前提。我们身临恶性膨胀的边缘,要悬崖勒马,赶紧收缩,非有旋乾转坤的大力量,与不卷不转的坚决意志,不容易贯彻。"接着具体论述"消费要节约,事业也定要紧缩"的道理。

1942年(民国三十一年)

1月

2日　二版头条《长沙外围展开激战》。

3日　二版头条《我军入缅助英御敌》。

"社评"《为什么要紧缩建设事业?》:"无论什么生产,总要有生产原素,就是说土地资本与劳力,三者缺一不可。""现在事业膨胀的趋势,在人才资力处处缺乏的环境下,随时随地正与抗战的需要竞争着有限的资源。不急的事业多扩充一分,即抗战力量减少一分。我们的国策清清楚楚没有错,我们的主张也正与国策相合。"

三版"短评"《国军入缅》:"太平洋战事爆发后,我军先策应港九英军作战,现又开入缅甸,准备与英军并肩御敌,说明中英军事合作计划已在逐步实施,也就是同盟国的军事合作益加密切。……国军正式出国作战,此为首次。我军入缅将士皆久经战阵精锐之师,行军必纪律严明,临阵必杀敌致果,为中国增光,为盟国争胜!"

4日　二版头条《反侵略国共同宣言》:美英苏中荷等二十六国签订,赞同罗丘宣言,消灭兽性武力;每一政府竭力对抗与之作战之敌,与签字国合作,并不与敌单独媾和。

5日　二版头条《长沙近郊敌已崩溃,我军全胜指顾可期》。

"中央社电"《盟军东线布署》:中国战区包括泰越等地,蒋委员长担任最高统帅,魏菲尔统率太平洋盟军。

7日　二版头条《湘北大捷美英欢忭》,认为是远东同盟军重要胜利。

"社评"《长沙之捷与太平洋战局》:"这次长沙会战,既然是随着太平洋战局而发生,因此这次长沙之捷自然也会影响到太平洋战局。"

8日　二版头条《汨水以南我围击中》:残敌益形狼狈,势将聚歼,湘北鄂南敌后我亦进攻。

"社评"《再论长沙大捷》:"敌犯长沙,至再至三,我军应战,三战三捷,而这次胜利之大,战果之丰,皆远超过前昨两年之捷。"

10日　二版"社评"《信用紧缩的着手处》:"假如说,我们所主张的紧缩政策,已被政府当局所采纳,究竟这样大事业,该从何处着手起?""我们不能将所有消费者以及所有工农商业一一统制,我们必须要找到一个枢机地方着手。……这样一个枢机,只有金融业。"

14日　三版"通讯"《湘北观捷记》(本报特派员)内容:(一)长沙并非"废墟";(二)战略与战术;(三)长沙第一线。(按:15日续完)

16日　三版"通讯"《长官、士兵、民众——湘北观捷记之二》(本报特派员)内容:(一)知耻与改进;(二)两顿干饭;(三)军民之间。

17日　二版"通讯"《记空军湘北之捷》(紫煊)。

三版"通讯"《三湘与八桂——湘北观捷记之三》(本报特派员),内容:(一)前后异同;(二)交通便利;(三)湘桂掠影。(按:《大公报》特派参加湘北视察团的记者于1月7日下午抵长沙,当即转往前线。几天来除发回几则专电外,主要写了以上三篇《湘北观捷记》)

22日　二版"社评"《青年与政治》:"一月以前,国民党九中全会开会,除对国家当前问题有种种检讨外,更有修明政治的决议。这足见中央并无故步自封之意,且常欿然若有不足。我们以为这是政治进步的机运,所以本报于上月二十二日曾发表《拥护"修明政治案"》一文,以期加强中央决议之力。立言之意,全本爱国赤诚,阐明修明政治的必要,偶凭所闻,列举一二事例,并非立论之中心,且关于飞机载狗之事,已经交通部张部长来函声述,据确切查明系外籍机师所为,已严予申儆,箱笼等件是中央银行的公物。本报既于上月三十日揭载于报端,而此函又为中央政府主管官吏的负责文件,则社会自能明察真相之所在。""最后讲到学校青年的本身":抗战大局之下,"国家养士",重视教育,"原为厚培国本,光大国运,使后起之士,皆能为国族任重而致远。先哲释'士',谓通古今,辨然否,谓之士,则识时重事,宜为士所喻。现时何时?乃国家存亡兴废亟待共救之时。现事何事?乃抗敌救亡急于一切之事。在此时,当此事,若青年学子不审时辨事,纯凭一时的感情冲动,辄尔荒废学业,干扰秩序,甚且无意中为敌奸所利用,影响政府威信,爱国者适足以误国,应为青年所不忍。"(按:据王芸生、曹谷冰后来说,交通部长张嘉璈的声述函发表后,更引起了人民的愤慨,"在遵义的浙江大学和在昆明的联合大学,两校爱国学生先后举行游行示威,向国民党政府抗议'飞机洋狗事件'。蒋介石怕风潮扩大,叫陈布雷找王芸生,再写一篇社评,劝学生不要闹事。王芸生就写了一篇题为《青年与政治》的社评,发表在一九四二年一月二十二日的《大公报》上","这篇社评发表后,《大公报》编辑部曾得青年读者来函,质问《大公报》的言论为何出尔反尔,前后两歧?《大公报》自然无法答复了"。见王芸生、曹谷冰:《1926至1949的旧大公报(续二)》,《文史资料选辑》第27辑,中华书局1962年版,第245—246页)

23日 三版"专载"《论太平洋海战》(蔡鸿干),主要内容:(一)新加坡问题;(二)珍珠港问题;(三)荷兰港问题。(按:至26日续完)

26日 二版"社评"《申论紧缩》:"近月以来,本报强调主张紧缩,社会上对此问题,意见虽不尽一致,但大体归纳起来,对于投机囤积,'予奸商以便利'的放款,'消费方面的商业',与抗战没有直接关系以及不能迅速完成的事业,大家意见均承认应该紧缩。即使与本报主张不同的人,对于此点亦无异议。"并就要办的一部分紧缩工作的实行,提出了若干具体建议。

30日 三版"通讯"《东江敌后行》(本报特派员1月15日自曲江),内容:(一)行前军事形势;(二)敌区老百姓;(三)倭寇几个宣传方针;(四)访敌后二县长;(五)樟木头;(六)苦斗中铁路员工;(七)一座金融堡垒。(按:31日续完)

2月

2日 二版"社评"《调整机构提高效率》:国民政府战时政治机构,和外国的战时内阁紧凑的情况相比,则完全是两回事,"行政院应负实际政治责任,但行政院之上又有中央政治会议,现在的国防最高委员会,同时并存的还有军事委员会,高高在上的更有中常会。行政院要负责办实际政治而无其权,中执会名义上有其权而不负实际政治责任,所以结果行政院既没有当机立断迅赴事机的权能,中常会又往往与实际政务隔阂。国家政治重心,没有一个紧凑的机构可以寄托,其下的机关组织自然也就散漫紊乱"。最后建议,趁九中全会修明政治的决议和"最高领袖也有调整各项机构以应战时需要之主张",将官制重新调整一番。

4日 二版头条《英美宣布贷我巨款》:英为五千万镑,美五亿美元。

"社评"《英美贷款之内外意义》,先说国际意义:"英美这笔借款,就是对暴日的一个强力答复。这答复的意义是:中英美对战局前途毫不悲观,具有奋斗必胜的决心。单就中国说,单独苦战五年,暴日尚奈何我不得,现在藉此财力加强作战力量,则斗志益盛。"再说国内意义:"在太平洋战局势将长期化的现况之下,我们的抗战局面将更艰难。但要指明,这所谓将更艰难,不在军事,而在经济财政。"英美这笔借款对中国克服经济财政将有"不小"的帮助。

8日　二版头条《盟国加强作战机构》:英美在华府设参谋总长会议。

11日　二版"中央社专电":中美加强军事联系,美少将史蒂威尔将奉派来华。

13日　二版头条《蒋委员长抵印度》:与印当局商中印有关问题。

16日　二版头条《星洲英军停止抵抗》:昨日下午遣使向敌方投降。

三版"通讯"《空袭河内敌机场》(孤槐)。

17日　二版头条《英方宣布星洲弃守,巨港陷敌荷印益紧》。

"中央社伦敦十五日路透社电":"官方正式宣布:新加坡守军业已停止抵抗。"

19日　二版头条《新生活运动八周年纪念蒋委员长告同胞书》:加强全国动员,厉行战时生活。

"社评"《全国动员实行战时生活》:"在今日,十目所视十手所指的元恶巨憝毕竟不多,也可说无有;但因为国家在战时,在'国家至上''胜利第一'的要求之下,国民的道德应该特别提高,生活的享受应特别限制,在这种要求的衡量之下,那就不少时代的罪人了。因循敷衍把今天的事摆到明天办的官吏是罪人,怠惰自私拥有工具原料而不积极生产的工业家是罪人,贪得无厌囤积居奇而发国难财的商贾是罪人,奢华浪费听见海上战事爆发而即挥巨款出高价到商店抢购消费品的太太小姐们是罪人,消闲松懒一切吃饭不做事或做事不尽职者都也是罪人,这些人都应该受战时生活规律的制裁。至于违法乱纪便私害公之辈,当然更是应受刑章惩戒的罪人。"

20日　二版"社评"《时代精神在哪里?》:"蒋委员长提倡新生活运动,经过八个整年的历史,用意就在鼓铸一种时代精神。……当前的问题,是要砥砺一种刚健弘毅、刻苦负责、实事求是的精神,以代替现时一部分泄泄沓沓的人心。要这样,便得先将投机发财走私舞弊的机会一一杜塞。没有这些邪欲的诱惑,才谈得到时代精神的发动。这些私欲的诱惑,与我们所需要的时代精神势不两立。本报所强调主张的紧缩政策,从消极的意义言,只是防阻膨胀;从积极的意义言,是砥砺节操,建立新道德的前驱,是一种开路工作。"

23日 二版头条《蒋委员长告印民书》：中印两国应同为人类自由努力，目前世局中无中立旁观之可能，深信英国将予印人以政治实权。

3月

3日 二版"社评"《美国怎样进攻？》："由马奇诺到珍珠港及新加坡的全部战史，已证明防御是最劣的战术，任凭金城之固，天堑之险，无一不可被敌人攻陷，同盟国若要胜利，就必须反守为攻。……美国是两洋国家，海陆空军俱皆强大，就当前的大势论，实在最有担任进攻任务的资格。"

4日 三版"读者投书"《关于巴县征工修衙门》。

5日 二版"社评"《罢土木，汰冗滥》："中国历代衰敝之世，除了天灾人祸之外，往往有发自朝廷的两种浪费，一是兴土木，二是增冗员。""昨天本报所载《读者投书》报告巴县政府修衙门的情形，征工裹粮，误农事，耗民力，糜国用，俨然末世暴君之兴土木，岂可以建设之美名与之。在这艰难抗战之时，节糜费以增国力，乃绝对必要。在这时代，各种衙门应以茅茨土阶为荣，各级官长之菲饮食，卑宫室，也是应有的道德。罢土木，尽可能少兴浪费的建设，应该无所异议吧？"

6日 二版"中央社讯"《蒋委员长返渝》：中印合作会商结果圆满，归途曾在腊戍晤魏菲尔。

"社评"《闻美军续抵英岛》：据报大批美军抵英，我们闻之忧喜参半，"喜的是同盟国合作密切，忧的是美英当局仍怀着'西线第一'的成见，将会贻误东方的战局"。认为"衡量全局，太平洋战局更是迫切，所以希望美国能有更大的兵力派到太平洋方面来，而且越快越好！"

11日 二版头条《参加同盟国军事会议，我决派代表团赴美》：一行由熊式辉将军率领前往，史蒂威尔任中国战区参谋长。

"中央社专电"：仰光英军撤守，敌称爪哇守军全降。

"社评"《仰光沦落》："香港、新加坡与仰光，是英帝国在远东的三大据点。……（三据点皆失）那不能不说是英帝国之防范太疏。……但若为避免今后更大的失败，则检讨以往的缺憾，还是很需要的。""现在事已至此，缅甸已大部与印度隔绝，实际成为中国云南省的外卫，希望太平洋作战会议下一英断，把缅甸划入中国战区，把防卫上中缅甸的责任交给中国。"

三版"通讯"《广州探险记》（铸成3月5日），前言："一个意外的机会，使我在广州勾留了七天。这一周中,我整天喘不了气,整天低着头,过着像非洲原始地带探险一样的生活,但自己是一个新闻从业员,虽在这样的环境下,也没有忘掉新闻记者应有的触角,因此,耳闻目睹,曾搜集了不少材料,足够我今天写一篇不长的探险记。"内容:"没有空气没有青年""繁荣了售吸所""文化的'交流'""银幕上的鬼影""一个典型""珍重寄语""我向广州挥手"。(按:分上、下,12日续完)

22日 二版头条《我军扬威缅南前线,北犯之敌迭遭重创》。

三版"短评"《我军杀敌缅南》:"我入缅大军出现西汤河前线,展开缅甸战事之新页,不胜欣慰。入缅我军原止于缅甸东北部,现得南开,策应盟军;任务虽然加重,但这是我们所朝夕企盼的,正恨其实现之不早。"

26日 三版"通讯"《美国的报纸》(本报驻美通讯员严仁颖,2月14日自纽约)。

29日 二版"中央社路透电"《中国战区参谋长史蒂威尔语英记者》:缅境盟军困难克服中,盼能分担英方之负担,握取制空权可有裨华军作战。

4月

1日 二版"中央社专电":华府成立太平洋作战会,罗斯福今召开首次会议,希望盟国完全合作谅解。

6日 三版"专载"《美国的战争及美国的和平》(美国生活杂志主编亨利·卢斯著,本报特译)。(按:此文载于4月6—7日、10日。为重视起见,此文载毕的4月10日,《大公报》第二版发表社评《中美两国的责任》说:"我们读毕此文,感觉卢斯的言论倾向,当可代表多数美国人的思想。这种思想,是表示美国人真已有了'以天下为己任'的志气。只要美国人有这种抱负,有这种热诚与毅力,美国的确有再造人类和平的资格")

13日 二版头条《入缅我军坚守阵地,飞虎助战重创敌机》。

19日 二版头条《美空军初炸日本岛》:东京、横滨等区均被猛烈轰炸,神户、名古屋大火全国有警报。

"社评"《轰炸日本岛!》。

21日 二版头条《缅境捷报我军攻克仁安羌》:油城重见天日,被围英军救出。

22日 二版"社评"《欣闻入缅国军之捷报》:"我们听了这个消息,真是无限的喜慰。"认为此次胜利,使缅甸的战局"峰回路转,气象一新"。

30日　二版头条《美总统重要演说》:不论日军在缅有何进展,必有方法接济中国军火,决心复土对日将取攻势。

5月

1日　二版"社评"《缅甸战局与罗斯福演说》:"缅甸战局到今天的情形,无须讳言,已很严重。这种严重情势的演成,也无须讳言,是中英军力都相当单薄。""罗斯福总统说:'不论日军有何进展,余可向中国英勇之人民进言,必有方法,以飞机军火接济蒋委员长统率之部队,俾克在此次战争中与侵略者相抗衡',我们绝对信赖罗斯福总统这句话,希望相当强大的空军赶快飞到滇缅路之间,还赶得及转捩缅甸的战局。"

2日　二版"社评"《祝国家总动员会议成立》:"国家总动员会议,业于五一成立。我们相信该会议成立,将一变国人过去散漫松弛的作风,充分运用人力物力,律以战时轨范,真正做到全国总动员。"

5日　二版头条《实施国家总动员法,蒋委员长昭告国民》:必须贡献能力加强战斗力量,牺牲个人自由,保卫民族自由。

三版"通讯"《中国学生在美国——孟治博士谈指导援助方针》(仁颖 3月15日自纽约寄)

6日　二版"社评"《国家总动员与政府能力》:"怎样使国家动员更组织化与澈底化?这是全体国民的任务,尤其是政府的责任。我们细读《国家总动员法》一过,在那三十二条文字中,处处表露着人民义务之重,政府权力之大。总括一句话,全国的人力物力,一切皆属国家所有,一切皆可供政府运用。……政府有此权,而能否有效的运用此权,那就要看政府的能力了。"

7日　二版"社评"《由总动员到自力更生》:"在今天,自力更生这个信念必须确立。"建议"国家各部门皆得动员",做到"在今后的三年内,不假外援,使五百力国军有足够打仗的军火,使全国军民有饭吃,有衣穿。这是最基本的三个要素,而是我们力所能达的"。

9日　二版"社评"《足兵足食足衣》,对如何解决好"军火问题""吃饭问题""穿衣问题","提出拙见,贡献政府采择"。其建议集中到一点,就是各部门精简机构,删掉一切承转层次,节省经费,节省人事,加强事业。

15日　三版"通讯"《参观滑翔训练班记》(民威5月7日由蓉寄)。(按:航

委会滑翔训练班同人听到提倡滑翔运动的《大公报》胡政之先生从香港脱险后到了成都,非常兴奋,特约请他去参观并演讲)

17日 三版"专访"《缅甸二三事——记谢仁钊氏谈话》。

22日 二版头条《浙境各路战斗方酣,我军阻敌续向南犯》。

23日 二版"社评"《致意四川省临时参议会》:"抗战以来,四川对国家的贡献真是大,出人、出粮、出钱,均占全国第一位,这是全国同胞所一致感念的。""抗战尽管给四川加重了负担,同时也给四川启开一个进步的机运。……现在全国人才集于四川,国家力量汇于四川,抗战时机抬高四川,这些条件集结在一起,天然是四川进步的千载一时之机。"

"通讯"《滇缅边炸敌记》(澜安7月17日于××),内容:"腊戍的轰炸""炸滇缅公路""炸畹町""炸怒江西岸""炸龙陵至怒江西岸"。

三版"通讯"《由上海到重庆》(担风),内容:(一)孤岛上海;(二)孤岛之沉沦;(三)恐怖世界;(四)由上海到金华;(五)浙东战场;(六)一点感想。(按:24日续完)

25日 二版头条《浙境歼敌金华东南,各路猛犯之敌受阻》。

27日 二版头条《金华城郊歼敌数千,兰溪东北敌亦击退》。

28日 二版"社评"《由全局看浙江之战》指出:暴日的浙江攻势,其"动机是在夺取浙赣间的几个空军根据地,冀以解除盟国空军由中国大陆进攻日本三岛的威胁,用以安慰曾被美机袭炸过的三岛人心。……纳粹攻苏,是生死决战,它必然要求日本对苏夹攻,而日本对苏也正有这种必要,待到德军获得相当进展,暴日的乘机窃发,实大有可能。因此,我们特别警醒美国,快快准备北太平洋上的空军攻势,苏联快快准备应变于机先,把美苏的联合铁拳捣向日本三岛,这是挽救苏联危机并粉碎轴心攻势的一个有效的捷径"。

31日 二版"星期论文"《国军援缅的意义和其功用》(王芸生):"甲、从中国为同盟国一员的立场看:第一,中国出兵援助,是为着支持同盟国的大势,而挺身赴援,履行同盟军应尽的义务"。第二,中国是在战场甚广、失地待复、兵力不足的情况下援缅,此等视人之急,救人之危,"如此仗义急难之作战精神,实为同盟军争取共同胜利所不可缺之要素"。"乙、从中国本身的立场看:第一,由己立人、济弱扶倾的中国传统精神,结晶升华为国父的大亚洲主义"。"第二,敌既占有越遏,今更侵入缅甸,即我为保障云南计,亦不能不出兵援缅。"

6月

3日　三版"通讯"《哈德森河畔的春天》(本报驻美通讯员严仁颖4月29日于纽约)。

4日　二版"通讯"《缅战别纪——滇西前线通信》(5月18日剑萍寄)。

8日　二版头条《中途岛美海军报捷，敌海空军损失惨重》：美方公布鏖战未已大捷在即，珍珠港之仇已得部分的报复。

12日　二版头条《苏与英美加深盟谊》：缔结作战同盟及战后合作条约，辟欧洲第二战场加强物资供应。

18日　二版"通讯"《流星群在滇西的战斗》(朱民威6月11日自××)。

19日　二版"通讯"《平津饥饿线》(彭籁5月20日自北方寄)。

22日　二版"社评"《苏联抗战一周年》，先说："苏联对德作战，已渐能立于不败之地，其一年苦战所创造的惊人成绩，对于反轴心战争，实有伟大的贡献。"(按：此文后一段文字，是替苏联总结苏德互不侵犯条约的教训，并提醒苏联警惕日本，因为苏日也于1941年4月13日签订了中立条约)

27日　三版"短评"《敬慰罗卓英将军》："指挥国军入缅奋战的罗卓英将军，于本月二十三日归抵重庆。"《大公报》借欢迎罗卓英将军归来之机，歌颂入缅参战的中国军队。

28日　二版"通讯"《北方外侨的浩劫》(彭籁5月20日自北方寄)。

7月

7日　二版头条《抗战第五周年纪念，蒋委员长昭告军民》：世界战局之顺逆成败已划然分明，尽其在我联合作战必获最后胜利。

8日　二版头条《军委会发表五年抗战战绩，毙伤敌二百五十万》。

16日　三版"通讯"《今日南京》(孚5月16日寄自苏北)，内容：(一)没有饭吃；(二)烟赌娼公开；(三)小鬼的世界；(四)升官发财是个梦；(五)一群囚徒；(六)人心未死。

18日　二版"中央社讯"《戴安澜师长殉国》：缅境喋血负伤不治，灵榇抵昆明时万人郊迎。

三版"短评"《敬悼戴安澜将军》："我们不忘抗战，不忘入缅之役，尤其不忘戴将军！戴将军曾为国军创下辉煌的战誉，马革裹尸，正其所愿；而抗战未已，失此良将，国家的损失实在太大了！"

19日 二版"通讯"《今日上海》(周存爱)。

24日 二版"通讯"《香港近况》(胡剑7月18日),内容:"米吃人""苟延残喘的商业""死神与恐怖统治下的香港"。

26日 三版"通讯"《渝蓉之间——西北纪行之一》(本报记者高集7月23日寄自成都),内容:(一)战时交通的缩影;(二)可喜的农情;(三)停滞的食糖运销;(四)成都一瞥。

27日 二版"通讯"《闽北前线行》(本报记者7月5日浦城寄),内容:(一)金华式的南平;(二)建瓯犹待动员;(三)水阻北行"黄鱼"利市;(四)一幅浙江义民图;(五)沉着的建阳;(六)闽浙赣边境巡礼。(按:载于27日、29日)

8月

2日 三版"通讯"《川北与陕南——西北纪行之二》(本报记者高集6月25日寄于蓉城),内容:(一)古今大道;(二)物资与物价;(三)川北与陕南。

7日 三版"通讯"《赛珍珠女士会见记》(本报驻美通讯员严仁颖5月31日寄自纽约)。

12日 三版"本报讯"《大贪污案》:中信局职员林某被押,贪污款项不止三千万。

三版"通讯"《第十一届工程师年会记》(本报记者高集8月7日寄),内容:(一)开幕盛典;(二)不要回去了;(三)四大展览;(四)四大专题。

13日 三版"通讯"《甘省政谈——西北纪行之四》(本报记者高集8月9日寄自兰州)。

16日 四版"通讯"《陕甘见闻——西北纪行之三》(本报记者高集8月5日寄自兰州),内容:(一)水和土的关系;(二)繁荣了的双石铺;(三)陇南和陇西。(按:8月13日先登"之四",8月16日刊登"之三")

18日 四版"通讯"《战地通信之一:万木无声之赣东前线》(本报特派记者杨刚7月16日寄自吉安)。

19日 二版"社评"《从林世良案说起》:"此案自然关系国法官箴,但我们也当首先明瞭一点,就是关于官吏贪污之事,可说是古今中外,无时不有,无地不有,问题只看法律是否有灵。……一个国家政事繁赜,百僚有司,难保尽是循良之士;所以发生贪污案件,并不足为国家之羞,而有了贪污官吏宽纵不惩,才是政府之耻。我们纵览历史,旷观当世,大概可以这样说:同是贪污之事,在治世大致都明究法办,不稍宽纵;在末世就盈目不视,充耳不闻,即使有人揭举,而在究办途中,也必庇护关说,使国法失灵。同是贪污之案,在文明国家,就尽法明纪,使奸宄无所逃遁;在陋野国家,就毁法乱纪,百鬼昼行。同是污瑕不免,而是否加以涤除,则可藉以观测一个国家的兴衰文野。以此之故,我们对于林案的观感,并不若一般人之痛心疾首,而却因此对国家期待一种兴隆气运文明令誉之焕发。"(按:林世良于12月22日被枪决)

21日　四版"通讯"《战地通信之二:将军树下大觉庵中——记罗卓英将军谈话》(本报特派记者杨刚7月18日赣东前线某地)

22日　三版"通讯"《甘肃在建设中——西北纪行之五》(本报记者高集8月14日寄自兰州),内容:(一)农田水利;(二)工业建设;(三)交通建设。

23日　三版"专载"《怎样才能提高行政效率》(陈世材)。(按:24日续完)

24日　四版"通讯"《兰州见闻——西北纪行之六》(本报记者高集8月15日寄自兰州)。

9月

2日　三版"通讯"《美国观感——记留美学生的谈话》(民威8月28日寄自成都)。

3日　三版头条《德军迫近斯城》:两路激战,苏军被迫后退,高加索亦紧,战事续南移。

三版"通讯"《战地通信之三:大战荷湖圩》(本报特派记者杨刚7月31日黄田村)。

7日　三版头条《斯城战局愈紧》:城郊激战,德军图入市区。

"通讯"《战地通信之四:姚显微之死——人生自古谁无死,留取丹心照汗青》(本报特派记者杨刚7月26日夜乐城白陂)。(按:姚显微,系中正大学文史系教授。其组织战地服务团,在战场与敌人遭遇,英勇牺牲)

8日　三版"通讯"《战地通信之五:请看日人的"新秩序"!》(本报特派记者杨刚8月2日南城警备司令部)。(按:11日战地通讯之六、12日通讯之七,分别为8日通信的其二、其三)

14日　二版"社评"《史达林格勒的争夺战》。

三版头条《斯城外围德军损失严重,北路苏军击退德军反攻》。

三版"通讯"《战地通信之八:漂泊东南天地间——浙赣学生在建阳》(本报

特派记者杨刚 8 月 14 日建阳潭南旅社)。

15 日　三版头条《斯城屹立不摇》:双方不断增援,战事益烈。

三版"通讯"《河西四郡——西北纪行之七》(本报记者高集 9 月 10 日寄自兰州),内容:(一)金饰了的银武威;(二)半老徐娘的金张掖;(三)今日酒泉郡;(四)荒凉的关外三县。

16 日　二版"通讯"《青海一瞥——西北纪行之八》(本报记者高集 9 月 12 日自兰州寄),内容:(一)六大中心工作;(二)塔尔寺巡礼;(三)经济情形。

19 日　三版"通讯"《川盐生产问题》(本报特派记者寄自五通桥)。

21 日　二版"专载"《正告日本舆论界——九月二十日对敌播讲》(王芸生)。

24 日　三版"通讯"《岷江流域》(本报记者恩源),内容:"岷江概略""建设工程""工厂分布""宜宾附近""今后瞻望"。(按:25 日续完)

27 日　三版头条《斯城苏军进展》:西北区奋战,克复数要地。

28 日　三版"通讯"《河西的荒凉——西北纪行之九》(本报记者高集),内容:(一)荒凉和穷困;(二)县长一夕谈;(三)农情与水利。

29 日　三版头条《斯城一片瓦砾》:双方拉锯战互有得失,摩兹多克苏军略后撤。

10 月

1 日　二版"社评"《史达林格勒彪炳战史》:"保卫史达林格勒一战的光辉,是世界战史出色的一页。……苏联军民所表现的英雄气概,及其所创造的军事奇迹,真可谓声震山岳,气壮牛斗。"并说,"这奇迹何以能出现? 问题的核心,决不是一个谜。威尔基先生巡迴了苏联的前线,默视而探悉了其所欲知的后方种切,曾深受感动,喟然说了这样一句话:'余在此始知"人民战争"一词的涵义。'这条战争原理的运用,本是苏联所特长的战术。……今天保卫史达林格勒的战士,包括着全部市民,甚至妇孺老弱,无不抱必死之心,甘愿与城共存亡,这旺盛而普遍深入的敌忾心理,就是史达林格勒壮烈之战的基础。"(按:威尔基,美国总统罗斯福的代表,9 月 17 日至 28 日访苏)

三版"通讯"《游劫牧民哈萨克——西北纪行之十》(本报记者高集),内容:(一)塞外草原的流浪人;(二)劫后无告的蒙古包;(三)哈萨克人素描。

3 日　二版头条《美国当代第一流政治家威尔基昨飞抵重庆》:机场盛大

欢迎,市民夹道欢呼,定今觐见林主席、谒蒋委员长。

"社评"《欢迎威尔基先生》:"威尔基先生是罗斯福总统的私人代表,同时还是美国两大政党之一的共和党的领袖。中国抗战以来,国际上第一流政治家来访问中国的,威尔基先生是第一个人。"[按:威尔基的到来,着实使《大公报》热闹了一阵,除连续几天第二版头条报道威尔基在华活动外,还发表了几篇"社评"《告诉威尔基先生:中国在艰苦中建国》(10月4日)、《美国与远东》(10月5日)、《希望美国首先放弃对华不平等条约》(10月6日)、《请威尔基先生看中国战场》(10月7日)、《全力反攻,确保自由——听了威尔基先生的声明》(10月8日)、《论反攻日本》(10月9日),另外还发了"专载"《威尔基先生及其言论》(10月3日第三版)、"通讯"《威尔基过蓉记》(10月4日第三版)、"特译"《威尔基——美国政治中的新人物》(10月5日第三版)、"特写"《威尔基在沙坪坝》(10月6日第二版)等]

6日 三版"通讯"《战地通信之九:浙赣战役中的敌情》(本报特派记者杨刚8月16日南平),内容:"战术""地图""汉奸""武器""毒气""给养""疾病""俘虏"。(按:8日续完)

9日 三版"通讯"《加城小景》(史翼9月23日寄)。

11日 二版"社评"《百年耻辱一笔勾消——英美宣布放弃在华特权》:"外国人在中国享有的不平等特权,计有以下数项:(一)协定关税,(二)领事裁判权,(三)租界,(四)内河航行权,(五)传教自由权,(六)驻兵权。这些特权都是片面的,都是不平等的,都是与国际平等原则不相符合的。这些特权,由一八四二年八月二十九日的《江宁条约》开始,一件件的出场,到一九〇一年九月七日的《辛丑条约》集了大成。这些特权,宰制中国一百年。在这些特权的宰制之下,中国的领土被分割,主权遭破碎,经济被压削,甚且人民的身体失自由。中国百年积弱,中国人自己的努力不够,是一个原因,而列强的不平等特权的压迫,也大大阻害了现代化的中国之出现。这种旧时代的帝国主义式的罪恶,本应早早在自由人类中拭抹了去,而在中国独独享了一世纪的寿命,直到中国抗战第六年的今天才由我们并肩作战的盟邦英美自动宣布放弃,我们真是喜慨交并。喜得是人类正义的脉搏中国已与盟邦英美和谐跳跃在一起,慨得是百年重压今日才得释去。"

13日 三版"特写"《忠义献机》:珊瑚坝上万头攒动,新机廿架展翅天空。

17日 三版"通讯"《报告甘陕旅行的一封书》(胡政之),笔者说:"近因参与张季鸾先生公葬典礼,有甘陕之游,旬前返渝,适蒋委员长甫自甘青宁陕巡视归来,敦勉国人,开发西北,一时'西北热'盛行。友人之关怀边陲者,遂时以余之此行观感为询,爰将数日前致友人一书,公开披露,或足供热心国事者之参考。"

23日　二版头条《参政会三届首次会隆重开幕,蒋委员长重大指示》:敌寇必败,惟战局势将延长;揭出经济病象,决断然处置。

二版"社评"《期望于本届国民参政会者》:"大家皆期待国民参政会为民主的阶梯,现在看来,已可居之不疑。国民参政会,可说是我们所以自居为民主国家的象征,我们就应该特别重视这个机关。我们所谓重视国民参政会,一要参政员诸君自己先重视,不卑不随,认真献替。二要政府重视,开诚相见,虚心听谏。……三要社会重视,一般国民应该确认参政会是人民的代言机关,认真的把意见反映到国民参政会去。"

29日　三版"通讯"《福州行》(杨刚),内容:(一)到福州去;(二)福州剪影;(三)福州军事地位。

11月

2日　三版"专载"《如何击败日本》(美国空军大佐Seversky著,本报特译)。(按:3日续完)

3日　二版"中央社讯"《重典惩奸商》:吴肇章(新都县银行经理)利用职务操纵市场,破获后军法审判已处死刑;陈仲虞(川盐银行郫县分行主任)大批囤米处无期徒刑。

三版"通讯"《旅行通信之一:湖北的新气象》(本报特派员孔昭恺10月24日,恩施),内容:(一)烟毒肃清了;(二)教育的重建;(三)民生经济政策的实施;(四)艰苦的建设;(五)财政上的措施;(六)记者观感。

5日　三版"通讯"《旅行通信之二:物物交换在湖北》(本报特派员孔昭恺10月25日寄自恩施),内容:(一)执行机构单元化;(二)控制物资与生产营运;(三)物物交换的成就;(四)凭证分配与消费合作;(五)对于物价的影响;(六)利益归之人民。

6日　三版"通讯"《旅行通信之三:恩施之行》(本报特派员孔昭恺11月5日追记于重庆)。(按:孔昭恺于1937年8月随张季鸾由上海到汉口创办汉口版,1938年10月又随报馆撤至重庆,这是他第一次离开山城,作鄂西之游。此

次旅行采访,除发三篇通讯外,回重庆后,还写了一篇《鄂政见闻所感》,刊于11月6日第二版"社评"栏)

7日 二版"中央社讯":今日苏联国庆,林主席特电致贺,孙院长等亦电苏申贺。

8日 二版"通讯"《劫后浙赣》(张明烈10月21日于建阳)。

11日 二版头条《中英关系史之一新页——英议会访华团抵渝》:各界隆重欢迎,山城倍添愉快,林主席、蒋委员长定今日分别招待。[按:与对待罗斯福的特使威尔基访华一样,《大公报》对英议会访华团也很重视。继11日"社评"《欢迎英国议会访华团》后,又连续发表了数篇:《由远东看英国》(11月12日)、《英日不能两立于远东》(11月13日)、《习俗与心理各有距离——向英议会访华团解释两点》(11月14日)、《展望自由平等的新世界》(11月19日)、《中英应该确建战时同盟战后互助的关系》(11月20日)、《认识新中国,加强新合作》(11月25日)。另有一篇介绍《大公报》的《向英议会访华团介绍我们自己》(11月22日),再加上两篇"星期论文"《中英间的新认识》(陈西滢11月15日)、《展望中英关系并及中英美苏》(杭立武11月23日);还有两篇"特辑",一为《英国的国会与政党》(上、下,刊于11月11—12日),一为《英国的作战努力》(上、下,刊于11月13—14日)]

三版"通讯"《进步中的新疆》(本报特派员陈纪滢)。[按:陈纪滢近10月中下旬又作新疆游,在迪化(今乌鲁木齐)停留三周,11月10日返抵重庆]

15日 二版"通讯"《天山三度芜草》(本报特派员陈纪滢)。(按:16日续完)

16日 三版"通讯"《从闽北到闽南》(本报特派员杨刚)。(按:17日续完)

26日 三版头条《苏军战绩辉煌》:克复多处,毙俘敌数万名,攻势继续,德军望风披靡。

27日 二版"社评"《苏军大捷的影响》:"苏军这次大捷,对整个世界战局将起极大的影响。第一,史达林格勒已解围,德国掌握欧陆霸权的梦,刻已打断在史达林格勒。……第二,欧洲第二战场可能提前于明年初出现。""我们应该承认苏军此次大捷,同样的影响及于远东。"

29日 二版"中央社专电":蒋夫人访美已抵纽约,就医后将为白宫上宾。

"通讯"《轰炸部队的三次出征》(朱民威11月24日寄自××),内容:(一)炸运城敌机场;(二)夜航汉口;(三)出征沙市沙洋。

12月

5日　二版"通讯"《罗斯福夫人访问记》（本报驻美通讯员严仁颖10月15日于纽约）。

7日　二版头条《太平洋战争一周年》：何总长（按：即何应钦）电美英军事首长致意，美舆论切申作战到底之决心。

9日　三版"通讯"《访问团在蓉七日记》（公诚6日自成都寄）。（按：访问团，即英国议会访华团）

10日　三版"通讯"《访问滑翔班的师生们》（朱民威12月2日于成都），内容：（一）班部一瞥；（二）滑翔坡上；（三）小韦教官的高级滑翔；（四）高级滑翔到空中列车。

12日　二版"通讯"《岁暮话加城》（本报驻印通讯员郭史翼12月7日寄）。

1943年(民国三十二年)

1月

1日　二版头条《迎接新年预祝胜利》：林主席、美总统互电致贺。

"消息"《国府明令表忠盛典，殉国将领入祀忠祠》：蒋委员长慰劳荣誉军人，何总长播讲勉全国将士。

6日　二版"社评"《读美国白皮书——并论东北四省与中国之不可分》："本月二日美国国务院发表一件题为《战争与和平》的白皮书，叙述由一九三一至一九四一之十年间的美国外交政策。""一九三一至一九四一之十年，是由日军夜攻沈阳到日机偷袭珍珠港的一段重大时期。……在这十年的历史中，首先被害的是中国，而最后参战的是美国。……读者若再问中国不惜赌国运而抗战，其目的是什么？中国抗战当然是为了驱逐敌人，收复失土，尤其是要收复事变起点的东北。"战争起于中国东北，中国是最先的抗战国家，"为什么在联合国家的人士中竟会有战后不将东四省交还中国的主张呢？"强调说："东北四省与中国不可分，东北四省不收复，就是中国的抗战目的还未达到，中国就必然不放弃战争。而就世界的意义说，这次大战的根源既在中国的东北，则中国的东北问题就必须达到公正合理的解决。假使这一点办不到，或被歪曲，则这次联合国家所标举的正义公道等等，都成了弥天的大谎；也就是人类的浩劫未已，战祸必然再起！"

9日　二版头条《美总统国会演说，积极援华进攻日本》：对中英苏领袖与战士表敬意。

"社评"《读罗斯福总统国会演说——中国要求澈底的胜利与公道的和平》。

三版"通讯"《饥馑的中原》(谈庐1942年12月18日寄自叶县)。

11日 二版"通讯"《日寇又一罪行——山西之敌屠杀俘虏》(彭籁1942年12月25日寄自山西某地)。

三版头条《苏军攻势进展》：各路继续克复要地多处，大批德军自法调苏应援。

12日 二版头条《中国对外关系史之新页——中美中英新约缔成》：昨日分别在重庆、华盛顿签字，蒋委员长、宋部长电美英领袖致贺。

14日 二版"社评"《充实平等的内容》："中美中英的新约成立，是中国百年来的大事。这两个公道的条约，把'租界''领事裁判权''驻兵权''内河航行权'等各种由不平等条约产生的名词送进中国的博物馆。从兹以后，中国恢复了完整的国权。半殖民地或次殖民地的污辱，付诸历史的长流流去了，自由平等的光辉从晨曦里簇拥而来。……这无疑是国人快慰的一件大事，但不宜于作太过轻率的乐观。美国、英国虽把平等交还了中国，惟交还的精神重于物质，形式多于内容。建立平等的国际关系，是中国国民革命的目的之一，也是中国抗战的主要要求，解去不平等条约的桎梏，可谓目的已然达到，要求已然满足。"但我们只得到平等的一部分，"另一部分则还没有从敌人日本的狱里夺出。日本不但以不平等枷锁中国，且以死亡威胁中国。在我们庆祝平等新约之时，更要不忘打击敌人。……我们不能把得自美英的一部分平等，误作中国已得到平等的全部。尤其应该认识要求国家的生存，必须战胜敌人。在我们庆祝平等新约之时，更要提高抗战的热情，加倍作抗战的努力。"

15日 三版头条《苏军中路猛进》：已迫近斯摩棱斯克，北高加索续克要地。

18日 三版头条《苏军南路大捷》。

20日 二版"社评"《苏德战局在整个翻身》："冬天是苏联的天下，白雪偏爱苏联的红军。冬天喝止的前进，协助苏军回头反攻。纳粹的战术，在冬天生着冻疮。凡冬天统治所及之地，都有苏军在及时用命，活泼反攻。……新年以来，苏军的气势益盛，由南路、中路至北路，全线次第发动猛攻，可以说：苏德战局已在整个儿翻身。现看德军的败退不是像伏流，而是像溃潮一样的不可支住。"

25日　二版"通讯"《阿恰布》(郭史翼1月12日加尔各答航信)。

"通讯"《税吏与社会》(陶洁卿1942年12月15日自哈佛寄)。

26日　二版"通讯"《美国产业界成败的教训》(陶洁卿1942年12月8日自哈佛寄)。

2月

1日　二版"通讯"《豫灾实录》(本报战地通讯员高峰1月17日于豫西叶县)。通讯描述了记者自陕西到河南一路的所见所闻,披露河南110个县全境遭灾的情况。不仅如此,地方政府趁征粮之机拼命勒索农民。大灾之年比去年还逼得紧。交不上粮,就把人抓到县政府关起来,"几天不给饭吃,还要痛打一顿,放回来叫他卖地"。

2日　二版"社评"《看重庆,念中原!》:"昨天本报登载了一篇《豫灾实录》,想读者都已看到了。读了那篇通讯,任何硬汉,都得下泪。……尤其令人不忍的,灾荒如此,粮课依然,县衙门捉人逼拶,饿着肚纳粮,卖了田纳粮。忆童时读杜甫所咏叹的《石壕吏》,辄为之掩卷太息,乃不意竟依稀见之于今日的事实。今天报载中央社鲁山电,谓'豫省三十一年度之征实征购,虽在灾情严重下,进行亦颇顺利',并谓'据省田管处负责人谈,征购情形极为良好,各地人民均罄其所有,贡献国家'。这'罄其所有'四个字,实出诸血泪之笔!"社评接下来在描写重庆物价跳涨、市场抢购、限价无效,而阔人豪奢的情况后说:"河南的灾民卖田卖儿甚至饿死,还照纳国课,为什么政府就不可以征发豪商巨富的资产并限制一般富有者'满不在乎'的购买力?看重庆,念中原,实在令人感慨万千!"[按:这篇根据《豫灾实录》撰写的社评发表后,《大公报》被国民党军事委员会限令停刊三日(2月3—5日);通讯《豫灾实录》的作者张高峰也被国民党豫西警司逮捕]

19日　二版"中央社合众电"《蒋夫人抵华府》:美总统夫妇至站亲迎,白宫"家庭晚餐"殷切款待。

20日　二版头条《不能任日本坐大,进攻乃正当途径》:蒋夫人在美国会发表演说。

"社评"《蒋夫人在华府》,首先说:"蒋夫人十七日到了华盛顿,罗斯福总统夫妇亲迎之于车站,入白宫为上宾;十八日莅美国国会演说,博得热烈而隆重的欢迎；美国报章更视蒋夫人的言行为一等大新闻，纷纷予以记载与评论。美国朝野如此重视蒋夫人，就是重视中国领袖，就是重视中国国家。我们以中国国民的身分，深感光荣，同时也深庆中美友好关系之加深增厚。"

21日 二版头条《蒋夫人出席白宫招待记者会——美总统称积极援华，开始供给更多飞机》。

3月

29日 二版"社评"《我们还需要加点劲！》，首先说："今天是黄花岗革命先烈纪念节……我们缅怀先烈轰轰烈烈的往事，瞩目当前坎坷艰难的国运，实有无限的感奋。我们的抗战，到今天已将六年，其前途是有胜无败，就是说，只许胜，而败不得。"当此时期，我们当然应该争取外援，"而更根本的，是我们自己的努力，要努力使我们的军事挺得住，经济熬得过，且进而打胜仗，有建树！一切返求诸己，并不是不可能，问题是我们还需要加点劲！"接着说，"因此我们感觉，我们或许需要一种运动，把沉闷萎疲的人心加以激荡，给要努力做事且要做好的人们加些勇气"。最后说："一种运动，除了其客观的环境外，还需要有内容；若空说加点劲，而加劲运动的内容毕竟如何呢？……为便利大家作进一步探讨的参考计，谨给这运动提供三点精神元素，就是——爱，恨，悔。我们要爱，爱国，爱族，爱人，爱事，爱理；凡我所爱的，生死以之，爱护到底！我们要恨，恨敌人，恨汉奸，恨一切口是心非，损人利己，对人无同情，对国无热爱，贪赃枉法，以及作事不尽职的人！我们要悔，要忏悔自己，上自各位领袖，下至庶民，人人都要低首于自己的良心面前，忏悔三天！省察自己的言行，检视自己的内心，痛切忏悔自己的大小一切的过失！'良心呵！请饶恕了我吧！我一切都悔改了！'"〔按：据王芸生回忆说："一天，王芸生约谷春帆和林同济到家里餐叙，商量写一些什么文章，以振作人心。三人大致认为应该用一种哲学精神，才可以打动人心。于是，选定'爱''恨''悔'三个字来写文章。"（见王芸生、曹谷冰：《1926至1949的旧大公报（续二）》，《文史资料选辑》第27辑，第249页）于是，借黄花岗纪念日，由王芸生写了这篇社评，发起"爱恨悔"运动〕

31日 二版"社评"《提高人的因素》："我们认为需要发挥爱、恨、悔三种精神元素，爱所当爱，恨所当恨，悔所应悔。由内心的爱，内心的恨，内心的悔，发为蓬勃热烈的运动，蔚成沛然莫御的风气；把人的因素提高了，将可冲破一切艰难坎坷，宏开无穷的国运！"〔按：《我们还需要加点劲！》《提高人的因素》两篇社评发表后,得到不少读者的共鸣,投函寄文,来相商讨。这便提高了《大公报》提倡爱、恨、悔运动的信心,于是又发表了一篇"社评"《提供一个行为的基准》(4月7日),二篇"星期论文"《请自悔始!》(林同济4月18日)、《爱恨悔的辩证道理》(萧一山5月10日),还刊登了数则读者来稿,比如《拿出我们的劲来!》(纪子培4月1日第三版)、《我一切都悔改了》(周贯仁4月2日第三版)、《我所认识的爱·恨·悔》(绳晖4月9日第三版)、《你的心!》(周贯仁4月12日第三版)、《不要遗弃我们,我们悔了!》(余膺白4月19日第二版)、《一个军官的忏悔》(陈匡平4月20日第三版)、《你我——让社会来公审吧!》(方炎4月29日第二版)、《"定向"与"用劲"》(黄兹5月6日第三版)等。据王芸生、曹谷冰回忆:"这类文章叫喊恨坏人,恨贪官污吏,呼吁上自领袖,下至庶民,都要忏悔,他们看不顺眼,听不入耳,也怕真把人心激动起来,于他们有碍。怎么办?他们把吴敬恒这个老宝贝搬出来了。在一个星期一的'中央纪念周'上,吴敬恒讲话,说:'《大公报》宣传爱恨悔,有些形迹可疑。因为孙总理的学说只讲仁爱,从不讲恨。恨是马克思的学说,《大公报》恐怕是替共产党作宣传。'当天王芸生接到陈布雷的通知:'请《大公报》不要再发表谈爱恨悔的文章了。'"(见王芸生、曹谷冰:《1926至1949的旧大公报(续二)》,《文史资料选辑》第27辑,第251页)从5月10日以后,《大公报》便不再刊登这类文章了]

4月

21日 三版"通讯"《成都观光记之一:路过糖的家乡》(纯青16日于成都)。[按:四川建设厅招待陪都新闻界参观四川省物产竞赛会,《大公报》记者李纯青与陪都新闻界同人作成都之行,写了一组《成都观光记》。其余几篇为:《成都观光记之二:百花潭畔百花开——由物产竞赛会看四川》(5月1日第三版)、《成都观光记之三:春水出岷江——由都江堰看成都平原》(5月2日第三版)、《成都观光记之四:盘桓于蓉城内外——十日的所见所闻》(5月3日第三版)]

22日 二版"通讯"《洞庭旅行通信之一:华容沦陷前后》(本报记者高公4月9日于南县中鱼口)。[按:高公的《洞庭旅行通信之二:湖田与移民》载于4月28日第二版]

5月

17日 二版"通讯"《新赣南一瞥》(本报记者马廷栋三日发自赣县)。

22 日　二版"中央社讯"《敌联合舰队司令山本五十六被击毙》。

三版"短评"《山本之死》："东京发表,日本联合舰队司令山本五十六上月于飞行途中被击毙命。……山本是日本舰队统帅,为实际负对美海军作战之责者。在阿图岛美军登陆,罗邱会商东方攻势之际,山本毙命消息之传来,无异锦上添花。……山本之死,日本恃以纵横太平洋的海军丧钟响了!"

三版"通讯"《重工业与工业重——在中国兴业公司的一个早晨》(杨刚)。(按:23 日续完)

24 日　三版头条《加强同盟国家团结,第三国际自动解散》。

26 日　二版"社评"《论第三国际之解散》。首先说:"这一件事,对目前的反侵略战争,及对同盟国家战时战后的合作,都将发生良好而悠久的影响。就共产国际本身而言,今天毅然出此英断,确有远见卓识。我们的基本态度像盟国多数舆论所已表现的一样,恳挚而热烈的欢迎着这个消息。"

30 日　二版头条《鄂西战斗益烈》："长阳西北之线阻敌续犯,渔洋关西北敌已被击退。"

6 月

2 日　二版头条《鄂西敌伤亡三万余,我军乘胜猛烈追击》。

3 日　三版"美国通讯"《春天的烦恼》(本报驻美通讯员严仁颖四月二十五日写于纽约)。

4 日　三版"通讯"《战时教育走向那里去?——记全国教育行政检讨会议》(本报记者菲北五月三十一日于重庆)。内容:(一)没有通过的提案;(二)教育经费问题;(三)从国民教育谈到职业教育;(四)其他问题。

12 日　二版"社评"《胜利第一!》,首先认为:"这次鄂西胜利足可影响今后两三年的抗战大局,而进一步奠定我们最后胜利的基础。"理由有四点:"第一,在此次滨湖沿江的战事发动以前,敌人在苏北、鲁东、太行山以及鄂中各处,发动攻势,均获微幸;于是敌人盛事宣传我军'战志低落,不堪一击'。……就在这时候,给敌军以沉重而猛烈的打击,使它得到一个最现实的知识,就是:中国军队的战斗意志并未低落,不但健斗如昔,且优能克敌制胜。""第二,太平洋战争爆发后,暴日席卷南洋,南京伪组织对英美宣战,为敌呐喊助威,暴日对汪贼等也故作怀柔,以示羁縻。且自孙良诚、吴化文辈附逆以来,敌人且任汪贼扩编伪军,以遂其以华制华之计。在此次滨湖沿江的战役中……(伪军)望风反正,转为国军之助……这一事实,将根本粉碎敌伪以华制华的妄想;而在整个鄂西胜利的政治影响上,更使'灯光心影照无眠'的汪兆铭睡不着觉。""第三,抗战六年,不可讳言,人心已相当疲惫。……且以生活压力日感沉重,也会影响到一般的情绪。及鄂西捷报接连由前方传来,且战果丰硕,为近年所罕见,这在后方人心上,不啻下了一场透雨,爽快滋润,生意盎然。这是一大定力降落在抗战的大后方。这一股定力,使疲惫的人心得到苏奋。""第四,在鄂西胜利声中,我们觉得有一个极难得的现象,就是由前方将士到后方舆论,都毫无骄蹇之气,且痛感胜利获得之不易,更以戒慎恐惧的情怀,群相期勉。"

17日 三版"通讯"《鄂西会战记》(杨培新六月八日寄自恩施)。内容:(一)敌寇的企图;(二)"扫荡"江北,驻足江南;(三)滨湖绪战;(四)敌寇大迂回;(五)石牌大决战;(六)侧翼出击,全面反攻;(七)胜利的因素。

18日 三版"通讯"《进步中的四川——川临参会二届首次大会报告事项》(杨纪)。内容:(一)从政问题;(二)民意机关;(三)四川人口;(四)施政中心;(五)省县预算;(六)产业数字;(七)农田水利;(八)粮食征购;(九)国民教育。

19日 二版"通讯"《鄂西之行第一信:渝施道上》(本报特派员朱启平九日深夜,恩施)。[按:在鄂西大捷继续扩大战果之际,《大公报》特派记者朱启平到鄂西慰问采访。朱启平6月6日上午从重庆坐汽车动身,于9日下午到恩施。此次采访,除发专电外,他还写了一组通讯,共九篇。除今日刊登的第一篇外,其余八篇为:《鄂西纪行之二:恩施三日》(6月24日二版);《鄂西纪行之三:从巴东到三斗坪》(6月26日二版);《鄂西纪行之四:进入战地》(7月3日三版);《鄂西纪行之五:看敌寇暴行遗迹,我军民合作融洽》(7月4日二版);《鄂西纪行之六:赴宜都途中》(7月17日二版);《鄂西纪行之七:民众杀敌的故事》(7月18日二版);《鄂西纪行之八:一对十的胜利战斗》(7月25日二版);《鄂西纪行之九:劫后的宜都枝江》(7月28日二版)]

25日 三版"通讯"《劫后滨湖》(何国璋六月八日写于南县)。内容:(一)请看今日之黄曹仍是南华的县长(按:黄曹即南县县长黄其弼、华容县县长曹心泉);(二)竹筒可作救生圈;(三)百花不见见荒丘;(四)三仙湖的今昔;(五)九死一生的王满挨;(六)中鱼口的绿衣人;(七)一睹劫后的南县;(八)敌在厂窖丁家洲之大屠杀;(九)今日滨湖之迫切问题——防疫与赈灾。

27日 二版"本报加尔各答航信"《印缅边的秦山战役》(郭史翼六月廿二

日寄)。

30日　二版"通讯"《再话劫后滨湖》(何国璋六月十五日寄自南县)。小标题：(一) 麻河口的琐闻；(二) 劫后的安乡；(三) 白蚌口之血泪；(四) 约请舆论界动员。

7月

1日　三版"通讯"《鄂西五月的天空》(刘毅夫六月廿八日于××)，内容："热血换回领空""忍痛投弹炸宜昌""停止前进吧！东条""攻势巡逻在江南""敌机三十架倒飞落地""晴空铁雨袭宜都"。

4日　三版"通讯"《展望中的四川——川临参会二届首次大会决议事项》(杨纪六月二十七日寄)，内容："建立乡镇""征借田赋""筹划建设"。(按：杨纪本名张篷舟，1936年进入《大公报》，著名战地记者，杨纪是其笔名)

6日　二版"消息"：《蒋夫人载誉归来，在美力疾宣传贡献重大，健康已恢复惟仍须静养》。

11日　三版"通讯"《四川政情——渝区行政会议第二日》(本报记者)。内容："施政新计划""户口总清查""财政的新源""教育新工作""生产的途径"。(按：《四川政情》共五篇。其余四篇载于7月13日、14日、15日、16日)

15日　三版"通讯"《鄂西会战空军战斗纪要》(朱民威七月十日记于××)，内容："二三零四号鲨鱼机""奇迹性的战果""后记"。(按：16日续完)

20日　二版"通讯"《访问"大公报"新一号》(邹若军寄自成都)。

三版"通讯"《花鸟虫鱼——六团体学术论文纪录之一》(徐盈寄自北碚)。[按：六团体即"中国科学社""中国植物学会""中国地理学会""中国动物学会""中国数学会""中国气象学会"等学术团体。其联合年会7月18日在北碚国立重庆师范大学礼堂开幕。徐盈的这组通信共计六篇。其余五篇为：《地理论题——六团体学术论文之二》(7月21日三版)、《新数学——六学术团体论文之三》(7月22日三版)、《气象展望——六学术团体论文之四》(7月22日三版)、《在科学社论文会——六学术团体论文之五》(7月23日三版)、《两大论题——六学术团体年会尾记》(7月24日三版)]

21日　三版"通讯"《太行苦战一将军——马法五军长访问记》(徐林枫七月二日寄自洛阳)。(按：22日续完)

22日　三版头条《盟军压境希墨在义会商》。

27日 二版"社评"《墨索里尼的下台》："墨索里尼下台了,这位义大利的拿破仑,享受了二十年的英雄的政治生命,兹已殂落。……意大利投降已是时间问题,轴心国家即将散伙,欧洲战场可能顿然改观。"

三版"专载"《义大利法西斯政权的清算》(本报特辑)。(按:28日续完)

28日 二版"社评"《再论墨索里尼的下台》："(墨索里尼创造的)法西斯的理论出口到德国,出现了变本加厉的希特勒的纳粹主义,贩运到日本,更与日本军阀幕府的黩武主义结了不解之缘,甚至于形成了这次轴心大反动的理论源泉。但是,现在墨索里尼滚下台去了,根深蒂固的法西斯政权崩溃了,轴心理论的鼻祖曳尾而逃了。……一叶知秋,墨索里尼之倒,就象征着轴心的总崩溃已不在远。"

30日 三版"通讯"《贵阳之夏》(王芸生),小标题:"走向神仙世界""青年县长与儿童保育院""驶过乌江桥""贵阳业雨""吴公座上谈治理""花溪小憩""清华中学""蓝布大褂元宝疤""娃娃鱼不敢下箸""陈教长过贵阳""登黔灵半山""省党部礼堂""邮车抛锚"。(按:载于7月30日—8月1日)。

8月

9日 三版"通讯"《滨湖灾情视察记》(本报特派员朱启平七月二十五日于长沙)。

17日 二版"社评"《远东战场与中国地位——说给罗邱第六次会议听!》:"这次的世界大战,任何人都知道,是开始于远东。我们还应该进一步知道,当日寇于一九三七年七月七日开始进攻中国之先,日德义早已缔结了防共同盟……而另一方面的国家(即现在的联合国家)却毫无结合。在现代的世界命运上,中国是首先流血牺牲,抵抗轴心侵略;其他国家却懵然罔觉,最多给中国以稀疏的同情。但中国为了自己的生存,也为了世界的正义,始终奋斗。……而日寇不北进而南进,且南进也不能获全胜,却完全因为受了中国抗战的牵制之故。所以从这种场合上,可以充分领会到中国抗战对世界全局贡献之大。就是说联合国家的胜利与世界正义的保障都建基于中国的抗战不屈上,也不为过。"

20日 二版"特写"《"乳燕"争飞——渝蓉模型飞机比赛今晨在珊瑚坝举行》(杨纪十九日夜写)。

24日 三版"通讯"《北泉夏令——记重庆青年夏令营》(菲北)。内容:"V

字标志""生活秩序""课程编制与活动组织""正视问题""轻松的晚会"。

26日　三版"通讯"《爬坡的水》(杨纪十九日写)。

9月

3日　三版"通讯"《今之治水——记全国水利业务检讨会议》(本报记者菲北九月二日于歌乐山)。

4日　三版头条《踏上欧陆之第一步：盟军在义登陆》。

三版"通讯"《黄河的治本与防汛——水利业务检讨会议之二》(本报记者菲北九月三日于歌乐山)。

5日　二版"美国通讯"《输血记》(本报驻美通讯员严仁颖六月十日于纽约)。

三版头条《登陆义境盟军增援推进》：占领勒佐及圣几阿凡尼,所遇抵抗甚微,俘敌甚众。

6日　二版"美国通讯"《美国的文盲问题》(本报驻美通讯员严仁颖八月三日于纽约)。

9日　二版头条《义大利无条件投降》：已与盟军代表签订停战协定。

三版"美国通讯"《战时体育》(本报驻美通讯员严仁颖七月五日于纽约)。

10日　二版"社评"《历史之鉴——论义大利的投降》。

22日　三版"专访"《他们为了传统与光荣而战——记法国民族解放委员会驻华代表谈话》(杨刚)。

27日　三版"通讯"《渝筑道上》(徐盈二十二日寄自贵阳)。小标题："秋色无边""走马看花""在路谈路"。

28日　三版"专访"《"平淡的设施"——记吴主席鼎昌谈黔政》(徐盈九月二十四日寄自贵阳)。内容："黔省六年""政治与建设""经济看法""治安重点"。

30日　三版"通讯"《滇空歼敌记》(刘毅夫九月二十一日寄)。

10月

2日　三版"通讯"《观光贵阳》(徐盈九月二十六日寄自贵阳)。内容："人与地""财与物""省与市""新与旧"。

4日　三版"通讯"《公开与公平》(徐盈九月二十八日寄自惠水)。

5日　二版"通讯"《贵筑观治记》(徐盈九月三十日寄自花溪)。内容:"公园、学校、县府""一千一百八十元""一个镇公所""'行政无革命'"。

6日　二版"美国通讯"《威尔基先生会见记》(本报驻美通讯员严仁颖七月七日于纽约)。

三版"通讯"《惠水风土记》(徐盈十月二日寄自惠水)。内容:"一切都是慢的""县长与县政""干部与工作""地方杂景"。

7日　三版"美国通讯"《关于国际粮食会议》(本报驻美通讯员严仁颖八月六日于纽约)。

8日　二版"通讯"《清镇开发记》(徐盈十月四日寄自清镇)。

9日　三版"通讯"《多子之母——记贵州企业公司并展望贵州的工业和农业》(徐盈十月五日寄自贵阳)。内容:(一)省营企业;(二)工业之果;(三)农业与工业;(四)能再生产吗;(五)一些希望。

12日　三版"通讯"《丝都一瞥——嘉内参观记之一》(杨纪八日追记于成都)。内容:"府河水程""川丝絮语""今日嘉定""凉山农垦""嘉定胜迹"。

17日　三版"通讯"《贵州的四边》(徐盈十月八日寄自金城江)。内容:(一)铁路爬进贵州以后;(二)黔东情形;(三)黔西点滴;(四)安安静静的黔北。

20日　三版"通讯"《电都一瞥——嘉内参观记之二》(杨纪十月十四日追记于成都)。内容:"未来之世界第三水电厂""参观电都工厂""五通桥之市容""新塘沽""第一盲残院"。

22日　三版"专访"《工业化的动力——工程师访问记(一)》(徐盈寄自桂林)。(按:工程师年会21日在桂林召开,徐盈在这里访问了与会的部分工程师,写了3篇人物专访,分别刊登于10月22日、26日第三版,27日第二版,介绍胡瑞祥、许应期、冯家铮、张延祥、孙延鳌、徐韦曼、周维榦、孙辅世、姚文林、李庆善、石志中、侯家源等)

23日　三版"通讯"《贵州政治的作风》(徐盈十月十日寄自柳州)。内容:(一)地方官;(二)寓县长于科秘;(三)三常与六临;(四)县政作风;(五)平淡与平实。(按:徐盈在9日中旬至10月上旬有一次贵州旅行采访,写了一系列通讯,这是最末一篇,24日续完)

25日　二版"通讯"《陌生的故乡——陷区进出记之一》(本报记者十月十四日追记于桂林)。内容:"山川依旧""通行证在这里""天快亮了""进了敌人的心脏"。

26日　二版"通讯"《沪宁道上——陷区进出记之二》(本报记者十五日追记于桂林)。内容:"常州和无锡""今日梅园""北站即景"。

27日　三版"通讯"《盐都一瞥——嘉内参观记之三》(杨纪二十日追记于成都)。内容:"犍自盐场""桥盐数字""井盐数字""深井公司""电力提卤""记枝筊架""废气制盐""瓦斯发电""副产品厂""提钡工作""运盐船闸""自贡市政"。

29日　三版"通讯"《本届工程荣誉奖章的获得人支秉渊及其事业》(徐盈十月二十五日寄自桂林)。内容:"新的开始""草创时期""改组经过""内燃引擎""钢铁建筑""其他工程""扶持工业""迁厂经过""结论"。

31日　三版"通讯"《上海的空气——陷区进出记之三》(本报记者十月十七日追记于桂林)。内容:"意外的乐观""世纪末的汉奸""敌人已失自信""资料太少了"。

11月

1日　二版"通讯"《死了的洋场——陷区进出记之四》(本报记者十月十八日追记于桂林)。内容:"饥饿线上""穿住都成问题""海空的威胁""一切无保障""苦等着天亮"。

2日　二版头条《莫斯科会议伟大成就》:"美英苏中联合宣言,团结作战,迅速实现共同胜利,密切合作,建立广泛国际组织。"

三版"通讯"《陷区进出记之五:两幕丑剧——"接收"租界与"统制"纱花》(本报记者十月十九日追记于桂林)。内容:"上海虹口化""狗与骨头""一张空头支票""单帮的末路""挣扎更难了"。

4日　二版"通讯"《陷区进出记之六:文化与奴化》(本报记者十月二十日追记于桂林)。内容:"敌伪报纸""'作家'剪影""电影与话剧""抢救青年""澈底消毒"。

6日　三版"美国通讯"《好莱坞的中国热》(本报驻美通讯员严仁颖九月七日于纽约)。

8日　三版"通讯"《陷区进出记之七:江东父老》(本报记者十月二十三日追记于桂林)。内容:"正气长存""秦桧要叫屈""希望缩短痛苦""向他们致敬""要大家努力"。

9日　三版"通讯"《陷区进出记之八：苦难中的上海外侨》（本报记者十月二十四日追记于桂林）。小标题："大厦换了主""精神的侮辱""义侨之悲愤""祖国最可爱""识大体讲恕道""进一步的了解"。

11日　三版"通讯"《陷区进出记之九：谈伪币》（本报记者十月二十六日追记于桂林）。内容："乡村的兑换率""早晚市价不同""每月二十万万""大家藏法币""外行的观感"。

15日　二版"通讯"《陷区进出记之十：南京群丑》（本报记者十月三十日追记于桂林）。内容："人妖闹离婚""'前汉'与'后汉'""李逆士群之死""传闻如是"。（按：写作此系列通讯的"本报记者"是徐铸成。徐铸成此次进出沦陷区的背景是这样的：太平洋战争爆发，香港沦陷，徐铸成撤至桂林，任桂版总编辑。胡政之批准他潜回上海接家眷。他虽是冒险进出沦陷区，仍不忘记者职责，收集大量素材，回桂林后，写了十篇《陷区进出记》。为配合《陷区进出记》的刊登，11月15日《大公报》还发表了题为《日寇的种种罪恶》的社评，指出中国人民永远不会忘记日寇在中国犯下的种种罪行）

22日　二版头条《常德外围激战》。

27日　三版"通讯"《暖带风物——在南方铁路线上》（徐盈十一月七日寄自曲江）。内容：（一）忧心如焚；（二）中国的温室；（三）不许抛锚。

28日　三版"通讯"《曲江曲线》（徐盈十一月八日寄）。内容："广东工业""战时佛教""粤北开发""曲线新闻"。

29日　二版头条《敌冲锋未逞凶焰已挫，常德雄峙无恙》。

30日　二版头条《湘北我军猛进》：常德四面击溃敌两个师团，守城勇士搏战续歼顽敌。

"社评"《常德的硬仗打得好！》。

12月

1日　二版"通讯"《空军鄂湘出击随录》（一）（刘毅夫十一月二十一日—二十九日××机场）。[按：此通讯的（二）（三）载于12月10日、14日]

2日　三版"通讯"《国营矿业的新成就——赣南金属矿区一个剖面》（徐盈十一月十日寄自赣州）。内容："自由矿工""减少剥削""乌宝黄金""未来展望"。（按：3日续完）

3日　二版头条《中美英三国领袖会见成功，开罗会议重大声明》：决以不松弛之压力加诸日本,剥夺日本在太平洋所占岛屿,东北四省、台澎等地归还中国,在相当时期使朝鲜自由独立。

"社评"《开罗会议的伟大成功:中美英三国领袖议定对日本的处分》,表示:"我们绝对拥护中美英三国领袖的一致决议,并认为这是处分日本及解决远东问题的最光明正大的方针。"并补述了两点:(一)应把1879年被日本侵占的琉球群岛归还中国;(二)应把南库页岛归还苏联。"这样清算之后,日本就恢复了本来面目,使它返还一八五三年毕理将军打开日本门户时的地位,也就是公公道道的实现了'日本人之日本'。"

9日　三版"通讯"《赣南行脚》(徐盈十一月十四日于长汀)。内容:(一)鸭与稻;(二)新赣南;(三)红色土。(按:10日续完)

13日　三版"通讯"《福建半月》(徐盈十一月十八日寄自南平)。内容:"海水的呜咽""侨胞的声音""交通第 "。(按:14日续完)

15日　二版头条《常德境内肃清,敌全线向北溃退》:我军续克临澧,仍猛追中;空军连日助战,痛击败敌。

20日　二版"社评"《湘鄂战地的善后》:"随着战事的进展,湘鄂失地逐渐规复。对这大片饱经炮火而庐舍荡然的土地上,如何抚辑流亡,平复疮痍,在目前说,已是刻不容缓的事。"

三版"通讯"《滨海工业》(徐盈十一月二十日寄自南平)。(按:21日续完)

23日　二版"通讯"《常德之战——战区指挥部的作战报告》(本报记者高集十二月十四日寄自湖南前线)。内容:(一)常德之战;(二)敌士气低落;(三)战役经过。

24日　三版"通讯"《一个华侨企业的成长》(徐盈十一月二十二日寄自建阳)。

25日　二版"视察报告"《常德一片瓦砾》:敌尸甚多,想见战事之烈;平民妇孺竟被关闭焚烧,地方善后振济亟待进行。(按:此报告作者为《大公报》特派员高集。高氏于常德克复之翌日,由长沙兼程西上,费时五日,遍历沅水南岸太子庙、薛家铺、石门桥、德山各战场)

28日　二版"通讯"《东海大队出击湘鄂敌阵经过》(民威十二月十二日)。前言:"在这次江湖地带的湘鄂战斗中,两个月以来空军的志航大队龙骑士们,成天留恋在前线飞翔,建立不少殊勋,而鸿信大队的重轰炸机也不断出击敌阵,写下了光荣的史话。笔者于鸿信大队出征者返防次日,代表航委会政治部简主任前往致慰,蒙亲自参加各次出击的战士细述作战经过,特为记出如后。"内容:"海鲸机的介绍""重炸洋溪""出击王家厂""津市的火""轰炸公安城""后记"。(按:民威即朱民威,抗战初期任空军第一队政治指导员)

1944年(民国三十三年)

1月

1日　三版"中央社讯"《全国今日起研究宪草》。

2日　三版连载"通讯"《闽赣千里间》(徐盈十二月二日寄自宁都)。内容:"运盐车""自相抵消""闽赣交通""吃不起盐""鼠疫区域""创造新城""战地冬耕"。(按:3日续完)

3日　二版"美国通讯"《一条需要兵士的前线》(本报驻美通讯员严仁颖十一月二十五日寄自纽约)。

6日　二版"通讯"《常德笼城战——湘西北观捷记》(本报记者十二月十八日于常德)。

7日　二版"通讯"《常德战绩永在》(本报特派记者高集)。

8日　二版"通讯"《常德英雄群》(本报特派记者高集)。

9日　二版"通讯"《劫后常桃》(本报特派记者高集)。

三版"通讯"《江西工业》(徐盈十二月二日界化城发)。(按:10日续完)

10日　二版"通讯"《湘北将星》(本报特派记者高集)。内容:"薛长官""王耀武将军""李钰堂将军""欧震将军"。

11日　二版"社评"《三民主义共和国——五五宪草的第一条》。开头说:"自十一中全会宣布决定战争结束一年内召集国民大会制定宪法而颁布之,在中国宪政史遂又揭开一个新页。……"接着说:"'中华民国为三民主义共和国',这是五五宪草的第一条,也是将来中华民国宪法的开宗明义第一章。三民主义是现代中国的立国主义,给中华民国加个'三民主义共和国'的形容词,是无须讨论的;我们所欲讨论的是立法的技术。"并对"主义信仰问题""三民主义的定义"等问题提出了看法。

二版"通讯"《常德外围的争夺战》(本报特派记者高集)。

12日　二版"通讯"《常德会战中的战士与民众》(本报特派记者高集)。

14日　二版"社评"《军队的国家地位——研讨宪草应注意之一点》:"宪政国家的军队有三化:(一)国家化,(二)超然化,(三)专门化。军队国家化,则须确定军队的国家地位,确定军队为国军,为国防军;就是说,军队是绝对属于国家的。军队超然化,则须使军队超然于政治之外,超然于党派之外,任何党派不得自有军队,也不得在军队内活动。军队专门化,须使军事机构制度化、专业化。"

15日　三版"通讯"《空军新生大队在湘鄂的战斗》(民威一月八日记)。

16日　二版"通讯"《常德会战中的敌军和伪军》(本报记者高集)。

三版"通讯"《进入湖南》(徐盈十二月六日寄自耒阳)。

18日　三版"通讯"《湘建瞻望》(徐盈十二月十日寄自衡阳)。内容:(一)三湘资源;(二)现有的企业;(三)电化计画。

20日　三版"通讯"《参观湖南工业区——希望只有一个:工业化》(徐盈十二月十二日寄自祈阳)。内容:"黑龙与白龙""新工业区""铁及其制品""又一新区""湘西新景"。

21日　三版"通讯"《南疆纪行》(林继庸)。(按:22日续毕)

22日　二版"本报加尔各答航信"《盟军占领孟道前后》(郭史翼1月18日寄)。

31日　三版"专载"《打倒日本天皇》(青山和夫)。(按:2月1日续完)

2月

3日　二版"社评"《如何答覆日寇暴行?》:"自日寇残杀英美战俘的消息传出,已引起民主国全体的愤怒。我中宣部梁部长昨在外国记者招待会中发表谈话,痛斥敌寇暴行。""现在我们要讨论的是:怎样答覆敌人这一暴行?……(我们)郑重呼吁盟军:立即大举进攻日寇!"

二版"中央社讯"《根本铲除日阀方足保障世界和平,梁部长论敌军暴行》。

9日　二版"加尔各答航信"《阿拉甘前线行——印度记者视察战地观感》(郭史翼1月27日寄)。

11日　二版"印缅通讯"《缅北的战斗》(黄仁宇一月三十日寄自印缅边)。内容:"丛林内的阵地攻击""××部队的奇袭""缅北战斗"。

16日　二版"通讯"《保山之行——滇西第一大城近况》(本报记者李察1月24日)。

18日　二版"通讯"《保山之行(二)——记新运总会医疗队》(本报记者李察1月25日)。

23日　三版"专载"《苏联红军与世界和平——祝苏联红军二十六周年纪

念日》(邵力子)。

26日　三版"通讯"《资源委员会的技术成就——中国工业家访问记之一》(本报记者徐盈)。

28日　三版"通讯"《"今后注意组织与联系"——中国工业家访问记之二》(本报记者徐盈)。

3月

2日　三版"通讯"《"困难方在开始"——中国工业家访问记之三》(本报记者徐盈)。

3日　三版连载"缅边通讯"《于邦之捷》(煦东二月十六日寄自缅边)。内容：(一)战地概述；(二)初期攻势；(三)被围的李家寨；(四)一场恶战；(五)捷报。(按：4日续完)

7日　三版"通讯"《"工业倒退了"——中国工业家访问记之四》(本报记者徐盈)。

8日　二版"缅边通讯"《临滨歼敌记》(煦东二月十六日寄自印缅边)。

15日　三版"通讯"《"接受苏联的经验"——中国工业家访问记之五》(本报记者徐盈)。(按：经济部工矿产品展览会2月24日在重庆开幕。以上五篇访问记是记者徐盈采访这次展览会写成的)

20日　三版"缅边通讯"《孟关之捷》(黄仁宇三月十二日自缅北前线寄)。

31日　三版连载"通讯"《记周志开》(朱民威)。(按：此文连续四天刊载，至4月3日载毕。周志开,空军英雄,因在抗日战场上作战有功,被授予青天白日勋章。1943年12月14日在袭击汉口敌人机场的战斗中英勇牺牲)

4月

3日　二版"社评"《改进基层政治》："我们以为今后的改革,首先应对于基层政治人的问题,找求一种合理的解决。我们要使有能力有操守的人,出来负担这种工作。""(1)乡镇保甲长应早日实行民选。……(2)凡充任乡镇保甲长之前,不妨由政府调训。……(3)基层机构的经费,必须作适当的增加。……(4)职权方面亦宜有所限制。……现在的乡镇保长享有无限的权力。少数不肖分子之恃势滥权,鱼肉人民,差不多为势所必然。"对这些人,"监督方面,尤要加强。"

12 日　二版"缅边通讯"《原始的林》（吕德润四月三日寄自印缅边）。

15 日　三版"通讯"《豫中行》（本报通讯员辛霖三月二十日于新乡）。

21 日　三版"缅边通讯"《拉班追击战》（黄仁宇四月十日寄自缅北）。内容："击破敌人的抵抗线""找到了窦营长""阵地之夜""第二天早上""'请给我一个救急包！'""那一晚""桥底下的大尉""敬祝你们攻击顺利"。（按：载于 4 月 21 日、23 日、24 日）

22 日　二版头条《豫中战事渐见扩大，郑州附近三路阻敌，广武西北亦在激战中》。

25 日　二版"专载"《宪政风度——参政员胡霖昨晚播讲》。内容：（一）服从法律；（二）尊重自由；（三）公道竞争；（四）容纳异己。

27 日　三版"通讯"《西北荒山造林的嚆矢》（惜梦四月十五日寄自兰州）。

28 日　三版"美国通讯"《一团青春的朝气——旅美中国青年的活动》（本报驻美通讯员严仁颖三月三十一日于纽约）。

5 月

12 日　二版"社评"《当前的河南战事》。

二版"缅边通讯"《远征军的将星群》（吕德润四月三十日寄自印缅边），记叙了郑洞国、舒适存、孙立人、廖耀湘、胡素等远征军的军师长们的作战业绩。

14 日　三版"缅边通讯"《我们不把敌人瞧在眼里》（吕德润寄自缅北前线）。

16 日　三版"专载"《我们对于物价问题的再度呼吁》（国立西南联大杨西孟、戴世光、李树青、鲍觉民、伍启元）。

17 日　三版"缅边通讯"《随车出击记》（黄仁宇五月二日寄自缅北）。

20 日　二版"缅边通讯"《苦雨南高江》（黄仁宇五月十日寄自缅北）。

23 日　三版"缅边通讯"《野人山里谈土人》（吕德润五月十一日寄自缅北）。内容：（一）民族溯源；（二）衣食住行；（三）骑士风度的民族性；（四）他们的迷信；（五）恋爱、结婚与丧葬。

29 日　二版"通讯"《西北纪行之一：由重庆到西安》（本报特派员孔昭恺五月二十日自西安）。前言："记者奉社命参加中外记者西北考察团，一行二十一人，于本月十七日午由渝搭乘中航机北飞宝鸡。……下午×时抵宝鸡机场。"内容："宝鸡西安道上""西安三日""陕省近情"。

6月

2日　三版"通讯"《西北纪行之二：陕东前线》(本报特派员孔昭恺五月二十二日夜于大荔旅次)。内容："华清览胜""参观河防""到达大荔"。

3日　二版"缅边通讯"《闪击密芝那》(吕德润五月二十六日寄自缅北)。

12日　二版"通讯"《西北纪行之三：人定胜天——纪陕西的水利工程》(本报特派员孔昭恺五月二十四日自韩城)。

三版"缅边通讯"《密芝那像个罐头——一篇血汗得来的战地报告》(黄仁宇六月六日寄于印缅边)。(按：载于12—13日、16—17日)

13日　二版"通讯"《西北纪行之四：平静的黄河西岸》(本报特派员孔昭恺五月二十四日寄自韩城)。

14日　三版"通讯"《西北纪行之五：艰苦奋斗的山西》(本报特派员孔昭恺五月二十八日自兴集发)。

15日　三版"通讯"《西北纪行之六：兵农合一——山西省新政之一项成就》(本报特派员孔昭恺五月二十九日自兴集)。

19日　二版"通讯"《西北纪行之七：晋省经济新措施》(本报特派员孔昭恺五月二十九日夜)。内容："机构""强制人人劳动""产销合一""合作券的使用""废除公私商""管理工厂""互助部门""晋省之铁"。

20日　二版"通讯"《保卫中的长沙——士兵个个磨拳擦掌，准备杀敌不使生还》(本报长沙特派员6月6日寄)。

24日　三版"通讯"《今后川政要旨——渝区行政会议旁听记》(公诚)。

25日　三版"通讯"《川粮征借问题——渝区行政会议旁听记》(公诚)。

26日　二版"印度通讯"《中美训练军区巡礼》(吕德润六月十五日寄自印度)。

三版"通讯"《四川役政检讨——渝区行政会议旁听记》(公诚)。

27日　三版"缅边通讯"《奋战缅北的新三十八师》(萧草六月十二日寄自缅北)。内容："雨季里的前哨站""固守和初期的反攻""虎关河谷及孟拱河谷迂回战""加迈的战斗"。(按：28日续完)

三版"通讯"《现阶段的四川地政——渝区行政会议旁听记》(公诚)。

28日　二版"中央社讯"《中英军完全攻占孟拱，北面被围之敌正歼灭中，滇西腾冲以北我军续克据点》。

29日　二版"社评"《孟拱之捷》。

7月

4日 二版"缅边通讯"《强渡南高江——攻占加迈扫荡库芒山纪实》(至道6月20日寄自缅北)。内容：(一)神秘的迂回；(二)扫荡库芒山；(三)强渡南高江；(四)攻入加迈。

三版"印度通讯"《访问甘地先生》(丹枫五月三十日寄自孟买)。内容：(一)战时的旅行；(二)印度的友情；(三)奈都夫人；(四)朋狄脱夫人；(五)甘地先生；(六)毕利洛先生；(七)印度之前途。(按：7月5日续完)。

5日 二版"缅边通讯"《闪击孟拱》(至道六月二十九日寄自孟拱)。

8日 三版"本报驻英特派员伦敦航信"《西欧堡垒观察哨(一)：由外面看——论我海外宣传政策》(萧乾五月十九日于伦敦)。内容：(一)历史的修正；(二)文化与宣传；(三)批评的分析；(四)事实的表彰。(按：这是萧乾任《大公报》驻英特派员后写的第一篇通讯，7月9日续完)

10日 三版"通讯"《志航大队在湖南》(刘毅夫七月五日午夜写于××空军基地)。内容：(一)一位未来新郎的新差使；(二)小嘴将军的罗曼史；(三)战场夜雨话衡阳；(四)湘西路上的"皇军"之墓。

17日 二版头条《血战兼旬歼敌一万四千，衡阳我军坚强阻敌》。

"通讯"《志航大队歼敌记》(刘毅夫七月十四日于××空军基地)。内容："出击衡阳外围""协同陆军克复永丰""银翼曙光"。

三版"缅边通讯"《雨的世界》(吕德润寄自缅北前线)。

19日 二版"社评"《收拾中原与提携北方》。

29日 二版头条《衡阳我军坚守月余，蒋委员长特电嘉勉》。

三版"通讯"《西北纪行之八：中共·十八集团军与陕甘宁边区(一)》(本报特派员孔昭恺)。内容：(一)十年来之中共；(二)关于十八集团军；(三)陕甘宁边区的政治；(四)陕甘宁边区的生产运动；(五)供给制与公务人员生活；(六)陕甘宁边区人民的负担；(七)陕甘宁边区的经济金融与财政；(八)陕甘宁边区的教育与义化；(九)在延安的日本人；(十)陕北四十三天。(按：载于7月29日—8月6日的第三版)

8月

4日 二版"社评"《感激衡阳守军！》。

5日 二版"社评"《延安视察的感想》，首先说："中外记者西北考察团的西北之行,是由外国记者所发动,主要动机是在看延安,中国记者会同前往,本报也有特派员参加。现在考察归来,重庆各报都在陆续发表视察报告。本报特派员的报告,关于延安的部分截至今天大致已告段落。……我们并非有闻必录,也非有见必录,除了所已发表者外,还有若干部分的保留,是我们不愿报告,或不能报告。我们相信读者都一定很注意各报的视察报告,读者读了作何感想,我们不知道,我们愿把《大公报》的感想敬述如下。"最后谈到国共问题时说:"开诚心,布公道,在国家的共同利益上,有什么不可以政治解决的问题呢?"具体讲,"完成民主,实施宪政,各党合法竞争,则党的地位自然解决;军队国家化,军队问题也自然解决。这两大难题解决了,则统一与团结必可无所缺憾"。

8日　三版"通讯"《西北纪行之九:延渝途中》(本报特派员孔昭恺)。(按:中外记者团21人,其中中国记者9人,外国记者6人,国民政府所派领队6人,5月17日离开重庆,经西安、大荔、韩城、宜川,27日到达阎锡山司令部所在地兴县。于6月9日到达延安。7月12日,除5名外国记者留陕准备参观晋西北外,其余人员离开延安,25日返抵重庆。记者团在延安期间,曾两次受到毛泽东接见:6月12日,毛泽东会见全团记者;7月2日,毛泽东、周恩来会见中国记者,谈8小时之久。《大公报》派孔昭恺参加。孔写通讯《西北纪行》9篇,其中第8篇为长篇通讯,专记延安见闻。为此,《大公报》8月5日发表长篇社评《延安视察的感想》)

11日　二版"中央社讯"《衡阳守军壮烈殉职,外线各面我续猛攻中》。

三版"印度通讯"《生活在印度军区》(徐枫八月三日寄自××军区)。

12日　二版"社评"《衡阳的战绩永在!》:"衡阳陷落了!"然"衡阳的战绩是永在的!"

三版"通讯"《在湖南作战的空军英雄群》(朱民威八月九日自××),介绍了司徒福、高又新、刘尊、刘宝琳、张唐天、项世端等6位空军英雄。

14日　二版"通讯"《衡阳之战——志航大队的苦斗》(刘毅夫空军节前夕寄自××)。

三版"通讯"《由孟买到纽约——环绕半个地球的旅行》(丹枫七月十四日夜自纽约寄),内容:"海上生活""澳洲!澳洲!""横贯新大陆"。

19日　二版"中央社讯"《国际和平机构会议我国加派代表出席,顾维钧任首席代表》。

20日　三版"通讯"《访高又新队长》(朱民威八月十七日于××)。

21日　二版"社评"《世界和平机构会议开幕》："关于战后安全组织的四国会议,筹备已久……改期今天——八月二十一日揭幕。"这次会议的性质是一次交换意见的会议,如何建立战后和平机构,需要参加会议的美英苏中四国完全达成谅解,以提出"最可行与最理想的办法"。

"中央社华盛顿十九日专电"《美总统派两代表来华,赫尔利、纳尔逊即启程,将谒蒋主席商军事经济》。

三版"专载"《提出一个新的人生观——八月十日在中央文运会文化讲座讲演》(王芸生)。

25日　二版"社评"《巴黎之解放》说:"巴黎是近代民主革命的策源地,自由的象征。"因此,巴黎的解放"实具有世界史的意义"。

30日　三版"英国通讯"《西欧堡垒观察哨(二):虎穴的冲击——瑟堡半岛战的教训》(萧乾七月九日寄自伦敦)。内容:(一)纳粹空军之谜;(二)准备和调遣;(三)解放了的欧洲。

9月

1日　三版"印缅通讯"《随 B-25 轰炸记》(本报特派员吕德润 8 月 15 日寄自印缅中美混合空军基地)。

2日　三版"通讯"《白头翁飞翔粤汉线上》(朱民威 8 月 23 日寄自红岩机场)。内容:(一)访项世端队长;(二)击敌受伤的林深光;(三)攻击卡车;(四)放火烧遍岳阳船;(五)不断的战斗。

3日　三版"英国通讯"《西欧堡垒观察哨(三):左右的折衷——由战后建设两大方案观察英政党合作前途》(本报驻英特派员萧乾 7 月 25 日寄自伦敦)。(按:9 月 4 日续完)

5日　三版"印缅通讯"《雷多军区巡礼》(邓蜀生八月二十八日寄自印缅前线)。

12日　三版"通讯"《衡阳四十七天——空军一孤军陈祥荣的经历》(刘毅夫)。(按:该通讯 13 日续完。陈祥荣为志航大队的分队长,湘战中被迫降落,逃至衡阳,与守城官兵共同生活到衡阳陷落的最后一天。14 日《大公报》发表题为《读〈衡阳四十七天〉》的"社评"称:刘毅夫的通讯所描写的"是一个伟大壮烈的战斗场面,也是衡阳之战的一个真实的报告。这篇文字,因为有生动壮烈的事实,充满慷慨悲歌的感情,所以异常感人")

16日 二版头条《中共问题商谈经过发表,参政会决组延安视察团》。

"社评"《中共问题之公开:民主统一的进步》,首先说:"中共问题,在我们的内政上,真是关系国运的大问题,也是多年来缠绵在全国人的心灵上而迄未解决的问题。……一般国民通常却很少可能发表意见,自然更难说到由国民来过问。但是,一个奇迹出现了,也可说是一道光明出现了。就在昨天,这个大问题走上了民意代表机关的国民参政会的议程,由政府代表及中共代表分别作长时间的报告,直率坦白的把全国人如坠五里雾中,世界人也同感真相莫明的这个大问题的内容实情公开了。好!公开了好!无论什么事只要肯公开就好!"接着说:"昨天的公开大会,紧张热烈,结果大家是愉快的,一贯洋溢着民主议政的风度。上午林祖涵先生的报告,以中共代表的身分,向象征代表全国朝野各方的议会,侃侃而谈,实是自有中共以来的第一次。林氏的报告,热烈坦白,有感情而不刺激,虽略略带有宣传的气息,而无害于民主风度。下午张治中部长的报告,直率坦白,虽略略带有点责问的口腔,也不大伤感情。"借此公开的机会,"我们且先发表一些基本观点如次":第一,作为一个民主宪政国家的国民,要求三个条件:(一)国家的统一,(二)政治的自由,(三)经济的平等。根据这三个条件,提出"一、要求中共尊重国家的统一,服从国民政府的军令政令。二、要求国民政府给人民以政治自由(中共区域也不例外)。……三、要求国民政府认真准备实行民生主义,而目前就应该从赋税政策上,从整饬官箴上,逐渐纠正财富偏在、苦乐殊悬的不平现象"。"第二,目前的抗战时期,我们需要统一,需要团结,需要把一切力量用在抗战上。""第三,参政会大会议决推冷遹、胡霖、王云五、傅斯年、陶孟和五参政员组织一延安视察团,于视察返渝后提出关于加强国家统一团结的建议。"最后,说几句话"以供大家警惕:'世界的大潮流,在流向胜利,在流向民主,我们国家不可在胜利中沉沦,我们国家尤其不可在民主的队伍中落了伍!'"

17日 二版头条《敌侵全州资源道县,全线战斗激烈进行,鄂西放晴我军重采攻势》。

21日 二版头条《兴安东北阻敌进犯,两翼驱逐江华新宁敌,梧州东北亦发生战斗》。

24日 二版"访谈"《访问于院长》(子冈):"谈贪污案,他说'过在我们',今后将设法加强监察力量。"

10月

1日 二版头条《宝庆巷战激烈进行,湘桂路东阻敌兴安东南,桂南敌两路侵平南丹竹》。

6日 二版"社评"《赶快开辟亚洲第二战场》:"老实说,现在中国的军事情势确甚严重。敌人以其优势的陆军,向中国战场深入。……日本是个海军国,同时也是个陆军国,实际陆军还强过海军数倍。自'七七'抗战迄今为止,除在中国有几次会战,其他战场就未曾接触过日本陆军的主力。……以相当完整的日本陆军,加在大战七年之久的中国身上,不待说,当然是极其吃力的。……在此形势之下,中国要求盟友援助,其实不是什么援助,乃是联合作战,打的是共同的敌人。……兹以中国军事的需要,我们谨以中国舆论界一份子的资格,郑重提出一个紧急的呼吁:请英美赶快开辟亚洲大陆的第二战场!"

7日 二版头条《常宁城陷敌,大溶江以东相持中,敌侵藤县粤境我克四会,闽海战事移福州西北郊》。

二版"社评"《目前的国内战局》,在分析了桂林、柳州的攻守形势之后说:"现在我们的确一时失利,但必不可自认失败。我们还能打,还在打,处处打、时时打,最后就能打胜仗。"

9日 二版头条《和平机构会议圆满结束,中美英代表联合声明,议定国际组织计划大纲》。

12日 三版"英国通讯"《西欧堡垒观察哨(四):英美惩德论——战后新欧洲的消毒政策》(萧乾寄自伦敦,八月九日发)。内容:(一)捆牛还是畏牛;(二)驯牛三步骤。(按:13日续完)

三版"通讯"《桂湘道上》(本报记者元礼九月二十一日于靖县)。(按:记者高元礼奉社命作湘西采访,原准备由桂林搭车循桂穗公路至靖县转道前往。一则原约定汽车因故未能来桂,二则桂林正值紧急疏散,多数难民皆取道桂穗公路步行入湘,记者乃加入此长征行列同行。该通讯记叙由桂林至靖县的沿途见闻)

22日 二版"通讯"《柳宜道上》(本报记者高学逵十月五日寄自柳州)。(按:《大公报》馆由桂林南撤的职工30人在柳州候车10日,因交通工具无望,又赶上柳州紧急疏散,遂于9月22日步行西上,行三日至宜山,稍事休息,29日继续西行。记者高学逵在宜山送走职工后又返回柳州。该通讯写的是他们从柳州至宜山及在宜山逗留四日的见闻)

23日 二版"社评"《邱吉尔会议与波兰问题》。此社评的依据来自当日三版刊登的萧乾的通讯。

三版"英国通讯"《西欧堡垒观察哨(五):波兰问题》(萧乾8月29日寄自伦敦)。

28日 二版"印缅通讯"《中印公路巡礼之一:人类征服自然》(吕德润10月20日寄自密芝那)。

三版"通讯"《记翁心翰》(朱民威)。(按:这篇人物通讯分10个部分,记叙了出身于知识分子家庭的翁心翰投笔从戎,成长为一名优秀空军战士的经历及他英勇作战的事迹。29日续完)

29日 二版"通讯"《湘西之行:安江——湖南棉纺织业中心》(本报记者元礼10月1日于安江)。

30日 二版"中央社讯"《史迪威已奉召返美,继任人员明令发表》:魏德迈任中国战区参谋长,索尔登任我国驻印军总指挥。

三版"战局述评"《二七胜过了一三五——菲律宾大海空战纸上谈》(纯青)。内容:"军史上一次辉煌的运动战""结论:二七胜过了一三五""批评、解释及猜想:为什么日本会失败呢?"

11月

2日 二版"中央社华盛顿三十一日合众电"《美总统谈史迪威之召回,纯系人事关系不涉战略》:罗斯福总统本日向记者声称,因史迪威与蒋委员长间个人意见之差别,故不能不将其调回华盛顿。

二版"印缅通讯"《中印公路巡礼之二:炸药·斧头·开山机》(吕德润10月23日寄自密芝那)。

4日 二版"通讯"《捣碎荆门敌巢——铁鸟大队的奇捷》(刘毅夫10月30日于空军某基地)。

5日 三版"美国通讯"《争取胜利,争取和平——魁北克会谈的主题》(丹枫9月22日寄自纽约)。内容:(一)魁北克会谈;(二)加强进攻日敌;(三)政治问题;(四)美国和中国。

6日 三版"通讯"《生活在空军基地》(高集)。内容:(一)在第某大队;(二)会见蒋副司令官;(三)在第某驱逐大队;(四)尾声。

13日 二版头条《桂林市内消息中断,柳州方面战事进行》。

二版"东京十二日广播"《汪逆死了》:"尸体已自日本运宁,陈逆公博继任贼魁。"

二版"社评"《哀汪逆兆铭!》:"汪逆兆铭于中华民国三十三年十一月十日死去……岂不是他的大大不幸?但在抗战第八年代的今日,胜利虽已在望,而毕竟失土未复,奸逆稽诛……如今死去,得逃国法的显戮,实在又是他万分的侥幸。""汪逆一生,巧言令色,假貌为善,实是一个彻头彻尾的伪人。"

三版"通讯"《荆门敌机场大空战详记——我方无损失,敌机二十架全军覆没》(朱民威11月5日于铁鸟基地)。

15日 二版头条《柳州我军转移阵地,迁江西侵敌在堵击中》。

二版"缅甸通讯"《缅北铁路走廊前线》(吕德润11月3日寄自孟养)。内容:(一)铁路走廊的形势;(二)到和平村之路;(三)重入孟养;(四)战局展望。

17日 三版"缅甸通讯"《八莫之战(一):暴风雨的前夜》(吕德润11月5日寄自八莫前线)。

19日 三版"通讯"《统制·筹运·包销——中国工业访问记之一》(徐盈)。

20日 二版"社评"《军事与大局》:"桂柳失陷,黔桂路上敌继陷宜山,湘西方面敌复自宝庆西犯。国内军事,显甚沉重。""今天的军事局面纵然沉重,而信念必不可动摇。抗战以来,大家好说'抗战必胜''最后胜利必属于我',这两句话都绝对正确,到今天也更见其日益接近。""抗战必能胜利,这是大势的必然。但同是胜利,也可以胜利得很难看。若要胜利得像样子,就必须打得像样子。努力打仗,甚是要紧。"

"缅甸通讯"《冲破伊江防线——奇袭瑞古之经过》(吕德润11月13日寄自缅北)。内容:(一)急行军;(二)奇袭瑞古;(三)冲破伊江防线。

三版"通讯"《我随B-25轰炸平汉路敌阵》(朱民威11月10日于第三大队基地)。(按:21日续完)

27日 二版"缅甸通讯"《八莫之战(二):苗提之行》(吕德润11月13日寄自苗提)。内容:(一)强渡太平江;(二)苗提巡礼;(三)苗提之夜。

29日 二版"通讯"《随机轰炸运城纪实》(刘毅夫11月7日)。

三版"缅甸通讯"《八莫之战(三):到前线去》(吕德润11月15日寄自缅北前线)。

30日　三版"缅甸通讯"《八莫之战（四）：攻城》（吕德润11月18日晚寄自八莫近郊）。

12月

4日　二版"社评"《最近的战局观》。

6日　三版"通讯"《随第一中队轰炸开封——一个枪手的自述》（刘毅夫11月12日记）。

7日　三版"缅甸通讯"《八莫之战（五）：插曲》（吕德润11月26日寄自八莫近郊）。

8日　二版"中央社华盛顿七日合众电"《纪念珍珠港事变三周年——美机炸东京东三省，百架以上超级堡垒白昼进击》。

9日　二版头条《我军克复独山，荔波残敌亦败退中，我军即可肃清黔边》。

11日　二版"社评"《别忘了痛！》："黔境的军事在顺利好转，自独山克复，我军追奔逐北。"然而，这只是"极端严重的危机小小扭转"，根本不能说"胜利""大捷"。"我们谨向军民同胞高吼一声：'别忘了痛！'"随后提出了"提高军事的警觉性"等三项建议。

12日　三版"美国通讯"《美国的大选及其后果》（丹枫十一月十二日寄自纽约）。内容：（一）罗斯福的胜利；（二）民主党的胜利；（三）胜利的原因；（四）未来的展望；（五）中美之间。（按：13日续完）

13日　二版"社评"《向方先觉军长欢呼！》："苦战衡阳四十七天的英雄方先觉军长回来了！……我们情不自禁的要向方军长欢呼：'我们的英雄回来了！我们的抗战精神回来了！'"

三版"专访"《访问方先觉将军》（本报记者敏之）。

18日　二版"通讯"《十一月十一日衡阳大空战记》（朱民威12月13日）。

19日　二版"社评"《为国家求饶！》："民国三十三年快过完了。……从今年看明年，明年一定是世界大局的决定年。鉴往开来，我们忍不住要说几句话，特别要向官僚及国难商人们，为国家有所请求。""我们抗战所以那么艰苦，到现在还难关重重，一大部分原因，就因为有这类官僚在那里鬼混的缘故。现在国家已到最艰苦困难的关头，我们不能不向他们诚心诚意的求饶，你们该已'混'够了！……为了整个国家民族的存亡兴废，为了子孙万代的生存自由，我们不得不再向你们乞求：请你们饶了国家吧！""国难商人们，这几年财也发够了。他们囤货居奇,丧天害理,把物价抬得这么高,把后方经济搅得这么乱,国家吃他们的苦,一般军民同胞也都吃够了他们的苦,而他们穷奢极欲,挥金如土,只知一己的享乐,而把国家抗战都置诸脑后。现在,我们也要诚恳的乞求他们,时至今日,你们应该罢手了,请你们饶了国家吧!""非官非商亦官亦商以及潜伏在大团体里的混食虫们,我们也得向他们求饶。他们有的在机关,有的在军队,有的在社团,利用势力,假公济私,把公款经商囤货,走私漏税,一般商人做不了的买卖他们都敢做,一般商人发不了的财他们都能发;他们也许嘴里还仁义道德,像个人样,而实际的罪恶却暗无天日。……放手吧!饶了国家吧!"

22日　二版"社评"《晁错与马谡》,在引用了汉景帝杀晁错而败七国之兵,诸葛亮斩马谡以正军法的史例后说:"述说以上两段历史有什么意义呢?这说明:当国事机微,历史关头,除权相以解除反对者的精神武装,戮败将以服军民之心,是大英断,是甚必要。"(按:据王芸生回忆说:"除权相"是要求罢免孔祥熙,"戮败将"是主张杀何应钦等。见王芸生、曹谷冰:《1926至1949的旧大公报(续二)》,《文史资料选辑》第27辑,第258页)

24日　二版"中央社讯"《法必参加对日战争,中法新约定能成功——法大使昨答记者问》。

25日　二版"通讯"《八莫之战(六):奏捷》(吕德润12月16日寄自八莫)。

1945年(民国三十四年)

1月

1日　二版头条《蒋主席元旦昭告军民,安危胜败枢纽今年》:充实战力确立信心争取胜利,召开国民大会不待军事结束。

三版"通讯"《黔桂劳军纪行之一:劳军第一程》(本报记者公诚12月25日于遵义)。内容:"我们的决心""把握动员的动力""沿途观感"。(按:妇女慰劳总会组团赴黔桂劳军,《大公报》派记者公诚参加)

4日　三版"通讯"《黔桂劳军纪行之二:一个伟大的场面》(本报记者公诚12月29日于贵阳)。

5日　二版"通讯"《黔桂劳军纪行之三:南明河畔狂欢之夜——记贵州盟军慰劳大会》(本报记者公诚12月31日于贵阳)。

7日　三版"通讯"《黔桂劳军纪行之四:一幅流民图》(本报记者公诚1月

2日于贵阳)。

三版"通讯"《记都匀之火》(本报记者毓昌12月27日寄自都匀)。

8日 三版"通讯"《劫后独山》(本报记者毓昌12月29日寄自独山)。

11日 三版"通讯"《缅北战场首次遭遇战》(张翰荣12月20日寄自缅北前线)。内容：(一)由配角变成主角；(二)争夺五三三八高地；(三)两个教导团学生歼敌一个中队；(四)野蛮的肉搏战。

12日 二版"社评"《远东需要苏联》。

14日 三版"通讯"《中美混合团新年第一炮——第三大队奏捷武汉上空，毁敌机四十九架本身损失两架》(刘毅夫1月12日夜一时脱稿)。

三版"通讯"《黔桂劳军纪行之五：劫后贵州》(本报记者公诚1月4日寄自马场坪)。内容："吴主席谈片""民意一斑""难民与物价"。

15日 三版"通讯"《黔桂劳军纪行之六：黑石关大战记》(本报记者公诚1月8日寄自马场坪)。

16日 二版"通讯"《黔桂劳军纪行之七：严重的士兵生活》(本报记者公诚1月11日贵阳追记)。

19日 三版"印度通讯"《阿恰布克复前后》(郭史翼一月九日寄自加城)。内容：(一)不鸣枪不流血的战役；(二)克复后的阿恰布城；(三)阿恰布的战略价值。

20日 三版"通讯"《垒允巡礼——我们怎样打入国境》(吕德润1月7日寄自祖国边缘)。内容："途中""祖国在望""滇西国境第一个重镇——垒允巡礼""我们怎样打入国境"。

21日 三版"通讯"《中印公路巡礼——保密段通车了》(吕德润1月12日寄自保密路上)。

22日 二版"通讯"《黔桂劳军纪行之八：盘桓在空军营里》(本报记者公诚14日寄自贵阳)。

23日 二版"社评"《苏军向柏林疾进》："这一周来，苏军发动兵力二百五十师，北起东普鲁士，南至捷克，战线延长六七百哩，全面向德军猛烈进攻。柏林公开承认这次苏军的攻势不仅是最大的一次攻势，且其目乃在求结束战争。……祝苏军到柏林势如破竹，飞速胜利！祝西线也胜利，与苏军同进柏林！然后，我们企望联合国家快马加鞭，集中最大的力量，到东方来打日本，会师东京。"

二版"通讯"《黔桂劳军纪行之九：由前线归来》(本报记者公诚)。

25 日　二版"本报讯"《周恩来昨抵渝，美大使王部长(世杰)等往迎》。

26 日　三版"通讯"《南坎三日》(吕德润 1 月 16 日寄自缅北)。内容："十四日大势已定""十五日袭占了南坎""十六日索尔登、魏德迈、台维斯"。

28 日　二版"中央社讯"《吴(鼎昌)文官长俞(飞鸿)交长定下月一日视事》。

29 日　二版头条《打开封锁完成中印公路，蒋委员长对美播讲》："感激盟国将士功业，勉励国军继续奋斗，定名史迪威公路以志其功。"

三版"通讯"《会师记》(吕德润 1 月 22 日寄自苗斯)。内容："会师路上急行军""会师""将军们遇险""我作了介绍人""升旗礼"。

30 日　三版"英国通讯"《西欧堡垒观察哨(六)：积极的伤兵政策》(本报特派员萧乾 1944 年 10 月 11 日寄自伦敦)。

2 月

1 日　二版"中央社讯"《张治中部长欢宴在渝苏联人士》：孙院长、周恩来等应邀作陪，张氏致词祝苏军伟大胜利。

7 日　二版"社评"《团结的消息怎么样了？》。

8 日　二版"巴黎专电"《从巴黎的新姿看法国》："到处是盟国旗帜戴高乐肖像，各派重视团结，对苏极表友情，旅法华侨在数年战争中大部安好。"(按：本报特派员萧乾 1 日巴黎专电)

9 日　二版"通讯"《随车队到昆明(一)》(本报特派员吕德润 1 月 28 日夜于车灯下)。

10 日　二版"通讯"《随车队到昆明(二)》(本报特派员吕德润 1 月 29 日夜于大坝)。

12 日　二版"通讯"《随车队到昆明(三)》(本报特派员吕德润 1 月 30 日深夜于保山附近)。

13 日　二版"通讯"《随车队到昆明(四)》(本报特派员吕德润 1 月 31 日于漾濞江畔)。

14 日　二版"通讯"《随车队到昆明(五)》(本报特派员吕德润 2 月 1 日夜于途中)。

15 日　二版"通讯"《随车队到昆明(六)》(本报特派员吕德润 2 月 3 日夜

于昆明附近)。

17日　三版"美国通讯"《明暗交流——记美国人海中的星沫》(杨刚1月1日寄自美国)。内容：(一)起点；(二)分歧；(三)新军；(四)激荡；(五)斗争。(按：18日续完)

20日　二版"社评"《应该赶快团结了！》，首先说："自周恩来氏重来重庆，大家皆期待团结能够成功，本报曾于本月七日的社评询问'团结的消息怎么样了？'希望赶快有好消息发表，以慰全国军民的喁喁之望。"

三版"通讯"《赴印途中》(本报特派员黎秀石1月31日寄自加尔各答)。前言："记者奉本社命赴东南亚盟军总部采访战地新闻，一月二十六日晨得中国战区美军司令部的许可，由陪都乘美军运输机经昆明飞印度。"

21日　二版"缅甸通讯"《进入缅中》(本报特派员黎秀石1月9日寄自缅中前线)。

23日　二版"美国通讯"《政潮激荡中之中美》(仁颖1945年元旦寄自纽约)。

24日　三版"通讯"《新兵颂——参观新兵健康服务队记》(子冈)。

27日　三版"通讯"《展望四川经济建设》(公诚2月21日寄自成都)。

3月

6日　三版"通讯"《川盐产销问题》(公诚3月1日寄自自贡市)。

7日　二版"社评"《旧金山会议的请柬》："定于本年四月二十五日在旧金山召开的联合国会议，现由美英苏中四国出名邀请，被邀的国家包括美英苏中在内共为四十三国。""中国既具名请柬，且确定为五常任理事国之一，这自然是我们的光荣。……但光荣既增，而责任亦重。……我们应该更努力作战，在最后反攻中建立战功；我们应该更努力求各方面的进步，使国家能名符其实，而不愧为世界第一流的大国。"

8日　二版头条《强渡南苗河成功，我军攻占腊戍旧城》："现距新腊戍一哩继续攻进中，瓦城敌尚图增援顽抗，盟军进展距城四哩半。"

9日　二版头条《我军占领腊戍，印军前锋进入瓦城》。

10日　二版头条《腊戍我军向南攻进，瓦城盟军与敌巷战》。

二版"社评"《腊戍瓦城解放以后》："我军于八日占领腊戍，同时英军亦攻入瓦城。这相距一百五十余哩的两大城市，差不多于同日解放，从此缅中战事告一段落,东南亚全盘的军事局势,也将因而进入一新阶段。"

12日 三版"通讯"《糖乡民瘼志》(公诚3月7日寄自内江)。

14日 三版"通讯"《一个英国兵》(本报特派员黎秀石2月23日自伊洛瓦底江畔英军第×师师部)。

15日 三版"通讯"《重返腊成》(吕德润3月8日寄自腊成前线)。

22日 二版头条《美国舰机雷霆一击,敌舰主力重创》:深藏内海飞来奇祸,重轻型舰大批击毁,敌机损失四百余架。

三版"通讯"《缅北春色》(吕德润3月13日)。

23日 二版"专载"《我对国事前途的几点概念》(王芸生):我相信中国必胜;胜利后应该努力提高国家地位,战后和平对于中国极为重要;现代的自由的人们应该起来做事。

27日 二版头条《旧金山会议我国代表团发表》:宋子文为首席代表,顾维钧、王宠惠、魏道明、胡适、吴贻芳、李璜、张君劢、董必武、胡霖为代表。

二版"社评"《旧金山会议代表团发表》:"阅代表团名单,即知国民政府于代表人选,曾为周至的考虑,公平的选择。如宋子文氏原长外交,近复代理行政院长;顾维钧氏则久已蜚声外交界中,且三十年来所有有关我国的国际重要会议,无役不与;王宠惠氏以法学名家,自民元临时政府成立,即任外长,三十余年来对于外交,或直接主持,或运筹襄赞;魏道明氏现任驻美大使,出席大会,人地两宜;胡适氏则为我国有数学者,原曾使美,近又任教哈佛大学,极为美国朝野所崇敬。此外如吴贻芳、张君劢、董必武、李璜、胡霖诸氏,均系各方人望,并可反映全国公意。"此次旧金山会议"将以谋千百年的大计,谋全人类的幸福,所以非常重要。同时,我国既为这次会议邀请国的一员,对于这次战后确保世界和平,将负重大的责任,所以无论就我国的国际地位说,或就人类的前途幸福说,都非常重要。切望代表团诸氏发挥智慧,竭尽公诚,为国家为人类善尽其责任。毋负政府的付托,毋负人民的期待!"

4月

2日 二版"中央社讯"《缅境中英两军会师,我军西进占乔克姆》。

4日 二版"中央社华盛顿二日合众电"《赫尔利大使在美谈:不以武器供给中共》:愿我统一军力用于抗战,盛赞蒋主席之民主抱负。

二版"专访"《飞往旧金山之前——吴贻芳谈赴会感想》(子冈)。(按:吴贻

芳,时任金陵女子大学校长,中国出席旧金山会议代表团中唯一的女性。临行前,子冈请她谈赴会的感受与思考)

5日 三版"通讯"《空军血卫老河口》(刘毅夫三月二十八日于二十八中队部)。内容:(一)老河口鸟瞰;(二)矛盾的老河口;(三)战争张开了嘴;(四)叶队长失踪了;(五)王光复带血炸敌;(六)到二十八中队。(按:6日续完)

7日 二版"社评"《苏联一弹命中东京,东方大局开新阶段》:"小矶内阁倒台,苏联通告废弃苏日中立条约,同发生在一天。"社评对苏联废弃苏日中立条约表示钦佩!

三版"战局述评"《东南亚全局》(本报特派员黎秀石五日于陪都)。内容:"欧战与东南亚""复员与总攻""仰光之战""雨季""英国东方舰队""越南与中英美""米仓与跳板"。(按:载于4月7日三版、11日三版、13日二版)

10日 三版"通讯"《中国新战力的成长——滇缅劳军纪行之一》(本报特派员赵恩源四月一日寄自昆明)。(按:中国妇女慰劳总会组团先在滇劳军,后又飞赴缅北劳军。《大公报》派记者赵恩源为特派员随行采访)

12日 三版"通讯"《异国朋友们的辛劳——慰劳滇缅战士纪行之二》(本报特派员赵恩源四月六日寄自沾益)。

14日 二版头条《巨星陨落举世同悲,罗斯福总统逝世》:杜鲁门继任美总统,声明致力罗氏既定工作。

二版"中央社讯"《蒋主席痛悼罗斯福,亲赴美军总部致唁》:定十六日举行追悼大会,今日起全国下半旗三日志哀。

二版"社评"《敬悼罗斯福总统》。

16日 三版"通讯"《百色巡礼》(本报特派员纯青四月四日于昆明)。(按:桂柳沦陷后,百色成了广西政治、军事集中的地方。《大公报》特派李纯青专程采访该地)

17日 二版"中央社讯"《哀思满陪都:追悼罗斯福总统礼成,蒋主席亲临主祭外宾与祭,各界人士往祭者三万余人》。

"本报特派员十五日加尔各答专电"《董必武胡霖一行前日离加城赴美,董氏强调此行证明团结》。

21日 三版"通讯"《广西军政见闻》(本报特派员纯青)。

22日 二版"中央社讯"《琉球本岛美军总攻,海空协助猛轰敌阵地》。

23日 二版头条《苏军昨日攻入柏林,排炮猛轰后冲进残破市区,美军占城西之勃兰登堡》。

三版"通讯"《斯威堡的华侨》(本报特派员黎秀石4月1日自斯威堡寄)。

24日　三版"战局述评"《漫谈关岛》(本报特派员朱启平关岛22日发专电)。

25日　二版头条《奠立世界和平基础,旧金山会议今开幕》:"美英苏中四国外长昨可到达,离华盛顿之前一度举行会商。"

二版"社评"《祝旧金山会议》:"举世瞩望的旧金山会议,今天开幕了。万国衣冠之盛,世界和平之望,系此一会。我们赤诚祝祷此会之圆满成功,并愿历史将永志一九四五年四月二十五日为人类解放的一天!"

三版"专载"《旧金山会议与世界和平》(历樵)。内容:"老舵手的睿智""成问题的一些问题""四大难关""大国小国将否对立"。

26日　二版头条《旧金山会议昨开幕,杜鲁门总统对大会广播演说,望超越各别利益谋永久和平》。

三版头条《美苏会师柏林以南,柏林合围,市区苏军进展》。

三版"专载"《毁灭中的柏林》(侠文)。该译文详述盟军炮火摧毁柏林这一侵略主义堡垒的情形。

27日　二版头条《旧金山大会昨商议程,四国外长前日再度会晤,对大会计画作最后检讨》。

二版"中央社关岛二十六日路透电"《巨机昨炸九州四国,琉球战事渐近尾声》。

28日　二版头条《旧金山大会与中苏友谊,莫洛托夫宴宋子文等》。

二版"本报特派员二十六日旧金山发专电"《四国首席代表演说,加强和平机构力量》:苏提四国轮任主席,否则退出邀请国;四国首席代表昨日会商,结果未发表;大会设执委会十一国为委员。

二版"社评"《从琉球战事看东方战局》。

29日　二版头条《旧金山大会重要决议:四国轮任主席,美主持两委会》。

30日　二版头条《旧金山前日两次大会,中苏外长分任主席》。

二版"社评"《向旧金山会议提醒几点》:切莫忘记罗斯福总统;会议要有理想,要有灵魂;国家应无大小强弱之别,一律平等。

5月

1日　二版头条"本报特派员二十九日旧金山发加急专电"《旧金山大会各

国对我印象良好,决定邀请白乌及阿根廷与会,大会即将入重要阶段》。

二版"中央社讯"《苏联新任驻华大使彼得罗夫抵渝》。

二版"社评"《欢迎彼得罗夫大使并论中苏邦交前途》。

2日 三版"通讯"《印度洋上》(本报特派员黎秀石四月二十五日于东南亚总部)。小标题有:"黑暗的日子""印度洋之战""'不屈'号""康提"。

3日 二版"本报特派员一日旧金山发加急专电"《旧金山会六次大会通过各委员会名单,我任区域规划委员会秘书,代表委任书审查均合规定》。

三版头条《苏军完全占领柏林,义境德军百万投降,希特勒死在柏林》。

4日 二版"本报特派员二日旧金山发加急专电"《旧金山会议各委员会即开始工作,苏英中外长将返国不影响大会》。

5日 二版头条《六全代会今晨开幕,蒋总裁将亲临主持致词,大会将商实施宪政有关事宜》。

二版"社评"《祝国民党六全代会》说:"我们谨先陈述三点希望:第一,此次大会必根据蒋主席的提示,决定于今年十一月十二日召开国民大会,实施宪政,还政于民。""第二,希望国民党忠诚的大胆的实行民生主义。""第三,希望国民党采取一个自由的进步的新文化政策,以促进国家社会的蓬勃进步。"

8日 二版头条《德国无条件投降,在艾森豪总部举行仪式,同盟国定八日为胜利日》。

三版"通讯"《万里浮影——记加埠至关岛旅行》(本报特派员朱启平4月11日关岛)。

9日 二版头条《欧战结束举世腾欢,国府命令悬旗三天》。

10日 三版"通讯"《仰光解放——本报特派员的印象》(本报特派员黎秀石仰光八日发专电)。

11日 二版头条《湘西我军大捷》:"敌全线崩溃,遗尸数千,我克放洞各路猛进中,何总司令嘉奖有功将士。"

"社评"《湘西之捷》,在追述了会战经过后说:"湘西会战,说明大陆上的日寇心虚体弱,其一切挣扎只是徒劳,无从挽救它覆败的命运。国军的光辉胜利,可以说是大陆胜利反攻的前奏。"

14日 二版头条《闽境我军攻入福州,湘西续歼被围残敌,西峡口以西我两路攻进》。

15日 二版"社评"《展望福州战事》:"在湘西告捷之际,东南我军又以攻入福州闻。……"福州胜利证明了："我们有力量,能反攻,配合盟军登陆作战的任务,国军将能优为之。我们可以决心：'眼向重要的方向看去,手向危险的方向伸出！'"

18日　二版头条《六全代会推选总裁,蒋总裁膺选连任》：通过施政纲领等交政府实行,对中共问题决续求政治解决,加强盟邦团结增进中苏友谊。

19日　三版"通讯"《解放了的人们》(本报特派员黎秀石5月7日寄自仰光)。内容："太阳是谁的""黎明的祷告""英缅前途"。

22日　二版头条《六全代会圆满闭幕,郑重宣言消灭敌寇,决心实施宪政改善民生》。

二版"社评"《读六全代会宣言》："怎样把握国家的统一与团结？民主宪政是一条康庄大道。在国民党方面,尤其需要大胆的走开明进步之路。六全代会有此象征,似乎还不甚明朗,所以愿重言以说明我们这一点感想。"最后,"谨以十二个字奉献国民党,就是：把握统一团结,大胆开明进步！"

27日　二版"通讯"《中印油管工程》(本报驻昆特派员顾建平5月17日寄自昆明)。

三版"美国通讯"《争自由的浪潮——美国国务院提名案》(杨刚)。

28日　二至三版"通讯"《八莫见闻——滇缅劳军纪行之三》(本报特派员赵恩源4月12日寄自八莫)。内容："战地遗迹""美国孩子""伤病官兵""访索尔登""史迪威路"。

三版头条《安全理事会实施办法,我国所提修正案通过,四强否决权问题仍在研究中》。

29日　三版"通讯"《腊戍一瞥——滇缅劳军纪行之四》(本报特派员赵恩源4月14日寄自腊戍)。

6月

2日　三版"美国通讯"《本报记者旅行美国观感——美国关切我团结反攻,对日作战在加紧进行》(萧乾5月28日纽约发专电)。(按：为采访旧金山会议,萧乾特于欧洲赶赴美国,这是他在美国旅行后所写的通讯)

3日　二版"通讯"《解放的仰光》(郭史翼5月18日寄自加城)。

8日　二版"中央社旧金山六日专电"《处理未来世界和平,五强已处领袖地位,我国被邀共商欧洲问题》。

9日　三版"中央社旧金山七日专电"《斯退丁纽斯声明否决权问题解决,五强会商终获协议》:保留常任理事一致表决原则,理事会行动前有讨论等自由。

三版"中央社旧金山七日专电"《新世界机构定名联合国,向故罗斯福总统表敬意》。

10日　三版头条《旧金山会迅速进展》:"世界法院条款草成,大会可于月内结束。"

11日　二版"本报特派员九日旧金山发专电"《旧金山会议乐观情绪》:"各国互谅互让新机构定成功,观察家预言苏日战争必不免,远东前途需要中苏友好合作。"

二版"中央社旧金山十日合众电"《胡霖谈处置日本》:"继续作战至日本无条件投降,改造日本教育廓清神权思想。"

13日　三版头条《旧金山会议之重要发展》:"社会经济理事会之功能确定,将成为联合国机构主要机关。"

"通讯"《琉球两周》(本报特派员朱启平五月十七日关岛)。(按:朱启平是在得知美军登陆琉球的消息后,于4月24日从关岛飞琉球,逗留两周,于5月7日返关岛)

14日　二版"通讯"《硫磺地狱》(本报特派员朱启平4月22日关岛)。

三版"中央社旧金山十二日专电"《奠定世界和平基石,旧金山会议之辉煌成就,通过维持和平实施办法》。

15日　三版"通讯"《如此"皇军"——湘西战地通讯》(杨魁6月1日寄自武冈)。

19日　三版"通讯"《塞班之行》(本报特派员朱启平四月十九日关岛)。(按:20日续完)

25日　二版头条"本报二十四日旧金山发专电"《斯退丁纽斯函本报胡总经理重申中美友谊》:"美人愿对中国保持深厚恒久友谊,美人愿与中国合作以达共同愿望。"

二版"本报特派员二十三日旧金山发专电"《旧金山会议今日大会,世界宪章将提出通过》:"大会工作完成由于两种因素:美苏妥协与苏联对小国让步。"

26日　二版头条《旧金山会议定今闭幕,昨晚开大会将通过宪章》。

27日　二版头条《旧金山会议完成任务,世界宪章通过签字》:"杜鲁门总统亲莅闭幕礼演说,呼吁盟国团结并速批准宪章,联合国力量将强迫日本投降。"

二版"中央社讯"《签字昨午开始,我国序列最先,顾代表以毛笔签书中国字》。

二版"中央社专电"《联合国筹备会:签宪国家各派代表一人组成,联合国秘书长选出时即结束,定今在旧金山开首次会》。

二版"社评"《旧金山会议的成就》:"起草世界宪章的旧金山会议,聚五十国代表于一堂,研讨两月,已经完成此项辉煌而崇高的工作。""美英苏中法五国为世界机构中最具权力的安全理事会常任理事,且具有否决之权,在宪章通过之后,这种地位与权力已属确定。……我们认为五国如何善尽此项重大责任,却有赖于五国之紧密团结。"

28日　二版头条《旧金山会大功告成,华府举行庆祝盛典,四强代表会后同机飞往》。

29日　二版"中央社专电"《联合国筹委会成立,决议执行委会应速在英组成》。

三版"通讯"《打开印度僵局:西姆拉会前的种种》(郭史翼六月二十一日寄自加城)。内容:"眨眼三年""方案的胚胎""方案的内容""甘地声明""'真纳的胜利'""唯一抨击者""阿沙德的被邀""回联对阿沙德被邀的反响""查理的主张""加城舆论""从好处看大局"。(按:30日续完)

30日　二版"中央社讯"《旧金山会圆满结束,蒋主席电贺美总统》。

7月

2日　二版"本报讯"《六参政员昨飞延安,抵渝参政员将开谈话会》。

3日　二版"社评"《六参政员赴延安》,先说缘由:"褚辅成、黄炎培、冷遹、傅斯年、左舜生、章伯钧六参政员,应毛泽东、周恩来两氏之邀,于本月一日自重庆启程赴延安,计算飞机行程,此时已达。六参政员为什么去延安?因为六参政员暨王云五氏共七人于上月二日曾电毛泽东、周恩来二氏,希望继续国共商谈,以期从速完成团结;毛周二氏于上月十八日电复七参政员,无来重庆之意,表示'诸公惠临延安赐教,不胜欢迎之至'。六参政员即缘此而往。六参政员的延安之行,其用心自在促进团结,同时也敦促中共参政员来重庆,出席本月七日开幕之第四届参政会。"再述观点:"中央与中共间的商谈,绵延经年……最大的原则,是:政府主张统一,中共要团结。统一与团结,在我们国民的眼光看来,实在是并无矛盾冲突的一件事。……我们一个最低调的看法,就是:只要自己不打仗,只要自己不内乱,就是统一了,就是团结了。"

7日　二版头条《抗战今届八周年,蒋主席昭告军民必须容忍谅解团结奋斗,求取独立统一迎接胜利》。

17日　三版"战局分析"《西姆拉会破裂原因:国大与回联的争论》(郭史翼7月5日寄自加城)。

18日　二版头条《柏林会议开幕,史达林到达先访杜鲁门,苏参加对日战争为重要议题》。

二版"欧洲通讯"《柏林一片残破》(本报特派员萧乾十七日柏林电)。前言:"它像一座刚发掘出来的罗马古城,拖着瘦尾巴的狗听见最细声的口哨就没命的飞跑,盟军在重新教育德国人民,德人第一需要是面包。"

19日　二版"社评"《有感于波茨坦会议》:"杜邱史三领袖的会议,已于本月十七日之夕开幕于柏林区的波茨坦城。在德国投降才逾两月的今日,美英苏三强聚会于这个古城,实在令人不胜历史兴亡之感。……中国不列席波茨坦会议,而在精神上却异常关切。关切什么?一、希望波茨坦会议能够加速胜利,把日本早击溃,和平早实现;二、……只希望实现开罗会议的约言,于战胜之日收复我们的失土。"

20日　二版头条《参政会定今闭幕,国大问题昨日决议》:"会期意见不一请政府酌定,代表问题请政府妥定办法,务使大会有极完满之代表性,宪法制定时应即实施,大会召集前继续求取统一团结。"

二版"社评"《关于国民大会问题》:"现在参政会作了如上云云的决议,试问我们能在这纸决议文上发现出什么呢?内容是如此空虚,而在形式上,则不啻政府把这问题推给参政会,参政会又把这问题推还政府。推过来,又推回去,而内容与性质却更模糊了。"

三版"通讯"《豫鄂行(一):运输·军粮·难民》(本报特派员吕德润7月10日寄自老河口前线)。(按:21日续完)

24日　二版"通讯"《豫鄂行(二):凭吊老河口》(本报特派员吕德润7月12日寄自老河口前线)。

28日　二版头条《美英中对日公告全文,予敌最后抉择机会:无条件投降或毁灭》:"三国武力受所有联合国支持。明示条件:占领日本迄其自新;实施

〈开罗宣言〉;完全解除武装;摧毁作战工业;裁判战罪人犯。"

二版"旧金山专电"《日寇冥顽不灵依然要作战到底》。

二版"中央社柏林专电"《三国公告商定经过》:"蒋主席、杜鲁门总统及邱吉尔首相顷对日本发出最后通牒形式之公告,嘱其于'无条件投降'或'即时彻底之毁灭'两者间,择一而从。三领袖公告由杜鲁门总统之报界联络秘书罗思于此间发表,距获得蒋主席同意与杜鲁门总统及邱吉尔首相联名发表公告之答复仅数小时。公告草本曾送达蒋主席,蒋主席即时电复同意此举。"

二版"社评(一)"《三国对日联合声明》:以美英中三国名义发表的对日声明,要求日本无条件投降,日本的反应是不接受。它明知道"苏联必闻知其事,名义虽为中美英三国联合声明,事实上苏联必在同意之列。日本阴谋分化联合国,及阻止苏联参加对日之战,业已失败了。"

29日　二版头条《我军克复桂林,另部攻迫全州附近,桂南再克凭祥迫镇南关》。

二版"社评"《桂林光复》。

30日　三版"通讯"《鹰扬大海——随美国航空母舰出击记》(本报特派员朱启平六月十二日自舰上发)。(按:31日续完)

8月

2日　三版"通讯"《踏上反攻之路》(本报特派员戈衍棣7月26日寄自独山)。

3日　二版"中央社讯"《淳化军事冲突经过,胡长官电蒋委员长报告》。

"社评"《论淳化事件——并附述我们对国事的意见》:"淳化事件公开了,记者乃以极沉重的心情来写这篇文章。""在陕西的淳化中央军与十八集团军曾有武装冲突,因此使人们警觉到内战的危险。内战,是一个大不祥的名词。中国抗战,是在统一与团结的规模中进行的,现当抗战第九年代大敌将溃胜利在望之时,又听到内战这个名词,真是不幸。国家到今日,人人都不讳言我们的统一与团结还有问题,所以人人希望国家能够统一团结。至于内战这个不祥的名词,人人听了心惊胆怕,但实际说来,内战形式是存在的。一个国家,有两个军队系统对立,有两个政府形式对立,自然是欠统一欠团结的象征,随时有刀对刀枪对枪的危险。"陈述对国事的意见:"(一)我们绝对反对内战。"并建议在政治解决之前"组织一个联合参谋团。这个联合参谋团的组织,可以包括中国战区内的美英（以及参战后的苏联）高级将领,中央与十八集团军的高级将领。由这个联合参谋团商定一致的军事计划,再经由最高统帅签署成为命令,颁布执行,则军队整备以及职务分配,都可得到协调且有效"。"(二)为了完成国家的统一与团结,最正确最平坦的道路是民主与宪政。民主宪政之路,必然要国民政府结束训政,国民党还政于民,开国民大会,制颁宪法,选举民主政府,改组军队,使之国家化。"(按:据王芸生讲,"这篇社评发表后,中共驻重庆代表徐冰同志致函大公报,辨明淳化事件的真相,要求将原函发表;王芸生函复徐冰同志,婉言谢绝了发表原函的要求",见王芸生、曹谷冰:《1926至1949的旧大公报(续二)》,《文史资料选辑》第27辑,第269页)

4日　三版"通讯"《豫鄂行(三):久战的部队》(本报特派员吕德润7月17日于安康)。

6日　二版"通讯"《琉球的新面目》(本报特派员朱启平6月27日寄自关岛)。

7日　二版头条《杜鲁门总统发表声明:将以新炸弹夷平日本》:利用原子力量爆炸极烈,巨机五百余架再炸日本。

8日　二版头条《原子炸弹初显威力,广岛一炸日寇震惊》:美将用以全面攻日本。

9日　二版头条《苏联对日本宣战》:莫洛托夫昨晚通告佐藤尚武,自今晨起苏日进入交战状态。

10日　二版头条《苏日大战展开》:苏军公报攻入伪满,占领满洲里呼伦两城,苏机炸长春罗津等地。

"中央社讯"《原子弹昨投在长崎,初步报告全城殆毁灭,航舰机千架恢复攻势》。

"社评"《大时代展开了!》:"大时代展开了! 苏联大军已于昨晨开始行动,第二枚原子弹又于昨午降落于日本的长崎。打倒这最后一个帝国主义,人类就应该进入建设和平幸福的时代了!"

11日　二版头条《东京情形混乱》:敌照会四强要求投降,附带条件保留其天皇,敌陆相竟令陆军续战。

12日　二版头条《四国接受日本投降》:日本天皇须听从盟军统帅命令,复文昨由美国务卿托瑞士转交。

三版"通讯"《桂北收复区》(本报特派员戈衍棣7月29日寄自柳州)。

13日　二版"中央社讯"《军委会令十八集团军,就原地待命勿自行动》:已令全国部队一律听候命令,根据盟邦协议执行受降决定。

14日　二版"通讯"《纽约归鸿》(政之):"×兄左右:弟在旧金山勾滞意外久长,工作虽忙,收获确实不少。……此次旧金山会议,我国应付,尚不算坏。所惜者过于退缩,太形消极,缺少前进勇气,此由准备太少,研究不够所致。今后新国联成立,我国既列于常任理事,则对于世界和平,义应共同负责维持,抑亦有其可能。……再者旧金山之会,各国代表多系议员、律师、学者、报人出身,可谓集全世界捣乱分子于一堂,辩论争吵,极尽能事,然卒能构成一篇大文章,其间运用,至为神妙。弟随事体察,兴趣奇浓,益信民主制度不难推行。盖庞大的国际组织,明系强凌弱、寡暴众的局面。大国(名为五强,实际只美英苏耳)俨然居统治地位,中小国家当然不服。然美英苏政治家善于控制,张弛适宜。"详述其五种手法后说:"主持者只求控制,不取独占,力示妥协,不居压迫,尤为运用之秘诀。……弟霖顿首,七月十九日。"

15日　二版头条特大标题《日本投降矣!》:答复四国接受规定条款,今晨七时四国首都同时正式宣布。(按:《大公晚报》刊登日本投降消息的标题为《日本惨败,中国惨胜》)

16日　二版头条《日本投降战事结束,蒋主席对国内外播讲》:希望此次战争为最末一次战争,勿骄勿懈努力和平建设。

"中央社讯"《蒋主席电毛泽东氏,请来陪都共商国是》:"国民政府蒋主席于十四日致电毛泽东氏云:'万急,延安毛泽东先生勋鉴:倭寇投降,世界永久和平局面可期实现,举凡国际国内各种重要问题,亟待解决,特请先生克日惠临陪都,共同商讨。事关国家大计,幸勿吝驾。临电不胜迫切悬盼之至。蒋中正,八月十四日。'"

17日　二版头条《日皇令日军停止行动,投降特使今飞马尼剌》:美军即将登陆日本本土。

"本报讯"《魏德迈将军等招待记者称,中国战区敌周内签降书》:越南敌亦将向中国代表投降,美决派车机运送中国受降官员军队。

18日　二版"中央社专电"《冈村宁次电复蒋委员长,遵令派遣代表接洽投降,我将受降地点改在芷江》。

19日　二版头条《日本降使定今赴菲》:各国代表纷抵菲受降,我徐永昌将军亦到达,签字将在横滨美舰上举行。

"中央社讯"《蒋委员长再电冈村，令日代表后日飞湘》：代表人数不得超过五员，需随带中国大陆、台湾及北纬16度以北越南地区所有日军之战斗序列、兵力位置等表册。

"中央社专电"《日关东军终亦乞降，降使昨赴苏军总部》。

21日 二版头条《蒋主席昨再电延安，恳毛泽东来商大计》。

"社评"《读蒋主席再致延安电》。[按：8月13日，日本确定投降，担任国民政府文官长的吴鼎昌即向蒋介石建议，电邀毛泽东来渝商谈"国家大计"，蒋即刻令吴起草寒(14日)电，拍发延安："伪寇投降，世界永久和平局面可期实现，举凡国际国内各种重要问题，亟待解决，特请先生克日惠临陪都，共同商讨。事关国家大计，幸勿吝驾。"16日《大公报》社评《日本投降了》篇末所谓"国内也有一个令人兴奋的新闻"便是指此电。毛泽东铣(16日)电复蒋："朱德总司令本日午有一电给你，陈述敝方意见，待你表示意见后，我将考虑和你会见的。"蒋介石接毛泽东、朱德电报后，又发哿(20日)电给毛泽东，催请毛泽东"惠然一行，共定大计"。21日，《大公报》便发表该社评]

"中央社讯"《今日芷江盛典，日军举行投降仪式》："我军入太原、抵包头，梧州收复，浙亦克多城。何总司令昨飞芷江。"8月20日，何应钦率中国陆军参谋长萧毅肃等随员及其他人员，由重庆飞抵芷江。20日晚，何应钦在芷江召开军政要员会议，宣布："从现开始，这里是陆军前进总部，陆军总部奉命办理全国受降事宜。"

22日 二版头条《日军接洽投降》：何总长致冈村备忘录，在京设前进指挥所派员同返，签降书前先派军接收京沪平，正式降书俟盟国受降后签订。

《陆军总部公报》：芷江初步接洽经过，在华日军共一百零九万人。

"中央社电"《历史性的一幕》：萧参谋长召晤今井，举行问答并授致冈村备忘录，美作战部参谋长柏德许与会。

"中央社电"《接受日军投降，各区军事长官规定》：京沪汤恩伯；平津孙连仲；武汉孙蔚如；热察绥傅作义；广州、香港张发奎；越南北部卢汉。

"专载"《致冈村备忘录》。

23日 二版"通讯"《芷江受降会谈一幕》(本报特派员之报告)，详细报告从上午十一时到下午九时芷江洽降的事项。

"伦敦广播"：关东军正式投降。苏军俘虏日将官多人，溥仪亦被俘，丑剧终场。

"中央社电"：美英军舰准备入东京湾，首批占领军将为十余师，澳加法荷纽代表将参加签字。

25日　二版"中央社讯"：蒋主席三电延安，敦促毛泽东来渝。毛氏复蒋主席之第二电，谓先派周恩来来渝进谒。

三版"通讯"《芷江观光》（本报特派员顾建平22日上午寄自芷江）。

26日　二版"本报讯"：毛泽东电复蒋主席，亟愿会见共商和平建国大计，周恩来先行彼亦准备即来渝。

27日　二版头条《中苏盟好条约公布》：防日军事同盟卅年；苏联声明一切援助给予国民政府；重申尊重中国在东三省之完全主权及领土行政完整；新疆问题无干涉中国内政之意；中国声明外蒙如依公民投票证实其独立愿望，承认其独立；中苏共营中东路南满路卅年；大连为自由港卅年；旅顺为共用海军基地卅年；我国府派员在东三省设行政机构；东三省苏军最多三个月撤尽。

"社评"《中苏友好同盟条约》，详细检讨条约各项内容后说："综观《中苏友好同盟条约》的全部内容，若问其是否完满无缺呢？我们可以这样答复：并不完全如我们所希望的，也并不坏于我们所预料的。宇宙间本无完满无缺的事，而上帝也绝不赐人以完满无缺的福。"（按：不满而又无奈之情绪，溢于言表）

28日　二版"中央社电"《我军空运抵沪》：美空军伞兵亦降落沪区，冷欣等一行昨飞抵南京，前进指挥所官员已开始办公，何总司令飞各战区指示受降。

"本报讯"《赫尔利昨飞延安，迎接毛泽东来渝》：蒋主席派张治中同行，定今日中午返抵重庆。

"本报特派员专电"《盟舰待命入东京湾，美空运部队今降落日本，日代表登美舰接受训令，麦克阿瑟总部即移设日本》。

29日　二版头条《毛泽东昨抵渝》：周恩来、王若飞亦偕来，蒋主席昨晚宴于山洞。"本报讯"：毛泽东氏在机场接见中外记者，发表书面谈话，谓："本人此次来渝，系应国民政府主席蒋介石先生之邀请，商讨团结建国大计。现在抗日战争已经胜利结束，中国即将进入和平建设时期，当前时机极为重要。目前最迫切者为保证国内和平，实施民主政治，巩固国内团结。……希望中国一切抗日政党及爱国志士团结起来，为实现上述任务而共同奋斗。本人对于蒋介石先生之邀请，表示谢意。"并刊登毛泽东木刻头像（按：《大公报》馆没有毛的照片，这幅毛泽东木刻头像由该报编辑陈伟球手刻而成）。

"特写"《毛泽东先生到重庆》(子冈):"毛泽东先生,五十二岁了,灰色通草帽,灰蓝色的中山装,蓄发,似乎与惯常见过的肖像相似,身材中上,衣服宽大得很,这个在九年前经过四川境的人,今天踏到了抗战首都的土地了。""他的手指被香烟烧得焦黄。"进了张公馆后,"毛先生宽了外衣,又露出里面的簇新白绸衬衫。他打碎了一只盖碗茶杯,广漆地板的客厅里的一切,显然对他很生疏。他完全像一位来自乡野的书生"。

30日 二版头条《盟军今晨登陆日本》:美英舰队列阵东京湾,麦帅将亲率大军上岸,尼米兹(美国太平洋舰队总司令)飞临参加受降。

31日 二版头条《占领日本开始》:盟军海空两路登陆降落,麦帅飞抵厚木前往横滨,横须贺日军举行投降仪式。

"通讯"《驶入东京湾》:本报记者在美舰上见闻(朱启平)。

9月

1日 二版"本报特派员朱启平专电"《横须贺的占领》,报道美舰开进横须贺港的情况。

2日 二版头条《盟国代表云集日本,签降典礼今晨举行》。

3日 二版"本报特派员二日美战舰米苏里号发专电"《日本降书签字,典礼昨晨完成和平实现》:"本报记者于国人经八年英勇抗战之后,今日于此亲见由独腿之日外相重光葵及日本前驻津司令官、现任日本陆军参谋总长梅津美治郎率领之日本代表团登美国超级战舰米苏里号签字日本投降条款。"中国代表徐永昌,继美国代表之后签字于日本降书。日本接受《波茨坦宣言》条款,所有军队无条件投降,日皇及政府受制盟军统帅。"全部典礼约共费时三十分钟。"(朱启平)

"专载"《日本降书》:接受《波茨坦宣言》条款,所有军队无条件投降,日皇及政府受制盟军统帅。

6日 二版头条《陆军总部公报,受降礼九日在京举行》:日军签降包括台澎越北。

"本报讯"《毛泽东对本报记者谈,愿团结商谈早获结果》:"毛泽东氏昨日午后接见本报记者称:来渝五日,与中央谈商团结问题,目前尚未可能有确切之结果以慰国人,可以说者仅为内战决可避免。我国政令军令如果再不统一,的确为不得了之事体,然统一之政令军令必需建于民主政治之基础上。只有包括各党各派无党无派代表人士之政治会议,始能解决当前国是,民主统一之联合政府始能带给全国人民以幸福。……协商之另一结果为国民大会将延缓举行,对代表问题的双方意见犹未能一致。中共方面不主张维持旧代表,原则上主张实行普选。毛氏末评论中苏条约称:该条约为远东和平之保障物。有人认为对我国之民主运动不利,实则相反,可拭目待之。又有以为苏联以国民政府为对象而惊讶,实则除国民政府而外,自无可为对象者。然条约亦并未束缚苏联对中国政治批评之权,舆论仍可说话,前数日苏联《红星报》撰文谓中国应走向民主政治,对我两党团结寄以殷切之期望。中国获得强有力之盟邦,可勿忧心于被其他国家侵略。毛氏表示愿谈商早获结果。"

7日 三版"通讯"《蒙上糖衣的日本政治》(本报特派员黎秀石东京5日发专电):外表好像向民主大道前进,内幕仍受着反动势力把持。

8日 二版"通讯"《日本人在想些什么?》(本报特派员黎秀石6日东京发专电):承认战败惟甚少悔祸之意,感觉对中国犯了极大错误,想保持若干工业,不愿做农业国。

9日 二版头条《何总司令飞抵南京,受降典礼今日举行》。

"通讯"《访问徐永昌》:徐永昌一行已于本月六日下午返抵重庆,本报记者昨特往访徐将军。徐氏谈赴日受降经过,说"执笔签字时心中无限感触","盟国管制日本尚须具体方案"。

"通讯"《东京死寂之夜》:除几盏路灯外看不见人影,几甲长的建筑物倒在地上。(按:此文记者为黎秀石)

三版"通讯"《还京杂记(一)》(本报特派员鸿增8月30日寄自南京)。(按:由冷欣将军率领的第一批国军官兵回南京,《大公报》遣张鸿增为特派员随行)

10日 二版头条《八年抗战胜利结束,中国战区日军投降》:签字典礼昨在南京举行,何总司令代表蒋委员长受降。

"专载"《日军投降书》全文。

"中央社电"《签字典礼后何总司令播讲》:"中国战区日军投降签字,已于本日上午九时在南京顺利完成。这是中国历史上最有意义的一个日子,这是八年抗战艰苦奋斗的结果。"

《蒋委员长致冈村之命令》:投降之日军暂留原地静待命令,武器、物资等不加损坏待命缴纳,须保证严守纪律不得骚扰劫掠,应继续供给其所属军民之衣食,倘有迟延或不能施行将行严惩。

《本报记者南京观礼》：签字会场布置富丽堂皇，全部用具将保管备陈列。

三版"通讯"《日军签降一幕》（本报特派员鸿增9月9日南京航寄）。

"通讯"《京沪见闻》（本报特派员鸿增9月5日寄自南京）。

11日 三版"通讯"《从波斯湾到丹吉尔》（杨刚8月5日寄自纽约），内容：（一）伊朗在波斯湾上；（二）土耳其是基石；（三）马其顿在爱琴海上；（四）国际问题是大家的。

14日 二版"社评"《收复失土不要失去人心》，在列举国民政府官员在收复工作中的种种"劣性"与"勾当"后说："收复失土，接收敌伪所攫夺的财产，迎接我们受苦的同胞，把他们从水深火热中拯起，登之衽席，这是抗战一项任务，既庄严，又神圣。肮脏的手，漆黑的心，都请远远离开，不要染污这一庄严神圣的任务！"

18日 三版"通讯"《香港日军降伏前后》（本报特派员黎秀石9月16日于香港航寄）。

19日 三版头条《团结商谈已获部分结果》：周恩来在参政会欢迎毛泽东席上报告，希望很快能共同发表公报使大家安心，毛氏致词强调团结和平建国。

21日 三版"通讯"《惩前毖后》（本报特派员黎石秀寄自东京）。

27日 二版"社评"《莫失尽人心！》："这二十几天时间，几乎把京沪一带的人心丢光了。有早已伏在那里的，也有由后方去的，只要人人有来头，就人人捷手先抢。一部汽车有几十个人抢，一所房子有许多机关争；而长长的铁路，大大的矿场，却很少人过问。尽管是一部分，或仅少数人，但八年长夜，一旦天亮，国旗飘扬，爆竹声喧，这些人也被欢迎在内吗？尤其因为币制迟迟无规定办法，更形成了收复区之乱，更加重了收复区人民的苦。由后方去的人，满箱满笼的关金券、法币，成了武器，成了法宝，伪币与法币的比价无定，物价一日三迁，大大的苦了收复区同胞，大大的发了后方去的人。可怜收复区同胞，他们盼到天亮，望见了祖国的旌旗，他们喜极如狂，但睡了几夜觉之后，发觉了他们多已破家荡产，手上所仅有的财产筹码——伪币，差不多已分文不值。卖房子吧，卖财产吧，累世的财富转眼转移到手里握有关金法币的人。……在十几天前我们就曾著文呼吁'收复失土不要失去人心'，现在我们要呼吁'莫失尽人心'了。"接着说："京沪区的乱象，其原因可以分为两部分：一是政府无准备，至少是准备得太迟太不够；另一是人的品质问题。……以此为鉴，紧接着就要办的,收复华北,收复台湾,收复东北,一定要有准备。准备什么? 一要准备好了政策及办法,二要选择好人。这两点太重要了。没有这两点,失土纵然收复,而却失掉人心。"

10月

2日 三版"通讯"《日本投降是临时休战》(本报特派员朱启平自日归国追记9月21日脱稿于上海),内容:"横须贺军港投降""冷,恨""'本土决战'空气""庙堂式的议会""秘密警察""美军的占领""藏本遗风""战败原因""释疑""天皇伪装了内阁""严厉公正""自我警惕""勇气和决心"(按:日本投降后,朱启平从东京湾里的美舰上乘小艇登陆,几次到横须贺、横滨、东京,并曾到富士山附近旅行,前后约12天。回上海后,追记此通讯,记叙此间的见闻。该文载于2—4日)

7日 三版"通讯"《回到了汉口——还乡通讯之一》(子冈9月20日补记)。

9日 二版"本报讯"《团结谈商大部协议》:张治中昨在欢送毛泽东大会报告,所余距离相信有方法接近,毛氏致词说合作是长期的,张部长日内送毛氏返延安。

"通讯"《京苏一带——还乡通讯之二》(子冈10月4日在苏州)。

三版"通讯"《台湾通讯之一:从南京到台湾》(本报特派员鸿增9月30日于台北)。

11日 二版"中央社讯"《团结谈商要点定于明日发表》:蒋主席昨访毛泽东晤谈,派张治中今陪毛氏返延。

12日 二版头条《团结商谈初步结果发表》:将召开政治协商会议,讨论召开国民大会问题,军队问题大体商定尚待续谈,解放区地方政府问题未接近。

"本报讯"《毛泽东昨飞返延安》:行前谈话对国家前途乐观,谓重庆之行有很大的价值,王若飞同返,张治中陪送。

"社评"《团结会谈的初步成就》,首先说:"毛泽东先生自八月二十八日来重庆,于昨天飞返延安,在这四十几天中,政府与中共方面曾有多次的会谈。因为团结问题所包括范围甚广,关系国家的命运至大,所以这一会谈为全国人民所焦切关心。"接着将"会谈纪要"的十二项目分为三大类:第一类双方完全同意的,是属于人民基本自由与基本权利方面的;第二类双方部分同意而待继续扩大商谈的,是属于政治民主化方面的;第三类是现实的军政问题。并说:"综合以上三类问题,第一类无问题,应该至诚至速的付诸实施。第二类是政治上的大问题,皆关建国根本,前提同,认识同,虽有歧见,希望能由政治协商会议这一机构商得一套共同的办法。第三类是最现实最棘手的问题,复杂难决;但必须求得一个安顿,求得一个解决,才能真正避免内战的危险。"

13日　三版"通讯"《回到久别的北平》(刘毅夫9月28日寄自北平)。

14日　三版"通讯"《台湾印象》(本报特派员鸿增10月7日追记于南京),内容:(一)祖国的怀恋;(二)教育的现状;(三)喁喁之望。

16日　三版"通讯"《东北通讯(一):此时此地》(吕德润双十节寄自长春)。

22日　二版"通讯"《东北通讯(二):长春情调》(本报特派员吕德润10月17日寄自长春)。(按:23日续完)

24日　二版"社评"《为江浙人民呼吁!》:"那一带地方归回祖国的怀抱已两个月,家家户户,老老少少,谁都为胜利感泣过,谁都为胜利狂欢过,现在呢?他们仍然过着胜利的日子,却有很多很多的人发现自己破了产,纵然省吃俭用,生活也要成问题。物价在跳涨,市场在一种变态繁荣中,工商业要破产。这变化太大了,人人从日常生活中都切肤的感到这变化。这变化是什么呢?是随着胜利而来的财富大转移。……是用伪币的人的财富转移到用关金法币的人的手里,购买力与享受欲都跑到关金法币这一边来。在京沪吃洋澄湖大蟹,在夫子庙征歌选色,在崇树杰阁上婆娑醉舞的,都是腰缠法币的人。……"

三版"通讯"《休说重庆来!》(本报特派员张鸿增寄自南京),通讯开头写道:"和他们带来的法币关金的购买力一样,'重庆人'在收复区的老百姓眼里在跌价,江东父老对我们这般凯旋的人们最初是刮目相看,再而冷眼静观,现在差不多已经摇头蹙额了。"通讯描写重庆来的接收大员的各种"窃收"丑态。

28日　三版"通讯"《光复后的广州》(本报特派员马廷栋9月25日寄自广州)。

29日　二版"社评"《谁忍再见内战!》:"毛泽东先生刚刚离开重庆,回到延安,就传来了内战的警报。"在引证了傅作义和延安的电文后说:"傅作义说共军打了他,延安说傅部打了他。这两方面的话,都有时日地点,各执一词,叫人相信哪一面?总之两面打起来了是事实。这事实,就是极危险极可痛心的事实!"最后说:"内战! 是一个多么不祥的名词! 谁忍再见内战! 谁敢发动内战! 甚至谁愿再听这个不祥的名词! 无论如何,我们不容再有内战。再打内战,不但胜利成空,我们将召亡国灭种之祸! 中国的人民坚决反对内战,谁发动内战,谁就违背了全国民意,谁就必为全国人民所共弃! 我们愿大声疾呼:万莫玩火! 赶快悬崖勒马,国家民族的命运已碰到危险,请赶快勒马吧!"

11月

2日　二版"社评"《中国政治之路》:"什么是今天的中国政治之路呢? 说来实无甚稀奇。今天的世界是民主世界,中国必须成为民主的中国,因此,中国政治之路必须走向民主。中国怎样走向民主? 全国老百姓都需要民主,都愿意民主,都盼望民主,而最能使国家尽速走上民主之路的,实系于中国一二大党及一二领袖的做法。"

沪版二版"通讯"《落日——记日本签字投降的一幕》(本报特派员朱启平):"中华民国三十四年九月二日上午九时十分,我在东京湾内美国超级战斗舰米苏里号上,离开日本签降代表约两三丈的地方,看见他们代表日本签字,向联合国投降。这签字,洗尽了中华民族七十年来的奇耻大辱。这一幕,简单,庄严,肃穆。"

3日　三版"通讯"《无锡的工商业》(本报特派员戈衍棣10月29日寄自无锡)。

4日　三版"通讯"《在长春所见之东北》(本报记者陈纪滢10月26日寄自长春)。

5日　二版"通讯"《美国归来》(政之),内容:(一)旧金山会议的回顾;(二)国际大势之发展;(三)美国趋势与中美关系。(按:胡政之出席旧金山会议后,逗留美国购买设备,于11月3日回到重庆。这篇《美国归来》系"归来"后写的。载于5—6日、8—9日)

8日　三版"美国通讯"《力的歧途》(本报特派员杨刚10月25日寄自纽约)。

"专栏"《不要内战——重庆二十七种杂志的呼吁》:"我们二十七种杂志联合起来呼吁,一句话,四个大字:不要内战!"文末落款:《中华论坛》《文艺杂志》《希望杂志》《中学生》《民主世界》《青年知识》《中苏文化》《民主星期刊》《东方杂志》《中山文化教育季刊》《民主与科学》《现代妇女》《中国农村》《民主教育》《国讯旬刊》《中原》《民宪半月刊》《新中华》《中国学生导报》《再生》《宪政月刊》《文汇周报》《自由导报》《学生杂志》《文哨》《抗战文艺》《职业妇女》)。

9日 二版"社评"《快办汉奸,严办汉奸》,首先说:"在收复区最叫人失望的事情,除了少数接收人员荒唐不法的行为外,就是奸逆的横行无忌。这些现象在老百姓脑子里造成可怖可恨的印象。"接着列举了收复区汉奸仍旧横行的手法:"收复区里到处有汉奸活动,夤缘干托,送人情,通款曲,自不必说,有些还假藉名义,招摇欺骗,或自命'维持治安',希望戴罪立'功'。国军未到的地方,情形更不可问,有些伪军打着改编的旗号,照样的在横行敲诈,鱼肉良民。刚从水里爬上来的家伙,水湿未干,又在挂招牌,办报纸,光怪陆离,尾巴四露,使人看了真真哭笑不得。"对这些败类,必须"快办""严办"。参照别国的做法,建议:"将汉奸的名单迅速决定,迅速提出";"法院审判汉奸应用公开的方式","发扬法律正义";抓紧"逆产清理",并将之公布于众。

三版"通讯"《渤海上的消息》(本报特派员吕德润11月4日寄自营口附近)。

10日 二版"社评"《应该全国大裁兵》:"今天中国有一件最紧急最重要的事。这件事,比团结商谈停止内战更紧急,更重要;比平衡财政停止通货膨胀更紧急,更重要。这件事不急办,不决心办,则内战的消弭很少希望,通货膨胀更少挽救之道。这件事如能急办,并决心办妥,则内战一定消弭,通货膨胀一定可以挽回。这件事是什么?这件事便是裁兵。"

12日 二版头条《府令召集国民大会,定期明年五月五日举行》。

18日 三版"通讯"《笼城听降记》(本报特派员徐盈11月12日寄自北平),内容:(一)杀无赦;(二)外来的冷酷;(三)谁的错;(四)文化圈。(按:19日续完)

20日 二版"中央社讯"《共军仍图攻占包绥》:已由冀晋区调兵增援,归绥城郊连日有冲突。

"社评"《质中共》。(按:11月21日,重庆《新华日报》发表题为《与〈大公报〉论国是》的社论,对该社评进行了驳斥,指出该文作者是国民党当局的"一位妙舌生花的说客",并请天下一切大公无私的人们判决,"《大公报》在这里是大公呢?还是大私?")

三版"通讯"《从无锡到宜兴》(本报特派员戈衍棣寄于宜兴)。

24日 三版"通讯"《长春流水》(本报记者陈纪滢11月12日),内容:乍来长春;"大臣"公馆所见;文武双绝;"上高街";他们还有组织;火海之岸;长春怎样攻下的;天晴地不朗;奴化插曲;新生一代;猴戏煞台;天时在变。(按:25日续完)

25日　二版"通讯"《悲愤写广州》(本报特派员陈凡11月22日寄自广州)。

26日　三版"通讯"《台湾巡礼》(本报特派员费彝民11月15日)。

28日　三版"通讯"《台南印象》(本报特派员费彝民11月20日寄自台南)。

12月

2日　津版三版"通讯"《"新港"的发现与视察》(本报记者曹世瑛),内容:"两大利益""五年计划""新港形势""他山之石""新港视察""工厂林立""登陆艇上""两道闸门""异口同声""刻不容缓""北方大港"。(按:3日续完)

4日　三版"通讯"《每天损失六亿元》(徐盈11月26日),内容:(一)一天生产六亿日元;(二)华北开发公司;(三)一切为了什么。

8日　三版"通讯"《塘沽海滨看日军归国》(曹世瑛)。

9日　三版"通讯"《南德的暮秋(1)——由伦敦到法兰克福》(本报特派员萧乾11月7日寄自伦敦)。(按:一年之中,萧乾分别于3月、7月、10月三次到德国。他认为,走得最广、体验得最亲切,莫如第三次,因而引起的情绪也最为复杂。该通讯是记叙他第三次游德国的见闻。该通讯分上、中、下三篇,分别载于12月9日、13日、14日)

15日　三版"通讯"《再看长春》(本报特派员吕德润12月6日),内容:(一)冷寂的大楼;(二)再看长春;(三)来来去去;(四)一句话。

16日　三版"专载"《我对中国历史的一种看法》(王芸生)前面的补识写道:"这篇文章,早已写好。旋以抗战胜利到来,国内外大事纷纷,遂将此文置于箱底。现在大家情绪起落,国事诸多拂意,因感一个大民族的翻身不是一件小事。中华民族应该翻身了,但却是从二千多年专制传统及一百多年帝国主义侵略之下的大翻身,岂容太捡便宜?要从根清算,尤必须广大人民之起而进步。近见今人述怀之作,还看见'秦皇汉武''唐宗宋祖'的比量,因此觉得我这篇斥复古迷信并反帝王思想的文章还值得拿出来与世人见面。翻身吧,中华民族!必兢兢于今,勿恋恋于古;小百姓们起来,向民主进步。"(按:载于16日、17日、21日、22日)

17日　二版头条《政治协商会议即将举行》:中共代表周恩来、叶剑英等抵渝。

19日 三版"通讯"《检阅农业战利品——介绍北方农业上的三大奇迹》(徐盈12月11日),内容:(一)"农业中国";(二)殖民地式的剥削;(三)东亚第一试验场;(四)"一切为了日本"。

20日 二版头条《政府中共先恢复商谈》:首要问题为停止冲突,希望协商会前商得结果。

三版"通讯"《久大·永利·黄海——被损坏的塘沽厂址》(本报记者曹世瑛)。

21日 二版头条《马歇尔昨飞抵上海》。

三版"短评"《欢迎马歇尔将军》:"马将军来华所负的使命,可于杜鲁门总统对华声明中得之。现在国府与中共的商谈就要恢复,政治协商会议也将举行,中国正在努力走向统一团结之路。马将军之来,时机甚好,对于中国统一团结之促进,必能发生良好的影响。"

23日 二版"重庆专电":马歇尔昨飞抵重庆,蒋主席日内即返渝。

24日 "通讯"《台湾周行》(本报特派员费彝民12月3日寄)。

26日 三版"通讯"《南德的暮秋(2)——纽伦堡访狱》(萧乾11月19日寄自伦敦)。

29日 三版"通讯"《由纽约到天津》(严仁颖返乡周月脱稿于四面钟),内容:"胜利后第一船""离开了新闻城""向新大陆告别""海军军官生活""美国兵和中国""停留在珍珠港""琉球战争未了""衰落的大上海""故乡多愁多恨"。(按:载于29—31日)

31日 二版头条《团结商谈进行中,政府同意停止冲突》:惟须立即恢复交通,政府进军收复区接防不受约束,定昨听取中共方面意见。

1946年(民国三十五年)

1月

2日 一版"通讯"《香港近情》(本报特派员陈凡1945年12月14日寄自香港)。

三版"通讯"《纽约选举》(本报特派员杨刚1945年10月2日寄自纽约),内容:(一)"太蛮烈"和爬楼梯;(二)无线电的寂寞;(三)失败的连索。(按:3日续完)

4日 二版"社评"《我们要求政治协商公开》。

三版"通讯"《唐山行》(曹世瑛),内容:"沦陷的日子""刘培初专员""驻军""商情与物价""改市问题""交大工学院""启新洋灰公司""华新纺织公司""唐山制钢厂""开滦制铁所""唐山发电所"。(按:5日续完)

7日 二版头条《停止冲突在准备办法,军队编制驻地由协商会解决》。

三版"通讯"《南德的暮秋(3)——仆仆风尘到慕尼黑》(本报特派员萧乾11月27日寄自伦敦)。(按:载于1月7—9日)

10日 二版头条《协商会议今开幕》。

11日 二版头条《停止冲突命令发出,政协会议昨晨开幕》:"蒋主席亲临主持致开会词,宣布人民享有身体、信仰、言论、出版、集会、结社之自由,司法与警察以外机关不得拘捕审讯及处罚人民,各政党在法律之前一律平等,并得在法律范围以内公开活动,各地积极推行地方自治,依法实行由下而上之普选,释放政治犯。"

"社评"《停止冲突令发出》:"停止冲突的办法,终于政治协商会议开幕之前数分钟商妥,当天发布命令。此项命令为政府与中共代表共同商定,具有甚大的约束力量,国内冲突当可停止,交通也可以恢复……各地复员,人民还乡,都将无阻无碍了。这真是国内的大喜事!……我们期待停止冲突令下之后,各地冲突尽快的停止;如何实现国内的统一与民主?政治协商会议也要力求获得圆满的结果,交由政府实施,以慰人民之望。"

12日 "重庆专电"《张群在协商会报告,定明日午夜前停止冲突》:调处执行部下周在平开始工作,郑介民、叶剑英、罗宾逊明日飞平,三人小组将成立整编中共军队。

"重庆专电"《停止冲突命令前日下午签字》:张群、周恩来热烈握手,协议获致因政府让步。

14日 二版头条《入热国军撤返辽宁,执行部三委员(郑介民、叶剑英、罗宾逊)抵平》。

16日 三版"通讯"《长春·沈阳·哈尔滨》(本报特派员吕德润元月5日)内容:(一)由空运谈起;(二)沈阳巡礼;(三)哈尔滨的年景;(四)这里不是沦陷区。(按:载于1月16日、18日)

17日 二版头条《商讨整编中共部队,军事三人小组成立》:张群、张治中、周恩来开始商谈,拟一个月内商妥,两月内编竣。

19日 二版"通讯"《三委员在北平》(子冈1月17日北平)。

21日　三版"通讯"《政治协商会议旁听记》(本报记者高集 1 月 15 日寄自重庆),内容:"平静的第一次会""争取人民自由——会上一场大辩论"。

24日　三版"通讯"《南德的暮秋(4)——阿尔卑斯雪岭》(本报特派员萧乾 1945 年 12 月 21 日寄自伦敦)。(按:载于 1 月 24 日、26 日)

26日　三版"通讯"《协商会中一场激辩——关于国大代表问题的讨论》(本报记者高集 1 月 18 日寄自重庆)。

27日　三版"通讯"《寻觅国大问题的出路——政治协商会议旁听记》(本报记者高集寄自重庆)。

28日　二版"通讯"《宪草问题的讨论——协商会中各方提修改意见》(本报记者高集寄自重庆)。

三版"通讯"《静静的南京》(本报记者鸿增 1 月 13 日寄自南京)。

31日　二版"通讯"《民主巨流中的一湾臭水》(敏之 21 日寄自重庆)。(按:政协开会期间,"政治协商会议陪都各界协进会"借用临江路沧白纪念堂,每天请参加政治协商会议的代表轮流到会报告,并听取人民的陈述。然而这种活动被一群有组织的特殊人物破坏。他们用石块砸会场,或在会场内起哄破坏。该通讯称之为"民主巨流中的一湾臭水")

三版"通讯"《台湾访问记之一:台北一月》(本报记者纯青 1945 年 12 月 20 日追记于上海)。

2月

1日　二版头条《协商会议成功闭幕,五大问题协议案一致通过》:"改组国府委会为最高国务机关,府委定为四十名,由国府主席就国民党内外人士选任之,国民党占半数,各党可自提名,行政院增设政委,部会及不管部会之政委中以七八席约国民党外人士充任;五五召开制宪之国民大会,宪法通过须经出席代表四分之三同意为之,依选举法规定之区域及职业代表一千二百名照旧,增加党派等代表,总计代表为二千零五十名,宪法颁布六个月内召集行宪之国民大会。"

4日　三版"专载"《怎样处置日本》(胡霖)。(按:该文是胡政之应美国《外交季刊》之邀特撰,首载《外交季刊》本年 1 月号。《大公报》转载于 2 月 4—5 日)

5日　三版"通讯"《台湾访问记之二:二十三天的旅行》(本报记者纯青)。

(按：6日续完)

7日 二版"通讯"《政协工程的完成》(高集2月1日寄自重庆)。

三版"通讯"《台湾访问记之三：米仓闹米荒》(本报记者纯青)。

8日 三版"通讯"《松花江畔风雪温情奏——从长春到哈尔滨杂记》(陈纪滢1月15日写于哈市旅馆)。(按：9日续完)

9日 三版"通讯"《台湾访问记之四：残破的工矿业》(本报记者纯青)。

11日 二版头条《恢复交通商定办法将由执行部公告实行》。

"重庆十日下午二时三十分发加急专电"《陪都怪现象——铁棍打散民众集会》：李公朴、郭沫若等数十人受伤，警宪多人在场，并未制止动武。

12日 一版"重庆专电"：郭沫若等被殴事件，政协代表一度集议，推周恩来等谒蒋主席报告。

"中央社专电"《雅尔达会议一周年，三国秘密协定公布》：内为苏对日宣战条件，保存外蒙古独立，千岛群岛让苏，恢复苏在日俄战中所失权利。

三版"通讯"《张家口漫步》(子冈2月9日于北平)，内容：(一)进步；(二)一瞥；(三)聂(荣臻)司令；(四)"为人民服务"；(五)作家。(按：13日续完)

14日 二版"社评"《国家与国民党的成功》："他(孙科)说，这次协商会议的圆满结果，是国家的成功，是全国人民的成功，尤其首先是国民党的成功。我们完全同意孙先生的见解，这是国家的成功，国民党的成功。"并说："历史证明国民党是一个代表国家利益的全国性的政党，凡是符合全国利益的事，国民党领导之，无不成功。……抗战后的和平民主建国，是符合全国利益的，应该由国民党来领导，且必将领导成功。这是国民党不能透谢的一种使命。但，只须附带一个条件，就是莫太计较一党的利益。"

三版"通讯"《"满意的成就"——记军事调处执行部》(徐盈2月12日)。(按：载于14日、17日)

15日 沪版二版"社评"《民主的习惯》说，"看看最近发生的一些事体，大家一定会感觉到我们太缺乏民主的习惯了。……沧白堂的演讲和较场口的开会，平常得很，有什么不顺眼的地方？""沧白堂的石块和较场口的铁条打不了四亿人民，更打不退世界的潮流。"

16日 二版"社评"《读雅尔达秘密协定有感》："本月十一日莫斯科、伦敦、华盛顿同时公布了一个外交文件，乃是去年二月十一日罗邱史三巨头在雅尔达会议时签订的秘密协定。国际间早已传说雅尔达会议有未经宣布的秘密,而且是与中国有关的;但是我们却不曾知道得如此完备。现在这个秘密宣布了,人们读了这个雅尔达秘密协定,尤其我们中国人读了这个秘密协定,不能无所感慨。""这件事,一定是出于罗斯福总统的苦心。罗斯福为什么签这个协定?是为了取得苏联对日宣战的保证。作为代价的交换条件是什么?(一)外蒙古独立;(二)南库页岛归还苏联;(三)辟大连为国际港,苏联保有优越权利,旅顺由苏联租用为海军基地;(四)中东铁路、南满铁路中苏共管,苏联保有优越权利;(五)千岛群岛割与苏联。这几项,除了南库页岛及千岛群岛属于日本的范围外,其余各项皆属于中国的范围。罗邱史三巨头作如此重大的决定,且直接涉及中国的领土主权,在签订之前曾否取得中国的同意呢?……未经征得中国的同意,而三巨头就如此决定了,不啻代为主持,这可见中国是处于受支配被处分的地位。""这秘密协定的本身,还有一段很难看的文字,就是:'苏联应恢复以前俄罗斯帝国之权利。'这些权利就是旅顺、大连两港,中东、南满两路。"

17日 三版"通讯"《台湾访问记之五:台湾的将来》(本报记者纯青)。

18日 三版"通讯"《年初谈美国总统》(本报特派员杨刚1月16日寄自纽约)。

渝版二版"社评"《东北的阴云》首先说:"东北的阴云,正在扩展,几几乎要遮满了中国的晴空。"这一片阴云,是下列这些事交织成的:(一)在东北的苏军逾期未撤退;(二)国民政府接收东北的工作,已进行五个多月,只接收了少数几个城市;(三)盛传苏联对东北经济有新要求;(四)张莘夫(经济部专员)由抚顺至沈阳的火车上被拖下杀害;(五)又传有所谓"东蒙古人民共和国"的酝酿;(六)雅尔达秘密协定的发表;(七)中共中央发言人发表谈话,要求国民政府承认东北民主联军和各项自治权。接着说:"中国与日本战,赌国运,拼存亡,为了什么?是为了日寇占了我们的东北,是为了我们要保全东北。……苏联今日参战,日本明日投降,苏联大军源源进入东北。到今天,时间已有半年。东北是中国的领土,应该由中国收回;我们所付的代价都已照办。但苏军延迟不撤,中国政府不得顺利接收东北,是何原故?"最后说:"今天的问题是:中国国民政府能不能够接收东北?如果不能接收,或接收受了限制,那就发生了我们的领土主权的问题,这不可与内战相混。我们谨以中国人民的立场,声明一个界限,就是:我们要对内争民主,对外保独立。若国家的独立不存或有损,尚何民主可言?"

20日 三版"通讯"《冰雪待春风——东北北部治安问题》(陈纪滢1月29日寄自哈尔滨)。

22日 渝版二版"社评"《东北的经济与金融》:"我们为什么注意东北问题?因为东北是我们被日寇强占了十四年的领土,是中国所以不惜拼国家命运以争的地方,抗战既已胜利,我们必须把它收回,也非收回不能甘心。东北又是我们经济资源蕴藏最丰富的地方,已有的工业及已修的铁路,其规模与数量均超过全国其他地方的总和。中国必须建国,必须建设成为一个现代化的国家,但若没有了东北,中国便没有了建国所必须的条件。中国无东北,不能完整;无东北也可说就没有了国家。东北对于中国如此重要,我们怎么不注意!"

23日 二版"重庆专电"《重庆学生爱国大游行,请苏军依约撤出东北》,并全文刊登重庆学生《告同胞书》和《告中共书》。

三版"通讯"《淹死了三十二万五千人——黄泛巡礼》(张高峰)。

24日 二版"星期论文"《我们对于雅尔达秘密协定的抗议》(傅斯年、任鸿隽、陈衡哲、王云五等20人):"苏联在雅尔达会议的要求,完全违反对侵略的法西斯国家共同作战的目的,违反列宁先生与中山先生共同建设的中苏友爱的新基础,违反苏联多次的对外宣言,尤其是对华放弃帝俄时代不平等条约的宣言,违反对《大西洋宪章》以来各重要文件的精神。苏联所标揭的是打倒帝国主义,然则今日苏联要求恢复其俄罗斯帝国之权利,又何以自解?苏联乘人之难,提出这种要求,其异于帝俄对中国之行为者何在?"

"中央社讯"《参政员关怀东北》:驻会委员昨晨开会,请政府交涉苏军撤退,日内开临时会请王外长报告。

"重庆专电"《陪都前日之风波》:学生游行大队过民生路《新华日报》营业部以后,有"群众"数百人将该报营业部捣毁,并殴伤该部职员四人。

"重庆专电"《〈新华日报〉事件捕获暴徒九人》:张笃伦表示依法办理。

"中央社讯"《周恩来发表谈话》:认为学生游行为爱国行动,谓爱国与排外必须分开,指明《新华日报》事件非学生所为。

三版"通讯"《蒋主席在上海》(本报记者周雨2月16日寄),内容:来去行踪;贾尔业爱路寓邸;行辕秘书处;记者群;望眼欲穿的民众;一些机关衙门;随侍人员像。

3月

1日　二版"北平电话"：张、周、马昨翩然抵平,定今日赴张家口集宁视察。

二版"社评"《欢迎三人小组视察北方》："军事三人小组政府代表张治中将军、中共代表周恩来先生、顾问马歇尔将军,昨日飞抵北平。一行系视察北方各地停战情形,并解决待决之问题。北方老百姓甚欢迎张周马三氏北方之行,我们是北方的报,也愿说几句话,以示欢迎之忱。""抗战以来,中共在北方的势力扩张得相当快相当大,周恩来先生在中共很有地位,北来主要工作之外,同时自将注意到中共本身的事,考察考察北方中共活动情形,这是很有必要的,尤其要多听取老百姓的意见,我们想这对中共不会毫无益处。"

5日　二版"中央社电"：张、周、马昨赴归绥,稍停即于下午转赴延安。

6日　二版"合众社延安电"：张、周、马在延安受欢迎,昨抵汉口定今返渝。

"合众社延安电"：马歇尔特使飞抵中国共产党首府,首次与共产党主席毛泽东、红军总司令朱德,作历史的会见。马歇尔特使与其同伴、中国整军委员会委员中央政府张治中将军、共产党周恩来将军同受盛大欢迎。

"中央社汉口电"：延安欢宴席上毛泽东感谢马歇尔等,谓中共准备努力建国事业,送别时毛氏曾称可能赴渝。

7日　三版"通讯"《和平播种记——张周马的五日工作》(徐盈),内容：一万六千里"为人民干杯"；将军们笑了；战争与和平；城市与乡村；三环的故事。(按：载于7—10日)

9日　三版"通讯"《石家庄形色》(吕德润3月2日)。内容：(一)河北的重镇；(二)执行小组；(三)平汉路。(按：载于9日、11日)

19日　三版"通讯"《从哈尔滨到锦州》(陈纪滢)。内容：(一)离哈以前；(二)行路难；(三)沈阳见闻；(四)工业民营官营；(五)瞻望国军；(六)草木皆兵；(七)沈锦车上；(八)锦州风云。(按：载于19日、22日、25日)

21日　二版头条《参政会大会开幕礼成,蒋主席揭明四项要务》："恢复秩序,稳定经济,安定民生；贯彻停战,恢复交通,实施整军；五五召开国大,必须如期举行；诚意履行盟约,拥护世界宪章。"

25日　三版"通讯"《开幕的一天——参政会旁听记之一》(高集3月21日寄自重庆)。

26 日　三版"通讯"《经济怎么办？——参政会旁听记之二》（高集寄自重庆）。

27 日　二版头条《停止东北冲突即可协议》：三人小组将商派遣执行小组，周恩来已返渝曾与吉伦（马歇尔的代理）会谈，综合组对府委问题尚未协议。

28 日　三版"通讯"《今日国家行政：安定人民生活第一——参政会旁听记之三》（高集）。

29 日　三版"通讯"《庄严与哗笑之间：政协、整军及外交报告——参政会旁听记之四》（高集）。

30 日　二版"通讯"《农林·司法·社会——参政会旁听记之五》（高集寄自重庆）。

31 日　三版"通讯"《国计民生两艰难：财政粮食两部报告——参政会旁听记之六》（高集）。

4 月

1 日　三版"通讯"《喧闹的议场：教育内政善后救济报告——参政会旁听记之七》（高集 3 月 27 日寄自重庆）。

3 日　二版头条《参政会大会昨闭幕》：通过议案四百余件，多于历届。

6 日　三版"通讯"《如此接收：弊端必须彻底清查——参政会旁听记之八》（高集）。

8 日　二版"通讯"《沈阳的春天》（徐盈寄自沈阳）。内容：（一）沈阳印象；（二）盛会一瞥；（三）困难正在开始；（四）火药库。（按：载于 8—10 日）

三版"通讯"《保障学术思想自由：能不让学生过问政治吗——参政会旁听之九》（高集寄自重庆）。

10 日　二版"中央社电"《和平团结进展中，中共言论越轨》：延安《解放日报》诋毁蒋主席。（按：指 4 月 7 日延安《解放日报》发表题为《驳蒋介石》的社论。内容主要是驳辩蒋介石 4 月 1 日在参政会中的政治报告要点）

11 日　二版"通讯"《国外存款献出来和三个不公开的议案——参政会旁听记之十》（高集 4 月 1 日寄自重庆）。

12 日　二版"通讯"《调查接收应慎重其事——参政会旁听记之十一》（高集 4 月 2 日寄自重庆）。

13日　二版"通讯"《闭幕的一天：政协报告决议文引起一场风波——参政会旁听记之十二》（高集4月3日寄自重庆）。

三版"通讯"《春天里的秋天》（吕德润3月27日寄自沈阳），内容：（一）可怜的东北；（二）一个葫芦；（三）苏军、中央、中共。（按：该通讯载于13—15日。其内容与徐盈的《沈阳的春天》基调相左，文章中有不少对共产党的不实之词）

14日　二版头条《东北调处尚无进展，执行小组工作艰难》。

15日　二版头条《马歇尔在来华途中，军事小组飞抵沈阳，长春形势益见严重》。

"社评"《过分的宣传》："在八日重庆的《新华日报》上，转载了本月六日（按：实为7日）延安《解放日报》题为《驳蒋介石》的一篇社论。文章甚长，占了报纸的主要篇幅。内容是驳辩蒋主席本月一日在参政会中的政治报告要点。文章热辣，措词尖刻，极尽讥笑谩骂的能事。宣传战到了这样程度，真令人惊悸，而不禁为国事前途惧。"

16日　沪版二版"社评"《可耻的长春之战！》："我们谨为国家祈福，谨为生民乞命，请快停手吧！敌人降了，盟军撤了，我们自己却打起来，实在太可耻了！快停止这可耻的长春之战吧！"（按：渝版、津版也于17日登载了这篇《可耻的长春之战！》，重庆《新华日报》于18日发表了题为《可耻的〈大公报〉社论》的社论，予以批驳，并指出：社论作者原来是这样一个法西斯的有力帮凶）

17日　二版"通讯"《北平的春天》（子冈）。

三版"通讯"《到长春的路上》（徐盈4月11日、14日寄自开原）。（按：连载于17日、18日、20日）

19日　三版"通讯"《风砂小景》（吕德润4月12日寄自沈阳），内容：（一）风筝；（二）街头；（三）舞女；（四）流通券。

23日　二版头条《周恩来访马歇尔商谈东北调处问题》。

"通讯"《从德奥边境到巴黎——看法军怎样占领》（本报特派员萧乾4月6日寄自埃及赛德港），内容：阿山公路上；失窃插曲；叩门瑞士；进入法国；巴黎道上。（按：载于23—25日）

27日　三版"通讯"《大西洋的浪潮——记世界最大工会的选举》（本报特派员杨刚3月30日寄自纽约）。（按：28日续完）

5月

1日 一版"通讯"《延安的春天》(徐盈,3月4日记于北平),内容有:和平播种者;春耕的时候;困难是有的;政府的保证。

二版头条《国府明令还都》:5月5日凯旋南京。

5日 二版头条《国府凯旋南京》:今日举行还都大典,蒋主席向全国播讲。

三版"通讯"《广州春暮》(本报特派员陈凡4月26日寄自广州),内容:这不过是春天;生活的尺标;两种霍乱;饥饿问题;城市与乡村。

9日 二版头条《鄂境冲突开始调处,周恩来等抵宣化店》。

13日 二版"通讯"《油灾》(本报特派员杨刚4月6日寄自纽约),内容:(一)油景;(二)油争。

14日 三版"通讯"《东京通讯》(刘子健),内容:(一)一个潜伏的因素;(二)未来的中心势力——中小商工层;(三)嚷"民主",还早呢?(四)现在闹着什么呢?(五)"商女不知亡国恨";(六)天皇之上太上皇;(七)钩心斗角的舞台。(按:15日续完)

16日 二版头条《东北谈商重要阶段》:各方迭晤商将开三人会议,马歇尔因事赴沪今可返京,中共不允先让长春并提修正整军方案。

"社评"《莫忘记了人民!》:"要民主,必须把人民摆在第一位,一切要尊重人民的意志,一切应以人民的利益为前提。但看今天的情形,哪一件事的演出是人民的意思?人民要安定,偏不给你安定。人民要和平,偏不给你和平。人民不要他们打,他们偏偏要打。"并说:"莫忘记了人民!只要顾到人民的利益,服从人民的意志,国事立可解决。"

三版"通讯"《欧洲两大壁垒的对峙》(本报特派员黎秀石4月26日寄自伦敦),内容:(一)一个欧洲两个世界;(二)主义的斗争;(三)制度的冲突;(四)一条出路?

20日 二版"通讯"《一个中立国的启示——瑞士之行》(本报特派员萧乾4月29日新加坡航信),内容:"怎样去的""吊和平宫""无本营利""原始的民主""生产的和谐""中立的代价"。(按:萧乾说,他早有游中立国的想法。刚好去年秋瑞士经济考察团访渝,临行时团长邀曹谷冰访瑞,然曹忙于津版复刊事难以抽身,于是请萧乾代表。萧乾于今年2月赴瑞士,不仅实现了多年的夙愿,而且成了他对欧洲的辞别。该文21日续完)

21日　二版"社评"《我们反对武力解决!》:"目前的战乱局面,真是令人痛恨,令人愤怒!我们愿意喊出人民心底的一个呼声:我们反对武力解决!你们不要迷信武力万能。我们可以坚定的告诉你们一件事,就是武力绝不能解决问题。动武力,讲打,最后不论谁打倒谁,必然都是武力统一。……动武力,讲打,顶多打出一个秦始皇来,顶多打出一个拿破仑来,然而秦始皇与拿破仑的帝业又如何?"

24日　二版头条《国军进入长春,蒋主席莅沈阳》。

26日　二版"社评"《长春收复以后》:"长春既经国军收复,这应该是当前内战的一个段落。"

28日　二版"通讯"《蒋主席莅沈记》(吕德润寄自沈阳)。(按:载于5月28日、6月4日)

31日　二版头条《巡视东北归来》:蒋主席重莅北平,昨曾由沈飞长春慰问。

"社评"《蒋主席东北归来》。

6月

17日　三版"通讯"《劫后的马来亚》(萧乾6月5日于中国海上),内容:(一)回城记;(二)寒心的侨胞;(三)政治地图;(四)文化活动;(五)一篇糊涂账。(按:载于6月17—19日、22日)

18日　二版"通讯"《三看长春》(本报特派员吕德润6月7日),内容:(一)长春巡礼;(二)中共的故事;(三)从长春看。(按:载于18日、20—22日)

23日　二版头条《三人会议正式复会,和平谈商三大问题待决》:仲裁权、整军、交通仍多困难。

"南京专电"《中共四建议》:东北长期停战并重申停战令,三人会议迅商恢复全国交通,商定整军复员具体补充办法,重开政协会议解决政治问题。

24日　三版"通讯"《烧蝗记》(本报记者曹世瑛)。(按:25日续完)

25日　一版"通讯"《美国物价控制在动荡中》(本报特派员杨刚5月12日寄自纽约)。

二版头条《首都车站暴徒行凶》:难民代表围殴上海请愿人士,记者多名受伤,本报记者在内,历时六小时始由外记者解围。(按:《大公报》受伤记者系

高集)

"社评"《反对干涉,拥护民主》:"在政治的基本观念上,政府有一个原则错了。孙中山先生痛心中国人被骂为一盘散沙,提倡民族主义,推大了固有的家族主义,昌言'组织即力量',并为建国定下一个'训政时期'。这原则演绎到后来,组织变成特务,训政就是统制干涉,回到封建专制的路上去。欲以封建专制的形态,迎纳世界的民主思潮,不啻南辕而北辙。"在分析了政治方面与经济方面的"干涉"形式后说:"一个原则错了,满脑子是'官',又是管制,又是教训,这样把国家带上与人民对立的封建专制的死路去了。我们希望政府憬然悔悟,放弃干涉政策,尊重四万万五千万的主人翁,给人民应有的自由,让民间生产发展,这样,才不致同归于尽!"

26日 三版"通讯"《今日徐州——"兵山""难民城"》(本报特派员戈衍棣6月11日寄自徐州)。

7月

2日 三版"通讯"《记美国一小城》(本报特派记者杨刚)。

3日 三版"通讯"《哈尔滨之行》(本报特派员吕德润6月23日寄自长春),内容:(一)哈尔滨一日;(二)林彪、彭真、吕正操;(三)民主联军。(按:5日续完)

4日 二版"通讯"《黄河的堵口与复堤》(本报特派员戈衍棣)。

5日 二版"通讯"《河南的善后救济》(本报特派员戈衍棣)。

9日 三版"通讯"《广东中共武装人员北撤记——他们都想象着移往烟台的工作》(本报特派员陈凡7月1日寄自广州),内容:(一)静中动的乡村;(二)为什么要北撤;(三)复员成了问题;(四)多少悲欢场面;(五)焦灼的望着海;(六)罗浮山下之泪;(七)登船时的镜头。

10日 二版头条《鄂豫冲突愈趋猛烈,马帅亟筹打开僵局》。

11日 二版"社评"《司徒雷登的新使命》:"司徒先生之热爱中国,有他七十年来的历史做有力量证明。他生在杭州,呀呀学语就是杭州话,后来回美国毕业大学,重来中国,居金陵任教席,学南京土白及中国文字,此后几十年间,一直做教授和任燕大校务长,春风化雨,桃李满天下。惟其如此,所以他深切了解中国社会各阶层的生活,了解一般中国智识份子以及这一代青年们的理想和抱负,了解新中国发展成长的过程以及中国民族之真实的愿望,这样一个人物此时出任美国在华使节,真是最适合最理想的人选了。""中国民族今天正受着大考验。人民望治甚切,而时局却极令人焦灼。中国国内必须和平……司徒博士这次出任大使,当前第一紧切问题,就是帮助马歇尔元帅达成这一任务。"

"美联社电"《美国政府已正式提名司徒雷登为驻华大使》。

"本报北平电话"《访问司徒雷登》:老校长将暂离学园,定二三日后赴南京。

三版"通讯"《美国农村生活又一角——在明尼梭达》(本报特派员杨刚6月9日寄自明城)。

13日 二版头条《谈商沉寂战事进行,豫鄂边共军仍向西攻》。

"中央社电"《李公朴被刺殒命》:凶手逃逸,嫌疑犯一名被捕。

"通讯"《旧地重游话仰光》(本报特派员史翼6月30日寄自新加坡),内容:(一)船上一瞥;(二)跨上海岸;(三)劫后凄凉;(四)政治动荡。

15日 二版"通讯"《复员大道的陇海路》(本报特派员戈衍棣6月28日寄自郑县)。

17日 二版"中央社电"《闻一多在昆被枪杀》:其子义和亦中弹受重伤,凶手逃逸,有关当局严缉。

19日 二版"本报电"《李闻被刺之巨波,中共向政府抗议》。

"社评"《李公朴闻一多案感言》:"李公朴这个人,谁都知道他是救国会七君子之一。其人从事教育工作,而热心国事,有时参加政治运动,是一个无拳无勇的文人。抗战前他与沈钧儒等坐过苏州监狱,今年在重庆较场口群众大会中挨过打。闻一多氏是西南联大教授,二十年前是有名的'新月派'诗人,在抗战中始关心政治,近来所撰有关时事的文字颇多。尔今两人忽在昆明接连着被人暗杀。""假使两氏之死是有政治背景,则前方兵争,后方暗杀,那岂不是国家大乱的象征?……当今的中国,就是怕乱,而偏偏到处是乱的象征,而且随时在开辟乱源。想想命运多蹇的中国,若不能摆脱掉这个'乱'字,那就太可忧可惧了!"

三版"通讯"《崩落中的沈阳》(张高峰)。(按:20日续完)

26日 三版"通讯"《庐山行》(本报特派员孔昭恺7月18日寄自牯岭)。(按:共计7篇,载于7月26日、27日、30日、8月6日、12日、17日、23日)

30日 二版"社评"《救灾的话》:"当今的情形,从都市看,固然有经济崩溃的危险;而向农村看,尤其危险得深刻。在工业不发达的国家,经济崩溃,都市恐慌,农村尚可勉强支撑;若到农村也崩溃了,那可就要国家大乱了。因此,我们特严重唤起政府对各省灾荒的注意,要速挽狂澜于未倒!"

8月

18日　三版"通讯"《北方的力量》(徐盈)。(按:20日续完)

25日　三版"通讯"《北方钢铁事业之路》(徐盈)。(按:26日续完)

27日　二版"本报南京专电"《中共声明》:主张无条件停战,依政协决议改组政府,解决地方行政问题,政协组织必须存在。

"中央社讯"《闻案两凶犯正法》:汤时亮、李文山在昆枪决。

三版"通讯"《京苏沪杂记》(子冈8月26日于北平)。(按:28日续完)

28日　沪版一版"社评"《英工党执政一年》,在详述英工党执政一年的政绩后说:"工党执政一年,对全欧的影响之大,是明若观火的。……所以去年秋冬全欧六场选举,场场是缓进派得胜,而保守与共产两极端同遭失败。……英国民权民生,同时并重,有了办法,于是,彷徨不定的欧洲也有了途径。去年英国选民惊人的一着,真是利己利人了。我们希望蒙益的还不止欧洲。"(按:这篇社评的执笔者为萧乾。他作为《大公报》驻伦敦特派员,在战后回到上海。他先化名"塔塔木林"在报上发表了连载文章《红毛长谈》,又执笔写了这篇社评。此为《大公报》宣扬改良主义道路的先声。津版30日刊出该文)

30日　沪版二版头条《马周昨夕一度会谈,同意成立五人小组》:南京空气微妙,前途难测。

9月

5日　二版头条《商谈前途益形黯淡,五人会议遥遥无期》:周恩来访马帅未获结果,症结仍在停战撤兵问题。

25日　二版头条《召开国大明令将下》:通知各党派下周提代表名单,中共民盟方面表示不能参加。

"社评"《一个政策两个世界——华莱士辞职的感想》:"就决定今后国际大势将走向两个世界:一个是美英集团的世界,另一个是苏联集团的世界。这两个世界最后是不是要来一个大碰撞,那就要看人类的命运如何了。"(按:沪版9月23日载该文)

10月

1日　沪版一版"社评"《世界需要中道而行》。

三版"通讯"《英国报业访问记》（本报记者马廷栋9月13日寄自伦敦），内容：苏格兰之行；《曼哲斯特导报》；甘斯体系报馆；印务大厦广场。

4日　沪版一版"社评"《怀疑美国的对日政策》："日本是战争的祸首，它战败了，美国管制日本，是受联合国家之托，以实现联合国家的共同目的。这个共同目的是：管制日本，消灭其侵略性，使其成为和平民主的国家，不再成为战争的份子，不再为远东和平的威胁。"但是，"美国为她的一种世界政策，不惜培养日本的反动势力。我们认为这是美国的损失，尤其对中国不利。日本军国主义，正以美国政策为温床，在滋生潜长。……近一世纪来，中国受了七十多年的日本侵略。……中国人民，对日本军阀丑恶的记忆太深，现已感觉美国在帮助我们的敌人，甚至在培养其重行侵略的可能，这是中国人民认为万万不可的。"

7日　二版头条《和谈前途似有转机，调人提停战新建议》：马帅司徒连访蒋主席，挽救大局作最后努力。

沪版一版"社评"《不许破裂！必须和平！》："当此严重关头，我们呼吁政府，万万不可关闭和平之门，要尽一切可能，以贯彻'政治解决'的方针。"

8日　三版"通讯"《东北散记》（本报特派员吕德润9月26日寄自沈阳）。（按：载于10月8日、12日）

12日　二版头条《国军昨进驻张家口》。

14日　沪版一版"社评"《为国民大会设想》："国军攻克了张家口，紧接着国府就颁布了国民大会召集令。这从政府方面看，是一个军事胜利紧接着一个政治僵局，这是很欠斟酌的。""要开国民大会，一定要在和平环境团结气氛中开；否则，若一面打仗，全国分裂，一面开会，议制宪法，那实在是不可想像的事。为国民大会设想，就必须以和平协商开路，大开政治之门。"

18日　二版头条《时局届临重大关头，各方等待中共表示》：政府派代表抵沪迎周，与各方接触交换意见。

沪版一版"社评"《时局关键千钧一发》："张家口军事转变，国府下国大召集令，第三方面人士在努力奔走斡旋之际，蒋主席发表了时局声明，提出解决时局的办法，同时政府方面又有邵力子、吴铁城、雷震三氏联袂来沪，与第三方面人士接洽斡旋时局的办法。这是当前时局的一个重大关键。这关键的机微与重大,直如千钧一发。"

19日　二版头条《中共发表时局声明》:要求政府实施停战政协两协定,蒋主席召集政府代表检讨时局,大势看今日上海商谈。随后刊登《中共声明全文》。

三版"通讯"《东北工矿巡礼(一)——重温旧梦》(吕德润寄自沈阳)。(按:20日续完)

21日　三版"通讯"《东北工矿巡礼(二)——断了线的项链》(吕德润寄自沈阳)。(按:载于10月21—22日、25日)

22日　二版头条《周恩来等相偕返京》。

"社评"《周恩来返南京》:"经过上海的一段接洽之后,中共代表周恩来氏等与第三方面人士昨晨同时飞到南京。……这就象征国共谈判的重开,同时又在全国人民的心头燃起和平的希望。"

23日　三版"通讯"《关于内蒙问题》(本报特派员戈衍棣寄自北平),内容:(一)不是单纯的地方问题;(二)让我们做一点史的追述吧;(三)胜利后的内蒙;(四)垦荒与畜牧;(五)内蒙人民的愿望。(按:载于10月23—24日、26日)

24日　二版"通讯"《台湾印象——台湾参观纪行之一》(本报特派员高集)。(按:京沪平昆记者团于10月12日在国民党中宣部副部长李炎率领下,由沪飞往台北,应台省行政长官公署之邀参观各地。《大公报》记者高集参加此行。《台湾参观纪行》一共四篇,至11月11日载毕)

26日　二版头条《南京斡旋初步成就》:宣传休战会议商获协议,第三方面请蒋主席早旋,并访调人中共交换意见。

28日　二版"通讯"《热河来去》(本报特派员张高峰),内容:(一)锦州出发;(二)朝阳两日;(三)叶柏寿之夜;(四)平泉一瞥;(五)承德印象;(六)人民的泪;(七)蒙旗问题;(八)可怜的省政;(九)吊古北口;(十)返平途中。(按:10月29日、31日续完)

三版"通讯"《台湾的政情与民情——台湾参观纪行之二》(本报特派员高集)。

31日　二版"本报专电"《蒋主席六秩大庆,全国各地同申祝贺》。

11月

4日　二版"通讯"《一切都冻结了》(本报记者徐盈10月10日)。

三版"通讯"《台湾经济鸟瞰——台湾参观纪行之三》(本报特派员高集)。

7日　二版"社评"《评中美商约》："中美商约本月四日在南京签署。""通读中美新商约一过……任何人都可发现……(这)几乎可以名为'最惠国条约'。""在实质上,我们觉得它几乎是一个新的不平等条约。"指出："中国这样大开门,是完全符合了美国的'门户开放'政策。美国的高度工业品大量涌来,美国的高度生产力与高度的生活力都大量涌来,试想想,我们的工业将如何建设? 我们的经济将成何形状? 我们人民的生活将处何境遇? 我们是弱国穷国,我们不怨美国,只是惊异我们的政府为什么竟不为本国的工业,经济与人民生活谋一些保护?"并刊登《中美商约全文》。

三版"英国通讯"《伦敦随笔》(本报特派员马廷栋10月19日寄自伦敦),内容："保守党不换招牌""成立国防部""外交部新作风""内阁的难题""水上外交"。

8日　二版"通讯"《安东巡礼》(本报特派员吕德润)。

11日　三版"通讯"《台湾的教育——台湾参观纪行之四》(本报特派员高集)。(按：12日续完)

14日　二版"社评"《勿奖励贪污》："去年乱糟糟的接收工作,实集中外古今贪污腐败的罪恶之大成,显示着道德的总破产和人心的大开闸。侵吞抢夺盗卖走漏强占隐匿的种种戏法,当时俨成公开的秘密,所以总值若干万亿元的敌伪产业物资,至今成了一笔大伤国民之心的糊涂账。""政府和社会公众断不能长此奖励贪污,而不奖贪之第一件事,就是继续追问并彻底清算去年接收人员这一笔糊涂账。"

三版"通讯"《塞北战争巡礼——张家口、大同、集宁》(本报特派员高集),内容："张家口景色""解围后的大同""破落的集宁"。(按：16续完)

15日　二版头条《国大今晨揭幕》："蒋主席将亲临致词,第三面斡旋工作暂停,拟另定方式再徐图转圜。"

"社评"《国民大会开幕,特致两点希望》,首先说："经过多少神经战,国民大会今天终于在南京开幕了。中共民盟已声明决定不参加,在全体代表的成分中,虽有极少数的小党派及几个无党派的份子参加,然而无论如何,不是圆满而毫无缺憾的。"最后说："国民大会开幕了,这如扯满之弓,业已射出,但我们总希望能有挽回与补救的余地。因此,我们特致两点希望：第一,国大开幕,应该不是和平告终,破裂完成。""第二,关于宪法的内容,政府曾经迭次声明决以政协决议的宪草原则为蓝本,现在还应设法由政协小组审议,一切不失政协原议的精神。"

17日　二版头条《中共代表团声明,和谈停顿即回延安》。

三版"通讯"《保定保卫战始末》(本报特派员王华堂12日寄自保定)。

18日　三版"通讯"《平绥东段试车记》(徐盈11月16日),内容:(一)渴望;(二)破坏;(三)贸易;(四)建设;(五)结论。

20日　二版头条《国大昨开预备会,主席团预定明日选出》。

"中央社电":周恩来等昨晨飞返延安,蒋主席昨在官邸邀宴张君劢。

沪版"社评"《一个可怕的观念》,首先说:"这次国民大会的任务,在于制宪,所以是一个造法的会议。一个造法的会议,需要具备两个条件:(一)全国性;(二)合理进步的观念。中共、民盟若终不参加国大,不能不说是一个条件的缺憾。另一个条件,那就要看出席代表们尤其主要党派的观念如何了。"接着说:"国民党内部有不甘容纳政协宪草原则的表露,立法院中也大有难色。立法院审议宪草曾发生大激辩,某立法委员更讲出'相信我们的主义,才能做我们的国民'的话。这话严重极了,这话就代表着一个很为可怕的观念。由此观念出发并发展,那就注定了一党力图独霸,而国家终于破裂。……中国历史传统的专制政体,由秦始皇为始,有两大特点,就是:集权力于一人,集思想于一个脑袋。权力专制与思想专制两相比较,而思想专制尤其可怕。'相信我们的主义,才能做我们的国民'。这就是说,与'我们'思想不同的人,就是自外生成,就应摈出于国家之外。这在主观上,是无比的凶暴;在客观上,是迫使国家破裂,迫使天下大乱。"(按:津版21日刊载此文)

21日　三版"通讯"《张家口漫步》(徐盈),内容:(一)进驻;(二)接收;(三)复原;(四)作法;(五)展望。(按:23日续完)

30日　三版"美国通讯"《寒夏深秋——论美国选举》(本报纽约特派员杨刚11月11日)。

12月

2日　三版"美国通讯"《美国向右转——述论美国十一月议会及州长改选》(本报纽约特派员朱启平11月8日)。(按:3日续完)

6日　三版"专载"《一统与均权》(王芸生)。(按:该文7日续完,其大意,作者曾于12月1日在苏州国立社会教育学院公开演讲过)

7日　二版头条《恢复和谈尚无可能,周恩来电马帅提出条件》:要求立即解散开会中之国大,恢复1月13日之驻军地位,政府认无希望,美方仍等机会。

8日　二版头条《调人感觉工作棘手,马帅决定返美一行》:报告并请示后仍来华,司徒大使昨谒蒋主席。

10日　二版"社评"《由中共对马帅的答复说起》:"国共关系为什么终于演到如此的境地,因而使国事终于不得和谐解决?我们不能不承认有(一)思想、(二)心理与(三)实际利害的三个原因。"

11日　二版(沪版第一版)"社评"《国家的烦闷,人民的烦闷》:"国民大会在议宪,半个中国在打仗。这一个对照,就给人以极大的烦闷。""远的不说,胜利一年来,黄金时机几乎完全糟蹋。党派团结不拢来,尚非完全一党之责,而在国民政府治下,胜利的接收既大失人望,而一年来,财政日益蹙,经济日益危,民生日益苦,政治也日益低效。法律条条无效,贪污无啥稀奇,事情一切难得办好。这成什么样子?……岂不烦闷煞人!"

12日　三版"英国通讯"《伦敦随笔》(本报伦敦特派员马廷栋11月20日),内容:议会风波;亲爱的首相;再进一步;辩论;表决。

23日　三版"通讯"《东北飘雪的时候》(本报特派员张高峰12月16日寄自沈阳),内容:(一)一个猜测;(二)封锁别人;(三)有无之间;(四)无形损失;(五)糟蹋孩子;(六)人心上冻。(按:24日续完)

26日　二版头条《宪法告成国大闭幕,宪政实施日期决定》:尽一年之内完成各项准备,蒋主席致词代表政府接受。

"社评"《国民大会闭幕了》:"……这次的制宪国大缺少了一个和平团结的规模。一个主要的党派未参加,而半个中国还在打着内战,因此大大减损了这部宪法的尊严性。回想政治协商会议当时,多少困难问题都获得了妥协;而此后因为政协原则的争吵,又因为这次国大的会期未经协议,就又打了一年仗,而使这次国大制宪也大感缺憾。这是多么可惜的事情!"

30日　二版"本报北平电话":抗议美兵污辱行为,北平学生定今罢课。燕大、清华、中法昨开会商决,北大学生开会竟有人捣乱,北大教授拟联电司徒大使。

三版"短评"《抗议美兵暴行》:"北平美兵对女生暴行事件,只有大学生起来抗议,这说明一般社会的沉默。……仿佛有人说学生们是小题大做。其实未必有人希望学生们一定'大做',然而也切莫就认定这类暴行是'小题'"。

1947 年(民国三十六年)

1 月

9 日 二版"社评"《从学生抗议示威说起》:"因为在北平发生了美兵强奸北大一女生的事件,惹起了全国学生的怒火,北平、天津、上海、南京各地学生相继罢课游行示威,以抗议美兵这一暴行,一致喊出'撤退美军'的要求。"指出:"美兵这种行为,是暴行,是犯罪的,必须加以惩处;各地学生激于义愤,起而抗议,是应该的。把这两点连起来看,我们就会感觉到这不是一件偶然发生的小事,其中实在包蕴着当前中国的一个大问题。一个美兵的犯罪行为,虽然可以解释为偶然的事件,学生们纷纷游行示威,也有人认为是小题大作了;但若听听青年大群要求撤退美军的呼喊,自然就会感到这不是一个小问题了。"

14 日 三版"通讯"《军事调处一年》(本报记者戈衍棣 1 月 13 日)。

26 日 三版"政局述评"《欧洲新年的谜》(本报特派员黎秀石三十五年除夕寄自伦敦),内容:战争的苦果;英国的问题;苏联的问题;法国的问题;谜中之谜。

30 日 二版头条《美国放弃调处工作》:"决终止与军事三人小组之关连,军调部美方人员即将尽速撤退,美使馆已通知国共双方。"

三版"美国通讯"《美国对华政策何去何从?》(本报驻美特派员杨刚 1 月 4 日寄自纽约),内容:(一)左右不讨好;(二)将军的烦恼;(三)财主的计算。

2 月

3 日 三版"日本通讯"《日本通信之一:东京散步》(本报驻日特派记者高临渡 1 月 6 日寄自东京),内容:暗夜行路者;街市的表情;黑市的周围。

四版"通讯"《辽东半岛》(本报特派员张高峰 1 月 27 日寄自沈阳),内容:历史的厄运;行人的悲哀;营口的荒凉;苹果县盖平;杨运在熊岳;大连的消息。(按:4 日续完)

4 日 三版"美国通讯"《美国第八十届国会——分析其对内对外影响并警告国人》(本报驻纽约特派员朱启平 1 月 15 日寄),内容:共和党几位要人;内政问题(对劳工态度、一九四七年年度的预算);对外关系;美国对华政策;自由主义的前途;我们的警惕。(按:载于 2 月 4 日、6 日)

18 日 四版"日本通信"《政治笔记二三页》(本报驻日特派记者高临渡 2

月4日寄），内容：日本民主革命的类型；日本民主革命的推移。（按：于18日、19日、21日、22日续完）

22日 三版"英国通讯"《蜕变中的英国》（本报特派员黎秀石1月31日寄自伦敦），内容：经济的因素；输出与入超；增产与供求；人力是关键；三条路。

27日 二版"中央社电"：我记者团离沪赴日，全国十人由陈博生率领，参观节目预定为期九日。[按：中国新闻界应驻日盟军司令麦克阿瑟之邀，组织记者团赴日参观。中国新闻界代表团由京、沪、平、津新闻界代表组成，其成员有陈博生（中央社）、王芸生（上海《大公报》）、陈训悆（上海《申报》）、陆铿（南京《中央日报》）、牛若望（南京《益世报》）、崔万秋（上海《中华时报》）、宋越伦（上海《东南日报》）、王云槐（北平《英文时报》）、俞大酉女士（天津《民国日报》）、范厚勤（中央电影制片厂）等10人，中央社总社总编辑陈博生为团长。预定在日活动9天，结果超时翻倍，3月15日才返回上海。见3月16日《大公报》二版"中央社电"]

三版"美国通讯"《下坡与上坡——本年美国工商农业展望》（杨刚1月30日），内容：（一）下坡；（二）上坡；（三）瞻望。

3月

3日 二版"本报南京专电"：南京中共人员撤退，二十余人乘美机返延安，沪渝两地亦已开始准备，周恩来要求政府正式通知。

4日 三版"本报北平电话"：平美兵暴行案主犯皮尔逊监禁十五年，开除美海军军籍并服劳役。

5日 三版"通讯"《鸭绿江的寂寞》（本报特派张高峰3月1日寄自沈阳），内容：安东不安；隔江遥望；地上地下；水主火从；筑港计划。（按：6日续完）

15日 二版"社评"《三中全会开幕》："这一年中，中国一直走着下坡路……国际地位加速的下降；国内掀起斫杀的高潮，和谈渺茫，民生凋敝；财政经济已越出最危险的边缘，似乎就要踏进了大崩溃的灾难的漩涡；官僚作风的行政机构深陷于腐化寡效的泥淖；人人忧惶烦闷，寻不着出路，造成国民精神的低潮。……对国家负有重大责任的国民党，应于这次全会中，虚心检讨过去，认真把握时代环境，以确立努力的新方向，而解救当前的危机。"

16日 二版头条《三中全会开幕礼成，蒋主席宣布努力途径》。

22日 二版"社评"《对日本早订和约的呼吁》："麦克阿瑟元帅于本月十七

日向东京记者团发表谈话,谓:'揆之目前世界形势,开始商讨对日和约之日,业已成熟。'更谓:'和约签订后,不可继续以武力统治日本,盟军总司令部立即撤销,和约所订诸条件,应由联合国监督履行。'"文章最后说:"对日和约迟早是要签订的,在此期间,我们希望麦帅贯彻《波茨坦宣言》的精神,彻底消灭日本的封建余孽及军国主义分子,把日本确实置于和平民主的新生基础之上。"

26日 三版"英国通讯"《英伦零度下》(本报记者马廷栋2月28日寄自伦敦)。内容:苏风美雨;经济上的慕尼黑;希望寄托在东半球;春天不会来得太早的。

27日 二版"社评"《三中全会以后》:"宪政是预备在今年十二月二十五日实施的,从大势上说,这次中全会应该是筹备结束训政,厘清党与政的关系。……但读全会各项决议案,却少见有这一类的准备。"

"通讯"《日本半月(一):暗淡险巇的前路》(王芸生):"麦克阿瑟元帅是受十一个盟国的委托,根据《波茨坦宣言》及日本投降文书的精神,去管制日本,解除日本的武装(精神的及物质的),使不再为世界和平之害,使日本建设为一个和平民主的国家。……但同时,麦帅更有一个理想,就是:建设民主的日本,同时防阻共产主义(这是麦帅所曾一再公开表示过的)。因此日本的民主须与社会主义隔离,而且还需要有防阻共产主义侵袭的相当力量。在这一点上,麦帅对日本的价值有了较高的估量,因此,他一方面在管制日本,另一方面也在培育日本。""给日本保留相当高的工业水准",警察"原封未动","庞大的渔船队驰骋海上",几百万退伍军人在乡间还存在明的暗的组织,"一旦有事,都是武力。在曾经遭受日本几十年侵略惨祸的中国人看来,这是可怕的后患"。〔按:应麦克阿瑟之邀,王芸生随中国新闻界代表团于2月27日到日本考察,3月15日返抵上海。回国后,撰写了通讯《日本半月》,叙述了美国为了对抗苏联,扶植日本重走战争冒险之路的事实。这组通讯计12篇,载于3月27日至4月18日。此为第一篇,其余的篇名及刊发日期为:《日本半月(二):由硫磺岛到东京》(3月28日)、《日本半月(三):战后日本人的思想及其对华的感识》(3月29日)、《日本半月(四):通货膨胀与黑市经济》(3月30日)、《日本半月(五):教育与文化急剧变化中》(4月1日)、《日本半月(六):大可忧虑的赔偿问题》(4月5—6日)、《日本半月(七):易货与贸易》(4月7日)、《日本半月(八):华侨与留学生》(4月9日)、《日本半月(九):凭吊原子城》(4月11日)、《日本半月(十):远东国际法庭与战犯》(4月14—15日)、《日本半月(十一):

日本议会与政党人物》(4月16—17日)、《日本半月(十二):一串感想》(4月18日)。"感想"的其中一点如下:"日本人几乎是举国一致的在走着一条路。这条路,是服从美国,甘做反苏的一只棋子。他们这样做,可以讨得强大的美国的欢心,可以在盟军管制下受到宽待,讨些便宜,以便投机复兴。这投机是极冒险的,可能走向另一悲剧"]

"通讯"《看大连,与从大连看》(本报特派员吕德润3月19日寄自大连),内容:(一)一只美国船;(二)看大连;(三)从大连看。(按:31日续完)

31日 三版"欧洲通讯"《四角关系》(本报伦敦特派员黎秀石2月17日寄),内容:苏联耍手段;分化英美;英法盟约的试金石;美英之间、国际拔河戏;法国对三强;一种理想。(按:载于3月31日、4月3日)

4月

7日 三版"美国通讯"《吃龙虾谈中国》(张鸿增2月22日寄自纽约),内容:天助自助者;一个镍板战胜了角子;将星云集哥大;狗的新闻;加红帽子有罪。

10日 三版"通讯"《请看今日东北之教育》(本报记者张高峰4月2日寄自沈阳)。(按:载于4月10日、13日)

13日 二版"通讯"《延安行》(本报特派员周榆瑞),内容:(一)从南京到延安;(二)盛文参谋长的报告;(三)连串的参观节目;(四)访问俘房;(五)民众大会;(六)延安人的话;(七)胡宗南将军的会见;(八)归来。(按:16日续完)

18日 二版头条《国府改组宣告完成,人选公布,下周会议》:孙科任副主席,张群长行政院;国防会撤销,另设中央政委会;新政方针、国府组织同时公布。

20日 二版"社评"《国民政府宣布改组》:"国民政府于本月十八日宣布改组。公布了三党领袖共同签字的施政方针,《国民政府组织法》,并发表了国府委员及五院院长的名单。""修正后的《国民政府组织法》第十条:'国民政府设主席(一人),副主席(一人),由中国国民党中央执行委员会选任之。'第十五条:'国民政府主席对中国国民党中央执行委员会负责。'这是说,改组后的国民政府仍然是训政的政府。……由于青年、民社两党人员的参加,在外形上一个多党的政府,但因异党人物参加之少,不能构成决定性的重量……改组后的国民政府,在形式上纵然是多党政府,而实际上仍是一党负责。"

三版"英国通讯"《西洋镜》(本报驻伦敦特派员黎秀石3月16日寄),内容:匈牙利有办法;英国人论麦克阿瑟;可怜小日本;纸额——在另一个世界。

沪版三版"英国通讯"《英国在奋斗》(本报驻伦敦特派员黎秀石4月8日寄),内容:生产重于外交;经济困难;英阁酝酿改组;包心菜与铁钉。

23日　沪版二版"社评"《战败国可成天堂》:"美国所关心的日本政治与日本工业,纯然是基于美国的战略要求;而这种要求又是受了一种现代人类最不幸的政治意识——美苏对立——所支配。为这种意识所驱策,天下生灵已扰攘不安,除了几个大国,没有一国不在受灾殃,没有一个灵魂不在痛苦呻吟,没有一颗心不在怨恨诅咒。"

三版"日本通讯"《日本四月的选举》(本报特派员高临渡4月6日寄自东京),内容:总司令部的选举劝告书;关于选举的若干观测。(按:该文分上、中、下,载于25日、26日、27日)

28日　三版"欧洲通讯"《战后的东欧土地问题》(本报记者马廷栋寄自伦敦)。(按:29日续完)

5月

5日　三版头条《物价波涛亟待平复》:平粮价续涨,贫民抢食;杭州粮潮,米商报复,全市戒严。

"中央社电":受不了物价的压迫,河南大学教授停教。

"本报专电":首都纪念五四,三千学生高呼反对内战。

6日　二版"中央社电":教授活不下去,山东大学教授罢教争待遇,北大教授透支已达四亿元,清华、北洋师院情形亦相似。

"社评"《论教授罢教》:"教授于其本身待遇方面,无苛求,无奢望,他们仅仅要一个合理的标准,要一个安定的生活。这可以说是最低限的要求,也自然就是最正当的要求。教授当然有权利向政府申诉:他们必须能够生活下去,能够工作下去。基于这个观点,则现在大学教授的罢教,自一种意义言,实是向冷酷黑暗的现实表示抗议。"

7日　二版"社评"《要叫老百姓活得下去!》:"粮价狂涨,是当前民生问题的绝大危机。"切望改组后的新政府,对攸关人民生存的衣食住行问题要速速解决,"至少应使老百姓活得下去!"

15日 二版"社评"《须要替老百姓找生路》:"我们外审世界大势,内察全国人心,以为中国的事终须自了,和平之门须予打开,其法惟有扩大第三者的范围,由全国文化经济各方面公正爱国的人士团结呼吁,迫令双方放下武器,重开和谈,为老百姓留下一线生机,亦即所以为国家开一条活路,尚望全国有志共起图之!"

三版"美国通讯"《纽约颂》(本报特派员朱启平4月15日寄自纽约)。

16日 三版"英国通讯"《西洋镜》(本报伦敦特派员黎秀石4月28日),内容:不悦耳的话;苦命的好农民;林赛的不干涉论;熊与牛奶。(按:载于16日、19日)

17日 二版头条《群情要求和平安定》:北平学生今起罢课三天,呼吁停战,改善生员生活。

18日 二版头条《和平运动呼声渐高》:津唐等地学生继起要求,参政会中亦将有所发动。

19日 二版"本报北平电":恍如"五四"重演,北平学生校外宣传被打,十余院校昨成立后援会,向行辕抗议并慰问受伤学生,今后一切行动由后援会决定。

21日 沪版"短评"《南京的不幸事件》:"近来学潮弥漫全国,我们即深虑要酿成事端。及十八日国府委员会临时会议通过了'维持社会秩序临时办法',更加蒋主席发表了一篇严厉的声明,形势益见险恶。果然昨天南京警察为着执行命令,禁阻学生游行,发生了不幸事件。这是异常令人悲恸的事。"最后说:"我们兹再呼吁各方当局:凛然于责任之重大,执行禁令务要抱着爱护青年的心情,宽容忍耐,力避事端。更再希望各地青年,沉着冷静,珍重前途,不可使感情支配了理智,轻于牺牲。须知现在的形势危险极了,凡事都要'三思而行'!"

三版头条《平津学生昨大游行,北平尚顺利,天津有纷扰》。

"本报讯":棒石打散南开队伍,行列甫出校门即遭袭击,多人受伤,全队折回校内。

"本报南京电":首都学生昨请愿,与军警起了冲突。

22日 三版整版为学运消息。头条《北平各校明日复课,抗议各地惨剧今续罢课一天》。

"本报北平电话":教授和平运动:燕大教授决联络各校,拟向参政会有所表示。

"本报讯":为两次不幸事件,南大教授抗议,函请市府追究责任。

"专载"《我看学潮》(王芸生):"由京沪抢米到平津学潮,使人人可以觉到我们的社会的动荡不安。在这时,青年学生发出'反内战,反饥饿'的吼声,这不单是青年学生的要求,实是全国善良人民的共同呼声。"

23日　二版"社评"《大学教授和平运动》:"北平教授和平运动,由燕大等校发起,现已草就宣言,征求签名,将向参政会大会作严正的表示。这是顺乎人心、应乎需要的一个庄严而迫切的运动。"

当日三版整版为学运消息。

头条《北方教授呼吁和平,将发宣言联络各地一致行动》。

"本报讯":北大教授表明态度,指摘政府处理学潮不当,希望了解同情学生运动。

"本报讯":北洋大学教授决议,响应中大教授宣言。

四版头条《南京学生请愿,演出一幕惨剧》:皮带和竹竿大显威风,受伤及被捕者数十人。

25日　三版"通讯"《反饥饿反内战一插曲——访自杀的警长家庭》(子冈)。

"美国时评"《今后一两年是重要关头——讨论美国走向国际合作之途的可能性》(本报纽约特派员朱启平)。内容:不提罗斯福了;清一色的右倾;反共风波;华莱士声望;劳工不可侮;经济危机;今后一二年。

26日　三版"英国通讯"《英国往左看》(本报伦敦特派员黎秀石5月7日寄),内容:工党左翼少壮派;社会主义政纲;美元耶,理想耶。

27日　三版"英国通讯"《英议员谈中国》(本报伦敦特派员黎秀石5月15日寄),内容:企盼新时代的诞生;关怀中国劳工;"叛徒"的问题;香港——民主窗橱?

28日　二版"社评"《这仗不能再打了》:"这仗不能再打下去了。看了全国水深火热中的同胞,尤其看了夹在拉锯战夹缝中的北方同胞,只有大家放下内战之手,老百姓才有生活之路。"

31日　二版"美国通讯"《美国杂碎》(本报纽约特派员朱启平)。

三版"专载"《欧洲——分裂呢? 联合呢?》(本报特译)。(按:载于5月31日,6月1日、3日)

6月

3日 二版"中央社电"：重庆记者员生被捕，各报馆学校当局请释放，击伤学生警官受处分，福州戒严并捕学生工人。

三版"日本通讯"《日本通讯之四：日本政府的性格》（本报东京特派员高临渡5月8日寄），内容：官僚；资本家和地主。（按：4日续完）

4日 二版"本报电"："请释被捕记者学生……本报被捕者八人，其中李光诒之夫人袁纹业经释出。"

三版"本报汉口三日专电"：武大事件待彻查，蒋主席电慰师生。

5日 三版"日本通讯"《日本通讯之五：日本的政党》（本报东京特派员高临渡5月8日寄），内容：（一）自由党；（二）民主党；（三）社会党；（四）共产党。（按：载于6月5日、7—8日）

10日 三版"新加坡通讯"《海外的下一代》（本报特派员郭史翼5月20日寄自新加坡）。

15日 三版"美国通讯"《无可奈何的报道——巴力士坦问题随笔》（本报特派员朱启平5月14日寄自纽约），内容：血泪兴亡；历史另一页；犹太民族主义运动；入境问题；联合国讨论；注意在美苏；基地和油；万一的话。

沪版今日起在三版连载连环画《三毛流浪记》（张乐平），10天后，改在本市版，一共登载8个月。

16日 二版"新加坡通讯"《椰风蕉雨》（本报特派员郭史翼6月2日寄自新加坡）。

18日 二版"社评"《放眼北方，忧心如焚》："北方真是不幸！抗战时，北方先受兵祸，先遭沦陷；胜利后，北方最后光复；内战起，北方又重受其害。""痛恨内战，是人民的一致心情。……我们一贯反对内战，要求和平，并为此呼吁。"

20日 三版"通讯"《苏联侧影》（本报伦敦特派员黎秀石5月28日寄），内容："和平还是战争""天堂还是人间"。

21日 三版"通讯"《字里行间看大连》（本报特派员吕德润6月14日寄自沈阳），内容：（一）视察团回来了；（二）《实话报》与《关东日报》；（三）今日大连。

23日 三版"英国通讯"《贝文路线诠释》（本报伦敦特派员黎秀石6月13日寄）。（按：25日续完）

24日 三版"日本通讯"《日本通讯之六：日本新内阁之性格及其政

策——芦田均西尾末广访问记》(本报东京特派员高临渡)。

25日 二版"美国通讯"《云冥冥兮欲雨——美国对华政策现阶段》(本报驻美特派员杨刚5月26日司达乔岛)。内容：(一)五万万何在；(二)中国在战略圈外；(三)人心不可测；(四)游击战。(按：26日续完)

27日 三版"通讯"《北归杂记》(王芸生)。(按：王芸生访日归来后，5月3日到达天津，5月13日到北平。在北平曾四度讲演：5月15日在北大讲《日本问题再认识》，16日在燕大再讲日本问题，17日在清华讲《漫谈国事》，18日在太庙对同业讲《新闻写作》。21日中午，在学潮汹涌中，辞别北平，回到天津。26日晨复登轮南返，28日午后抵上海。该通讯是王芸生回上海后写成，分上、中、下，载于6月27—29日)

28日 沪版"社评"《对日认识的歧途》："麦帅之所以不顾远东各国利益，一味宠护日本，人人皆知，那是美国假想在对苏战争时，以日本为美国战略之一环，而施行的政策。这个假想根本就未必正确，相信美苏战争大不智，为美苏战争给日本开方便之门，实际受害的并不是强大的苏联，而是远东邻接日本诸弱国。……因此，远东国家无不反对美国扶植日本的政策。"并说："中国对日本问题，不应袖手旁观，更不可惟美国之马首是瞻。宽大是一回事，谋国又是一回事。宽大是对过去的，对未来可能的威胁，实无宽大之理。"

7月

3日 三版"通讯"《东北的悲剧》(本报特派员张高峰5月27日寄自沈阳)。

4日 三版"日本通讯"《日本通讯之七：世相杂抄》(本报东京特派员高临渡6月24日寄)。(按：5日续完)

5日 二版"美国通讯"《访问华莱士先生》(本报纽约特派员朱启平6月19日寄)。(按：6日续完)

11日 三版"欧洲通讯"《急转中的欧洲大局》(本报伦敦特派员黎秀石6月29日寄)，内容：黎明还是幻灭；小我还是大我。

13日 二版头条《美国关切我国局势》：魏德迈即率团来华，代表总统调查实情，为期六周，研究扩展援助计划之可能性，查明应否放弃中立供应物资；王外长欢迎，谓有益远东安定。

三版"通讯"《哭四平！》(本报特派员张高峰7月3日寄自四平)。

14日 三版"美国通讯"《美国政策新转变》(本报纽约特派员朱启平6月22日寄),内容:积极和消极因素;大异其趣;反应良好;可虑之点;也可乐观;对我们怎样。

15日 沪版"社评"《魏德迈调查中韩》。

18日 三版"欧洲通讯"《事实与雄辩——记英苏法巴黎会议》(本报伦敦特派员黎秀石7月4日寄)。

23日 二版头条:魏德迈昨飞抵南京,今日将晋谒蒋主席。

"社评"《魏德迈将军到南京》。提出三点希望:(一)希望魏将军继续马歇尔元帅的精神,考虑中国问题的出发点,应该是帮助中国和平统一与民主建设;(二)希望美国从解除中国人民痛苦的出发点上,多给中国以实际有效的援助;(三)希望美国帮助中国的地方建设。

26日 二版头条《美国使团谒蒋主席,视察美军顾问团并会议》。

沪版"社评"《与魏德迈将军谈对华政策》:"第一,我们特别怀念马歇尔元帅初来中国时的努力与用心。那时期美国的对华政策,可以说是完全为协助中国获致和平统一与民主建设的。但此努力失败之后,杜鲁门主义出现,美国的世界政略趋向反苏反共,美国的远东政策就逐渐表现出日本第一,而将中国置于次等地位。……我们希望不要把中国拢在美国的战略圈内,对华政策的出发点,应该是中美互利的,协助中国获致和平统一与民主进步。中国人民的自尊心,已不愿中国做美国的随从,尤其不愿美国把中国置于日本的臀后。第二,中美贸易的情况,现在是一面倒。请魏将军看看上海市场,由商店橱窗,公司仓库,以至街头巷角的地摊,几乎完全是美货世界。国民政府的对外贸易政策,中国人民对之极有非议……纵使中国把门户洞开,无条件欢迎美货来倾销,一如洪水泛滥,顶到中国人民根本丧失购买力时,则滚滚美货也将成为无人过问的粪土。"

29日 三版"美国通讯"《纽约人过夏天》(本报纽约特派员朱启平7月12日寄)。

8月

2日 沪版三版"美国通讯"《魏德迈锦囊》(本报驻美特派员杨刚7月18日寄自纽约),内容:(一)他们能打阵地战吗;(二)魏德迈去看情况;(三)钱,钱,"马歇尔计划"。

"专载《从莫斯科看英美矛盾》(E. 瓦尔加作,本报特译)。(按:载于 4 日、5 日、7 日、11 日)

9 日　二版"本报专电":魏使北方之行结束,一行昨由青岛返抵京,过济南接见军政各界,下周初续飞台粤考察。

12 日　三版"欧洲通讯"《鲁尔的煤和钢——西欧经济合作的难题》(本报伦敦特派员黎秀石 7 月 24 日寄)。

17 日　二版"本报专电":魏使视察工作完成,由粤返抵京起草报告,再留一周即飞往汉城。

沪版"短评"《魏德迈临别赠言》:"魏使团之来,各方面发出希望美援之声,而魏氏的声明自不便早作表示,他却责备许多中国人的冷漠,不设法自行解决问题,反以甚多的时间及努力,追求外来的援助。其言不失为严正,有自尊心的中国人听来,应该感到惭愧!"又言:"魏氏说,他见到了许多中国人的沮丧的失败主义,使他很失望。这一点,正是现阶段中国的严重性。这些人的沮丧,以至染上失败主义的气氛,他们是对现状失望,对现状厌弃。深刻看,这现象不是消极的,呼之欲出的,中国局面非变革不可了。魏氏的了解,或者还未及此。"

9 月

2 日　三版"日本通讯"《日本通讯之八:关于管理政策的文献》(本报东京特派员高临渡 8 月 10 日寄),内容:第一部分"美国人看日本:扶植日本有利无弊,管理当局作如是观"。(一)麦克阿瑟总司令在七月十三日发表的声明;(二)美驻日第八军军长艾契堡中将在南北战争战死者纪念日之讲词;(三)四国对日委员会主席艾其森氏六月二十八日在东京美国学校卒业式之演词(附)U.P.副社长约翰生氏视察日本的通讯。第二部分"一片和平声:美国怀柔有术,日人大放厥词"。(一)艾其逊副国务卿的演说;(二)胡佛氏之主张;(三)美国务部声明;(四)美政府之又一建议;(五)AP·UP 的消息;(六)日本《每日新闻》七月二十日之评论;(七)东京《民报》七月二十七日评论。(按:3 日续完)

4 日　三版"英国通讯"《没有枪杆的政争——英议会经济辩论旁听记》(上篇)(本报伦敦特派员黎秀石 8 月 10 日寄)。(按:5 日续完)

6 日　三版"英国通讯"《没有枪杆的政争——艾德礼向贫乏宣战》(下篇)

(本报伦敦特派员黎秀石8月15日寄)。(按:7日续完)

10日　二版头条《四中全会昨晨开幕,蒋主席亲临并致词》。蒋主席致词略谓:"目前本党所遭遇之危机,至为重大。党内同志工作效率欠佳,有待改进。本人领导国民党二十余年,至今未见成绩,深感愧对总理及革命先烈。今后吾人应检讨过去,并深切反省。本党最大之敌人为共产党,吾人不应过分低估共党之力量,必须知己知彼,方能百战百胜。"

三版"南洋通讯"《南洋侨汇与华南走私》(本报记者李宗瀛)。(按:李宗瀛为《大公报》上海馆采访课主任。8月21日中航公司开办上海——南洋航班首航。李随机飞往西贡、曼谷、新加坡、巴达维亚等地采访)

12日　二版"社评"《提高政效与肃清贪污》:"国民党四中全会暨党团联席会议已于本周开幕。……蒋主席的开幕词,强调'革命大业已临成败关头'。"进一步指出:"目前政界气氛如此消沉,行政效率如此低落,根本原因,在于功无赏,罪无罚,一切决定于人事关系。……(因此)应该恢复法轨,或是树立法轨。依法用人,依法考核,依法赏罚。一切决于法,而不囿于情,更不系于一时的冲动。取消一切小组织,清算一切人事问题,政风必能一振。"

三版"美国通讯"《关于对日和约——华盛顿方面听到的消息》(本报纽约特派员朱启平8月26日寄)。(按:13日续完)

23日　三版"英国通讯"《英经济危机中的议会舌战》(本报伦敦特派员黎秀石8月26日寄)。(按:24日续完)

10月

1日　三版"国际动态述评"《走索上的马歇尔方案(上)——论巴黎十六国会议》(本报驻美特派员杨刚9月15日寄自司达乔岛),内容:(一)究竟什么事要紧?(二)谁应当是方案中心?(三)资本主义还是社会主义?(按:2日续完)

4日　三版"纽约通讯"《记联合国第二届大会》(本报纽约特派员朱启平9月19日寄),内容:开幕典礼;世界论坛;马歇尔演说;醇浓的伏特加;长篇大骂;合作希望少;忧思忡忡。(按:5日续完)

12日　三版"英国通讯"《看英国内阁改组》(本报伦敦特派员黎秀石10月1日寄)。

13日　三版"欧洲通讯"《西欧十六国反饥饿计划——巴黎经济合作会议

报告书摘要》(本报伦敦特派员黎秀石9月25日寄)。

14日 二版"社评"《蒲立德〈访华观感〉的空气》,首先说:"美国前驻苏大使暨驻法大使蒲立德氏,两月前曾代表《生活》杂志来华访问,现在蒲氏在《生活》上发表《访华观感》一长文,主张美国在三年内拨款十三亿五千万美元,援助中国政府,以阻止苏联夺取中国。……蒲氏并建议以麦克阿瑟元帅兼任杜鲁门总统私人代表,以大使地位来中国,协助蒋主席。蒲立德氏这篇议论的发表,在中美两国均引起了极大注意,而形成一种微妙的空气。"接着说:"美国的援谁不援谁,当然要提到钱,所以建议贷款不足为奇。比较新鲜的,是由麦克阿瑟主持援华的建议。蒲立德如此建议,美军事考察团团长柯尔如此赞成,将来能否实现是另一问题,而其着眼点是在把中日纳在一个范畴内,以构成对苏阵线。麦克阿瑟是雄心无限的,他如果真的奉使来华,则'反苏助蒋'的大戏很有上场的可能。"

"专载"《访华观感——给美国人民的一个报告》(蒲立德)。(按:载于14—19日)

16日 沪版"专载"《麦克阿瑟手上的一颗石子》(王芸生),在谈到麦克阿瑟为什么要扶植日本时说:"今春我去日本视察,归来写《日本半月》,曾经指出,一切可从'准备对苏'四个字上求得了解。其实,我还只指出一面,而另外一面更值得我们警惕。日本有一句成语,叫做'一石两鸟'。尔今日本,正是麦克阿瑟手上的一颗石子。他拿这颗石子,预备打两只鸟:(一)对付苏联;(二)警备中国。一旦有事之时,美国军舰装着日本的'关东军',重在我们的东北登陆,一面与苏战,一面也就对中国直接执行'防共'以至'剿共'的任务。"(按:王芸生的这篇文章首次发表在黄炎培主编的《国讯周刊》第433期上,《大公报》沪版予以转载)

20日 三版"国际动态述评"《走索上的马歇尔方案(中)——美英法德冲激圈》(本报驻美特派员杨刚9月25日寄自纽约),内容:(一)德国为什么要紧;(二)法国的悲剧;(三)硬对头的英国。(载于20日、22—24日)

25日 三版"欧洲通讯"《一个欧洲两个世界——九国共党联合宣言及其反响》(本报伦敦特派员黎秀石10月13日寄)。(按:27日续完)

28日 三版"国际动态述评"《走索上的马歇尔方案(下)——心犹豫而狐疑兮:美国》(本报驻美特派员杨刚10月7日司达乔岛)。(按:10月30日续完)

31日　三版"美国通讯"《王外长美国之行》(本报纽约特派员朱启平10月22日寄),内容:联合国大会;对日和约;中美关系;辛苦极了。(按:王外长即中国外长王世杰,他于9月6日起程赴美参加第二届联合国大会,10月20日离美回国)

11月

6日　三版"英国通讯"《经济重于军事的国防观——从英国海军缩编说起》(本报伦敦特派员黎秀石10月23日寄)。

23日　三版"专访"《初晤川岛芳子》(子冈寄自北平)。

26日　三版"美国通讯"《杂话美援——结果是"等着瞧吧!"》(本报纽约特派员朱启平11月13日寄)。

29日　三版"通讯"《东北在变》(本报特派员张高峰11月10日寄自沈阳)。

12月

5日　三版"英国通讯"《争取民心的政党——冷眼旁观英国地方选举》(本报伦敦特派员黎秀石11月10日寄)。内容:纸弹战场;保守党反攻;思想路线;民生问题;宣传可畏;工党战略;当家难;青天霹雳;失败程度;分析胜利。(按:载于12月5—6日、8日)

9日　三版"通讯"《雁门关外》(本报记者戈衍棣)。

11日　三版"通讯"《雪后访煤都》(本报特派员张高峰12月2日寄自抚顺)。

12日　三版"通讯"《大同杂写》(本报记者戈衍棣)。

13日　三版"通讯"《塞上煤都》(本报记者戈衍棣)。

15日　三版"美国通讯"《共和党看中艾森豪——谈明年美国大选》(本报纽约特派员朱启平)。内容:十六年来良机;几位想当候选人的先生们;艾森豪就脱下军服;现在不是党员没关系;种种好处;民主党将推杜鲁门;关键在杜鲁门政绩;不能乐观。(按:16日续完)

16日　二版"本报南京航信":教部修正公布学生自治会规则,校内组织不得对外活动,理事当选解任皆有规定。

"社评"《何必防闲学生活动——评教部修正学生自治会规则》:"这次修正学生自治会规则,在文字和精神上都充满了防闲的意味。""统观这一套规则,全文精神所注,显然以防闲今天的学生活动为其中心意旨。由这里似乎不难测知当局干涉学生活动乃至统制全盘教育的风向气候了。"

三版"通讯"《招商局七十五周年》（本报记者徐盈）。（按：为引起人们对招商局和民族工商业的重视，当日第三版还发了短评《招商局七十五周年》）

19日　三版"通讯"《绥境蒙旗》（本报记者戈衍棣）。（按：21日续完）

"通讯"《山东在呻吟》（本报记者李宗瀛12月14日写于津浦车中）。

23日　三版"通讯"《太原的脉搏》（本报记者戈衍棣12月21日寄自太原），内容：华北战局；今冬军事；两大政策；时局预测。

24日　三版"英国通讯"《伦敦看远东》（本报伦敦特派员黎秀石12月3日寄）。（按：25日续完）

28日　三版"通讯"《从太原看山西》（本报记者戈衍棣12月27日写于北平）。（按：29日续完）

30日　沪版二版"社评"《万方多难念东北》：国民政府在处置东北问题上"错了，极可痛心的错了。胜利以后，中国确有和平统一与合理解决国事纠纷的机会。政协功败垂成，关键就在东北除外。民国三十五年一月十日公布的停战协定有一条'停止冲突命令不妨碍开入东北及在东北境内国军之军事行动'。这是把东北置于停战令外。接着政协也不讨论解决东北问题。就在这疮口上蔓延了中国的溃烂，就在这缺口上泛滥了中国的洪水。东北除外的政协决议墨汁未干，关外便叮叮当当的打起来了"。又说："错误的另一端，是我们忽略了东北的国际关系。东北是中国的，不错；但其国际关系的复杂，差不多成了远东争霸的焦点。……以美苏两国嫌隙之深，防范之密，在世界规模展开互争雄长的剧烈斗争，在夹板中的东北，处境真是惟微惟危。我们没有考虑到，也可以说没有明决去做，以使东北的形势缓和协调。这是一大疏失。"（按：这篇社评发表后，南京《中央日报》于1948年1月10日发表《东北问题的本质》，12日发表《再论东北问题》两篇社评同《大公报》辩论东北问题。说："东北问题底解决，只有一方面要求友邦苏联忠实履行中苏条约，另一方面必须加紧戡平东北'匪乱'！"）

31日　二版"通讯"《山西的平民经济》（本报记者戈衍棣）。

1948年(民国三十七年)

1月

1日　三版"通讯"《岁暮踏上大青山麓》（本报记者戈衍棣），内容：捧金碗讨饭吃;增垦地吸垦民;看畜牧的前途;皮毛市场一瞥;有美丽的远景。

8日 沪版"社评"《自由主义者的信念——辟妥协·骑墙·中间路线》。

13日 二版头条《九龙城内港警逞凶》:拆毁陋屋枪伤同胞,王外长召英使严词抗议,要求英方立停强制行动,重视两国素来友好关系。

17日 二版"本报广州专电":游行抗议九龙惨案,广州演成不幸事件,沙面英领馆等处突被焚,捕获嫌疑犯近百正审讯。

三版"美国通讯"《美国第三党——和平、进步、繁荣》(本报驻美特派员杨刚1月1日寄自纽约),内容:(一)溯源;(二)传统;(三)现势;(四)前途。(按:19日续毕)

20日 三版"欧洲通讯"《醒来呀,巨人!——从分裂的欧洲看中国的使命》(本报伦敦特派员黎秀石1月8日寄)。

21日 二版"社评"《九龙城事件不可扩大》:"小小问题的九龙城事件,不料闹到翻天覆地,燃起了全中国的反英运动。……香港当局也许就因为太看轻了这小问题了,不知道在这小问题里面包含着不可屈辱的中国民族爱国的热潮。九龙城在租界的包围圈内,孤悬像一粒小岛,但它始终是中国的领土,为港方警察力量所不及。中国主权所在,寸土必争,这个问题可大到无量。事件扩大起来了,被强迫迁移的不过两千余名中国人,因此而愤怒的中国人以亿万计。……我们抗日八年余,幸获最后胜利。不管战后中国国际地位在降低,降低,降低到什么地步,人民对民族的自信与自尊,无论如何比战前高涨多少倍了。就是这个高度灼热的爱国心,是不可侮辱的,被侮辱了便要爆炸,无人能予抑止。"

22日 三版"日本通信"《东条审判杂记》(本报东京特派员高临渡1月16日寄)。

25日 三版"纽约通讯"《认识美国——第一篇:民主共和两党没有什么分别,希望在华莱士》(本报纽约特派员朱启平1月8日)。

27日 三版"纽约通讯"《认识美国——第二篇:美国确是富强,但是显然不安》(本报纽约特派员朱启平1月8日寄)。

28日 三版"缅甸通讯"《中缅关系新页》(本报新加坡特派员郭史翼1月6日寄)。

29日 三版"纽约通讯"《认识美国——第三篇:大规模扩军,军人势力太大》(本报纽约特派员朱启平1月12日寄)。

2月

1日 三版"纽约通讯"《认识美国——第四篇：大多数人民生活渐渐难过了，经济崩溃不免》（本报纽约特派员朱启平1月12日寄）。

9日 "社评"《政党·和平·填土工作——论自由主义者的时代使命》：本报上月十日发表《自由主义者的信念》的社评，在社会上产生强烈反响，一个月来，本报收到许多讨论自由主义的文章。本文结合中国政治局势，进一步论述自由主义的特色："自由主义非国也非共，而国共阵营里也可能都有其存在，只是现实政治及严厉党纪抑制其发展而已。"（按：该文首载沪版2月6日）

24日 三版"通讯"《严寒东北》（本报特派员张高峰2月15日），内容：（一）攻守之战；（二）民间痛苦；（三）松松懈懈；（四）钱跟人跑；（五）忙于进关；（六）新闻检查。（按：渝版于25日转载该文，年底被国民党重庆社会局列为渝版十项"罪证"的第一项）

3月

8日 二版"英国通讯"《英国舆论的一例——九龙城与沙面两案》（本报伦敦特派员黎秀石2月21日寄）。（按：9日续完）

三版"美国通讯"《华莱士的新胜利——论述布朗克斯区的选举》（本报纽约特派员朱启平2月19日寄）。

22日 二版"缅甸通讯"《新缅甸在成长中》（本报特派员周榆瑞），内容：（一）仰光，仰光；（二）缅甸临时政府；（三）缅甸的政党活动；（四）缅甸的少数民族问题；（五）缅甸的新闻事业；（六）关于华侨；（七）侨胞教育；（八）中文报纸；（九）缅总统苏瑞泰；（十）外长宇登图；（十一）中缅邦交的展望。（按：应中国航空公司的邀请，《大公报》记者周榆瑞和另外几位同业到新近独立的缅甸观光。该通讯的内容便是此次缅甸观光之所见，载于3月22日、24日、27日，4月5日）

29日 二版"社评"《国大开幕》："办选举，开国大，意义本该是极其重大的，而且在理论上，这还是执政二十余年的国民党结束训政还政于民的大典。但因为国内正兵荒马乱，经济动荡，国家既未曾和平统一，人民生活更是不安，却使这大会大大减色。"

三版"纽约通讯"《杜鲁门大跌价——民主党在设法逼艾森豪出山》（本报纽约特派员朱启平3月13日寄）。

30日 二版头条《首届(行宪)国大开幕礼成,蒋主席致辞望珍视宪法,勿负选民所托努力建国》。

三版"英国通讯"《英国防计划的轮廓》(本报伦敦特派员黎秀石3月2日寄)。

4月

3日 二版"社评"《当前国际形势的特征并略论我们的问题》,在谈到国内的问题时说:"抗战胜利之初,国府下令减免田赋一年,同时二五减租。这道命令执行的结果,利于地主阶级的免赋不折不扣的做到了,利于勤苦佃农的减租差不多根本未做,理由是'有困难',是'办不到'。""国民政府执政二十年,大量推行了不平之政","认清了这一点,便可知道,今天的问题已不单纯是战场上决胜负的问题,根本的缘结在于如何得其平的问题"。

9日 三版"美国通讯"《美国援华政策新动向——从世界政策看对华问题》(本报纽约特派员杨刚3月17日纽约),内容:(一)美国世界;(二)政策变相的内在原因;(三)中国要与欧洲合龙;(四)人心问题。(按:10日续完)

11日 三版"美国通讯"《华盛顿的战争气氛》(本报纽约特派员朱启平3月19日寄),内容:捷克政变;认为是苏联备战;反对派意见;如此作风;另有副作用。

12日 三版"英国通讯"《中国的经济病态——英国商务访华团观感》(本报伦敦特派员黎秀石3月19日寄)。

15日 三版"日本通信"《信不信由你——反动团体的簇生》(本报驻东京特派员高临渡3月26日寄)。(按:17日续完)

16日 二版头条《总统提名今天公告,蒋中正居正为候选人》。

19日 三版"日本通信"《怪事二三则》(本报东京特派员高临渡4月2日寄)。

20日 二版头条《蒋中正当选总统,国大昨开票结果》:副总统候选人今公告,孙科、于右任等共六人。

21日 二版"社评"《总统·宪法·国大》:"这次国大闹得最凶的是修改宪法问题。……怎样修改呢?则众说纷纭,不见具体意见。这问题总算解决得很巧妙,由莫德惠等一千二百零二人提议,增加'动员戡乱时期临时条款'……这样,总统的权力扩大了,立法院的一部分权力被冻结了,而国大也加多会期了,于是问题得告解决。"

26日 三版"台湾通讯"《甜苦之间——关于台湾的糖业》(本报台湾特派

员吕德润 4 月 8 日寄自台北)。

27 日　三版"英国通讯"《英国清共记》(本报伦敦特派员黎秀石 4 月 12 日寄)。(按：载于 27 日、29 日)

30 日　二版头条《李宗仁当选副总统,孙科以百余票之差落选》。

"本报上海二十九日专电"《德先生和赛姑娘》："本报沪馆举行座谈会,大家主张他们快结婚。"本报沪馆二十九日举行"德先生与赛先生"座谈会,以迎接"五四"。参加会议的有任鸿隽、林同济、张志让、蔡尚思、黄炎培等。

5 月

2 日　二版头条《首届国大闭幕礼成》：蒋主席致辞决遵守宪法,人民政府互相发挥权能。

沪版"社评"《国大观感》："在竞选(副总统)的过程中,大家很可看出党是支持孙科的,但最后决选的结果,却是李宗仁当选。李宗仁当选后,国大代表那样狂欢,南京与上海的街头也爆竹连天,这象征什么？乃象征'人心思变'。"

11 日　三版"台湾通讯"《饥饿的土地》(本报台湾特派员吕德润 4 月 25 日寄自台北)。

16 日　三版"美国通讯"《美国在备战——为了想避免经济危机》(本报纽约特派员朱启平 4 月 30 日寄),内容：援欧开始；干涉意国选举；哥京暴动；扩充势力范围；最要紧的是经济问题；宣传备战；走向战争。(按：载于 16 日、18 日)

19 日　三版"日本通信"《"第三国人！""第三国人！"——兵库事件》(本报东京特派员高临渡 5 月 1 日寄)。

20 日　二版头条《首都今晨隆重大典》：正副总统宣誓就任,文武百僚、外交使节均观礼,接受中外官员觐贺后谒陵。

28 日　三版"英国通讯"《和平梦》(本报伦敦特派员黎秀石 5 月 15 日寄)。

31 日　三版"日本通信"《带枪的人》(本报东京特派员高临渡 5 月 23 日寄)。

6 月

1 日　二版头条《翁文灏完成组阁,阁员名单全部公布》。

2 日　二版"社评"《新行政院组成》说："看组院过程,翁院长是要延致新人的。邀蒋廷黻任财政部长,蒋氏不干,临时请王云五出任。有人说,蒋王二氏皆与财政不相干,为什么要他们任此艰巨呢?这就可以看出近年来的一种政治风气,就是不信任专才。日本问题重要,外交部里不重用懂日本问题的人;财政问题重要,就不用懂财政的人做财政部长。王云五氏是以社会贤达的资格参加政府,先任经济部长,嗣任副院长,现任财政部长,将来可能另有借重,'社会贤达'成了'百搭'。"

4日 三版"美国通讯"《和雾荡漾——记美国政海中的一波》(本报纽约特派员杨刚5月14日寄)。

5日 沪版二版"社评"《反美情绪的分析》说:"第一,大公报就不赞成美国扶植日本,而且这一贯的言论已继续了两年。……我们反对美国政府逾限扶植日本的政策,但却并不(是)反美。""第二,……同时要声明,我们并非袒苏。我们对美国朋友不客气的陈说,并不等于说苏联一切全对。尤其像她在我们东北的一些作为,如同拆运机器,不还旅大等,我们也是一直反对的。"(按:该文首载6月5日沪版)

二版"美联社南京电":司徒辩白美国助日,在京向记者发表声明,保证日本侵略基础已摧毁,复兴其经济对华绝无威胁,如仍继续指摘应防范恶果。

三版"专载"《日本杂感》(鲍尔著)。(按:载于5日、7—8日。鲍尔为国际名士,他是盟国管制日本委员会的澳洲代表。他在文章中对麦克阿瑟的做法提出了不同的看法)

"本报北平电":平津唐学生通电,抗议司徒的声明,重申反对扶助日本的决心,燕大学生愤慨,将讨论一切。

13日 三版"专载"《反对美国扶植日本——北平四百余教授致司徒大使书》:北平各大学教授、讲师、助教费孝通、袁翰青、吴之椿、吴恩裕、许德珩、吴晗等四百三十七人,12日发表反对美扶日致司徒大使书。

16日 三版"消息"《日本问题——本报时事座谈会》:1948年6月10日下午,《大公报》沪馆在上海八仙桥青年会,召开了一次时事座谈会,主要讨论日本问题。刘崇杰先生(外交家)、许广平女士(名作家)、陈叔通先生、王晓籁先生(全国商联会)、盛丕华先生(实业家)、李云良先生、李择一先生(日本问题专家)、孟宪章先生(民治新专教授)、张绚伯先生(实业家)、胡厥文先生(新民机器厂)、马寅初先生(经济学家)、赵南柔先生(亚东协会)、钟山道先生(中国航运公司)、张志让先生(复旦大学)、陆养浩先生(东南渔业公司)、方秋苇先生(亚洲世纪社)、宋越伦先生(东南日报)、田和卿先生(上海工业协会)、潘世宪先生(亚东协会)、汪竹一先生(六区纺织公会)、郑森禹先生(日本问题专家)在会上作了发言。记录:周雨等。(按:发言记录连载于6月16—19日、22日)

18日　二版"社评"《毕业生无出路》:"暑假快到了,在过去,此时就称为'青年烦闷季节'。现在却根本是一个烦闷时代,青年日常沉沦在烦闷的深渊,固不必待至暑假临头。但是暑假来了,许多中学生要惨遭失学的厄运,因为大学门墙高不可攀;而大学生呢?却多数要开始体验'毕业即失业'的苦闷生活。"又说:"毕业生无出路,此事牵涉范围当然极广泛,然而要这个迫切问题获得急则治标的解决,首先须政府当局能够彻底的反省!"

21日　三版"英国通讯"《世运序幕》(本报伦敦特派员黎秀石6月3日寄)。(按:世运即第十四届世界运动会,7月将在伦敦近郊举行)

23日　三版"纽约通讯"《共和党大会面面观》(本报纽约特派员朱启平6月8日寄),内容:三位候选人;旅馆房间;冷门出现;瞎猜。

25日　三版"英国通讯"《罪与罚——英国议会辩论记》(本报伦敦特派员黎秀石5月31日),内容:死刑的弊端;一个故事;还不是时候。

29日　三版"通讯"《从"糟房"到"糟房"——东北青年的控诉》(本报特派员张高峰6月26日)。(按:渝版7月8日转载该文,题目换为《跌在糟房里》。年底,被国民党重庆社会局列为渝版十项"罪证"的第五项)

30日　"通讯"《干枯东北》(本报记者张高峰寄自北平),内容:(一)军事的演变;(二)农村的崩落;(三)饥饿的担子。(按:该文首载于渝版6月23日,年底被国民党重庆社会局列为渝版十项"罪证"的第三项)

7月

6日　二版"本报北平电话":北平昨一大惨案,东北学生不满平参议会决议,游行抗议,警宪出动戒备弹压,死五人伤二十余,宪兵亦有负伤。

三版"短评"《昨夕北平大惨案》:"这不幸事件说明了一点:东北流亡学生问题必须赶快解决,对于聚在平津榆锦的一万多名学生必须急为安顿!过去当局对于流亡学生问题的严重性太缺乏理解,也太没有一个适当规划,一误再误,演变至此。"

7日　三版"美国通讯"《检讨杜鲁门的成绩——从他西部巡礼说起》(本报纽约特派员朱启平6月21日寄)。

9日　二版"本报上海八日电"《本报沪馆时事座谈,大学毕业生的出路》:

到会的都指出没有出路,政府应该负较大的责任。前言:"本报沪馆第三十次时事座谈会八日下午五点在此间八仙桥青年会举行,题目是:'大学毕业生的出路问题'。……到会发言的人有章益、凌宪扬、郑天牧、钟业勤、龙礼直、阮仁泽等,黄炎培、杨衡玉、朱国璋三先生有书面意见,全部纪录在本月十二日上海本报发表。"

三版"日本通信"《"八千万朋友"》(本报东京特派员高临渡6月23日)。(按:载于9日、11日)

12日 三版"美国通讯"《从美国共和党大会谈起——杜威和华伦上台》(本报纽约特派员杨刚6月26日)。(按:载于12日、15日)

17日 三版"美国通讯"《大户人家办喜事——共和党开第二十四届全国代表大会》(本报纽约特派员朱启平6月30日寄),内容:会前政变;大场面;狂欢节;开幕;欢呼胡佛;拥杜游行;司徒森最热闹;投票;局势已定;杜威当选;大会闭幕;政纲欠缺;杜威的帮手。(按:载于17日、19日—21日)

29日 三版"欧洲通讯"《一个爱国的共产主义者——狄托被贬记》(本报伦敦特派员黎秀石7月17日寄),内容:民族主义被判死刑;民族主义的罪状;现代思潮的大问题。

8月

11日 三版"消息"《出版法问题——本报沪馆时事座谈会》。8月5日,《大公报》沪馆在八仙桥青年会举行出版法座谈。成舍我(北平《世界日报》社长)、陈训悆(《申报》总编辑)、吴绍澍(《正言报》社长)、史良(律师)、王造时(自由出版社)、程沧波(《新闻报》社长)等17人发言。(按:记录载于8月11—13日)

15日 三版"日本通信"《财阀夜话》(本报东京特派员高临渡8月6日寄)。(按:16日续完)

21日 二版头条《金券后天普遍发行》:关系当局会商技术问题,政院成立经济管制委员会,发行准备监理委会人选发表,蒋总统招待沪金融工商各界。(按:这一版除社评外,几乎成了币制改革专版,刊登有《经济改革方案要旨——翁文灏邀金融工商界说明,望共体时艰,一致拥护推行》《出口采限价办法》《新货币的功效》《北平市场的反应》等,并全部用"本报专电",表明为"独家新闻"。新闻发表后,上海舆论哗然,京沪杭震动。蒋介石下令彻查。蒋经国派人到上海追查新闻来源。据中央社9月7日报道：唐洪烈(中央监察委)问《大公报》记者季崇威消息来源，季答系友人处得来，真实情况不得而知。后经查询上海证券交易所经纪人账目，并拘捕有关人员，证实泄密人为财政部秘书陶启明，于是将陶枪决，财政部主任秘书徐百齐被撤职，财政部长王云五用人不当，作了检讨)

30日　三版"美国通讯"《华莱士受惠了——论述美国国会召开特别会议》(本报纽约特派员朱启平8月13日寄)。

31日　三版"英国通讯"《世运外纪》(本报伦敦特派员黎秀石)。

9月

6日　二版头条《冯玉祥海上遇险》：由美驶苏途中被焚毙，塔斯社发表事实经过。

8日　二版"社评"《悼冯玉祥》："他是一个北洋军人，却与国民革命运动相衔接；对日抗战期间，他虽比较闲散，而他的旧部劲旅却卓著战绩。盖棺论定，冯氏在民国军事上是有功的。民十三倒吴之役，是冯氏的一大杰作，但却甚为北方旧社会观念所不齿，以部下叛上司，从此被称为'倒戈将军'。吴佩孚既倒，北京入冯氏掌握，他幽曹锟，杀李彦青，却甚快人心；驱逐溥仪出故宫，也是伟举。以十三年之变，乃有中山先生北上之举，才使国民革命的影响深入北方。十五年直鲁联军反攻平津，南口战役之际，冯氏远游莫斯科，他和他所率领的'国民军'都加入了国民党。那年冯氏归国，在平地泉誓师，遥遥响应蒋总司令的北伐。十七年北伐成功，西山祭灵，蒋冯阎李，列为四大领袖。十九年的河南大战，是一大不幸。……抗战军兴，冯氏始终在后方，虽迭任军职政职，在他看来，俱属闲散。寂寞无聊，学写白话诗，自比丘八诗人。胜利之后，于三十五年九月以考察水利专使名义赴美。……冯氏在美屡次发表反对政府的言论，政府乃撤销其专使的名义，并开除其党籍。同时他加入了李济琛等在香港组织的'革命委员会'，乃成其生命史上之最后一变。冯氏最近离美，据说是回国参加所谓'新政协'……""综看冯氏一生的历史，这人是由中国旧社会里创打出来的人物。……他尤其是一个反叛型的人物，……这种人的功过，是很难论定的。冯氏有功，也有过，他的功过总评，会因评判的角度不同而有异的。"

15日　三版"通讯"《在马尼剌港》(本报记者杨刚9月7日于香港)。

16日　三版"通讯"《我们到了珍珠港》(本报记者杨刚9月12日写于

香港)。

21日　三版"日本通信"《雨天书简》(本报东京特派员高临渡9月14日寄)。(按：载于21日、25日、27日)

30日　三版"美国通讯"《蓓蒂——美国社会问题的缩影》(杨刚9月25日写于香港)。(按：10月1日续完)

10月

7日　三版"美国通讯"《在美国的侨民——天堂里弱小民族问题的一面》(杨刚9月19日写于香港)，内容：在美国的侨民；他们的问题；美国有弱小民族政策么；中国的侨民政策。(按：8日续完)

11日　三版"美国通讯"《美国工人运动的低潮》(本报记者杨刚10月5日写于香港)，内容：(一)分裂的组织；(二)腐朽的领导；(三)微薄的教育。(按：12日续完)

18日　三版"英国通讯"《英国妇女谈政治》(本报伦敦特派员黎秀石10月3日寄)。

25日　二版"本报北平电话"《北大八二教授宣述困苦，今天起停教三天》："薪给冻结无法购买食用，眷属难以维生忍痛出此，并函胡适请借薪津两月。"

"社评"《北大教授停教三天》："以北方各大学传统论，教授虽往往激于正义和责任感，随时对各种问题勇敢发表意见，然却极少为本身待遇问题说话，更不轻易为这个题目采取行动。现在迫不得已，竟郑重宣言，停教三日，这是对于大学教授生活横被忽视的一种严正抗议，而穷窘苦痛的程度超过了他们所能忍耐的极限，由此更可得一证明。"

26日　三版"美国通讯"《在钱的自由下面——美国的思想控制》(本报记者杨刚10月2日写于香港)，内容：(一)从社会开始；(二)到个人头上。(按：载于10月26日、11月6日)

27日　三版"通讯"《那里是工程师用武之地？》(本报记者徐盈)，内容：一片干净土；团结的象征；中国工程师会；回首二十年；昨天与今天；工程师之会。(按：28日载毕)

28日　沪版"社评"《为小市民的生活请命》："上海小市民实在太痛苦了，样样东西买不到，能买到一点，不是偷偷摸摸，得自高价的黑市，就是价格不变，而其质其量已变。工资被钉死，收入不加多……支绌不堪，生活日窘，其后果之严重,不堪想象。我们郑重的为民请命,这样日子不能继续下去了。"

11月

2日 三版"美国通讯"《美国大选及其他》(本报纽约特派员朱启平10月19日寄)。

3日 三版"通讯"《东北三年》(本报记者张高峰11月2日),内容:一篇旧账;哀下一代;战局急转。(按:4日载毕)

6日 三版"中央社东京专电":日战犯宣判进行中,判决书历述各要角罪行,日人不爱听,法庭人稀少。

7日 三版"英国通讯"《暴力能遏止赤化吗?——英国保守党年会旁听观感》(本报伦敦特派员黎秀石10月12日寄)。

三版"中央社东京专电":东京国际法庭休庭,战犯判决书宣读毕,确认各被告发动侵略战争,应负罪行下周可望裁定,裕仁逊位问题又在讨论。

"中央社东京专电":日甲级战犯二十五名,处心积虑专事侵华。(按:简述荒木贞夫等二十五名甲级战犯的罪行)

8日 二版"社评"《日本战犯的宣判》,对远东国际军事法庭本月4日开始对日本战犯的宣判,谈了四点感想:"第一,我们的敌人——侵华的罪魁,无数刽子手们,被列为甲级战犯而受审判者寥寥无几。……还有更多的侵华战犯,始终逍遥法外,不予检举。中国参加军事法庭的代表,对此不能发一言,我们竟无权过问,中国实际被置于审判日本罪犯之外,这次宣判是美国的事。""第二,照美国现行对日政策,一切宽大,不但不究既往,且遇到机会广施恩德,以收买日本人的好感。东京审判早已变成增进美日国交的一种工具。对于这点,我们不得不声明,无论如何判决,在精神上,实已违背《波茨坦宣言》。""第三,离开法律立场,就教育意义来说,迟到今天才判决,教育意义也失掉了。""第四,审判日本战犯这幕剧演得如此糟,这是对日战争的污点。"

10日 港版"社评"《和平无望》,在分析了东北军事剧变、币制改革失败、教授上书呼吁和平遭蒋斥责等国内形势后说:"事势如此,和平无望。在此情况之下,政府自然要尽一切可能,以加强军事,继续打下去,经济自然也尚难好转,人民自然还要吃苦。""但要知道,真正的历史创造者,并不是稀世的英雄,而是亿万生民。亿万生民的求生力量,才是人类历史的真正动力,违逆了人民大众的生存轨道,必无治,摧折人民大众的求生欲望,必乱;明白了这基本的道理,则如何拨乱以返治,自可不言而喻。看目前中国的乱局,人民真是痛苦极了,目前纵然和平无望,人民大众终会走上合理生存之路。我们挥泪跋涉,总希望这条真实而持久的和平之路已不在远!"(按:这篇出自王芸生手笔的社评的发表,标志着新记《大公报》港版的转变)

12日　三版"英国通讯"《老贼·母亲·法治——英国的社会新闻》(本报伦敦特派员黎秀石10月26日)。

13日　三版头条《日本战犯昨天定谳》:东条、广田七人绞刑,另十六名将监禁终身,东乡处徒刑二十年,重光七年;韦勃说日皇也难逃侵略责任。

17日　二版"社评"《日本战犯的判决》:"在七名死刑中,中国人最痛快的是土肥原和板垣,这两个人专干侵略中国的工作,阴谋诡计,层出不穷。……最令人不满者是开脱了日皇的侵略责任。远东战犯法庭长韦勃承认日皇裕仁是罪魁,但声明已经获得免诉的特许。不知道'特许'何所根据?……明明裕仁是天字第一号的战犯,为何不追究?深一层看这不仅是日皇个人的事,由于赦免日皇而确保了天皇制,保存日本对外侵略的精神基础,这是最重要最基本的问题。"

19日　二版"中央社专电"《"瓶之倾兮惟罍之耻",陈布雷系忧国自杀,治丧委会发布遗书杂记》。并登载陈布雷《上总统书》两封。

22日　三版"美国通讯"《美国回到中间带左路线——杜鲁门因积极新政立场而获致胜利》(本报纽约特派员朱启平11月8日寄)。(按:24日续完)

29日　二版"中央社电":蒋夫人赴美请援,昨搭美军机自沪首途,朱世明、游建文等随行。

12月

5日　二版"中央社电":蒋夫人再访马歇尔,曾就我国局势提出商讨,美官方正密切交换意见。

14日　二版头条《平西北郊竟日炮战,当局发表清河地区战果,国军一部仍留张垣驻守》。

15日　二版头条《平郊接触尚无大战,市内闻炮声人心镇定,津东增防汉沽趋静寂》。

18日　二版头条《平郊酝酿主力决战》:昨竟日炮声搏斗激烈,南苑机场确保海甸附近恶战,国军出拳马驹桥进迫通县城。

19日 一版"本报讯":津宵禁昨起提前,晚七时开始翌晨七时解除,昨晨临时戒严午后复常态。

20日 一版头条《津市周边战事持续》:张贵庄机场曾遭袭入,塘沽暂孤立铁路中断。

"社评"《一个严肃的考验》:"平津已经笼罩在战火中,大家要承受这战火的锻炼。当此重大关头,正是人们品德和理性的一个严肃的考验。"在指责了北大校长胡适、北洋校长张含英等人丢开学校,丢下师生私下出走的行为后说:"固然,士各有志,不能相强,关于个人进退去留,应该各凭所信,概听自便。然而当此非常时期,对于平日高坐堂皇担负重任的人们,却不能尽以这个尺度加以衡量,予以宽宥。""现在我们正经历这么一个严肃的考验:考验责任感,考验坚贞的品格,同时也考验我们的理性。"

1949年

1月

1日 一版头条《总统发表元旦文告,愿见中共诚意和谈》:谓和战关键不在政府,个人的进退绝不萦怀,如中共坚持决与周旋。

"社评"《迎岁之辞》:"今年可能是中国历史的转捩点。当此一年肇始,我们愿卑之无甚高论,仅仅提出两项最低调的意见,也可以说是人民大众最低限的要求。"其一,"求生。就是说,人人都可望有一碗饭"。其二,"善生",即"人应有其自由权和安全权"。

2日 一版头条《中枢纪念开国典礼,总统阐释倡和动机》:谓保存元气为民请命,并非避战,乃可战可和。

11日 沪版"社评"《保全平津》:"平津这两个大城市,一是文化故都,一是工业基地,向为北方的重心。"目前,"战事尽管激烈,总没有一方打算毁灭平津。……也许彼此之间不能信赖,但平津的工业界、教育界、文化界,都是纯正的老百姓,不妨由他们居间,接洽和议。全国性的问题留待以后再谈,先就平津区域实施停战……也是全面和平一个良好的开端。"

13日 一版头条《津城防外搏斗愈酣》:东西南郊区据点被攻,炮战激烈多处曾落弹。

14日 一版头条《津市周边冲杀苦斗,东郊肉搏北线炮战》。

"社评"《保全文物,保全民命》:"我们叮咛哀求:为国计民生,为历史艺术,保全平津,保全文物!"

15日 一版头条《津局入明朗阶段》:军政当局深夜重要会议,李烛尘等今赴共区呼吁,市民今后可望幸免炮火。

"社评"《火光中局势开朗》:"可靠方面消息,本市工商界领袖李烛尘、杨亦周诸氏,定于今晨出城一行,接洽停战问题。这是二百万市民在万分惊怖中所渴想企盼的大消息。以当前情势论,以李先生等的地位名望论,我们深信,此行当有圆满结果。我全体市民可稍安勿躁,静候局势豁然开朗的报道。"并要求市民:"其一,大家各守岗位,各安所业,勿妄动,勿信谣言,务期秩序得早恢复;其二,工厂员工务须加意护厂,切勿轻离,已离者须速回厂;其三,商店须尽可能开门营业,尤以出售日用必需品的商店为然,切勿惜售居奇,哄抬市价。"(按:这篇"社评"成了老《大公报》天津版的告别词。当日,津版宣布停刊,并从此消失)

16日 渝版二版《中共声明全文》:"中国共产党愿意与南京国民党反动政府及其他任何国民党地方政府与军事集团在下列条件的基础之上,进行和平谈判。这些条件是:一、惩办战争罪犯。二、废除伪宪法。三、废除伪法统。四、依据民主原则改编一切反动军队。五、没收官僚资本。六、改革土地制度。七、废除卖国条约。八、召开没有反动分子参加的政治协商会议,成立民主联合政府,接收南京国民党反动政府及其所属各级政府的一切权力。"

22日 沪版一版头条《蒋总统二十一日宣布引退,由李宗仁副总统代行职权,勉全国协力促成和平》。

22日 港版"社评"《蒋宣告引退》指出,蒋宣告引退,"这是目前国事发展的一个重要关键",并"谨以人民舆论的立场"发表两点"切要的主张":"第一,蒋既宣告引退,以其个性的固执倔强,而竟不得不发表引退的文告以去,可见内外的压力之大之重,使他不得不出于一走。他这走的方式应该是下野,不是且战且退的转移阵地。因此,为了国家,为了人民,也为蒋氏个人,他这次的走应该是斩钉截铁的走,无论今后如何演变,不必再管国事,以免横生枝节。""第二……应目前大势的需要,也为了实现蒋氏引退文告'解救人民倒悬'的话言,李宗仁所代理的南京政府,应该立即迅速做到下列三件事:(一)下令所有前方国军立即无条件停战。(二)下令中央政府及各地方政府,停止一切战争施政及战斗行为,妥善维持地方秩序,妥善照料人民生活。(三)通告中共,接受本月十四日毛泽东宣布的八项和平条件,谈判和平。"最后说:"李宗仁氏暨孙科内阁应该了然,当前的事势,已到了国民党结束其政权之时。无论甘愿不甘愿,都非如此不可。速了,则可减少人民痛苦,迟延,则必更增个人罪戾。事势如此,其间再无操纵运用之可能了。"

23日　沪版一版"专电"《北平和平协议二十二日公布,昨天上午起双方休战,过渡期成立联合办事机构》。

26日　沪版一版头条《中共同意进行和谈,国军决定固守长江沿线,外部发表政府即将南迁》。

3月

4日　沪版二版"社评"《如何实现和平》:"我们盼望今天主持大事的双方当局都放大胸襟,一切以救国救民为前提,则其余的事自然迎刃而解了。"

26日　沪版一版"消息"《中共总部移北平,毛泽东等昨到达》。

27日　沪版一版头条《中共宣布和谈代表》:"周恩来、林伯渠、林彪、叶剑英、李维汉五人,四月一日开始,地点北平。"

4月

2日　沪版一版头条《和谈代表翩然北飞》:"政府和谈代表团张治中、邵力子、黄绍竑、章士钊、李蒸、刘斐,及顾问李俊龙、屈武,秘书谢超等一行十余人,一日晨时十二分乘中国航空公司专机飞平。"

13日　沪版二版"社评"《对和谈的一点意见——从共同的政治观点求实现和平》:"双方在政治上各有一套做法,而且距离很大。这一个问题如果不解决,战争的由来就不能消除。"

18日　沪版一版头条《中共宣布谈判限期》。

21日　沪版一版头条《政府婉拒中共要求》。

5月

26日　沪版一版"本报讯"《苏州河南全部解放》:市民热烈欢迎自己的军队。

"社评"《迎上海解放!》:"我们应该感谢解放军。战事迫近市区之后,人民解放军没有向市区发炮,避免向市区射击,他们承当国民党的海陆空三面火力,将牺牲留给自己,把幸福带给人民。这种伟大英勇的精神是中国历来军队所没有的,同时也反证了国民党反动军队是如何的凶残恶毒!这样的军队经过彻夜战斗,进入市区以后,鸡犬不惊,片物未扰,不进民房,不拉民伕,躺在路边休息,绝不随便接受人民慰劳……这样的战士,真是中华人民伟大的儿女,他们保持了并且发挥了中华人民伟大的品质,真令我们感激兴奋,我们欢呼万岁!"

29日 沪版一版"消息"《陈毅任沪市长,军管会已成立》:昨开始接收上海市政府。

6月

17日 沪版一版头条《〈大公报〉新生宣言》,在阐述上海解放的意义时说:"上海的解放,实际是国民党匪帮的反动政权彻头彻尾的灭亡,是全中国获得新生。在这重大时会,《大公报》也获得了新生。""今后的《大公报》,已不是官僚资本的了,也不单是我们服务人员的,而确实是属于广大人民的了。"

"消息"《毛主席、朱总司令电复张轸》:欢迎国民党军将领起义,过去罪责将因而获得宽恕。

(三) 社会服务

1942年(民国三十一年)

12月

2日 一版"启事"《本馆代收文化劳军献金启事》:"本馆依据陪都各界文化劳军运动委员会通知及代收读者文化劳军献金办法,定于本月二日起至二十日止,代收文化劳军献金。我前方将士浴血抗战,前仆后继,迭摧顽敌,捍卫祖国,后方同胞义应各视能力所及踊跃捐献,以励士气,而期胜利之早临。愿捐献者请于上述期间内送交中一路一一八号本馆营业处或李子坝建设新村本馆出纳科代收(并掣取收据,所有捐款人姓名及捐款数额当按周在本报刊布以资征信,本馆所收捐款并定于本月二十五日送交文化劳军献金竞赛大会核收此资)。"

二版"社评"《请读者赞助文化劳军献金》。

25日 三版"本报讯"《文化劳军献金,本报代收六万余元,今日送交竞赛大会》:"嗣自本月二日起至昨日止,又经收读者文化劳军献金,计国币六万零二百二十三元二角四分整。"

28日 二版"通讯"《河南灾荒目睹记》(王工碧11月10日于豫东),内容:"灾荒的成因""二等灾区""难民惨苦""粮价仍涨""救济之道"。

"社评"《天寒岁暮念灾黎》。

1943年(民国三十二年)

2月

1日 二版"通讯"《豫灾实录》(本报战地通信员高峰):"河南是地瘠民贫的省份,抗战以来三面临敌,人民加倍艰苦,偏在这抗战进入最艰难阶段,又遭到天灾。今春(指旧历)三四月间,豫西遭雹灾,黑霜灾,豫南豫中有风灾,豫东有的地方遭蝗灾。入夏以来,全省三月不雨。秋交有雨,入秋又不雨,大旱成灾。豫西一带秋收之荞麦尚有希望,将收之际竟一场大霜,麦粒未能灌浆,全体冻死。八九月间临泛各县黄水溢堤,汪洋泛滥,大旱之后复遭水淹,灾情更重,河南就这样的变成人间地狱了。""到叶县我停下来,住在城内的一个寺庙,这里我能更详细的观察灾情与民间痛苦。听说中央勘灾大员张继、张厉生两氏曾到过叶县,那还是十月间的事。至于救济,老百姓说只是前些日子由某某集团军官兵缩食剩下来一点粮,每人可以分上一升麦。现在树叶吃光了,村口的杵臼,每天有人在那里捣花生皮与榆树皮(只有榆树皮能吃),然后蒸着吃。一位小朋友对我说:'先生!这家伙刺嗓子,什么时候官家放粮呢?''月内就放。'我只可用谎话来安慰他。每天我们吃饭的时候,总有十几二十个灾民在门口鹄候号叫求乞。那些菜绿的脸色,无神的眼睛,叫你不忍心去看,你也没有那些剩饭给他们。今天小四饿死了,明天又听说友来吃野草中毒不起,后天又看见小宝冻死在寨外。可怜哪,这些正活泼乱跳的下一代,如今却陆续的离开了人间。最近我更发现灾民每人的脸部都浮肿起来,鼻孔与眼角发黑,起初我以为是因饿而得的病症,后来才知是因为吃了一种名叫'霉花'的野草中毒而肿起来。这种草没有一点水分,磨出来是绿色,我曾尝试过,一股土腥味,据说猪吃了都要四肢麻痹,人怎能吃下去!灾民明知是毒物,他们还说:'先生,就这还没有呢!我们的牙脸手脚都吃得麻痛。'现在叶县一带灾民真的没有'霉花'吃,他们正在吃一种干柴,一种无法用杵臼捣碎的干柴,所好的是吃了不肿脸不麻手脚。一位老农夫说:'我做梦也没有想到吃柴火!真不如早死!'"

2日 二版"社评"《看重庆,念中原!》,文章最后提出:"读者诸君如欲捐款赈救河南同胞,本报愿尽收转之劳。"

"消息"《振济豫灾——本报代收捐款均经转送》:报告近日所收捐款转送情况。此项捐款至7月21日止,共代收2 191 843.65元。

3月

2日 二版"通讯社讯"《山东灾情概况》(鲁救灾筹振会):"巨灾酿成之由来""目前灾情实况""灾黎待振迫切":"山东灾害之情况如上所述,民众之死亡,自上年春间即无粮可食,多半以树叶充饥……食者多面貌肿胀,四肢无力,罹疾而死者,比比皆是。"

"本报讯"《振济鲁灾——鲁灾筹振会呼吁》:本报明日起代收鲁灾捐款。

至6月30日止,《大公报》共代收此项捐款671 591.38元。

6月

5日 一版《本报代收粤灾振款启事》:"本报近接惠潮梅粮食紧急救济委员会来函,以惠潮梅各属连年荒歉,今岁复遭旱灾,灾情奇重,亟待振救,嘱托代收捐款,以宏救济,兹谨向各界吁请慨解仁囊,共谋振救。本报收到捐款后当掣奉收据,并在报端刊布,以资征信而扬仁风。所收捐款并当陆续电汇该会,以便随时散放,敬希公鉴。"

12日 二版"通讯"《灾后话农情——河南新麦登场》(高峰5月22日河南漯河)。

30日 二版"社评"《本报敬募劳军献金》:"全国慰劳总会定今日为鞋袜劳军舆论日,我们敬愿为此而作宣扬的努力;又本报受全国慰劳总会的委托,经募劳军献金,我们敬愿效此微劳,本报谨首先捐献国币一万元,以为抛砖引玉之倡。"

三版"中央社讯"《鞋袜劳军》:7月1日为鞋袜劳军妇女日,各界妇女将参加大会,各尽其能,献金劳军。

11月

4日 一版《本报代收印灾振款启示》:本报兹承印灾筹振会嘱托,自即日起至本月十五日止代收印灾振款。

二版发表"社评"《振助印灾》，阐述振救印灾的意义。

12月

16日　发起"代收湘鄂军捐款"。

1944年(民国三十三年)

1月

4日　三版"中央社讯"《陪都各界献金，今日盛大举行》：当日共献金六十八万五千二百七十五元，礼品八十八件。

"本报讯"《湘鄂劳军捐款》："本报代收湘鄂劳军捐款，自三十二年十二月二十三日至三十三年元月三日……共收三十万零五千七百五十四元九角五分正。"

16日　一版《本报代收湘灾振款启事》："此次敌寇侵犯湘西北，被兵区域灾情惨重，亟待振济。本报兹承湘灾筹振会嘱托，代收振款。尚祈社会各界慷慨解囊，共谋拯济。"

22日　三版"本报讯"：湘鄂劳军捐款，本报共收五十一万余元。

2月

11日　三版"消息"：湘鄂劳军捐款，本报代收五十九万余元。

3月

16日　三版"本报讯"：湘灾续待救济，盼各方迅速捐款。

17日　三版"本报讯"：救济湘灾，孙夫人将主持救灾会。

"本报讯"：河北灾重，旅渝同乡会拟捐巨款救灾。

4月

26日　三版头条《泸县今开献金大会》：截至昨日预献总额四千余万元；郭文钦独献百一十万元荣膺个人冠军，其中十万元认购本报记者捐献之钢笔。

"专访"《可爱的民心——冯玉祥将军在泸县一席谈》(本报记者公诚4月22日寄自泸县)，前言："冯玉祥将军于三月五日离开了战时首都的重庆，躬赴各县倡导国民节约献金。一月余来，他在江津、合江及泸县等地，大声疾呼，精诚感召,成千成万的男女同胞们被他激动了,不断地在各处涌现着爱国的热潮……记者于泸县各界献金大会的前夕,赶到了泸县,曾与冯将军作一席谈……"内容:"超居人前"的精神;爱国不分畛域;动人的故事。

30日 三版"通讯"《献金运动中精采的一幕——泸县献金大会盛况》(本报记者公诚),内容:"冯将军洒泪过弥陀""全县怒吼起来""荣誉的竞赛""最精采的一幕"。

6月

20日 二版"社评"《把后方人心献给前方将士——请读者献金慰劳湖南战士!》:"湖南的战事实在关系重大,湖南的将士也实在对得起国家!敌人这次进攻湖南,兵力大、野心大,所遭受的抵抗力也大。湖南的战事,到现在已打了二十五天。"在这种时候,"至少至少我们应该把后方的人心献给前方将士,至少至少我们应该出钱代心,感谢战士,慰劳战士,藉此使前后方发生一种联系"。"本报愿尽代为收转之劳;本报谨先献国币十万元,以为抛砖引玉之倡!"

24日 三版"本报讯":慰劳湖南将士捐款,本报职工捐六万余元。昨日共收十二万余元。

27日 三版"中央社讯":陪都献金运动,智识青年发起担水义卖,八十老翁组劳军献金队。

"本报讯":慰劳湖南将士捐款,本报昨代收四十四万余元,连前共收一百五十余万元。

7月

8日 三版"消息":慰劳湖南将士捐款,本报昨代收十六万余元,连前共收二百六十七万九千八百一十七元三角七分。

9日 三版"中央社讯":献金大会今日举行,自由献金共得一千二百余万元。陪都各界七七劳军献金大会定今日上午九时在夫子池新运广场举行。

"本报讯":慰劳湖南将士捐款,本报共代收二百七十余万元。

10日 二版"社评"《前方打仗,后方献金》:"事实说明,后方人实在有良心:冯玉祥将军几个月来奔走四川各县,到处发掘人心,结果献金热潮洋溢各地,献金数字更番比赛,且有不少可歌可泣的故事;本报呼吁献金,慰劳湖南将士,半个月来收款二百八十余万;昨天重庆更有一个热闹的场面,七七劳军献金大会轰动山城,骄阳之下,汗流浃背,献金的数字达到八千万元。"

11日 三版"来函"《慰劳总会致函本报,说明办理劳军献金情形》:"敬启者:顷读七月十日贵报社评《前方打仗,后方献金》,其中关于献金劳军技术建议三点,具见关怀将士,热心慰劳,至为敬佩。""此次劳军献金之意义,一方面为纪念'七七',慰劳七年来为国奋斗之全体将士,一方面慰劳最近之中原、湘北鄂西、滇西、缅甸、衡阳、粤北各战场将士及盟军将士。"

"消息"《本报代收劳军捐款》:本报代收慰劳前方将士捐款,昨日收到十九万八千二百八十二元两角,连前所收已逾三百万元。

22日 三版"中央社讯":分配七七献金办法,慰劳总会昨日议定,先拨五千万元慰劳陆空军,未缴之四千余万元决催缴。

"消息":本报代收劳军捐款,连日续收一百五十余万,连前共收四百七十余万。

8月

11日 三版"本报讯":本报代收劳军捐款,连日续收一百四十余万元,连前共收七百二十余万元。

29日 三版"本报讯":本报代收劳军捐款共计七百六十五万余元。

12月

5日 二版"社评"《请重庆市民慰劳过境国军》:桂柳沦陷后,敌军突进贵州境内,军事沉重。奉命开赴前线增援部队路过渝郊。中国妇女慰劳总会给《大公报》馆来函称:士兵长途跋涉,备尝辛劳。天寒路冻,尚有赤足而行军者。希望发起募捐,以实物为主,衣物、布鞋、毛巾、毛棉制品,皆所欢迎。

"本报讯":桂柳沦陷,战局转紧,日来增援部队源源东开,途过渝郊者甚众,中国妇女慰劳会派员慰劳。自今日起,《大公报》开始代收慰问过境国军慰劳金及物品。

9日 二版"社评"《箪食壶浆以劳国军,人民起来帮助军队》:陪都各界热烈慰劳过境国军;本报代收慰劳品及代金,四日来已收得代金五百八十余万元及大批实物。

三版"本报讯"：本报代收劳军物品代金，昨收二百五十余元及大批物品。

"中央社讯"：湘桂难胞救济委会，募款已达三千余万，杜月笙等慷慨大量捐输。

"本报讯"：慰劳过境国军。将士最需要医药、衬衣、肥皂、草鞋，本报记者昨再随慰劳会劳军。

"中央社讯"：慰劳黔边守土将士，陪都各界组征募会。

1945 年(民国三十四年)

1月

27日　三版"消息"：慰劳国军款物，本报续收一百六十余万元，连前共收四千二百余万元。

5月

14日　一版《本报代收湘西将士慰劳金启事》："全国慰劳总会以湘西反攻捷报传来，举国振奋，为激励前方士气，发扬后方民气起见，特发动慰劳湘西将士运动，并嘱托本报代收慰劳金。兹定自即日起至本月底止代收，并呼请各界踊跃捐献，藉表敬爱将士，拥护抗战之热诚。"

6月

5日　三版"消息"：慰劳将士捐款，本报续代收六十九万余元。连前共收二百九十九万七千五百九十八元七角二分。

8月

19日　一版《本报代收胜利劳军献金启事》：全国慰劳总会以日本投降，胜利到来，特举办"庆祝胜利劳军运动"，扩大慰劳全国将士，嘱托本报自即日起代收"胜利劳军献金"。

9月

25日　三版"中央社讯"："胜利不忘劳军，(全国慰劳总会)献金大会今举行，晨八时半在青年馆揭幕"。

26日　三版"本报讯"：祝胜劳军，陪都各界昨热烈献金，大会中实收八千万余元;本报社献金五十万元。

1946年(民国三十五年)

6月

14日　二版"社评"《救灾!》说:"救灾!救灾!急如星火!过去据"联总"宣布,全国饥荒遍及十九省,受灾人口三千万。如短期内不能改善,将有四百万人无法生存。""本报同人一方对国事怀重忧,一方对这些灾区同胞自愧心余力绌,除先捐国币一百万元以为抛砖之献外,特自昨日起,开始代收振灾捐款,略尽为灾胞服务的一点心意。"(按:本文载于1946年6月8日沪版《大公报》二版)

22日　"社评"《速救湘灾》:"我国南北各省近多灾患,湘豫桂粤诸省灾情盖极普遍。其中尤以湘省被灾特重,情状特惨。本市(天津市)各界人士,对于救灾向极热心。"这次对于湘灾,先后成立两个团体从事赈济,昨天两委员会开会宣布赈济相关事宜。"本报沪津两馆同人鉴于湘豫粤桂诸省灾情惨重,特各捐国币一百万元,勉尽绵薄,敬对各省被灾同胞表示深切的同情,并自本月七日及十四日起先后代收振灾款分别汇寄各省切实散发,以宏救济。津馆代收第一周间,承各界慷慨捐输,得款四百余万,昨已委托中国银行汇交湖南省参议会。"

三版头条《灾民易子而食厥状惨极,多少饥民盼待同胞援手》;津沪两筹振机关合并共筹振款。

"本报讯":"本报代收振灾捐款,已电汇湘参议会四百万元。昨日续收十七万一千余元。"

23日　三版"消息":"本报代收振灾捐款,昨收一百二十六万余元,连前共代收六百一十五万零九百元。"

"中央社讯":湘灾严重难于想象,尸体载道惨不忍睹。

24日　三版"消息":"本报代收振灾捐款,昨收一十万零三千余元,连前共收六百二十五万四千四百元。"

7月

3日　三版"通讯"《为中原人民请命》(本报特派员戈衍棣):胜利后,作者初度来到"多灾多难的中原",他看到了什么?"这里是个灾国,受灾时间最长,被灾面积最广,而灾的种类也最多。三百多万人饿死,五百多万人流徙,现在呻吟在饥饿死亡线上的,还有一千余万人。中原朴实坚忍的人民,他们多是'打掉牙齿含血吐'的好汉,他们从不愿多诉苦多叫冤,我们对这群不善讲话、无力讲话、不愿讲话的苦难中的人民,应该寄予更多的同情与援助。"〔按:此外,戈衍棣还写了数篇反映中原人民痛苦的通讯,比如《黄河的堵口与复堤》(7月4日)、《河南的善后救济》(7月5日)〕

16日　二版"本报专电":绥西水灾,各渠决口在抢堵中,沿黄河各县均告急。

17日　三版"本报讯":津各界筹振湘灾,票界将义演两日戏码排定,美术界月底举行西画展览。

19日　二版"本报专电"《衡阳救灾真相——本报记者重到衡阳视察》。前言:"救济物资源源而来,灾官灾绅上下其手,生财有道,保甲发面粉往往抽取好面,代以石灰莞豆粉,竟有与乡民订还本加利之密约者,灾户怨言不绝,表示只有美国人公平不舞弊。"内容:别有用心;救济欠公;人间地狱;一片惨景;大卖田地。

22日　二版"社评"《为豫湘人民请命》:"河南与湖南两省,在八年抗战中,一个守着西北的大门,一个守着西南的大门,掩护后方,支持长期抗战,出兵出粮之多,除了后方的四川外,当居全国第一二位。两省的负担最重,而所遭的灾害也最深。""河南与湖南人民,真是太苦了,太需要救济了。"和平没有盼到,反倒来了战争;救济没有盼到,而盼来了更重的负担。"国共双方重兵对峙,并且冲突迭起。……人民又添上一重灾难。"

30日　二版"社评"《救灾的话》:"读本报湖南灾区电讯,不禁令人泪下。湖南灾黎,在食树叶、草叶、糠皮、泥土。……他们在饥饿,在哭泣,向行人跪拜,日夜和死神在纠缠。""事实不止湖南一省。在广东,埋人的人半途饥而死,就要人埋他。在广西,睡败絮中的饿汉,饥极,嚼嚷了半个枕头的稻草,然后僵死枕边。在河南,大军云集,所至粮谷荡然。农村惨淡而恐怖。平均十几个人就有一个灾民。惨状如此,故有这省代表晋京请求征实减少,那省代表哀诉请求征实豁免,但政府为政令所在,不允通融。"

9月

11日　二版"社评"《请注意滇西的灾荒!》:"滇西正闹着灾荒。其严重的程度比国内任何其他灾区都有过之而无不及。"特别指出："今天国内到处是灾荒,对于滇西这一块边陲地方,也许未必会引起人人注意。我们愿意为这几十万灾民呼吁,希望负责当局加紧努力振救,同时也盼望在都市过着舒适生活的人们发挥同情心,设法对他们予以救助。"

12月

23日 一版"启事"《本馆代收冬令救济赈款启事》："本馆兹承天津市冬令救济委员会嘱托代收赈款。切盼各界善士慷慨解囊、踊跃施舍以宏救济。"

1947年(民国三十六年)

5月

13日 二版"社评"《为河北人民留一线生路》："现在是北方大厮杀的高潮,战争重心虽移晋鲁,然而河北人民却决不感觉一点轻松。更可忧惧的是,河北全省旱象已成,麦收无望。……人祸天灾交织成了河北人民的悲惨命运。挣扎呻吟在大苦难中的人民,当然渴望和平;纵令和平一时不能实现,政府当局定要打仗,但也总须为人民留一线生路。"

6月

27日 三版"通讯"《平保沿线灾情视察记:保定·定兴·涿县》(本报特派员戈衍棣):战乱中的河北又遇到旱灾,记者沿平保线视察,所见到的人民"就像热锅上的蚂蚁,焦急、恐慌、不知所措"。

1949年

1月

5日 一版"本报讯":拯救津郊难胞,红黄十字会设收容所多处,资力有限,盼各方广为募捐。

"本报讯":天寒地冻人情温暖,救助难胞续有捐献,本报昨收四千四百九十元,尚有毛毯、棉衣、旧鞋等多件,市牙科医院捐款并愿助诊。

"本报讯":本报与同善会设收容所三处。(天津)同善会与本报合作救济(天津)郊区毁家难胞,筹设收容所三处,定五日开幕收容难胞。三处收容所:一处设于河北三区安德会馆后济生学校内,一处设于三区小王庄兰桥胡同济生小学分校内,另一处借设六区第十保办公所内,凡郊区难民在社会局登记者,均可向上开三处投宿。每处拟暂收容二百至三百人,每日每大口施放五元,小口四元,以两个月为限。

(四) 副刊、专刊与特刊

1941年(民国三十年)

12月

3日　四版《战国》周刊创刊,由林同济主编,每逢周三出版。林同济是西南联大的教授,他和陈铨、雷海宗等曾编刊过一个杂志《战国策》,故有"战国策派"之称。该杂志停刊后,便假《大公报》的版面,创刊《战国》周刊。创刊号上刊《从战国重演到形态历史观》(林同济)。该周刊于1942年7月1日出至第31期后,无疾而终。

13日　四版《中国地政学会第六次年会特刊》,刊《平均地权与耕者有其田》(孙科)、《推行土地政策的一个实例》。居正题词:"地尽其利,用宏取精,通力合作,学集大成。"何应钦题词:"地道敏树,人道敏政,集思广益,经界是正。"陈立夫题词:"平均地权,地利以尽,经界既正,仁政乃行。"朱家骅题词:"含弘光大。"

1942年(民国三十一年)

1月

18日　四版《战线》(第873号)刊《马耶可夫斯基与高尔基的第一次会见》[N. Kama(按:应为Kalma)著,张志渊译]。(按:20日续完)

2月

20日　四版《新生活运动八周年纪念特刊》,刊《励行新生活,争取抗战胜利》(冯玉祥)、《新思想与新生活》(梁寒操),以及王世杰题词"明德新民",张厉生题词"礼义廉耻国之根本,身体力行日新又新",张嘉璈题词"八方景从",贺国光题词"皇皇新运,四维以张。淬厉民族,发愤图强。于兹八稔,懋绩丕彰。

内安外攘,中华重光",康泽题词"新生活运动是一个以道德的复活来求民族复兴的运动"。

3月

13日 六版《工作竞赛特刊》(工作竞赛推行委员会主编),刊《工作竞赛与增加行政效率》(萧文哲)、《工作竞赛的技术研究》(王世宪)、《观摩竞赛》(王宠惠),以及居正的题词"表里贯彻,实践躬行"。

17日 六版《中印文化合作运动特刊》,刊《中印两大民族之历史使命》(吴铁城)、《东方文化之两大柱石》(陈立夫)以及商震题词"唇齿之情犄角之势,合作交欢胜利可制",张治中题词"发扬东方文化,敦睦中印邦谊"。

4月

10日 四版《陪都各界慰劳归国侨胞大会特刊》,刊《慰劳归国侨胞》(孔祥熙)、《热烈迎归侨》(马超俊)。

22日 四版《孔学会成立大会特刊》,刊《孔子的伟大》(吴鼎昌)、《孔学刍言》(陈立夫)。

5月

31日 四版《东北四省抗敌协会成立纪念专刊》,刊《今后东省流人之动向》(金毓黻)以及于右任题词"以全民力量,争最后胜利",孙科题词"坚决执行抗建国策,努力争取最后胜利"。

7月

4日 四版《国际合作节专刊》(栏目谷正纲题),刊《国际合作节,吾人应有的认识》(寿勉成)、《当前合作运动中的错误观念》(张畏凡)。

7日 十版《军政部扩大兵役宣传周特刊》(栏目林森题),刊《兵役制度初步成功之因素》(雷殷)、《全国皆兵论》(何志浩)、《由倭国征兵制度说到我国民应有之觉悟》(郑冰如)。

8月

14日 四版《"八一四"空军节特刊》,刊《纪念空军节》(马超俊)、《三十一年空军节献辞》（毛邦初）、《祝空军节》（梁寒操），以及何应钦题词"势奔雷电气慑风云，功高劳苦伟矣空军"，白崇禧题词"加紧空军建设，完成现代国防"。

9月

1日　四版《第一区植物油制炼工业同业公会成立大会特刊》（翁文灏题写刊名），除《发刊词》外，还刊有《植物油裂化工业的几个基本问题》（伯平）、《人造石油工业之勃兴》（昭阳）、《植物油制炼工业之展望》（一平）、《怎样来推行裂化汽油工业》（免采）、《汽油及其代用品的区别》（季成）和《汽油小史》（祖武）。

9日　五版《重庆市第一届运动大会特刊》，刊登《雪"病夫"之耻》（刘峙）、《我们用什么来纪念体育节》（董守义），以及孔祥熙题词"自强不息"，张伯苓题词"锻炼个人体格，促进民族健康"。另有吴国桢题词："在连年空袭频仍抗战五年以后的陪都，来举行这一次庄严热烈的第一届运动大会；此种精神——团结奋斗、坚强不屈的精神，不独出乎我们敌人意想之外，使我们比肩作战的盟友闻而兴奋，同时也就是我们抗战胜利日益接近之又一证明。"

10月

11日　四版《社会行政特刊》，刊登《社会行政与社会研究》（杨开道）、《社会行政与社会个案工作》（言心哲）。

12日　四版《忠义献机特刊》，刊登《忠义号献机之意义》（陈庆云）、《忠义号献机命名典礼感言》（鲍希文），以及王宠惠题词"功胜天堑果在杀敌，众志成城用以报国"，林森题词"高谊薄云天"，周至柔题词"固我空防"，吴铁城题词"忠义愤发，踊跃输将，神鹰控驭，我武维扬"。

11月

8日　六版《重庆市会计师公会第十周年纪念特刊》（王世杰题写刊名），刊载《祝重庆市会计师公会成立十周年纪念并勖会计师从业同人》（闻亦有）、《我国会计师事业》（奚玉书）、《本会十年来进展概述》（陈述）。

1943 年(民国三十二年)

3 月

29 日　六版《第一届青年节纪念特刊》(孙科题写刊名),刊载《建国青年应有世界眼光》(沙学浚)、《新生代的颂歌》(陈楷)、诗歌《事业以建国为第一》(程天放)、《我们走向明天》(社会教育学院学生居候)。

6 月

7 日　五版《巴蜀学校立校十周年纪念刊》(陈立夫题写刊名),刊载《巴蜀学风阐微记》(黄炎培)、《为巴蜀学校十周年寿》(郭松年)、《十年校史》(周勖成)、《险阻期中的奋斗》(沈世琳)、《十年教导与研究》(孙伦才),以及相关人士的题词。

7 月

7 日　七版《工作竞赛给奖典礼特刊》,刊载《工作竞赛的重要》(陈仪)、《工作竞赛运动之革命性》(朱泰信),以及居正题词"为社会新兴运动,使工作互相砥砺,增强改良进步效能,启发自尊向上心理",陈立夫题词"由责任心发挥工作能力,以竞赛热促进事业成功"。

18 日　五版《扩大征求伤兵之友运动特刊》,刊载《伤兵需要你做朋友》(周钟岳)、《我们要怎(么)样才对得起受伤将士》(梁寒操)、《大家来作伤兵之友》(冯玉祥),以及吴铁城题词"扶伤起废泛爱亲仁,鼓舞士气倡导群伦",徐堪题词"仁者有勇救国舍身,疮痍是抚天相吉人"等。

8 月

8 日　五版《亚伟速记学校成立四周年纪念特刊》,刊载《弁言》(王宠惠)、《速记是一种高尚的文化工具》(吴铁城)、《愿再见天雨粟鬼夜哭》(张九如)、《本校今后努力之途径》(唐亚伟),以及林森题词"成德达材",于右任题词"以学报国",孙科题词"功宏速记",居正题词"速而能达",陈立夫题词"争取时间保存史料",冯玉样题词"文化利器"等。

10 月

12 日　四版《中华民国全国医师公会第五届联合大会特刊》。

31日　五版《战线》，今天出版996期之后停刊。该刊主编杨刚在《停刊启事》中说："因为职务上的调整和本报渝桂两版副刊统筹办理，这个小小刊物，本期后决定停刊，并自十一月七日起，每周改出《文艺》一次，渝桂两地同时刊行，由杨刚女士主编。"

11月

7日　五版《文艺》周刊第一号。编者言：本刊定于每星期日在重庆《大公报》及桂林《大公报》同时出版。本刊欢迎文艺短论、小说、诗歌、散文、中外名作家生活片段、书简及语录；中外文艺界近状之综合分析的报告，等等。本刊篇幅有限，来稿最长以五千字为度。

1944年(民国三十三年)

4月

4日　六版《青年科学运动特刊》(陈立夫题写刊名)，刊载《造成科学化的社会风气》(梁寒操)、《科学万能》(石显儒)、《科学与日常生活》(张洪沅)，以及吴铁城题词"格物致知，昌学建国"。

6月

25日　六版《市民与警察》创刊。徐中齐写《发刊词》，论述警察与市民的相互关系。

1945年(民国三十四年)

3月

18日　五版《工业与科学》创刊："本刊专载与抗战建国有关之科学文字，及海内外实业界之活动；本刊暂定为不定期刊，惟最近将来即可每月出版一次。"创刊号上，刊王世杰写的《祝词》。

12月

4日　津版四版《综合》副刊创刊。第一期刊载《"北京人"在那里？》(裴文中)、《遥夜闺思引跋》(平伯)，以及中央社东京专电《被窃之"北京人"已在日本发现》和张志公译的(英)路易斯(C. D. Lewis)所作《还会这样吗？》。

《综合》副刊每周一至周六出版。该副刊出至 1946 年 6 月 20 日第 82 期就"不辞而别"。

29 日　四版《文艺》"津新"创刊,周刊,每星期日出版。"津新"一期刊载《民主　中国文学的传统》(葛　虹)、《"文协"七岁》(老舍)、《生活与"生活安定"》(茅盾)等。

1946 年(民国三十五年)

2 月

8 日　津版四版《天津客》创刊。创刊号刊载《孟姜女乐剧作者的作品》(张肖虎)、《二月三日九时警笛》(厉仲思)、《〈长空万里〉观后》(李尧庚)及刘荣恩的长篇小说连载《一万个勇士》(二二)。

8 月

1 日　六版《大公园地》出"第一号"。《大公园地》每日出版,为综合性副刊,除长篇连载外,还辟各种小专栏:"天津人语""新闻旧事""四十年间""世界珍闻录"。其中《新闻旧事》专门介绍报界旧闻,如 8 月 4 日"第四号"介绍"蚊虫报纸""英国新闻之父""臣记者""专电"的由来。

10 日　六版《大公园地》(第十号)刊载署名"不才"的《今日中国》:特使,来来往往;战事,停停打打;金钞,涨涨跌跌;物价,起起落落;奸商,欢欢喜喜;人民,哭哭啼啼。

10 月

13 日　六版《星期文艺》创刊,第一期刊登《我们要打开一条生路》(杨振声)、《陶渊明(上)》(朱光潜)、《主妇》(沈从文)。该《星期文艺》为周刊,周日出版。

16 日　六版《文史周刊》创刊,胡适题写刊名,并任主编。创刊号除《"文史"的引子》外,还刊载《考据学的责任与方法》(胡适)、《书〈十七史商榷〉第一条后》(陈垣)、《跋李文公集》(余嘉锡)、《初期意符字发微》(沈兼士)。

八版《市政与工程》创刊(吴敬恒题写刊名)。

11 月

4 日　六版《大公园地》(第九十二号)刊载《新"长恨歌"——步乐天翁原

韵》(钟麟):"中华无愧称官国,大官小官了不得;赵家有子学初成,满腹经纶人未识;天生'官骨'难自弃,一朝选在科长侧。……"

16日 六版《大公园地》(第九十九号)刊《名词新诠》(鸿飞)。新生活:"一改往日抗战之精神,终日沉溺于酒色之中,谓之新生活。"礼义廉耻:"谒见上司,满面笑容,唯唯诺诺谓之礼。官官相护谓之义。教员与小公务员受冻挨饿谓之廉。不会捧,不善拍谓之耻。"老百姓:"为党派必争之宝贝。用时捧之上天,平时踩之足下的倒霉蛋也。"民主:"你民我主,或释为中华民国之主人亦可。"人民:"眩人眼目,金光灿烂之(大)招牌也。"国家:"以国为家。"接收:"接过来,收起来。"停战:"你停我战,我战你停,边停边战,边战边停。"四大自由:"电灯房灭灯自由,吉普车撞人自由,物价上涨自由,满街贴标语自由。"

12月

31日 《(本报)读者公鉴》:本报自明年元旦起增加篇幅,每日刊行两大张,并增加各种周刊。关于周刊副刊印行日期,排定如下:《时代青年》(双周刊)(星期一)、《市政与工程电信》(双周刊)(星期一)、《家庭周刊》(星期二)、《文史周刊》(星期三)、《医学周刊》(星期四)、《自然科学》(星期五)、《图书周刊》(星期六)、《星期文艺》(星期日)、《大公园地》(周一、三、四、六、日)、《文艺》(周二、五)。至于《文艺》及《大公园地》刊行日期一仍其旧,敬祈读者诸君垂察。

1947年(民国三十六年)

1月

3日 七版《自然科学》创刊,出津字第一期。创刊号刊载《留学问题》(汪敬熙)、《哺乳动物来源之追寻及最早类似哺乳动物化石之发现》(杨钟健)、《酸碱性》(孙承谔)、《电子学入门》、《中国最早的通俗科学期刊》(汪敬熙)。

4日 七版《图书周刊》(袁同礼题写刊名)创刊。第一期刊有袁同礼写的《复刊词》、胡适的书评《水经注》引得、向达的《西征小记》、佩弦的书评《十批判书》,另有《海外书讯》。《编辑后记》:"本刊的编制,主要部分,计有专著、书评、学术界和出版界消息三栏。"

7日 七版《家庭》创刊,第一期刊登《投稿简则》:"本刊以登载有关家庭、妇女及儿童等作品为主,欢迎投稿,以语体文为限。"

13日　七版《时代青年》创刊。第一期上刊登王芸生写的题为《时代是属于青年的》创刊辞:"《大公报》创刊《时代青年》双周刊,并非不自量力的要指导青年,而是要通过青年的心灵,发掘时代的问题。把青年所思想的,所苦闷的,所烦恼的,所痛苦的,所追求的,所希望的,甚至所幻想的,尽量发掘出来,罗列出来,整理出来,看看都是些什么问题。由这,可以纯洁无邪的透视出我们的时代;由这,可能分析归纳而获得开拓时代、改造国家、推进社会的大方案的设计资料。这是我们创刊这个小小双周刊的大野心。"

10月

15日　六版由南开大学经济研究所编辑的《经济周刊》今日复刊出"新第一期"。《复刊词》说:"本刊前身为《统计周刊》及《经济研究周刊》,后改今名,向与津沪《大公报》合作,列为该报附刊之一,前后共出一百五十期,卒因抗战发生暂行停刊。兹荷天津《大公报》同意,继续刊行,自本日起复刊,嗣后每星期三随本报与读者相见。"

11月

1日　六版《电信》(天津电信局主编)创刊,出"创刊号"。
28日　六版《邮刊》(河北邮政管理局主编)创刊,出"创刊号"。

1948年(民国三十七年)

9月

7日　四版《电影与戏剧》创刊。周刊,每周二出版。
《启事》说,9月7日起本报各周刊内容更动如下:星期日,《星期文艺》;星期一,《图书周刊》;星期二,《电影与戏剧》;星期三,《经济周刊》;星期四,《医学周刊》;星期五,《文综》;星期六,《时代青年》。另有《家庭》(双周刊)。邮刊、电信每月出刊　次。

10日　四版《文综》创刊。创刊号上刊登《匈希货币改革的教训》(张景观)、《论日本通货政策》(日本木村禧八郎著,潘世宪译)。

至1949年1月15日津版停刊,除临时性特刊外,各类副刊、专刊共出版期数为:《大公园地》384期,1949年1月15日停刊;《医学周刊》113期,1949年1月9日停刊;《星期文艺》112期,1949年1月2日停刊;《图书周刊》78期,1948

年12月31日停刊;《文综》12期,1948年12月18日停刊;《经济周刊》(新字)60期,1948年12月16日停刊;《电影与戏剧》15期,1948年12月11日停刊;《时代青年》47期,1948年12月4日停刊;《文艺》(新字)147号,1948年12月3日停刊;《家庭》70期,1948年11月27日停刊。

附 录

一、《大公报》设题征文

第一次

时间：1902年7月13日

征文小启："本报以牖民智、化偏私为目的。自出版以来，谬承海内不弃，远近函购，辗转求索，目不暇给。同人议将报体精益求精，兹拟设题征文，广罗切时论说，不拘体裁，不限时日，藉以导同胞之思想，觇实学之进步，非曰笔干，权借墨润也。诸君有愿敬业乐群，以文会友者，惠示大著，与本报宗旨不背，敬为登报表扬，并酬以书报等件，以识钦佩。"（安塞斋主拟）

征文题目：（1）开官智法；（2）开民智法；（3）和新旧两党论；（4）和民教策；（5）信教自由合群保国说；（6）中学为体西学为用辨；（7）招商自办铁路议；（8）广收矿务利权说；（9）新疆殖民议；（10）搜中饱为公用说。

酬赠：一等，赠《亚东形势图》一份，《铁路电线图》一份，大本《新政真诠》（《新政真诠》是英敛之为好友何启、胡翼南在内地重印的新本）一部，送阅本报三个月；第二等，《新政真诠》一部，送报两个月；第三等，送报一个月。

第二次

时间：1903年11月27日

征文小启："本报以开民智、化偏私为目的。出版以来，谬承海内不弃，销行日广，同人等深愧学识浅陋，无以导同胞之思想，助国民之进步。去岁曾于本馆自著论说外，复设题征文，以餍阅者。一时宏编巨制，宠锡便蕃，何幸如之？兹复拟时下切要数题，敢希志切匡时、情殷觉世之君子不我遐弃，惠以大著，藉联文字因缘，互换新颖知识，谨当登报表扬，并酬以薄润，用识钦佩。"

征文题目：（1）中国之将来问题；（2）压制释放利弊论；（3）孟子极重民

权说;(4)大同进化无种类之争说;(5)东三省与西藏利害关系之比较;(6)论今日维新党之派别;(7)论中国讼狱之黑暗;(8)铜元利弊论;(9)拟最易动人之劝戒缠足说;(10)救治天津市面宜缓追远年旧债说。

酬赠:一等酬洋银五元;二等三元;三等一元。不愿领受洋银者,酬以相抵之书报。

第三次

时间:1905年3月5日

征文小启(征文广告):"本报自出版以来,颇蒙远近不弃,行销日广,同人深愧浅陋不文,无以餍阅者之意。刻已将近千号,拟届时为庆贺之举。是日增加张幅,广征切时有用之文刊登报首。想海内具先觉之明,抱拯世之略诸君子,必不我遐弃,惠而教之也。收稿至二月底截止。凡经选登者,每篇一等赠洋二十元,二等十元,三等五元。文笔以博大精深,痛切透辟者为合格。"

征文题目:(1)中国不亡是无天理,中国若亡是无地理说;(2)振兴中国何者为当务之急;(3)日俄战后中国所受之影响若何;(4)中俄内政之比较;(5)中国宜划一兵制说;(6)中国重兴海军当以何处为根据地;(7)清宦途策;(8)筹款不病民策。

酬赠:一等二十元,二等十元,三等五元。

第四次

时间:1905年7月10日

征文小启(征文广告):"昨接署名寓燕东海野民者一函,谓现在有最要之二大问题急宜研究,颇与本报同人之意相合。今设为文题,望海内志士发表其意见,公示诸国民。收稿不定限期,随时皆可赐教,择其识解高超、议论精当者录登报端。"

征文题目:(1)修改美禁华工条约宜达如何目的;(2)东西留学生毕业回国宜如何优与出身以备其设施。

酬赠:惟事关公益,概不酬赠。

第五次

时间:1906年8月5日

征文小启(《征文广告剪发易服议》):"中国之发辫有百害而无一利,本报已数四言之。时至今日,军人制服已改,而此一团烦恼丝犹视若千钧之所系,而为国粹之仅存,其见诮于列邦,致碍于全体,少具意识者,无不恨同骈拇赘疣之累己也。特以功令所在,莫敢谁何。我执政诸公于此区区薄物细故,且慑懦佁倪而不敢言,尚安望其痛除旧习,力布新猷乎?海内不乏识时务之俊杰,请各抒痛切之论,以唤醒梦梦,俾我政府诸公知人心之所趋向,而不忍大拂乎舆情,其即以斯为立宪之先声可乎!倘世界文豪不吝赐教,惠以佳制,庶可望除骈疣之累赘,振尚武之精神,岂非我族咸与维新之开宗明义第一机关乎?"

征文题目:剪发易服议。

酬赠:一等十元,二等五元,三等二元。

第六次

时间:1906年8月26日

征文小启:"女子缠足之害,本报曾披沥言之,几于舌敝唇焦,千毫尽秃,幸近时风气渐开,略收佳果。视曩时闻天足二字掩耳而走者,不可同日而语。惟是津郡,女学号为发达,而女生服制自宜划一。查女子之宜长服,为全球开明各国所公认,乃闻女学界中,近有不许长服之说,言之令人诧异。岂中外文野之区别必成一反比例乎?抑或安于蛮俗,遂不必改此度耶?此等问题于女子学界之前途不无关系,爰弗揣梼昧,仍请海内健文之同志,俯赐平议以解决之,幸甚。"

征文题目:中国女学生服制议。

酬赠:别分酬赠,悉仿前例。

第七次

时间:1907年1月6日

征文小启:"自七月十三日预备立宪之明诏颁布后,海内士民欢忻鼓舞,或开会庆贺,或聚众演说,报馆倡之于前,士民和之于后,盖以数千年黑暗世界有从此大放光明之望。论者谓转弱为强,去亡为存,在兹一举。迨九月二十日发表厘定之新官制,则向之欢忻鼓舞者及此大有怅惘失意之状。若政府此举为徒易其名而未变其实,或自相抵牾,甚多疏略,非果真能为立宪之预备也者。本馆学识浅陋,未敢妄加评议,然于此革故鼎新得未曾有之创举,安危存亡所系之重大问题,置之不论不议之列,未免坐误时机,有负天职。但贫子说金,终恐未当。爰循曩例,设题征文,倘海内明达不吝雅教,各抒宏议,以副朝廷明诏庶政公诸舆论之旨,且对国家兴亡而尽匹夫有责之议。言者无罪,听者足警,未始非中国前途之幸福也。《大公报》馆谨启。"

征文题目:内官改制之利弊平议。

酬赠:一等十元,二等五元,三等二元。

第八次

时间:1908年1月21日

《本报二千号征文广告》:"报纸之至千号或数千号例有祝典,每悬巨奖、征雄文,以为大纪念,有如世人之遇生辰,必称觞举贺,若五旬荣庆六旬荣庆之比例也。然则循例之具,文义甚简单,其有无当不足轻重。敝报于明正九日满二千号,仍拟设题征文,一如千号之故事。由是言之,则与撰寿文庆荣秩者又何以异?惟是敝报已过之一千号不必论,未来之三千号以至万号尤不敢知,独此现届之二千号,实有不得不犹行,今之道者其故有二:一为颁发预备立宪之诏旨,计时已逾期年,而吾报当千号之时,所拟征文之题即预盼中国亟应改为立宪政体者,而所取一等之文,亦皆痛陈立宪与不立宪之安危利害者,维时先于预备立宪诏旨前一年有半,然则谓吾报之告千数,正所以为启发立宪之前驱,固非诬罔之冒功矣。然阅时既久,当切实试行,不可徒托空言,致踏玩愒之咎,而取败亡之道也;一为敝报虽卑之无甚高论,惟不避权贵,不敢苟同,所以僭窃敢言之名者……犹忆乙巳(1905)之秩被禁之时期,而售报转增,其多数置之死地而后生,天下事大抵然欤。固知文字之生命坚逾金石,虽万劫千魔、酷灾毒疠,而不能损害其丝毫者也。当飞沙昼冥,怒涛山立,正不知危险奚似,犹有风静潮平,安致今此之一日,是不可不以为记念。"

征文题目:(1)实行立宪之政体如何;(2)妥筹八旗生计之良策;(3)苏杭甬路如何而为相当之办法;(4)今日所为尊经复古果否能挽风俗正人心且征其往效;(5)强迫教育先从天津试办之办法;(6)新学服平议;(7)中国商业不能发达之原因;(8)麻雀牌与鸦片烟利害之比较。

酬赠:一等二十元,二等十元,三等五元。

广例:"本馆所拟数题之外,如有特别卓越旷世逸才而为匡时救弊煌煌大文者,一例选登,照馈酬金。"

第九次

时间：1909年5月11日

征文小启："本报出版以来，八年于兹，其间经历之阶级各有不同，要无不随社会之进步，恳切立言。自去岁颁行宪政，种种问题皆待解决，本报虽有所贡献，然苦于学识浅陋，所见不免一偏。兹特沿旧例，设题征文，用昭公论。"

征文题目：（1）实行立宪期限应如何始能缩短；（2）满汉问题之根本解决；（3）国会未开以前政党进行之方针；（4）清理财政之责任安在；（5）吏礼二部应否裁撤；（6）开党禁议；（7）移民实边策；（8）直隶咨议局本年应行提出之议案。

酬赠：头等第一名二十元，其次十元，二等一律五元，三等三元。

第十次

时间：1910年11月7日

《本报三千号征文广告》："本报将近三千号矣！循例举行祝典，设题征文，希海内高明不吝雅教，光我报章，是幸是祷。"

征文题目：（1）立宪国之要素，一曰国会，一曰宪法，然当预备立宪之时，究应先开国会而后定宪法欤抑应先颁宪法而后开国会欤；（2）司法独立之精神在司法官有绝对服从法律之义务，必有绝对不服从命令之权利说；（3）论政党组织之要领及政党首领之责任；（4）东三省自改设行省后成效未睹而劳费已甚，今若改西藏蒙古为行省，其得失较东三省若何；（5）拟质问路政不必遵守公司律之理由上邮传部书；（6）论中央政府以夺权为集权之误见；（7）市面恐慌，借债补救为急则治标之策，而其治本之道安在；（8）论统一国语之方法。

酬金：超等者酬洋三十元，特等者酬洋二十元，一等者酬洋十元。

第十一次

时间：1911年11月20日

征文小启："时事蜩螗，神州岌岌，挽回浩劫，舍破专制而改立宪，其道末由。今者专制之勒已如距脱，立宪之基亦渐确定，所争者在君主民主两问题耳。然统观中国之历史宗教区域习惯，各方面较诸世界列强确有特异之点，究竟适用何种立宪政体，方足以拨乱反正，转危为安，光大国家，造福国民？热心志士,主张君主者为一派,主张民主者为一派。各具理由,相持未解。本社同人智识浅薄,孰得孰失,未敢辄下断语。然天下兴亡匹夫有责,爰本此意,设题征文。"此次征文,限十月初十日截止,录取计分三等,不拘额数。

征文题目:君主民主立宪问题之解决。

酬赠:一等者酬洋三十元,二等者酬洋二十元,三等者酬洋十元。

第十二次

时间:1920年6月27日

《本报征文广告》:"本报从七月一号起,在第三张特辟'思潮'栏,欢迎科学、文学、哲学、艺术、社会学诸文字,报酬每千字自一元至五元,尚乞学界诸君不吝教益为幸。"

第十三次

时间:1922年4月23日

《本报二十年纪念征文》:"本报自出版以来,荷蒙海内外阅报诸君赞许,用能一纸风行,社会珍重。本年阳历六月十七日,适当二十周年之期,爰特征求惠示宏文,以彰纪念,不胜荣幸。凡应征者,仅作一题则可。如能多作,尤为欢迎。收卷期截至阳历五月二十日为止。"

征文题目:(1)二十年前之中国;(2)二十年前之天津;(3)二十年中天津新闻界之进步;(4)二十年前与今日之比较(一)风俗,(二)政治,(三)教育,(四)交通,(五)商业,(六)金融。

酬赠:甲乙首名赠银四十元,第二名赠银三十元,第三名赠银二十元,第四名赠银十五元,第五名赠银十元,以下备取名额,临时酌定,俱有薄酬。

二、新记公司荣誉股赠予表(共27人)

次　数	时　间	人数	名　　单
第一次	1928年底	5人	金诚夫、许萱伯、李子宽、王佩之、曹谷冰
第二次	1936年9月	2人	王芸生、杨历樵

续　表

次　数	时　间	人数	名　单
第三次	1946年9月	11人	孔昭恺、袁光中、赵恩源、王光耀、王文彬、费彝民、萧乾、徐盈、李清芳、周绍周、黄钱发
第四次	1948年1月	9人	张琴南、李纯青、许君远、严仁颖、曹世瑛、叶德真、左芝蕃、樊更生、于潼

三、《大公报》"星期论文"(1934年1月7日—1949年6月17日)

发表时间	论文题目	作者
1934年1月7日	报纸文字应该完全用白话	胡　适
1月14日	公共信仰与统一	丁文江
1月21日	新名词,旧事情	蒋廷黻
1月28日	中国的进步	君　达
2月4日	国事果无可为乎？	陈振先
2月11日	今日中国的明日教育	振　声
2月18日	今天和一九一四	傅孟真
3月4日	公开荐举议	胡　适
3月11日	建设的前途不可堵塞了	蒋廷黻
3月18日	科学与国防	任鸿隽
3月25日	为新生活运动进一解	胡　适
4月1日	新生活运动中应注意的一节	陈振先
4月8日	对整理专科以上学校两个提议	杨振声
4月22日	中国此刻尚不到有宪法成功的时候	梁漱溟
4月29日	述一个英国学者的预言	胡　适

续 表

发表时间	论文题目	作者
5月6日	我的信仰	丁文江
5月13日	平教会的实在贡献	蒋廷黻
5月27日	农学教育不宜忽视实习	陈振先
6月3日	论小学宜添设本国史地一门	杨振声
6月10日	政府与对日外交	傅孟真
6月17日	山东乡村建设研究院最近工作概述	梁漱溟
6月24日	赠与今年的大学毕业生	胡适
7月1日	实行统制经济制度的条件	丁文江
7月8日	民族复兴的一个条件	蒋廷黻
7月15日	一件值得政府当局注意的事	任鸿隽
7月29日	救济农村破产与现行教育	陈振先
8月5日	所谓"国医"	傅孟真
8月12日	乡村建设与社会教育	梁漱溟
8月19日	教育破产的救济方法还是教育	胡适
8月26日	关于国防的根本问题	丁文江
9月9日	发展都市以救济农村	吴景超
9月23日	先作到教育统一	杨振声
9月30日	青年失业问题	傅孟真
10月7日	国事感言	张奚若
10月14日	悲观声浪里的乐观	胡适
10月21日	银出口征税以后	丁文江
10月28日	甚么是救国教育	任鸿隽

续表

发表时间	论文题目	作者
11月4日	多福多寿多男子	吴景超
11月11日	如何能使全国人皆能写能读	陈振先
11月18日	整顿中小学中之师资问题	杨振声
11月25日	政府与提倡道德	傅孟真
12月2日	谁教青年学生造假文凭？	胡 适
12月9日	汪蒋通电里提起的自由	胡 适
12月18日	民主政治与独裁政治	丁文江
12月23日	大学研究所与留学政策	任鸿隽
12月30日	中国的政制问题	吴景超
1935年1月6日	新年的梦想	胡 适
1月13日	独裁与国难	张熙若
1月20日	再论民治与独裁	丁文江
1月27日	青年的康健问题	陈衡哲
2月3日	地方制度改革之感想	傅孟真
2月10日	农民生计与农村运动	吴景超
2月17日	从民主与独裁的讨论里求得一个共同政治信仰	胡 适
2月24日	青年思想的问题	梁实秋
3月3日	我国经济之矛盾与出路	何 廉
3月10日	论所谓中日亲善	张熙若
3月17日	推行义务教育的先决问题	任鸿隽
3月24日	现在中国的中年与青年	丁文江
3月31日	试评所谓"中国本位的文化建设"	胡 适

续表

发表时间	论文题目	作者
4月7日	论学校读经	傅孟真
4月14日	四一七与"不共存主义"	徐淑希
4月23日	萨哈连岛的油矿问题	翁文灏
4月28日	新税制与新社会	吴景超
5月5日	国民人格之培养	张熙若
5月12日	立国精神	马君武
5月19日	所谓青年的道德问题	丁文江
5月26日	心理康健与民族的活力	陈衡哲
6月2日	中学军训感言	傅孟真
6月9日	自信力与夸大狂	梁实秋
6月16日	论吾国之县地方财政	何廉
6月23日	充分世界化与全盘西化	胡适
7月2日	整顿内政的必要	翁文灏
7月7日	自信心的根据	吴景超
7月21日	苏俄革命外交史的一页及其教训	丁文江
7月28日	一位值得我们崇拜的伟大人格	陈衡哲
8月4日	苏俄革命外交史的又一页及其教训	胡适
8月11日	一夕杂感	傅孟真
8月18日	世界棉战与中国	何廉
8月25日	整顿高等教育的几点意见	梁实秋
9月1日	今后教育应趋重之方向	杨振声
9月15日	民族主义不够	蒋廷黻

续 表

发表时间	论文题目	作者
9月22日	救救中学生	陈衡哲
9月29日	从一党到无党的政治	胡适
10月6日	一喜一惧的国际局面	傅孟真
10月13日	实行耕者有其地的方法	丁文江
10月20日	"耕者有其地"与"耕者有其赋"	何廉
10月27日	国民党与国民党党员	蒋廷黻
11月3日	积极的政策	吴景超
11月10日	算旧账与开新张	梁实秋
11月17日	用统一的力量守卫国家!	胡适
11月24日	论华北经济供李滋罗斯爵士北来调查之参考	何廉
12月1日	中华民族是整个的	傅孟真
12月8日	吾人有认识国联之需要	徐淑希
12月15日	为学生运动进一言	胡适
12月22日	国民节操运动	吴其昌
12月29日	我们要求外交公开	胡适
1936年1月5日	我们的经济运命	陈岱孙
1月12日	中国经济现象之解剖	何廉
1月19日	国际社会的新原则	陶孟和
2月2日	再论外交文件的公开	胡适
2月9日	公务员的苛捐杂税	傅孟真
2月16日	论国难期内的教育	吴俊升
2月17日	国难教育	萧公权

续 表

发表时间	论文题目	作者
2月23日	分化与团结	陶希圣
3月1日	民族的根本问题	潘光旦
3月15日	思念冀东	张其昀
3月22日	伪国可否承认	徐淑希
3月29日	出超的分析	陈岱孙
4月5日	合作运动与合作政策	王志莘
4月12日	调整中日关系的先决条件	胡适
4月26日	中国开办所得税之商榷	何廉
5月3日	国联之沦落与复兴	傅孟真
5月9日	国际纠纷的解剖	陶孟和
5月10日	独立与统一	陶希圣
5月17日	关于国防之三点	秉志
5月24日	从四川想到全国	黄炎培
5月31日	国难与教育的忏悔	潘光旦
6月7日	中国农村经济之复兴	方显廷
6月14日	亲者所痛，仇者所快！	胡适
6月21日	实验县与县政建设	张纯明
6月28日	国史与青年	张其昀
7月5日	政治安定与经济建设	何廉
7月12日	要采行一个新农业政策	陶孟和
7月20日	关于大学毕业生职业问题一个建议	陈岱孙
7月26日	从教育观点论汉字的存废	吴俊升

续 表

发表时间	论文题目	作者
8月2日	再论教育的忏悔	潘光旦
8月9日	科学精神与国家命运	秉 志
8月16日	欧洲两集团对峙之再起	傅孟真
8月23日	再论分化与团结	陶希圣
8月30日	如何唤起民众	黄炎培
9月6日	论县政建设	萧公权
9月13日	复兴中国国民经济之唯一途径	穆藕初
9月20日	政治统一与工业化	方显廷
9月27日	修改国联盟约之经验	徐淑希
10月4日	积极政治与消极政治	张纯明
10月12日	廿五年来之河北	张其昀
10月18日	中国并没有"排日教育"	吴俊升
10月25日	和平主义的新姿态	陶孟和
11月1日	十年来之中国经济建设	方显廷
11月8日	经济侵略	陈岱孙
11月15日	欧洲局势与思想背景	潘光旦
11月22日	转变中之中国的检讨	黄炎培
12月2日	建设时期之领袖与人才	王志莘
12月6日	察北与绥东之提携	张其昀
12月13日	民族自信心的复兴	张纯明
12月20日	张学良的叛国	胡 适
1937年1月3日	新年的几个期望	胡 适

续 表

发表时间	论文题目	作者
1月10日	《国防经济学》导言第一种	蒋方震
1月17日	沦陷后之东北	张其昀
1月24日	民国廿五年后国人心理的改造	黄炎培
1月31日	西班牙内战的教训	陶孟和
2月7日	各县裁局改科后教育行政所受的影响与可能的补救	杨振声
2月14日	不平衡岁计与新币制前途	侯树彤
2月21日	《国防经济学》导言第二种	蒋方震
2月28日	经济建设与民生	陈岱孙
3月7日	回教的文化运动	顾颉刚
3月14日	西乱的民族背景	潘光旦
3月21日	《国防经济学》（导言三）	蒋方震
3月28日	中国的武化问题	顾毓琇
4月4日	中国思想的危机	朱光潜
4月11日	人口过剩与工业化	方显廷
4月18日	读经平议	胡 适
4月25日	江西归来	黄炎培
5月2日	施行宪政之准备	萧公权
5月9日	思想界的民主	陶希圣
5月16日	中日"经济提携"与走私	穆藕初
5月24日	多数与整个	黄炎培
5月30日	西北各省应厉行沟洫之制	李 协
6月6日	我国之高等教育问题	张纯明

续 表

发表时间	论文题目	作者
6月13日	经济建设工作的前途	王志莘
6月20日	科学与国内之青年	秉 志
6月27日	中日"经济提携"之途径	方显廷
7月4日	我们能行的宪政与宪法	胡 适
7月11日	从"国防经济学"观察中国"人"的问题	蒋方震
7月18日	芦沟桥之位置	张其昀
7月25日	力	黄炎培
9月26日	非常时期的认识	顾毓秀（琇）
10月3日	如何推销救国公债	黄 卓
10月10日	天空轰炸平民问题	陶 樾
10月17日	严明战时赏罚大权	张君劢
10月24日	战时科学家之责任	秉 志
10月31日	本年的棉花究竟有过剩吗	冯泽芳
11月7日	西战场之形势（一）	张其昀
11月14日	当今大学生的责任	竺可桢
12月5日	国难所奠定的复兴基石	陈衡哲
12月19日	抗战中之平民教育	秉 志
1938年1月5日	国际形势的变与不变	陶希圣
1月11日	欧洲大陆英雄之覆辙	蒋百里
1月16日	建国与卫国	吴其昌
1月19日	抗战的基本观念	蒋百里
1月23日	日本经济上危机之解剖	陈博生

续表

发表时间	论文题目	作者
1月26日	绝对的爱国主义	张君劢
1月30日	论政治教育	陈之迈
2月6日	论伪"中国联合准备银行"	侯树彤
2月13日	速决与持久	蒋百里
2月20日	国难与教育	陈序经
2月27日	失业问题应统筹救济办法	曾昭抡
3月6日	抗战期中农村工作的途径	吴世昌
3月13日	敌人政局之动向	陈博生
3月20日	美国的远东政策	张忠绂
3月27日	文艺与宣传	郭沫若
4月3日	议会闭会后敌方情势	陈博生
4月10日	统制外汇 ABC	侯树彤
4月17日	日本对华作战兵力之推算	张君劢
4月24日	如何准备实行计划经济	黄卓
5月1日	要竭力抵御日本在占领区内的经济侵略	陈豹隐
5月8日	战时的农业	董时进
5月15日	鲁南战场	张其昀
5月22日	归国	程沧波
5月29日	实施计划经济建设基本民族企业	黄卓
6月5日	敌阁改组与内部摩擦	陈博生
6月12日	抗战即革命	王芃生
6月19日	论教育与政治	陈之迈

续表

发表时间	论文题目	作者
6月26日	江西省之生命线	张其昀
7月3日	外交烟幕与宣传者自己中毒	蒋百里
7月10日	告逃资国外者	侯树彤
7月17日	宇垣也是毫无办法	邵毓麟
7月24日	民族战争与历史的教训	萧一山
7月31日	从国际上观察各国外交之风格	蒋百里
8月7日	料敌不易（其一）揭破日本金融机构的欺瞒	王芃生
8月14日	中国之胜利在开战前即已决定	龚德柏
8月21日	日本革命的现阶段	青山和夫
8月28日	抗战一年之前因与后果（一）前因	蒋百里
9月4日	抗战一年的前因与后果（二）后果	蒋百里
9月11日	图们江畔之风云	张其昀
9月18日	最近英美外交之动向	张忠绂
9月25日	抗战一年之前因与后果（三）余意	蒋百里
10月2日	料敌之不易（其二）敌军已成强弩之末	龚次筠
10月9日	吾人目前应有的认识、决心和努力！	王芃生
10月16日	民族革命的三阶段	萧一山
12月4日	大学生当前之任务	张其昀
12月11日	再论民族革命的三阶段	萧一山
11月18日	四川的建设与抗战建国的前途	陈豹隐
12月25日	敌人的苦恼	陈博生
1939年1月7日	新年谈青年的责任	吴俊升

续　表

发表时间	论文题目	作者
1月8日	日本支配阶级的动摇与民众的反战运动	青山和夫
1月15日	利用外资与自我努力	吴景超
1月22日	辟和议谬论	张其昀
1月29日	后方中小学教科书的供给问题	邱　椿
2月5日	中国的国际环境	张忠绂
2月12日	揭开所谓"日本文化"的大谎（上）	王芃生
2月19日	建立新的民族哲学	萧一山
2月26日	后方都市宜即开征地价税	李庆麟
3月5日	平沼内阁的动向	陈博生
3月7日	揭开所谓"日本文化"的大谎（中）	王芃生
3月13日	抗战过程应有的基本认识	王芃生
3月19日	文化与战争	郭沫若
3月26日	暴日的世界野心	邵毓麟
4月2日	美国中立与远东问题	张道行
4月9日	纪念碑性的建国史诗之期待——庆祝文艺界抗敌协会周年纪念	郭沫若
4月16日	揭破所谓"日本文化"的大谎（下）	王芃生
4月23日	革命进展中之土地政策	陈立夫
4月30日	变更省区制度私议	钱　穆
8月20日	汪精卫极易消灭	王芃生
8月27日	陷在死角上的敌人外交	陈博生
9月3日	苏德协定与欧洲局势	张道行
9月10日	东蒙形势谈	张其昀

续　表

发 表 时 间	论 文 题 目	作　者
9月17日	论大学生的选择	陈云屏
9月24日	论恶性膨胀	章乃器
10月1日	吸收游资提倡生产	谷春帆
10月8日	敌人是没有出路的	陈博生
10月15日	敌人出扰之史的教训	徐淑希
10月22日	日本无产阶级斗争的革命化与帝国主义支配阶级统治的破绽	青山和夫
10月29日	四川精神	张其昀
11月5日	中国战时财政的特质	章乃器
11月12日	国联的缄默	崔书琴
11月19日	苏日关系的前途	张忠绂
11月26日	广西是一整个要塞	陈豹隐
12月3日	论远东新形势	张道行
12月10日	首都的吼声	张其昀
12月17日	归自西北	老　舍
12月24日	学术奖励问题	程其保
12月31日	国营企业的前途	高权康
1940年1月7日	暴日绝不能以苏代美	沙学浚
1月14日	怎样欢迎我二十九年抗战最后胜利	黄炎培
1月21日	欧局的检讨	余协中
1月28日	九一八与一九四〇	沙学浚
2月4日	专家与通人	雷海宗
2月11日	怎样维持写家们的生活	老　舍

续 表

发表时间	论文题目	作者
2月18日	米内与议会	青山和夫
2月25日	日本帝国的丧钟	张其昀
3月3日	持久战中经济原素的重要	张忠绂
3月10日	团结之道，建国之道	章乃器
3月17日	欧洲和平的可能性	崔书琴
3月24日	世界和平的改造方案	张道行
3月31日	物价差别政策	谷春帆
4月7日	平抑物价问题与确立经济抗战政策	顾翊群
4月14日	美日经济力量之比较	沙学浚
4月21日	暴日侵略行为与其文化的因子	周太玄
4月28日	外汇统制与外资利用	李卓敏
5月5日	中华民族气节论	盛克猷
5月12日	关于汽车运输管理的一点实际经验	谷春帆
5月19日	物价与后方经济	陈岱孙
5月26日	中国大学之改造	沙学浚
6月2日	邱吉尔	陈西滢
6月9日	"民族形式"商兑	郭沫若
6月16日	再论新的民族哲学	萧一山
6月23日	为促进学术文化进一言	范旭东
6月30日	敌人政治的贫血症	陈博生
7月8日	美国动态与世界大局	张道行
7月14日	我观战时行政三联制	陈豹隐

续 表

发表时间	论文题目	作者
7月21日	美国的大选与今后的外交政策	张忠绂
7月28日	中央设计局的初期工作是什么(?)	黄 卓
8月4日	英日缅甸协定的平议	张忠绂
8月11日	从后方轰炸声中经过第四个"八一三"的感想	黄炎培
8月18日	太平洋形势的"变"与"不变"	师连舫
8月25日	近卫新党的前瞻	陈博生
9月1日	新"驿"运之特点与困难	谷春帆
9月8日	近卫的新体制与南进政策	青山和夫
9月19日	物价问题的症结	章乃器
9月22日	新陪都之重庆	张其昀
9月29日	人口数量的一个政策	潘光旦
10月6日	为三国同盟事敬告英美	张忠绂
10月13日	德义日同盟与中国	陈西滢
10月20日	有志的青年	张其昀
10月27日	近卫之欺骗	青山和夫
11月3日	"世界新秩序"试论	陶希圣
11月10日	日本所谓二千六百年建国祭	佚 存
11月10日	为美国外交政策进一言	张忠绂
11月17日	四川粮食之供给与米价	沈宗瀚
11月24日	战时社会保险与国民生活	周光琦
12月1日	改革大学制度议	钱 穆
12月8日	川米问题的科学的考察	陈豹隐

续表

发表时间	论文题目	作者
12月15日	第三期学术思潮的展望	林同济
12月22日	读黄海化工汇报盐专号之感言	李烛尘
12月29日	国防经济的四阶段	董间樵
1941年1月5日	动荡中的中印半岛	陈碧笙
1月12日	今后文艺界的两件事	茅盾
1月19日	美总统的"外交新政"	张忠绂
1月26日	万木无声的日本政局	一胜
2月2日	古今战争中之希腊	沙学浚
2月9日	"中南"半岛之范围与命名问题	于右任
2月16日	生产建设的节约	谷春帆
2月23日	论利息与利润	胡秋原
3月2日	言论自由与思想自由	张其昀
3月9日	战时财政之特点与德国	吴本中
3月15日	节约储蓄与金融政策	谷春帆
3月23日	下一代的记者	程沧波
3月30日	英帝国之凝固力	沙学浚
4月5日	黄帝子孙——为民族扫墓节作	张其昀
4月13日	专卖制度在战时财政上之重要性及其实施步骤之商榷	寿景伟
4月20日	改革中等教育议	钱穆
4月27日	南洋衢地之新加坡	张其昀
5月4日	从五四到今天	林同济
5月11日	如何完成国防化工	范旭东

续表

发表时间	论文题目	作者
5月18日	灭十四国后之德意志	沙学浚
5月26日	行盐制度实施之商讨	镜 秋
6月1日	新时代与新学术	钱 穆
6月8日	中国近代的工程师	吴承洛
6月15日	说食	黄炎培
6月22日	日本与荷印间的交涉	张忠绂
6月29日	论留学政策与学术独立之途径	杨人楩
7月6日	伟大时代与青年	周太玄
7月13日	德苏战争	陈西滢
7月20日	三年计划的配合技术	甘乃光
7月27日	现阶段与军事建设第一	陈豹隐
8月3日	日本的复杂怪奇和其他	静 观
8月10日	论美国制日行动并勖美国	张忠绂
8月17日	由胜利到和平	王赣愚
8月24日	中国史上之大教育家	张其昀
8月31日	平准基金之各方面	谷春帆
9月13日	世界和平的重建问题	张道行
9月19日	"如此天皇"	董又孤
9月21日	日全蚀观测意义	胡继勤
9月28日	再论外汇平准基金的工作	谷春帆
10月5日	陕西精神	张其昀
10月13日	中国的工业化问题	章乃器

发表时间	论文题目	作者
10月19日	国际经济秩序的建立问题	张道行
10月26日	日本财政经济的破绽与军政内阁	青山和夫
11月2日	三论外汇平准及最近汇价之跌	谷春帆
11月9日	中国文化与中国青年	钱 穆
11月16日	暴日对我认识错误就在这一点上	黄炎培
11月23日	由节制游资说到国民财产(总登记)	章乃器
11月30日	读《盐专卖方案法规草案》书后	静 秋
12月7日	申论国民参政会收复东北四省的决议案	张忠绂
12月14日	中国文化与中国军人	钱 穆
12月21日	怎样从长时期后取得抗战最终胜利	黄炎培
12月28日	送民国三十年	张其昀
1942年1月4日	日食观测之答客难	张钰哲
1月11日	论自由教育与大学	杨人楩
1月18日	论调整生产问题兼答客难	姚曾荫
1月25日	论省县机构的调整	陈之迈
2月1日	太平洋上之菱形国防	张其昀
2月8日	从过去战争论今后世界和平	余协中
2月15日	三民主义的外交原则	张道行
2月22日	论英国	蒋廷黻
3月1日	一个新战略的建议——以质诸美苏英朝野人士	公孙震
3月9日	论现阶段经济问题	黄 卓
3月15日	工业的立体发展	章乃器

续表

发表时间	论文题目	作者
3月22日	从现代战争到未来战争	谷春帆
3月29日	印度独立运动之原委	张其昀
4月5日	论印度之兴亡	沙学浚
4月12日	为印度问题进一言——由同盟国集体解决	公孙震
4月20日	官僚资本与中国政治	吴景超
4月26日	为子弟着急教育	谷春帆
5月3日	五四运动之文化的意义及其评价	李长之
5月10日	腊戍后,当如何?——一个纯现实的看法	公孙震
5月17日	我们对于当前物价问题的意见	西南联大伍启元等9人
5月24日	中缅协力抗倭之意义与中缅人士应有之历史认识	罗香林
5月31日	国军援缅的意义和其功用	王芃生
6月7日	财政金融与物价问题	宁嘉风
6月15日	文化的尽头与出路——战后世界的讨论	林同济
6月21日	论更加物资	司徒灵
6月28日	政治的制度精神	陈之迈
7月5日	论大学教育之特殊性	陈安仁
7月12日	中国战后问题	张忠黻
7月19日	近东之空间价值与地位价值	沙学浚
7月26日	五年战果的赢利总决算(上)	王芃生
8月2日	税政与税负	崔敬伯
8月9日	战后中国利用外资发凡	谷春帆

续表

发表时间	论文题目	作者
8月16日	五年战果的赢利总决算（中）	王芸生
8月23日	涨价休战	章乃器
8月30日	战后中国利用外资问题	谷春帆
9月5日	印度回教论	杨敬之
9月13日	五年战果的赢利总决算（下）	王芸生
9月20日	论印度之统一	沙学浚
9月27日	地方自治与政治设施	陈之迈
10月12日	陆都兰州	张其昀
10月18日	美国战时社会巡礼（9月1日寄自哈佛大学）	陶洁卿
10月25日	战费负担与收益分配之臆测	谷春帆
11月1日	紧缩政策与生产	李卓敏
11月8日	改良司法刍议	陈霆锐
11月15日	中英间的新认识	陈西滢
11月23日	展望中英关系并及中英美苏	杭立武
11月29日	美国的农业政策（10月20日寄自华盛顿）	何凤山
12月6日	论大学教育之危机	杨人楩
12月13日	论改革现行教育及考铨制度	徐青甫
12月20日	美国的劳工政策	何凤山
12月27日	纪念牛顿诞生三百周年	张钰哲
1943年1月3日	如何"解决日本事件"？	邵毓麟
1月10日	南美各国最近之动态及与中国之关系	袁同礼
1月17日	论官僚传统——一个史的看法	林同济

续表

发表时间	论文题目	作者
1月24日	征购资产建议	谷春帆
1月31日	加紧工业化的一个劳工社会问题(写于哈佛)	陶洁卿
2月7日	光荣孤立之英伦——论英伦地位价值之变迁	沙学浚
2月14日	战后世界建设之研究	孙 科
2月21日	中国农民银行应负之使命及其经营之途径	涂继庄
2月28日	西北工业考察归来的感想	林继庸
3月7日	行政三联制的特点	甘乃光
3月14日	经济建设与国内资金	吴景超
3月21日	日本军阀的迷梦	邵力子
3月28日	政制的建立	陈之迈
4月4日	关于儿童的两个问题	陈衡哲
4月11日	工矿业国营民营领域应如何划分	陈伯庄
4月18日	请自悔始	林同济
4月25日	论中英文化之合作兼告英国人士	杨人梗
5月2日	"盛世危言"	傅孟真
5月16日	我国战后经济建设的两大问题	章乃器
5月23日	战后中国之重大问题	张其昀
5月30日	国防工业与民生工业	高叔康
6月6日	工业化的精神	谷春帆
6月13日	科学与国防	竺可桢
6月20日	新"答客难"	王芃生
6月27日	中央地方权责的划分	陈之迈

续　表

发表时间	论文题目	作者
7月5日	日本之过去现在将来	青山和夫
7月11日	唐代文化的新认识	罗香林
7月18日	六学术团体联合年会的意义	任鸿隽
7月25日	论培养建设人材	司徒灵
8月1日	社会道德的崩溃	陈衡哲
8月8日	经济建设的时间问题	伍启元
8月15日	工业建设计划之配合	谷春帆
8月22日	目前是击溃日本的最好时机	龚德柏
8月29日	苏联抗战的经济基础	西门宗华
9月5日	战后国际金融计划	谷春帆
9月12日	利用外资的基本态度	高平叔
9月19日	中国今后之文化	太　虚
9月26日	廉吏与浊世	崔敬伯
10月3日	论日本军需省	谢南光
10月11日	由左宗棠平定新疆说到甘新铁路之兴筑	凌鸿勋
10月17日	学术与建国	陶孟和
10月24日	中国文化之复兴	萧一山
10月31日	经济建设应有的准备	伍启元
11月8日	战后国际投资机构	谷春帆
11月21日	民族宗教生活的革创	林同济
11月29日	战后建都问题	傅孟真
12月5日	经济建设与产业复员	高平叔

续表

发表时间	论文题目	作者
12月12日	工业化的心理建设	顾毓瑔
12月19日	中国之中枢区域与首都	沙学浚
12月26日	工业救济	谷春帆
1944年1月2日	建都济南议	翁文灏
1月9日	县乡镇与自治	陈之迈
1月16日	实施宪政与广开言路	吕复
1月23日	从地略论建都	洪绂
1月30日	论传纪文学	程沧波
2月6日	西安时代与北平时代	沙学浚
2月13日	新外交的意义	张道行
2月20日	人才的养成与保存	任鸿隽
2月27日	战后中美经济合作之我见	方显廷
3月8日	关于妇女的希望与忧虑	陈衡哲
3月12日	美国战时大学与学术研究	张其昀
3月19日	战后世界经济建设	方显廷
3月26日	从经济观点谈宪政问题	伍启元
4月2日	天朝—洋奴—万邦协和	傅孟真
4月9日	宪政促进与言论自由	朱光潜
4月17日	太平洋战争下的台湾情势	谢南光
4月23日	经济循环与金融政策	董洁卿
4月30日	国际钱币平准基金	谷春帆
5月4日	"五四"二十五年	傅孟真

续表

发表时间	论文题目	作者
5月14日	人民身体之自由与逮捕拘禁	刘伯昌
5月21日	认识苏联	公孙震
5月28日	日本民族的侵略性	陶孟和
6月4日	对于教育的最低限度的希望	陈衡哲
6月11日	苏联经济发展的趋势	西门宗华
6月18日	国际货币会议与中国	伍启元
6月25日	战后美国对外经济政策的展望	方显廷
7月2日	完成自治与开始宪政	霍六丁
7月9日	我替倭奴占了一卦	傅孟真
7月16日	法治与法学教育	刘伯昌
7月24日	论民主政治	陶孟和
7月30日	废止图章改用签字刍议	何永佶
8月6日	开发西北应有的认识	沈怡
8月15日	空权时代与中国	沙学浚
8月20日	社会公道的意义与使命	陈衡哲
8月27日	发扬夫子之道以完成我国新使命	徐青甫
9月4日	申论民主政体	何永佶
9月10日	关于诉愿及行政诉讼	刘伯昌
9月17日	当代哲人对于世局之指示——爱因斯坦、杜威、罗素、克罗齐、孙泰耶那	张其昀
9月24日	从外人对我的评论说起	潘光旦
10月1日	黄金与外汇	伍启元

续表

发表时间	论文题目	作者
10月8日	对于中国胜利展望的一些感想	[英]拉斯基
10月15日	我国政党问题的症结	何永佶
10月22日	认识科学	任鸿隽
10月30日	运用黄金政策之重检讨——注视黄金资敌之严重问题	骆清华
11月5日	中国急需科学——为科学社三十周年纪念作	周太玄
11月14日	从美国大选说到政党政治的"窍"	何永佶
11月19日	现实政治	傅孟真
11月26日	青年从军运动的副作用	陈衡哲
12月3日	经济的民主政治	陶孟和
12月10日	心理学与抗战建国	蔡乐生
12月17日	内外情势	张其昀
12月24日	科学与和平	周太玄
12月31日	日本的三条路	王芸生
1945年1月7日	今年财政	谷春帆
1月14日	从"机器感"说到英美的教育	何永佶
1月21日	中国农业机械化之可能	沈宗瀚
1月28日	政治的斗争	陶孟和
2月4日	美国资金的出路问题	吴景超
2月11日	官僚政治之由来与其净化	吕复
2月18日	几个经济问题	谷春帆
2月25日	处今之世	费孝通
3月4日	资本主义之功罪	何永佶

续 表

发表时间	论文题目	作者
3月11日	美国复员后剩余资产对中国经建之关系	谷春帆
3月18日	旅英札记	叶君健
3月25日	行政效率漫谈	甘乃光
4月1日	康健第一	陈衡哲
4月8日	平民世纪在望	费孝通
4月15日	"你和我"与"大家来"	何永佶
4月22日	我国战后第一期经济建设的资本问题	伍启元
4月29日	罗斯福与新自由主义	傅孟真
5月6日	世界狂潮	谷春帆
5月13日	论人民世纪与科学世纪	周太玄
5月20日	现阶段的物价及经济问题	戴世光、鲍觉民、费孝通、伍启元、杨西孟
5月27日	新闻自由在战时	[英] K. 马丁
6月3日	儒家思想与世界和平	何永佶
6月10日	英国和中国	[英] 祁东
6月17日	中国农民生活程度的前瞻	吴景超
6月27日	美国战后复员计划	方显廷
7月1日	收缩通货的新教训	谷春帆
7月8日	我国币制改革问题	伍启元
7月15日	何谓选举	何永佶
7月22日	大学自治与讲学自由	吕复
7月30日	评英国大选	傅孟真

续表

发表时间	论文题目	作者
8月5日	日本战败与战后问题	青山和夫、盐见圣策
8月12日	绝对反对保留天皇	日本民主委员会
8月19日	胜利中的美国动向（本月十六日自纽约电传）	胡霖
8月26日	由战时经济到平时经济	伍启元
9月2日	复员期间币制调整	谷春帆
9月9日	我国体育的初步改进	董守义
9月16日	我们需要一个新的教育政策	仼鸿隽
9月23日	我国大学教育之前途	竺可桢
9月30日	调整期的经济恐慌	伍启元
10月7日	市镇的体系秩序	梁思成
10月14日	死的积极意义——胜利感言之一	陈衡哲
10月21日	另一部分人对于高等教育的意见	丁西林
10月28日	新省区论	洪绂
11月4日	中英贸易前途	E. M. 葛尔
11月11日	对日管制的现状与希望	盐见圣策
11月18日	中国外汇问题之我见	张禹九
11月25日	铲除官僚资本三大理由	赵迺抟
12月16日	三峡水电计画之经济意义	谷春帆
12月30日	英美经济制度中的安全自由与平等	吴景超
1946年1月6日	论今日国是	沙学浚、初大告、任美锷、唐崇礼等10人

续表

发表时间	论文题目	作者
1月13日	垂涕以道	徐炳昶
1月20日	努力罢，接生婆！——为政治协商会议而作	何永佶
2月10日	外汇与投机	谷春帆
2月17日	民主经济和经济民主	伍启元
2月24日	我们对于雅尔达秘密协定的抗议	傅斯年、任鸿隽、陈衡哲、王云五等20人
3月3日	中国要和东北共存亡	傅孟真
3月10日	东北之地理特征与衢地价值	沙学浚
3月17日	应为东北开创崭新的前途	张其昀
3月24日	东北问题的国际解决	谷春帆
3月31日	从"五子登科"说到吃便宜米	何永佶
4月7日	现阶段的物价问题	伍启元
4月14日	有为者亦若是 美国制宪的故事	费孝通
4月21日	现代中国政治社会的大矛盾	贺昌群
4月28日	提高道德水准	周太玄
5月12日	压迫重重的越南华侨	陈序经
5月19日	我们要知道现在是个什么时代	汪敬熙
6月2日	旧事重提	[英]梅孙（C. W. Mason）
6月9日	生物学与国防	胡先骕
6月16日	美国文化在中国	陈衡哲
6月23日	增发通货提高汇率和调整待遇对物价的影响	伍启元

续表

发表时间	论文题目	作者
6月30日	符号政治	何永佶
7月14日	对日新政策的出发点	谢南光
7月21日	工业危机之成因与挽救	李烛尘
7月28日	饥荒心理与贪污	胡先骕
8月4日	再论中国工业危机之成因与挽救	李烛尘
8月11日	忆北平	沈从文
8月18日	战乱声中谈抢救教育	周缉熙
8月25日	科学在苏联与中国	胡先骕
9月8日	现行外汇政策的检讨	伍启元
9月15日	原子能时代的和平	周太玄
9月22日	试以退出国库方法来解决纷争	何永佶
9月29日	给美国人一封公开的信	陶孟和
10月6日	大学教育之改革	林 木
10月13日	自由主义的计划经济	方显廷
10月20日	从中央研究院评议会谈到我国科学的前途	汪敬熙
10月27日	国际经济趋势与中国之新使命	方善桂
11月3日	当前中国财政的分析	伍启元
11月10日	自费留学万万不可开放	汪敬熙
11月17日	论"总统制"	何永佶
11月24日	宽容与互让	陶孟和
11月30日	不大为人注意的美国宪法几条	何永佶
12月8日	挽救中国之命运	李烛尘

续表

发表时间	论文题目	作者
12月15日	现代的宪法与宪政	吴之椿
12月22日	内蒙自治之商榷	吕复
12月29日	明日的文化	周太玄
1947年1月5日	贵"顺潮流"不贵"合国情"——现在一切病在太合国情	蔡尚思
1月19日	政治的根本在文化	梁漱溟
2月2日	我对于国定本教科书的控诉	邓恭三
2月16日	走回头路的外汇政策	伍启元
2月23日	安定经济生活应从何处着手?	陶洁卿
3月2日	日本真急需获得食盐吗?	李烛尘
3月9日	城市是行宪最自然的起点	张佛泉
3月16日	对于我们的生活的检讨	周太玄
3月30日	生活革新之路	周太玄
4月6日	经济理论与财政政策的联系	赵乃抟
4月13日	现行市参议会组织参议员选举条例平议	张佛泉
4月27日	挽救中国化学工业之危机必须绝对禁止粗盐输出	李烛尘
5月11日	乡村、市镇、都会	费孝通
5月18日	科学与民主	周太玄
6月8日	道德的危机	陶孟和
6月15日	需要重来一个"人的发见"	陈衡哲
6月22日	同是在两大之间	费孝通
6月29日	试为政府借箸以筹	徐炳昶

续 表

发表时间	论文题目	作者
7月6日	从生命史中看个体演进	周太玄
7月13日	论当前中国经济问题	方显廷
7月20日	尊重反对者——论"民主"的基本原则	钱实甫
7月27日	美国能领导世界吗？	何永佶
8月3日	生产贷款之理论的及政策的观察	徐建平
8月10日	评"经济改革方案"	方显廷
8月17日	拆迁日本棉毛纺织机器及其制造设备并其他重要化学工厂作一部分战债赔偿	李烛尘
8月24日	重论政府公布的经济方案	赵乃抟
8月31日	我们需要一贯的顾全全局的经济政策	吴大业
9月7日	论联合国教育科学文化组织远东区基本教育研究会议	王承绪
9月14日	外汇新办法中应杜塞之漏洞	张一凡
9月21日	忧患里的中国	张其昀
9月28日	我国棉纺织业当前的几个问题	方显廷
10月12日	消蚀的经济	巫宝三
10月19日	对日和约的意见	于树德
10月26日	试论教育民主化	黎襄
11月2日	再论双轨政治	费孝通
11月9日	日本人论日本（其一）论财阀解体	平野义太郎
11月16日	为法治请命	章泽渊
11月23日	何时改革币制？	谷春帆
11月30日	论文化病	陈仁炳

续 表

发表时间	论文题目	作者
12月7日	损蚀冲洗下的乡土	费孝通
12月14日	省区应否重划？	罗开富
12月21日	反叛、反抗、反对	钱实甫
12月28日	经济平衡与财政平衡	赵乃抟
1948年1月4日	从苏联改定币值谈到平抑我国物价	刘大中
1月18日	黎民不饥不寒的小康水准——乡土复员论之一	费孝通
1月27日	改革法币与发行独立	祝百英
2月8日	怎样研究才会成功——从历史上来看学术研究工作	蔡尚思
2月15日	地主阶层面临考验——乡土复员论之二	费孝通
2月22日	国产片的出路问题	费 穆
2月29日	美国人眼睛里的中国人——旅美观感之一	陈衡哲
3月7日	传统作祟——关于无出路的中国出路问题探讨	胡鉴民
3月14日	申论乡土工业（上篇）——乡土复员论之三〔按：《申论乡土工业》（中篇）（下篇）（乡土复员论之四、之五），分别刊于3月15日、4月18日第三版〕	费孝通
3月21日	没有"面"的结合——中西政党之本质探微	吕克难
4月4日	儿童世纪——为儿童节作	陈仁炳
4月11日	杯酒一席谈	何永佶
4月18日	古典经济学的盛衰	赵迺抟
4月25日	土地改革面面观	漆琪生
5月2日	中国学生在美国	陈衡哲

续表

发表时间	论文题目	作者
5月9日	科学的民主与民主的科学——中国最需要民主和科学	蔡尚思
5月16日	中国与南洋	陈序经
5月23日	自力更生的重建资本(上篇)——乡土复员论之六[按:《自力更生的重建资本》(下篇)(乡土复员论之七)刊于6月14日第三版]	费孝通
5月30日	今日的华侨问题	董冰如
6月13日	资本·乡土工业·工业化	王馥荪
6月20日	传统思想的真面目——儒家学说的大缺点和坏影响	蔡尚思
6月27日	事实胜于雄辩——评美驻日政治顾问的声明	孟宪章
7月4日	制止日本侵渔有有效办法	陆养浩
7月18日	论科学宪章	卢于道
7月25日	克服困难的心理准备	陈衡哲
8月1日	论大学毕业生卜乡	罗季荣
8月8日	官僚政治与土地改革	姜庆湘
8月22日	评"财政经济紧急处分"条文	赵迺抟
8月29日	中国科学事业的危机	李春昱
9月5日	论绅权	胡庆钧
9月12日	和平、进步、与脑工人们	周人玄
9月19日	妇女、事业、家庭——与潘光旦先生论"家庭、事业、子女"	罗季荣
9月26日	大学教育的面面观	蔡尚思
10月3日	华莱士论	陈仁炳

续表

发表时间	论文题目	作者
10月17日	揭发"国定错误"废除"国定课本"	邓恭三
11月7日	中国人眼睛里的美国人	陈衡哲
11月14日	杜鲁门总统与美国农民	张其昀
11月21日	同情自私与和平	周太玄
11月28日	论官僚政治与中国社会	陈冬福
12月5日	回头不是岸——黄金政策能孤军应战吗？	龚圭复
12月12日	论日本战犯上诉	孙 杭
12月17日	我国大学教育的精神范畴之演进	邱 椿
12月26日	现代战争与人类生存权	熊子骏
1949年1月9日	论农村建设问题——起点、重点与终点	毛应鹏
1月16日	论自由竞争的社会主义	汪馥荪
1月23日	物资运用与人类合作	赵曾珏
2月6日	现代地方政制的趋向	陈柏心
2月13日	明日的人类	李成蹊
2月20日	知识与知识分子	臧克家
2月27日	法律道德与现代政治	陈冬福
3月6日	搬回古物图书	陶孟和
3月13日	论社会转型中的科学研究者	王亚南
3月20日	新知识与新社会	陈冬复
4月3日	麦克阿瑟的对日投资指令	谢南光
4月10日	话说天下大势	陶孟和
4月17日	从日本预算看占领政策	谢南光

续 表

发 表 时 间	论 文 题 目	作 者
4月24日	拥护世界和平	进 文
5月1日	论今后贸易政策	朱今吾
5月8日	人类自由与科学工作	陈冬复
5月15日	论出口贸易政策及其工作重心	蔡燮邦
5月22日	提出一个新的普及教育办法	官远祺
5月29日	论新民主主义的本质	陶大镛
6月5日	论新的生活态度	楚图南
6月12日	假设我是一个民族资本家	钱端升

本卷后记

史料搜集、整理、校勘与考订工作的艰辛，修史者自知。

毋庸讳言，在年表卷上，我花费的时间、耗费的精力最多。不要说日记、文集、回忆录、馆内读物的查询、辨认、摘录，不胜其烦，就是版面资料的摘录这一件事，就弄得我苦不堪言：47年的报纸，一张一张翻阅，版面上的文章，一篇一篇阅读，一行一行辨认，一字一字抄录；字体小、报纸旧、字迹模糊，尤其是英氏时期报纸上面的文章，除了"附件"和"白话"栏上的白话文外，其余都是文言文，且没有断句，读起来相当费力。抄录后，还要一遍又一遍地核对，老眼昏花，有些地方还需要借助放大镜。即使这样，也难免错漏。我知道，哪怕是一个字的错漏，对于出版物来说，都是硬伤。为了减少硬伤，我在自己两次校对后，在交出版社之前，又请几位年轻人分头再次逐句核对一遍，他们认真、仔细、负责地工作，又校正出了不少错漏。这几位热情的年轻人是华中师范大学的高海波教授、许永超副教授，长江大学的喻频莲教授，福建华侨大学的徐基中副教授，以及华中科技大学的三位博士研究生——方飞（2016级）、罗艺（2016级）、潘陈青（2019级）和十一位硕士研究生——刘琳（2021级）、刘道（2020级）、赵浩天（2022级）、李宇涵（2022级）、宗思添（2022级）、闫睿怡（2021级）、吴谱乐（2022级）、杨慕涵（2022级）、刘佳怡（2022级）、瞿歌（2021级）、张逸凡（2021级）。这些年轻教授和研究生牺牲了大量休息时间，为提高书稿质量付出了艰苦的劳动，做出了重要的贡献，在此表示衷心感谢！

吴廷俊
2022年3月10日

图书在版编目(CIP)数据

《大公报》全史:1902—1949.2:上下册,年表/吴廷俊编.—上海:复旦大学出版社,2023.5
ISBN 978-7-309-16393-3

Ⅰ.①大… Ⅱ.①吴… Ⅲ.①《大公报》-年表-1902-1949　Ⅳ.①G219.296

中国版本图书馆 CIP 数据核字(2022)第 162680 号